中国互联网产业发展年鉴 2017

于揚　主编

人民东方出版传媒
東方出版社

篇首语

大变革时代，数据为王

数据洪流势将裹挟万物，方舟之上全是0和1的存储舱。在大数据时代，算法和深度学习的人工智能开始统治新的世界。

2017年被称为智能元年，诸如人工智能、虚拟现实、大数据、区块链和物联网等种种“黑科技”开始层出不穷地渗入到我们交流的话题。AlphaGo战胜围棋世界冠军柯洁，无人驾驶开始密集出现在新闻舆论中。人工智能从颠覆驾驶开始全面重构人类生活，并由此引发一场关于交通、物流、制造、保险、医疗和伦理道德的全面挑战。

频繁变幻的现象为我们带来思考，我们开始重新审视自己和造物主的关系。人工智能是否将会统治人类？技术将影响人类的未来？数据开始替代故事，为人类生存编织“意义之网”？我们人类最终的命运和结局又是怎样？

速度激进，浪潮汹涌，从技术到思维，我们正在经历着又一场新的文艺复兴时代。不仅仅局限在文学艺术领域，复兴的外延其实更大，包括在经济、文化、社会、道德、心理层面，我们都在经历着超越时代的改变。

我们将这种频繁而全面的改变，称为“**大变革**”。正如我们逐渐习以为常的生活和工作细节，改变无处不在，交通出行、购物消费、文化教育、医疗道德等，创新无奇不有，涵盖技术以及思维层面。而贯穿这些改变的人类文化的模因，其实就是数据。数据流淌、交换、共享，每分每秒，人类文明的变革得以在算法中加速前进。

全球瞩目的新锐历史学家尤瓦尔·赫拉利，在其新书《未来简史》花了一整章来阐释“信数据得永生”的观点。如果要归结人类在过去、现在和未来尊崇的三种宗教，那就是有神宗教、人文主义和数据主义。我们都知道，人文主义尊重人的价值，标榜自由和民主的信仰。而在数据主义下，以大数据为基础的算法则开始主导一切，人工智能将代替大量人力劳作，数据则为机器学习提供源源不断的原料供给。

作为个人，我们可以切身感受到时代在变化。而作为社会经济活跃的企业，面对时代改变，数字化转型已经迫在眉睫。

我们很欣慰地看到，互联网作为基础设施的定位已经成为全社会的共识，易观在2007年提出所有的企业都将成为互联网企业。10年来，如何实现互联网转型升级成为各行业的重要命题，“入网”已经成为基于基础设施更新的生产力的提升。在移动互联网蓬勃发展，大数据和人工智能成为趋势的今天，我们要说：所有的企业未来会成为数字企业。

数据成为潜力巨大的经济资产，成为新产业革命下的动力能源，同时也为我们带来新的创业方向、商业模式和投资机会。在这种大趋势下，市场将会诞生新物种企业，它们拥有数字化的智能交互界面，拥有数字用户社群及相应用户资产，和通过算法来驱动的业务流程。

商业同时驱动技术领域的创新。互联网行业发展的新趋势，依旧是朝着大数据和人工智能的方向发展。我们可以看到，类似20世纪下半叶东西方帝国在军事竞备上的角力，在21世纪第一个10年，在高速蓬勃发展中的中国互联网领域，商业大佬们在技术资源储备上同样展开得如火如荼。而这次是大数据时代下的人工智能技术竞备，以及用户数据资产的争夺。

技术竞备上，以无人驾驶为代表的AI人工智能，成为互联网大佬竞相刷存在的竞技场，机器学习广泛应用，人工智能开始重构我们的生活。

数据之争也进入白热化阶段，顺丰怼菜鸟、京东点杀第三方快递，对数据资源的争夺开始从暗潮涌动变为干戈相见，其实质是中国两大物流大数据平台菜鸟网络和京东物流的圈地运动。

互联网下半场的主题是**用户留存**，从“用户增量”转变为“用户存量”的竞争，如何实现精细化运营，成为当前阶段互联网人思考的核心。如何掌控住用户数字资产已经成为企业亟须解决的问题。客户新增、留存和转化目前依然是摆在大部分企业面前的重中之重。不仅如此，如何让用户资产保值、增值？又如何让用户资产体现在公司的市值和估值上？这些都是衡量企业在未来可持续发展的核心标准。

变化仍将继续，大数据开始进入企业发展的深水区。易观作为中国市场领先的大数据分析公司，自成立以来，打造了以海量数字用户资产及算法模型为核心的大数据与分析服务生态体系。面对变化中的时代，我们愿意一如既往地从数据层面去解开我们所处和即将到来时代的密码。

数据驱动产品创新与迭代。易观旗下的产品对标与分析工具——易观千帆，诞生已经5年，不仅使易观传统的数据分析转移到机器来完成大数据筛选，并且逐渐受到更多企业主的青睐。2017年7月，易观大数据算法升级至加入了机器学习的A3算法，通过大量数据喂养进行深度学习，在监测结果上能更加精准还原用户真实行为并客观评价产品价值。

2017 年，我们在长沙设立大数据研发中心，并发起成立了大数据产业联盟，通过技术实力的强化增加易观在大数据领域的实力。2017 年，易观也推出全流量审计服务，并联合德勤发布了“第四张报表”，旨在通过以用户为核心，涵盖用户、产品和渠道三个维度的企业价值评估报告体系，为企业提供更深入的洞见，帮助企业更全面地评判新时代下企业的真实价值，使“第四张报表”成为未来商业世界的操作系统。

当然，这一切都还只是新经济环境下的初步探索。易观愿意作为时代的探路人，以数据和分析为核心，在时空维度的广阔性和深度上，对这个时代做前瞻性的观察。

这是数据的时代，数字的力量开始被挖掘和重视，数据开始作为经济新能源。原力觉醒时，让我们矢志携手，一起迎接变革的新时代。

目　录

第一部分　产业政策

第二部分　行业发展

第三部分　区域发展

第四部分　行业分析

第五部分　厂商分析

图目录

表目录

第一部分

产业政策

产业政策在市场经济运行中具有导向作用，是一个国家发展任何产业的先决条件。2016年，我国互联网产业在引领经济发展、推动社会进步、促进创新等方面发挥了巨大作用，互联网用户规模和市场规模庞大、互联网科技成果惠及百姓民生、互联网与传统产业加速融合、互联网国际交流合作日益深化、互联网企业竞争力和影响力持续提升。伴随着上述趋势，国家加强对互联网产业的管理与指导，规范行业发展。同时，网络强国战略、制造强国战略、国家大数据战略等重大国家政策不断细化落实，互联网产业发展前景广阔。根据2016年政府发布的主要政策，本部分将从改革纲领文件、产业扶植、电子商务、内容消费及监管、游戏、基础运用与服务、互联网金融、在线营销、医疗和旅游、生活信息服务、在线教育、新一代信息技术、移动互联网等多个方面对政策加以归类、分析与解读。

改革纲领文件

《国务院关于印发“十三五”国家信息化规划的通知》

颁布时间：2016 年 12 月 27 日

颁布单位：国务院

政策内容：着力补齐核心技术短板，全面增强信息化发展能力；着力发挥信息化对经济社会发展的驱动引领作用，培育发展新动能，拓展网络经济空间，壮大网络信息等新兴消费，全面提升信息化应用水平；着力满足广大人民群众普遍期待和经济社会发展关键需要，重点突破，推动信息技术更好服务经济升级和民生改善；着力深化改革，激发创新活力，主动防范和化解风险，全面优化信息化发展环境。统筹实施网络强国战略、大数据战略、“互联网+”行动，整合集中资源力量，紧密结合大众创业万众创新、“中国制造 2025”，着力在引领创新驱动、促进均衡协调、支撑绿色低碳、深化开放合作、推动共建共享、主动防范风险等方面取得突破，为深化改革开放、推进国家治理体系和治理能力现代化提供数字动力引擎。

作用及影响：信息化发展促进了互联网创新成果与经济社会各领域的深度融合，有利于推动技术进步、效率提升和组织变革，有利于提升实体经济创新力和生产力，对形成更广泛的以互联网为基础设施和创新要素的经济社会发展新形态有显著作用。

《国家网络空间安全战略》

颁布时间：2016 年 12 月 27 日

颁布单位：国家互联网信息办公室

政策内容：以总体国家安全观为指导，贯彻落实创新、协调、绿色、开放、共享的发展理念，增强风险意识和危机意识，统筹国内国际两个大局，统筹发展安全两件大事，积极防御、有效应对，推进网络空间和平、安全、开放、合作、有序，维护国家主权、安全、发展利益，实现建设网络强国的战略目标。《国家网络空间安全战略》的战略任务包括：坚定捍卫网络空间主权、坚决维护国家安全、保护关键信息基础设施、加强网络文化建设、打击网络恐怖和违法犯罪、完善网络治理体系、夯实网络安全基础、提升网络空间防护能力、强化网络空间国际合作等。

作用及影响：信息技术广泛应用和网络空间兴起发展，极大地促进了经济社会繁荣进步，同时也带来了新的安全风险和挑战。维护我国网络安全是协调推进全面建成小康社会、全面深化改革、全面依法治国、全面从严治党战略布局的重要举措。

产业扶植政策

《关于深化制造业与互联网融合发展的指导意见》

颁布时间：2016 年 5 月 20 日

颁布单位：国务院

政策内容：以激发制造企业创新活力、发展潜力和转型动力为主线，以建设制造业与互联网融合“双创”平台为抓手，加快推动“中国制造”提质增效升级，实现从工业大国向工业强国迈进。主要任务包括：打造制造企业互联网“双创”平台；推动互联网企业构建制造业“双创”服务体系；支持制造企业与互联网企业跨界融合；培育制造业与互联网融合新模式；强化融合发展基础支撑；提升融合发展系统解决方案能力；提高工业信息系统安全水平等。

作用及影响：制造业是国民经济的主体，是实施“互联网+”行动的主战场。推动制造业与互联网融合，有利于形成叠加效应、聚合效应和倍增效应，加快新旧发展动能和生产体系转换，前景广阔，潜力巨大。

《关于支持返乡下乡人员创业创新促进农村一二三产业融合发展的意见》

颁布时间：2016 年 11 月 29 日

颁布单位：国务院

政策内容：突出重点领域，鼓励和引导返乡下乡人员结合自身优势和特长，根据市场需求和当地资源禀赋，利用新理念、新技术和新渠道，开发农业农村资源，发展优势特色产业，繁荣农村经济；丰富创业创新方式，通过发展农村电商平台，利用互联网思维和技术，实施“互联网+”现代农业行动，开展网上创业；推进农村产业融合，鼓励和引导返乡下乡人员按照全产业链、全价值链的现代产业组织方式开展创业创新，建立合理稳定的利益联结机制，推进农村一二三产业融合发展，让农民分享二三产业增值收益。

作用及影响：返乡下乡人员创业创新，有利于促进“互联网+”现代农业的合理布局和进一步发展，有利于将现代科技、生产方式和经营理念引入农业，提高农业质量效益和竞争力。

《关于深化改革推进出租汽车行业健康发展的指导意见》

颁布时间：2016 年 7 月 28 日

颁布单位：国务院

政策内容：一、明确出租汽车行业定位。二、深化巡游车改革。三、规范发展网约车和私人小客车合乘。明确网约车的合法地位，明确平台公司的承运人责任，规范平台公司的经营条件和经营行为，支持平台公司不断创新规范发展。四、营造良好市场环境。加快完善出租汽车管理和经营服务的政策、法律法规和标准规范，制定出租汽车经营者和从业人员信用管理制度。

作用及影响：有利于充分发挥市场机制作用和政府引导作用，抓住实施“互联网+”行动的有利时机，构建多样化、差异化的出行服务体系，促进出租汽车行业持续健康发展。

《关于深入实施“互联网+流通”行动计划的意见》

颁布时间：2016 年 4 月 21 日

颁布单位：国务院

政策内容：一、加快推动流通转型升级。二、积极推进流通创新发展。鼓励发展分享经济新模式，支持发展协同经济新模式，大力发展流通创新基地。三、加强智慧流通基础设施建设。四、鼓励拓展智能消费新领域。五、大力发展绿色流通和消费。六、深入推进农村电子商务。着力促进农产品网络销售，引导电子商务企业拓展农村消费市场，鼓励各类市场主体整合农村物流资源。七、积极促进电子商务进社区。

作用及影响：实施“互联网+流通”行动计划，有利于推进流通创新发展，推动实体商业转型升级，拓展消费新领域，促进创业就业，增强经济发展新动能。

电子商务政策

《关于推动电子商务发展有关工作的通知》

颁布时间：2016 年 5 月 20 日

颁布单位：国家发展改革委、商务部、人民银行、海关总署、税务总局、工商总局、质检总局

政策内容：一、启动第三批电子商务示范城市创建工作。以电子商务促进区域经济发展，带动产业转型升级，提高城市经济影响力和辐射力。二、组织开展国家电子商务示范城市电子商务重大工程建设。从激发创新活力、探索完善有利于电子商务发展的法规政策出发，推动电子商务共性信息基础设施建设，降低电子商务运行成本；推动与“一带一路”沿线国家和地区的电子商务合作，推进国内电子商务产业发展和国际化进程，带动贸易和产业合作。

作用及影响：推动电子商务发展，有利于切实发挥电子商务对促进经济增长和产业转型升级的作用，带动大众创业和万众创新，加快培育经济发展新动力。

《关于跨境电子商务零售进出口商品有关监管事宜的公告》

颁布时间：2016 年 4 月 7 日

颁布单位：海关总署

政策内容：电子商务企业、个人通过电子商务交易平台实现零售进出口商品交易，并根据海关要求传输相关交易电子数据的，按照本公告接受监管。公告对通关管理、税收征管、物流监控、退货管理等方面公布了监管规定。其中在通关管理方面，公告明确，跨境电子商务零售进口商品申报前，电子商务企业或电子商务交易平台企业、支付企业、物流企业应当分别通过跨境电子商务通关服务平台如实向海关传输交易、支付、物流等电子信息。

作用及影响：本监管政策的出台，肯定了跨境电商这一新型贸易方式，使消费者获得更多保障和福利，通过加强监管，可以杜绝假冒产品的进口和销售，从而平衡一般贸易和跨境零售贸易的关系。

内容消费及监管政策

《关于印发 2016 年全国打击侵犯知识产权和制售假冒伪劣商品工作要点的通知》

颁布时间：2016 年 5 月 4 日

颁布单位：国务院

政策内容：一、加强重点领域治理，尤其加强互联网领域侵权假冒治理，打击网上销售假冒伪

劣商品，加强对网络交易商品的定向监测，强化电子商务产品质量执法打假维权协作，探索建立跨境电子商务侵权假冒商品追溯机制，打击网络侵权盗版。加强文化市场技术监管与服务平台应用，组织查处违法违规互联网文化产品和经营单位。二、强化行业日常监管。

作用及影响：有利于完善电子商务领域法律法规，净化互联网交易环境，促进电子商务健康发展，为创新创业增添新活力，为经济转型升级注入新动力。

《互联网直播服务管理规定》

颁布时间：2016 年 11 月 4 日

颁布单位：国家互联网信息办公室

政策内容：互联网直播服务提供者提供互联网新闻信息服务的，应当依法取得互联网新闻信息服务资质，并在许可范围内开展互联网新闻信息服务。互联网直播服务提供者以及互联网直播服务使用者不得利用互联网直播服务从事危害国家安全、破坏社会稳定、传播淫秽色情等法律法规禁止的活动。互联网直播服务提供者应当按照“后台实名、前台自愿”的原则，对互联网直播发布者进行基于身份证件、组织机构代码证等的认证登记。

作用及影响：本规定为互联网直播服务行业的规范发展确立了准则，扭转了网络直播乱象，有利于保障互联网直播服务市场的健康发展，有助于培育积极向上的网络文化。

游戏政策

《关于规范网络游戏运营加强事中事后监管工作的通知》

颁布时间：2016 年 12 月 5 日

颁布单位：文化部

政策内容：明确网络游戏运营范围；规范网络游戏虚拟道具发行服务；加强网络游戏用户权益保护；加强网络游戏运营事中事后监管；严肃查处违法违规运营行为。各地文化行政部门和文化市场综合执法机构要充分利用网络文化市场执法协作机制，对网络游戏市场全面实施“双随机一公开”监管。要不断提高网络游戏随机抽查工作水平，对投诉举报较多的网络游戏经营单位，要加大随机抽查和日常检查频次，重点监管。

作用及影响：有利于进一步规范网络游戏市场秩序，保护消费者和企业的合法权益，促进网络游戏行业健康有序发展。

《关于移动游戏出版服务管理的通知》

颁布时间：2016 年 6 月 2 日

颁布单位：国家新闻出版广电总局

政策内容：移动游戏上网出版运营时，游戏出版服务单位应负责游戏内容完整性，须在游戏开始前、《健康游戏忠告》后，设置专门页面，标明游戏著作权人、出版服务单位、批准文号、出版物号等经国家新闻出版广电总局批准的信息，并严格按照已批准的内容出版运营。各类手机、平板电脑等移动智能终端生产和经营单位预装移动游戏时，须核验此移动游戏的审批手续是否完备，相关信息是否标明，不得预装未经批准或者相关信息未标明以及侵权盗版的移动游戏。

作用及影响：移动游戏出版服务管理条例的出台，规范了移动游戏出版运营的资质及相关条件，有利于保护版权，同时强化网络游戏行业的有序发展。

基础运用与服务政策

《关于组织实施促进大数据发展重大工程的通知》

颁布时间：2016 年 1 月 7 日

颁布单位：国家发展改革委

政策内容：重点推进数据资源开放共享，推动大数据基础设施统筹，打破数据资源壁垒，深化数据资源应用，积极培育新兴繁荣的产业发展新业态。以数据流引领技术流、物质流、资金流、人才流，推动社会生产要素的网络化共享、集约化整合、协作化开发和高效化利用，创造新的增长点，加快实现经济发展方式转变。重点支持大数据示范应用、大数据共享开放、基础设施统筹发展、数据要素流通等。

作用及影响：有利于加快推动数据资源开放共享流通，强化数据资源在各领域的应用，促进产业转型升级，培育发展新业态。

《推进“互联网+政务服务”开展信息惠民试点实施方案》

颁布时间：2016 年 4 月 26 日

颁布单位：国家发展改革委、财政部、教育部、公安部、民政部、人力资源社会保障部、住房城乡建设部、国家卫生计生委、国务院法制办、国家标准委

政策内容：“一号”申请，简化优化群众办事流程。“一窗”受理，改革创新政务服务模式。“一网”通办，畅通政务服务方式渠道。运用“互联网+”思维和大数据手段，做好政务服务个性化精准推送，为公众提供多渠道、无差别、全业务、全过程的便捷服务。

作用及影响：有利于不断优化资源配置，丰富服务内容，做好个性化精准推送服务，变被动服务为主动服务，有效提升政务服务质量和效率。

互联网金融政策

《推进普惠金融发展规划（2016—2020 年）》

颁布时间：2016 年 1 月 15 日

颁布单位：国务院

政策内容：健全多元化广覆盖的机构体系，促进互联网金融组织规范健康发展，加快制定行业准入标准和从业行为规范，建立信息披露制度，提高普惠金融服务水平。积极鼓励网络支付机构服务电子商务发展，为社会提供小额、快捷、便民支付服务，提升支付效率。发挥股权众筹融资平台对大众创业、万众创新的支持作用。

作用及影响：大力发展普惠金融，是我国全面建成小康社会的必然要求。本规划有利于促进金融业可持续均衡发展，助推经济发展方式转型升级，增进社会公平和社会和谐。

《互联网金融风险专项整治工作实施方案》

颁布时间：2016 年 10 月 13 日

颁布单位：国务院

政策内容：规范各类互联网金融业态，优化市场竞争环境，提高投资者风险防范意识，建立和完善适应互联网金融发展特点的监管长效机制。重点整治问题包括：P2P 网络借贷和股权众筹业务、通过互联网开展资产管理及跨界从事金融业务、第三方支付业务、互联网金融领域广告等行为。

作用及影响：规范发展互联网金融有利于提高我国金融服务的普惠性，有利于鼓励和保护真正有价值的互联网金融创新，促进互联网金融规范有序发展。

《网络借贷信息中介机构业务活动管理暂行办法》

颁布时间：2016 年 8 月 25 日

颁布单位：银监会、工业和信息化部、公安部、国家互联网信息办公室

政策内容：界定了网贷内涵，明确了适用范围及网贷活动基本原则，重申了从业机构作为信息中介的法律地位。网贷机构以互联网为主要渠道，为出借人和借款人提供信息搜集、信息公布、资信评估、借贷撮合等服务，具有高效便捷、贴近客户需求、成本低等特点。

作用及影响：有利于治理网贷行业乱象，引导行业进入规范经营和稳健发展的轨道，并为下一步完善相关基础设施和配套措施提供依据，促进普惠金融发展。

在线营销政策

《关于同意建立网络市场监管部际联席会议制度的函》

颁布时间：2016 年 12 月 19 日

颁布单位：国务院

政策内容：国务院同意建立由工商总局牵头的网络市场监管部际联席会议制度。主要职能为：在国务院领导下，研究提出网络市场监管工作思路以及促进网络市场健康有序发展的政策建议；加强网络市场监管法治建设；加强对网络市场监管的协同、指导和监督；协调解决网络市场监管中的重大问题。

作用及影响：有利于进一步加强网络市场监管，加强部门间协调配合，促进网络市场持续健康发展。

医疗和旅游政策

《“健康中国 2030”规划纲要》

颁布时间：2016 年 10 月 25 日

颁布单位：国务院

政策内容：以体制机制改革创新为动力，以普及健康生活、完善健康保障、建设健康环境、发展健康产业为重点，把健康融入所有政策，加快转变健康领域发展方式。以“共建共享、全民健康”为战略主题，加强健康教育，塑造自主自律的健康行为，提高全民身体素质等。

作用及影响：推进健康中国建设，是全面建成小康社会、基本实现社会主义现代化的重要基础，是全面提升中华民族健康素质、实现人民健康与经济社会协调发展的国家战略。

《关于促进和规范健康医疗大数据应用发展的指导意见》

颁布时间：2016 年 6 月 24 日

颁布单位：国务院

政策内容：通过“互联网+健康医疗”探索服务新模式，培育发展新业态。夯实健康医疗大数据应用基础，全面深化健康医疗大数据应用，规范和推动“互联网+健康医疗”服务，加强健康医疗大数据保障体系建设。

作用及影响：有利于激发深化医药卫生体制改革的动力和活力，提升健康医疗服务效率和质量，扩大资源供给，不断满足人民群众多层次、多样化的健康需求，培育新的业态和经济增长点。

《关于促进医药产业健康发展的指导意见》

颁布时间：2016 年 3 月 11 日

颁布单位：国务院

政策内容：加强技术创新，提高核心竞争能力；加快质量升级，促进绿色安全发展；优化产业结构，提升集约发展水平；发展现代物流，构建医药诚信体系；紧密衔接医改，营造良好市场环境；深化对外合作，拓展国际发展空间；培育新兴业态，推动产业智能发展等。

作用及影响：有利于推进医药生产装备智能化升级，加快工控系统、智能感知元器件等核心技术装备研发和产业化，支撑医药产业智能工厂建设。

《关于加强旅游市场综合监管的通知》

颁布时间：2016 年 2 月 19 日

颁布单位：国务院

政策内容：创新旅游市场综合监管机制：制定旅游市场综合监管责任清单、完善旅游法律规范体系、加强执法与司法相衔接。提高旅游市场综合监管保障能力：健全旅游市场综合监管协调机构、加强旅游市场综合监管基础保障、提升旅游市场综合监管能力。

作用及影响：有利于强化对旅游市场的规范化管理，保障游客自身权益，强化旅游市场秩序，同时强化网络虚假旅游信息的查处，保障互联网旅游产业健康有序发展。

生活信息服务政策

《关于全面推开营业税改征增值税试点的通知》

颁布时间：2016 年 3 月 23 日

颁布单位：财政部、国家税务总局

政策内容：建筑业、房地产业、金融业、生活服务业等全部营业税纳税人，纳入试点范围，由缴纳营业税改为缴纳增值税。生活服务业是此次营改增政策的主要部分，包括文化体育服务、教育医疗服务、旅游娱乐服务、餐饮住宿服务、居民日常服务和其他生活服务。

作用及影响：营改增不仅为企业减负，也有利于增加就业岗位：营改增的减税效果，对服务业明显、对中小企业明显，这正是就业最大的容纳器。同时，营改增政策也有利于促进经济转型升级。

在线教育政策

《教育信息化“十三五”规划》

颁布时间：2016 年 6 月 7 日

颁布单位：教育部

政策内容：加快探索数字教育资源服务供给模式，有效提升数字教育资源服务水平与能力；深化信息技术与教育教学的融合发展，从服务教育教学拓展为服务育人全过程；深入推进管理信息化，从服务教育管理拓展为全面提升教育治理能力；紧密结合国家战略需求，从服务教育自身拓展为服务国家经济社会发展。

作用及影响：教育信息化有利于推动形成基于信息技术的新型教育教学模式与教育服务供给方式，提升教育治理体系和治理能力现代化水平，形成与教育现代化发展目标相适应的教育信息化体系。

《关于中央部门所属高校深化教育教学改革的指导意见》

颁布时间：2016 年 7 月 4 日

颁布单位：教育部

政策内容：深入推进高校创新创业教育改革；巩固本科教学基础地位；调整优化学科专业结构；完善协同育人机制；着力推进信息技术与教育教学深度融合；建立完善拔尖人才培养体制机制；服务西部地区高等教育发展等。创新在线课程共享与应用模式，推动优质大规模在线开放课程共享、不同类型高校小规模定制在线课程应用、校内校际线上线下混合式教学，推进以学生为中心的教与学方式方法变革。

作用及影响：促进信息技术与教育教学深度融合，促进学科专业结构和人才培养结构更加适应国家和区域经济社会发展需要，促进协同育人机制更加优化。

新一代信息技术政策

《“十三五”国家战略性新兴产业发展规划》

颁布时间：2016 年 12 月 19 日

颁布单位：国务院

政策内容：实施网络强国战略，加快建设“数字中国”，构建万物互联、融合创新、智能协同、安全可控的新一代信息技术产业体系。深入推进“互联网+”创业创新、协同制造、人工智能等 11 个重点行动，建设互联网跨领域融合创新支撑服务平台。

作用及影响：有利于培育发展新动能，推进供给侧结构性改革，构建现代产业体系，提升创新能力，建设制造强国，发展现代服务业，为全面建成小康社会提供有力支撑。

《“十三五”国家科技创新规划》

颁布时间：2016 年 8 月 8 日

颁布单位：国务院

政策内容：一、迈进创新型国家行列：把握科技创新发展新态势；确立科技创新发展新蓝图；建设高效协同国家创新体系。二、构筑国家先发优势：实施关系国家全局和长远的重大科技项目；构建具有国际竞争力的现代产业技术体系。三、增强原始创新能力：持续加强基础研究；建设高水平科技创新基地；加快培育集聚创新型人才队伍。

作用及影响：规划突出顶层设计，坚持有序推进，充分体现了需求驱动和创新驱动的紧密结合，进一步确立了为迈向创新型国家和建设世界科技强国奠定坚实基础的总体目标。

移动互联网政策

《移动互联网应用程序信息服务管理规定》

颁布时间：2016 年 6 月 28 日

颁布单位：互联网信息办公室

政策内容：移动互联网应用程序提供者应当严格落实信息安全管理责任，建立健全用户信息安全保护机制，依法保障用户在安装或使用过程中的知情权和选择权，尊重和保护知识产权。

作用及影响：明确了移动互联网应用程序提供者和互联网应用商店服务提供者应当履行的管理责任，有利于为移动互联网用户提供安全、优质、便捷、实用的信息服务。

第二部分

行业发展

2016 年可以说是理性回归之年。在经历了 2015 年的企业融资并购潮后，资本回归理性，开始放缓投融资增速；商业回归理性，企业不再以流量为王的方式进行经营，注重盈利和成本控制；政府也趋于监管与鼓励并重，通过全面的政策介入，进行双向调控；创业热潮逐渐降温，获投数量急剧下降。

易观从战略高度盘点 2016 年互联网行业的发展，从政策维度、资本维度、产业维度以及产品维度四个方面凝练分析 2016 年互联网行业发展状况。在当前理性回归趋势的大背景下，整个互联网行业更注重将现有的流量挤出水分，通过精细化运营提高企业竞争力。这一年中也不乏亮点，内容运营、共享单车、直播和大数据成为 2016 年最火热的词汇。

政策导向

2016年作为“十三五”规划的首年，各级政府都在深化落实2015年十八届五中全会提出的实施网络强国战略、实施“互联网+”行动计划、发展分享经济、实施国家大数据战略。深入实施创新驱动发展战略，发挥科技创新在全面创新中的引领作用，通过发布一系列政策全面介入互联网行业，支持产业发展，规范市场，实行双向调控。

在互联网金融方面，2015年7月发布的《关于促进互联网金融健康发展的指导意见》第一次从中央政策的角度肯定了基于互联网的金融创新，明确了互联网金融的内涵和法律实质，明确指出P2P属于民间借贷范畴，受合同法、民法通则等法律法规的规范，明确了P2P的法律地位。2016年8月25日发布的《网络借贷信息中介机构业务活动管理暂行办法》则是为《指导意见》的落实提供了明确的路径，规范网络借贷信息中介机构业务活动，促进网络借贷行业健康发展，更好地满足小微企业和个人的投融资需求。该《办法》确定了网贷行业监管总体原则：一是强调机构本质属性，加强事中事后行为监管；二是坚持底线监管思维，实行负面清单管理；三是创新行业监管方式，实行分工协同监管。《办法》为网贷行业的发展明确了方向，进一步引导网贷机构回归信息中介、小额分散的普惠金融本质，促使网贷行业正本清源。

在互联网娱乐方面，国家互联网信息办公室于2016年11月4日发布《互联网直播服务管理规定》，以加强互联网直播规范管理，促进行业健康有序发展。《规定》提出了“双资质”要求，即互联网直播服务提供者和互联网直播发布者在提供互联网新闻信息服务时，都应当依法取得互联网新闻信息服务资质，并在许可范围内开展互联网新闻信息服务。同时明确，互联网直播服务提供者应当按照“后台实名、前台自愿”的原则，对互联网直播用户进行基于移动电话号码等方式的认证，对互联网直播发布者进行基于身份证件、营业执照、组织机构代码证等的认证登记。互联网直播服务提供者应当对互联网直播发布者的真实身份信息进行审核、备案，并在相关执法部门依法查询时予以提供。

在网约车方面，《关于深化改革推进出租汽车行业健康发展的指导意见》和《网络预约出租汽车经营服务管理暂行办法》明确了网约车的合法地位，但保留地方政府对具体管理标准和营运要求的裁量权。截至2016年12月30日，全国共有北京、天津、上海等42个城市正式发布了网约车管理实施细则，140余个城市已向社会公开征求意见。从北京、上海、深圳、广州发布的网约车服务管理细则草案来看，地方政府从户口、车牌、车型三个层面抬高了专车门槛，运营压力增大，对网约车行业发展影响重大。

资本动向

2015年的资本市场狂欢在2016年逐渐降温，各项指标基本上都出现了增速放缓现象，甚至大幅度负增长。根据易观调查数据显示，2016年新增创业公司2677家，较2015年减少了77%，出现大幅跳水；而获投公司的数量也从2015年的7633家减少至5644家，减少了26%，出现了首次负增长。但一级市场投入金额达到3522亿人民币，仍有20%的增长，这说明市场上热钱多而优质项目少，出资方更加青睐优质项目及已具规模的项目，对资金的使用更加珍惜，市场重新趋于理性。

通过2016年度中国互联网十大融资公司的融资情况（见表1）可以明显看出当前趋势，融资前十的公司均出自名门且大多都与BAT有密切联系，同时大多数都是细分行业的一方霸主。这十家公司的2016年融资金额总计高达230亿美元。

表1 2016年度中国互联网十大融资公司的融资情况

排名	公司名称	年融资总额	2016年融资情况		
			时间	金额	投资方
1	滴滴出行	73亿美元以上	12月13日	数千万美元	格律资本
			9月9日	2亿美元	富士康
			8月16日	具体金额不详	中国邮政
			6月16日	45亿美元	腾讯等
			6月13日	6亿美元	中国人寿
			5月13日	10亿美元	苹果
			2月24日	10亿美元	中投公司等
2	蚂蚁金服	45亿美元	4月19日	45亿美元	中投公司等
3	新美大	33亿美元以上	7月18日	具体金额不详	华润创业联合基金
			1月19日	33亿美元	腾讯等
4	菜鸟网络	折合约15亿美元	3月14日	100亿人民币	GIC新加坡政府投资公司等
5	饿了么	12.5亿美元	4月13日	12.5亿美元	阿里巴巴
6	陆金所	12.16亿美元	1月8日	12.16亿美元	国泰君安
7	乐视体育	折合约11.5亿美元	3月27日	80亿人民币	海航资本等
8	威马汽车	10亿美元	8月3日	10亿美元	未透露
9	京东金融	折合约10亿美元	1月16日	66.5亿人民币	红杉资本中国等
10	链家网	折合约9亿美元	4月6日	60亿人民币	华晟资本—华兴资本等

来源：易观2017

2016 年资本市场另一个值得关注的动向是在经历了 2015 年的 O2O 死亡潮后，风口的优质项目融资速度显著提升。尽管 2016 年互联网投融资规模仍然保持了 20%的增长，但鉴于新增公司及获投公司数量双双大幅缩水，可以判断出资金流向大部分仍在延续过往的投资轨迹进行追加。以 2016 年下半年共享单车代表的短途出行为例，其大大刺激了资本的反弹，直接掀起了一波融资高潮。排在 TOP3 位置的摩拜单车、ofo 和小鸣单车都以迅速的方式发起融资（见图 1）：摩拜单车从 2016 年 8 月至 2017 年 1 月短短 5 个月间获得 5 笔融资；ofo 共享单车也在 2016 年获得了 5 笔融资；小鸣单车也在 2 个月内融到了 3 笔投资。从侧面也可以看出，2016 年互联网已完成充分布局，新场景、新赛道匮乏，市场兴奋点几无，未来再挖掘的难度加大。

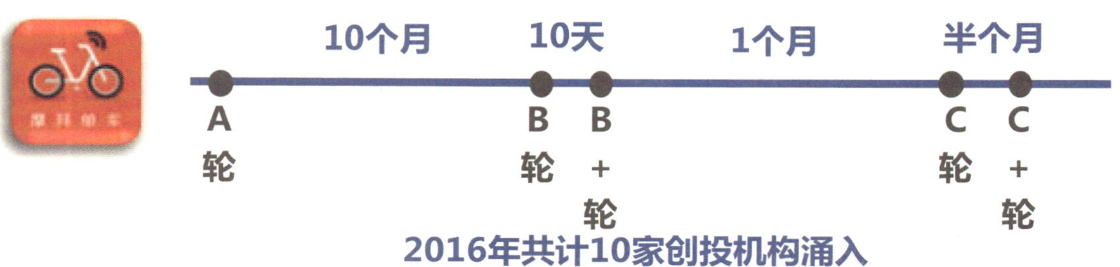

另有不少于8家共享单车初创公司迅速获得资本支持

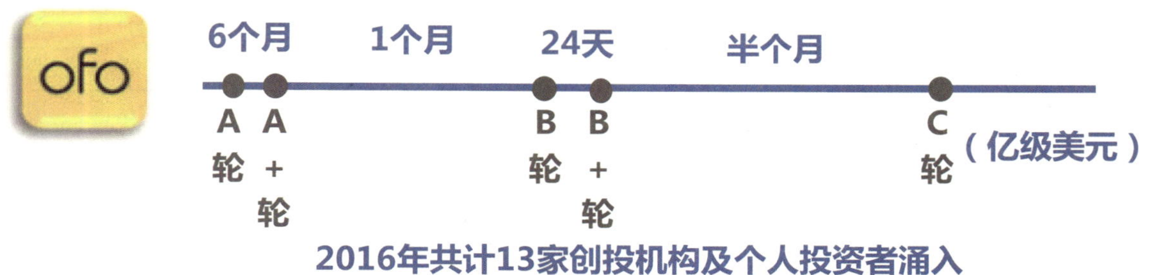

© Analysys 易观　　www.analysys.cn

图 1　摩拜单车和 ofo 共享单车 2016 年融资情况

模式升级

易观分析认为，2016 年中国互联网行业模式升级创新重点可以概括为：在回归商业本质的基础上，互联网领先企业通过拆分、投资等方式积极进行战略产业布局，力争成为全领域领先者。

在互联网发展的今天，这些行业领先者以更加主动的方式参与到竞争中，在巩固自己行业霸主地位的同时，将自己的触手伸向更多领域，通过将自身业务拆分成为子公司、建立战略联盟、注资于行业细分领域中的潜力公司等形式来形成一个全产业链布局：通过拆分成为子公司，互联网领先者不仅是从业务层面上与创业者竞争，更是从资金层面上直接参与竞争；同时他们也是资本市场积极的买家，通过并购和收购的方式来获取资源，完成自身布局和增加自身竞争力；最后是作为资方提供资本以获得市场上有潜力公司的股权，达到长期战略布局的目的。

这可以看作领先者面对互联网下半场的应对策略。在人口红利消失、新流量变得越来越难找的情况下，互联网公司纷纷缩减成本、降低补贴、提高服务费以求能够生存下去，互联网与实体经济愈加融合、不再分清彼此的今天，这些领先者尤为注重回归到商业本质：通过拆分自己的新业务和高资金需求业务，来保证母公司治理结构的完整性，降低运营成本，减少风险发生，以达到股东和投资人的预期回报；拆分的子公司则一方面背靠母公司获得资源，另一方面运用市场资金来实现自身扩张，提高自己的市场份额；最后领先者作为投资方，通过出资间接控制有潜力的公司供其壮大，获得细分市场的主导地位，保证自己在下半场还有持续不断的牌可出。通过分析行业巨头 BAT 在近几年的投资收购表现可以看出上述趋势（见表 2、表 3）。

表 2　2014—2016 年 BAT 投资企业类别情况

企业类别	百度				阿里巴巴				腾讯			
	2014 年	2015 年	2016 年	汇总	2014 年	2015 年	2016 年	汇总	2014 年	2015 年	2016 年	汇总
本地生活	2	6	0	**8**	3	4	1	**8**	6	9	3	**18**
电子商务	3	5	0	**8**	6	10	11	**27**	8	8	8	**24**
房产服务	0	0	1	**1**	0	2	0	**2**	1	1	1	**3**
工具软件	3	1	0	**4**	3	2	4	**9**	3	3	0	**6**
广告营销	0	1	0	**1**	0	1	0	**1**	1	1	0	**2**
教育	7	0	3	**10**	3	2	0	**5**	2	4	5	**11**
金融	0	2	4	**6**	3	1	2	**6**	6	3	7	**16**
旅游	0	0	0	**0**	4	2	1	**7**	3	3	3	**9**
企业服务	0	3	2	**5**	2	11	4	**17**	3	6	13	**22**
汽车交通	1	4	3	**8**	4	6	3	**13**	4	12	7	**23**
社交网络	0	0	0	**0**	4	1	1	**6**	4	7	7	**18**
体育运动	0	0	1	**1**	1	1	1	**3**	0	1	3	**4**
文化娱乐	2	6	1	**9**	10	11	7	**28**	10	16	13	**39**
物流	1	1	1	**3**	2	5	1	**8**	1	3	2	**6**
医疗健康	0	2	1	**3**	1	1	2	**4**	3	15	6	**24**
硬件	1	1	2	**4**	1	4	2	**7**	2	5	3	**10**
游戏	1	0	0	**1**	2	1	1	**4**	17	16	8	**41**
总计	21	32	19	**72**	49	65	41	**155**	74	113	89	**276**

来源：易观 2017

表 3 2014—2016 年 BAT 投资轮数情况

投资轮数	百度				阿里巴巴				腾讯			
	2014 年	2015 年	2016 年	汇总	2014 年	2015 年	2016 年	汇总	2014 年	2015 年	2016 年	汇总
天使轮	1	0	0	**1**	1	5	2	**8**	5	8	7	**20**
种子轮	0	0	0	**0**	0	1	0	**1**	1	4	4	**9**
Pre-A 轮	0	0	0	**0**	0	1	0	**1**	0	4	3	**7**
A 轮	7	6	4	**17**	16	11	8	**35**	25	35	13	**73**
A+轮	0	2	0	**2**	0	0	1	**1**	0	4	2	**6**
B+轮	0	0	1	**1**	0	0	1	**1**	0	0	4	**4**
B 轮	2	7	7	**16**	9	12	2	**23**	11	22	22	**55**
C 轮	2	5	2	**9**	3	6	7	**16**	13	15	12	**40**
D 轮	1	6	1	**8**	3	4	2	**9**	1	4	5	**10**
E 轮	0	2	1	**3**	0	2	0	**2**	1	4	1	**6**
F 轮-上市前	1	1	0	**2**	1	2	2	**5**	2	3	1	**6**
IPO 上市	0	0	0	**0**	1	2	0	**3**	0	1	0	**1**
IPO 上市后	0	1	0	**1**	5	1	6	**12**	6	2	3	**11**
战略投资	3	0	1	**4**	3	11	5	**19**	5	4	6	**15**
并购	4	2	2	**8**	7	7	5	**19**	4	3	6	**13**
总计	21	32	19	**72**	49	65	41	**155**	74	113	89	**276**

来源：易观 2017

行业变革

1. 互联网行业进入下半场，人口红利正在消失

2016 年，中国网民数量，尤其是移动互联网用户数量增幅明显放缓，中国互联网发展基本结束“人口红利”时代，开始进入下半场，这也与中国经济转型基本同步。随着人口红利的触顶，企业面对的将是拥有一定互联网经验的“非小白用户”，价格战、病毒式营销、预装式推广等创业手段将失去以往魔力。进入下半场的中国互联网将从依靠“人口红利”转变为依靠创新驱动，从之前的粗放型、扩张式高速增长转为集约型、内敛式均衡增长。

进入下半场的中国互联网，行业进入门槛显著提升，“跑马圈地”大干快上已不可行，炒作概念吸引风投神话难再。“技术+产品”的融合突破将是企业突进的有利手段，而用户数据更是提高需求匹配能力和服务质量的利器。下半场的中国互联网，将从互联网占主导的“互联网+”模式，转

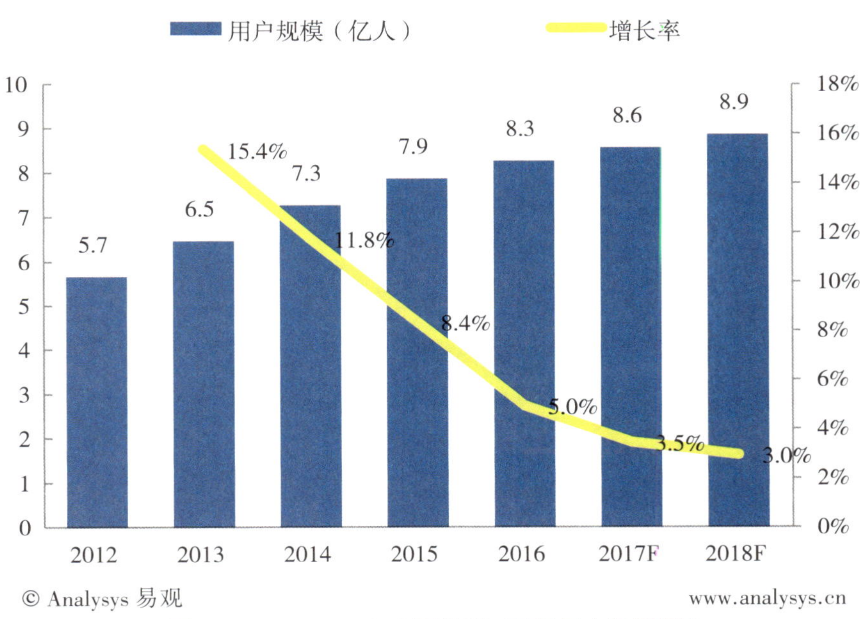

图 2　2017—2018 年中国移动互联网用户规模预测

为互联网与实体产业深度融合，为实体经济提供更优化的纵深连接和更优质的全方位服务。

2. 互联网热点上下半年泾渭分明

2016 年上半年，移动直播跻身互联网风口，各大资本纷纷布局。但随着涉黄直播的不断发生，监管政策频出，高压监管趋于常态化，行业逐渐朝规范化发展。随着百度、阿里、腾讯、欢聚时代等大公司布局的完成，行业在 2016 年年底经历大规模洗牌，热度逐渐冷却。

2016 年下半年，单车租赁异军突起，成为互联网新风口，直接掀起了一波融资高潮，摩拜单车、ofo、小鸣单车等纷纷获得资本青睐。单车租赁成为下半年最大亮点。

3. 创业热大幅降温，新增创业公司数量跳水严重

互联网创业热潮在 2015 年就已遇冷，2016 年降温更加明显。2016 年互联网新成立公司仅 2000 多家，不到 2015 年的 1/4，跳水严重（见表 4）。随着资本结构性寒冬的出现，新增创业公司数量可能进一步下滑。

表 4　2014—2016 年新增创业公司数量

年份	新增创业公司数量（家）	同比增长
2016	2677	-77%
2015	11357	-2%
2014	11577	54%

来源：易观 2017

4. 开源节流，互联网企业运营回归商业本质

2016 年，移动互联网的流量红利已经见底，获取用户的成本及难度持续增大，资本寒冬已经来临，互联网进入下半场。资本退出困难、用户获取难度大、运营投入居高不下等都成为很多单靠资本输血而盈利迟迟待解的互联网公司不得不面对的现实难题。部分企业在大规模烧钱获取用户流量后，依然无法找到合适的盈利模式，从而黯然离场。例如：曾号称中国最大的 O2O 洗车及养护平台博湃养车正式宣布破产倒闭；搜房网房天下退出装修市场。

因此，开源节流成为企业的关注重点，越来越多的企业开始正面应对自我造血的难题，从关注流量到关注盈利，试图通过调整常见的补贴力度、服务费以及人力成本的方式走出困境。行业从看重 GMV 和活跃用户数的流量时代向看重 ROI 和高净值用户数的精细化运营时代过渡，逐渐回归商业本质。部分企业凭借前期的用户积累开始探索变现模式，力求实现盈利。

5. 新技术成为互联网行业发展的新动力

2016 年新技术的普及为市场贡献了新的变量。以大数据、云计算、人工智能、虚拟现实为代表的新一代互联网技术与经济社会各领域全面深度融合，催生了很多新产品、新业务、新模式，在整个产业链中的优势不断放大，市场潜力巨大。

中国公有云 IaaS 市场是当下互联网领域发展最为迅速的行业之一，行业年增长率保持在 50%以上。2016 年，中国公有云 IaaS 市场规模增长率达 79. 8%，市场规模达到 71. 7 亿元。此外，AlphaGo 和李世石的“世纪大战”将人工智能推入大众视野。2016 年 AI 领域引发全球新一轮的投资热潮，市场投入资金约为 25 亿美元，为近 10 年来最高值。

新技术的出现盘活了略显沉闷的互联网市场，为市场注入了新的活力，为行业带来了新的爆点。随着 VR、三连麦等技术的普及，直播的实时互动性进一步加强，直播行业在 2016 年彻底爆发，成为新的营收来源，尤其在社交、购物、娱乐等领域表现明显。以陌陌直播为例，直播功能在 2016 年 Q3 即贡献了 1. 086 亿美元的营收收入，占当季度营收的 70%左右。

6. 人成为市场最丰富的变量，网红经济爆发

“网红”无疑是 2016 年最热的关键词之一。事实上，网红并未跳脱出“人的影响力”这一衡量范畴，只是社交媒体，特别是短视频、直播平台的兴起，不仅让原有的 KOL 找到了全新的展示平台以持续释放影响力，也让普通用户的展示门槛大大降低，同时其背后可观的变现可能也刺激了越来越多的人参与其中。

网红经济在 2016 年迎来大爆发。2016 年 3 月，papi 酱获得真格基金、罗辑思维、光源资本和星图资本共计 1200 万元的投资；2016 年 4 月，papi 酱的第一次视频贴片广告以 2200 万元的天价卖出。根据易观千帆的监测数据进行统计，一名普通网民平均 75%的休闲时间均在关注与人相关的平台，人的影响已经无孔不入，成为互联网最丰富且潜在规模最大的变量，进而催生了网红产业的爆发，并走向组织化、专业化。据易观统计，2016 年中国网红经济规模达到 528 亿元。2018 年，中国网红产业规模将达到 1016 亿元人民币（见图 3），电商和直播是目前及未来几年中国网红产业变现的主要来源。

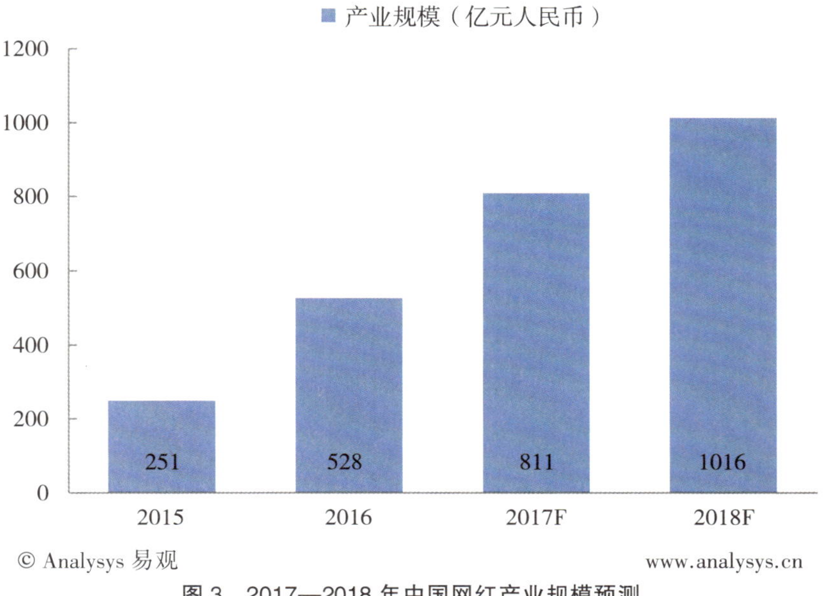

图 3　2017—2018 年中国网红产业规模预测

产品创新

纵观 2016 年，互联网市场整体氛围由狂热向谨慎过渡，进入蛰伏期。但随着分享经济的快速成长，互联网新业态非常活跃，新模式快速兴起，新领域不断拓展，新平台发展壮大。其中，网络直播和单车分享迎来“发展元年”。

1. 单车租赁市场百家争鸣，资本纷纷入局

2016 年下半年，随着资本市场的强势进入和企业的快速扩张，中国互联网单车租赁市场呈现爆发式发展，摩拜、ofo、优拜、骑呗等众多玩家纷纷入局。2016 年，互联网单车租赁市场融资总额超过 5 亿美元。其中，摩拜单车在短短 5 个月内完成了多达 5 轮的融资，估值超过 10 亿美元；以校园自行车起家的 ofo 共享单车同样在 1 年时间内完成 5 轮融资，与摩拜单车一时瑜亮。

易观分析认为，互联网单车租赁市场发展主要得益于宏观环境的利好。政策方面，“十三五”规划提出创新、协调、绿色、开放、共享五大发展理念，鼓励发展共享经济，发改委等十部门联合发布《关于促进绿色消费的指导意见》，鼓励低碳出行方式；技术方面，移动互联网、位置服务、移动支付等软硬件技术的进步使用户使用流程更加便捷；社会方面，单车出行是解决城市交通“最后三公里”的有效解决方案，使用场景丰富，社会需求量大。

目前，摩拜单车、ofo、永安行等入局者已形成一定规模，市场将迎来一波洗牌，积累了海量用户和出行数据并具备完备硬件技术的企业将拥有巨大优势，最终形成寡头竞争的格局。

2. 直播跻身移动互联网风口

2016 年上半年，伴随着游戏直播的快速兴起以及移动互联网的飞速发展，基于智能手机应用的直播形态得以爆发。从 PC 到移动终端，直播范围从单一的秀场、游戏直播发展为体育赛事解说、音乐现场直播，甚至吃饭、睡觉、写代码等琐碎场景，直播打破秀场的形态桎梏，走向了全民直播的广阔延展空间。直播 APP 如雨后春笋般出现，腾讯、阿里巴巴、百度等网络巨头的接连入场以及资本市场的疯狂注资让直播成功跻身移动互联网风口。

腾讯布局最为广泛，通过推出自家产品以及投资，旗下已有包括斗鱼、龙珠、企鹅直播在内的 9 大直播平台，涵盖游戏、秀场、教育、全民直播等多个维度。阿里则结合电商业务推出淘宝直播和天猫直播，还在大文娱战略下通过合一集团间接布局娱乐直播。

随着 2016 年 12 月 1 日直播新规的正式实行以及 2017 年 1 月 1 日《网络表演经营活动管理办法》的实施，行业逐渐朝规范化发展。易观分析认为，在市场监管趋于完善以及巨头布局基本完成的情况下，行业将大幅洗牌。同时，直播平台的运营成本也会被不断抬高，良性的行业壁垒将逐渐建立，不少小型平台可能会被迫退出。此外，随着直播平台商业化不断完善，直播平台的内容趋势将从泛娱乐直播转入到泛生活、场景化直播。相比秀场和游戏直播的模式，以垂直领域为核心的“直播+”将是发展主流。未来的直播将基于移动终端的信息实时发布与社交互动平台，融合移动化、视频化、社交化三大互联网发展趋势，以社交为基础，满足用户碎片式、场景化、主题性的互动需求。

3. 人工智能正在成为资本的竞争场

从 2016 年年初 AlphaGo 和李世石的围棋大战，到一场场和人工智能有关的发布会，再到热播美剧《西部世界》第一季的完结，人工智能在 2016 年迅速成为社会关注的热点。2016 年是人工智能商业化的起步之年，各大资本开始跑马圈地。

百度是国内在人工智能领域“声势”最大的玩家，研发出诸如百度大脑、百度医疗大脑、天智云计算解决方案等人工智能产品。在 2016 年百度世界大会上，人工智能成功取代 O2O 成为百度新的“旗帜”，再加上百度无人驾驶车等产品的频繁亮相，百度在人工智能方面获得了不小的关注。

2016 年，阿里在人工智能领域的动作也趋于高调，先是在人脸识别、语音识别等方面“炫技”营销，随后在 8 月份直接推出了 ET 机器人，涵盖语音识别、图像识别、情感分析等技术。腾讯则在 2016 年相继投资了数据公司 Diffbot 和碳云智能等人工智能相关的公司。

第三部分

区域发展

2016年，互联网继续渗透于人们生活的点点滴滴，改变着人们的生活方式甚至是思维方式，同时也极大地影响着区域经济的发展，互联网产业的形成和聚合式的发展促使国内互联网标志地图的形成。由于区域政策、人口分布、生活水平、产业特性、经济发展等因素的存在，不同地域互联网发展优势各有不同，主要原因包括：一方面，互联网产业的发展仍然存在较为明显的地区不平衡，与此同时，相对滞后的中西部地区正在发力赶超；另一方面，政府也加大了对互联网产业与传统行业相融合的支持与促进力度。

易观选取北京、上海、浙江、广东、四川五个区域进行分析，这五大区域都是目前中国互联网发展具有代表性的区域。首先，这五个区域分属中国的东南西北；更重要的是，这五个区域在一定意义上也是中国互联网发展的排头兵和制高点。期望通过对这些区域的了解，闻一知十，在概览中国互联网区域发展的同时，也能帮助中西部地区将互联网产业的发展与自身产业的区位优势相结合，更快更好地驱动经济转型与稳健增长。

北　京

北京市互联网产业的发展现状

据中国互联网络信息中心（CNNIC）在京发布的第 39 次《中国互联网络发展状况统计报告》显示，截至 2016 年 12 月，中国网民规模达 7.31 亿，全年共计新增网民 4299 万人，其中手机网民规模达 6.95 亿，较 2015 年年底增加 550 万人，网民中使用手机上网人群占比由 2015 年的 90.1%提升至 95.1%，移动互联网技术的发展和智能手机的普及，促使网民的消费行为继续向移动端迁移和渗透。而北京是中国移动互联网产业发展的高地，运营商以及相关政府机构的驻扎使得北京在移动互联网发展过程中享有得天独厚的优势。移动增值市场的土壤更是快速地催生了北京移动互联网市场的发展。此外，北京拥有全国最多的互联网企业、最多的互联网从业者和最多的风险投资机构，33 家企业进入中国软件业务收入前百家，43 家企业入选中国互联网企业百强，21 家企业入选《福布斯》中国移动互联网三十强，高校数量、人才储备、互联网氛围等“软实力”更是明显优于其他城市。2016 年北京信息产业实现增加值 3797.6 亿元，增长 10.1%；占地区生产总值的比重为 15.3%，比上年提高 0.3 个百分点。

北京市互联网产业的区位优势

技术优势

北京中关村是中国高新技术开发区。北京市统计局、国家统计局北京调查总队联合发布的数据显示，2016 年 1—8 月，中关村重点监测的六大高新技术领域均保持增长，共实现总收入 18937.7 亿元，同比增长 11.8%。其中，新材料及应用技术、电子与信息、生物工程和新医药总收入增速保持两位数增长，同比分别增长 16.1%、15.1%、14.3%；先进制造、新能源与高效节能技术、环境保护总收入比上年同期分别增长 8.7%、2.5%、1.4%。微观层面，企业科技创新持续活跃。1 月至 8 月，中关村研发人员合计 54.4 万人，比上年同期增长 5.8%；企业内部的日常研发经费支出 846.7 亿元，比上年同期增长 16.4%。

产业集群优势

北京中关村的产业集群一直是中关村不可替代的优势，互联网、移动互联网和新一代移动通信、卫星应用、生物和健康、节能环保、轨道交通等六大优势产业集群，集成电路、新材料、高端装备与通用航空、新能源和新能源汽车等四大潜力产业集群以及高端发展的现代服务业，构建了“一区多园”各具特色的发展格局，成为首都跨行政区的高端产业功能区。

人力资源优势

中关村科技园区是北京市科技、智力、人才和信息资源最密集的区域，园区内有清华大学和北京大学。此外，中关村坚持以全球视野发现和延揽人才，绘制“全球顶尖技术和团队分布图”，依托在伦敦、悉尼、东京等地设立的十余个海外人才联络机构，在全球坐标系中发现和延揽高端人才。目前，中关村地区有 1188 人是国家“千人计划”入选者，占全国“千人计划”总人数的 20%；海归创业人才创办企业累计超过 8000 家，成为国内海归人才创办企业数量最多的地区。

资本优势

人才与技术在中关村的聚集直接吸引大量资本的到来，使得中关村成为全世界资本聚集的地方。同时，中关村在全国率先建立天使投资和创业投资引导资金，壮大了天使投资和创业投资规模。近年来这里每年吸引的创业投资案例和金额占全国的三分之一以上，比例与硅谷占全美国的比重相当。此外，中关村还积极推动完善多层次资本市场，率先推出全国中小企业股份转让系统（“新三板”）试点，推动成立中关村股权交易服务集团（“北京四板”）。

北京市相关产业园区与产业组织

中关村互联网文化创意产业园

中关村互联网文化创意产业园是由中共海淀区委宣传部、中关村科技园海淀园管理委员会共同创建授牌，由北京中关村互联网文创产业园管理有限公司负责策划、设计、运营的创新型文化与科技、金融高度融合的互联网文化产业基地。产业园的运营方式是构建大数据平台，通过智慧园区平台系统运营，以互联网、文化、科技、人才、金融为产业要素进行全产业链集聚，最终建成国家一流的互联网文化领域产业示范园区。依托五路居园区成功运营的经验和创新模式，目前，已经在北京及全国范围内开始推广复制“一园多址”运营模式，外埠园区承德文创园、廊坊文创园已经挂牌运营，意向复制包括宁波文创园、无锡文创园、深圳文创园、武汉文创园等园区。

北京互联网金融安全示范产业园

北京互联网金融安全示范产业园是目前全国唯一也是世界唯一的一家以安全为主题的互联网金融产业园，已经登记注册企业 53 家，先后成立了房山区金融产业服务中心、互联网金融产业安全专家顾问委员会和互联网金融安全研究院，已经成为房山区金融产业发展的重要支撑。北京互联网金融安全示范产业园于 2015 年 6 月 18 日由北京市金融工作局与房山区政府正式授牌，致力于提供互联网金融安全领域服务。近年来，随着互联网金融的高速发展和 2016 年合规监管政策的加码，互联网金融安全日渐成为行业发展的基础和根本保障，产业园的建成将促进互联网金融的创新、规范、开放和共享。作为互联网金融发展的重要推力，金融科技已经以原生性创新得到了监管和市场的认可，而区块链研究院的成立也将对下一步区块链技术在中国的全面发展做出积极探索。

北京密云国际互联网金融产业园

北京密云国际互联网金融产业园作为中小企业扶持基金的重要载体，是由中金亿投控股集团投资开发，并于 2015 年 10 月 20 日正式开园。孵化“互联网+”金融社会企业成为产业园重要功能之一，从产业链和经营链上全方位、功能化、共享性解决入驻企业的需求。该产业园以互联网产业为基础，依托“互联网+”，采取“集群发展”的理念，将金融、物流、支付、保险、电子商务、跨境电商等传统商业形态与互联网结合，衍生出全新的互联网商业形态。

智慧城市

北京海淀区聚集了大批国际国内著名的高新技术企业，特别是信息服务业已经成为海淀区第一大新兴行业，由于海淀区有优秀的高新技术、经验积累以及政策扶持，近年来，智慧海淀建设项目取得显著成效。2016 年 6 月 22 日，海淀区成为首批国家级医养结合试点单位，并率先在全市发布了《进一步统筹资源创新推动智慧社区养老助残服务体系建设的工作方案》，将医养结合服务体系建设纳入海淀区“十三五”规划，并纳入重点改革任务范围，统筹智慧海淀和医养结合服务信息化平台建设，制定政府购买公共性、基础性服务政策。万寿路社区卫生服务中心适时打造智慧养老平台，将医养结合与智慧医疗搭上线，在海淀区探索医养结合的新途径。

北京互联网产业未来发展方向

2016 年 6 月 23 日，由中国互联网协会主办的 2016（第十五届）中国互联网大会在北京国际会议中心圆满落幕。本届大会主题为“繁荣网络经济，建设网络强国”。除保留传统的移动互联网、互联网金融、大数据、云计算、物联网、知识产权、网民权益保护、网络安全、APP 应用创新、互联网法治生态、互联网教育等专题论坛外，大会新增了分享经济、产业互联网、移动视频、信息消费、WiFi 技术应用、跨境电商等多个热门领域论坛。

为推动京津冀协同发展，营造“互联网+”区域协同发展生态，促进京津冀高端产业融合创新，由北京市大兴区人民政府、北京经济技术开发区管理委员会联合主办，北京电子商务中心区建设办公室承办，北京电子商务中心区投资有限公司执行的“2016 京津冀互联网高峰论坛”于 11 月 25 日在北京 CED 成功举办。京津冀三地相关主管领导、北京市大兴区人民政府、中国国际电子商务中心领导、知名电商专家、智能制造企业、互联网企业高管以及创业先锋同聚一堂，共议创新发展之道。

为了促进北京市互联网产业的快速发展，2016 年 12 月 18 日，北京市通信管理局和北京市发展和改革委员会正式印发《北京市“十三五”时期信息通信业发展规划》。《规划》全面回顾和总结了“十二五”期间北京市信息通信业发展取得的成绩，科学地设定了“十三五”时期北京市信息通信业建设的发展思路和目标。《规划》提出，2020 年北京市电信业务收入将过 4000 亿元，其中基础电信业务收入超过 600 亿元，增值电信及互联网业务收入超过 3400 亿元。固定互联网宽带接入用户数将到 800 万户，移动互联网普及率超过 90%，宽带家庭普及率达到 85%。此外，《规划》还确定了在移动互联网、能源互联网、云计算等领域的发展目标。

易观分析认为，北京拥有优秀的人才、高新技术、政策扶持以及充裕的资本，并且以京津冀经济圈为依托，实施区域协同发展战略，这些都极大地促进了其互联网产业的快速发展。目前，共享经济、智慧城市、人工智能、云计算成为其发展热点，吸引着大批中小企业互联网创业者，未来北京将继续引领全国互联网产业创新发展。

上　海

上海市互联网产业的发展现状

上海的信息化发展水平一直处于国内前列，根据上海市统计局和国家统计局上海调查分队联合发布的《2016 年上海市国民经济和社会发展统计公报》，2016 年上海全年实现信息产业增加值 2994. 33 亿元，比上年增长 8. 5%。其中，信息服务业增加值 1963. 79 亿元，同比增长 11. 9%。至年末，全市光纤到户覆盖总量达 941 万户，比上年末增加 31 万户，实际使用用户数达到 515. 74 万户，比上年末增加 54. 62 万户。互联网网民数 1791 万人，互联网普及率为 74. 1%。城市公共区域 WLAN 接入热点累计达 13. 72 万个。互联网宽带接入用户 804. 12 万户，比上年末增加 119. 30 万户。互联网省际出口带宽 8. 59T，比上年末增加 2. 99T；互联网国际出口带宽 1. 08T，比上年末增加 0. 16T。全年完成电子商务交易额 20049. 30 亿元，比上年增长 21. 9%。其中，B2B 交易额 14445. 60 亿元，同比增长 17. 3%，占电子商务交易额的 72. 1%；网络购物交易额 5603. 70 亿元，同比增长 35. 4%，占 27. 9%。此外，由于上海是国际金融中心，所以整个上海互联网金融集聚发展较好，五个产业区重点集聚在浦东、黄埔、长宁和嘉定等地，五家互联网金融产业基地各具特色，可以满足不同发展阶段、不同产业背景的互联网金融企业的差异化需求，吸引大批互联网金融企业入驻。

上海市互联网产业的区位优势

金融中心优势

第一，上海国际金融中心建设的国家战略，使得许多互联网金融创新可以在上海先行先试。第二，中国上海自由贸易实验区建设的不断推进，提高了金融业资源配置的能效，特别是跨境融资与跨境支付的探索，都为上海互联网金融未来的发展埋下了伏笔。第三，上海具有全球影响力的科创经济建设，以及大量科创企业的发展需求，拓展了互联网金融的市场空间与服务领域。

市场区位优势

上海位于长三角经济圈的核心位置，水陆空交通便利，是全国的交通枢纽，也是我国的经济和金融中心，且人口稠密，为互联网产业的发展提供了广阔的市场。

人力资源优势

上海作为全球最有影响力的科创中心，吸引了高端技术人才的集聚。上海市有复旦大学、上海交通大学、同济大学、华东师范大学等重点大学，为互联网产业提供了丰富的人才资源。市委、市政府高度重视人才工作，深入实施人才强市战略，大力构筑国际人才高地，人才高端化、国际化和人才工作制度化、市场化取得新成效，人才竞争比较优势成为城市核心竞争力的重要体现。

上海市相关产业园区与产业组织

上海市移动互联网产业基地

上海市移动互联网产业基地海宝示范园区围绕移动互联网芯片、终端、传输、软件、平台、应用六大重点领域，以移动互联网应用与服务为主导，发展移动资讯、移动阅读、移动搜索、移动支付、移动娱乐、移动位置服务等应用，集聚移动互联网信息咨询、应用推介、交易对接等服务，重点引进应用标杆企业，支持创新型企业创业，力争建设成为上海市移动互联网产业创新先导区、高端人才汇聚区和应用服务示范区。

上海“互联网+”产业园

园区将按照“规划引领、环境优先、配套支撑、分步招商”的指导思想，以“互联网+”为主导产业，集聚发展互联网金融、智慧城市、数字新媒体、工业 4.0 等核心产业，完善交通设施、生活休闲、商业娱乐、商务服务等配套功能，在保留历史风貌工业建筑的同时，形成有特色的公共开放空间。其目标是成为杨浦创新经济的示范区，成为具有国际影响力的上海创新经济新高地，成为城市功能完善的新一代产业园区样板。2016 年 8 月 10 日，园区东区工程正式启动。

上海浦东软件园

上海浦东软件园紧紧围绕产业核心环节重点布局，打造产业链成长引擎，构建产业链重要支撑体系。经过多年布局优化，园区主导产业涵盖服务外包、移动互联网、芯片设计、电子商务及互联网、文化创意和行业应用等多个领域，示范和引领作用日渐显著，园区人才、技术、资金等创新要素持续升级，结构日趋合理。

上海互联网金融产业基地

2016 年 11 月 16 日，第三届世界互联网大会在乌镇正式拉开帷幕，主题为“创新驱动、造福人类——携手共建网络空间命运共同体”，互联网金融作为新兴的金融与互联网行业细分领域，尤其是金融科技的推动，成为大会的焦点。作为国际金融中心的上海越来越重视互联网金融的发展，不仅出台了一系列政策支持，并且在浦东、黄浦、长宁、嘉定等区推出了五家互联网金融产业基地，目的是吸引那些已具备一定条件、积累一定基础的互联网金融企业入驻，试图通过政策资源上的支持，迅速提升上海针对互联网金融企业的综合服务能力。五家互联网金融产业基地各具特色，可以满足不同发展阶段、不同产业背景的互联网金融企业的差异化需求。

上海市互联网产业投资联盟

在上海市经济和信息化委员会的领导下，由上海移动互联网产业促进中心发起，联合永宣创投、嘉御基金、汇付创投、分众传媒、达晨创投、贝琛创投、云赛创投、接力天使、天际投资、晨兴资本、盛大知本等 30 多家知名投资机构，于 2015 年 4 月 15 日成立上海市互联网产业投资联盟，目的在于聚集产业投资资源，搭建高效的互联网产业投融资平台，优化上海市互联网产业发展的生态环境，更好地促进上海互联网产业的健康持续发展。联盟秘书处设在上海移动互联网产业促进中心。

上海移动互联网产业促进中心

上海移动互联网产业促进中心是在上海市经济和信息化委员会的业务指导下，以促进上海移动互联网产业发展为目的创办的民办非企业法人机构。中心将凝聚国内乃至全球的移动互联网产业链上下游关键资源，促进企业之间的沟通、协作、创新和联动，提升上海移动互联网产业企业的创新能力、产业化能力和生态链的整体竞争力；履行产业公共服务职责，整合移动互联网产业发展中的投融资、产业载体、产业服务机构、科研机构等资源，推动产业核心技术突破，开展多层次人才培养，促进移动互联网产业技术和产品标准制定，不断优化上海移动互联网产业发展环境；紧跟信息消费发展的大趋势，努力将上海打造成为中国移动互联网产业高地。

上海市互联网产业未来发展方向

2016 年 2 月 2 日，上海市政府官网发布了《上海市国民经济和社会发展第十三个五年规划纲要》。《纲要》指出要实施“互联网+”行动，推动传统制造业拥抱互联网，并且要求落实“中国制造 2025”战略，发展基于工业互联网的新型制造模式，加快发展新技术、新产业、新业态、新模式，大力推进互联网金融、平台经济、分享经济、移动互联网、大数据、云计算、物联网等快速发展。

2017 年 1 月 26 日，上海市政府正式发布《上海市工业互联网创新发展应用三年行动计划（2017—2019 年）》。计划提出到 2019 年，上海工业互联网发展生态体系初步形成，力争成为国家级工业互联网创新示范城市。未来三年，上海将重点打造 30 个工业互联网标杆工厂，培育 300 个创新发展应用项目，在全市范围内建设 3—5 个实践示范基地、10 个功能性公共服务平台，涌现出 20 家以上具有一定国际竞争力，能够提供自主、安全、可控的系统集成与解决方案的服务商。上海工业互联网将聚焦电子信息、装备制造与汽车、生物医药、航空航天、钢铁化工、都市产业六类重点产业，通过物联网、工业云、大数据技术促进“工业互联、数据互通、应用创新”等关键环节的创新突破，实现制造业向智能化生产、网络化协同、个性化定制与服务化延伸等方向转型发展。

易观分析认为，上海市作为国际金融中心、中国经济中心和中国最大的综合性工业基地，其互联网产业发展优势不言而喻，同时上海市政府又有明确的互联网产业发展规划，布局工业互联网，鼓励互联网金融发展，上海将迎来互联网产业发展的新时期。

浙 江

浙江省互联网产业的发展现状

根据浙江省所发布的《2016 年浙江省国民经济和社会发展统计公报》中的数据显示，2016 年全省全年信息经济核心产业增加值 3911 亿元，占 GDP 的 8.4%，比重比上年提高 0.7 个百分点。其中 2016 年前三季度规上信息经济核心产业主营业务收入、利税总额、利润总额同比分别增长 17.2%、25.8%和 28.9%，特别是信息服务业引领增长作用凸显，软件和信息服务业业务收入同比增长 18.5%，利润同比增长 41.4%。并且根据浙江省通信管理局全省通信业主要指标统计数据显示，截至 2016 年 12 月，浙江省固定互联网宽带普及率已经达到 39 户/百人，较去年同期上涨 63.18%。移动互联网用户数量达到 6366 万人，较去年同期上涨 17.24%。

当前，浙江省作为首个中国国家信息经济示范区，省内政府的整体政策是利好互联网行业。首先，在 2016 年全年，浙江先后发布实施《浙江省“互联网+”行动计划》《中国制造 2025 浙江行动纲要三年行动计划》《浙江省促进大数据发展实施计划》等政策文件，都明确指出浙江省将“数据强省”作为其战略目标。其次，聚集了阿里巴巴等互联网优质企业、同时是全国小商品贸易流通中心的浙江，发挥了杭州、宁波先后成为国家跨境电商综合试验区的作用，改革和完善了适应跨境电子商务特点的政策体系和监管体系，不断扩大可交易商品范围，拓展海外营销渠道，推动开放型经济形成新优势。最后，浙江省出台的《浙江省电子信息产业“十三五”发展规划》明确表示，信息经济已成为推动浙江经济转型升级的关键抓手。

浙江省互联网产业的区位优势

互联网优质企业聚集优势

杭州市在互联网技术、产业、应用以及跨界融合等方面取得了积极进展，涌现了阿里巴巴、网易、华三通信等一批国际国内知名企业。在成功获得“中国软件名城”荣誉后，又先后获得国家自主创新示范区、中国（杭州）跨境电子商务综合试验区的批复，杭州已具备加快推进“互联网+”

发展的坚实基础。随着经济发展进入新常态，杭州正处于发展信息经济、实现创新发展的关键阶段。积极发挥互联网已经形成的比较优势，把握机遇，增强信心，加快推进“互联网+”发展，有利于重塑创新体系、激发创新活力、培育新兴业态和创新公共服务模式，对打造大众创业、万众创新和增加公共产品、公共服务“双引擎”，主动适应和引领经济发展新常态，形成经济发展新动能，实现经济提质增效升级具有重要意义。

实体产业集群经济优势

中小企业集聚的产业集群是浙江经济的特色，如义乌小商品民营企业群、海宁皮革制品民营企业群、乐清低压电器企业群、绍兴轻纺民营企业群和慈溪家电产业集群等。经过多年的精心培育和发展，义乌、海宁等城市已经基本形成了以产品为核心，多个专业市场、多条专业街为支撑，物流、产权、金融、劳动力等要素市场相互配套的市场体系，同时运用互联网技术对产业集群的融合提升作用。以慈禧家电产业集群为例，面对当前制造业普遍存在的低端产能过剩等问题，其基于C2M、C2F、云制造等新型制造模式，从单一品种到多品种、从以小家电为特色的产品结构向大家电和健康智能护理家电等拓展，实现“智能化”转型。互联网技术的发展带动了产业集群在供需结构、生产方式、创新模式、协作机制等方面的变革，有效提升了市场需求响应能力和产品竞争优势，进一步激发了市场活力。

云计算大数据产业发展优势

浙江省在2016年陆续颁发《“宽带浙江”发展“十三五”规划》《大数据产业发展规划（2016—2020年）》和《浙江省电子信息产业“十三五”发展规划》等文件，明确指出了全省集中突破大数据分析等关键技术和云计算大数据业务的发展。文件要求到2020年，技术先进、应用繁荣、保障有力的大数据产业体系基本形成，大数据相关产品和服务业务收入突破1万亿元，年均复合增长率保持在30%左右。2017年，全省云工程与云服务产业要初步形成核心技术自主可控、业务服务内容特色明显、龙头企业国际领先、市场环境规范有序、体制机制保障基本适应的产业生态，努力成为全国有较大影响的云工程与云服务产业示范基地。文件鼓励政府、企业和居民了解、使用和购买云服务，支持第三方电子商务平台运营企业利用云计算、大数据等技术。浙江省依托各个城市发展云产业，以“块状区域”带动全省信息产业新发展。

创新创业活力的氛围优势

如今，梦想小镇和云栖小镇等特色产业小镇已成为聚集高端人才、引领行业风向、极具创新要素的创业平台。据云栖小镇官网介绍，仅在2016年，云栖小镇已累计引进包括阿里云、富士康科技、Intel、中航工业、银杏谷资本、华通云数据、数梦工场、洛可可设计集团在内的各类企业433家，其中涉云企业321家，产业覆盖大数据、APP开发、游戏、互联网金融、移动互联网等各个领域，已初步形成欣欣向荣的互联网创业生态圈。并且浙江创业创新圈还形成了自己极具特色的“四剑客”，包括以浙大为代表的高校系、从阿里巴巴出来创业的阿里系、以“千人计划”人才为代表的海归系、以创二代和新生代为代表的新浙商系。全国四大未来科技城之一的杭州未来科技城（浙江海外高层次人才创新园）既是“科技新城”，更是信息经济“人才特区”。

浙江省相关产业园区与产业组织

杭州跨境贸易电子商务产业园

杭州贸易跨境电子商务产业园成立于 2013 年 7 月 8 日，是国家跨境电子商务产业试点园区，具备进出口双向业务，是全国首个进入实单运作且成功进行跨境小包出口模式的园区。位于下城区的产业园，接下来将推进“产城融合”，建设跨境电商创新创业中心、跨境电商商业商务中心、跨境电商大数据中心和跨境电商 O2O 体验中心，打造集生活品质区域、阳光休闲区域和低碳生态区域于一体的“跨贸”小镇。总体分三期规划，分别为 230 亩启动区、1 平方公里核心区和 3 平方公里拓展区，共同打造融跨境电商商务楼、跨境电商 O2O 商业楼、海关特殊监管区、商业金融支付等功能于一体的跨境电商产业综合体。作为我国第一个跨境贸易电子商务试验田，杭州跨境电子商务产业园占地 4 万平方米，目前已经吸引了阿里巴巴、全麦、创梦谷、顺丰、圆通等跨境贸易电子商务产业企业陆续入驻。

园区通过“清单核放、汇总申报”的创新模式，利用信息化手段优化了流程，实现通关全程无纸化，由于纳入规范管理，给企业带来了快速通关、规范结汇和出口退税的便利。

义乌跨境电子商务园区

义乌跨境电子商务园区项目用地 52 亩，是一个以海关监管为核心、面向跨境电子商务企业及上下游服务企业的开放性平台。园区内集行政监管、物流集散、电子商务、信息交流、金融服务、生活餐饮等功能于一体，极大地降低了物流成本和贸易成本。该产业园区不仅是义乌电子商务产业融合的中心，而且是物流集散价格的洼地，同时园区内综合监管快速通道极大地降低了物流成本和贸易成本。

杭州城西科创产业集聚区

杭州城西科创产业集聚区由杭州未来科技城和杭州青山湖科技城组成，是浙江省 15 个省级产业集聚区之一，规划面积 302 平方公里，是杭州市浙商研发总部、创新服务中心。园区内不仅聚集众多高校，同时还落户了阿里巴巴淘宝城、中国移动 4G 研究院、南方水泥、奥克斯研究院、浙江福彩等项目。

产业集聚区目前累计集聚“国千”专家 50 余名、“省千”专家 80 余名，成功入驻杭州师范大学、杭州电子科技大学、香港大学浙江科技研究院、北京大学创新研究院杭州分院、中科院长春应化所等大院名校和研发机构，海外高层次人才创建企业近 300 家。

浙江省互联网产业未来发展方向

根据《浙江省国民经济和社会发展“十三五”规划纲要》，浙江省重点实施“互联网+”行动计划，建设特色鲜明、全国领先的电子商务、物联网、云计算、大数据、互联网金融创新、智慧物流、数字内容产业中心，发展分享经济，促进互联网和经济社会深度融合。推进产业组织、商业模式、供应链、物流链创新，支持基于互联网的各类创新，办好世界互联网大会，推进乌镇互联网创新发展试验区建设。

根据《浙江省电子信息产业“十三五”发展规划》，浙江省未来 5 年广泛推动“互联网+”行动。以关键技术创新和应用模式创新为引领，全面推进新一代信息技术与传统产业的融合创新，充分运用“互联网+”促进新技术、新产品、新业态和新模式的发展。以创业创新、产业融合、益民服务、治理体系现代化等领域为重点，打造开放、高效、富有活力的创业创新生态系统，全面推进互联网技术在社会民生、政府治理等方面的渗透和融合。积极发展互联网分享经济，在智慧物流、云计算、大数据、互联网金融创新和电子政务等领域建设一批全国“互联网+”先行示范区，打造具有全球影响力的互联网技术与应用中心。以安防、云计算、电子信息、电子商务、物流快递、大数据、动漫游戏等领域为重点，加快培育发展具有国际竞争力的领军企业。支持企业开展技术创新、业务拓展、兼并重组和产业链整合，推动形成一批国际一流龙头企业，提升企业竞争力、研发创造力、品牌影响力和产业链控制力。

易观分析认为，浙江省的电子信息产业整体竞争力位于全国领先水平，凭借着中国最大的电子商务企业——阿里巴巴——在全省的带头作用以及省政府逐渐完善的创业创新政策扶持体系和产业特色小镇的建设，以及对各项人才计划和互联网创业的各项优惠政策，浙江省对于互联网企业、机构和人才来说都具有强大的吸引力。

广　东

广东省互联网产业的发展现状

据广东省统计局所发布的《2016 年广东国民经济和社会发展统计公报》数据显示，至 2016 年年末全省 4G 用户 9085 万户，全年净增 3490 万户，3G 和 4G 用户合计 10664 万户，合计占移动电话用户比重达 74.3%。并且（固定）互联网宽带用户 2851 万户，增加 8.4%。年末移动互联网用户 11519 万户，增长 5.2%。特别值得关注的是，根据中国互联网络信息中心所发布的《中国互联网报告》显示，至 2016 年，广东省全省网民人数达到 8024 万人，人数规模位居全国第一；同时其互联网普及率为 74%，普及程度名列全国前三。

广东省是我国走在信息化建设前列的省份，信息产业的总体规模与经济效益在全国名列前茅，作为互联网大省，保持了 20 年来在全国互联网发展中排头兵的位置。广东不仅是中国互联网发展的先行省，也是国内互联网金融、电子商务、大数据与云计算等热潮涌动的最活跃地带，在企业的数量、生态的完善性等方面也都走在全国前列。根据广东省邮政管理局统计数据可知，在 2016 年的“双十一”中，广东省内寄递企业共收寄邮（快）件 4816.12 万件，与去年同比增长 44.15%。广东省电子商务的高速发展与增长，与省内经济发达、消费者网购能力强劲以及相关产业配套完善这三个方面有着直接关系。互联网金融在广东的发展同样也受到了政府的高度重视，据中国电子商务研究中心（100EC.CN）监测数据显示，截至 2016 年年底，广东省网贷成交量为 526.62 亿元，贷款余额为 1609.24 亿元，正常运营的网贷平台共有 461 家，在全国位居领先地位。

在政府大力发展“互联网+”的背景下，广东省 20 年来陆续涌现出一大批优秀的本地企业，如腾讯、网易、唯品会、珍爱网、借贷宝等，形成了具有广东特色的互联网产业链。

广东省互联网产业的区位优势

广东省的“互联网+”整体生态环境发展迅猛。随着全省互联网基础设施的进一步完善和对相关核心技术的攻关，以华为、腾讯、网易等为代表的信息科技企业和互联网企业在近年得以高速发展。在中国互联网协会、工业和信息化部信息中心联合发布的 2016 年“中国互联网企业 100 强”排行榜中，广东共有 14 家企业入榜，其中腾讯、网易和唯品会这三家企业更是跻身前十。广东还拥有优秀的“双创”环境，创业创新十分活跃。广东也是中国制造大省和全球制造业基地之一，“互联网+”制造促进了企业由“制造”向“智造”转型。广东省珠三角密集的中小型加工制造企业和企业主们积极拥抱“互联网+”，推动产业转型升级。

制度推进互联网与产业深度融合

早在 2015 年，省政府就颁布了《广东省智能制造发展规划（2015—2025 年）》，提出到 2025 年，全省制造业综合实力、可持续发展能力显著增强，在全球产业链、价值链中的地位明显提升，全省建成全国智能制造发展示范引领区和具有国际竞争力的智能制造产业集聚区。同时在 2015 年 9 月发布《广东省“互联网+”行动计划（2015—2020 年）》，提出到 2020 年全面建成珠三角国家互联网自主创新示范区。

“互联网+”产业显现集群效应

作为中国 PC 互联网和移动互联网最早发祥地，广东省孕育出腾讯、UC 优视、网易、欢聚时代、唯品会等一批知名互联网企业，近年来，更是吸引了越来越多的电商巨头在此扎堆发展，跨境电商的“集团军”已具雏形，搭建了更多互联网服务载体。

数个细分行业位居国内前列，如电子商务、互联网金融、网络游戏、互联网医疗、“互联网+”餐饮等。其中，网络游戏强省地位无可动摇，截至 2016 年年底，全国游戏收入达 1832.7 亿元人民币（含游戏游艺设备），其中广东 2016 年的游戏收入达到 1345.2 亿元人民币（含游戏游艺设备），比去年同期增长了 30.7%。广东游戏产业营收占全国总营收的 73.4%，占亚太地区的 37.5%，是全球总产值的 17.5%。

深圳和广州双城驰名

深圳是互联网创新之都，地处珠三角腹地。与中国其他城市相比，深圳拥有着独特的优势，中国制造的产业链在东莞等深圳周边城市形成，IT 企业很容易在深圳聚集，并以专业镇和专业市场为依托，形成行业信息化服务联盟，提升产业整体竞争力，深圳市的电子商务建设模式得到政府大力的支持与发展，并在全国推广。深圳利用自身资源，结合国家产业重点布局，打造了产业规划和市场研究、公共服务、资本对接等平台以促进移动互联网产业发展，并设立投资基金，支持有发展潜力和市场开发前景的移动互联网项目。

广州经济发展平稳，制造能力强，商贸流通甚为发达，适合电商创业，唯品会、梦芭莎等本土 B2C 企业销售连年成倍增长。近年来，广州相继被评为“国家移动电子商务试点示范城市”、“中国电子商务应用示范城市”、“中国电子商务最具活力创新城市”。目前，广州着力于以互联网思维创新工作思路和机制，推动互联网与制造业深度融合。不但推动物联网、大数据技术在工业领域的集成创新和应用，而且推进制造方式的互联网化，并且鼓励制造业创新销售和服务模式。

广东省相关产业园区与产业组织

广一国际电子商务产业园

此园区是广州市南中轴电子商务大道核心园区，重点入驻优秀大型企业总部，孵化优秀种子企业，承揽建设全海珠电子商务产业的公共服务平台，享受海珠区电子商务有关扶持优惠政策。园区公共配套设施完善，并根据电商企业共性需求搭建专业的政策扶持、金融、摄影、仓储、物流、通讯等专业配套服务，以及周边酒店、饮食、超市等商业配套。

华南城电子商务产业园

目前，华南城电子商务产业园入驻商家近 300 家，大致分为跨境电商、传统转型升级企业、平台运营商、网店店主及第三方服务商五个类型。其中，环球易购、赛维网络、通拓科技、有棵树科技、傲基国际等业内响当当的跨境电商企业相继入驻产业园，跨境电商集结趋势尤为凸显。

深圳罗湖互联网产业园

2010 年 1 月开园的深圳互联网产业园主要目标定位为：一是引导和支持电子商务企业集群发展，大力推进辖区虚拟经济；二是促进电子商务与辖区支柱产业或优势产业融合，提高相关企业电子商务应用水平，提升辖区经济竞争力；三是最终让电子商务成为罗湖的名片。

佛山众创金融示范区

作为全国首个“互联网+”众创金融示范区，园区欲打造为“互联网+众创、众包、众扶、众筹”的综合金融服务体系并加快金融业创新发展，使互联网金融服务于实体经济、服务于创新驱动发展。园区大胆推出互联网金融支持的“三农”新模式，运用“互联网+信用三农”等有效模式，多方筹措资金，为农村发展提供支持。

广东省互联网产业未来发展方向

根据《广东省“互联网+”行动计划（2015—2020 年）的通知》所述，到 2017 年，全省互联网与传统行业加快渗透融合，互联网大众创业万众创新活力进一步增强，经济社会各领域互联网应用逐步普及，电子商务、云计算、物联网、大数据等新业态快速发展。全省建成互联网创新孵化基地 5 个，培育创新型互联网中小企业超过 1000 家，建成互联网经济创新示范区 5 个，初步建成珠三角国家互联网自主创新示范区。互联网新业态快速发展，全省形成产值规模超 100 亿元的智能制造产业集聚区 4 个，年营业收入超 10 亿元的互联网骨干企业达 30 家。电子商务交易额超过 5.6 万亿元，物联网产业规模达到 4300 亿元，云服务产业规模达到 1600 亿元，全省网络购物普及率达 68%，网络贷款总额超过 3000 亿元。县级以上政府行政审批事项网上办理率达 85%，社会服务事项网上办理率达 75%，医疗机构信息共享率达 80%。互联网“大众创业、万众创新”活力进一步增强，互联网创业创新体系初步建立。到 2020 年，互联网创业创新体系进一步完善，全面建成珠三角国家互联网自主创新示范区。

易观分析认为，在“中国制造 2025”的国家战略体系下，广东作为具有比较优势的制造业体系的省份，顺应“互联网+”发展趋势，立足市场需求，突出问题导向，以新一代信息技术与制造业深度融合为切入点，以智能制造为核心和主攻方向，以先进装备制造业为突破口，以企业创新驱动发展为重要抓手，强化工业基础，注重集成应用，坚持走“高端化、智能化、集约化、绿色化”发展道路，争创制造业发展新优势，实现经济中高速增长、产业结构向中高端迈进的“双中高”发展目标。首先，如此的产业融合发展，不仅是广东制造业转型升级、深化供给侧结构性改革的重要路径和举措，也将唤起互联网市场的新活力。其次，广东着力打造互联网文化，几大互联网园区和产业小镇的建成与配套设施的投入使用为互联网中小企业、新技术和新模式的发展提供了良好的软硬件环境。最后，作为国内经济发达地区，广东在城市建设、公共设施建设、政府服务等方面都有互联网化的需求，因此智能技术、物联网、云计算、大数据等技术在以上方面的应用将是未来的大热门。

四　川

四川省互联网产业的发展现状

四川是中国西部的经济发展中心，2016 年全省生产总值超过 3.2 万亿元，增长 7.7%。同时四川省政府一直都把电子商务产业作为全省大力发展的五大新兴先导性服务业之一，使得四川成长为中西部地区发展最快、电商实力最强、市场规模最大的省份，位居全国第一梯队的行列。根据中国互联网信息中心公布的数据显示，2016 年四川省网民人数为 3575 万人，网民规模增速约为 9.7%。据中国电子商务研究中心（100EC.CN）监测数据显示，2016 年四川省电子商务交易额 21228.57 亿元，同比增长 26%，同年实现网络零售额 2462.4 亿元，同比增长 28.2%。目前全省网店数超过 25 万家，2016 年上半年新增 5 万家以上，比去年末增长 25%，更有像阿里巴巴、腾讯和京东等全国知名的网络巨头落户四川，不少互联网企业在成都建立了创业基地，涌现了像 Fotor 等的一批互联网典型示范企业，培育出了一批引领行业发展的本土优势平台。

四川省互联网产业的区位优势

产业集聚优势

四川省以成都和绵阳为产业大基地，一条涵盖集成电路、新型显示与数字视听、终端制造环节、软件研发、移动互联网应用的完整电子信息产业链正在快速崛起，德阳、乐山、眉山、资阳、遂宁、南充、内江等地的电子信息产业也被激活和带动起来，形成以成都为中心的两小时半径电子信息产业配套圈。其中成都高新区集聚了全市 90%以上的移动互联网企业，而区内企业几乎都分布在孵化园、软件园，全区移动互联网产业集聚企业总数达 500 多家，集聚度之高全国少见。

创新优势

四川省高新区大力实施标准引领、创新驱动发展战略，经济增长质量和效益进一步提升。2016 年专利申请总量 24833 件，获得发明专利授权 2703 件，新增国际标准、国家标准、行业标准 131 项，增幅达 137%；新增各类科技型企业 5200 家，在孵科技型企业总量达 12700 余家，在全国国家级高新区中位居前列；新引进投资超 100 亿元的重大项目 4 个；新增新三板挂牌企业 55 家，数量居全国国家级高新区第 2 位。

创业体制优势

四川省制定高新区创新创业发展规划，设立 3 个 50 亿元的协同创新、大企业创新、领军人才专项资金。2016 年举办大型“双创”活动 20 场。锁定 200 家重点企业实施“微巨人企业培育工程”。全年新增众创空间和孵化器 11 家、孵化载体 62 万平方米，新认定公共技术平台 11 家；新增国际标准、国家标准、行业标准 131 项；创新开展特色服务，服务企业 1 万余次。

人力资源优势

四川是中国西南地区的教育和科研中心，省内有四川大学、西南财经大学、电子科技大学、西南交通大学等重点大学，为互联网产业提供丰富的人力资源。同时，政府也实施了一些人才引进计划，截至 2016 年年底，成都高新区各类人才总量达 26.9 万人，国家“千人计划”累计达 102 人，省“千人计划”专家达 281 人；四川省顶尖团队 30 个，成都市顶尖团队 18 个；在成都高新区各科技企业、研究机构中从事研发、生产服务的归国留学人员数超过 2000 人；柔性引进邵斯达克、夏普莱斯、约翰·戈登及毕晓普4位诺贝尔奖得主前来设立研究机构开展技术项目合作；成功创建全国第4家海外人才离岸创新创业基地、全国第7家国家级人力资源服务产业园，并建立了2亿元的海外人才离岸创新创业基金。

四川省相关产业园区与产业组织

成都跨境电子商务产业园

成都跨境电子商务产业园是目前四川唯一的跨境电子商务产业园区，是四川省执行国家“互联网+”、“一带一路”战略在电子商务和对外经济贸易领域的重点项目，是在成都市商务委员会具体指导下按照“跨境电商平台+外贸综合服务+国际物流口岸”相融合的新型第三代产业园模式规划建设的。产业园是目前西部最大的进口食品批发地，同时产业园培训跨境电子商务、国际贸易专业人才，通过进出口商品体验展销中心实现进口出口商品O2O全渠道拓展，为跨境贸易主体提供跨境贸易综合服务，包括：国际商务、口岸、通关、商检、退税、结汇售汇、外贸金融、仓储、物流、货代、营销推广、政策申请咨询等；通过跨境电子商务平台提供供需信息发布、推广、搜索、询盘、商品交易、商机撮合等服务。

成都“互联网+”创新创业综合示范区线上园区

2016年10月25日，成都市锦江区与猪八戒网达成协议，依据成都市核心产业基础共同打造O2O创新型园区。此次，猪八戒网落户锦江区，打造八戒成都园区，旨在服务本土中小微企业。线上园区的开园意味着本土企业通过线上园区可以便捷快速获得八戒财税、八戒法务、八戒印刷、八戒知识产权等全生命周期服务，以及600多个细分类目的多种创意类、运营类服务。成都“互联网+”创新创业综合示范区线上园区包括园区站点和园区协同系统两个部分。园区站点根据个性化需求，推动成都电商产业发展、传统行业升级，以实现资源整合。而园区协同系统将提高服务商效率和产能、打造智能化园区，实现园区交易额增收。线上园区申请开放一址多照的政策，并对地域与能力等因素进行数据分析，向线上企业推送订单。同时，园区还将从云端以及线下等多种方式，为其提供管理、投资、演讲、社交、咨询等一系列企业运营培训服务。

清华大学四川能源互联网产业研究院

清华大学四川能源互联网产业研究院成立于2015年9月30日，落户成都天府新区。2015年9月30日上午，四川省与清华大学共建能源互联网产业研究院座谈会在成都举行，清华大学四川能源互联网产业研究院确定落户成都天府新区。此前，四川与清华大学签署了《推动能源合作促进低碳产业发展框架协议》，明确将共建能源互联网产业研究院、能源互联网创新产业园区、能源互联网产业发展投资基金。在四川省代表团前往美国考察访问期间，四川省、清华大学与美国华盛顿州、华盛顿大学签署了《关于气候智慧型/低碳城市的合作备忘录》，构建起“2+2”合作模式。根据备忘录，四方将重点在可再生能源生产应用、天然气开发转化、智能电网建设以及低碳交通发展等领域加强合作，共同推动清洁能源和低碳经济发展。

绵阳国家高新技术产业开发区

绵阳高新区秉持“发展高科技、实现产业化”的宗旨，着力推动以高新技术产业、战略性新兴产业为核心的现代化工业和以电子商务、“互联网+”为龙头的现代服务业发展。目前，正全力发展以四川长虹、四川九洲、美国艾默生为代表的电子信息，以华晨、中国重汽、野马汽车、新晨动力为代表的汽车及零部件，以金发科技、电子九所为代表的新材料等三大主导产业；以长虹智易家为代表的电商企业正在园区不断聚集。2016 年，全区实现 GDP 280 亿元，增长 9.1%，实现区属规上企业工业增加值增速 10.5%。此外，上海安和精密电子电器股份有限公司深耕手机振动马达领域 10 余年，面对智能手机及移动互联产业发展趋势，公司依托在智能手机行业的领先优势，与高新区合作共建移动互联产业园项目，横向拓宽产品线，增加产品种类，纵向整合供应链。该项目将在确保振动马达全球领先的基础上，专注触觉反馈模组、手机摄像头对焦马达（VCM）以及光学稳定系统（OIS）的研发生产销售，实现产业链上下游延伸。

四川省互联网产业未来发展方向

2016 年 1 月 29 日四川省第十二届人民代表大会第四次会议通过了《四川省国民经济和社会发展第十三个五年规划纲要》，《规划》指出要大力促进互联网产业发展，包括推动“互联网+”产业发展。推进基于互联网的产业组织、商业模式、供应链、物流链等各类创新。推动“互联网+”制造，加快建设工业互联网，大力推动智能制造，促进制造服务化转型，在航空航天等高端装备制造领域开展示范应用和典型应用。推动互联网与服务领域广泛融合，创新发展电子商务，规范发展互联网金融，培育智慧旅游、智能交通等新业态、新模式，提供优质服务。整合农业、畜牧、水产等领域信息资源，推动“互联网+”农业，打通农产品产供销一体化链条，推进农村电子商务发展，创新农产品流通模式。此外，《规划》对未来四川省“互联网+”公共服务、“互联网+”政务服务也提出了更高的要求。

2015 年 5 月，四川省政府办公厅印发了《四川省电子商务发展三年（2015—2017 年）行动计划》，该《计划》提出将继续巩固和提升四川省“中西部电子商务中心”的地位，到 2017 年，四川将成为全国电商应用水平最高、集聚程度最强和市场规模最大的地区之一，成为具有国际竞争力和区域辐射力的电子商务中心地域。四川还将创新云计算、物联网、移动互联网技术支撑平台建设，主动参与制定相关国家和行业技术标准。其目标是到 2017 年，建成 3—5 个云计算、移动互联网技术及应用等新平台，3 个跨境电子商务平台，跨境电子商务交易额占进出口总额达到 10%以上。

易观分析认为，四川省的互联网产业发展已经形成自身的优势和特点。首先软件和服务外包业的发展全国领先，成熟的软件产业投资环境，软件企业及研发中心的快速汇集使成都成为继北京、上海、深圳等传统 IT 城市后中国最具竞争力和吸引力的新兴产业集聚地和国际国内软件产业梯度转移重点关注的目标。从布局和规划看，游戏、芯片、平台与终端、移动应用、文化创意、云计算等产业将是四川省互联网产业未来发展的重点。

第四部分

行业分析

2016年的互联网市场氛围从狂热走向谨慎，很多企业经历了从政策到资本再到用户的重重考验，着实不易。从行业来看，互联网市场已经进入后半程的竞争，不同行业的经营模式走向趋同，对行业内企业运营发展提出了更严酷的要求：关注重心需从用户量、活跃度等浅层指标转向成本、利润等深度指标，回归商业本质、深挖用户价值，并积极探索利用新技术提升企业效能的方法。未来互联网间、互联网与传统市场间的融合将更为紧密，通过互相协作补充的方式走过市场寒冬，成长得更为落地、强壮。

本部分，易观将用产业地图描绘展现互联网产业，并尝试对各细分行业做出界定，呈现各细分行业之间的产业链结构，给出各细分行业在2016年的规模、市场结构，并对各细分行业的未来发展进行分析判断。

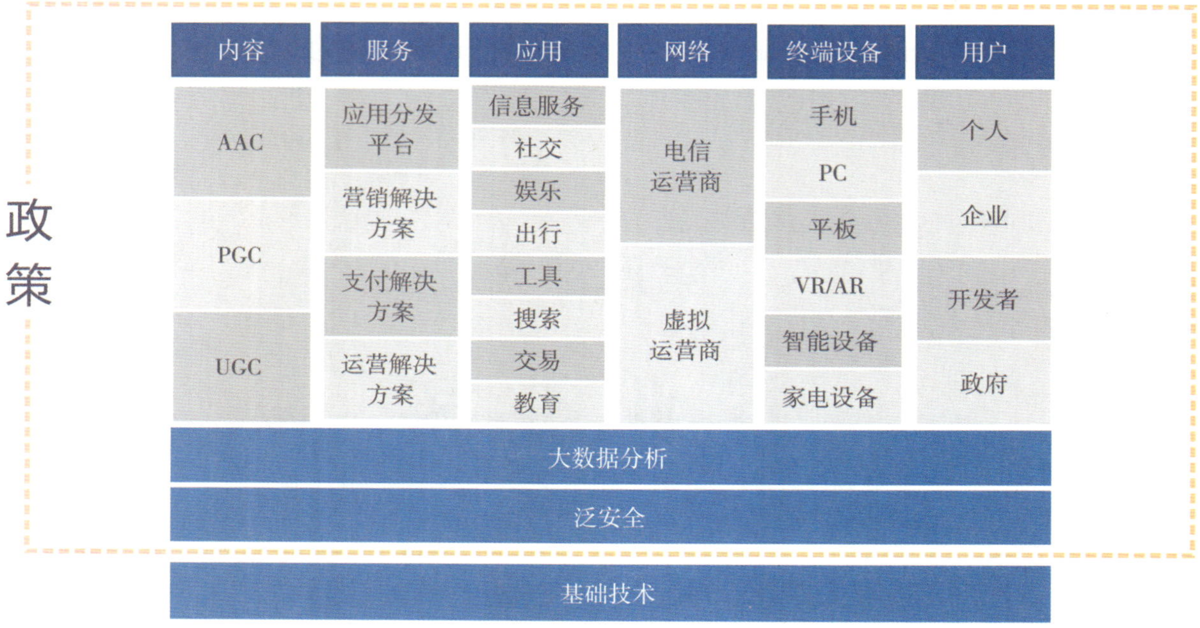

政策

内容	服务	应用	网络	终端设备	用户
AAC	应用分发平台	信息服务	电信运营商	手机	个人
PGC	营销解决方案	社交	虚拟运营商	PC	企业
UGC	支付解决方案	娱乐		平板	开发者
	运营解决方案	出行		VR/AR	政府
		工具		智能设备	
		搜索		家电设备	
		交易			
		教育			

大数据分析

泛安全

基础技术

© Analysys 易观　　www.analysys.cn

图 4　2016 年中国互联网产业总地图

在该产业地图中，由于互联网企业自制内容力度的加大以及 UGC 内容的活跃，我们将内容行业区分为 AAC、PGC 与 UGC 三大部分。在应用的八大类中，信息服务涵盖导航、航旅、团购等生活服务、门户等应用；社交包括 IM、SNS 等应用；娱乐包括各类游戏、内容消费等；出行包括网约车、租车及共享单车等；工具包括浏览器、各类生活工具等；交易包括远程、近场等支付与电子商务应用；教育包括职业教育、早期教育、兴趣教育等。服务模块主要面向平台后端和企业。HTML5、语音识别等各种硬软件基础技术、协议等放在基础技术层面。

接下来，我们将对互联网/移动互联网的各细分行业应用以及服务进行简要分析。

电子商务

网络零售

网络零售于 1999 年出现在中国，经过 17 年的发展为中国国民经济做出重大贡献。易观监测数据显示，截至 2016 年第 4 季度，中国网络零售交易规模达到 4.97 万亿元人民币，在社会消费品零售总额中的比重达 14.95%，已发展成为中国国民经济的重要组成部分。

易观对中国网络零售市场有多年研究积累，易观运用科学的方法，通过建立易观 AMC 模型，以可视化的模型表现网络零售市场的发展变化，展现中国网络零售市场 17 年来的发展历程。

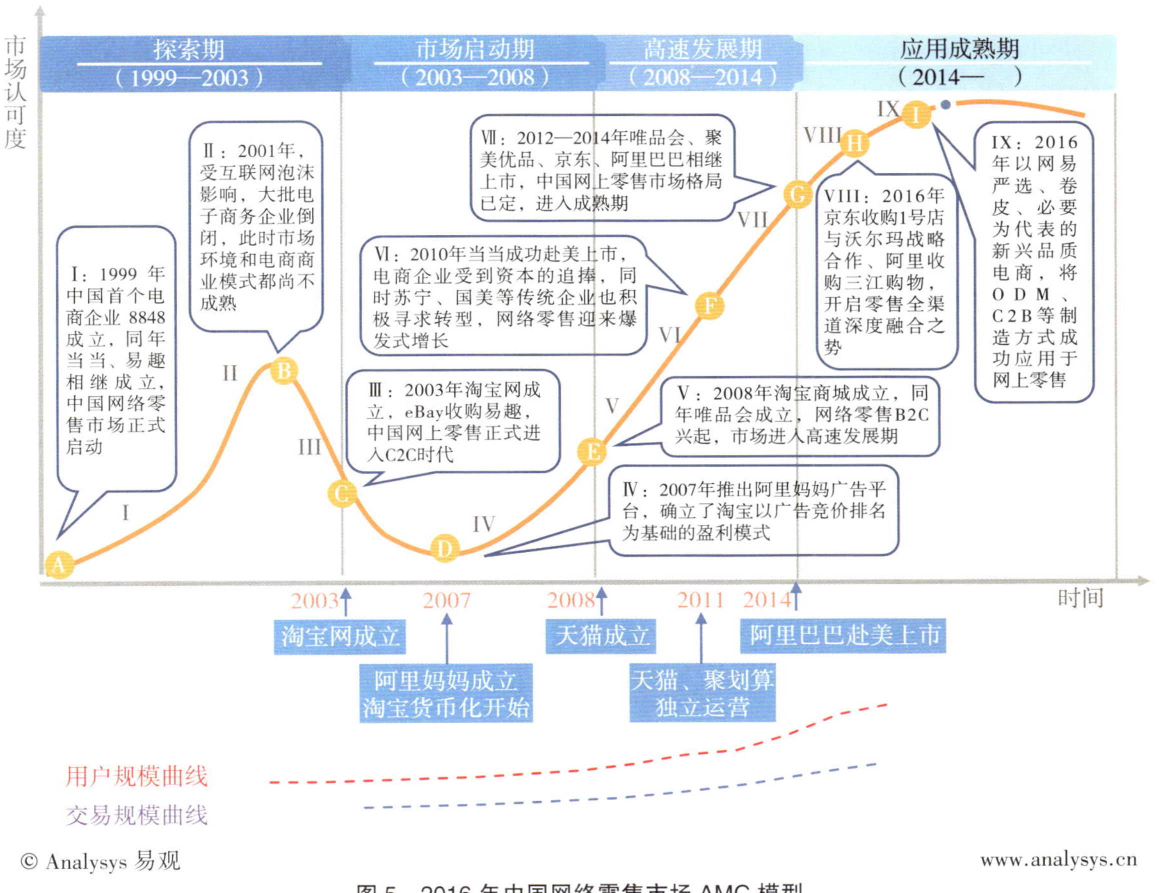

图 5　2016 年中国网络零售市场 AMC 模型

易观分析将中国网络零售市场分为如下几个阶段：

探索期（1999—2003）

伴随着中国互联网的发展，以易趣、8848、卓越网、当当网等一批网络零售网站出现为标志，中国零售业开始触网，网络零售市场的发展进入初级阶段。发展初期，线上零售的市场环境不成熟，消费者线上购物习惯需要培养和迁移，配套产业基础设施尚未形成，多重因素制约网络零售业的发展。随着互联网泡沫破裂，网络零售市场持续了一段商品品类结构单一、售后服务不完善的发展时期。

市场启动期（2003—2008）

2003 年，在 B2B 领域已具备一定规模的阿里巴巴，推出中国零售 C2C 平台淘宝网，同年推出支付宝；随后 eBay 收购易趣，亚马逊全资收购卓越网，两大国际电商巨头正式进入中国市场，国内电子商务市场进入新一轮发展期。

2007 年，已成为中国最大网络零售平台的淘宝网，推出了阿里妈妈广告平台，正式确立了以竞价排名为基础的广告盈利模式。此外，支付宝、淘宝网进一步完善了电商平台的布局，也奠定了其在中国网络零售市场的霸主地位。

以 B2C 模式立足中国网上零售的京东商城，同样成立于 2003 年，2007 年完成了北京、上海、广州三大物流基地的建设，2008 年上线大家电，补充了 3C 品类布局，奠定了其在 3C 品类中的优势地位，同时也确立了自营电商的发展模式。

2008 年 8 月，唯品会成立，开辟了中国 B2C 电商“特卖”的创新模式。

高速发展期（2008—2014）

2008 年的中国网络零售市场进入高速发展期，电商支撑服务业的发展已达到一定水平，拥有网民 2.98 亿，以“80 后”为主的网购人群逐渐进入社会，成为主力消费群体。此时的市场，也涌现了大量创新型的网络零售企业，如唯品会、聚美优品，传统零售企业苏宁、国美也开始涉足电商业务，整个市场在消费者、资本、企业的多方推动下，实现迅猛发展。

应用成熟期（2014— ）

2014 年，聚美优品、京东、阿里巴巴、唯品会先后成功上市，在经过几年的高速发展之后，整个网上零售市场已形成“双超多强”的格局，市场份额基本稳定，网民红利逐渐消失，网络零售市场进入成熟期。

2016 年，国内电商行业发展在战略布局、商业模式、技术手段等方面发生了重大变化。一方面，京东收购 1 号店，与沃尔玛战略合作，阿里巴巴收购三江购物，电商巨头资本密集注入线下优质实体零售资源，网上零售业开始主导零售业全渠道融合变革；另一方面，以必要、网易严选、卷皮为代表的新兴电商，将 C2B、ODM 等制造方式成功应用于网上零售，进一步推动了网上零售市场向品质化发展升级。此外，移动互联网直播应用爆发，阿里、京东、唯品会等主流电商平台，也从传统的货架式营销转向“内容+社区+电商”的创新营销模式，挖掘用户价值，重塑流量走向。

易观研究发现，已进入成熟期的网络零售，在持续发展过程中仍表现出一些新的趋势和特点：

1. 垂直服务功能平台化

电商产业跃升式发展的同时产业链也发生了深度变革，培育出的各项配套基础设施已形成超出行业水平的服务能力。在产品分发环节，厂商新品首发、过季清仓、尾货特卖成为上游品牌商的首要渠道选择。此外，所属电商平台的物流体系、支付平台，由封闭转向开放，以第三方服务运营商的主体角色向业内提供垂直功能领域的专业服务。未来，电商平台为了提升造血能力，品牌下的第三方垂直服务开放平台将提供更加多元、完善的服务产品，与垂直服务主流市场形成竞争。同时，也凭借开放化平台服务在一定程度上帮助电商平台导入新增上游品牌商。

2. 渠道融合全面化

电商平台与优质资源的积极战略合作，将涉及更多实体零售业态，加速对深入社区、民生、高频品类、便捷性消费场景的资源布局，比如具备更强用户触达能力的连锁便利店。在新技术的驱动下，通过对供应链、实体店铺网络、多重消费场景等资源的重塑整合，网上零售业将在零售业变革中起主导作用。网络零售市场与线下实体零售的战略合作、收购的案例将出现更多。未来，能够向实体零售业态后端供应链提供优化服务，同时又能够聚集流量服务于终端消费用户的平台模式将成为新零售探索的一个方向。

3. 品质化升级向上游供应链延伸

在国内消费升级的市场环境下，电商平台分别围绕品类、品牌、单品升级运营。新兴电商通过向上游供应链延伸，由买手选品、产品设计、原料及产地控制等专注于商品品质的创新电商模式呈现高速成长。对于消费者，个性化、定制化、优质商品的需求持续高涨，品质电商将成为满足市场消费升级的首要选择；对于供应商，随着国内制造业升级，C2B、ODM 生产模式也将帮助制造商降低市场需求的不确定性，从而制订更高效的生产计划，并将库存保持在更为健康的水平；对于电商平台，通过与制造商更密切的合作缩短价值链，以提供削减品牌溢价的优质商品及实现更为稳定、完善的服务。未来，向上游制造商渗透的品质化电商将成为网上零售业升级的一个重要趋势。

根据易观预测数据显示，2016 年中国网络零售市场规模达到 49687. 5 亿元人民币，较 2015 年增长 29. 6%。预计到 2019 年，中国网络零售市场规模将达到约 8. 1 万亿元人民币。

移动网购方面，易观预测数据显示，2016 年中国移动网购市场规模将达到 36310. 3 亿元人民币，增长 75. 0%，其在网络零售市场中的占比将达到 73. 1%。移动端成为网络零售的主要入口。

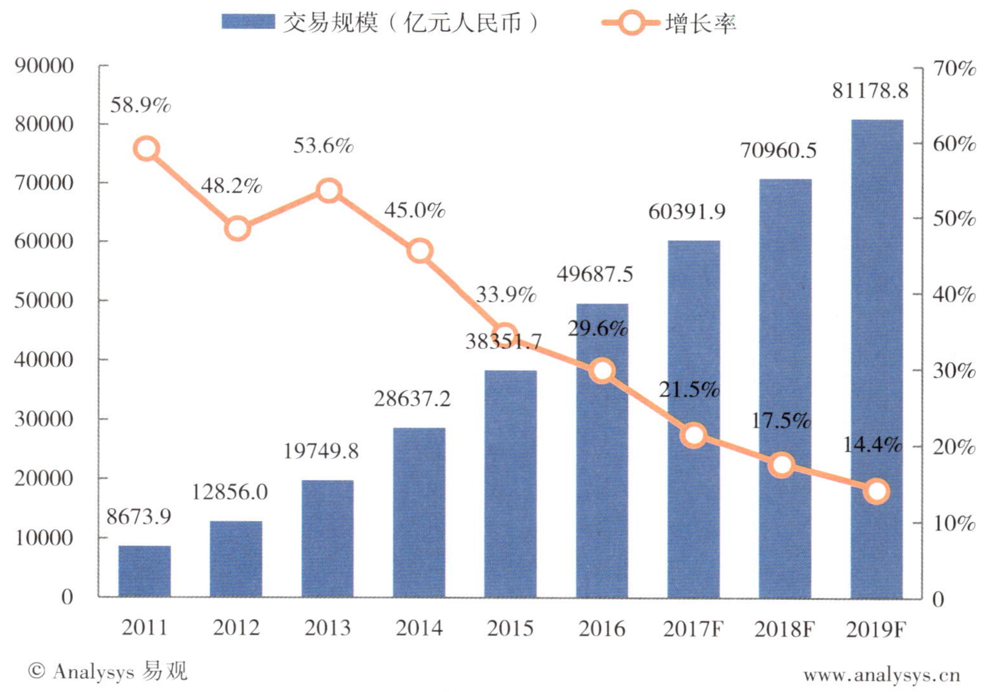

图 6 2017—2019 年中国网络零售市场规模预测

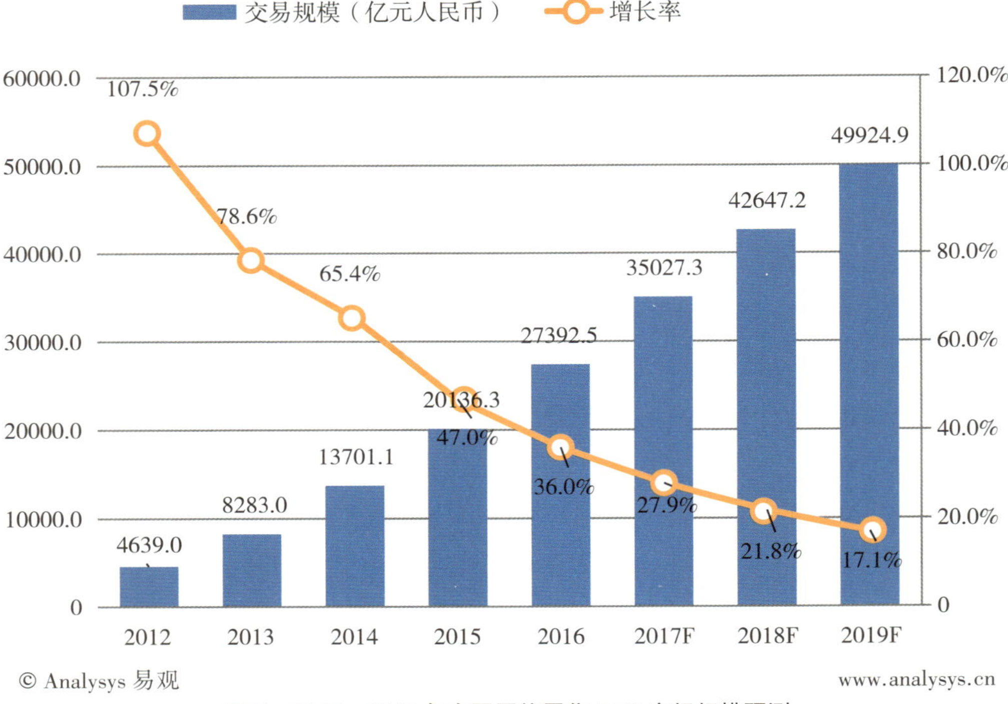

图 7　2017—2019 年中国网络零售 B2C 市场规模预测

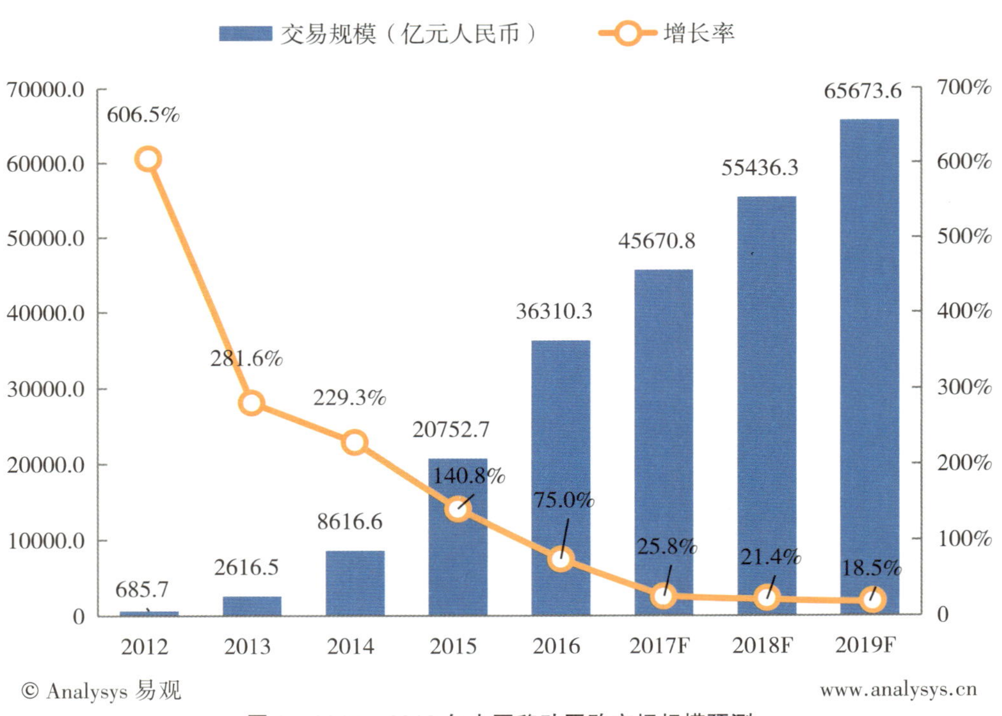

图 8　2017—2019 年中国移动网购市场规模预测

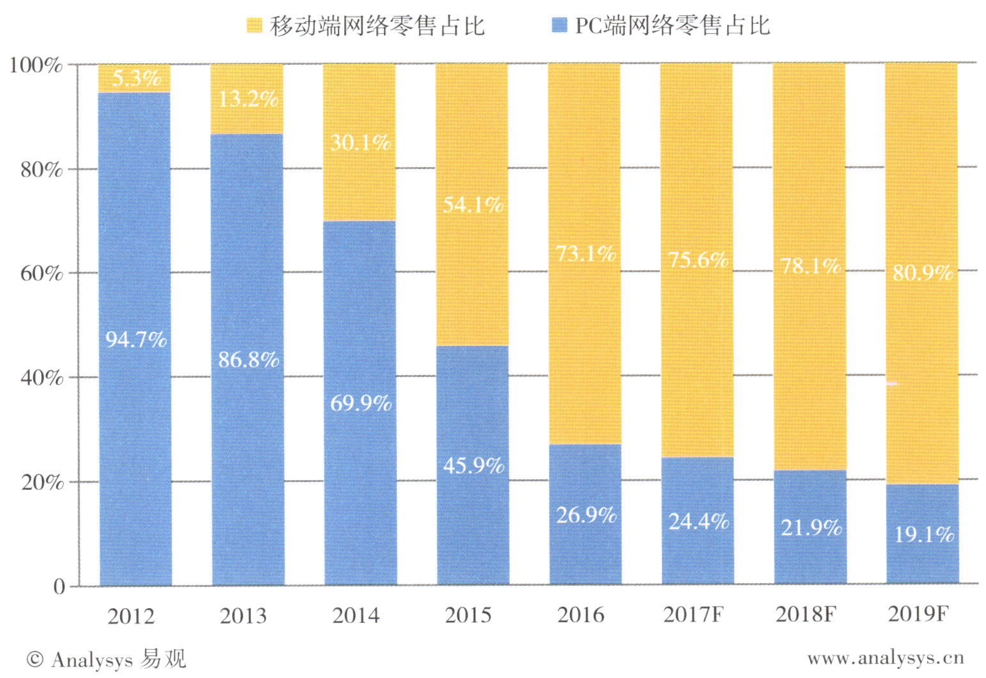

图 9　2017—2019 年中国网络零售市场移动端交易规模占比

易观分析认为，目前整个网络零售市场进一步深入成熟期，2016 年市场主要表现在以下几个方面：

1. 优势互补的多业态融合模式

从国内政策、到企业、再到业内资本，各种资源一并导向线上线下融合，强力推进零售全渠道的发展。以京东与沃尔玛战略合作并收购 1 号店、阿里战略投资三江购物为代表，零售全渠道在电商巨头的主导布局下，得到强势、优质、多业态的资源重置。电商已渗透入实体零售多业态（连锁商超、大卖场），利用实体零售的区域网络及体验优势抢夺用户场景。实体零售凭借电商在互联网、大数据等方面的技术优势，帮助自身拓展渠道实现经营升级。

2. 营销模式创新

网络零售在移动红利式微、流量成本高企的环境下，搭乘“网红+直播”便车。主流电商平台在 2016 年先后上线移动端直播功能，部分电商平台甚至渗透到上游网红产业参与网红孵化，收获了高人气电商网红、网红店铺并刷新交易额。“内容+社区+电商”的新模式，已成为高流量、低成本、高转化的电商模式并在电商行业复制、扩散。

3. 基础能力开放，形成平台化实力

新兴科技不断升级网络零售产业，电商积累的基础能力成为关联产业的基础设施。电商企业开始尝试对外开放物流、金融等平台功能，以技术为基础的跨界合作成为趋势，产业从与电商企业跨界合作中受益。同样，电商企业在合作中分享到技术红利。

易观分析认为，2017 年，网络零售市场将体现如下趋势和特点：

1. 与线下多元实体零售业态融合

2017 年，网络零售市场与线下实体零售的战略合作、收购的案例将出现更多。一方面，在与优质资源的战略合作之外，涉足连锁商超以外更多维实体零售业态，如便利店、大卖场、百货。另一方面，会更注重深入社区、民生、高频、便捷性消费场景的资源布局。易观分析认为，通过对供应链、实体网络、消费场景等资源的争夺，在全渠道零售发展大趋势中，网络零售在推进零售业变革中起主导作用。

2. 行业竞争聚焦于运营效率

自 2015 年，电商行业资本并购，多业态融合不断，2016 年资本遇冷，电商企业背负更高盈利期望。到 2017 年，巨头基于前期的资本布局、模式升级的竞争进一步升级。阿里、京东核心电商巨头间的竞争在于考验企业对零售生态下已布局资源的运营效率，优质资源及技术优势筑成的壁垒得到巩固，继续引导行业走向。而主流中层电商梯队，通过传统积累的供应链优势、营销模式创新抢占资源。小型、新晋网络零售，则在精准定位的差异化、品质化分众市场夹缝求生。

3. 新兴科技主导流通模式变革，零售渠道内涵得到延伸

未来，零售渠道不再只作为制造商与终端市场的链接通道，受消费升级、供给侧改革等外部因素影响，零售渠道在产业链中能够容纳更多价值。个性化、定制化需求高涨，线上零售平台的大数据技术、互联网技术优势为上游品牌商实现柔性制造提供基础。零售与上游制造的融合在 2017 年得到更多尝试。

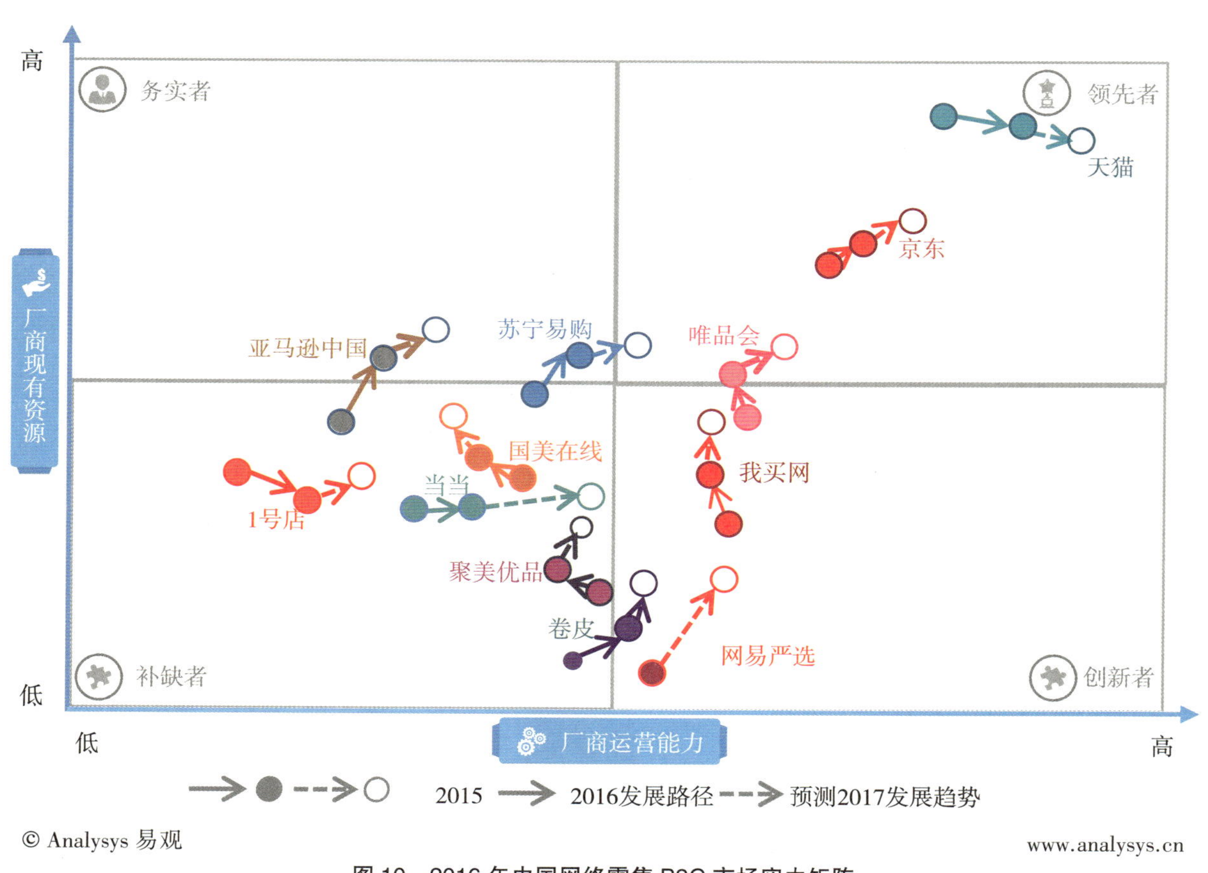

图 10　2016 年中国网络零售 B2C 市场实力矩阵

根据易观近期发布的《2016 年中国网络零售 B2C 市场实力矩阵专题研究报告》，易观对 2015

年至 2017 年主要网络零售 B2C 厂商在实力矩阵中所处的位置、现有资源、创新能力的变化情况作如下解读。

● 领先者象限分析

领先者在商业模式创新、产品/服务创新性上拥有较强的独特性，同时具有很好的系统执行力能够把创新性提供给市场并获取较高的市场认可。

2016 年中国网络零售 B2C 市场领先者：天猫、京东、唯品会

天猫作为中国网络零售 B2C 市场中的领先者，在市场规模、用户规模、模式创新等层面均处于行业领先地位。2016 年 12 月，阿里集团对天猫、聚划算的组织结构进行了较大调整升级，“三纵两横”也是阿里对新零售的自我变革，面向未来零售模式和业态，旨在帮助品牌商业完成互联网化升级。在物流领域，菜鸟联盟下部分物流厂商也实现上市，菜鸟规模又向前迈进一步，对整个阿里电商生态的支撑作用将更加明显。

京东于 2016 年 6 月收购 1 号店，并与沃尔玛达成战略合作。在沃尔玛战略持股后，京东供应链方面的资源优势并未明显显现，但与实体零售资源形成的深度协同将为其在零售业全渠道融合趋势下的竞争中储备势能。在商品品类运营中，通过品牌、品控的运营，京东积极抢占电商蓝海品类——快消品品类，其中如母婴、食品、个护等核心品类成长迅速，将逐步成为 3C 数码、家电品类优势以外的明星品类。

未来京东的挑战主要集中在对自身“重资产”运营体系的管理，以及第三方平台的运营管理。2016 年年底，京东已经面向电商市场开放其物流服务。在考量经营成本、提升运营效率、实现多元化收入之外，也力图通过开放服务拉新供应商，以缩短与天猫的差距。

唯品会是国内 B2C 电商主流阵营中唯一一家坚持特卖模式的企业。通过在特卖领域长期积累的运营能力和供应链优势，截至 2016 年第 4 季度已连续 17 个季度盈利，刷新电商行业纪录。同时，运营方面长期保持着高客单价、高复购率。凭借各领域的出色成绩，唯品会在 2016 年进入了网络零售 B2C 市场领先者象限。

2016 年，唯品会应对国内消费升级，全面提升商品和服务品质，以大牌、买手、时尚为发力点展开精细化运营。此外，深度布局消费金融和仓储物流，完善面向用户的服务能力。预计 2017 年唯品会将通过深耕产品及服务，在服装、母婴、跨境等优势领域有进一步拓展。

● 创新者象限分析

创新者在商业模式、技术或者产品服务的创新性上有独特的优势。

2016 年中国网络零售 B2C 市场创新者：中粮我买网、卷皮、网易严选

中粮我买网是由世界 500 强企业中粮集团于 2009 年 8 月投资创办的食品类 B2C 网上零售平台，实现中粮集团“从田间到餐桌”的“全产业链”战略，以专业冷链管理，向市场提供安全优质的食品和高品质的购物体验。2016 年，中粮我买网与香港大昌行签订战略合作协议，布局全球食品生态链；同时，启动资本扩张模式，发力华南生鲜市场；加速全国自建冷链物流布局，冷链配送覆盖全国 192 个城市，在营销及品牌传播方面，VI 系统全面换新上线，以更具有创新力的整体形象面向用户。

易观分析认为，中粮我买网坚持冷链仓储自营，有助于其保证食品冷藏安全、保证果蔬类产品的存储要求，更利于其直接控制商品品质及配送时效。中粮集团在国内及跨境、全球地区合作的生产基地，为我买网产品供应提供稳定的质量保障。在冷链管理方面，其在资本、设备、技术方面的高额投入与专业化要求，已为中粮我买网在食品品类电商竞争中建立起护城河。2017 年，预计中粮我买网将继续在创新领域维持领先地位。

卷皮于 2012 年 9 月正式成立上线，最初以导购模式切入电商市场。2014 年转型自有电商平台，精选优质商家入驻，是国内首家提出“平价零售”模式的电商平台，年 GMV 达数十亿元人民币。卷皮凭借“弱品牌” + “非标品”的策略，去除品牌溢价、降低零售分销流通过程中的成本，实现亲民价格；凭借专业买手团队，甄别优质商家、精选优质商品，实现产品质量控制。

易观分析认为，平价零售的商业模式，顺应当下国内市场消费升级下庞大规模的平价消费需求，极大响应了市场对高品质、理性价格商品的消费诉求。其次，卷皮在使用普遍的去溢价、简化渠道的做法之外，通过自建站内代运营及客服团队帮助制造商专注在生产加工环节当中，对降低产品出厂成本、提升产品生产质量、统一客户接触点服务标准，起到极大促进作用。此外，卷皮在早期就已实施下沉战略，错开与一线巨头电商争夺高端市场，累积到一定量级忠实用户及对标国际领先平价电商的运营经验，这些都将在未来的竞争中成为壁垒。预计 2017 年，卷皮将继续保持高速发展，在创新者领域中力争上游。易观分析认为，未来卷皮的挑战将集中于向高端市场跃升，如何提供满足高端用户的个性化、定制化商品诉求，如何实现高端市场对卷皮品牌认知的迁移。

网易严选自 2016 年 4 月上线以来，各项运营数据均保持高速增长。网易严选通过 ODM 模式与大牌制造商直连，所有商品在降低高昂品牌溢价、挤掉广告公关成本、剔除中间环节及传统销售模式后，为用户提供物超所值的品质生活产品。采购人员深入各个原材料的核心产区，从原料选择到产品设计、打样都与制造商保持密切沟通，以从根本上保证产品质量。

易观分析认为，网易严选凭借网易系产品的流量入口以及与上游制造商深入密切的合作模式，已经在流量运营、商品运营等核心环节获得先天优势。通过坚持严格品控、苛责服务标准，对“网易严选”品牌的打磨，以及在消费升级市场环境下根植于用户的高品质认知将在 2017 年为“网易严选”带来品牌红利，帮助严选保持用户沉淀及交易的高速增长，并在创新者领域实现赶超。易观分析认为，网易严选未来的挑战在于“网易严选”的竞争壁垒机制，如何保障其自有品牌产品的唯一性、创新性、设计感，以抵御竞争者通过模式复制带来的赶超压力。

- **务实者象限分析**

务实者拥有丰富的资源，执行能力较强，但是创新优势不明显。

2016 年中国网络零售 B2C 市场务实者：苏宁易购、亚马逊中国

2015 年苏宁易购推出了“云店”，在母婴、跨境、农村电商方面也有布局，8 月引入阿里战略投资，补足自身的资金和线上流量资源。2016 年，苏宁易购直营店销售额同比提升 17.25%，超八成的苏宁易购直营店在 2016 年 12 月实现了单月盈利。在仓储物流建设方面，2016 年苏宁共投入运营 7 个自动化拣选中心、32 个区域配送中心。易观分析认为，零售业升级中，苏宁在实体零售网络、物流资源方面将释放竞争势能，2017 年苏宁易购有望进入领先者象限。

亚马逊作为较早进入中国市场的电商平台，发展受制于美国母公司，国内业务增长缓慢，2015年凭借“全球购”业务，在国内成为为数不多的创新亮点。进入2016年，亚马逊战略更加明确，且在跨境业务方面显现出更进一步的发展。通过“黑色星期五”跨境购物，同时将Prime会员服务制度移植入中国，在一定程度上对用户拉新、复购起到蓄水池功能。易观分析认为，随着亚马逊对中国市场的持续关注，2017年亚马逊中国将提升对中国市场的运营，争取超越以往的成长。

- **补缺者象限分析**

2015年中国网络零售B2C市场补缺者：1号店、国美在线、当当、聚美优品

1号店在食品、快消品、医药等品类方面均属于行业领先，2016年获得京东投资，在网上超市购物领域再次发力，业务得到一定的提振，目前保持位居补缺者象限。

国美在线2015、2016年在业务运营中发力，但受限于京东、苏宁易购等3C家电领域的优势厂商，以及天猫电器城的强势地位，国美在线或将持续在补缺者的位置。

当当在2015年和2016年的表现相对保守低调，基本放弃全品类发展策略，逐渐淡出竞争激烈的电商市场。明确围绕文化创意领域展开步步为营的文创生态布局，基本转型为以电子书、社区、IP孵化平台为主体的新兴电商平台。易观分析认为：2017年，随着消费升级、国内知识服务领域内容付费爆发的风口，当当凭借已布局的生态优势，将以补缺者身份向文化产业上游渗透。

聚美优品在2015年取消第三方平台，扩充服装、母婴品类，发展跨境业务等手段，成功转型，其业绩在2015年下半年开始呈现增长势头。2016年，随着各电商应对市场消费升级的产品品质升级，用户的消费决策更多集中在发力品牌、品质运营的一线电商平台，聚美优品在前期受产品质量的质疑影响发展显现一定的迟滞。2017年，易观分析认为，聚美优品需要回归到细耕商品品质运营，创新营销模式，以补位者身份重归电商业界视线。

跨境电商

2016年，受益于我国居民消费结构升级，中国跨境进口零售电商行业发展保持着良好势头。首先，政策层面日益规范化，4月颁布跨境电商税收新政，虽然一定程度上压缩了其依靠税收差异形成的盈利空间，但政策延缓一年实施为各大跨境电商平台提供了寻找转型战略的缓冲期，同时淘汰不规范的跨境电商平台，更好地保护消费者权益。其次，物流条件大大改善，为中国跨境进口零售电商开展B2C模式留下了丰富的想象空间。在宏观经济增速良好以及国民高标准消费需求日益旺盛的推动下，中国跨境进口零售电商在2016年进入了新的发展阶段。

易观把中国跨境电商市场的发展分为四个阶段，即探索期、市场启动期、高速发展期和应用成熟期，中国跨境进口零售电商市场目前处于市场启动期。

中国跨境电商市场发展周期过程如下：

探索期（2014之前）

随着中国居民可支配收入的增加，出国旅游、留学、生活的人也在逐步增多。而互联网以及电

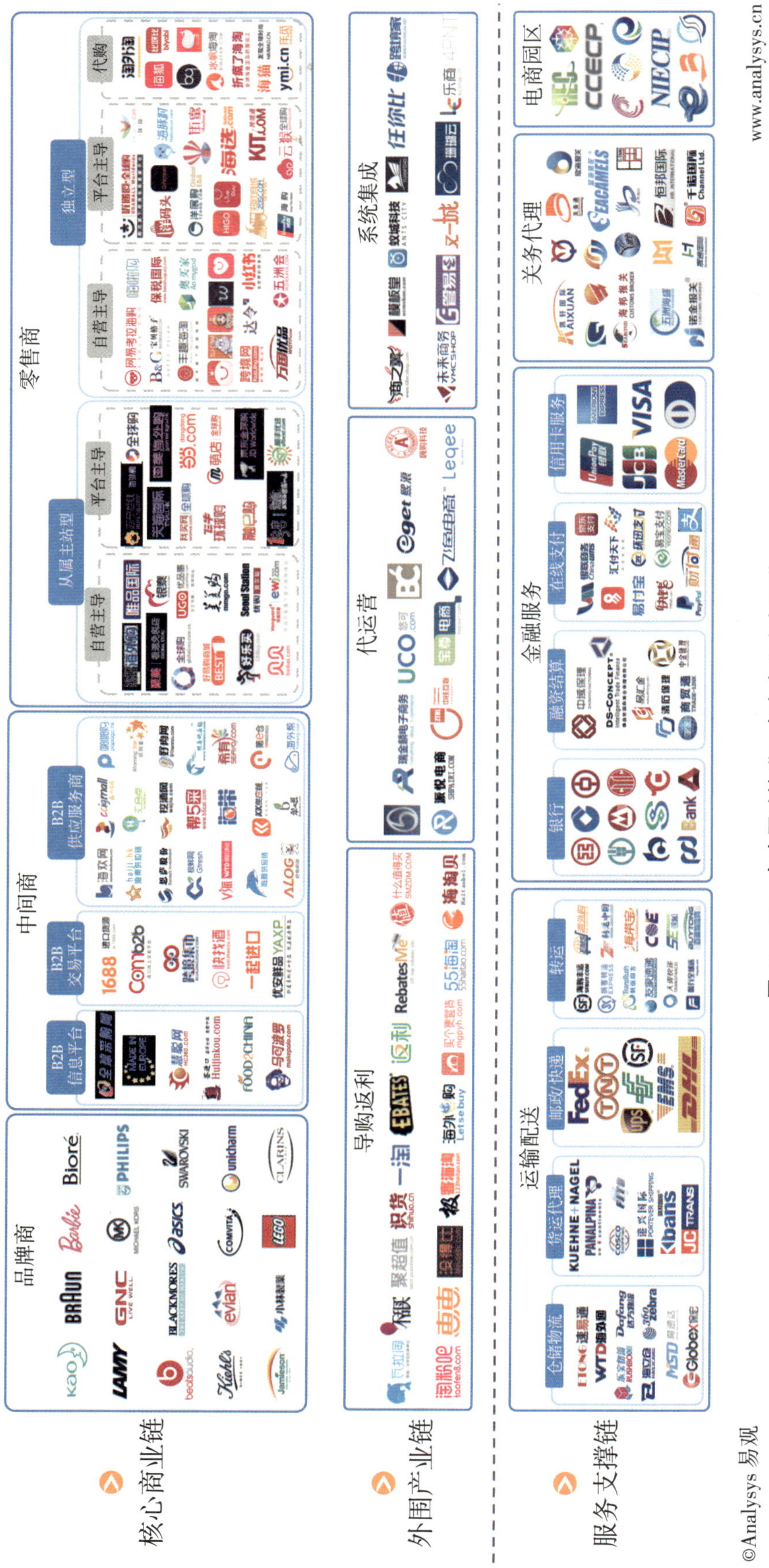

核心商业链

品牌商

中间商

B2B 信息平台

B2B 交易平台

B2B 供应服务商

零售商

从属主站型

自营主导

平台主导

独立型

自营主导

平台主导

代购

外围产业链

导购返利

代运营

系统集成

服务支撑链

运输配送

仓储物流

货运代理

邮政/快递

转运

金融服务

银行

融资结算

在线支付

信用卡服务

关务代理

电商园区

©Analysys 易观

www.analysys.cn

图 11　2016 年中国跨境进口电商产业生态图谱

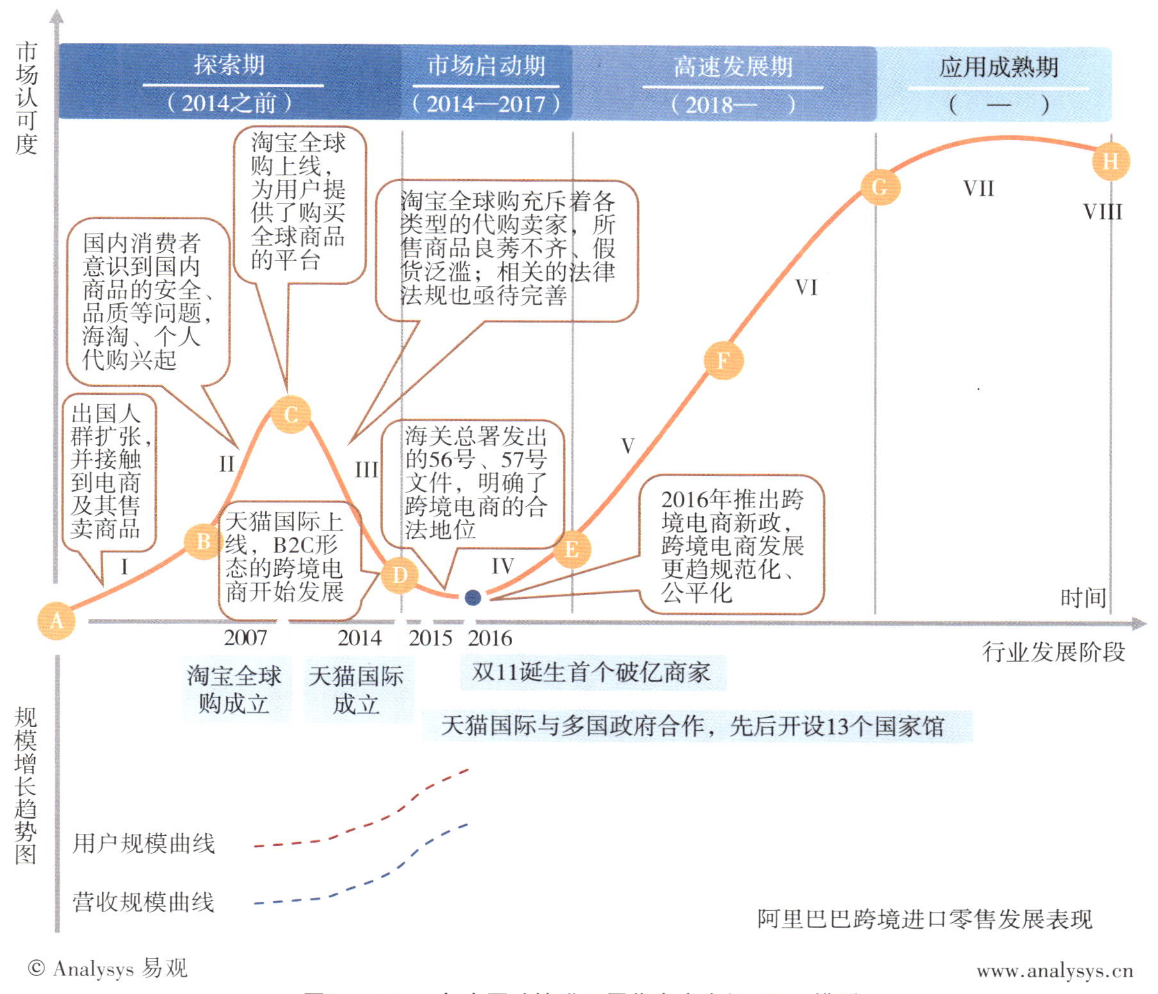

图 12　2016 年中国跨境进口零售电商市场 AMC 模型

子商务的兴起，使得出国人群对新兴科技有了初步的接触，同时国外商品的独特性、易用性、高性价比等特征，使得这部分人群不仅成为了商品的使用者，还进一步通过线下交流、线上分享等方式成为了商品的传播者。其后，国外商品特性和使用效果的传播激发了国内用户的消费需求，传播人群就自然成为了国内用户获取国外商品的货源组织方。

在国际物流体系、国际支付体系逐渐成型以后，通过电子商务这种能跨越国界的便捷手段，国内用户开始直接在国外电商网站消费，并通过转运、直邮、个人行李等方式将所购商品输入境内。在这些海淘用户之中，有部分人觉察到了商机，并随之转型为专职代购。这部分代购人群以及初期的货源传播人群，就渐渐构成了遍布于各个货源国的代购买手群体。

国内电商的普及，使用户享受到了品类繁多的商品，但同时也暴露出商品的品质、安全等问题，因此国内用户对国外商品的需求日趋旺盛。市场需求的扩张，使国外代购人群逐渐扩大，由此产生的交易规模和利润规模也随之增长。阿里巴巴正是判断出了这种趋势，于 2007 年推出了淘宝全球购，使购买国外商品有了一个相对集中化、规范化的平台。

出于高利润的诱惑，并且在相关监督检查措施还不完善的情况下，淘宝全球购上出现了众多假冒、山寨、过期、以次充好等商品，消费者的购物信心也因此有所下降。

市场启动期（2014—2017）

经过几年的探索，各厂商对于跨境进口零售电商的认识逐渐清晰，除判断市场规模会继续快速发展外，他们也充分意识到商品的品牌、质量、真伪等对于用户和电商平台的重要性。于是，2014年天猫国际应运而生，2015 年网易考拉海购和京东全球购也相继成立。跨境进口零售电商自此进入了以 B2C 为主要形态、并由它引领市场的发展阶段。

在这个阶段，传统电商、传统贸易商、传统零售商，甚至初始创业者都纷纷涉足跨境领域，以期能在蓬勃发展的市场中占据一席之地，并分享蓝海经济带来的红利。出于对用户、对市场份额的争夺，各厂商频繁利用价格战的策略售卖需求量较大的爆品，并通过线上、线下各种渠道宣传品牌价值。这种经营策略，在吸引到用户、增加了销售业绩的同时，也对成本控制造成了极大的负担，部分厂商因此陷入经营困难的境地。

同时，在国家层面，开始相继出台与跨境进口电商有关的政策法规，以规范和促进整个市场的健康稳定成长。

高速发展期（2018—　）

移动互联网对电商的改造基本完成，只拘泥于 PC 端的跨境进口零售电商将逐渐被淘汰。而在市场启动期间没有发展出自身特色、只依靠价格战生存的厂商，在这个阶段将越发困难，甚至会批量消亡。但同时，在前期有良好的用户积累，有优质稳定供应体系，有贴近用户的精细化、精准化运营手段等优势能力的厂商，会得到高速发展的机会，其市场份额会进一步扩大。

政府相关部门在跨境进口电商的政策法规完善方面，则更趋向于监管和交易的便利性、贸易类型的公平性、保障国内用户使用的安全性，并进一步细化海关、出入境检验检疫局、食药监局等部门在入境操作流程、注册备案流程、监督抽检流程、问题追溯流程等方面的规定。

应用成熟期

进入成熟期以后，跨境进口零售电商的市场格局基本确定，市场规模增速减缓，进入稳定增长阶段。行业中的领先厂商开始在新模式、新产品等方面做出探索。同时，在国内商品与境内电商在品质、质量、柔性供应等方面有长足进步的情况下，在全球贸易自由融合的大背景下，跨境电商和境内电商的边界在逐渐消弭，用户也不再以商品的产地和来源地作为消费判断的依据，跨境电商将扩张、转型至全新的领域。

对于消费者而言

国内的消费者是跨境进口零售电商的服务对象和盈利来源，前者的态度与需求决定着后者的生存发展空间。而国内的消费者对于跨境购物和跨境电商，也有着循序渐进的接受过程：首先，谨慎接触，用户基于自我的需求开始搜集国外商品的信息。其次，尝试购买，从自己的需求中选择少量商品进行购买。然后，消费观望，在自己的购物体验以及充斥着各方意见的环境信息中，不断更新自己的消费判断。最后，经过跨境电商上下游的体系建设，供应、物流等方面的品质得到提高，用户对跨境电商信任感逐渐增强。同时，消费者对于进口商品的特性需求也会经历从常规性商品、大众化商品、热门商品到非标准化商品、个性化商品再到定制化商品的转变。

对于供应端厂商而言

对在中国已有市场和认知度的商品而言，从前跨境电商时代延续下来的固有商业渠道和模式依然还是主要的利润来源，如何平衡与控制固有渠道和跨境渠道的利益关系与品牌联系，需要供应端厂商不断进行探索。对之前在中国没有分销渠道的商品而言，选择与自己品牌诉求、经营理念相近的跨境电商平台，是供应端厂商迅速打开中国市场非常重要的基础。另外，利用跨境电商能够直接、快速到达消费端，并能进行信息交互的优势，供应端厂商可以借此充分了解中国市场、高效调整产品策略和经营策略，对跨境供应链进行柔性化改造、升级。

对于投资者而言

在经历了2014年、2015年资本市场对于跨境电商的高度追捧以后，进入2016年的跨境电商，正逐渐被市场投资者冷静对待。易观认为，投资者在跨境领域需要关注两个类型的公司："快公司"和"实公司"。"快公司"，是有较强的产品运营、供应链建设等能力，并且市场扩张处于加速状态，正逐步成为行业内具有领先地位的厂商。"实公司"，是深耕于行业的某一细分领域、细分市场，并构建了一套独特的经营模式和经营壁垒，具有良好用户黏性和用户口碑的厂商。

市场典型企业——阿里巴巴

在代购兴起后，刚开始还是以个人的代购行为为主。而电商平台由于没有时间、空间的限制，并且可以以较低的成本获取用户，成为代购卖家绝佳的销售载体。同时，由于没有其他有影响力的交易平台，阿里巴巴的淘宝就成为线上代购交易的聚集地。但是，代购卖家和代购商品，只是零散地存在于交易平台之上，并没有一个针对性的规则去约束他们，也没有一个相对固定的入口和渠道去展示他们。在买家用户的有效需求得不到高效转化，以及卖家没有规范性服务流程的情况下，一个专门性代购平台的出现就显得非常必要了。于是在2007年，阿里巴巴推出了淘宝全球购，以期解决代购交易在淘宝上出现的问题。

淘宝全球购对于买卖双方而言，都是一个相对便利的市场，由此产生了较为明显的跨边网络效应，在用户规模增长的同时，代购卖家的数量和销售额也在同时增长。并且，部分发展速度较快的代购卖家还走向了团队化、公司化的经营之路，淘宝全球购上开始逐步出现以个人名义运营的代购公司。但是，在规则制度上缺少对个人代购监督约束的缺陷，在快速发展的市场中被明显放大，假货、过期商品、残次品等商品充斥其中，用户对代购的信任度在逐渐降低。代购公司在这一过程中也纷纷寻求转型之路，开始着力于上游供应链的建设。同时，传统贸易公司也开始试水电商渠道，参与到跨境电商市场的开拓。商业组织出现与发展的内生需求，是有一个区别于个人代购的专业性市场，阿里巴巴基于此现实，并借鉴天猫的运营经验，于2014年推出了B2C形态的天猫国际。

天猫国际的诞生，既迎合了消费者对于进口商品在品牌、品质、售后等方面的需求，又符合跨境电商在口碑构筑、形象树立、市场突进等方面的需要，因此在用户规模和交易规模上都有明显的涨幅。在移动互联网的新形势下，阿里巴巴正根据用户的分层和特点进行着天猫国际和淘宝全球购的差异化并进策略，天猫国际主要针对在品质、品牌上有较高要求的客户，而淘宝全球购则着力于场景化运营和内容化运营，并利用代购买手在地域上的广泛分布，突出商品的丰富性、多样性。

中国跨境进口零售电商市场目前处于市场启动期，在经历了年初的新政开启与之后的新政延期以后，市场表现渐趋稳定。2016 年中国跨境进口零售电商交易规模预计达到 3054.7 亿元人民币，同比增长 48.0%，增速相对前几年有所放缓。预计到 2019 年，中国跨境进口零售电商交易规模将达到 6202.6 亿元人民币。

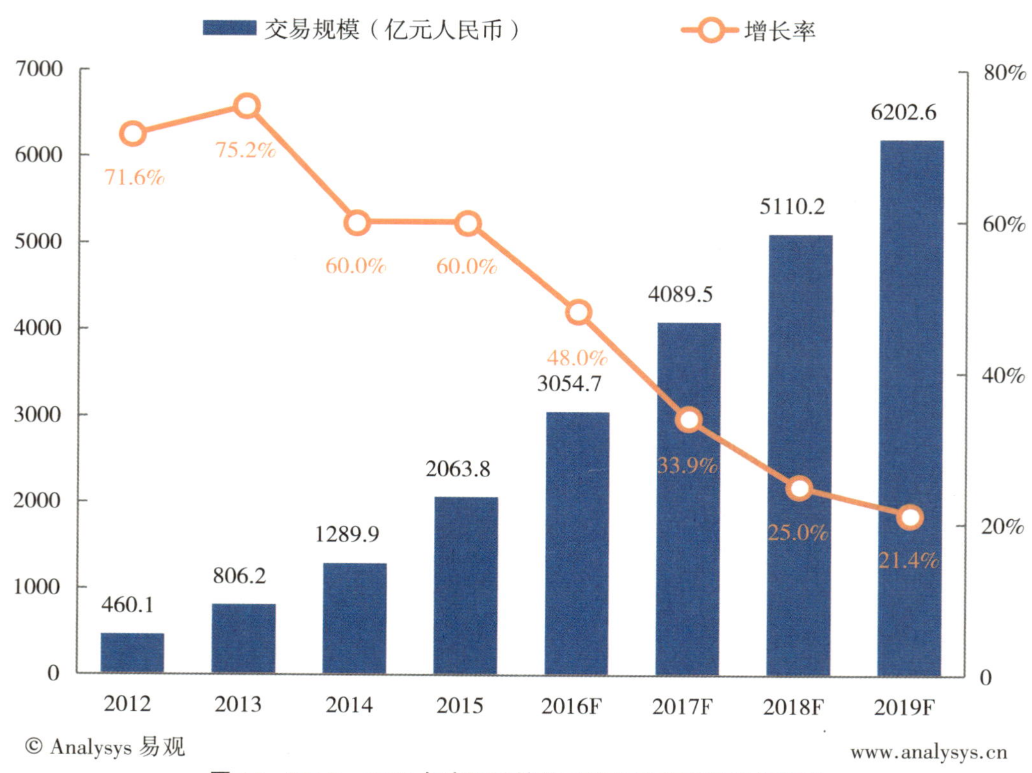

图 13　2016—2019 年中国跨境进口零售电商交易规模预测

根据易观发布的数据显示，预计在 2017 年，中国跨境进口零售电商交易规模将达到 4089.5 亿元人民币，同比增长 33.9%。

易观分析认为，未来跨境进口零售电商市场发展将有如下趋势：

1. 跨境电商在网络零售中的重要程度越来越高

对于已经进入跨境领域消费的用户来说，对跨境商品已经有了较为充分的认可，他的选择只是对行业内厂商的选择，不会轻易从领域内流失。同时，在经历不断的市场教育以后，还有源源不断的新用户涌入跨境消费领域，市场的活力会逐渐增强。因此，跨境电商在整体电商和整个网络购物中所占的比重将会越来越大，用户能在跨境电商平台上买到的品类将会越来越丰富。在通过发展期的实力积累以后，跨境电商在一些品类上会成为进口商品的主要交易渠道，甚至成为整个零售市场重要的交易渠道。

2. 行业资源集中化趋势将会凸显

在现有的中小跨境电商中，会出现少数几个厂商在巩固自己优势的同时迅速发展自己解决用户各种痛点的能力，成为领域内的“独角兽”企业，这个层次的企业已经在供应链、物流、用户数、资本吸引力、口碑、交易模式等方面建立了较为合理且不易被复制的体系，只要不出现明显的战略失误，其头部地位较为稳固，且具备了一定的向行业巨头发起挑战的资本。同时，市场中会有十多个中小型的厂商在不断挖掘自身特点和潜力的过程中，找到适合自身发展的途径，成为跨境电商领域的重要组成部分。这些厂商与头部厂商有较为明显的差距，向上发展非常不易，同时还要承受一旦没有找准市场节奏就会被淘汰的风险。除此之外，还将会不断有零散的、欲在某一个概念的包装下闯入市场的小厂商，这部分厂商如果没有在整个产业链条的某一个环节甚至某几个环节上有强力的扶持者，就只会是市场中的过客，不会有持续发展壮大的机会。

3. 新兴科技开启智能发展之路

首先，VR 技术被跨境电商引入使用后，能将国外的购物环境实时呈现，使用户有身临其境的感受，可以部分解决消费过程中购物行为和实际商品在空间上相分离的问题，将会增加用户的安全感和信任感。同时，在用户购物过程中，电商平台可与其进行实时交互，进而及时感知用户体验和需求，将更有利于消除供需双方信息不对称的问题。

其次，跨境电商在商业活动的各环节都接入大数据平台以后，通过实时的监测以及对后续趋势的预测判断，可以在采购、仓储、物流、通关、促销等环节提前采取优化举措，从而达到提高效率、降低成本、减少失误的效果。与此同时，大数据技术的采用，能更大范围且更精确地挖掘用户潜在需求，并通过市场与个人的关联研究，提供更具个性化的商品、服务和建议，这将既能提升用户渗透率和复购率，又能提高用户的满意度。

最后，通过对 AI 的研究和应用，跨境电商可在售前、售中、售后等环节减少对人工的使用，这不但有利于成本的降低，更有利于标准化服务体系的构建，减少出错几率和交易纠纷。另外，AI 通过自我进化，能根据跨境电商的实际情况更好地适应、辅助前后端的衔接和相互作用，并不断优化整个流程中的薄弱节点。

4. 商品更趋多元化、厂商更细分垂直化

跨境电商消费人群的扩大，使目标用户在年龄、地域、职业等属性特征上有了更宽泛的分布，多样化的人群必然会催生多样化的需求。同时，在消费过程中，部分用户会在商品的品牌、品质、设计等方面萌生进一步的要求。更多样化、碎片化、品质化的需求，使得现有在售商品及服务不能完全满足用户，因此挖掘分析用户的需求，在国外供应链中寻找匹配的商品，就是获得用户满意度的关键。跨境行业中的厂商必然会据此将现有资源最大化利用，在商品货源国、商品品类等方面不断进行扩充，在跨境全领域形成商品的多元化供给。另外，多元化趋势的不断发展，需要专精于某一领域的厂商在本领域进行深耕细作，这样才能在大平台的压力和挤压下，探索出适合自身发展的特点和模式。

5. 保税、直邮、一般贸易三种模式会长期共存

一般贸易模式，适合有传统外贸基因的跨境电商以及比较特殊的商品品类。传统外贸企业熟悉一般贸易的通关流程，有较稳固的贸易对象，较为容易取得原产地证明、原产国检验检疫证明、合同等相关单证，对于需要通关单的商品来说，比采用保税模式更具有效率上的优势。

保税模式，适合不需要通关单且需求量较大、规格较为统一的商品。在正面清单范围内、法检目录以外的进口商品，在进入保税区时由于不需要通关单，有时效上的优势，同时销量较大的标品，具有流转速度快、库存压力相对较小的特点，用保税模式会在配送时效方面提升用户的体验。

直邮模式，适合匹配用户零散的、个性化的、多样化的需求。由于直邮模式在成本和时效上不具优势，因此不适合销量高且溢价低的商品，但由于在物流、仓储环节资金占用较少，因此采用直邮模式的跨境电商较为容易及时调整品类、调整经营方向。

根据易观近期发布的《2016 年中国跨境进口零售电商市场实力矩阵专题研究报告》，易观对 2015 年至 2017 年主要跨境进口零售电商在实力矩阵中所处的位置以及执行、运营能力和创新能力的变化情况作如下解读。

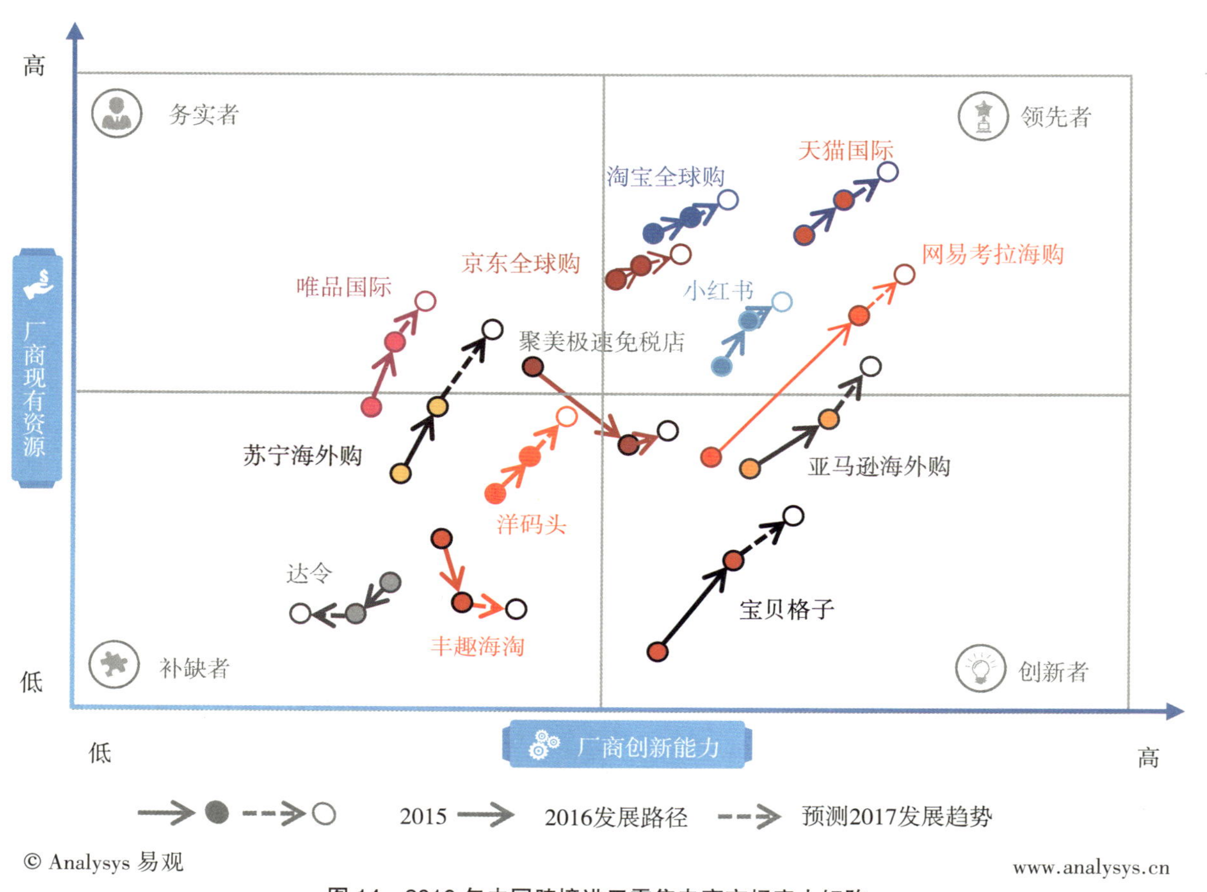

图 14　2016 年中国跨境进口零售电商市场实力矩阵

• **领先者象限分析**

领先者在商业模式创新或产品/服务创新性上拥有较强的独特性，同时具有很好的系统执行力能够把创新性提供给市场并获取较高的市场认可。

2016 年中国跨境进口零售电商市场领先者：天猫国际、淘宝全球购、京东全球购、网易考拉海购、小红书

➢ 新进入者：网易考拉海购

➢ 新退出者：无

天猫国际：自 2014 年上线以来，天猫国际就在不断深化全球性的供应链体系，在寻求与各品牌商和渠道商的合作方面取得一系列成效：在不断引进知名生产商、百货品牌以后，2016 年还与全球20大连锁超市达成了独家战略合作；另外，其国家地区馆也在不断扩充，目前已达到16个。天猫国际的大品牌战略，事实上已经初步构筑了合作经营的壁垒，对其他厂商建立起了较为明显的优势。

网易考拉海购：成立于2015年的网易考拉海购，在一开始就确立了精品自营的策略。一方面不断加强物流体系的深度和宽度：2016年除了与亚马逊达成物流合作协议以外，还着重加强保税区仓储的建设，同时联合多家企业打造跨境物流平台。另一方面持续地在品牌多样化体系建设上寻找突破口：2016年已经与日本、澳大利亚、中国香港的多个知名品牌签署合作协议。除此之外，网易考拉海购还联合多个直播平台，尝试多种形式，探索跨境电商的场景化营销之路。易观分析认为，凭借在多方面的务实努力，网易考拉海购被越来越多的用户认可，已经从创新者象限进入了领先者象限，并且还有进一步向上发展的趋势。

• 创新者象限分析

创新者在产品/技术上的投入很大，并在商业模式、技术或者产品服务的创新性上有独特的优势。但是由于种种原因没有得到很好的市场表现。

2016年中国跨境进口零售电商市场创新者：亚马逊海外购、聚美极速免税店、宝贝格子

➢ 新进入者：聚美极速免税店

➢ 新退出者：网易考拉海购

亚马逊海外购：自亚马逊在2014年推出海外购业务以后，凭借其强大的物流和供应能力，其商品品类的扩充一直维持着较快的速度。但与此同时，受制于用户对于电商的选择消费习惯以及自身的市场推广策略，其份额并没有大幅度的上涨。基于此，亚马逊海外购业务在2016年年底连续推出了Prime会员免国际物流费、对接英国亚马逊、开设线下体验店等一系列有较大影响力的措施。易观分析认为，亚马逊海外购在未来还会对接更多的国外站点，在扩充品类的同时继续扩大在消费者中的影响力，在2017年预计它会进入到领先者象限。

聚美极速免税店：成立于2010年的聚美优品，在2014年上线了海外购业务作为重点发展方向，并于同年在纽交所挂牌上市。由于自身战略与各种风波的影响，在经历上市的高峰期以后，公司的营收及估值在逐步收缩。2016年年初，在股价降至上市以来的低值时，聚美优品启动了私有化方案。在资本市场遇冷、营收规模下降的情况下，聚美优品采用明星直播、网红直播、影视剧植入等方式推进娱乐化购物的发展方向。

• 务实者象限分析

务实者拥有丰富的资源，执行能力较强，但是创新优势不明显。

2016年中国跨境进口零售电商市场务实者：唯品国际

➢ 新进入者：唯品国际

➢ 新退出者：聚美极速免税店

唯品国际：以限时特卖为特色的唯品会2008年成立，2012年在纽交所上市，并于2014年上线跨境业务。目前唯品国际以保税模式为主，在“48新政”实施以后受到了一定的影响，但同时唯品国际也在积极拓展国际合作、设立海外仓，以平衡在新政过渡期后可能面临的政策风险。易观分析认为，随着唯品会总体营收规模的上涨，唯品国际的用户规模和交易规模也有较好的市场表现，但与其他跨境电商相比，创新相对较少，把握热点的能力还有待进一步加强，因此 2016 年它从补缺者象限进入到务实者象限。

• **补缺者象限分析**

补缺者的业务创新能力和市场占有率都不高，所以补缺者对于产业格局的影响不大。但是受限于自身规模的发展，补缺者很难保持稳定状态，一旦从补缺者队伍中脱颖而出，将会成为另外 3 类厂商或者投资者的并购/投资对象。

2016 年中国跨境进口零售电商市场补缺者：苏宁海外购、洋码头、丰趣海淘、达令

➢ 新进入者：无

➢ 新退出者：唯品国际

苏宁海外购：苏宁于 2009 年推出电商业务，并于 2014 年年底上线海外购频道。苏宁海外购以自营+平台并重的策略重点布局母婴、美妆、保健品等热门市场，并在线下设立跨境 O2O 体验区。易观分析认为，虽然从用户、交易的维度来评价，苏宁海外购相对行业领先者有较大的差距，但是它具有相对完善的支付、物流、仓储、售后等体系，线下店面分布较广，品牌展现频次较高，可以为海外购提供强大的资源支持，有较大的发展潜力，预计在 2017 年会从补缺者象限进入到务实者象限。

互联网广告

互联网广告

2016 年，互联网广告市场运营商、需求方平台数量持续增加，市场竞争激烈。由于流量作弊、交易不透明、品牌安全等行业内部问题，以及广告市场、宏观经济增长低迷的外部因素影响，部分第三方需求方平台生存艰难，行业清洗持续。在此背景下，资源实力与技术能力并重成为互联网广告运营商实现多元化发展、增强抗风险能力的主要方式。另一方面，媒体自建广告交易平台成为趋势，随着互联网红利消失，未来将会涌现出更多私有广告交易平台，程序化购买广告的渗透程度进一步加深。同时，短视频、直播等平台丰富了社会化营销形式，营销与内容结合更加紧密。广告主对自媒体有了更为严格的流量与创意能力的双要求。提升社会化营销的数字化水平，将是未来服务商提升服务效率的重要任务。

2016 年中国数字营销发展已然获得极高的认可度，广告主营销预算进一步向互联网媒体代表的新媒体转移，整体市场处于成熟期，市场规模稳步增长。易观分析认为，2016 年数字营销市场发展

图 15 2016 年中国数字营销市场生态图谱

过程中以下几点值得关注：

1. 移动端成为数字营销市场中流砥柱，主流媒体移动广告收入过半

随着用户触媒习惯和广告营销预算进一步向移动互联网迁移，移动广告价值已经越发重要，媒体移动化程度与未来广告营收空间密切相关。2016 年主流互联网广告运营商广告收入结构呈现移动压倒 PC 的态势，各类媒体仍在持续为移动广告市场投入资源，移动广告市场已经成为中国网络广告市场发展的重要支柱。

2. 广告技术发展提升数字营销市场价值，技术与行业创新能力密不可分

技术已经成为数字营销市场发展的重要驱动力，一方面通过技术将广告与内容结合更加紧密，以内容营销的方式，将品牌和产品传达给用户，尤其是以视频媒体为代表的各类广告形式在通过广告变现的同时，尽量减少对用户体验的伤害；另一方面，大数据、LBS 等技术在精准营销的应用，拉近了广告与用户的距离，提升了广告投放效率，同时通过大数据洞察单位流量背后的用户价值，有利于媒体流量变现效率的提升。

3. 资本市场热度减退，部分数字营销企业生存困难

2015 年在资本的助力下，数字营销行业服务商数量爆发式增长，尤其程序化购买广告市场更为明显，行业竞争越发激烈。2016 年数字营销厂商在外部宏观环境以及行业内部矛盾的双重影响下，盈利能力并没有明显改善，资本市场的信心减弱与市场短暂回调使部分数字营销厂商生存环境进一步恶化，行业洗牌加速。

4. 行业呼吁数字营销产业公开透明，保障市场各方利益

2016 年，数字营销造假事件频发，行业对于市场交易透明的呼声进一步加强，行业中的不透明现象损伤了媒体、广告主、服务商的各方的利益，但是由于行业的合作机制尚不完全，行业规范仍有较大的完善空间，行业透明仍有很长的一段路要走。

5. 社交媒体广告价值明显，媒体寻求流量变现价值最大化

以腾讯、微博、陌陌为代表的社交媒体在 2016 年广告收入高速增长，广告主对于社交媒体的营销价值越发重视。同时社交媒体对于自身广告流量运营越发精细，更加重视流量变现价值最大化。腾讯加速渠道下沉，开发本地中长尾广告主资源；微博中小广告主数量快速增长，拉动广告营收提升；陌陌自建广告交易平台，增强对于自有流量的运营能力；知乎通过原生问答等广告形式，以内容营销方式拉近品牌与用户的距离，增强商业化变现能力。未来媒体的营收增长不再完全依赖于库存的扩张，更加重视通过技术与模式创新来增加单位流量的变现价值。

易观分析认为，中国互联网广告市场发展周期过程如下：

易观分析认为，2016 年中国数字营销市场处于成熟期，互联网广告运营商移动化转型初步完成。

探索期（1997—2001）

1997 年 3 月 Chinabyte.com 获得第一笔广告收入，IBM 为 AS400 的宣传付了 3000 美元。这是中国互联网历史的一个里程碑，网络广告开始成为互联网企业最直接、最有效的盈利模式。1998 年，好耶成立，通过为广告主提供指定网站的广告投放服务，成为中国第一个广告平台（Ad Network）。在

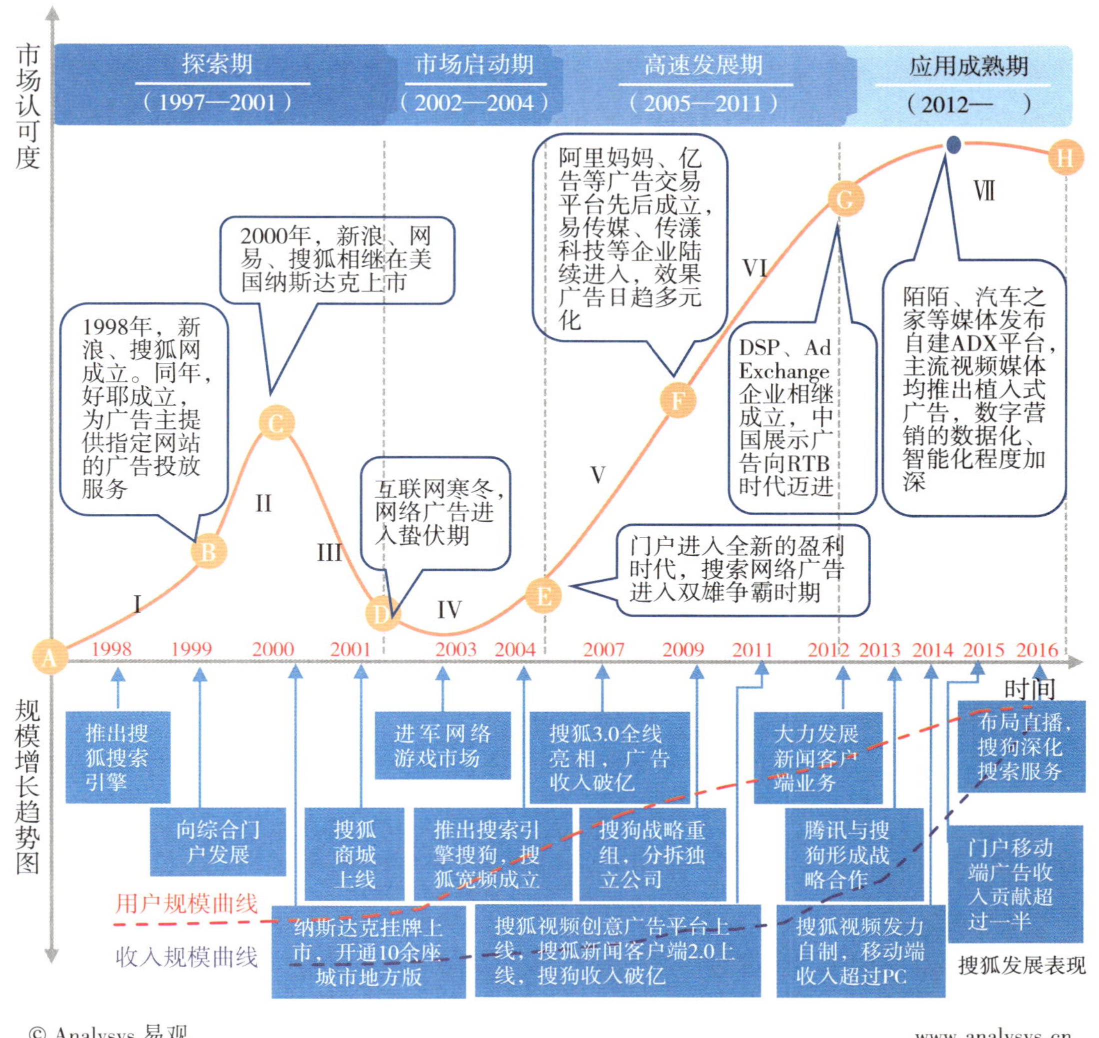

图 16　2016 年中国数字营销市场 AMC 模型

这一阶段，媒体以及优质广告资源相对稀少，采购方式以媒体直销为主，广告平台处于从属地位。

这一阶段，新浪、网易、搜狐等门户网站相继成立并上市。1999 年 4 月中旬，DoubleClick 派员来京，与传立、新浪、搜狐洽谈合作。DoubleClick 进入中国市场，这代表了中国的网络资源已经吸引了国际上的关注，为进军国外资本市场打下了良好的基础。

2000—2002 年，随着互联网寒冬时期的到来，中国网络广告的发展也开始进入蛰伏期。网络广告的发展速度开始放缓，增幅收窄。这段时间，中国网络广告慢慢地积攒力量，等待爆发时机。

市场启动期（2002—2004）

随着互联网环境的改变，网络广告市场也开始稳步增长。网络广告的盈利模式逐渐被市场所认可，中国网络广告市场开始重新启动。

在门户网站方面，2002 年搜狐在网络广告收入的支持下，实现了盈利。中国网络广告市场开始重新启动，网络广告的盈利模式被市场所印证。2004 年，新浪、搜狐、网易公布财报，网络广告盈利丰厚，中国门户进入全面盈利时代。

在搜索引擎方面，2002 年百度成立，并建立百度联盟。独立的搜索引擎通过免费为用户提供搜索服务聚集人气，进而向广告主提供搜索广告营销服务而获取商业利益。关键词搜索/竞价排名开始受到大量广告主追捧。2004 年，Google AdSense 进入中国市场，中国搜索广告网络进入双雄争霸时期。搜索引擎引领了数字营销发展的第二个黄金时期。

高速发展期（2005—2011）

2006 年，全球第二大广告集团 WPP 收购华扬联众；2007 年，分众传媒收购好耶。传统的数字营销模式已经不能满足客户的需求，于是各种数字营销模式百花齐放，而数字营销代理公司也成为资本的宠儿。中国数字营销从此爆发。

这一阶段，媒体类型不断丰富，互联网长尾效应凸显，广告平台整合媒体资源，实现定向投放效果，营销作用凸显。在品牌广告方面，易传媒、传漾科技等企业陆续进入，开始运营品牌广告网络业务。自此，品牌广告网络的定向能力开始发展，计费方式也不断丰富。在效果广告方面，阿里妈妈、亿告等广告交易平台先后成立，此后阿里妈妈整合资源演变成淘宝联盟，同时 Vancl 联盟、当当联盟稳定发展，效果广告网络日益多元化。

应用成熟期（2012—　）

2012 年，谷歌宣布在中国正式推出 DoubleClick Ad Exchange 广告交易平台。同年年底，淘宝 TANX 正式运营。此外，品友互动等 DSP 企业也相继成立，进一步推动中国广告购买向用户为核心的时代迈进。

伴随移动互联网的高速发展，Mobile Ad Network 与 Mobile DSP 相继出现，推动了移动广告的发展。

这一阶段，按受众购买的广告模式以及 RTB 的形式开始出现，DSP 和 Ad Exchange 开始发挥作用，与广告平台共同服务广告主，长期共存。

2016 年中国数字营销市场发展更加成熟，互联网广告运营商与广告技术服务商通过增强大数据、人工智能等技术的应用，广告投放的数字化、智能化程度提升，进一步解放了营销工作，提高供需双方的交易效率。同时随着市场各方的努力，渠道不断下沉，数字营销对三四线城市的渗透能力将迎来大幅提升。

传统的展示广告重要来源——PC 端门户网站收入进一步萎缩，领先企业已经完成了广告收入移动化，2016 年 PC 端与移动端“此消彼长”成为行业显著特点。在移动端，2016 年新闻资讯 APP 成为用户接受资讯的主要平台，各厂商对于广告变现的探索与尝试更加成熟，信息流广告库存大幅增长，也受到了广告技术服务商和广告主的青睐。

搜索广告面临成熟期的增速放缓与广告监管收紧的双重压力，厂商营收出现下滑，搜索引擎的广告业务将进入短暂的“阵痛期”。同时搜索引擎的营销价值依然坚挺，是目前市场中转化能力最优质的渠道之一，广告主仍然愿意投入营销预算。随着相关法规的进一步落地，行业的规范化程度将得到提升，行业的健康发展将促进搜索广告收入迎来回升。

2016 年视频广告市场认可度进一步提升，视频厂商不断平衡用户体验与商业利益之间的矛盾，对于广告变现的商业探索更加成熟。2016 年更多的可跳过的贴片广告出现，而新增的广告位更多的是植入式的广告形式，广告与内容的结合更加紧密，降低了广告对于用户收看内容的影响，更加关注用户获取广告的体验和触媒的体验。

在社交广告方面以腾讯、新浪、陌陌为代表的头部厂商的广告收入大幅增长，广告主对于社会化媒体的营销能力更加认可和青睐。而媒体方也纷纷自建广告交易平台，对于自有的优质广告流量管理更加精细化。在广告收入结构方面，通过自助投放系统进行渠道下沉，更多的中小广告主增加社交广告的投放预算，中小广告主将成为社交媒体广告收入的重要来源。

2016 年程序化购买广告已经被各方认可，程序化购买技术对于展示广告的渗透程度进一步提升。媒体方自建广告交易平台以加深参与程序化交易的能力，积极拥抱程序化购买技术，广告变现能力得到提升。而广告技术服务商面临着行业竞争加剧和广告主预算增长放缓的双重压力，对于技术服务商的洗牌仍将持续。程序化购买广告市场经历了前几年的急速升温后，市场认知正在重归理性，行业中仍然存在虚假流量、数据匮乏、效果作弊等问题，而这些问题的突破将成为程序化购买广告再次步入发展快轨的基础。

2016 年信息流广告迎来爆发，信息流广告成为新闻资讯、社交媒体的重要广告形式。信息流广告的大量出现一方面是因为移动端成为用户触网的重要屏幕，信息流广告在有限的屏幕上对于用户体验破坏相对较小。另一方面信息流广告容易被大规模地复制和商业化，高效帮助媒体变现。随着市场各方的共同努力，信息流广告形式不断创新，与视频等广告形式结合，市场认可度将迎来飞速提升。

2016 年场景营销通过 WiFi 和 LBS 数据在部分垂直场景实现突破，通过 WiFi 厂商等企业合作，以用户物理位置数据识别用户的线下场景，进而推送相关的广告内容。当前场景营销仍然处于相对初级的阶段，营销方式主要是围绕物理场景展开。未来场景发展需要以数据为核心，打通用户线上与线下数据，将线上丰富的行为数据、兴趣标签与线下的物理场景结合，实现对于用户以及场景的深入洞察。

原生广告的概念早在 2012 年提出，目前市场仍然处于探索期。2016 年原生广告的概念被各大广告运营商、广告技术服务商引用，行业认可程度大幅提升，市场教育逐步深化。当前原生广告仍处于发展的初步阶段，市场中大部分原生广告的原生性相对较弱，与传统的广告差异较小；另外一部分原生程度较高的广告受限于较高的技术门槛和特殊的广告规格，限制了其大规模应用的能力。未来广告形式创新与数据应用能力提升，将成为原生广告发展的重要有利因素。

对个人用户而言

广告是用户消费环节中必不可少的重要一环，随着用户触媒习惯的变化，数字营销正在对用户的消费产生重要影响。同时互联网中虚假的广告信息，不仅造成用户的经济损失，同时严重影响了用户对于网络广告的信任程度，因此行业需要完善的管理规范，保证行业健康发展。

2016 年市场中更多内容营销依托于娱乐化的内容出现，相比单向的广告曝光，内容营销不仅传播品牌与产品信息，通过与内容的融合，将广告更加自然地触达用户，减少广告曝光对于用户触媒体验的影响，同时以趣味性、互动性的创意形式加深用户对于产品和品牌的印象，提升传播效果。

对行业客户而言

数字营销越来越成为广告主营销预算的分配重点，尤其是内容营销、程序化购买广告等新广告形式受到广告主青睐。相比传统的数字营销方式，新型营销方式更加注重形式创新与技术的运用，提高营销效率和品牌传播效果。同时广告主也需要加深对于新型营销方式的理解和运用，不能盲目地追求短期利益。

对资本方而言

延续 2015 年资本市场对于数字营销的价值认可，2016 年仍有大量的数字营销企业获得融资，部分企业登陆新三板。这些企业以技术和模式创新作为其核心价值，受到资本市场关注。同时受宏观环境、市场环境以及企业自身盈利能力影响，数字营销服务商的生存压力增加，部分企业营收未能完成预期指标，资本方对于数字营销企业的态度更加谨慎，相对更加青睐市场认可度高、商业模式清晰、盈利能力强的数字营销服务商，部分中小服务商生存环境更加艰难。

市场典型企业——搜狐

数字营销市场的典型企业搜狐，旗下业务覆盖综合资讯、垂直资讯、视频媒体、搜索引擎等多类型资源。较早探索网络广告变现方式，目前主要收入来自于广告相关收入。

1997—2001 年，搜狐初步完成了综合门户网站的建设，广告业务初具规模，并成功登陆纳斯达克股票交易市场。2002—2004 年，搜狐的两款战略产品——搜狗搜索引擎、搜狐宽频（搜狐视频前身）上线，标志着搜狐的媒体属性不断延展，媒体矩阵已经逐步成型。2007—2012 年搜狐大力推动广告业务变现，2007 年搜狐广告收入破亿，2009 年搜狗战略重组，2011 年搜狐视频创意广告平台上线、搜狗收入破亿。同时，搜狐也开始探索向移动互联网转型，并于 2011 年推出搜狐新闻 2.0。2012—2016 年搜狐大力发展移动端业务，2012 年发力新闻客户端，提升产品资讯服务能力，2013 年与腾讯达成战略合作，搜狗在渠道、内容等多方面的综合能力得到提升，2014 年搜狐视频移动端收入超过 PC 端，2015 年门户移动端广告收入贡献超过一半。同时搜狐基于自身丰富的媒体流量推出广告交易系统汇算，增强自身的广告变现能力。2016 年搜狐进一步深化媒体服务能力，加强资讯与娱乐为用户带来的内容价值，搜狐新闻经过多次产品升级，强化交互能力与频道内容建设，用户对于搜狐新闻的黏性与偏好不断提升；搜狗搜索通过战略合作，聚合了小说、知乎等独家搜索内容，在垂直搜索方面取得较大进步；在视频方面，搜狐的自制战略已经取得明显效果，多部自制剧目上线，吸纳了大量的用户。搜狐通过一系列的方式提升媒体价值，带动了搜狐整体营销能力增长。

根据易观发布的《2017—2019 年中国互联网广告市场规模预测》显示，预计 2016 年中国互联网广告运营商市场规模达到 2552.2 亿元人民币，2017 年至 2019 年，中国网络广告市场规模仍将持续稳定上升状态，预测 2019 年市场规模将达到 3900 亿元人民币。2016 年中国移动营销市场规模预计将达到 1633.9 亿元人民币，2019 年将达到 3550 亿元人民币。2016 年移动互联网已经成为拉动互联网广告市场增长的绝对主力，未来随着用户对于移动互联网依赖程度加深，移动互联网的营销潜力将进一步释放。

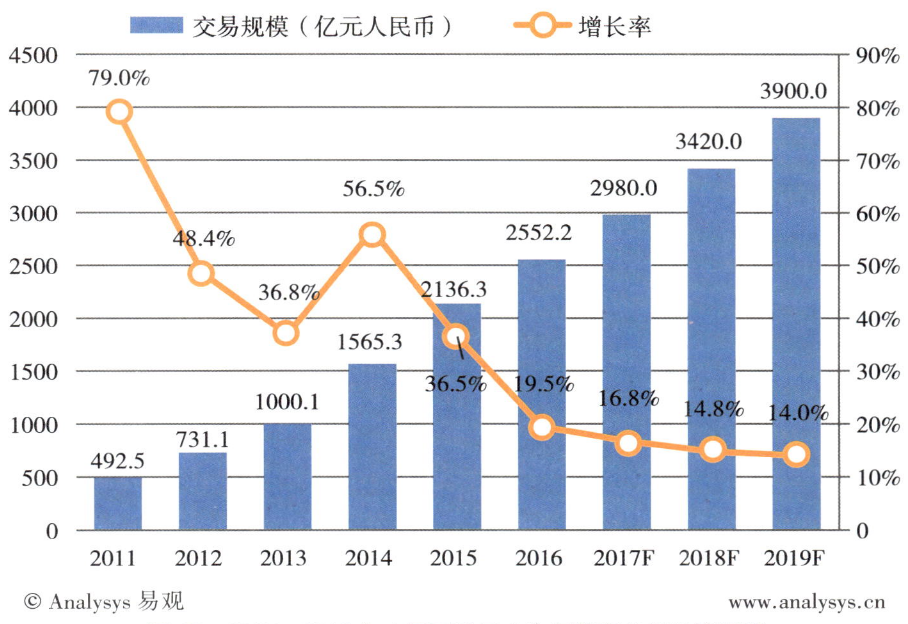

图 17　2017—2019 年中国互联网广告运营商市场规模预测

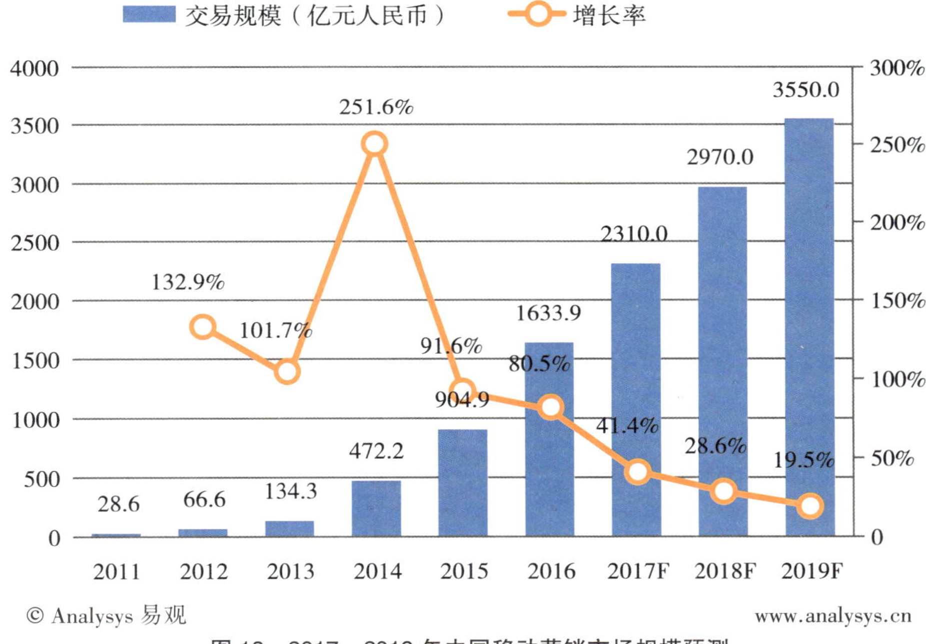

图 18　2017—2019 年中国移动营销市场规模预测

易观分析认为，未来中国数字营销市场将呈现以下几点趋势：

1. 数字营销渠道下沉，本地营销市场向数字化转型

随着传统媒体的广告价值逐步减弱，同时数字营销渠道下沉拓展长尾广告主资源，三四线城市的本地广告主营销预算大幅向互联网媒体转移。当前供需双方条件均已成熟，未来本地化营销市场快速发展的关键因素取决于各参与方对市场教育的不断深化，以及数字营销落地后提供差异化营销服务的能力。随着数字营销为本地广告主提升营销服务价值，本地广告主的数字营销预算将进一步释放。

2. 社会化媒体营销与内容营销加速短视频、直播等平台广告变现

2016 年短视频与直播用户规模进一步增长，用户更多的娱乐时间分配在这些新型的平台上，产生的丰富流量对于品牌广告有较高的营销价值。一方面用户娱乐时间的倾斜将产生巨大的流量，品牌借助重大娱乐事件影响力以及平台的社会化传播属性帮助提升品牌的覆盖能力；另一方面，内容营销更加注重用户的广告体验，满足品牌广告主对于品牌形象传播和塑造的需求，更有效地形成品牌口碑的传播。

3. 智能电视营销潜力巨大，将成为品牌营销重要战场

随着中国智能电视保有量的提升，智能电视营销价值飞速发展，大屏沉浸式体验、聚焦客厅场景、互动方式丰富等特点对于品牌广告主有较高的吸引力。数字营销企业积极布局智能电视广告市场，同时传统的终端厂商逐渐加强对于广告变现的尝试力度，市场各方合力成型，共同推动行业的高速发展。

4. 市场各方进一步拥抱程序化购买广告，程序化购买广告渗透程度加深

2016 年各主流媒体的程序化购买广告技术应用程度逐步加深，尤其是自有的投放平台投放规模爆发增长。私有广告投放平台在媒体广告体系中的角色地位将越发重要，2017 年各媒体自建的程序化交易系统在原有的基础上将进一步升级，提供更加丰富的程序化交易服务，满足广告主以及流量需求方的营销需求。2016 年搜狐升级程序化交易平台汇算，提升程序化购买广告交易能力，同时推出了面向品牌广告主视频投放的品算营销平台，通过大数据提升品牌广告效果的评估能力。2017 年，头部媒体对于数据和技术的应用将进一步深入，完善品牌广告的服务能力。

根据易观近期发布的《2016 年中国互联网广告市场实力矩阵》，易观对 2015—2017 年中国互联网广告市场运营商在实力矩阵中所处的位置以及执行能力和发展潜力的变化情况作如下解读：

- **领先者象限分析**

领先者在厂商业务创新能力、厂商执行能力和运营能力上具有优势，新技术持续应用和用户规模增长驱动自身网络广告发展。

2016 年中国互联网广告市场领先者：百度、阿里巴巴、腾讯、爱奇艺、优酷土豆

- 新进入者：无
- 新退出者：谷歌中国

百度：作为市场领先企业，百度在 2016 年市场份额下降，一方面由于搜索引擎营销相对成熟，市场规模增长放缓；另一方面，受到市场监管政策影响，广告位与广告主数量减少，影响其广告收入。同时在市场中搜索引擎营销价值依然受到市场各方认可，百度凭借自身较为完善的营销服务体系，在市场中仍然可以保持领先地位。

阿里巴巴：2016 年阿里巴巴加强对品牌广告主的营销服务能力，在整合更多的优质广告资源的同时，提升营销产品技术能力，为品牌广告主提供优酷土豆的营销服务。在数据方面，阿里巴巴凭借互联网产业布局，对于大数据在营销领域的应用更加深入，带动企业提升在市场上的综合能力。

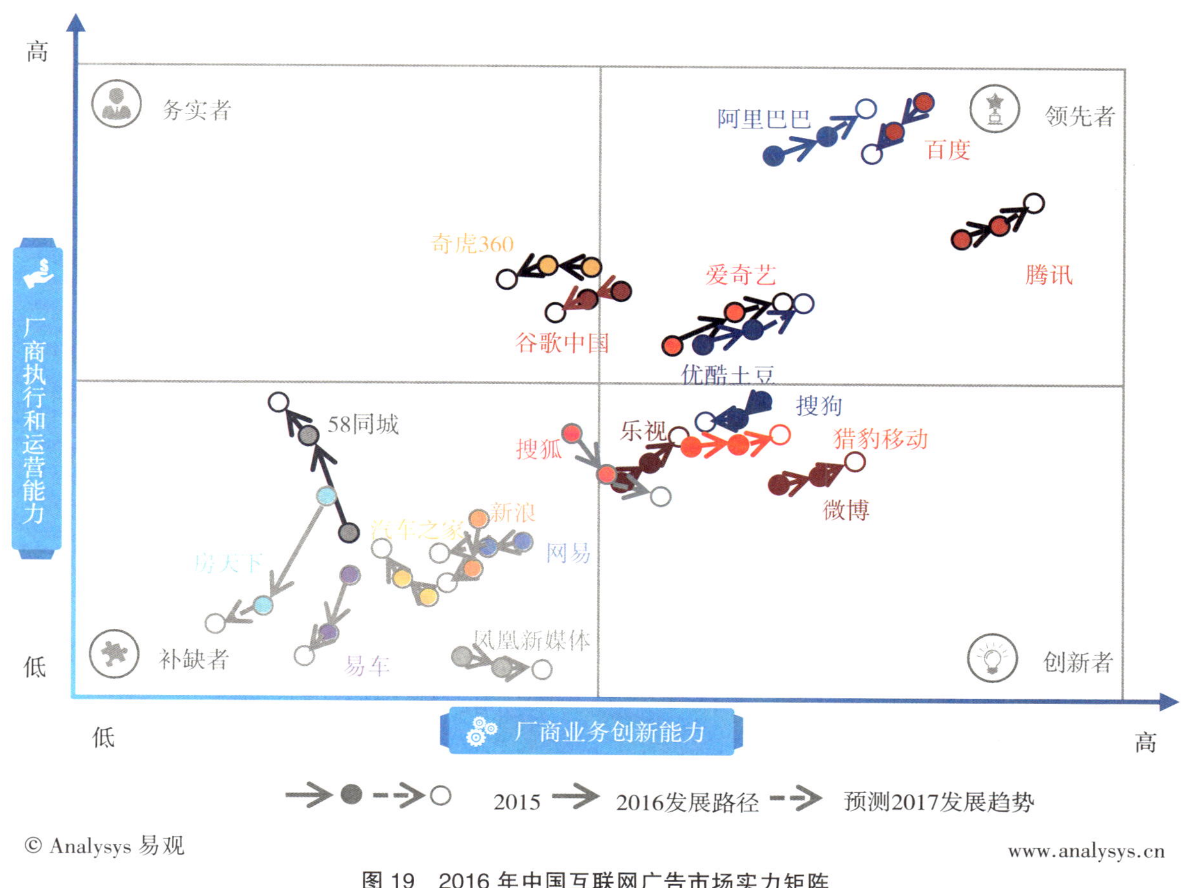

图 19　2016 年中国互联网广告市场实力矩阵

腾讯：腾讯的广告收入在 2016 年仍然保持高速增长，品牌广告方面，腾讯加大对于资讯、视频内容的投入力度，以内容稳固其品牌营销价值核心，同时推出面向大型品牌广告主的营销平台“智赢销”。在社交广告方面，腾讯进一步加强社交媒体变现力度，同时将渠道下沉，布局本地化营销市场。

爱奇艺：2016 年爱奇艺加强对于新型广告形式的开发，通过布局内容生产领域和技术创新，增强内容营销变现能力，同时通过加大对于版权内容采购和自制内容提升的力度，拉动广告库存增长。在大数据方面，爱奇艺推出 DMP 平台，根据用户的互联网行为以及兴趣标签帮助广告主实现广告的精准投放。

优酷土豆：优酷土豆在 2016 年更加注重用户体验的维护，为广告主提供多元化的内容营销方式，在技术、产业链布局以及交易模式等方面，为品牌与产品提供良好的营销渠道。尤其是在电商营销领域，优酷土豆增强图像识别能力应用，将视频与电商营销相结合，未来广告变现能力将进一步提升。

- **创新者象限分析**

创新者在产品/技术上的投入很大，并在商业模式、技术或者产品服务的创新性上有独特的优势。但是由于产品变现能力有待挖掘，市场份额较低。

2016 年中国互联网广告市场创新者：搜狗、猎豹移动、乐视、微博、搜狐

➢ 新进入者：搜狐

➢ 新退出者：无

搜狗：搜狗继续加强在垂直内容上的发力，于 2016 年引入知乎、小说等独家内容，提升搜索引擎对于内容的覆盖能力。同时搜狗用户流量和收入的移动化程度加深，带动搜狗的营销价值向移动端转移，尤其是在围绕“搜索+”的本地营销方面，搜狗的营销潜力仍有进一步挖掘的空间。

猎豹移动：猎豹移动旗下多款工具类应用不仅在中国市场拥有较大的用户基础，在海外市场也处于领先地位。同时，猎豹凭借移动代理 Facebook 等营销平台，帮助中国企业出海。在数据方面，由于安全类应用的特殊性，一定程度上在移动互联网数据孤岛的打通方面更加容易，有助于营销效果的提升。2016 年猎豹继续加强广告平台的营销能力，广告收入得到较快提升。

乐视：乐视继续打造“平台+内容+应用+终端”垂直整合的生态系统，通过进一步加速在智能硬件领域的布局和内容打造来提升营销能力。2016 年乐视进一步强化了智能电视营销体系，挖掘智能电视的营销价值，从品牌传播、转化能力、连接能力等多维度为广告主提供营销解决方案，带动乐视广告创新能力和收入双向增长。

微博：2016 年微博加强广告变现力度，广告收入得到了快速的发展。微博拥有较高的变现能力一方面是因为社交广告的营销价值越来越被广告主所重视，另一方面是因为微博对于广告的商业化应用越发成熟，通过多类型的广告形式和广告解决方案，帮助不同类型的广告主解决营销中的问题。

搜狐：2016 年搜狐进一步深化媒体服务能力，加强资讯与娱乐为用户带来的内容价值，搜狐新闻经过多次产品升级，强化交互能力与频道内容建设，用户对于搜狐新闻的黏性与偏好不断提升；在视频方面，搜狐的自制战略已经取得明显效果，多部自制剧目上线，吸纳了大量的用户。搜狐通过一系列的方式提升媒体价值，带动了搜狐整体营销能力增长。同时搜狐完成初步向移动互联网转型，移动端广告收入超过 PC 端，广告变现能力进一步得到提升。

- **务实者象限分析**

务实者拥有丰富的现有资源，执行能力和运营能力较强。

2016 年中国互联网广告市场务实者：奇虎 360、谷歌中国

➢ 新进入者：谷歌中国

➢ 新退出者：无

奇虎 360：奇虎 360 在 2016 年持续加强在广告市场的布局，将聚效与 360 广告联盟进行打通与整合，提升营销效率，并且推出全新的 360 SSP 平台。同时各平台的资源整合也有助于双方数据的进一步打通，更好地帮助广告主提升广告精准投放能力。

谷歌中国：2016 年谷歌推出 GA 360 Suite，GA 360 Suite 集合了谷歌多款产品工具，通过分析数据指导广告投放以及为营销人员提供投放效果反馈。谷歌打通自身搜索、网站、移动端等多领域数据，有助于帮助营销人员更加精准分析用户在互联网中的行为以及转化路径，提升精准营销能力。

● 补缺者象限分析

2016 年中国互联网广告市场补缺者：58 同城、网易、新浪、汽车之家、房天下、易车、凤凰新媒体

➢ 新进入者：无

➢ 新退出者：无

58 同城：2016 年 58 同城进一步整合旗下房产领域的业务资源，为房产、汽车等垂直行业广告主提供营销服务。同时与腾讯合作推出“腾城计划”，加深双方在大数据领域的合作，将腾讯的多维度数据和 58 同城的生活服务数据打通，建立立体的用户画像，找到用户痛点，为用户提供匹配的生活信息服务。

网易：新闻内容是移动新闻客户端的基础，网易凭借多年新闻资讯内容能力，在向移动转型过程中，继续扩大自身的内容孵化能力，推出一系列的优质原创内容。同时网易通过对于用户数据的挖掘进一步增强资讯的精准推送能力，将个性化的内容与用户更准确地连接，提升用户的黏性，提升媒体资讯服务价值。

新浪：2016 年新浪继续凭借微博、秒拍等独家内容资源，建立起自身内容优势，构建行业竞争壁垒。同时新浪资讯内容与展现形式也更加偏向移动端的用户体验，通过精细化运营提升用户的活跃度，拉动新浪新闻 APP 广告库存的增长，厂商的投入与广告收入继续向移动端倾斜。

汽车之家：汽车之家作为领先的汽车垂直媒体，拥有丰富的汽车行业相关数据，对于品牌营销有巨大帮助。2016 年汽车之家深化在程序化购买广告交易市场的布局，通过程序化交易提升流量变现效率；另一方面加深数据合作，通过将自身线上数据、金融数据以及线下合作数据进行打通，更加全面地描绘用户画像，帮助广告主进行营销决策和广告投放。

房天下：2016 年房天下推出“直播+航拍+全景看房”的在线看房系统，将房产营销推广与直播、VR、航拍等技术整合，全面地展现房产项目。以直播为代表的新技术在房地产服务领域的应用，有助于提升房产交易的透明程度，改善看房流程、交易环节的用户体验，对于平台价值深化以及服务能力双向升级有重要的帮助。

易车：易车作为领先的汽车类互联网媒体，为汽车行业广告主提供了丰富的销售线索。2016 年易车继续通过深化大数据应用增强营销精准能力，一方面对于自有多款产品积累的用户数据进行用户数据挖掘；另一方面整合丰富的外部数据，构建丰富、立体的用户画像，帮助广告主从全网找到目标用户。

凤凰新媒体：凤凰新媒体持续发力移动端市场，坚持内容与技术双轮驱动。在内容方面，基于自身对于大型社会热点话题的编辑策划能力，打造高品质新闻资讯内容，并为品牌提供营销服务；在自媒体内容方面，凤凰新媒体以“凤凰号”将内容制作与营销相结合，开发各类内容的营销能力；在技术方面，凤凰新媒体通过与一点资讯数据打通，丰富用户标签，进行广告精准投放。

互联网金融

第三方支付

从中国第三方支付市场整体发展趋势来看，经过十几年的发展壮大，第三方支付市场已成为互联网金融领域最为成熟的行业，并作为基础服务广泛应用于各行业。目前，第三方支付市场已形成由支付宝、中国银联、财付通三大巨头占主导的市场竞争格局。根据易观监测数据显示，2016 年第 4 季度中国第三方支付市场交易规模为 52213.2 亿元人民币，环比增长 6.48%。支付宝以 43.44%继续保持在线支付市场第一名，财付通位列第二，市场占有率为 16.63%；银联商务以 15.77%的市场占有率位列第三。

易观分析认为，中国第三方支付市场经过了多年发展，即将步入市场成熟期。

探索期（1999—2005）

以 1999 年首家第三方支付平台首信易支付的成立为起点，第三方支付行业开始了蹒跚起步。此时出现的第三方支付企业，大多作为银行的外包公司，为电商平台连接银行网银通道。2002 年，银联的成立很好地解决了多银行接口的承接问题，第三方支付通过接入银联而发展提速。但此后几年，由于第三方支付公司所起的作用仅仅相当于支付通道，第三方支付公司之间产品同质化比较严重，业务增值空间小，进入门槛比较低，行业监管混乱，一些规模较小、商业模式不清晰的企业业务逐渐萎缩。

市场启动期（2005—2011）

2005 年是第三方支付行业发展值得纪念的一年。这一年，支付宝公司首次提出了担保交易的概念，标志着第三方支付机构从支付网关模式向增值空间更大的账户模式转变。这一支付创新也解决了电商平台物流、资金流和信息流不匹配的问题，促进了电商行业在随后几年的井喷式的发展。也正是伴随着电商行业发展，2008—2010 年，中国第三方支付行业异军突起，交易额连续 3 年增幅超过 100%。

高速发展期（2011—2016）

第三方支付获得合法地位的标志性事件是央行颁发首批支付牌照，从 2011 年到 2015 年，央行一共颁发了 270 张支付牌照，涉及银行卡收单、互联网支付、移动支付和预付卡的发行与受理等几大类型。获得合法地位的第三方支付企业从此步入了高速发展的时期，第三方支付牌照的价格也随之水涨船高。

第三方支付步入高速发展时期的另一个标志性事件是余额宝的火爆热卖。支付宝获得基金销售

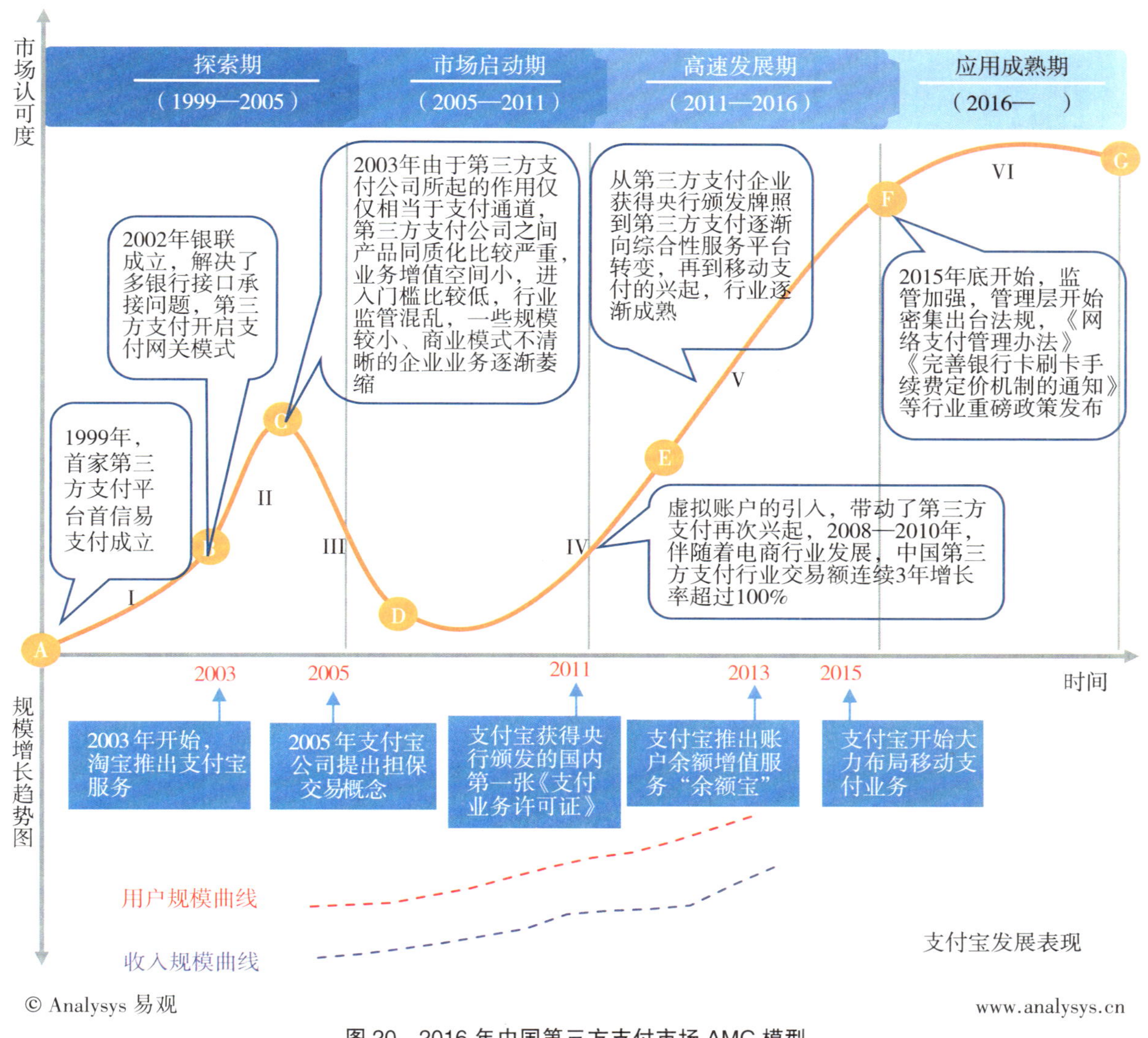

图 20　2016 年中国第三方支付市场 AMC 模型

牌照之后，在其平台销售的货币基金产品余额宝凭借其高于银行几倍的年化利率受到用户欢迎。从此，理财等增值服务成为第三方支付平台的标配产品，也标志着第三方支付企业进一步向综合性平台转变。

第三方支付企业整体向移动支付转型发生在 2014 年，O2O 概念的兴起，令网络支付加速在线下落地。从出行场景到春节抢红包，微信支付横空出世，和支付宝共同培养出大量移动支付用户。

但随着第三方支付被广泛接受，利用第三方支付渠道进行欺诈、洗钱、色情交易等违法行为日渐增多，为行业的发展带来了不良影响。因此，从 2015 年年底开始，管理层开始密集出台法规，《网络支付管理办法》《完善银行卡刷卡手续费定价机制的通知》等行业重磅政策发布。监管的加强为第三方支付行业的合规化发展夯实了基础。

对于个人第三方支付用户而言

移动支付的大趋势不可逆转，消费者将拥有更加便捷和人性化的支付体验，但为了将用户资金留存在自建的生态体系之中，支付宝和微信支付已经对提现收取手续费，未来不排除更多面向 C 端用户的第三方支付企业收费。

而随着线上线下支付场景的融合，个人用户的购物轨迹将越发清晰，个人征信的碎片化问题将进一步得到缓解。但未来还要看拥有不同支付场景的第三方支付企业如何进一步合作。

对于第三方支付机构而言

监管政策的加强，说明监管层对第三方支付的发展空间和业务模式都有了清晰的规划，第三方支付再次被定位为小额、快捷、便民服务、小微支付中介。第三方支付市场变得更加规范。但与此同时，第三方支付企业的业务范围和收益都变得可以预见，市场可见的变量正逐渐减少：技术实力强和市场占有率更高的企业将拥有更多话语权；业务范围单一、市场占有率低的公司利用现有渠道进行差异化服务成必然趋势。

另一个对第三方支付机构发展有重大影响的事件是网联的筹划成立。此前由支付宝和财付通两大巨头主导建设的方案由于系统建设不透明，其余支付机构对信息保护担忧而引起较大争议，最终被否决。目前出台的方案是由网联平台的各参与方自主共建，确保从最初就统一技术标准和业务规则。从股权结构上来看，央行和支付清算协会将保证绝对控股，其余股东的股份最高不会超过 10%。

易观分析认为，网联建立后第三方支付机构直连银行的模式将被切断，支付和清算行为将保持相对独立，第三方支付机构将通过网联的统一支付接口连接银行。该模式将缩小各支付公司在支付通道以及支付成本上的差距，在鼓励第三方支付机构进行产品和业务创新的同时，实现网络支付清算体系效率和安全的平衡。在统一清算平台框架内，第三方支付机构的客户备付金集中存管也将得以实现。但由于支付宝和财付通等第三方支付巨头已经拥有场景和流量的巨大优势，短时间内，第三方支付行业格局不会有大的改变。

对于投资者而言

第三方支付行业属于强监管的金融行业之一，牌照的价值不言而喻，加之央行对第三方支付牌照的收紧，拥有第三方支付牌照的企业收购价格也一路水涨船高。

随着第三方支付行业步入市场成熟期，未来市场格局整体将不会有大的变化，预计行业并购会进一步增多。聚合支付和智能 POS 等在第三方支付企业发展的基础上成长起来的机构将成为投资者关注的重点。

市场典型企业——支付宝

易观分析认为，阿里巴巴的金融业务逐渐庞大之后，发展出已然独立的蚂蚁金服集团，其产品覆盖互联网金融全产业链。但支付宝作为基础服务和流量平台，仍然是阿里拓展金融版图的基础，因此，支付宝内部仍保留营销、理财等入口。

支付宝目前的盈利主要依靠对 B 端商家收取线上收单服务费。未来，支付宝将逐渐利用其覆盖海量商户和用户的优势，以及多年积累起来的海量交易数据变现。由此，支付宝所拥有数据的挖掘和应用变得更加重要，互联网营销、征信等增值服务将和支付服务互成助力。

P2P 网贷

P2P 网络借贷作为互联网金融重要的组成部分，依靠快速、高效的互联网技术以及对于传统融资模式的变革，通过改善现阶段融资需求与财富管理不匹配的现状，实现了自身的快速发展。易观预计未来 P2P 网络借贷市场仍将获得较高的关注，但由于监管力度加大，行业规范性的加强，在未来 1—2 年，其增速将放缓。

中国 P2P 网络借贷市场在政策新规约束及用户需求刺激的双重驱动下，表现出明显的阶段性特征，易观应用产业发展 AMC 模型进行总结呈现，具体情况如下：

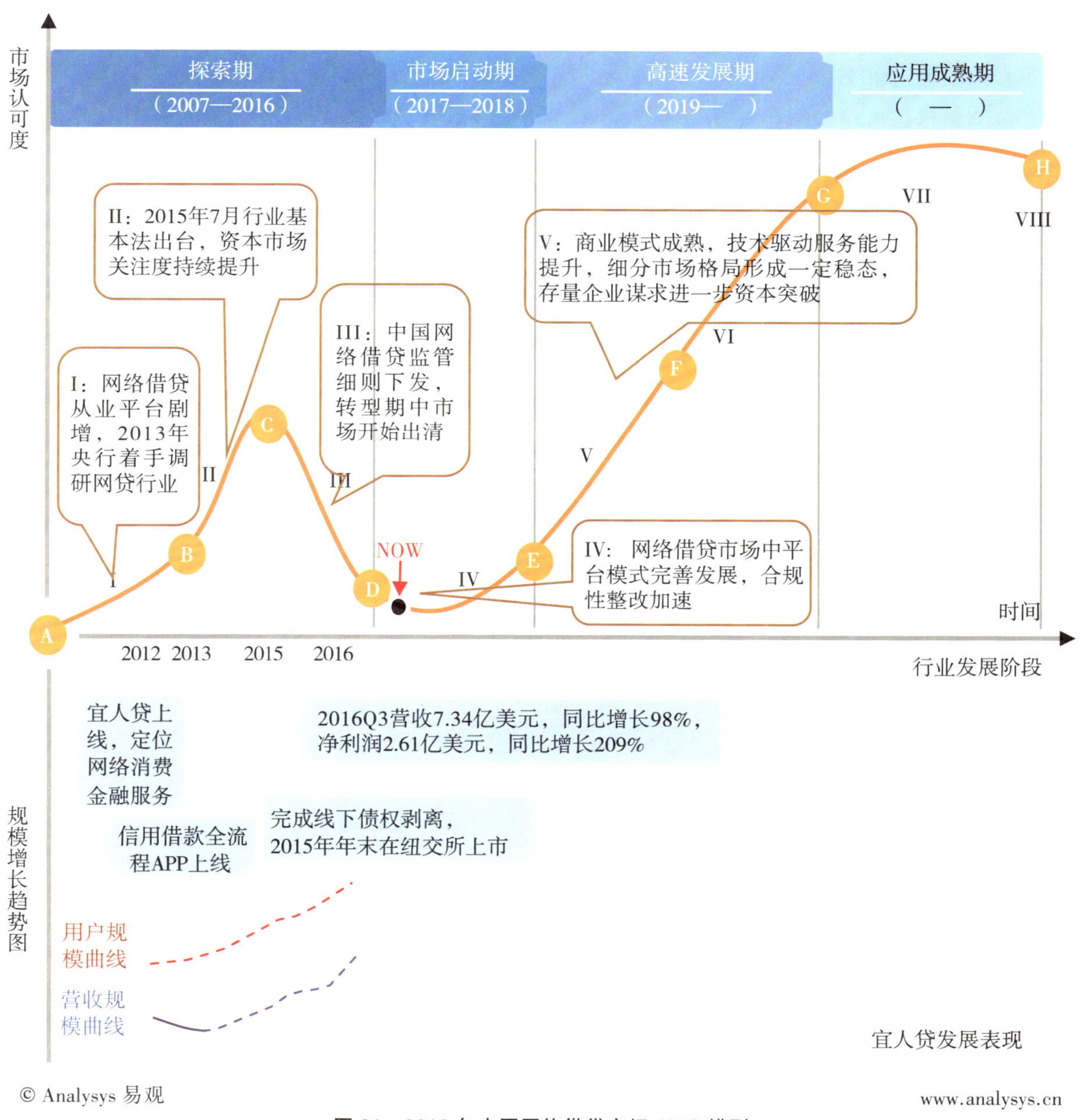

图 21　2016 年中国网络借贷市场 AMC 模型

探索期（2007—2016）

网络借贷自2007年进入中国后，以其广覆盖、高效率、低成本的特性，一定程度上缓解了国内尖锐的个人投融资矛盾问题。然而在监管政策出台之前，网贷行业的无序扩张，从业者集中进入，虽然一定程度上促进了用户认知与接受度，但由于中国信用服务体系尚不完善，部分平台对线上资产的风险识别及定价存在短板，因自身风险管理能力的不足而成为行业隐患。从风险分散、资金安全的角度出发，市场在政策驱动下经历了镇痛调整。2015年7月《关于促进互联网金融健康发展的指导意见》出台，行业基本法成为网络借贷行业发展分水岭，首次明确了网贷监管主体以及平台的信息中介属性。后续《网络借贷信息中介机构业务活动管理暂行办法》《网络借贷信息中介备案登记管理指引》等文件陆续下发，进一步使得网络借贷市场准入、管理等有了更为明确的规范，产业内从业平台、担保机构、托管银行、第三方支付通道及信用服务平台等多方参与、互相监督的产业形态相对成型。

市场启动期（2017—2018）

目前网络借贷市场盘整在2016年进入尾声阶段，合规整顿窗口期收窄，平台经营备案以及银行托管对接进入攻坚时期。在阶段上，乐观预期2017年下旬出清有望基本完成；存量机构数量出现锐减的同时，“小额、分散”本质下的单平台业务体量仍会获得可观程度增长。

市场启动期中另一明显倾向是产业协作性加深，例如以输出风控技术与资产定价服务为核心的信用服务机构与平台进行深层次联动，信用数据共享融通效果会有助于整个行业运行效率及操作成本的改善，待新形成的细分市场格局稳定后，典型平台上也将出现新一轮的资本突破。

对投资者而言

中国个人可投资资产逐年递增，至2016年规模已达170万亿。当前网络借贷资产渗透占比仅在1%左右，未来三年出现明显上升；另一方面，该领域中规模急剧攀升的非标债权资产有望成为机构投资人关注的重点，标准化分级产品创新会使各参与方实现共赢，不过在当前通道设计上仍存着一定的政策及市场风险。

对平台方而言

随着监管对于市场准入及运行规则的约束，网络借贷平台一方面因日常报备及审计等，平台经营成本会增加；另一方面由于合规边界得以相对确定，平台展业过程中获客及客单贡献效果将会提升。为避免同质化竞争威胁及寻求规模化效益，网络借贷平台通过跨界并购形成集群模式，转向消费金融、供应链金融等服务方向的趋势性将加深。

市场典型企业——宜人贷

2012年宜人贷网站正式上线运营，最初资产端受宜信线下资源支持快速发展，在定位于在线消费金融服务模式后，线上线下资源开始逐渐剥离转型，最终于2015年12月在美国纽约证券交易所成功上市，成为中国网络借贷信息服务领域首家上市公司。

截至2016年第3季度宜人贷促成借款总额达到56.18亿元人民币，与2015年同期的25.51亿元相比，同比增长120%，无论是从营收还是用户角度来看，在同领域平台中，宜人贷经营表现处于第一梯队。不过值得注意的是，平台上不同借款年化利率在16.9%—39.5%，不同档之间的坏账水平在5.1%—7.5%，该违约水平虽在网贷行业不算高位，但从持续发展的角度，易观分析认为，在大数据风控技术探索的同时，宜人贷未来面向其自身用户群体也有必要在服务内容及产品品类上进行演变，以便降低网络借贷业务中高昂的资金成本及缓和纯信用业务风险，平台在消费金融领域的潜力价值方会进一步得到释放。

根据易观发布的《中国P2P网络借贷市场趋势预测报告2016—2019》数据显示，2016年中国P2P网络借贷市场规模预计达到19712.7亿元，由于基础规模的增大，增长速度较2015年有所放缓，不过未来绝对增量仍会处于高位。

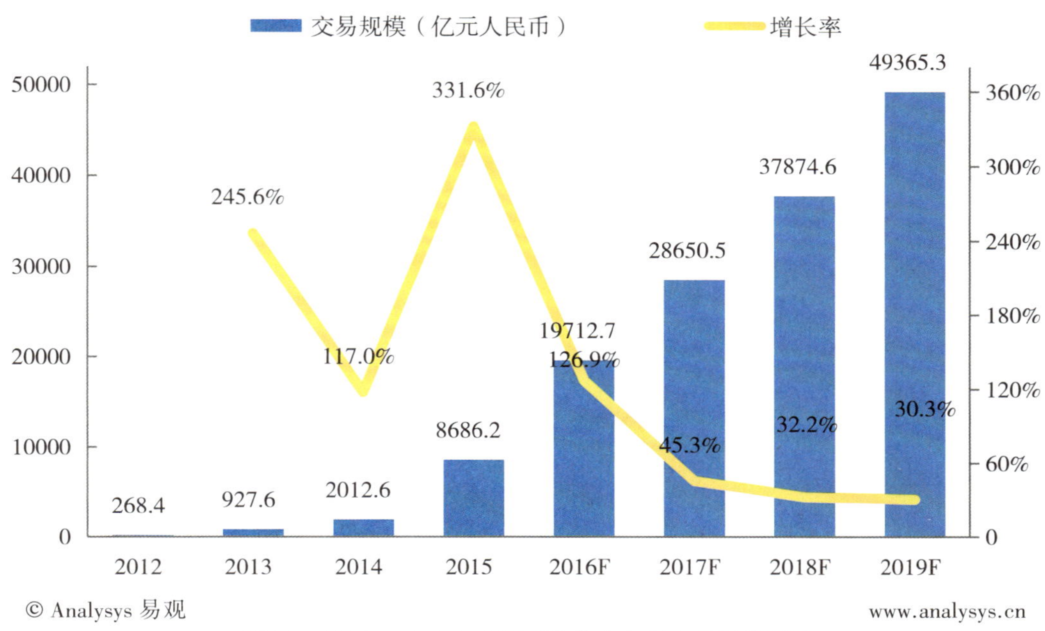

图22　2016—2019年中国网络借贷市场交易规模预测

随着监管层对于互联网金融进行摸底排查及专项整治力度不断加深，2016年平台主动退出及转型比例加大，行业基础性制度如信息披露、银行存管、展业备案等得以实施。在企业生产、居民消费资金供需缺口仍然较大的背景下，P2P网络借贷行业在压力下也面临启动机遇。

易观分析认为，未来中国P2P网络借贷市场发展将有如下趋势：

1. 地方监管部门完善事中事后管理机制，P2P网络借贷制度体系趋于成型

对于竞争性行业，尤其是涉及大众资产安全的领域，企业行为易出现监管套利、恶性竞争、用户欺诈等不良现象，政府管制约束不可缺位，这是实现企业效益与社会效益协调统一的基础；P2P网络借贷作为金融信息服务主要业态之一，经历了将近10年的自发增长，目前制度基础正逐步形成，在行业准入门槛定型后，进一步细化市场的事中事后管理机制，对于P2P网络借贷进一步规模化发展有重要意义。

2. 网络借贷市场回归“小额、分散”本质，线上消费金融服务迎更大机遇

中国P2P网络借贷市场发展潜力远高于国外，一方面，大众可投资资产规模稳定增加，另一方面可投资渠道及厂商生产能力有待提升。以具有十万亿量级的消费金融产业为例，互联网模式贡献占比处于绝对低位，无论从线下转化亦或新增角度来看，网络借贷平台发力消费金融服务都将推动大众购买力释放及产业生产能力提升。其间需要注意的是平台信用数据的积累及共享，这将影响从业平台的操作成本和可持续发展能力。

2016 年中国 P2P 网络借贷市场进入深度整合期，银监会等部门下发的《网络借贷信息中介机构业务活动管理办法》及《网络借贷信息中介备案登记管理指引》对于网贷平台展业过程中所涉及的“资金存管、信息披露、备案登记”都提出明确要求，业内大批量平台进行合规整改的进度加速。易观通过实力矩阵对中国 P2P 网络借贷市场中部分参与方作如下解读。

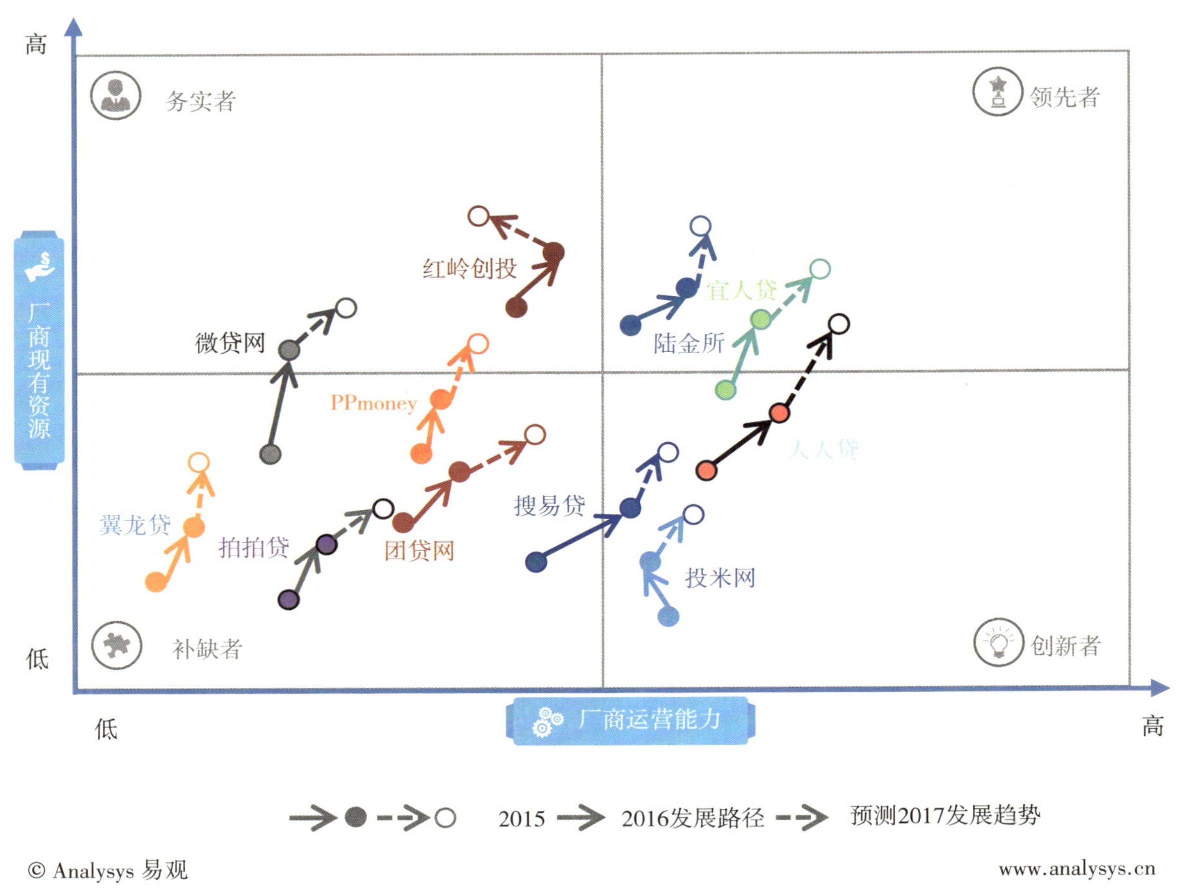

图 23　2016 年中国 P2P 网络借贷市场实力矩阵

- **领先者象限分析**

领先者在业务模式或产品/服务等创新性上拥有较强的独特性，同时具有较好的系统执行力能够把创新性提供给市场并获取较高的市场认可。

2015 年中国 P2P 网络借贷市场领先者：陆金所、宜人贷

➢ 新进入者：宜人贷

➢ 新退出者：暂无

宜人贷隶属于宜信公司，2012 年上线，聚焦互联网消费金融领域，为中国城市白领人群提供信用借款咨询服务。2015 年 12 月 18 日，宜人贷在美国纽约证券交易所成功上市。在经营表现上，

2016 年第 3 季度宜人贷促成借款总额达到 56.18 亿元人民币，与 2015 年同期的 25.51 亿相比，同比增长 120%，在同类型平台中保持较快增速。在移动端，宜人贷借款及理财应用用户认可度较高，第 3 季度 17.1 万投资人中，83.2%通过宜人贷的手机 APP 完成，其中用户活跃值也保持在两位数的增长水平。在我国，消费金融市场具有万亿量级的空间，宜人贷此类的线上消费金融服务平台未来发展面临较大机遇。

- **务实者象限分析**

务实者拥有丰富的资源，执行能力较强，但是创新优势不明显。

2015 年中国 P2P 网络借贷市场务实者：红岭创投、微贷网

➢ 新进入者：微贷网

➢ 新退出者：暂无

微贷网成立于 2011 年 7 月，总部位于杭州，业务以汽车金融为主。2016 年 5 月，微贷网与厦门银行签订直连模式资金存管合作协议，在用户资金安全及平台合规性上能力明显提升。另外平台连续 3 年获得资本的关注与认可，如 2016 年完成 10 亿元 C 轮融资，2016 年第 3 季度，微贷市场份额持续上升，占比 2.5%，企业资本要素对平台规模化发展起到积极的推动作用。2016 年中国汽车金融整体市场规模仅在 9000 亿左右，行业渗透率偏低，未来通过线上方式围绕新车、二手车、汽车后市场进行金融布局的长期利好趋势不会改变。

- **创新者象限分析**

创新者在产品/技术上的投入很大，并在商业模式、技术或者产品服务的创新性上有独特的优势。

2015 年中国 P2P 网络借贷市场创新者：搜易贷

➢ 新进入者：暂无

➢ 新退出者：宜人贷

搜易贷成立于 2014 年 4 月，是搜狐集团进入互联网金融领域的核心力量，上线不到 3 个月，交易量即突破 1 亿。而后在产品结构上进行优化，不断引入“小额、分散”的商业保理、新车及二手车项目。在目标市场细分后，推出“小狐分期”，开始发力电商、游戏、教育、旅游、医美等消费领域，顺应市场需求。在资金安全上，2015 年搜易贷与银行开始对接资金托管，根据监管指引进行合规调整起步较早。

截至目前搜易贷员工总数为 300 多人，移动端投资金额占比达 83%，平台借款逾期率为 0.16%。技术的应用极大地提升了运营效率的同时，也具有一定的成本及风控能力优势。另外，2016 年下半年搜易贷金服集团化战略逐渐成型，预计 2017 年其在整体架构及业务模式上会有更大程度的完善。

- **补缺者象限分析**

补缺者对于产业格局的影响不大。但是受限于自身规模的发展，补缺者很难保持稳定状态，一旦从补缺者队伍中脱颖而出，将会成为另外 3 类厂商或者投资者的并购/投资对象。

2015 年中国 P2P 网络借贷市场补缺者：团贷网

➢ 新进入者：暂无

➢ 新退出者：搜易贷

团贷网隶属于东莞团贷网互联网科技服务有限公司，于 2012 年正式上线运营。为突破线下资产端发展瓶颈，2015 年团贷网开启全国战略布局，目前在营业和试营业的分公司网点约为 200 家。团贷网平台在资本及品牌效应的驱动下快速扩张，小额集合而成的大额理财计划模式成为平台推广的重点，以 2016 年 10 月为考察节点，平台累计交易量突破 360 亿元。在移动端建设方面，团贷网 10 月用户活跃虽然首次超过百万人次，但与同量级平台相比处于低位，服务移动化延伸有待进一步加强。

生活信息服务

婚恋

2016 年，在线婚恋交友线上流量红利步入消退期，线下一对一红娘门店在一定经济条件和较多人口覆盖下的城市扩张步伐也持续放缓。以发展婚恋生态为目的的厂商在婚恋消费金融、情感咨询、婚礼业务上的布局已有所深入，婚恋线上服务也将核心竞争力重新定位在对用户需求的深度理解和对产品的深度打磨上。视频约会、直播、问答社区、VR 相亲等更多新颖、社交化的形式开始注入，通过精细化运营方式进一步丰富用户使用维度、挖掘服务溢价。

受社会大环境与技术更迭的影响，婚恋用户在适婚年龄阶段寻找恋爱、结婚对象的核心诉求没有改变，但寻找对象的过程与方式却越来越表现出更细分化、个性化的要求。伴随着“90 后”逐渐成为婚恋交友主体人群，线上婚恋交友需求分化的趋势更为明显。为迅速适应这种需求调整，在线婚恋交友产品也不再单纯强调精准匹配，而转向更为社交、互动，满足情感精神诉求、强调用户感知、提升用户体验的方向改进。

就市场格局而言，2016 年在线婚恋交友主要人群和营收已进一步集中在世纪佳缘、百合网、友缘在线和珍爱网四家厂商手中。四家厂商未来轻重模式的发展路径也更加明晰，且资本的作用还将促使行业资源进一步整合。

易观分析认为，中国互联网婚恋交友市场目前处于高速发展期。

易观把中国互联网婚恋交友市场的发展周期分为四个阶段，即探索期、市场启动期、高速发展期和应用成熟期。目前中国互联网婚恋交友市场正处于高速发展期。中国互联网婚恋交友发展周期过程如下：

探索期（1998—2008）

单身人口规模的增加、男女比例的失衡、城市化进程带来了人们原有社交圈的破坏，增大了适

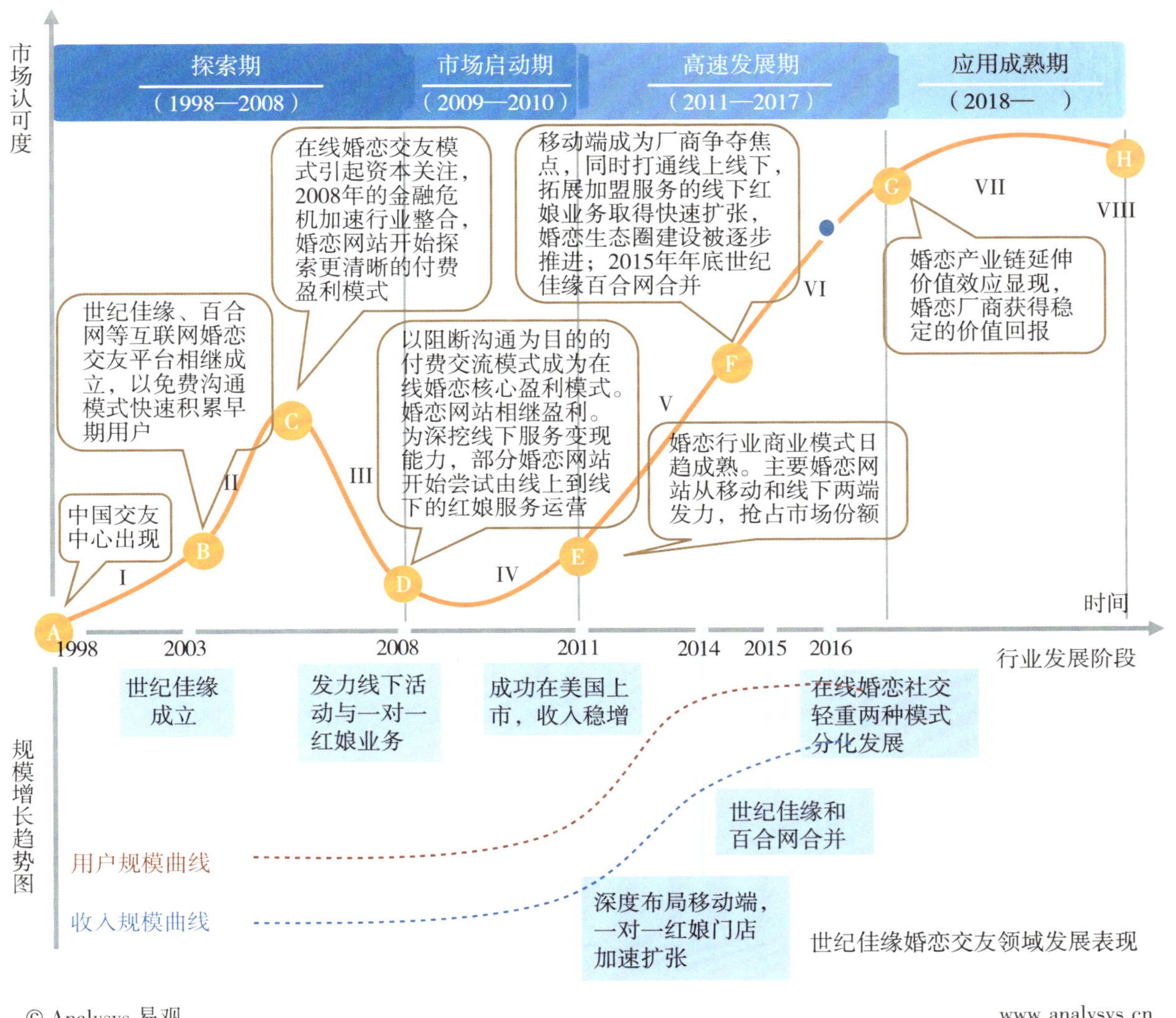

图 24　2016 年中国互联网婚恋交友市场 AMC 模型

婚人群接触和自身婚恋标准相匹配的同龄人的难度。互联网的渗透突破了地域限制，迅速放大了与异性接触、互动的机会和效率。伴随互联网化的推进，婚恋交友向线上转移是必然趋势。1998 年，珍爱网的前身——中国交友中心出现，标志着以互联网为媒介的在线婚恋交友进入探索阶段。

这一阶段除珍爱网提供从线上到电话红娘的服务外，线上自助式免费约会服务是主要的服务模式。在该模式下，互联网婚恋交友注册用户和厂商均得到迅速发展。但服务内容的同质化却难以抵御 2008 年金融危机的到来，为尽快创造收入维持生存，以世纪佳缘、百合网为代表的主流婚恋交友网站先后开始收费。而成立于 2008 年的有缘网，也以 WAP 服务方式开启了移动互联网环境下的婚恋交友服务尝试。

市场启动期（2009—2010）

以阻断沟通为目的的付费交流模式获得市场认可成为在线婚恋交友核心盈利模式。为延续线上优势，并深挖线下服务的变现能力，2009 年百合网通过设立线下会员服务中心开始尝试由线上到线下的婚恋交友运营。

高速发展期（2011—2017）

伴随在线婚恋交友商业模式日趋成熟，2011 年抓住契机的世纪佳缘成功赴美上市。2012 年起，由线上到线下的加盟和直营门店红娘服务成为厂商布局重点，同时婚恋交友移动端布局起步。2014 年，受移动互联网的迅猛发展及用户使用习惯转变的驱动，婚恋交友服务由 PC 向移动迁移的进程加速，线下红娘服务门店也开始大规模扩张，在线婚恋服务市场快速成长。

2015 年，在大批互联网公司回国上市热潮下，百合网登陆新三板并宣布与世纪佳缘合并。主要在线婚恋交友厂商通过开启对互联网金融、情感类业务、婚礼业务等婚恋生态领域的探索与投资合作进一步延伸行业价值。

在婚恋交友人群日益年轻化的趋势下，在线婚恋社交轻重两种模式（主要以线上自助式服务为主的为轻模式，线上自助线下红娘相结合的模式为重模式）分化发展及婚恋产品偏向社交性质的态势在 2016 年更为明显。为驱动行业下一轮增长，在线婚恋交友服务转向精细化运营。

应用成熟期（2018—　）

线下门店红娘服务进一步整合，婚恋服务行业效率大幅提升。在马太效应的影响下，在线婚恋交友行业格局进一步集中，轻重两种模式下都产生了相对体量的公司。以重模式运营的厂商因将业务延伸至线下甚至关联行业，在婚恋交友关联业务孕育成熟后具备更强的变现能力，产生在线婚恋行业的独角兽。以轻模式运营的厂商也通过对用户的深度理解及对婚恋交友产品线的有效布局，获得线上用户流量的红利。

从 2016 年中国互联网婚恋交友市场发展状况来看，有以下 4 点值得注意：

对行业而言

线上流量红利进入消退期，线下一对一红娘门店增长放缓。线上流量红利伴随渠道下沉对在线婚恋交友用户增长的助力正逐步消退；线下一对一红娘门店在一定经济条件和较多人口覆盖下的城市扩张步伐正持续放缓，但仍会继续建设更多线下约会吧等见面交流场所满足用户线下见面的需求。

在线婚恋交友这部分垂直人群的价值正变得越来越重要。泛社交人群并不容易做用户画像，但婚恋交友人群却是相对精准的人群，可以打上一定的属性标签，比如主流用户人群为“90 后”、经过实名认证、愿意为自己喜欢的东西买单，但经济实力还不强。这些精准的人群画像，加上通过平台不断积累的社交关系、行为数据、消费数据，对于以这部分人群为目标消费群体的行业客户产生了重大的广告与商业合作价值。与互联网消费金融、房产等领域的商业合作逻辑便产生于此。而婚恋大生态的搭建，也将为与之产生连接的包括婚礼、婚庆在内的关联行业带来重新梳理、以提升行业效率的机会。

对企业而言

轻重模式分化发展的路径日渐明晰。2016 年，已布局线下服务的婚恋交友厂商除继续拓展线下一对一红娘服务门店及约会活动场所外，向互联网金融、情感、婚礼业务的布局更加深入；以线上服务为主的婚恋交友厂商则通过对婚恋人群需求不断更迭的理解，精细化打磨产品甚至切入异性社交，进一步挖掘有结婚、恋爱、交友需求的用户的价值。

对用户而言

新兴技术的发展和用户对交友体验的更高要求，促进在线婚恋交友进一步向智能化和真实化的方向发展。比如推荐技术、智能匹配算法、大数据分析助力用户更精准地找到观念、性格、条件相匹配的对象；人脸识别、用户头像审核、用户行为排查技术为用户营造更安全更诚意的交友环境；音视频及 AR/VR 虚拟现实技术使整个婚恋交友过程更具真实感。

找对象、想恋爱等大量以婚恋为目的的陌生人社交产品的出现，以及较高的线上活跃度，表现出以“90 后”为代表的主流婚恋用户人群对婚恋产品社交化属性的需求。

对资本市场而言

婚恋社交属于窄众市场，市场存量有限，因而资本更愿意看到或推进行业内领先者的合并，甚至婚恋生态圈的建设，以此来最大化产业的收益。在线婚恋社交垂直用户的价值也是资本在投资并购时比较看重的价值点。由于在线婚恋交友已属于寡头垄断市场，资本的动作已不太频繁，但不排除投资方对创新性项目的额外关注。

市场典型企业——世纪佳缘

聚焦到互联网婚恋交友行业的典型企业世纪佳缘，易观分析认为，在线婚恋交友较传统婚介服务的核心优势归于巨大的线上流量，基于大量用户使用、交互行为产生的精准匹配的价值，以及这部分垂直流量对于婚恋生态的价值延伸。从这点来看，世纪佳缘仍是互联网婚恋交友领域最具领先优势的厂商。2011 年世纪佳缘登陆纳斯达克，成为国内首家独立上市的婚恋网站。

线上方面，在 PC 端长期处于绝对领先地位的世纪佳缘通过对移动端产品功能的不断迭代和深度运营，月度活跃用户数和用户活跃度已位居第一；并通过线上积累的大量用户资源切入互联网消费金融场景，深入挖掘用户潜在消费能力。2016 年与百合网宣布合并后的世纪佳缘进一步确定了线上婚恋交友与互联网金融产品的重点运营方向。同时通过上线缘分圈、视频约会、么么答等产品，营造更具真实感的婚恋交友场景、沉淀情感内容，提高用户间交互频次，全面提升用户对婚恋交友产品的使用体验。

线下方面，世纪佳缘借助线上积累的大量用户资源和品牌影响力优势，快速在全国主要城市设立 106 家一对一红娘服务门店及大量的相亲聚会场所“约会吧”，并通过发力“红娘经纪人”服务项目和“城市合伙人”计划，进一步增强对线上变现与线下资源的掌控和服务能力。世纪佳缘已成为用户找寻婚恋对象最具综合解决能力的服务平台。

根据易观发布数据显示，2016 年中国互联网婚恋交友市场规模达 33.9 亿元人民币，同比增长 25.6%。预计随着情感咨询、婚礼、金融业务的进一步发展，及在线婚恋交友服务与付费模式的拓展，中国互联网婚恋交友市场未来 3 年还将维持小幅增势。

易观分析认为，2017—2019 年中国互联网婚恋交友市场将呈现以下趋势：

1. 婚恋交友产品细分化、极致化成为趋势

用户对于婚恋交友不同的迫切程度与结果预期，使其使用婚恋网站的目的也会不同，这种需求的差异化带来了产品线布局的细分化要求。对于垂直服务而言，产品的极致化是确保竞争力的关

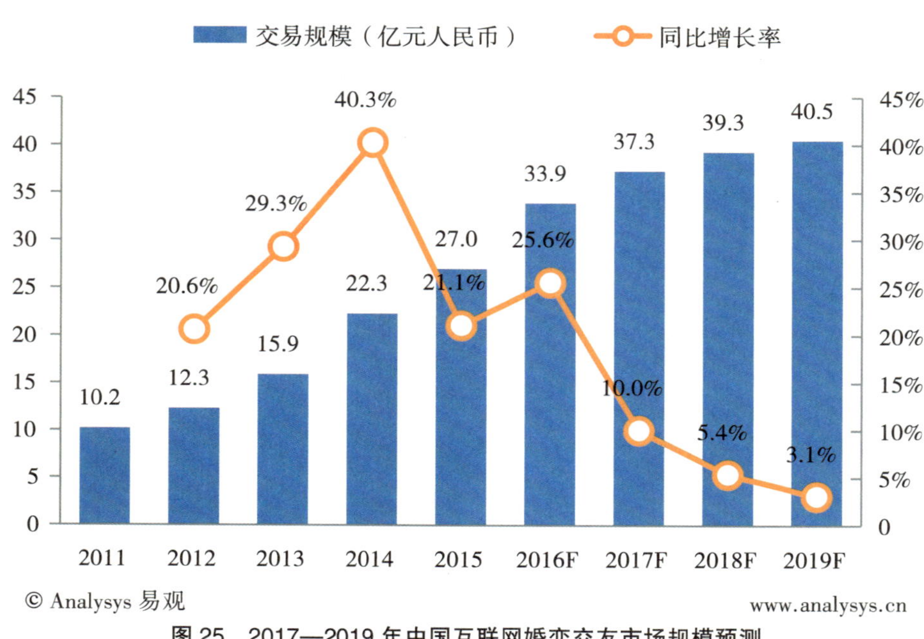

图 25 2017—2019 年中国互联网婚恋交友市场规模预测

键，因为垂直平台不如大型综合平台自带流量。产品足够专注、优秀，用户体验足够好，才能形成口碑吸引用户，而品牌信心建立后再开展关联业务也更容易。

2. 线下服务将由快速扩张转变为精细化运营

2014 年以来，依托庞大的线上用户数据库，互联网婚恋交友厂商 O2O 线下红娘门店强劲扩张。2016 年通过对符合一定经济和人口条件的城市的基本覆盖完成，一对一红娘服务将逐渐由城市扩张转向提升单个门店红娘服务质量、管理水平、撮合效率、撮合成功率，精细化运营成为重点。伴随世纪佳缘和百合网宣布合并后各自对优势业务的加深，互联网金融、情感、婚礼业务的精细化运营必将进一步深入。

3. 新兴技术带来创新机会，用户体验有望进一步提高

智能终端设备普及率提高、性能提高后，视频约会将会获得更多应用，在满足用户对沟通交流真实画面感需要的基础上，提供验证用户身份真实度的机会。通过大数据分析用户在自助约会平台上的浏览行为、沉淀的问答内容，可以更及时地了解市场需求并为用户提供更具针对性的产品和服务，用户大数据也能助力婚恋交友厂商的推荐服务更为匹配、精准。新兴发展的 VR/AR 虚拟现实技术为虚拟社交和将 VR 技术用于线下婚恋交友活动、场所及婚礼带来机会。

4. 在线婚恋交友市场加速整合，竞争进入新阶段

世纪佳缘与百合网的合并进程进一步推进，同时，运营有缘网的北京友缘在线网络科技股份有限公司也在筹备创业板上市，包括珍爱网也积极寻求融资，可以预见未来在线婚恋交友行业除了基于业务层面的产品与运营竞争外，资本运作也将成为左右行业竞争格局的重要因素。

根据易观近期发布的《2016 年中国互联网婚恋交友市场实力矩阵专题研究报告》，易观对 2015 年至 2017 年主要互联网婚恋交友厂商在实力矩阵中所处的位置以及执行能力和创新能力的变化情况作如下解读：

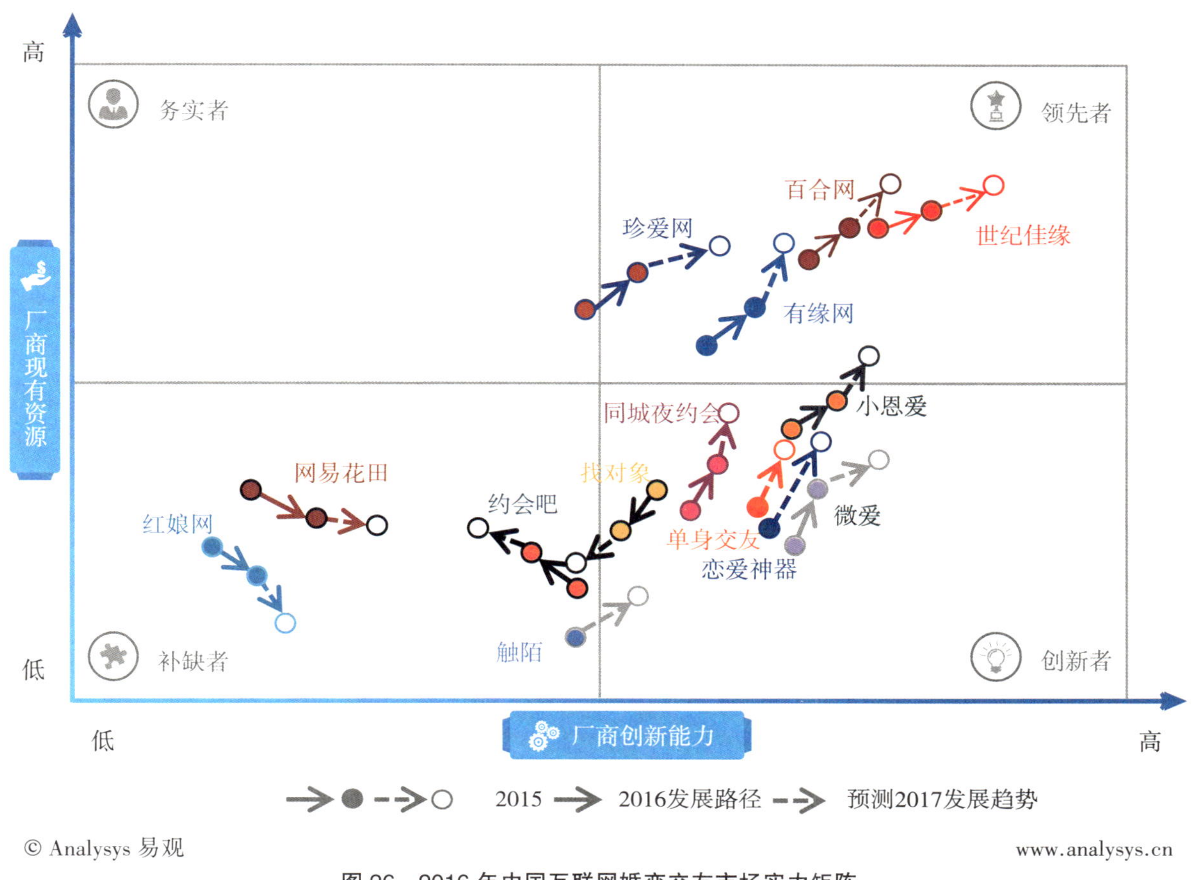

图 26 2016 年中国互联网婚恋交友市场实力矩阵

• **领先者象限分析**

领先者在商业模式创新或产品/服务创新性上拥有较强的独特性，同时具有很好的系统执行力，能够利用现有资源打造强劲市场运营能力获取较高的市场份额。

2016 年中国互联网婚恋交友市场领先者：世纪佳缘、百合网、有缘网、珍爱网

➢ 新进入者：珍爱网

➢ 新退出者：无

世纪佳缘成立于 2003 年，2011 年登陆纳斯达克。多年 PC/移动自助约会服务的深度运营和线下红娘业务与婚恋交友场所的拓展，对人工智能等新兴技术应用和视频约会、么么答等多元化婚恋交友方式的探索与尝试，带来用户、业务资源和营收的快速增长和规模优势，也为企业深入发展互联网金融创造了条件。2016 年世纪佳缘进一步确定线上婚恋交友与互联网金融产品的重点运营方向。世纪佳缘在婚恋线上产品技术模式与线下资源覆盖广度上已建立起较高的竞争壁垒，未来还将在领先者象限中继续上行。

百合网成立于 2005 年，以独特的“心灵匹配”模式开始在线婚恋交友业务探索。2006 年起试水红娘业务，推动在线婚恋线上产品和线下服务结合发展。2012 年百合网率先实行实名制，在品牌形象提升的基础上，用户与业务发展进入快速通道。2015 年起百合网尝试线上沟通免费，并迅速通过投资并购婚纱摄影、婚礼业务，开拓婚恋下游情感维护服务，发展互联网金融加速等在婚恋产业生态的布局。2016 年百合网继续保持业务内生增长，通过强化对已投资与布局项目的管理，在新的收入增长上具备成长空间。

有缘网从 2007 年起通过提供基于移动互联网的大众婚恋服务进入在线婚恋交友市场，借助易用性、高性价比的优势和差异化的人群定位，在移动互联网婚恋交友领域发展迅速，注册用户规模达到领先地位。2015 年开始有缘网抓住“90 后”婚恋交友用户需求细分化、社交化的趋势，开始通过为尚未着急结婚的年轻人提供以婚恋为目的的选择机会来推动平台业务继续增长，并为此重新升级产品、优化服务模式。对移动互联网婚恋交友的需求理解与渠道下沉成为有缘网市场扩张的机会。

珍爱网成立于 2005 年，最早以网络筛选结合电话红娘方式提供婚配服务。2012 年起尝试经营线下门店红娘业务，并于 6 个月试探后最终确定直营相亲服务模式。2013 年珍爱网增加对线上自助约会服务的投入，收入获得新的增长。2015 年珍爱网将扩张线下直营店作为战略重点，辅以一线城市深耕细作、二线城市强势进驻的战略布局。2016 年珍爱网的直营红娘门店迅速拓展至全国 28 个城市、37 家的规模，收入增速加快，进入领先者象限。

• 创新者象限分析

创新者在产品/技术上的投入很大，并在商业模式、技术或者产品服务的创新性上有独特的优势。但是由于产品变现能力有待挖掘，市场份额较低。

2016 年中国互联网婚恋交友市场创新者：找对象、同城夜约会、单身交友、恋爱神器、小恩爱、微爱

➢ 新进入者：单身交友、恋爱神器

➢ 新退出者：无

找对象上线于 2014 年，目前已成长为拥有 6000 万注册用户的在线同城约会交友社区。找对象近两年通过升级产品，完善附近缘分、眼缘速配、爱情礼物、专业红娘等服务功能，用户数一度快速增长，但 2016 年却有活跃用户数下滑的趋势。在资本实力处于弱势的状态下，若一度守成，在激烈的竞争中极易被挤压至补缺者阵营。

同城夜约会 2014 年起通过提供同城附近陌生人搭讪、陪伴聊天的需求满足切入市场，2015 年快速获得大批用户，顺利进入创新者象限。2016 年依靠资源和技术的稳定发展，同城夜约会继续以创新发展的模式深入在创新者象限中。

单身交友和恋爱神器以视频动图、用户标签、语音消息等玩法创新产品和服务模式，活跃用户数增长迅猛，2016 年也进入创新者象限。通过挖掘并满足特定用户差异化的婚恋交友需求，培育忠实用户群，提高用户体验，获得小部分垂直市场。

小恩爱于 2011 年进入情侣恋爱空缺市场，5 年的成长使其逐渐由情侣工具社区升级为情侣生活消费平台。2014 年年底小恩爱达到 2000 万的用户基数，并开始尝试商业化。在此基础上产品迭代升级，上线情侣保险、导流电商、情侣宠物养成游戏，通过深入挖掘情侣用户独特需求，获得大规模黏性用户，并于 2016 年实现盈利。小恩爱将通过打造覆盖情侣全产业链的情侣消费服务一路成长进化。

微爱创立于2013年，也是一款专为情侣打造的情感交流产品。通过私密聊天、发图片、发位置、种爱情树苗、记录纪念日，许情侣愿望、情侣叫醒等功能吸引情侣用户使用，提高产品黏性。微爱在用户规模、用户活跃度上略微落后于小恩爱，产品特色尚需深耕。

• 务实者象限分析

务实者拥有丰富的资源，执行能力较强，但是创新优势不明显。务实者可以继续通过良好的市场运作对领先者进行挑战，但是在业务创新非常关键的情况下，会出现后劲不足的情况。

2016年中国互联网婚恋交友市场务实者：无

➢ 新进入者：无

➢ 新退出者：珍爱网

中国互联网婚恋交友市场经过多年发展，用户与资源已进一步集中，同时行业竞争正处于由业务层面的产品与运营竞争到资本实力的全面竞争阶段。产品、模式创新与技术实力是在线婚恋交友厂商的核心竞争力，由此积累用户、获得资本、资源。在用户需求与新兴技术不断更迭的环境下，企业一旦固守现有优势，缺乏创新意识，将很快下滑至补缺者地位。

• 补缺者象限分析

补缺者的业务创新能力和市场占有率都不高，所以补缺者对于产业格局的影响不大。但是受限于自身规模的发展，补缺者很难保持稳定状态，一旦从补缺者队伍中脱颖而出，将会成为另外3类厂商或者投资者的并购/投资对象。

2016年中国互联网婚恋交友市场补缺者：网易花田、红娘网、约会吧、触陌

➢ 新进入者：触陌

➢ 新退出者：无

网易花田于2012年上线，是免费的大型恋爱交友社区。作为网易多年同城交友摸索经验的成果延伸，网易花田借助网易强大的媒体传播、品牌影响及对互联网产品的运营经验，逐渐积累大批忠实活跃用户。2016年6月，网易花田注册用户数突破1900万人。由于免费模式很难帮助花田获得更多利润与市场，在缺乏线下资源及新业务增长的不利条件下，网易花田或将继续在补缺者象限中下行。

红娘网于2005年投入运营，服务局限在PC端，虽是早期创立的婚恋网站，但在资源、品牌影响及业务模式、产品创新上都与主流婚恋网站存在差距，只能以追随者的姿态停留在补缺者象限中，逐渐失去竞争力。

约会吧创立于2012年，是友缘在线针对年轻用户群体的交友需求，在有缘网基础上开发的约会产品。约会吧通过更多约会场景的设计使用户享受方便、高效的约会交友体验。2016年约会吧在现有资源、创新能力上并未有所突破，在激烈的市场竞争中继续沦为补缺者。

触陌主打附近陌生人快速约会见面，通过一键招呼附近的人、触动心仪的对象等新颖方式，近来活跃用户增长迅速，挤进补缺者象限。依此发展趋势，通过资源积累及产品迭代创新双重布局，触陌有跻身创新者阵营的机会。

外卖

2016 年，中国互联网餐饮外卖市场在走过补贴刺激用户阶段之后，行业规模迅速做大，已经基本完成了全国主要城市的覆盖，用户习惯培育已经初见成效。所以从 2016 年上半年开始，各大外卖厂商纷纷选择缩减红包补贴、完善送餐物流、提高餐饮品质等方式来提升用户消费体验，从而培养用户忠诚度，降低用户对补贴的敏感性。此外，在已覆盖城市的基础上，全面布局市场，延伸外卖服务业务，拓展服务应用场景以及拓宽产业覆盖，为不同层次用户提供差异化服务，并建立产业层级扩展战略，是互联网餐饮平台的发展趋势。

在行业规模扩大的同时，互联网餐饮外卖行业也受到广泛的关注，同时也暴露出外卖行业目前存在的一些问题。从 2016 年的"3 · 15"开始陆续就有媒体曝光出互联网餐饮外卖平台存在的一些食品卫生问题，引发了公众对外卖行业的质疑。食品安全问题将会制约行业的进一步发展，对于外卖平台来说，保障所售食品的安全卫生是其长远发展的最基本要求。因而，各大厂商都应该加强审核机制，构建食品安全标准体系，多维度保证食品质量与安全，为用户安全就餐提供保证。

伴随着外卖行业的深入发展，用户群体以及市场资源也在发生结构性的变化。纵观 2016 年，白领商务市场凭借更为庞大的用户基数和市场规模，牢牢占据着外卖市场的绝大多数份额。就市场争夺而言，巨头竞争激烈，行业资源进一步集中。

易观分析认为，中国互联网餐饮外卖市场目前处于高速发展阶段。

易观把中国互联网餐饮外卖市场的发展周期分为四个阶段，即探索期、市场启动期、高速发展期和应用成熟期。中国互联网餐饮外卖市场发展周期过程如下：

探索期（1999—2013）

互联网餐饮外卖是随着互联网的逐渐普及开始出现的，并且互联网的发展带动了网络零售的发展，互联网背景下的"宅经济"、"懒人经济"日益凸显，这为互联网餐饮外卖市场发展带来契机。厂商开始尝试通过网络渠道销售外卖，进行网络外卖点餐的尝试，紧接着外卖平台也纷纷上线：1999 年 Sherpa's 在上海成立；2009 年饿了么上线；2010 年到家美食会上线；2012 年零号线上线；2013 年美团外卖上线等。

市场启动期（2014—2015）

探索期的发展带来了新一轮市场机会，互联网巨头们也纷纷把握时机涌入餐饮外卖市场。美团发展美团外卖，阿里发力组建淘点点（现口碑外卖），百度成立百度外卖。新的玩家加入市场，互联网餐饮外卖平台们开始采用不同的发展模式积极进行扩张，餐饮外卖互联网化加速，资本开始密切关注这一领域，资本投融资活动十分频繁。

高速发展期（2016—　）

高速发展期内，用户规模不断扩大，交易规模保持着稳定增长态势。互联网餐饮外卖厂商逐步

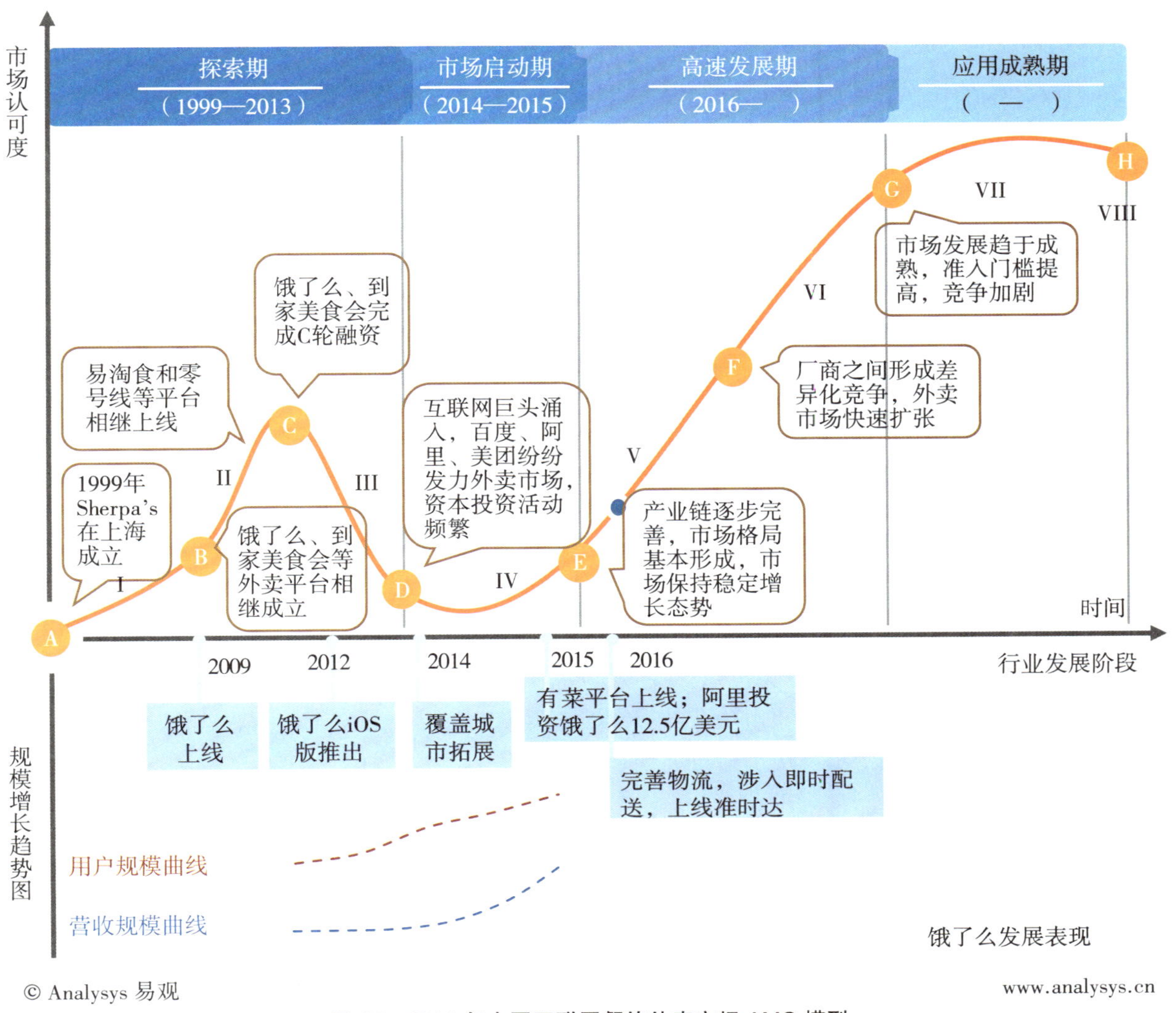

图 27　2016 年中国互联网餐饮外卖市场 AMC 模型

探索和不断清晰盈利模式。在高速发展期，互联网餐饮外卖市场资源进一步集中，餐饮外卖行业格局形成。

目前，外卖业务覆盖城市数量基本已完全覆盖所有一二线城市，并且在三线城市及县级城市也实现了快速覆盖。随着外卖厂商不断扩展中小城市，并同时深入不同人群需求，外卖的服务场景不断拓展，交易规模维持增长。面对巨大的市场空间和行业发展潜力，外卖市场维持扩张发展劲头。2017 年，中国互联网餐饮外卖市场将继续处于高速发展期。

应用成熟期

进入应用成熟期后，餐饮外卖市场趋于成熟，准入门槛提高，商业模式以及行业服务纵深化成熟发展，各大厂商纷纷凸显核心竞争力，行业竞争加剧。

对个人用户而言

纵观 2016 年，互联网餐饮外卖行业各大厂商纷纷降低了红包的补贴力度。在 2015 年补贴攻势下，用户习惯基本培育，市场潜力被激发，厂商也快速完成城市覆盖。但继续维持长期大力度的补贴对厂商的资金消耗太大，同时也造就了用户对补贴的高敏感性，难以建立用户忠诚度，所以 2016 年，各大厂商都选择完善送餐物流、提高餐饮品质等方式来提升用户消费体验，从而培养用户忠诚度，降低用户对补贴的敏感性。易观分析认为，从互联网外卖行业的长远发展来看，补贴只是外卖厂商短期内快速培养用户消费习惯的手段，未来的竞争还是需要着眼于给用户提供差异化的优质服务。

对线下商户而言

外卖平台在覆盖城市的同时也不断拓展了商户资源，吸纳更多优质商户和品牌商户。目前各大外卖平台的合作商户数量都达到了数十万的量级，但中小商户的数量不可忽略。对于中小餐饮商户来说，很难实现规模化的批量采购，采购成本较高。2016 年，厂商则把目光聚焦在了产业链的上游。比如，饿了么上线“有菜”平台，美团外卖上线“美团菜市场”。通过聚合平台上大量中小商户的采购需求，实现规模化集中采购，帮助商户降低采购成本，同时借助外卖平台的配送系统可以有效提升食材的配送周转效率。

对市场投资者而言

相对去年，2016 年互联网餐饮外卖市场资本投融资相对冷静，资本在 2015 年纷纷完成站队的选择。根据易观监测数据显示，目前餐饮外卖市场主要厂商的整体市场交易份额占比不断上涨，交易份额占比维持在八成以上，行业市场交易规模进一步集中在行业前三家厂商。这样的行业格局对于其他厂商来说，已经逐步失去成为综合外卖平台的机会。巨头之间的竞争越发激烈，而主要厂商要想在如此竞争激烈的行业中进一步保持优势，则也需要在产品和服务上挖掘亮点，巨头之间形成差异化的竞争。这也让资本更热衷选择从行业巨头入局，对于二三梯队的厂商抱着非常谨慎的态度。

市场典型企业——饿了么

互联网餐饮外卖行业的典型企业饿了么是国内较早的在线外卖订餐平台，在推动互联网餐饮外卖行业发展、延伸外卖服务品类、拓展产业链发展上有领导性作用。目前，互联网餐饮外卖行业资源进一步集中，有着充足资金的饿了么将继续保持着上升发展态势。

饿了么于 2009 年 4 月上线，主要意在为线下商户提供基于互联网技术的一体化运营解决方案，建立完善的外卖商业生态体系，搭建外卖物流配送网络。饿了么主要收入来源为商户入驻平台费和增值服务费。

2016 年，饿了么继续完成对全国城市的覆盖，目前已经基本完成对全国基本城市的覆盖。与此同时，在对已覆盖城市的服务上，饿了么一方面加强运营能力，市场供给不断增强，横向往生鲜、药品等周边品类拓展，丰富产品形态，重视用户服务体验；另一方面，不断强化上下游产业链的构建。2016 年饿了么重视物流配送服务的构建，涉足即时配送市场，上线准时达，拓展蜂鸟配送，并达成和圆通等物流公司的合作，服务物流“最后一公里”。

根据易观发布的《中国互联网餐饮外卖市场趋势预测 2017—2019》显示，2016 年中国互联网餐饮外卖市场规模将达到 1102 亿元人民币，同比增长 141.1%。就目前来讲，互联网餐饮外卖交易规模在餐饮行业占比仍较低，随着餐饮物流的进一步发展、外卖入口和场景化应用的完善、城市运用与深挖用户需求的拓展，预计互联网餐饮外卖市场在未来三年内仍将维持增长的态势，但同比增速将有所下降。预计 2019 年中国互联网餐饮外卖市场交易规模将达到 3378 亿元人民币。

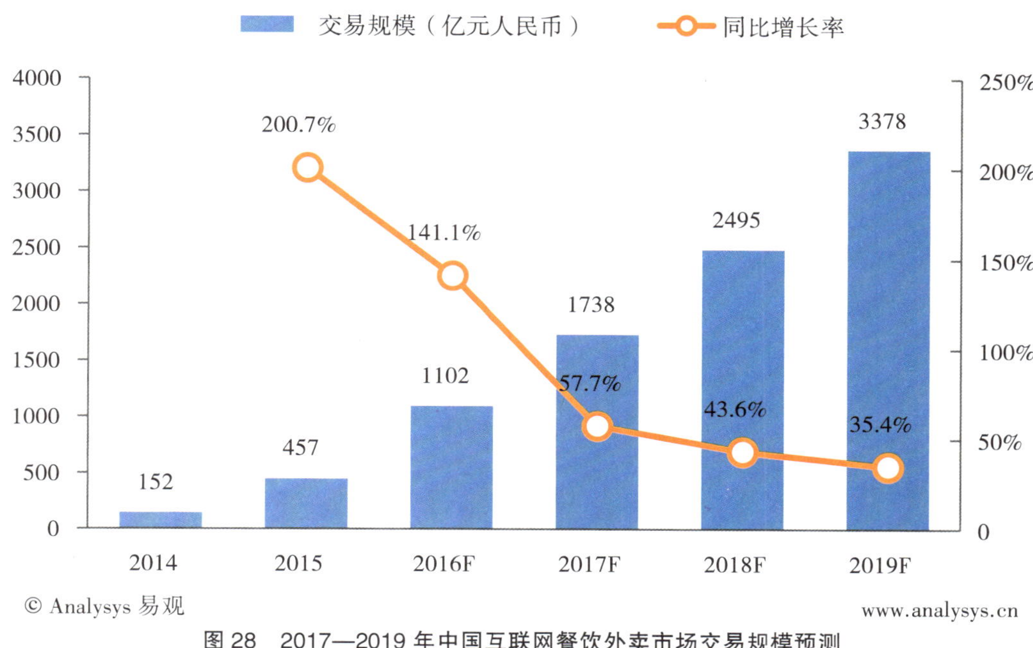

图 28　2017—2019 年中国互联网餐饮外卖市场交易规模预测

易观分析认为，2017—2019 年中国互联网餐饮外卖将呈现以下趋势：

1. 进一步完善物流配送系统，叠加多元化应用场景

送餐物流是互联网餐饮外卖服务的基础载体，外卖送餐的及时性与准时性是影响外卖用户体验的一个重要因素。随着外卖市场的发展，订单量快速提升，商户自配送使外卖厂商难以保障用户体验。2016 年，各大外卖厂商仍继续投入资源不断完善物流配送系统，物流配送也慢慢成为外卖厂商一个重要竞争壁垒。此外，随着物流配送的不断纵深化发展，外卖物流将叠加更多元化的应用场景，将会成为外卖厂商拓展多样化配送服务的基础。

2. 精细化运营成为关键，品质为先

经过快速布局完成城市覆盖后，外卖厂商纷纷及时进行策略迭代，通过不断加强城市运营团队的执行力，以及不断新增优质的市场供给，从而不断挖掘用户的多样化需求，更好地为用户提供差异化服务，提升用户满意度，建立品牌忠诚度。从长远来看，红包补贴只是短期内快速培养用户消费习惯的手段，精细化的运营、提供给用户更好的品质服务才会是未来竞争的关键。

3. 竞争白热化，行业资源进一步集中，但垂直细分外卖领域仍有空间

目前，互联网餐饮外卖市场步入高速发展期，市场规模保持着稳定的增长态势，市场竞争也呈现白热化。就交易份额而言，市场交易规模进一步集中在行业前三家厂商，行业各类资源也进一步集中，这样的行业格局对于其他厂商来说，已经逐步失去成为综合外卖平台的机会。但餐饮外卖市场潜力巨大，垂直细分领域并未饱和，预计随着行业的进一步发展，用户群体逐渐被分层、细分，垂直细分的外卖领域仍有其发展空间。

根据易观发布的《2016 年中国互联网餐饮外卖市场实力矩阵专题研究报告》，易观对 2015 年至 2017 年主要互联网餐饮外卖厂商在实力矩阵中所处的位置以及执行、运营能力和现有资源的变化情况作如下解读。

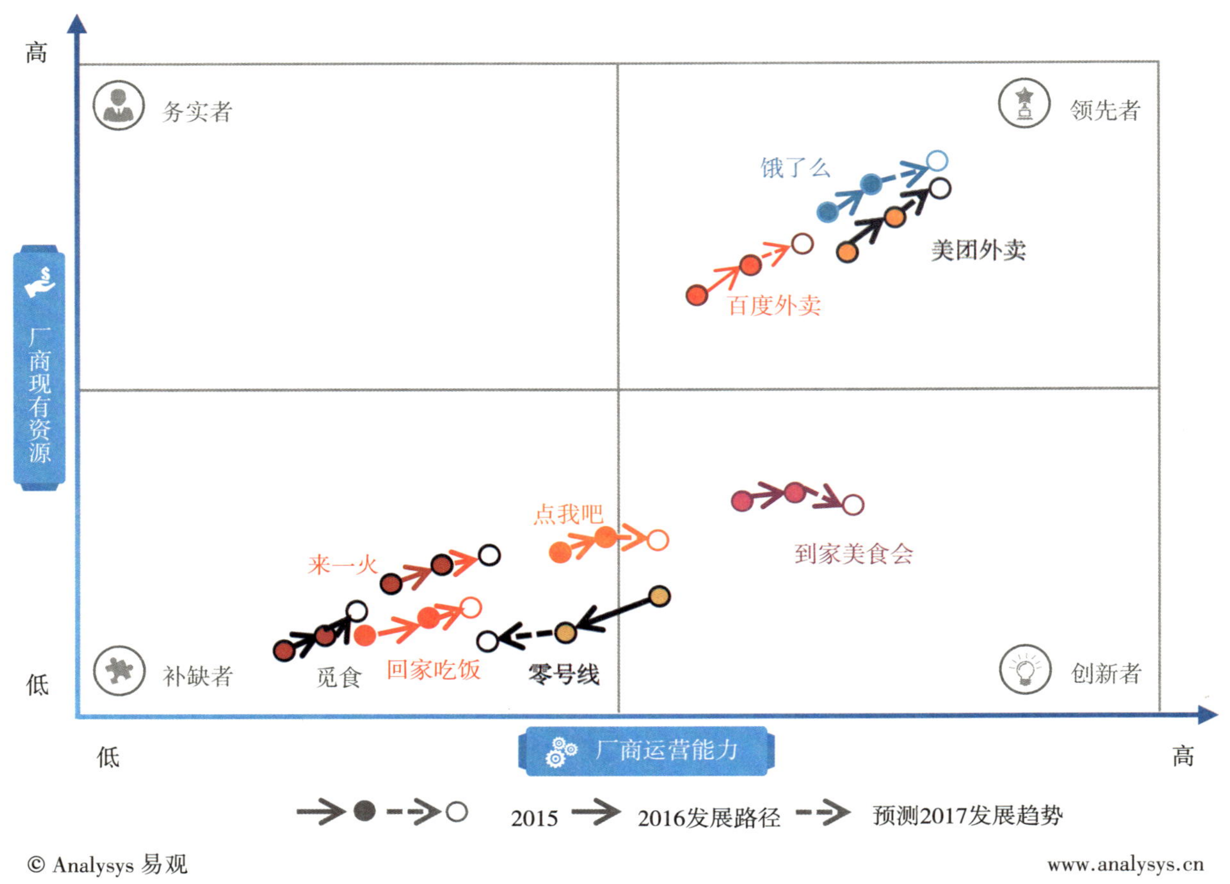

图 29　2016 年中国互联网餐饮外卖市场实力矩阵

• 领先者象限分析

领先者在商业模式创新或产品/服务创新性上拥有较强的独特性，同时具有很好的系统执行力，利用现有资源打造强劲市场运营能力获取较高的市场份额。

2016 年中国互联网餐饮外卖市场领先者：饿了么、美团外卖、百度外卖

➢ 新进入者：无

➢ 新退出者：无

饿了么是国内较早的在线外卖订餐平台，主要为线下商户提供基于互联网技术的一体化运营解决方案，搭建外卖物流配送网络。饿了么的收入来源主要为商户入驻平台费和增值服务费。2016 年 4 月，饿了么宣布与阿里巴巴及蚂蚁金服在多项业务上进行深入合作：手机淘宝与支付宝将提供流量入口；口碑平台的外卖服务也由饿了么提供运营支撑；阿里巴巴与饿了么在云计算和地图服务领域亦会展开合作。2016 年 7 月，饿了么上线准时达业务，并在此后发力市场即时配送。预计在 2017 年，饿了么将持续深耕外卖市场、发力配送，完善物流系统，继续保持在领先者象限。

美团外卖依靠美团资源以及布局经验，快速发展成长，在经历品牌升级后，美团外卖将在业务上进行全面拓展，在餐饮之外，还提供商超、鲜果、鲜花蛋糕、药品等品类配送服务。2016 年 7 月，美团宣布成立“餐饮平台”，将原到店餐饮事业群、外卖配送事业群和餐饮生态平台层级取消，统一进餐饮平台。并且，美团—大众点评也获得华润创业联和基金战略投资，双方达成战略合作。通过架构的重新调整以及资源和人力的投入，预计在 2017 年，美团将进一步拓展餐饮事业，扩展服务及品类，保持在领先者象限。

百度外卖涉足外卖市场之初，依托百度系核心产品为线上商户导流，同时百度地图、搜索以及糯米为其提供更多流量入口，迅速站稳脚跟。百度外卖主攻白领商务区市场，通过吸引优质商户加盟，以及自建物流团队“百度骑士”，保证外卖配送速度，形成平台竞争优势。2016 年，百度外卖完成 B 轮融资，估值达 24 亿美金；11 月，与“大润发”达成战略合作，华北、华东、华南地区“大润发”上线超市购。预计在 2017 年，百度外卖依靠自身品牌优势以及进一步拓展城市覆盖，继续保持在领先者象限。

● 创新者象限分析

创新者在产品/技术上的投入很大，并在商业模式、技术或者产品服务的创新性上有独特的优势。

2016 年中国餐饮外卖市场创新者：到家美食会

➢ 新进入者：无

➢ 新退出者：零号线

到家美食会依靠自建物流团队，为中高端餐饮品牌和知名连锁品牌提供外送服务和订餐平台而成长起来。到家美食会的上一轮融资停留在 2014 年 9 月的 D 轮融资，缺乏资金的投入，加之到家美食会发展模式较重，失去扩展市场份额的有利条件。预计 2017 年，到家美食会将继续停留在创新者象限中，但在巨头加剧竞争的挤压下，到家美食会发展将有所下滑。

经历资本挞伐、模式验证等市场洗牌后，外卖市场竞争格局越发向巨头集中。为用户提供当地美食、超市商品的在线订购、实时配送服务的零号线不得不进行战略调整。2016 年，零号线将发展方向转为餐饮电商孵化，为餐饮创业公司、传统餐饮企业提供外卖解决方案。但由于资本实力以及布局渠道的不足，零号线跌出创新者象限，补进到补缺者象限里。

● 务实者象限分析

务实者拥有丰富的资源，执行能力较强。务实者可以继续通过良好的市场运作对领先者进行挑战，但是在业务创新非常关键的情况下，会出现后劲不足的情况。

2016 年中国互联网餐饮外卖市场务实者：无

➢ 新进入者：无

➢ 新退出者：无

伴随着中国互联网餐饮外卖市场的深入发展，竞争升级，行业集中度不断提升，行业各类资源也进一步集中。并且外卖企业也由快速城市覆盖转型为品质服务、精细化运营等方向，企业若没有优质资源以及创新运营能力，极易被挤压到补缺者象限内，因此务实者象限为空。

• **补缺者象限分析**

补缺者的业务创新能力和市场占有率都不高，所以补缺者对于产业格局的影响不大。但是受限于自身规模的发展，补缺者很难保持稳定状态，一旦从补缺者队伍中脱颖而出，将会成为另外 3 类厂商或者投资者的并购/投资对象。

2016 年中国互联网餐饮外卖市场补缺者：点我吧、来一火、回家吃饭、零号线、觅食

➢ 新进入者：零号线

➢ 新退出者：无

点我吧早在 2009 年成立，2015 年正式推出即时配送物流平台“点我达”。点我达即时配送是以“专业全职+众包兼职”方式为客户提供餐饮外卖、鲜花、水果等服务。2016 年，点我达获得阿里融资，并参与到“双十一”物流配送当中，承运菜鸟网络的部分末端物流配送。预计 2017 年，即时配送市场进一步发展，点我达将跃进到创新者象限。

来一火主要为专业的火锅提供外送服务。目前，其收入主要为交易佣金、配送费以及销售第三方商品的利润。现阶段而言，不同品类对配送系统有不同要求，巨头难以完全占领，垂直细分领域有其发展的市场空间。预计 2017 年来一火将继续保持在补缺者象限。

回家吃饭于 2014 年 10 月上线，目前主要覆盖北京、上海、广州、深圳、杭州 5 个城市。回家吃饭意在以配送、上门自取、提供堂食等多种方式，为忙用户提供私房菜或家常菜的外卖服务。预计在 2017 年，回家吃饭将继续保持在补缺者象限。

出行

自 2006 年中国互联网出行发展至今，互联网出行经历了从大众用户到行业用户的全面覆盖以及细分领域的不断探索。随着移动互联网的不断深化、网民生活方式的转变以及在企业信息化和智慧城市发展的推动下，互联网出行迎来了发展高峰期。

租车

易观分析认为，中国互联网租车市场主要有互联网汽车长短租和分时租赁两种运营模式，其中互联网汽车长短租市场起步较早，已经进入高速发展期，互联网汽车分时租赁市场起步较晚，目前处于探索期。

易观将中国互联网汽车长短租市场的发展周期分为四个阶段，即探索期、市场启动期、高速发展期和应用成熟期。目前中国互联网汽车长短租市场已经进入高速发展阶段。中国互联网汽车长短租市场的发展周期过程如下：

探索期（2006—2014）

随着互联网的渗透，中国传统汽车长短租市场开始进行互联网化改革。凭借长期的经验和资源积累，B2C 模式汽车长短租市场快速兴起并保持稳定增长。2014 年，神州租车、一嗨租车先后完成

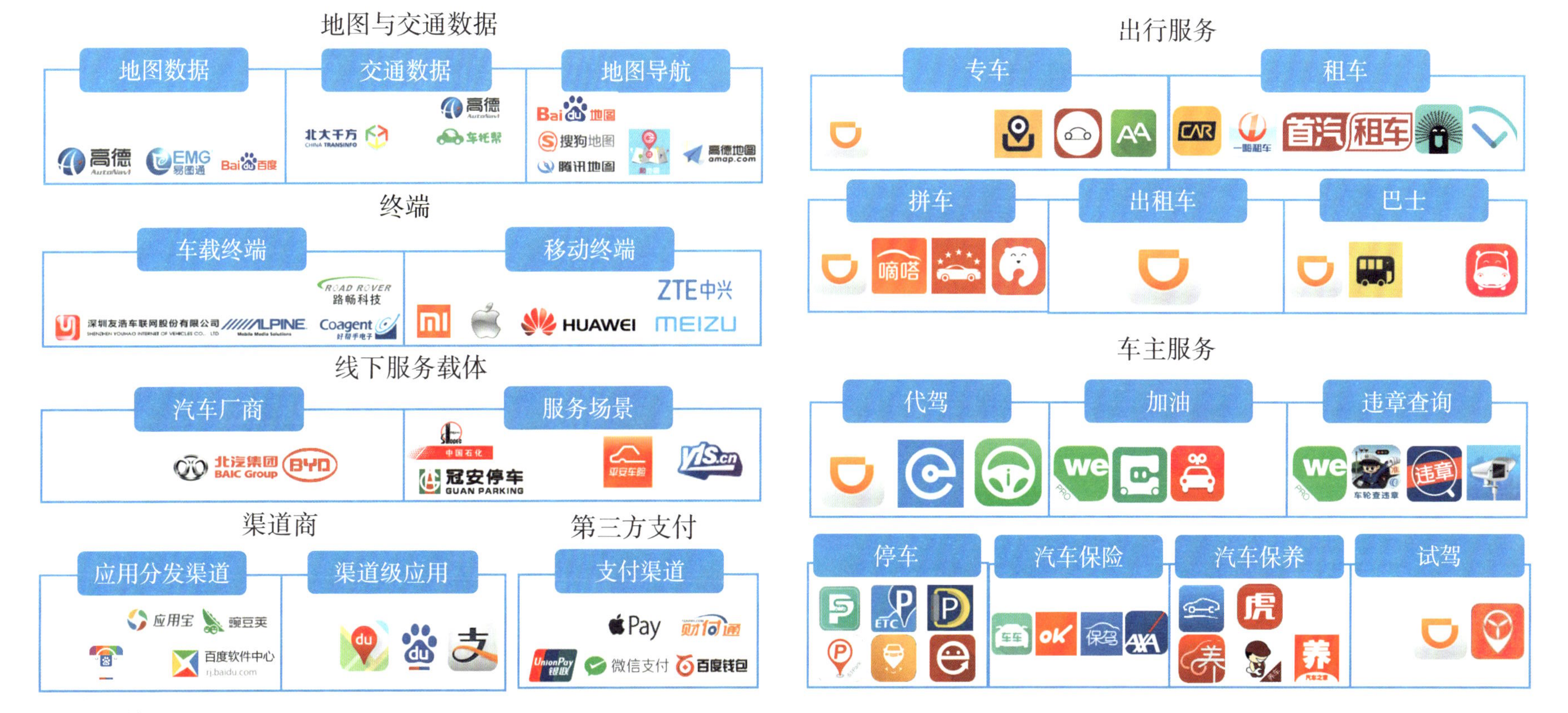

图 30　2016 年中国互联网出行产业生态图谱

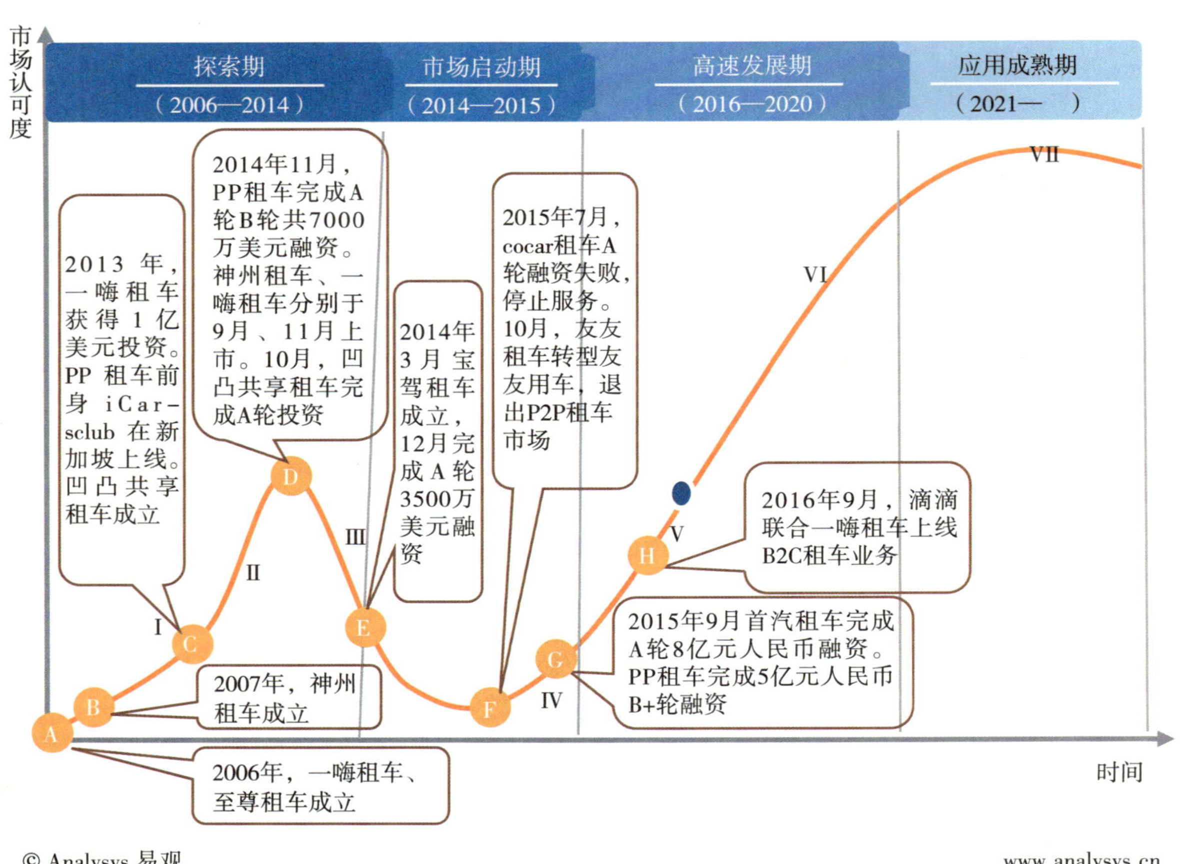

图 31　2016 年中国互联网汽车长短租市场 AMC 模型

IPO，分别登陆港交所和纽交所。

在 B2C 模式汽车长短租市场蓬勃发展的时候，2013 年，主打共享概念的 PP 租车（英文名：iCarsclub）从新加坡进入中国，同时中国本土企业凹凸共享租车成立。P2P 模式受到资本市场的追捧，2014 年，PP 租车与凹凸共享租车先后获得大额融资。

市场启动期（2014—2015）

在互联网汽车长短租市场，相比于 B2C 模式的重资产、高门槛，P2P 模式具备轻资产、低门槛特点，再加上共享概念的普及和资本市场的青睐，P2P 模式汽车长短租市场竞争愈发激烈。同时，包括安全、监管在内的一系列问题暴露出来，市场进入洗牌阶段，一批缺乏竞争力的企业陆续退出或转型。至 2015 年，随着 cocar 租车 A 轮融资失败，停止服务，以及友友租车转型友友用车，退出 P2P 租车市场，P2P 租车市场发展速度大幅放缓。

高速发展期（2016—2020）

2015 年 5 月首汽租车 APP 上线、PP 租车完成 B+轮融资，洗牌阶段接近尾声。随后互联网汽车长短租市场进入稳定高速发展时期，未来各企业将聚焦于挖掘用户需求、提高服务质量、加强风控管理、提升用户体验。

易观将中国互联网汽车分时租赁市场的发展周期分为四个阶段，即探索期、市场启动期、高速

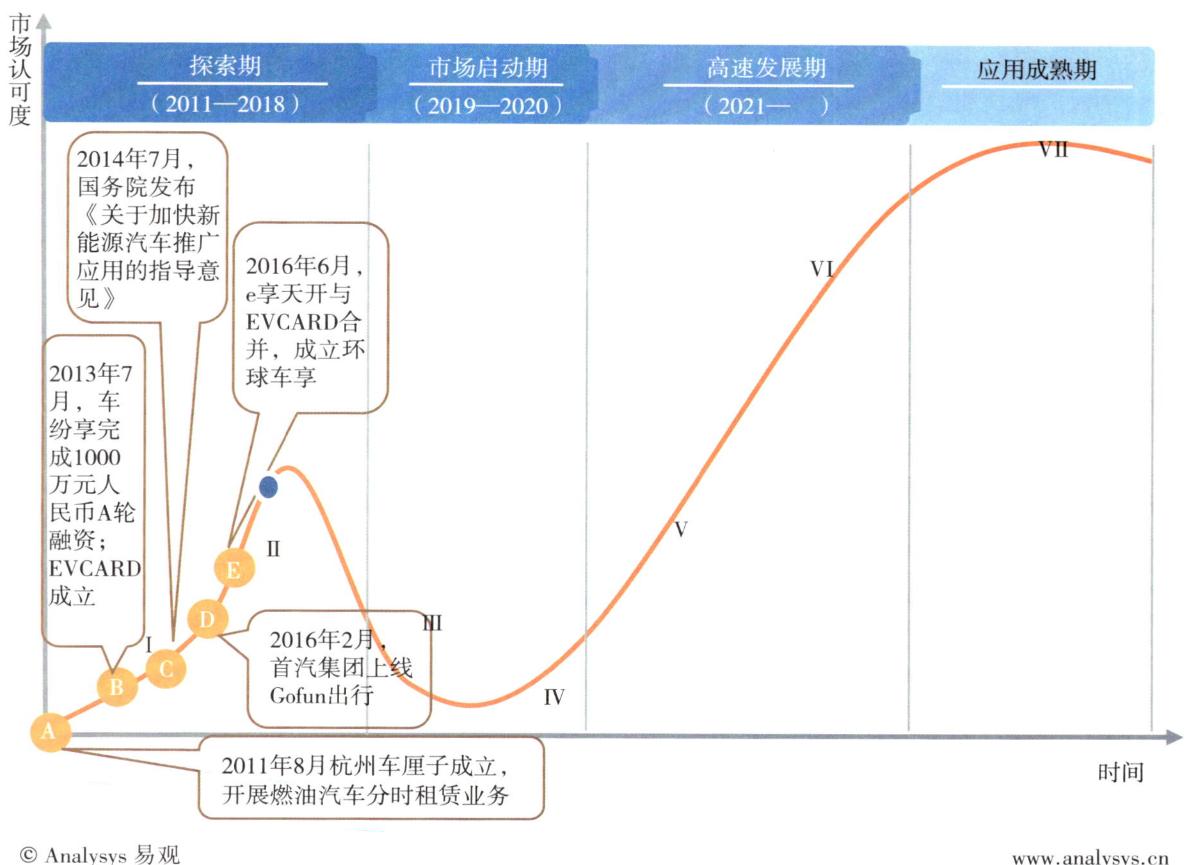

图 32　2016 年中国互联网汽车分时租赁市场 AMC 模型

发展期和应用成熟期。目前中国互联网汽车分时租赁市场处于探索期。中国互联网汽车分时租赁市场的发展周期过程如下：

探索期（2011—2018）

汽车分时租赁的概念已被提出，并在燃油车市场得到落地，但市场的接受度不高，发展较慢。2014 年下半年起，国家陆续出台多项政策支持新能源汽车发展，鼓励绿色出行，推广共享经济，同时用户对汽车分时租赁的认可度也逐渐提高。2015 年下半年起，“新能源汽车+分时租赁”的模式在互联网汽车分时租赁市场得到快速发展。易观分析认为，至 2018 年，汽车分时租赁市场将完成前期的规模扩张，开始进入洗牌阶段，一批缺乏竞争力的企业将被淘汰出局。

对行业而言

2016 年 3 月国家发改委等 10 个部门联合出台《关于促进绿色消费的指导意见》，从政策层面支持发展共享经济。此外，随着人们生活水平的提高，对自驾旅行的需求持续增长，而各地的限购政策又导致“有本无车”一族不断增多。在此背景下，互联网租车市场得到快速发展。在互联网汽车长短租市场中，B2C 模式出现较早，商业模式较重，目前已经形成相对稳定的寡头格局；P2P 模式出现稍晚，商业模式较轻，但限于市场征信体系的不完善和风控等因素，市场规模扩张较慢。2015 年年底至 2016 年，在共享经济政策、新能源汽车政策等多项政策利好下，分时租赁概念快速落地，互联网创新企业、原P2P模式汽车长短租企业、传统车企、汽车经销商等纷纷布局分时租赁，尤其是新能源汽车分时租赁。

目前分时租赁成为新能源汽车的重要出口之一，政策红利在短期内将继续存在；技术的进步使新能源汽车电池续航里程不断增加，租车过程更加便捷；加之汽车分时租赁能够满足通勤、购物等生活中碎片化用车需求，市场潜力巨大，以上因素都为主打新能源汽车的分时租赁提供了良好的发展环境，智能化的分时租赁将成为未来互联网租车的新趋势。

对企业而言

经过长期发展，在互联网汽车长短租市场中，B2C模式、P2P模式企业均已形成较大规模，但单一的业务模式也使其遇到了发展瓶颈。为打破瓶颈，各企业在继续优化服务的同时，纷纷拓展业务范围、增加盈利渠道。B2C模式企业方面，2015年年初神州租车推出专车服务神州专车，以优化车辆资源配置，随后又上线汽车电商、汽车金融等业务，布局产业链上下游。2015年9月，首汽集团上线专车服务首汽约车，之后发布新能源分时租赁服务Gofun出行。2016年8月，一嗨租车与滴滴出行合作，推出送车上门租车服务。P2P模式租车企业方面，宝驾出行、友友用车转型进军分时租赁市场，PP租车、凹凸共享租车在深耕P2P模式的同时亦在扩展细分场景服务，增加汽车金融等业务。

此外，在政策利好与互联网企业的大力推动下，分时租赁理念得到快速落地和推广。2015—2016年，包括壹壹租车、苏打出行、car2go、EZZY等在内的一大批聚焦汽车分时租赁的互联网创新企业成立并获得融资。传统汽车厂商基于自身新能源汽车生产优势，抓住机遇推出新能源汽车分时租赁业务，如北汽集团联手富士康推出GreenGo绿狗租车，上汽集团与一嗨租车合作推出e享天开（后与EVCADR合并为环球车享），力帆集团投资成立盼达用车，等等。

易观分析认为，在移动互联网的持续渗透下，用户的出行方式愈加多样化，出行需求愈加个性化。而汽车长短租属于较低频次的出行方式，因此对互联网长短租车企业而言，战略上可以横向覆盖多种出行场景，纵向布局产业链上下游关键环节，整合多方资源，进行生态化建设，以增强企业竞争力，拓展盈利渠道。对于专注新兴的互联网分时租赁市场的企业而言，一线城市已形成众多企业割据状态，竞争比较激烈，而很多二三线城市同样有政策支持，竞争环境相对宽松，可能更适合互联网初创企业发展。

对资本市场而言

中国互联网汽车长短租市场经过多年的探索，其商业模式已经日臻成熟。其中B2C模式租车市场已经形成寡头格局，行业壁垒较高；而P2P模式租车市场虽然有政策红利优势，但限于市场征信体系的不完善和风控成本较高等阻碍因素，短期内难以成为中国互联网租车市场的主流模式。对于资本市场而言，主打新能源汽车的分时租赁模式在绿色出行的大环境以及政策红利加持下，或将成为下一个投资风口，与此相关的车联网、智能车载硬件、互联网充电等产业发展潜力较大。

对个人用户而言

易观研究发现，在互联网租车市场中，车主端的风险把控与用车端的安全诚信问题一直是其发展痛点。为此长短租市场中 B2C 模式企业为用户提供标准化用车和保险服务；P2P 模式企业联合金融企业建立起一套完整的"征信+保险+找回"的保障机制，但由于用户体量太大，还无法全方位覆盖；目前分时租赁企业均采取 B2C 模式，以保障发展初期用户体验和车辆调度，但目前市场上还没有形成统一的用户征信和保障体系。

易观分析认为，互联网租车是相对低频的出行场景，优质的用户体验是增强用户黏性的关键。长租、短租市场已经形成了完整的保险与保障机制，分时租赁作为创新的出行方式，受到了不同背景的各方企业的青睐，各企业亦在着力提高自身产品品质和服务质量，但仍有很多用户痛点亟待解决，比如在一线城市对线下站点的布局产生了马太效应，取还车地点不自由，使用过程的便捷性、稳定性有待提高，等等。

市场典型企业——神州租车

2007 年神州租车成立，采用 B2C 商业模式，发展自有车辆，面向个人及企业用户提供服务。2010 年，联想控股以"股权+债权"的形式向神州租车注资超过 12 亿元人民币，神州租车实现跨越式发展。2011 年，神州租车与全球最大租车公司 Enterprise 签署战略合作协议，合作开通境外租车网络，共同为中国客户提供国际租车服务。2013 年全球租车巨头赫兹公司与神州租车启动全面战略合作，神州租车收购并整合赫兹在中国的所有租车业务。2014 年，神州租车在港交所上市。截至 2016 年 6 月 30 日，神州租车在中国 93 个主要城市设有 764 个直营服务网点，车队总规模达 99727 辆，注册会员达 1100 万人，成为中国互联网租车行业领先企业。2016 年 8 月 22 日起神州租车在全国推出免费上门送取车服务，进一步提高用户体验，增强用户黏性。未来，神州租车将继续深耕 B2C 租车服务，扩大服务品类，如自驾游租车、年租等。

此外，神州租车亦在积极布局产业链上下游关键环节。2015 年神州租车推出 B2C 模式专车服务神州专车，凭借统一化高标准服务迅速在专车市场占据一席之地。神州租车向神州专车提供长租和短租车辆，用于开展专车业务，租车和专车业务的协同发展，实现了车辆在不同场景的灵活配置，进一步提升车辆利用率和运营效率。随后，神州租车公布二手车 B2C 试点项目（即二手车电商业务），2016 年上半年，神州租车通过 B2C 试点项目共出售 2100 辆二手车。

市场典型企业——首汽集团

目前首汽集团旗下拥有三大出行品牌：汽车长短租品牌首汽租车、专车品牌首汽约车、新能源分时租赁品牌 Gofun 出行。首汽租赁有限责任公司（即首汽租车）于 1992 年成立。2014 年，首汽租车实施国际化、互联网化以及混合所有制发展战略，打造长租、短租、以租代购、准新车等系列产品。首汽租车旗下国宾车队亦提供政府用车和外事接待用车服务，包括两会、APEC 会议、G20 等大型会议用车。2015 年首汽租车 APP 上线，开启了首汽租车互联网化改革序幕。2016 年，首汽租车收购华南地区最大的区域性租车公司瑞卡租车，整合南北资源，拓展全国布局，进一步加快互联网化进程。2015 年 9 月，首汽集团借助原有资源推出互联网专车服务"首汽约车"，主打中高端出行市场。2016 年 2 月，首汽集团旗下新能源分时租赁服务"Gofun 出行"正式上线，主打"85 后"年轻时尚人群。2016 年 8 月，首汽租车协同中移德电推出了企业/机构用车服务平台产品——Mr.Car，为企业用户提供独立服务和管理系统。

在产品层面，首汽集团不断加快互联网租车市场布局，针对不同出行场景提供差异化服务，满足 B 端、C 端商务出行、自驾旅行、城市代步等不同租车需求。2016 年，首汽集团先后与康辉战略合作“旅行出行+”模式、与国航和中铁 12306 合作“交通出行+”模式以及与如家达成“住宿出行+”合作模式，通过场景生态组合占领消费终端，纵向深化业务链。未来首汽集团将以互联网思维进一步优化首汽租车、首汽约车、Gofun 出行等各出行品牌的商业模式，提升线上、线下运营水平，提高服务质量，拓展更多细分场景，满足用户个性化出行需求。

易观对 2015 年至 2017 年主要互联网租车服务企业在实力矩阵中所处的位置以及执行能力和创新能力的变化情况作如下解读。

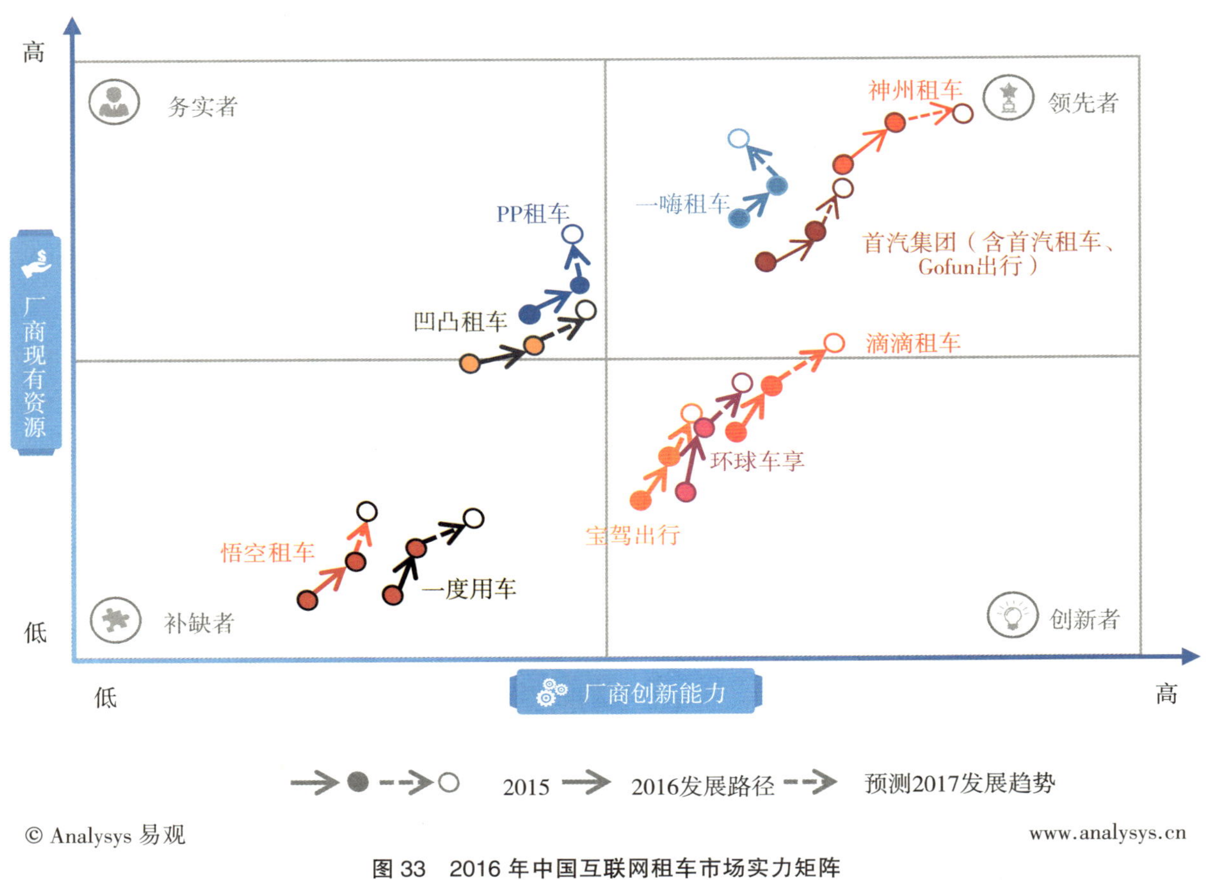

图 33　2016 年中国互联网租车市场实力矩阵

- **领先者象限分析**

领先者在商业模式创新或产品/服务创新性上拥有较强的独特性，同时具有很好的系统执行力能够把创新性提供给市场并获取较高的市场认可。

2016 年中国互联网租车市场领先者：神州租车、首汽集团、一嗨租车

神州租车作为早期进入租车领域的企业，凭借自身的发展模式及标准化的服务，成功抢占市场发展先机。神州租车于 2015 年推出 B2C 模式专车服务神州专车，向神州专车提供长短租车辆，开展专车业务。租车和专车业务的协同发展，实现了车辆在不同场景的灵活配置。2016 年，神州租车开展自驾业务和二手车 B2C 试点项目，大力发展汽车电商，探求新的盈利增长点。根据神州租车发布的 2016 年第 3 季度财报显示，神州租车各项财务和运营指标均保持强劲的增长态势。预计神州租车在 2017 年将继续巩固领先者地位。

首汽集团旗下拥有提供长短租、以租代购等服务的首汽租车，以及新能源汽车分时租赁服务的 Gofun 出行，形成了互联网汽车租赁综合服务平台。2016 年 6 月，首汽集团提出“大出行”战略，旗下首汽租车先后与康辉、云旅集团、中铁 12306、国航、东航及如家酒店等达成战略合作，实现“旅游出行+”、“交通出行+” 和 “住宿出行+” 的“3+” 服务模式。2016 年 8 月，首汽租车协同中移德电推出企业/机构用车服务平台产品——Mr.Car，为企业用户提供独立服务和管理系统。Gofun 出行与智慧停车平台 ETCP、奇瑞汽车、大众汽车达成合作，为新能源汽车分时租赁的发展提供数据和技术支持。首汽集团创新性地对自身国企基因进行互联网化改革，充分利用自身深厚的资源和渠道优势，整合各方资源，积极布局基于汽车租赁的出行生态圈。同时，首汽集团深入挖掘用户需求和细分场景，将出行服务与生活服务相互融合，进一步提高用户体验。预计 2017 年首汽集团将在领先者象限中继续深入。

一嗨租车于 2014 年在纳斯达克成功上市，凭借良好的市场表现成为中国互联网汽车长短租市场寡头之一。根据 2016 年第 3 季度财报显示，一嗨租车净营收为 5.8 亿元，同比增长 47.8%，净利润为 2230 万元。其中来自于租车服务的营收为 5.6 亿元，同比增长 54.4%。2016 年 8 月，一嗨租车与滴滴出行达成合作，为滴滴出行新上线的租车服务提供车源及车辆运营管理等方面的支持，而一嗨租车也将利用滴滴出行的平台和流量进一步拓展运营渠道，扩大市场规模。预计一嗨租车在 2017 年将保持在领先者象限。

- **创新者象限分析**

创新者在产品/技术上的投入很大，并在商业模式、技术或者产品服务的创新性上有独特的优势。

2016 年中国互联网租车市场创新者：滴滴租车、环球车享、宝驾出行

2016 年 8 月，滴滴出行宣布正式进入租车领域，与一嗨租车合作推出滴滴租车。这是滴滴出行继推出快车、专车、顺风车、出租车、公交、代驾和试驾等业务后的又一次突破。滴滴租车采用全程线上化租车服务的模式，本身不拥有车辆，而是将租赁公司联合起来，形成一个租赁大平台。滴滴租车还为用户提供免费上门送取车服务。2016 年 11 月，滴滴出行与安飞士巴吉集团（Avis Budget Group）达成战略合作协议，为中国游客提供境外租车服务。依靠强大的平台资源，滴滴租车未来发展值得期待。预计滴滴租车 2017 年将有机会跻身领先者象限。

2016 年 6 月，上汽车享网旗下的分时租赁公司 e 享天开与上海国际汽车城旗下的电动车租赁公司 EVCARD 整合，双方合资成立环球车享，专注于纯电动车分时租赁市场。环球车享自诞生之初就带着汽车企业和互联网企业的双重基因，拥有稳定车源的同时，具备互联网运营和管理的能力。限于当前中国新能源汽车市场和汽车分时租赁市场均处于起步阶段，短期内难以出现爆发式增长，预计 2017 年环球车享将深入创新者象限。

2016 年 5 月，宝驾出行提出搭建分时租赁服务商互联互通的“第四方汽车共享云平台”，整合垂直模式的新能源和传统能源汽车分时租赁服务商资源，亦为传统企业进入分时租赁领域提供解决方案。宝驾出行根据用车场景的不同，相继上线年租宝、试驾及拼驾等业务，最终形成分时租赁为主、多条产品线共同发展的模式。预计 2017 年宝驾出行将保持在创新者象限。

- **务实者象限分析**

务实者拥有丰富的资源，执行能力较强。

2016 年中国互联网租车市场务实者：PP 租车、凹凸租车

囿于中国 P2P 模式租车市场征信体系不够成熟，与 B2C 模式相比，P2P 模式租车市场发展较慢，市场规模较小。P2P 模式租车企业纷纷开始探寻新的盈利增长点。

2016 年 6 月，PP 租车举行品牌战略升级发布会，重点布局短租、长租和汽车金融三大领域。为了巩固短租产品的发展，PP 租车将打造名为“PP 梦想车”的高端车产品，让有自驾需求的用户开上理想的车型，提升有车生活品质。长租业务方面，PP 租车为用户提供一对一专人管家服务，价格仅为市场价的 60%—80%。PP 租车还着眼于开发汽车金融产品，提供新能源汽车返租业务。PP 租车通过三大领域布局实现多元化发展。预计 PP 租车 2017 年将深入务实者象限。

2016 年 1 月，凹凸租车联手整车厂商首推试驾业务。同年 8 月，凹凸租车与上汽、阿里合作推出的斑马汽车，在汽车金融、车主收益创新、合作引流等领域展开合作。2016 年 9 月，凹凸租车与太平洋保险联合推出“出险代步车”服务，购买太平洋保险的车主在出险后可以获得凹凸租车提供的代步车服务。以上布局将有助于凹凸租车深度挖掘用户需求，提升用户价值。预计 2017 年凹凸租车将继续深入务实者象限。

- **补缺者象限分析**

2016 年中国互联网租车市场补缺者：悟空租车、一度用车

悟空租车深耕自驾游领域，已推出 500 余条自驾游路线，并与携程、去哪儿、途牛等 OTA 平台达成合作。商业模式上，悟空租车主要采用 B2B2C 模式，整合传统中小型租车公司进入悟空租车平台，当前悟空租车平台加盟商已超过 1000 个。但与 B2C 模式相比，悟空租车对旗下加盟商在定价、服务、运营等方面的管控力度有限。如何把握规模快速扩张与保障用户体验两者之间的平衡是悟空租车面临的重要挑战。预计 2017 年悟空租车将保持在补缺者象限。

2016 年 5 月，一度租车推出“一度伙伴计划”开放合作平台，邀请汽车租赁公司、整车厂商、洗车行、汽车维修商等汽车租赁产业链上下游企业入驻平台，彼此实现网点、车辆、运营维护、市场推广和平台等方面的资源共享。汽车分时租赁市场目前处于探索期，尚未形成成熟的商业模式。预计 2017 年一度用车将保持在补缺者象限。

专车

经过数年的发展，互联网专车已成为中国移动互联网用户的常用出行方式之一。2016 年，中国互联网专车市场已进入高速发展期，用户增长率保持平稳，各专车服务商在高速扩张的同时继续深化用户体验。

易观分析认为，中国互联网专车市场目前处于高速发展期。

易观将中国互联网专车市场的发展周期分为四个阶段，即探索期、市场启动期、高速发展期和

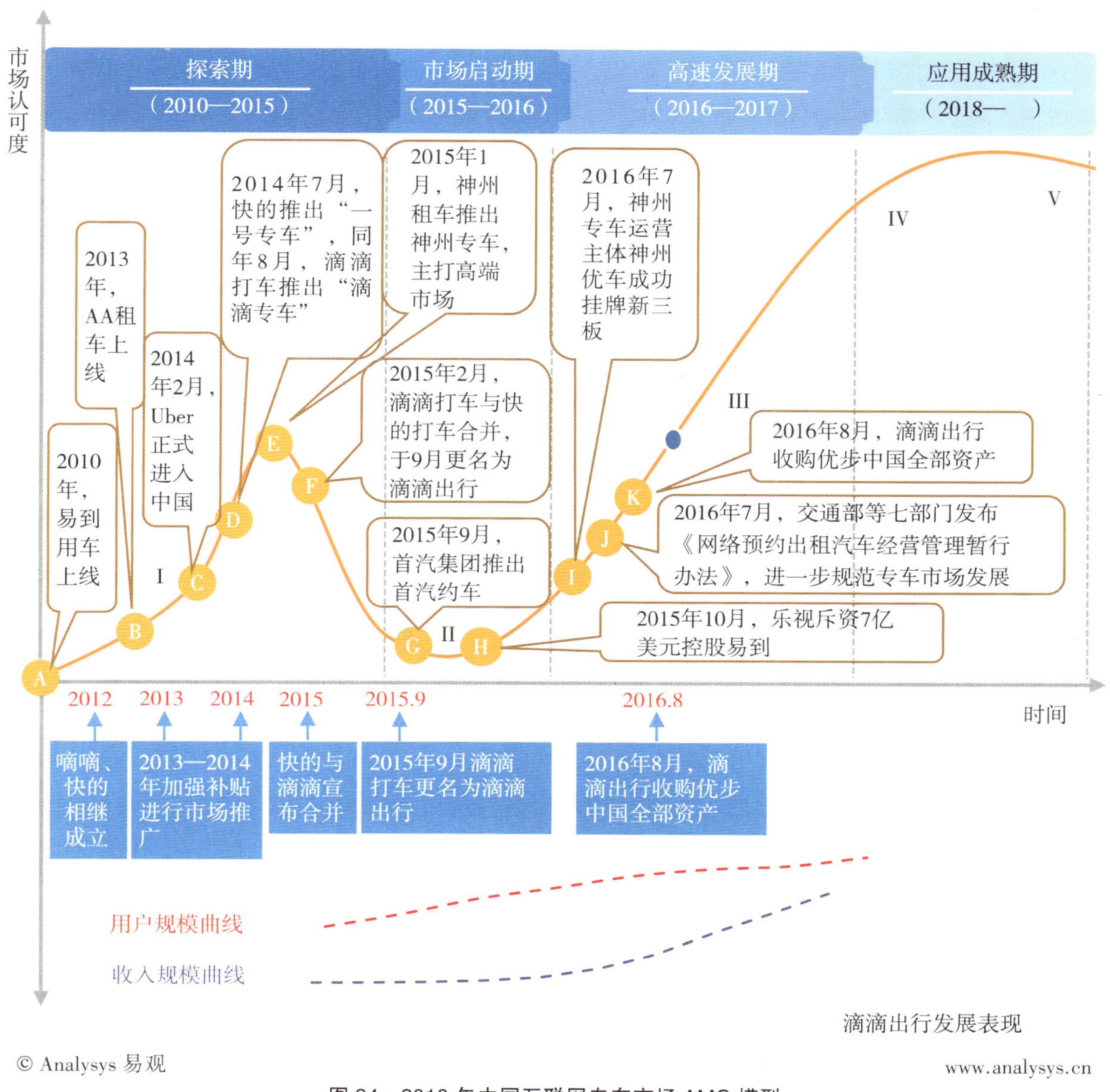

图 34　2016 年中国互联网专车市场 AMC 模型

应用成熟期。目前中国互联网专车市场正处于高速发展期。中国互联网专车市场发展周期过程如下：

探索期（2010—2015）

2010 年易到用车成立，成为中国首家专车服务商。2014 年 2 月，Uber 正式进入中国。2014 年 7 月、8 月，快的打车、滴滴打车先后推出专车业务。在资本市场的推动下，专车服务商通过对用户和司机进行大规模强力度补贴，迅速打开市场。

2015 年 1 月，神州租车推出专车服务神州专车。与低调的 AA 租车相比，同为 B2C 模式的神州专车则高调得多，依托神州租车的自有车辆资源，强势进入专车市场，并迅速占据一席之地。2015 年 2 月，经过长达两年的激烈竞争，滴滴打车与快的打车宣布战略合并，整合双方资源，推出多元化出行服务产品，提升整体竞争力。

在探索期，各专车服务商以强补贴的方式进行跑马圈地的同时，也加速了专车出行观念的渗透，逐渐培养了用户新的出行习惯。

市场启动期（2015—2016）

2015 年下半年开始，政府对互联网出行的监管逐渐加强，市场运行逐渐规范化，市场格局逐步稳定，市场进入启动期。中国互联网专车市场逐渐从渠道导向向服务导向转变。

中国专车市场竞争日趋激烈，中高端用户在使用专车服务过程中对服务敏感度较高。专车服务商通过提高服务质量，提升用户体验，进一步增强旗下用户忠诚度并优化用户结构。如实体车站的落地、监督机制的强化、虚拟号码的上线、孕妈专车的开通等，代表着中国专车服务商已开始具有针对性地对用户体验进行纵向深化。

2015 年 9 月，首汽集团推出 B2C 模式专车服务首汽约车，以北京为基础辐射全国主要城市，提供标准化专车服务。2015 年 10 月，乐视斥资 7 亿美元获得易到 70%股权。在乐视的资金、流量、品牌等海量资源支持下，易到积极打造互联网专车生态。

同时，中国专车服务商加速平台化布局，如滴滴陆续上线了快车、顺风车、代驾、巴士、试驾、拼车等产品线，从最初的单一领域扩张成为完整的城市交通 O2O 生态平台。

高速发展期（2016—2017）

经过数年发展，互联网专车已成为中国移动互联网用户的常用出行方式之一。中国互联网专车市场的用户增长率将保持平稳，专车服务商在高速扩张的同时将继续深化用户体验。2016 年下半年，交通部等七部门发布《网络预约出租汽车经营管理暂行办法》，各地方相关部门也纷纷出台专车管理细则。未来管理规范、运营健康的专车企业将在市场盘踞一席之地，缺乏运营能力和资金实力的企业将退出，专车市场最终将出现多家大型企业共存的寡头竞争格局。

从 2016 年中国互联网出行市场发展状况来看，有以下几点值得注意：

对行业而言

2016 年 7 月，交通部等七部门发布《网络预约出租汽车经营管理暂行办法》，并于 2016 年 11 月 1 日起正式实施。相比之前的征求意见稿，暂行办法对运营车辆和司机的准入机制、车辆报废制度、价格限制等作了新的规定。易观分析认为，专车新政明确了专车服务商的责任和义务，将促进专车平台提高自身管理水平和服务质量，切实保障司机及乘客合法权益，同时推动传统出租车改革和互联网专车市场健康有序发展。但专车新政的落地效果还取决于各地方政府的具体管理制度和实际执行情况。

2016 年 10 月，多地相继出台专车细则征求意见稿，对本地专车驾驶员资质、车辆门槛等作了具体规定，其中多数政策比较严格。易观分析认为，地方政府对专车市场的过度干预和限制将造成大量专车司机失业，打破专车市场已有的供需平衡，对专车市场造成伤害，同时地方政府对传统出租车市场的过度保护也不利于其创新和改革。

对企业而言

中国互联网专车市场竞争日趋白热化，重压之下专车企业开始探索新的融资渠道，拓展业务范围，增加变现渠道，向更加多元化的方向发展，增强企业整体竞争力。

2016年4月，滴滴出行上线滴滴海外业务，迈出国际化第一步；同月滴滴出行与海博出租合作推出B2C专车服务；8月，滴滴出行收购Uber中国全部资产；8月、11月滴滴出行先后与一嗨租车、安飞士巴吉集团达成合作，推出租车服务。2016年7月，神州专车运营主体神州优车在新三板成功挂牌，并宣布人车生态圈战略；9月，神州专车宣布“U+”开放平台战略，进军P2P专车市场。2016年4月，易到表示将启动进军国内资本市场计划；6月，易到用车正式更名为易到，并宣布将联合乐视打造“平台+服务+应用+终端”的共享汽车生态。

易观分析认为，中国互联网专车服务商致力于专车细分市场发展已久，形成了成熟的商业模式，用户对专车及互联网出行的认知度也达到了较高水平。此时互联网专车服务商在继续优化已有服务质量的同时积极扩大服务范围，覆盖互联网出行产业链多个环节，能够由细分领域平台平滑过渡到基于专车出行的“城市交通+车主服务”的生态闭环。互联网专车市场竞争亦将升级为多个综合出行服务生态体系的角逐。

对个人用户而言

滴滴出行于2016年1月、3月相继公布了《滴滴出行安全管理工作指引》第一版和第二版，第一版对于旗下多个产品线做出了相应的安全规范，第二版在前者的基础上对各项业务在安全审核、事故处理、技术及资金投入等多个方面进行了升级。2016年3月，神州专车联合公安部中国道路交通安全协会推出《孕妇专车安全服务规范》，从车辆、司机、服务和保障四个方面制定科学严格的安全标准，同时神州专车上线相关落地产品神州孕妈专车服务。2016年9月，首汽约车上线多日接送功能，可提前预约规律性出行服务。

随着生活水平的提高，人们对出行服务的需求也在提高，这促使中国互联网专车服务商继续深化用户体验，从最初基本的安全保障、隐私保障，延伸到针对特定人群和特定场景的定制化服务。作为面向中高端用户的产品，未来专车服务将进一步向场景化发展，提供更多细分服务内容。

对资本市场而言

经过数年的发展，中国互联网专车市场已经进入高速发展期。各专车厂商在巩固专车业务的同时纷纷开始布局产业链多个环节以形成生态效应，包括汽车电商、汽车金融、汽车后市场等。与专车市场相比，以上汽车产业链各环节的互联网化程度还相对较低，处于起步阶段，拥有巨大的发展潜力。对资本市场而言，围绕专车市场的出行和汽车生态圈将成为新的关注热点。

市场典型企业——滴滴出行

2012年嘀嘀打车上线，推出互联网出租车业务。获得多轮融资后，2014年，嘀嘀打车宣布更名为滴滴打车，推出为高端商务出行人群提供优质服务的专车业务，并与微信支付、手机QQ启动合作。2015年2月，滴滴打车与快的打车实现战略合并。2015年9月，滴滴打车更名为滴滴出行。经过一年多的发展与扩张，滴滴出行从最初的单一领域扩张成为完整的城市交通O2O生态平台，覆盖出租车、专车、顺风车、代驾、试驾、公交、租车等出行场景。

2016年4月，滴滴出行与Lyft、Grab、Ola联合宣布建立共享出行全球合作框架，将为中国、美国、东南亚和印度的游客提供无缝出行服务。滴滴出行采取与当地互联网出行服务商产品打通、资源共享的方式进行国际化布局，将加速其服务本地化进程。8月，滴滴出行收购Uber中国全部资产，并与 Uber 全球达成战略合作。此举将滴滴出行从与 Uber 的补贴大战中解放出来，亦有助于推动滴滴出行的国际化发展。同时滴滴出行也在积极布局互联网租车市场。2016 年 8 月滴滴出行与一嗨租车合作上线租车业务，采取全程线上化服务及免费上门送取车模式；11 月，滴滴和安飞士巴吉集团达成战略合作，将为中国用户提供跨境租车服务。拓展境内外租车服务，不仅进一步完善了滴滴出行城市交通 O2O 生态平台，也为未来全面进军国际市场奠定基础。

随着《网络预约出租汽车经营管理暂行办法》及各地方专车新政陆续落地，中国互联网专车市场竞争进入新的阶段。未来，在中国专车市场，滴滴出行将着重解决如何在适应中央及地方政策的基础上进一步提高服务质量，保持用户黏性。在海外市场，滴滴出行面临的主要挑战则是如何尽快完成本地化改革，提升用户认可度。

根据易观发布的数据显示，预计在 2017 年，中国互联网专车交易规模将达 2549.6 亿元人民币，较 2016 年增长 77.2%。预计在 2019 年，中国互联网专车交易规模将达 5034.8 亿元人民币。

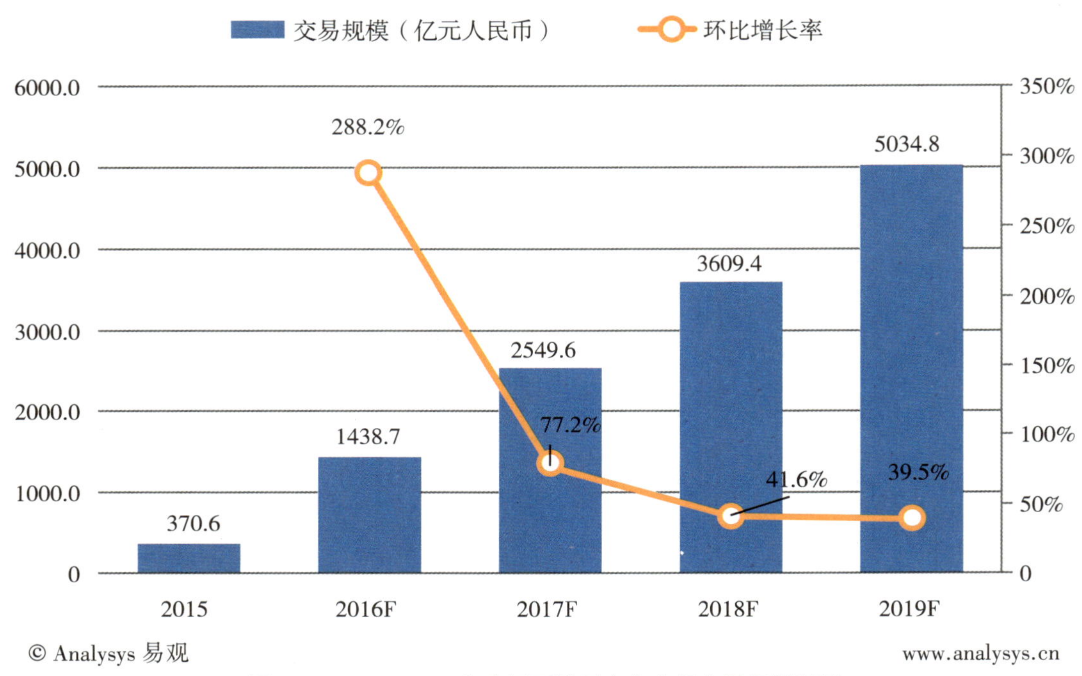

图 35　2016—2019 年中国互联网专车市场交易规模预测

易观分析认为，在 2017 年中国互联网专车市场将呈现以下趋势：

1. 服务质量、细分场景、企业服务将成发展焦点

当前中国专车市场已形成庞大的市场规模，市场格局趋于稳定，人口红利优势减弱，专车市场在互联网用户中的渗透率增长趋缓，中国专车服务商将更多的资源从规模扩张转向着力提升用户体验，增强用户黏性。2016 年中国专车服务商从司机审核、司乘通讯、人身保险等方面加强对用户的安全保障；并针对孕妇、老年人、残疾人等特殊人群，以及聚会、商旅出行等细分场景推出场景化专车服务。易观分析认为，未来中国专车服务商将继续深度挖掘用户需求，进一步细分服务内容，为用户提供更优质的专车服务。在巩固 C 端用户的同时，中国专车服务商亦将发力 B 端市场，为企业提供更加多样化的用车服务，简化企业用车流程、提高企业出行效率。

2. 综合出行服务生态体系成为发展方向

虽然中国专车市场用户体量庞大，商业模式清晰，但对专车服务商而言，距实现全面盈利还有一段较长的路。中国专车服务商在深耕专车服务的同时，已开始将目光放到其他出行领域，以及汽车金融、汽车电商、汽车后市场等领域。2016 年，滴滴出行拓展租车、小巴服务，神州专车推出买买车、闪贷业务，易到宣布共享汽车生态战略。易观分析认为，在盈利进程缓慢的情况下，专车服务商将积极扩大服务范围，布局产业链上下游，形成综合出行服务生态体系。

3. 加强与传统出租车、租车企业合作

2016 年，交通部等七部门发布《网络预约出租汽车经营管理暂行办法》，各地专车新政相关细则也陆续出台，其中多地对司机户籍、车辆规格、牌照等限制严格。易观分析认为，为适应专车政策，各专车服务商将加强与当地传统出租车、租车企业合作，以提高专车平台运力，高效整合、匹配车辆与出行需求，同时此举亦有利于传统企业加快“互联网+”的改革进程，促进传统出租车、租车企业转型升级。

易观对 2015 年至 2017 年主要互联网专车服务企业在实力矩阵中所处的位置以及现有资源和创新能力的变化情况作如下解读。

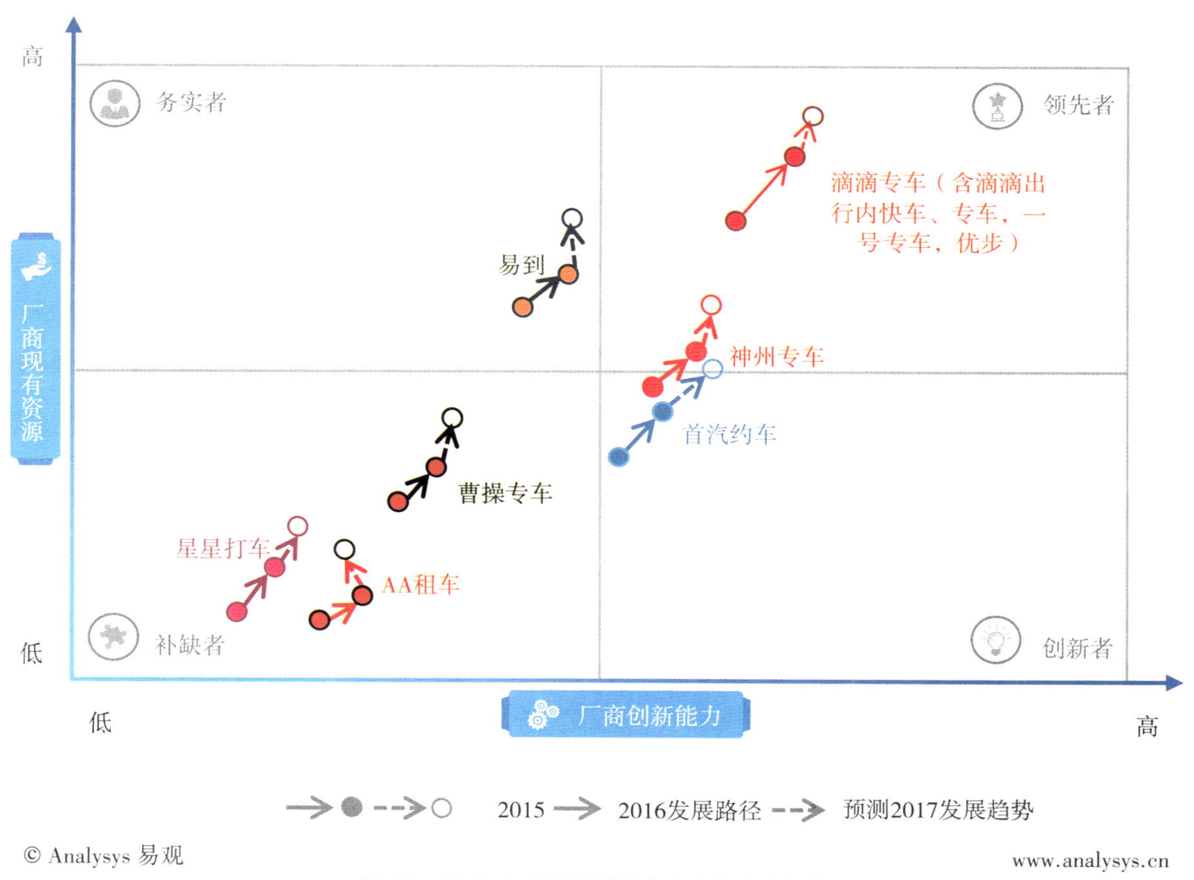

图 36　2016 年中国互联网专车市场实力矩阵

• 领先者象限分析

领先者在商业模式创新或产品/服务创新性上拥有较强的独特性，同时具有很好的系统执行力能够把创新性提供给市场并获取较高的市场认可。

2016 年中国互联网专车市场领先者：滴滴专车（含滴滴出行内快车、专车、一号专车、优步）、神州专车

2016 年 4 月，滴滴与 Lyft、Grab、Ola 等海外用车服务商合作，进行国际化布局。6 月，滴滴获得包括苹果公司 10 亿美元在内的 45 亿美元融资，将用于技术升级、提升用户体验和业务拓展。8 月，滴滴宣布收购 Uber 中国（即优步）全部资产，双方现金补贴大战结束，专车市场寡头化格局进一步提升。滴滴将整合双方专车资源，着力提高服务质量，提升用户体验。预计滴滴专车在 2017 年将继续巩固领先者地位。

2016 年 7 月，神州专车运营主体神州优车在新三板成功挂牌，成为中国第一个上市的专车厂商。9 月，神州专车推出免费“U+”平台，进军 C2C 专车服务市场。免费的 C2C 平台有利于神州专车快速拓展车辆规模，增加车辆密度。但相对于 B2C 模式，C2C 模式不可控因素较多，其市场表现还有待观察。

• 创新者象限分析

创新者在产品/技术上的投入很大，并在商业模式、技术或者产品服务的创新性上有独特的优势。

2016 年中国互联网专车市场创新者：首汽约车

2015 年 9 月，首汽集团推出 B2C 模式互联网专车平台“首汽约车”，并通过一系列优惠活动迅速打开市场。2016 年，首汽约车与元翔厦门快线、如家酒店集团、中铁 12306、国航等达成合作，全力构建“大出行”模式生态圈。在产品功能方面，首汽约车为行动不便人群推出多功能车服务，并且上线了多日接送、联程用车等场景化服务。预计 2017 年首汽约车将加速扩张区域覆盖，或将接近领先者象限。

• 务实者象限分析

务实者拥有丰富的资源，执行能力较强。

2016 年中国互联网专车市场务实者：易到

自 2015 年 10 月乐视 7 亿美元控股易到，易到开始进行强势扩张。2016 年 6 月，易到宣布将联合乐视打造“平台+服务+应用+终端”的共享汽车生态。随后易到将补贴方式由“现金充返”升级为“生态充返”，新的优惠策略对拉动活跃用户快速增长的优势减小，而且新的盈利增长点尚未得到充分发掘。预计 2017 年易到将在务实者象限稳定增长。

• 补缺者象限分析

2016 年中国互联网专车市场补缺者：曹操专车、AA 租车、星星打车

曹操专车是由吉利集团投资成立的 B2C 模式专车运营平台，主要车型为吉利旗下新能源汽车。由于目前新能源汽车续航能力较差、充电桩等基础设施配置不足等原因，曹操专车的扩张速度相对竞品较慢。但在吉利集团的强大资源支持下，曹操专车将保持稳定向前发展态势。预计曹操专车在

2017 年将在补缺者象限稳步增长。

AA 租车于 2013 年上线，深耕 B 端企业用车场景和 C 端商务用车场景。随着友商通过激进的扩张方式抢占市场份额，AA 租车未能及时调整战略以适应市场变化。随后各主流专车服务商持续加大对用户体验、企业服务的投入，AA 租车的服务优势不再明显。预计 2017 年 AA 租车将继续在补缺者象限稳步增长。

星星打车，原名我有车，是由广州七一一电子信息科技有限公司推出的互联网专车平台。星星打车主要服务于以广州和深圳为首的华南地区用户，通过优质服务提高用户忠诚度，在华南以外地区则扩张较慢。预计 2017 年星星打车将在补缺者象限稳步增长。

车后服务

中国汽车后市场电商包含配件用品电商、维修保养服务电商、汽车工具、汽车金融等多个细分领域，各领域发展阶段不一。其中以汽配用品电商发展最为成熟，商业模式和盈利模式都更为清晰，行业已经进入高速发展期；而维修保养服务电商市场近两年的发展较快，经历过第一波洗牌之后，行业进入到市场启动期阶段，各平台将企业内部精细化运营作为重点，诸如途虎养车网、汽车超人等的维修保养服务电商平台将产业链和供应链的深度布局作为重点发展方向；汽车工具类移动 APP 市场在 2016 年受到了行业的高度关注，诸如车轮互联、木仓科技、微车等平台已经基本完成了用户规模的初期积累阶段，如何将流量进行高效转化成为平台发展重点；以易鑫金融为代表的互联网汽车金融企业得到快速发展，互联网汽车金融企业业务涉及汽车保险、新车贷款、二手车贷款、融资租赁等多项服务。

易观将中国汽车后市场维修保养服务电商的发展周期分为四个阶段，即探索期、市场启动期、高速发展期和应用成熟期。目前中国汽车后市场维修保养服务电商已经进入市场启动期的发展阶段。中国汽车后市场电商的发展周期过程如下：

探索期（2011—2016）

维修保养服务行业作为汽车后市场的一部分从 2011 年开始进入电商时代。途虎养车网等在线交易平台的上线，标志着我国维修保养服务电商启动。随着 2014 年前后资本市场对维修保养服务电商行业的看好和投资的持续升温，短时间内涌现出大量初创型企业涉足这一领域，并争相探索适合中国的维修保养服务电商市场新模式，类似自营型、平台型、导流型、上门服务型等多种商业模式都在这一时期出现。

但是 2015 年下半年以来，资本市场回归理性，部分维修保养服务平台由于模式过重、自身造血能力有限，出现严重的资金问题，最终面临倒闭或被兼并的结局，行业的第一波洗牌开始。进入 2017 年后行业洗牌将会继续，但一些具备核心竞争力的平台将会注重企业内部运营，进一步扩大市场规模，有望逐步开始盈利。

市场启动期（2017—2020）

进入市场启动期后，行业洗牌将会持续，但部分平台凭借更为清晰的商业模式和盈利模式将会

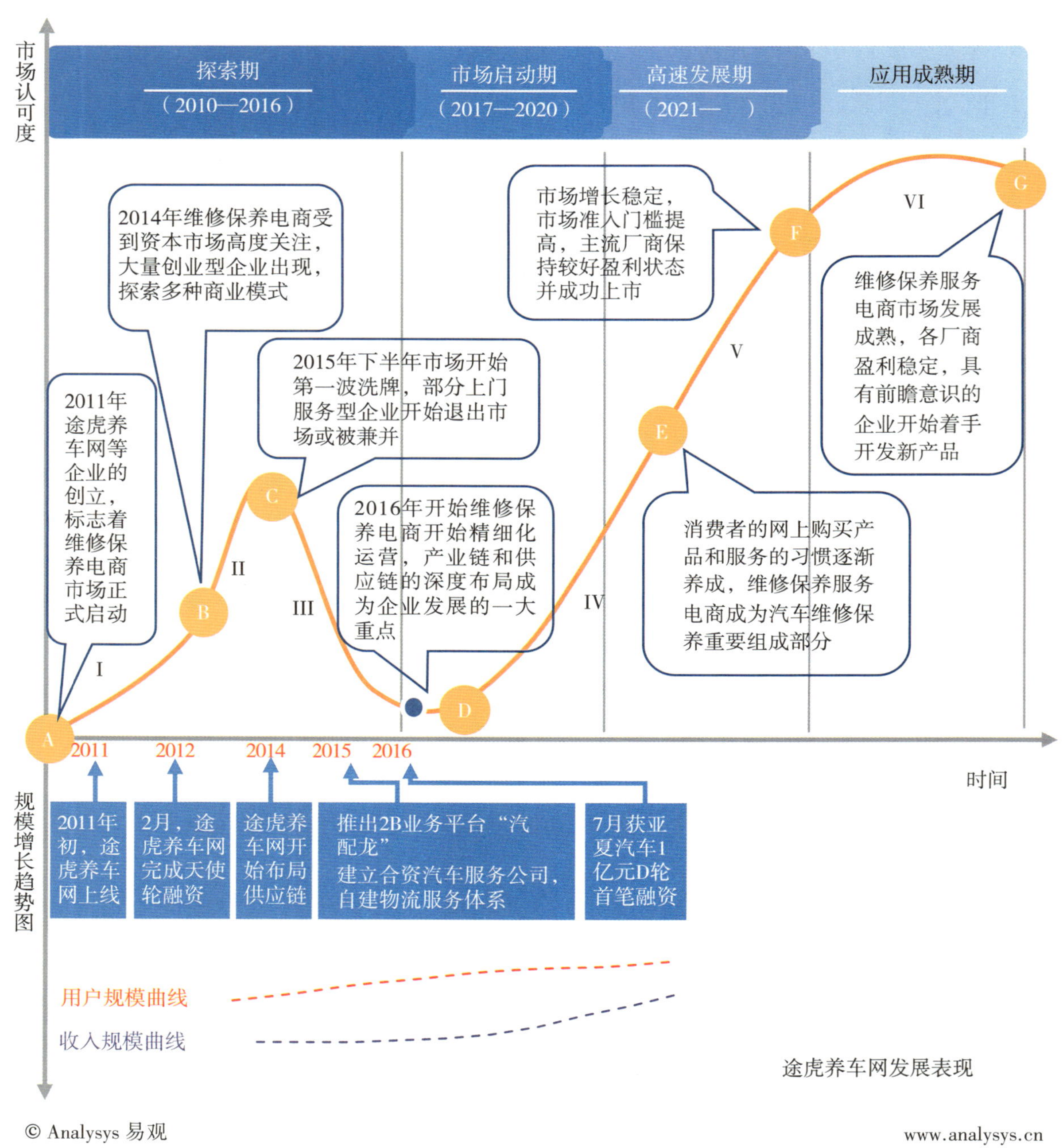

图 37 2016 年中国汽车后市场维修保养电商市场 AMC 模型

受到资本市场更多的关注，资金将会更多地投资于综合实力较强的企业。而这类企业将会借助于资本市场的支持，提高企业经营管理能力，精耕细作的同时进一步扩大市场规模，以此在行业中建立较为领先的市场地位，领先企业有望实现 IPO。易观预计，在市场启动期内，将会有少数几家综合实力领先的维修保养服务电商企业能够实现规模的快速增长，同时对行业的竞争格局实现一定的影响。

高速发展期（2021— ）

进入高速发展期后，消费者对维修保养服务电商表现出高度认可，并形成良好的线上消费习惯。维修保养服务电商用户渗透率大幅提升。汽车后市场标准化和规范化程度快速提高，且行业中将会有 1—2 家企业凭借领先的核心竞争力建立龙头地位。

应用成熟期

进入市场成熟期以后，维修保养市场发展达到顶峰，维修保养服务电商盈利稳定，产品应用完善成熟，消费者对在线维修保养服务认可度高，产业链上下游分工明确，具有前瞻性的企业开始进行探索开发新产品。

从 2016 年中国汽车后市场维修保养服务电商市场发展状况来看，有以下几点值得注意：

对行业而言

政策利好刺激市场发展，诸如《机动车维修管理规定》修订版、《汽车维修技术信息公开实施管理办法》、《汽车零部件的统一编码与标识》等多项政策于 2016 年年初开始实施，刺激汽车后市场更加多元化和竞争更加充分，促进行业更加规范地发展。此外，启动期的行业洗牌将会继续，企业之间的竞争更多的是综合实力的比拼，未来行业的竞争将会进一步加剧。而政策刺激和行业竞争加剧将会有效促进汽车后市场电商用户渗透率的进一步提高。

对企业而言

经过 2015 年下半年以来的市场洗牌之后，维修保养服务电商开始从大规模扩张向精细化运营转变，品牌化和连锁化成为企业经营发展过程中的重要考量因素。主流平台通过产业链延伸和供应链建设来提高产品质量、提高服务效率，从而达到提高用户服务体验、降低流通成本、提升综合效益的效果。与此同时，更多的维修保养服务电商开始涉足汽车保险服务，利用平台发展多年积累的数据优势，与汽车保险企业、二手车电商平台等展开合作，完善平台服务项目，增加盈利点。

对用户而言

政策的刺激和电商平台的冲击，促进汽车后市场进一步向规范化和透明化的方向发展。未来车主消费者在汽车维修保养方面有了更多的可选方案。同时，随着维修保养服务电商市场在产业链和供应链布局的进一步完善，线下服务标准的规范和统一，车主消费者能够享受到更加便利、高效的服务体验。

对资本市场而言

进入市场启动期之后，资本市场对汽车后市场维修保养服务电商行业的投资归于理性，但关注度仍未降低。资本方将会更加青睐于商业模式和盈利模式清晰、且细分领域内具有更强的综合实力的电商平台。对于这类实力相对较强的企业，资本方的投资额度将出现明显的提升，而投资风险却会大幅下降。

市场典型企业分析——途虎养车网

途虎养车网于 2011 年成立于上海，是中国发展较早的一家维修保养服务电商平台，主营轮胎、机油、汽车保养、汽车美容等业务。经过几年的发展，途虎养车网已经完成 1 亿元人民币的 D 轮首笔融资，并且形成了较为完整的产业链布局，积极与上游品牌厂商展开合作保证产品质量，积极布局线下服务门店统一服务标准。在此基础上，途虎养车网进一步开展供应链建设，在仓储和物流等领域也形成了一定的规模，不断降低流通成本，提高服务效率。易观分析认为，进入市场启动期后，汽车后市场电商行业竞争将进一步加剧，途虎养车网通过增加平台产品类别、扩展线下合作门店数量、自建供应体系等措施，来提高自身的综合竞争力，从而进一步提高其在行业中的竞争地位。

易观对 2015 年至 2017 年主要汽车后市场电商厂商在实力矩阵中所处的位置以及执行、运营能力和创新能力的变化情况作如下解读。

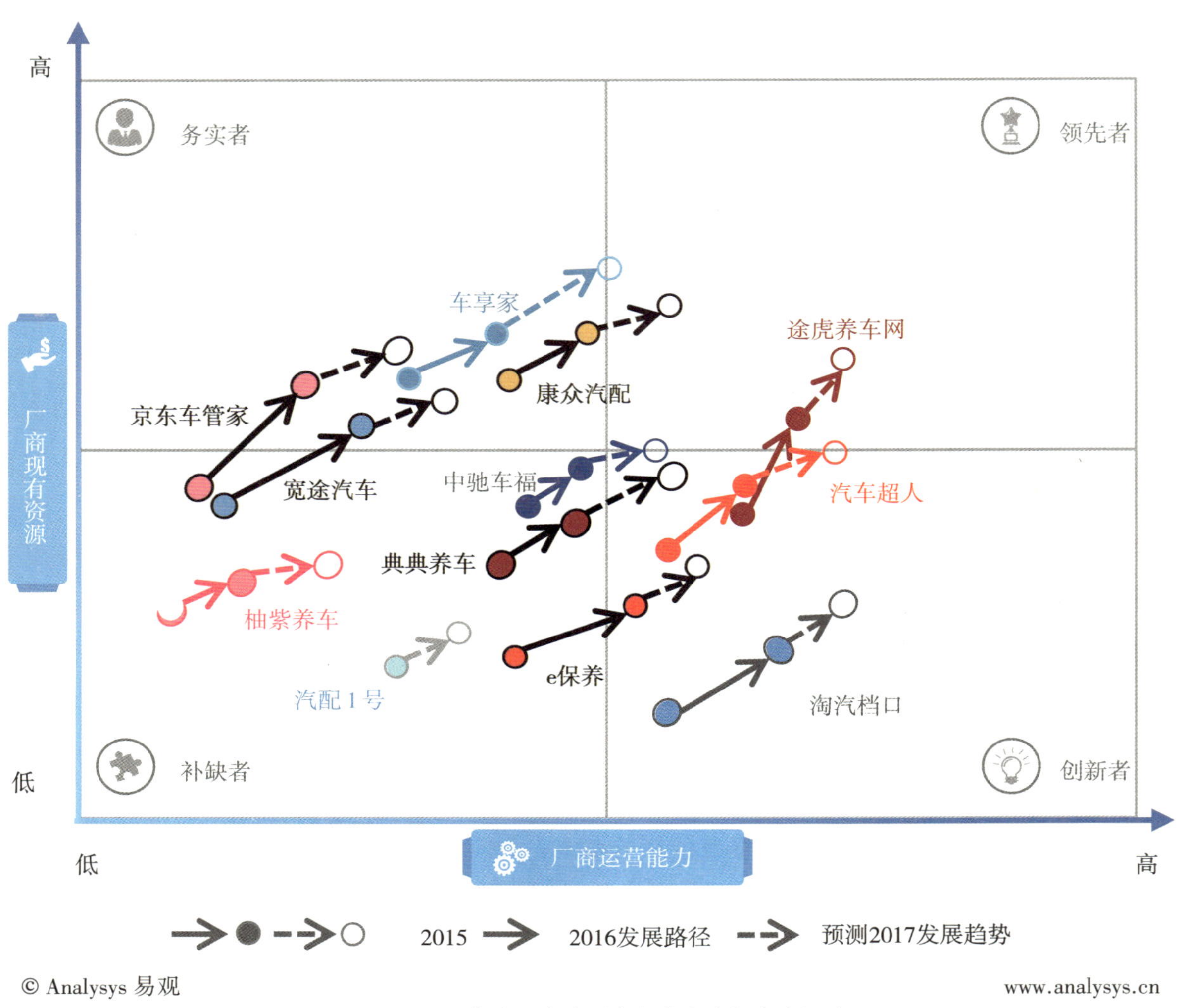

图 38　2016 年中国汽车后市场电商市场实力矩阵

• **领先者象限分析**

领先者在商业模式创新或产品/服务创新性上拥有较强的独特性，同时具有很好的系统执行力，能够利用现有资源打造强劲市场运营能力获取较高的市场认可。

2016 年中国汽车后市场电商市场领先者：途虎养车网

➢ 新进入者：途虎养车网

➢ 新退出者：无

途虎养车网于 2011 年成立，是目前“维修保养服务 O2O+汽配 B2C”电商平台中的典型代表。

途虎养车网目前已与上游多家厂商展开合作，积极开展供应链建设，并在安徽建立技术培训中心和客服中心，提高线下门店技术标准和服务水平。易观分析认为，“维修保养服务 O2O+汽配 B2C” 模式的电商平台涉足产业链环节最多，在行业竞争中的综合实力也较强。途虎养车网成立至今已完成 D 轮首笔融资，具备一定的资金实力，在仓储物流等方面的布局也初显成效，企业有望实现快速发展。

- **创新者象限分析**

创新者在产品/技术上的投入很大，并在商业模式、技术或者产品服务的创新性上有独特的优势。

2016 年中国汽车后市场电商市场创新者：汽车超人、e 保养、淘汽档口等

➢ 新进入者：e 保养

➢ 新退出者：无

汽车超人于 2015 年 4 月上线，是金固股份旗下的汽车后市场 O2O 项目。汽车超人以“维修保养服务 O2O+汽配 B2C”的商业模式在供应链、平台、线下门店三大系统上着重发力，积极开展产业链布局和仓储、物流等供应链建设。2016 年 8 月，金固股份用于投资汽车超人的定向募资 27 亿元人民币获得证监会批准，为汽车超人带来了巨大的资金支持。易观分析认为，汽车超人具备较强的资金实力，有助于企业开展多项业务布局，提高综合竞争力。

e 保养于 2014 年成立，业务范围涵盖汽车保养维修、配件销售、保险理财等服务。2016 年以来，e 保养积极开展线下门店及汽配供应链布局，形成“上门保养+线下门店+汽配供应链”的综合服务形式。同时，e 保养积极开展汽车保险、金融理财等多项金融业务，不断提高用户黏性，提高用户流量变现能力。2016 年 8 月，e 保养完成 1.5 亿元人民币 C 轮首笔融资，企业具备了一定的资金实力。易观分析认为，e 保养积极布局线下服务、汽配供应以及金融服务，多渠道进行流量变现，能够有效提高用户服务体验，增加企业盈利来源。

- **务实者象限分析**

务实者拥有丰富的资源，执行能力较强。务实者可以继续通过良好的市场运作对领先者进行挑战，但是在业务创新非常关键的情况下，会出现后劲不足的情况。

2016 年中国汽车后市场电商市场务实者：车享家、康众汽配、宽途汽车、京东车管家

➢ 新进入者：宽途汽车、京东车管家

➢ 新退出者：无

车享家属于上汽电商车享平台旗下的后市场 O2O 项目，于 2015 年 9 月正式发布，为消费者提供维修保养、租赁及二手车等服务。车享家借助原有的线下资源优势，深度布局“维修保养服务 O2O+品牌自营连锁”模式，并计划在 2020 年完成 10000 家线下门店。2016 年 10 月，车享家完成亿元级人民币 A 轮融资，为平台发展提供了资金基础。易观分析认为，车享家的模式是基于线上线下的融合，在线下服务能力和供应链方面具备更大的竞争优势，同时最近的一笔融资将能够助力车享家实现线下布局，并实现业务量级的快速提升。

- **补缺者象限分析**

补缺者的业务创新能力和市场占有率都不高，所以补缺者对于产业格局的影响不大。但是受限于自身规模的发展，补缺者很难保持稳定状态，一旦从补缺者队伍中脱颖而出，将会成为另外 3 类厂商或者投资者的并购/投资对象。

2016 年中国汽车后市场电商市场补缺者：柚紫养车、汽配 1 号、典典养车等

➢ 新进入者：汽配 1 号

➢ 新退出者：无

汽配 1 号是云中歌科技有限公司旗下的汽配 B2B 供应链平台，于 2016 年 6 月在北京上线试运营。汽配 1 号将大数据和人工智能技术应用于汽配领域，通过计算模型实时处理汽车零配件 SKU 及交易信息。成立半年时间内，汽配 1 号已完成三轮融资。易观分析认为，大数据和人工智能技术是未来发展的重要趋势，将会对更多的行业产生重要影响。汽配 1 号利用大数据和人工智能技术对汽配供应链进行全面改革，实现全车配件的电子化，把控汽车配件质量，提升汽车配件查询和配送效率等。

母　婴

母婴

2016 年，互联网母婴市场高速发展，在二胎政策正式实施、跨境电商税改政策发布并实施、奶粉新政颁发、年轻家庭育儿消费升级等宏观背景下，互联网母婴厂商正在围绕母婴用户需求，积极进行跨界融合发展、内容创新、渠道拓展及自主品牌研发等。互联网母婴厂商积极打造自身竞争壁垒，持续完善优化产品服务，全面满足中国年轻家庭的育儿需求。

易观分析认为，中国互联网母婴市场目前处于高速发展阶段。

易观把中国互联网母婴市场的发展周期分为四个阶段，即探索期、市场启动期、高速发展期和应用成熟期。中国互联网母婴市场发展周期过程如下：

探索期（1999—2012）

伴随互联网在中国的兴起，有部分用户开始利用互联网去获取科学的孕育知识，在网上分享交流孕育经验，网络母婴社群逐渐兴起。1999 年摇篮网在美国硅谷成立，面向全球华人提供科学的孕育知识和用户在线交流服务。2004 年广州妈妈网依托妈妈 QQ 群成立，并在随后的几年陆续拓展多个城市分站。2007 年宝宝树上线，同期包括太平洋网络、网易、搜狐等综合门户网站也开始推出独立的亲子、母婴频道。在线母婴社区类平台逐渐成为年轻父母们获取孕育知识和分享孕育生活的主要渠道。

目录销售是母婴零售市场的一种重要方式，早期的红孩子也是依靠目录销售快速崛起。互联网

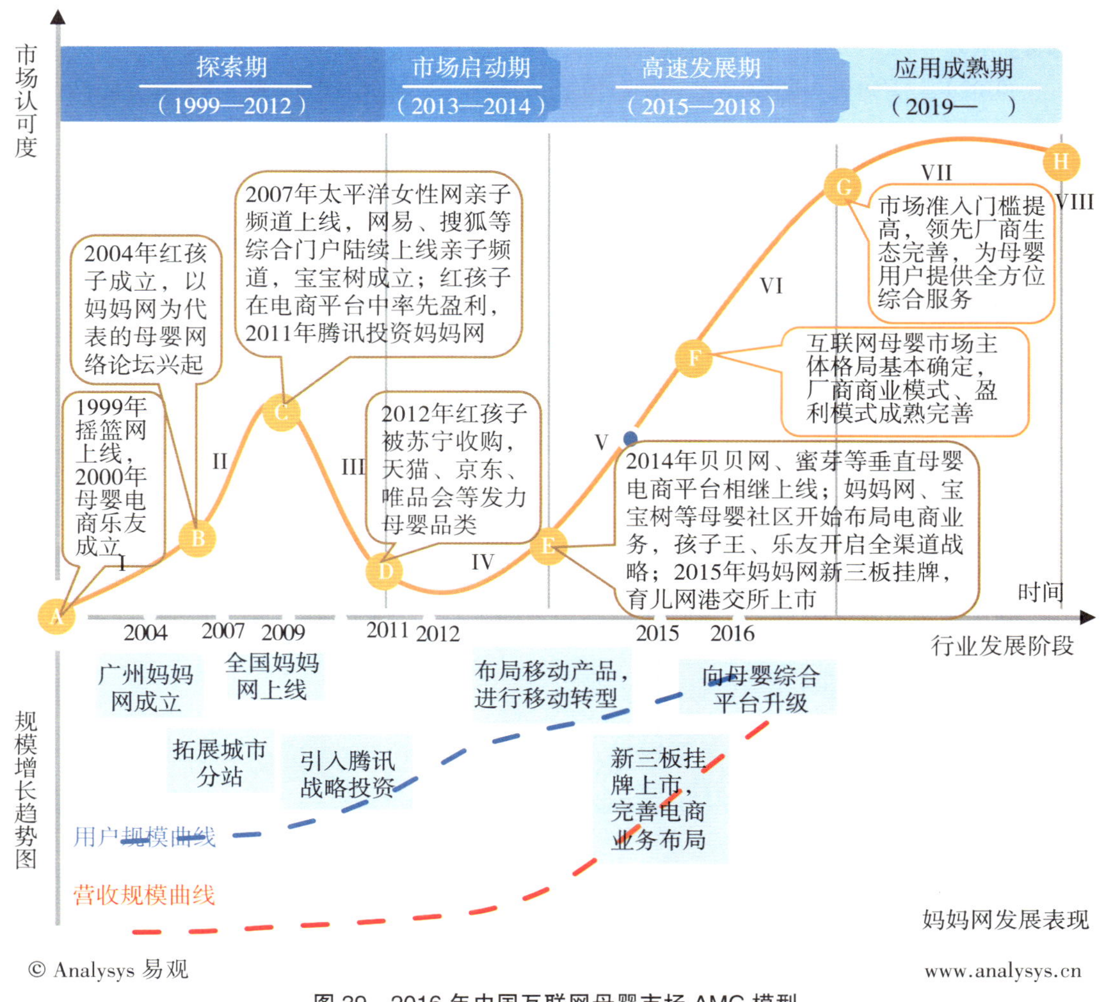

图 39　2016 年中国互联网母婴市场 AMC 模型

的出现则给母婴零售行业提供了更为便利的无店铺销售渠道，伴随着中国整体电商市场的快速发展，母婴电商市场也逐步兴起。

市场启动期（2013—2014）

经过探索期的发展，互联网母婴行业已经在 PC 端积累了相当数量的用户规模，而随着移动互联网的快速普及，整个互联网母婴行业开始快速往移动端迁移，妈妈网、宝宝树和丫丫网等平台快速布局移动产品，并且率先在行业内完成了用户迁移。而母婴电商市场也逐步发力，天猫、京东、唯品会等综合电商平台纷纷将母婴品类进行独立运营，大力拓展母婴电商市场。2014 年，贝贝、蜜芽、宝贝格子等创新模式的母婴垂直电商平台上线，乐友启动 O2O 战略，妈妈网、宝宝树和辣妈帮等社区平台也开始布局电商业务，母婴电商市场逐步进入高速发展阶段。

高速发展期（2015—2018）

进入 2015 年，中国互联网母婴行业开始全面爆发，社区平台不断完善生态布局，多维度拓宽营收来源，育儿网和妈妈网相继在香港和新三板挂牌上市。而母婴电商市场规模也在各大厂商的共同推动下得以快速增长，行业竞争异常激烈，价格大战此起彼伏，互联网已经成为大量年轻父母购买母婴用品的首选渠道。

现阶段中国互联网母婴市场处于高速发展期，不论电商还是社区都在围绕母婴用户不断完善生态布局，力求给母婴消费用户提供包括知识、购物、亲子、游乐、教育、医疗等多方面的服务，打造以妈妈用户为核心的综合家庭服务平台。

应用成熟期（2019— ）

进入应用成熟期后，互联网母婴行业的整体竞争格局会基本形成，行业准入门槛提升。主流厂商生态布局完善，营收来源多样化，实现稳定的盈利，开始积极探索新的应用和产品。

对个人用户而言

在消费升级和全面二孩的双重刺激下，母婴社区、孕育工具助手、母婴电商等应用的用户渗透率将继续高升，移动互联网将成为年轻父母获取科学孕育知识、交流分享孕育经验、购买高品质进口母婴商品的主要渠道。互联网母婴产品将迎合用户需求做全面的营销、产品及服务升级，社区、孕育工具、电商的产品分界线将变得越加模糊，电商不仅会被内容营销柔化，社区、孕育工具等产品也将利用丰富的用户内容信息及数据进行变现。互联网母婴市场将为用户提供以母婴需求为中心的完善的集内容、电商、O2O 及工具的一站式服务，母婴用户的黏性将继续提高。

对市场投资者而言

2016 年在资本收紧的情况下，育学园完成千万美金 B 轮融资，贝贝获得 1 亿美金 D 轮融资，宝宝树先后完成两次 30 亿人民币高额融资，蜜芽 CEO 亦在五周年庆时宣布完成 E 轮融资，并称公司已实现正向现金流。2016 年互联网母婴市场已逐渐恢复理性，各大厂商依靠各自优势不断完善业务布局，进行产品服务升级，在内容营销、红人经济火爆等市场背景下，母婴厂商各自发力，为用户提供生动丰富的社区及电商服务体验。互联网母婴市场不再仅靠价格战吸引用户，更将供应链及服务链建设放在首要地位，资本市场持续看好。

市场典型企业——妈妈网

互联网母婴行业的典型企业妈妈网，目前已拥有资讯、社交、工具、电商等四大商业板块，形成了完整的“妈妈生态圈”布局。作为中国母婴网络第一股，妈妈网面对二胎政策、消费升级所带来的新契机，积极探寻母婴企业转型升级的发展路径，构建出以社区为核心，以“微网红”为营销特色的母婴综合型平台。目前，妈妈网已将业务全面延展至母婴电商、本地生活、线下实体等领域。

妈妈网财报表现出企业良性发展，整体营收利润高速增长，业内地位强凸显。妈妈网正在积极探索应对用户消费升级的发展之路，已进行全面的品牌升级，并邀请大 S 作为品牌代言人及首席育儿官；全面启动“微网红”计划，为品牌提供全新营销组合解决方案；妈妈良品上线，全面启动电商 F2C 模式创新实践；不断拓展业务布局，携手敦南真爱月子会所战略合作，打通“线上+线下”，进行业务布局的全面升级。妈妈网从自身优势出发，以为母婴消费者提供更安全、优质的产品和服务为方向，探索新型的产品研发和供应链整合方式，如教育、亲子旅游、亲子文化、家庭汽车、人工智能等多个行业的跨界合作，探寻母婴企业转型升级的发展路径，积极应对消费升级的挑战。

易观分析认为，2016 年中国互联网母婴市场发展特点如下：

1. 母婴市场积极进行内容建设

互联网母婴厂商积极进行内容建设，如妈妈网建立微网红矩阵，蜜芽开设育儿头条频道等，母婴厂商积极挖掘“网红”潜质，生产优质内容占据用户心智，降低获客成本，提高用户黏性，积极寻求内容变现。

2. 抢占线下资源，线上线下联动发展

互联网母婴厂商不断拓展业务半径，围绕母婴用户需求不断完善业务布局。从自身业务出发，不断向社区、电商、健康医疗、亲子旅游、教育等关联领域延展，营造母婴生态圈，跨界融合发展。互联网母婴厂商正在积极抢占线下资源，或如乐友，积极打通线上线下进行全渠道零售建设；或积极和线下厂商寻求合作、或自身开发拓展本地服务，如妈妈网与月子会所敦南真爱合作；线上线下优势互补，为母婴用户提供优质服务，同时形成线下母婴社群新入口。

3. 扩充品类及服务，大力发展妈妈经济

互联网母婴厂商围绕妈妈人群，根据女性在不同场景不同身份下所产生的不同商品服务需求，不断扩充品类和服务，大力发展妈妈经济，向以妈妈人群需求为中心的购物及综合服务入口升级。

根据易观发布的《中国互联网母婴市场趋势预测 2013—2019》显示，2016 年中国母婴商品网络零售市场交易规模达到 2931. 6 亿元人民币，相比 2015 年增长 33. 6%，预计到 2019 年中国母婴商品网络零售市场交易规模将达到 5601. 3 亿元人民币。

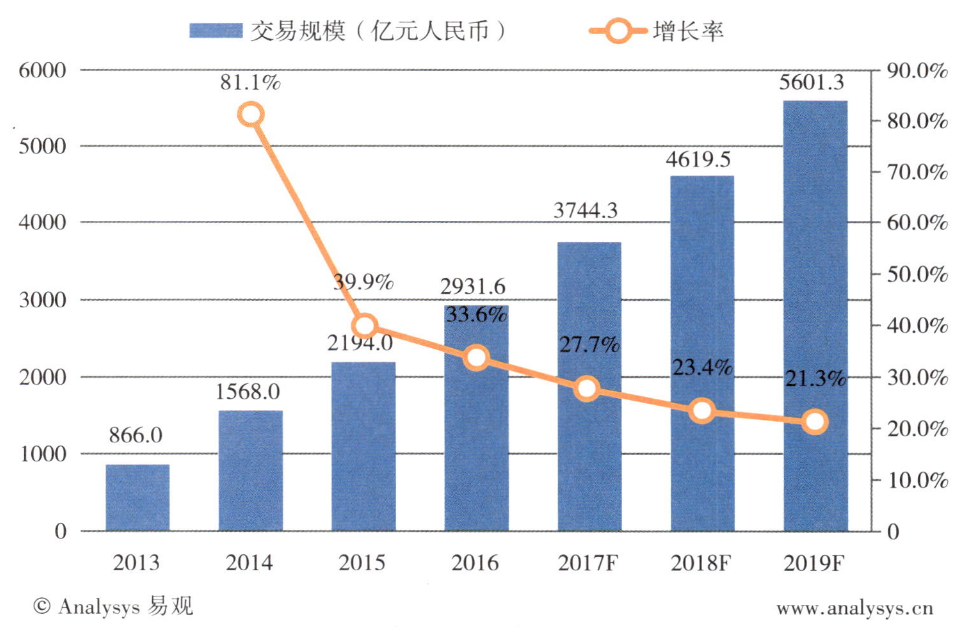

图 40　2013—2019 年中国母婴商品网络零售交易规模预测

Analysys 易观分析认为，未来中国互联网母婴市场会有如下发展趋势：

1. 全球供应链及服务链的把控决定母婴厂商发展

母婴市场建设的核心是对全球供应链和服务链进行有效把控。在跨境购物已经成为母婴标配的现今，从源头供应制造商把控母婴商品质量及安全性，在确保正品的前提下更应符合我国本土政策指标；母婴商品的仓储运输条件要求及成本高，仓储硬件设施应符合母婴商品存储条件，应进一步整合物流资源，特别是跨境物流效率应进一步提升，优化用户体验；线上线下会员数据打通，线上购买商品的售后服务标准及流程应同线下保持统一，享受售后服务零差别；利用大数据、机器学习等先进技术，通过对数字消费者进行跟踪，全面及时了解母婴用户最新需求，通过有效的数据分析改进产品服务质量，提高用户体验。

2. 母婴全渠道趋势明显

母婴线上渠道不仅满足用户随时随地购物和内容需求，而且展示品类更多更齐全，特别针对跨境购物，通过图文视频等媒介方式可以全方位地展示产品；由于去中间化可让利于客户，价格更具优势；用户的使用行为、物流信息、评价分享等信息全流程在线留痕、有数据可循。而线下渠道，售前试用体验更直接、售后保障更健全完善、可满足用户亲子购物消费体验，更能提供母婴相关本地服务。母婴全渠道建设将继续打通线上线下数据，通过全渠道的建设，创生更多消费场景，为用户提供一站式家庭服务。

3."母婴社群+内容+电商"模式将满足用户个性化需求

在流量愈加分散、消费被柔化的现今，用户的个性化需求愈加凸显，消费目的性被削弱，手机屏幕的局限性使得更需要精品内容精准触达用户。目前，互联网母婴社区是中国最大的女性社区，由于用户规模庞大及高活跃性，母婴社区是孕育产生母婴红人的沃土，通过挖掘红人话题，将红人价值扩大；红人通过自身价值点、兴趣点、建立自己的母婴社群，通过精细化的运营围拢用户，寻求内容变现；母婴社区和母婴社群形成强大阵营，通过网络社交进行内容承载，人际关系扩散传播，最终形成传播矩阵，激发扩大红人影响力，实现内容变现。

根据易观《2016 年中国互联网母婴社区市场实力矩阵分析》，易观对 2015 年至 2017 年主要互联网母婴社区/孕育工具平台在实力矩阵中所处的位置以及现有资源和创新能力的变化情况作如下解读。

● 领先者象限分析

领先者在执行能力及创新能力都具有很大的优势，新技术创新和市场培育方面的投入得到很好的回报。

2016 年中国母婴社区/孕婴工具市场领先者：宝宝树、妈妈网

➢ 新进入者：无

➢ 新退出者：无

宝宝树目前拥有宝宝树孕育和小时光两款移动 APP 以及宝宝树 PC 社区网站，在移动端和 PC 端都积累了大量的活跃用户群体，同时在商业模式的探索上宝宝树除了传统的品牌广告营收之外，其早教产品米卡也是其一个重要的营收来源，同时在 2015 年宝宝树布局了电商业务"美囤妈妈"，并且获得了聚美优品的战略投资，与聚美联合拓展社区+电商的业务模式。2016 年宝宝树先后 2 次获得巨额融资，宣布已经开始与投资方复星集团旗下医疗健康、金融保险、教育领域的强势企业以及教育领域的战略投资人好未来等共同整合资源，构建家庭生态的全新版图。

妈妈网在 PC 端拥有"1+32"的全国母婴网络布局，同时在移动端拥有怀孕管家和妈妈圈两款

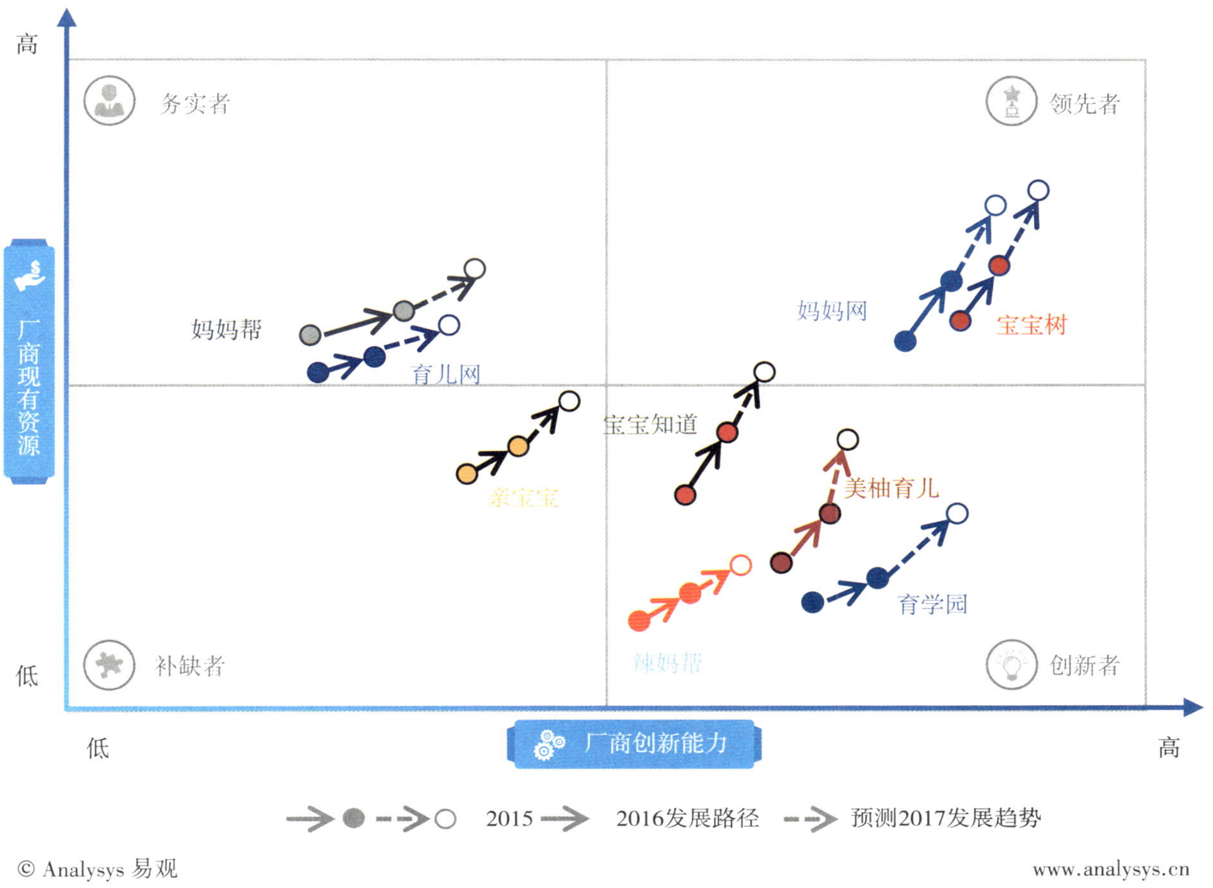

图 41　2016 年中国互联网母婴社区/孕育工具市场实力矩阵

热门母婴 APP。其利用全国 32 个城市分站的优势，积极拓展线下 O2O 业务，与其他母婴类社区形成差异化竞争优势，通过线下的活动交互，很大程度提升了用户黏性并且给品牌商提供了更多的广告解决方案。同时，在电商业务上也推出了“小树熊”电商平台，快速完善其商业模式布局。2015 年 11 月妈妈网控股公司盛成网络登陆新三板，成为国内互联网母婴概念第一股。妈妈网面对二胎政策、消费升级所带来的新契机，积极探寻母婴企业转型升级的发展路径，构建出以社区为核心，以“微网红”为营销特色的母婴综合型平台。2016 年，妈妈网已将业务全面延展至母婴电商、本地生活、线下实体等领域。妈妈网财报表现出企业良性发展，整体营收利润高速增长，业内地位强凸显。

• 创新者象限分析

创新者的业务创新能力非常强，但是由于种种原因，其市场占有率并不高，其创新投入并没有得到市场相对应的回报。

2016 年中国母婴社区/孕婴工具市场创新者：宝宝知道、辣妈帮、美柚育儿、育学园

➢ 新进入者：宝宝知道

➢ 新退出者：无

宝宝知道是百度知道推出的专门面向备孕、怀孕、0—6 岁新手父母的一款专业孕育工具社区。

拥有业内权威专家团资源，每天产出高质量原创经验千余篇；推出项目专家直播、百万粉丝计划、主妇锵锵锵、试用秒杀用户权益等特色栏目，满足活跃母婴用户需求。宝宝知道拥有百度、百度知道强有力的线上资源支持，自主研发专利，推出自动问答搜索，降低搜索难度，拥有搜索 Query 识别、Top 问答聚簇、用户画像、精准推送技术。

美柚育儿是女性生理健康管理应用领先平台美柚推出的一款专门针对孕妇人群的孕婴工具 APP，借助美柚庞大的女性用户资源，柚宝宝孕育迅速完成了原始用户积累。柚宝宝孕育独立 APP 用户活跃度较高，用户质量相对较好。

育学园是由著名儿科医生崔玉涛发起和创立的一款母婴健康管理 APP，给用户提供育儿记录、健康指导、专家咨询、经验分享等服务。依靠崔玉涛医生在妈妈们心中长期建立起的巨大影响力，育学园在 2015 年 5 月上线之后的短短时间便吸引了大量用户，取得了快速的增长。相比同类产品，育学园将崔玉涛医生多年的积累进行结构化梳理，给用户提供共性化的育儿指导服务，同时也整合大量的专家给用户提供付费的个性化咨询服务。

辣妈帮是女性交流分享平台，主打社交功能，是较早探索“社区+电商”的母婴社区平台，旗下有自建的进口母婴特卖平台辣妈商城，同时 2015 年辣妈帮还收购了母婴电商 APP“荷花亲子”，进一步完善其电商业务布局。2015 年 1 月辣妈帮完成了由唯品会领投的 C 轮 1 亿美元的融资。2016 年辣妈帮开启 PGC 直播平台，辣妈帮针对母婴用户群体构建了完善的垂直直播内容体系，打造多元直播栏目 IP。

- **务实者象限分析**

务实者评价拥有丰富的资源，执行能力较强，但是创新优势不明显，其市场业绩较好。

2016 年中国母婴社区/孕婴工具市场务实者：妈妈帮、育儿网

➢ 新进入者：妈妈帮、育儿网

➢ 新退出者：无

妈妈帮和丫丫网分别是上海丫丫信息科技公司在移动端和 PC 端的两个母婴社区品牌。借助领先的移动战略，妈妈帮实现了移动端的跨越发展，其移动端用户规模和活跃度远超 PC 端。妈妈帮专注于移动母婴社区，移动端用户规模基数大，通过对线上线下资源的多方整合，提供多元化健康医疗服务。拓展本地 O2O 服务，重点覆盖本地摄影、月子会所、产后修复、早教等领域。社会化电商福利社，不仅为用户提供消费购物服务，还在鼓励妈妈自己开店赚钱，为妈妈提供创业平台。伴随内容营销升级的时代，妈妈帮深挖品牌 IP，携手“辣妈学院”推出母婴平台移动端视频直播，联合火星文化推出与站内同名专栏的原创动画视频节目《别对妈说谎》，顺势推出“帮女郎”，通过更有效地方式传播母婴优质内容的同时，深挖品牌 IP，满足用户内容需求升级的同时，寻求内容变现机会。

育儿网从 2005 年成立以来育儿网积累了 2200 万的注册用户，是集网络媒体/资讯/社区/互动服务为一体的网上育儿和教育平台。育儿网现在拥有 PC、移动和电视等跨平台多种运营方式，也在线下拥有早教机构，打造多场景的综合性育儿服务平台。2015 年 7 月 8 日在香港联合交易所有限公司创业板正式挂牌上市。

• 补缺者象限分析

2016 年中国母婴社区/孕婴工具市场补缺者：亲宝宝

➢ 新进入者：亲宝宝

➢ 新退出者：摇篮网

亲宝宝成立于 2013 年，是主要通过照片记录宝宝成长的亲子空间，亲宝宝主要的产品功能主要有成长记录、家人亲友私密分享、育儿工具、亲宝论坛等。在移动互联网时代，利用手机照片记录宝宝成长瞬间是年轻父母的主要亲子行为之一，亲宝宝通过云存储技术将海量照片以时间轴等形式记录宝宝的成长过程，为用户及其家人提供私密分享空间，同时涵盖疫苗提醒等育儿工具及论坛等功能。亲宝宝 APP 活跃用户规模增长迅速，用户活跃度表现良好。

在线旅游

在线旅游

易观分析认为，2016 年，中国在线旅游市场通过持续改善线上预订体验以及大规模市场营销推广投入，在渠道端已具备较大的用户规模。通过互联网技术改进线下旅游产品生产设计流程及效率、优化服务水平成为市场发展的新重点。线上线下持续融合将促进中国旅游业整体互联网化水平提升，改善旅游业行业效率及用户体验水平。

易观分析认为，中国在线度假旅游市场目前处于市场高速发展期。

易观把中国在线度假旅游市场的发展周期分为四个阶段，即探索期、市场启动期、高速发展期和应用成熟期。目前中国在线度假旅游市场正处于高速发展期。中国在线度假旅游发展周期过程如下：

探索期（2004—2008）

携程在 2004 年收购上海翠明国旅，获得旅行社牌照，开始探索在线度假旅游业务。此后在线度假旅游网站功能从官网信息展示，不断向跟团游产品信息展示转变，并引导至呼叫中心或线下达成交易。随着消费环境的成熟和技术实力的提升，途牛、同程、驴妈妈等度假旅游企业纷纷成立，初步构建度假旅游市场的交易和服务模式，并带动第一次市场高速发展，2008 年后由于金融危机导致国民消费下降，旅游市场受到波及，大量创业厂商被淘汰，市场格局洗牌。

市场启动期（2009—2010）

2009 年至 2010 年旅游市场开始复苏，同时在线交易和支付技术已经成熟，带动在线度假旅游市场发展，途牛、携程、驴妈妈、同程等旅游企业在度假旅游领域的商业模式探索相对成熟，开始

图 42 2016 年中国在线旅游产业生态图谱

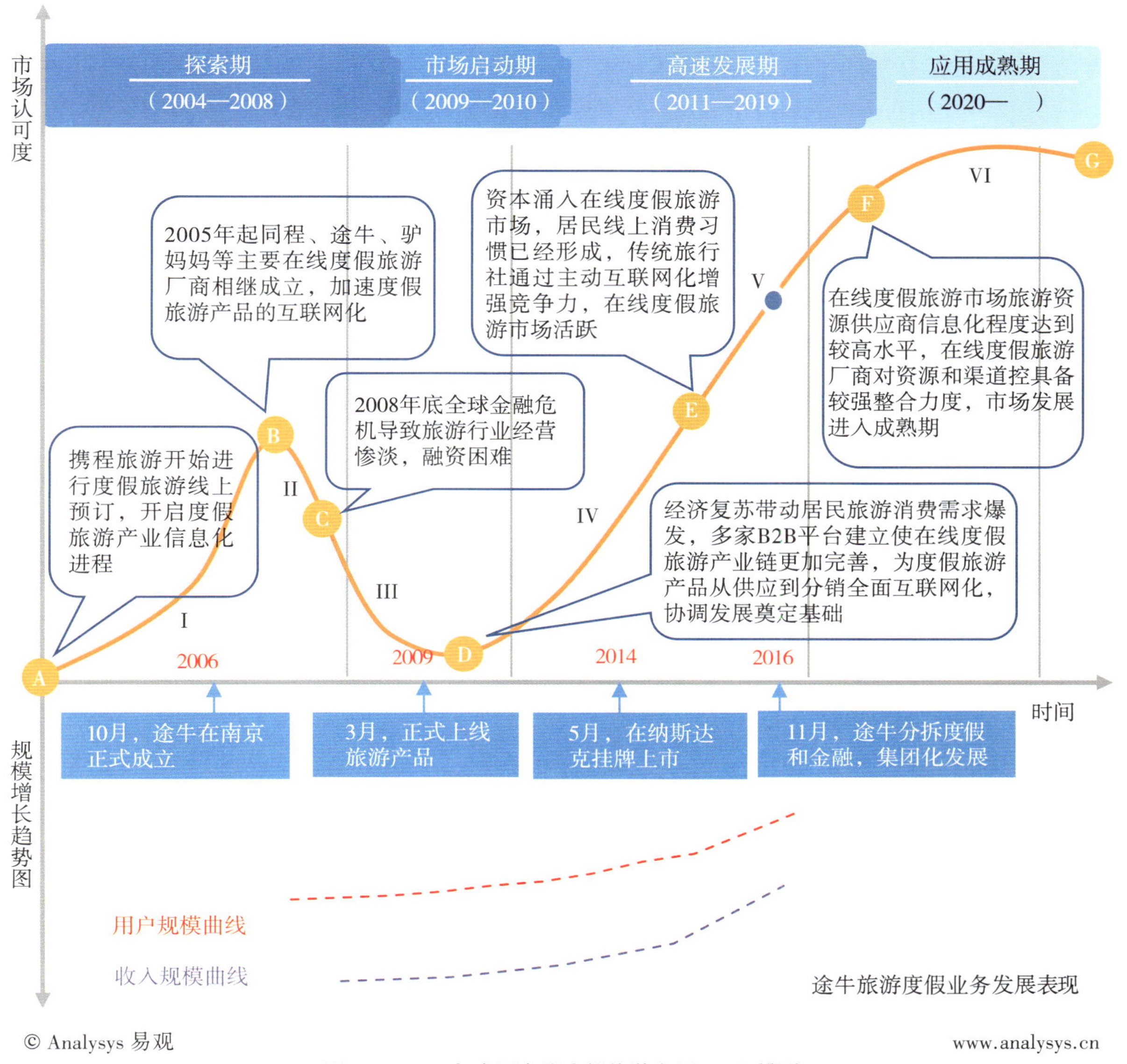

图 43 2016 年中国在线度假旅游市场 AMC 模型

大量落地进行市场检验，市场进入启动期。

高速发展期（2011—2019）

2011 年中国整体旅游业进入新的发展期，行业增势明显高于 GDP 增长，旅游消费潜力大量释放，成为拉动国民经济增长的重要支柱产业。同时，电商行业进入实物电商向服务电商的转型期，度假旅游受到资本关注，在需求不断增长的背景下，得到资本助力的度假旅游企业高速发展，并围绕产业链进行多面布局。行业互联网化程度大大提升，产业链效率得到升级，市场进入高速发展期。

应用成熟期（2020— ）

2020 年之后，经历近十年高速发展，市场竞争格局基本稳定，进入成熟期。这一阶段，线上线下的信息流、服务流和资金流的一体化已基本完成，旅游消费潜力大量释放，市场进入精耕细作的阶段。行业将围绕线下运营智能化等系统性工程和产品细分、目的地体验升级等方面进行进一步优化。

从 2016 年中国在线度假旅游市场发展状况来看，有以下 4 点值得注意：

对行业而言

线上线下融合程度提升。2016 年中国在线度假旅游市场竞争向全产业链深入，在线度假旅游企业对资源端的渗透能力和用户细分需求的精细化响应是市场竞争核心，行业整合将向产业链上游不断深入；同时线下旅游企业对于互联网平台重视程度提升，线上线下企业通过战略合作、投资入股等方式加强资源端与渠道端协同，出现海航与途牛联姻、众信与携程联姻、万达与同程联姻等案例，说明市场整合不断深入，线上线下一体化加速，互联网正成为串联渠道和资源等产业链多环节的基础平台。

对企业而言

市场竞争激化。2016 年，中国居民度假旅游需求仍保持高速增长，为在线度假旅游企业发展带来源动力。但由于市场格局不断趋于集中，同时资本环境收紧，在线度假旅游企业面临较大的融资和竞争压力，出现淘在路上倒闭、周末去哪儿转型、爱旅行面临资金链断链等多起明星旅游企业创业失败的案例，度假 B2B 领域也出现多个企业面临资金链断裂的质疑，中小型企业普遍面临经营困境，市场进入盘整期。以补贴拉动交易规模的增长模式难以持续，企业开始面向资源端寻求精细化运营，以服务升级吸引并留住消费者，推动业绩增长。

对个人用户而言

旅游需求正趋向多元化和主题化。休闲度假、体验当地特色或特定主题成为旅游主要诉求，在线度假旅游企业的产品供给结构正快速进行调整，以契合消费需求变化。目的地市场快速发展，出现皇包车、会玩旅行、Itrip 等多个聚焦于当地服务的创业企业，同时途牛、驴妈妈、携程等企业也推出游学、老年游、邮轮游、医疗旅游、滑雪旅游、温泉游等多种主题度假旅游产品，以满足市场需求。

对资本市场而言

泡沫褪去，优质企业受到青睐。融资环境收紧，企业融资面临困境，企业估值下滑导致投资方时间成本激增，影响整体收益；同时马太效应加强，优质企业受到投资人关注，特别是优质的天使轮和种子轮企业，获得融资的机会增加。从细分领域划分来看，得益于出境游市场的高增长和高消费，出境自由行市场受到资本关注，八成以上投资流入出境自由行企业。

市场典型企业——途牛

聚焦到在线度假旅游行业的典型企业途牛，易观分析认为，途牛是最早一批进入在线度假旅游市场的企业。2006 年 10 月，途牛在南京正式成立。2007 年途牛转型从事旅游产品分销，并在 2009 年成立北京途牛国际旅行社，并在新版网站陆续上线度假旅游、酒店等产品。2014 年 5 月途牛在美国纳斯达克上市。2015 年海航与途牛达成战略投资协议，海航旅游将战略投资途牛 5 亿美元，双方将利用各自优质资源，在线上旅游、航空、酒店服务等领域开展深度合作。2015 至 2016 年途牛在旅游产业链进行多元化布局，不仅收购浙江中山国旅、天津经典假期和五洲行等旅行社，同时加强海外地接社、海外服务中心体系建设；在业务层面上，产品品类不断扩充，业务体系包括机票、酒店、火车票、跟团游、自由行等等，并推出品质升级品牌——牛人专线、瓜果亲子游、乐开花爸妈游等多个主题品牌。根据易观实力矩阵模型，途牛通过度假旅游领域的精耕细作，已进入领先者象限，市场份额居于前列。

根据易观近期发布的《2016 年中国在线度假旅游市场实力矩阵专题研究报告》，易观对 2015 年至 2017 年主要在线度假旅游厂商在实力矩阵中所处的位置以及执行、运营能力和创新能力的变化情况作如下解读。

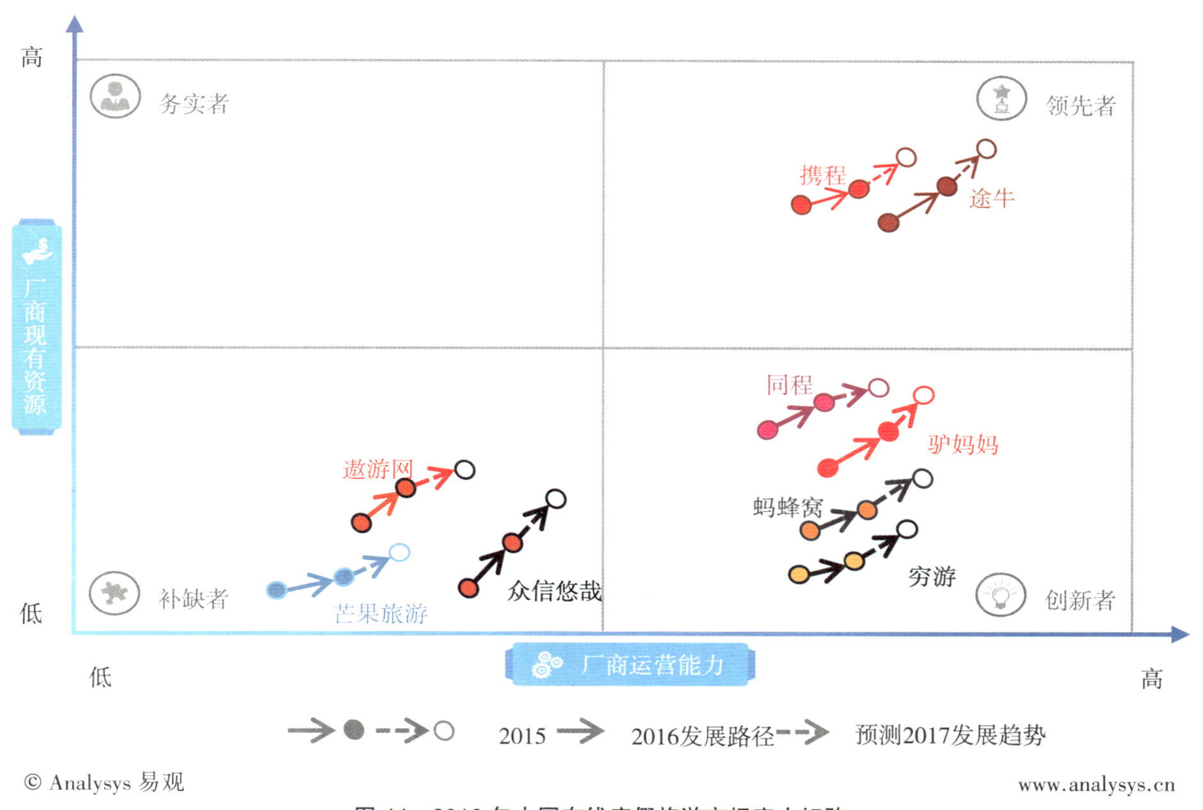

图 44　2016 年中国在线度假旅游市场实力矩阵

- **领先者象限分析**

领先者在商业模式创新或产品/服务创新性上拥有较强的独特性，同时具有很好的系统执行力，利用现有资源打造强劲市场运营能力获取较高的市场份额。

2016 年中国在线度假旅游市场领先者：途牛、携程

➢ 新进入者：无

➢ 新退出者：无

途牛创立于 2006 年 10 月，2014 年 5 月在纳斯达克上市，主要为用户提供度假旅游产品服务和销售。在出境游市场上，途牛通过加强目的地服务，拓展目的地成团模式，增强出境游服务能力；在国内市场上，一方面增加出发地投入，发展区域公司，另一方面加强直采力度，通过改善供应链提升利润空间，加强服务效率和质量；在服务方式上，途牛加强体验门店建设，通过线上线下流量和服务的转化提升用户体验；在业务体系上，途牛收购了中山国旅、经典假期两家旅行社，获得台湾游市场经营资质，收购五洲行国际旅行社，加强中东非批发产品覆盖，并获得海航旅游投资，在航空、酒店、度假产品等方面达成资源协同和战略合作；同时途牛新成立途牛影视传媒，并推出多个旅游金融产品，建立起“旅游+互联网+金融”的生态圈。

携程成立于1999年，是中国最早的在线旅游企业，2004年收购上海翠明国旅，获得旅行社牌照，并开始在线度假旅游业务探索。2013年开始携程在线度假旅游业务发展进入快车道，在业务层面开放产品分销体系，打造开放平台，多元化产品结构，并通过投资收购、入股筹建等方式培养邮轮游、游学游、医疗旅游等主题度假旅游品牌，产品体系上不断完善；在产业链布局层面，携程不断向线下渗透，一方面通过收购华远国旅、联姻众信旅游等方式加强出境游批发资源，另一方面收购旅游百事通、海鸥假期、纵横旅游等旅游企业加强线下分销和地接服务资源布局。2016年整体来看，携程对于产业链渗透逐渐加强，业务布局覆盖产业链主要环节，建立起较高的竞争壁垒。

- **创新者象限分析**

创新者在产品/技术上的投入很大，并在商业模式、技术或者产品服务的创新性上有独特的优势。但是由于种种原因没有得到很好的市场表现。

2016年中国在线度假旅游市场创新者：驴妈妈、同程、蚂蜂窝、穷游

➢ 新进入者：无

➢ 新退出者：无

驴妈妈成立于2008年，是首批进入在线周边游市场的厂商之一。2015年驴妈妈登陆新三板，成为国内上市的首个旅游O2O企业。借助于集团的景区资源，驴妈妈与景区、酒店深度合作，利用品牌策划、活动营销等优势，在黄山、迪斯尼公园（香港、上海）、长隆、欢乐谷等景点的门票在线销售上表现突出，5A景区覆盖率达到90.6%。2015年上市后驴妈妈深度布局全国子公司，增强线下资源掌控与服务能力。产品方面，通过门票和酒店形成以“景+酒+X”为主的周边游产品体系，并通过主题化、IP化塑造旅游消费场景，发力驴悦亲子游和自驾游，加强用户沉淀。

同程成立于2005年，2008年起通过门票业务进入周边游市场，多年发展形成包含周边游、国内中长线和出境游的完整业务体系。2015年同程加大景酒业务投入，成立周边自由行事业部；在邮轮产品上发展迅速，从服务人数看已达到领先地位。同时，借助于控股方万达旅游在线下旅行社的广泛布局，同程在线上线下资源整合上具备较强创新空间。

蚂蜂窝2010年开始公司化运营，2012年已成长为拥有海量UGC数据和高度活跃的忠实用户群的知名旅游社区。在此基础上，蚂蜂窝2013年开始商业化实践，通过大数据技术对UGC数据进行结构化处理，挖掘用户兴趣点和旅游需求，以精准匹配用户个性化预订需求，提高用户体验，成为优秀的自由行预订和决策平台。

穷游2011年起尝试旅游产品预订，高度活跃的UGC运营积累起规模庞大的出境游用户，穷游通过推出特价产品推动平台交易业务发展。在不断加码“机+酒”等自由行产品在线交易的同时，近两年穷游不断涉足产业链上游的旅游服务环节，推出Q-home穷游之家模式的地接社服务，以及City Walk等主题产品，产业链覆盖不断扩张。

• 务实者象限分析

务实者拥有丰富的资源，执行能力较强，但是创新优势不明显。务实者可以继续通过良好的市场运作对领先者进行挑战，但是在业务创新非常关键的情况下，会出现后劲不足的情况。

2016 年中国在线度假旅游市场务实者：无

➢ 新进入者：无

➢ 新退出者：无

中国在线度假旅游市场经过十多年发展，行业集中度不断提升，市场竞争激烈，同时企业竞争正处于从分销端为主向资源端竞争转型的过程中，产业链结构剧烈重组，守成企业若创新力较弱，极易被市场竞争挤压至补缺者阵营，因此务实者象限为空。

• 补缺者象限分析

补缺者的业务创新能力和市场占有率都不高，所以补缺者对于产业格局的影响不大。但是受限于自身规模的发展，补缺者很难保持稳定状态，一旦从补缺者队伍中脱颖而出，将会成为另外 3 类厂商或者投资者的并购/投资对象。

2016 年中国在线度假旅游市场补缺者：遨游网、众信悠哉、芒果网

➢ 新进入者：无

➢ 新退出者：悠哉网

遨游网和芒果网均是传统旅行社的在线旅游平台，分别借助于中青旅集团和港中旅线下资源，进行旅游 O2O 业务布局。作为传统旅行社集团信息化战略的重要环节，遨游网和芒果网能够获得集团高额的资金和资源投入，但在线上运营上，传统旅行社在线平台仍未能形成差异化特色，业务模式和服务水平较携程、途牛等存在差距，受大型在线旅游厂商的挤压效应明显。

众信旅游是中国主要旅游批发商，在出境游批发市场具备较大市场份额。2014 年众信旅游开始多元化投资，在业内进行产业整合，初步显现全产业链运营模式，将业务纵深由批发端拓展到旅游资源供应端、B2C 平台、货币兑换等，通过资源端和线上渠道的双重布局，众信旅游增强了产业控制能力。

悠哉网退出补缺者领域的主要原因在于：众信旅游入股悠哉网后，将原有的众信旅游网站和悠哉网整合为众信悠哉网。

互联网医疗健康

医疗

2016 年，医药产业加速创新步伐，以产业链上游企业为代表，药品的生产/批发/零售商纷纷加入，帮助互联网医疗企业构建医疗+药品的业务生态闭环，并加速商业模式的探索。其中，医药电商成为互联网医疗的主要盈利模式，密切“医+药”的服务融合、协调线上线下合作、转化医生价值以及整合 B2C 和 O2O 是未来互联网医疗商业盈利模式的主要趋势。

易观分析认为，中国互联网医疗处于市场启动期。

易观把中国互联网医疗市场的发展周期分为四个阶段，即探索期、市场启动期、高速发展期和应用成熟期。目前中国互联网医疗市场正处于启动期向高速发展期推进的过渡阶段。中国互联网医疗发展周期过程如下：

探索期（1999—2013）

从 20 世纪 90 年代开始，医疗保险的出现推动了医疗信息化建设，互联网医疗由此成为政府扶持的重点行业。2000 年，通过医疗信息化建设的初见成效，加上互联网技术获得长足发展后走向成熟，一些初创互联网医疗企业进入市场，成为继医疗信息化后又一推动医疗互联网化进程的驱动形式。早期的互联网医疗产品以医疗健康门户网站为主，自 2010 年起，线上咨询服务出现，并逐渐形成一定的市场认知度。同期，在移动互联网快速发展的背景下，一些移动医疗服务随之兴起。2013 年，互联网医疗企业数量逐渐规模化，产品、服务趋向多样化，各企业不断进行创新商业模式的探索。

市场启动期（2014—2018）

2014 年，互联网医疗进入启动期，资本市场对互联网医疗的关注度加深，巨头企业借势纷纷进入市场，以腾讯入股挂号网、丁香园为代表的投融资事件成为全年互联网医疗领域的焦点。同时互联网医疗呈现出问诊、挂号、疾病管理、医疗学术等多个细分领域共同发展的形势。2016 年，互联网医疗企业继续进行创新尝试。以乌镇互联网医院为代表的互联网医院集中爆发，互联网进一步深入传统医疗行业，推进就医窗口从体制内外移，促进医疗资源平衡配置，同时为医院作为信息孤岛而出现的封闭问题提出了解决方案。医生集团受资本追捧，规模快速增长，医生体制外执业需求猛增。另外以春雨医生、平安好医生为代表的移动医疗厂商继续扩大自身资源优势，春雨医生通过开放问诊平台获取更多患者资源，打造移动医疗流量入口，平安好医生通过投资、合作等方式打通“医疗+药品+保险”服务体系，助力其商业模式创新。预计到 2018 年，互联网医疗市场在产品服务、商业模式不断创新的基础上获得飞跃式变革，资源丰厚、模式创新的企业将脱颖而出，成为不同细分领域的领先者，市场竞争格局在逐渐形成。

高速发展期（2019— ）

预计从 2019 年开始，随着政策限制的进一步开放与厂商在医疗行业供给、需求端的逐步突破，互联网医疗行业将进入高速发展期，互联网医疗的市场需求逐渐增大，用户渗透率逐渐增加，政策监管逐步完善，医疗信息数据库逐步建立与应用、推进互联网医疗诊疗规范，患者信任加快建立，突破传统医疗机构在医疗体系中的资源、信息壁垒。产业链上游的互联网医疗机构、药品流通企业、软硬件方案商等纷纷在市场立足，成为产业链重要环节。

应用成熟期

市场进入成熟期，中国互联网医疗成为医疗行业的重要组成部分，互联网完成对传统医疗行业

图 45　2016 年中国互联网医疗市场生态图谱

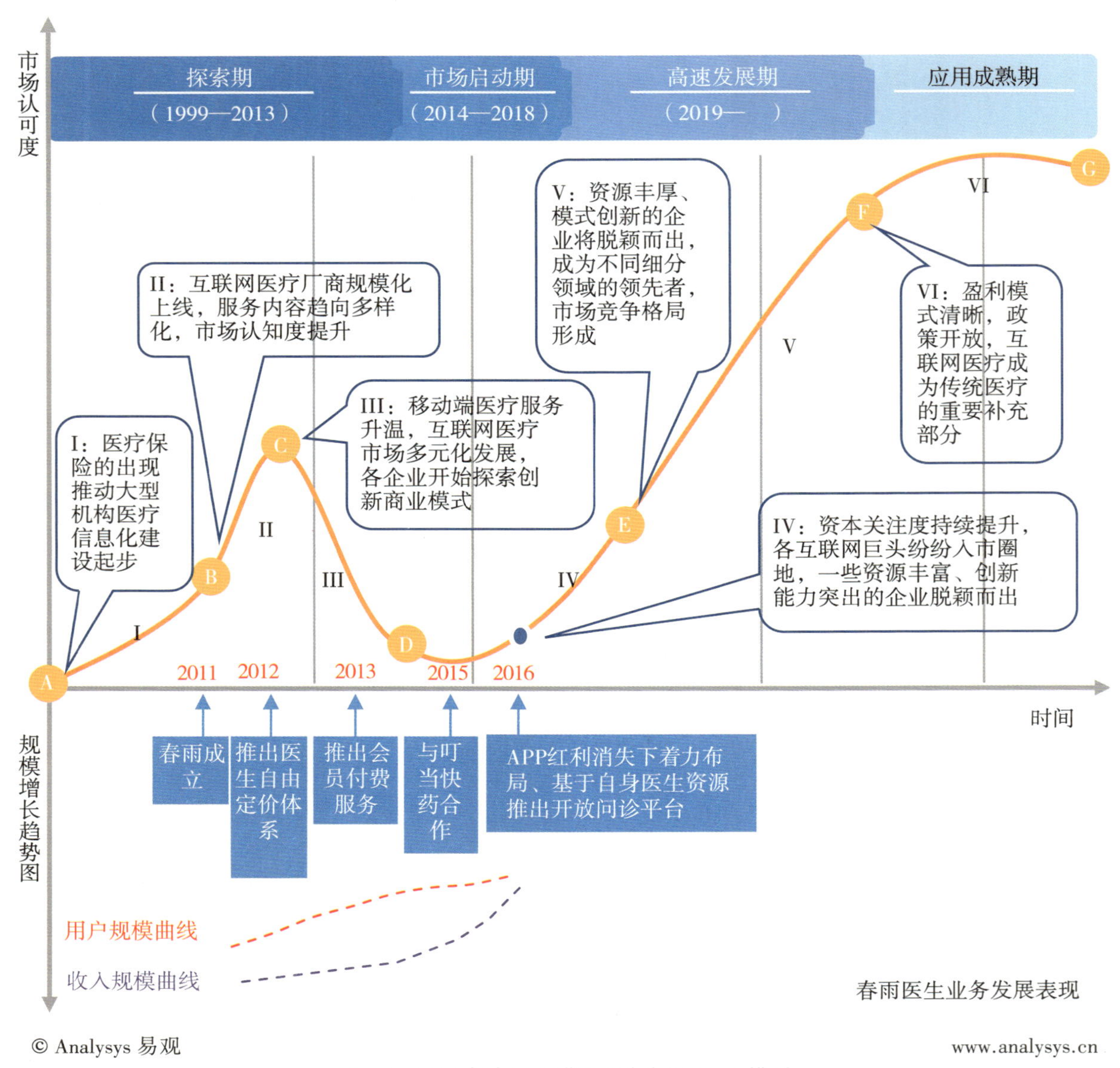

图 46　2016 年中国互联网医疗市场 AMC 模型

的重构，服务纵深化，盈利模式、行业格局趋于稳定。

从 2016 年中国互联网医疗市场发展状况来看，有以下 2 点值得注意：

对企业而言

2016 年医生集团和互联网医院的爆发表现了互联网医疗企业对于医疗供给侧的改革推进，医生资源的流动和商业保险与互联网医疗厂商的大规模战略合作将重新定义医疗体系资源配置和定价体系。与此同时中国互联网医疗为医疗机构、药品生产企业、保险厂商在各个方向提供发展动力：医疗机构通过用户线上问诊、挂号、病例等数据库存储，推进医院信息化管理；药品生产企业通过互联网线上平台用户就诊、购药信息，灵活调整营销策略，达到高效生产、节约成本、增加收入的效果；保险企业积极同互联网医疗企业进行战略合作，提升保险产品投放精准度。易观分析认为，2016 年中国互联网医疗市场资源整合、盈利模式探索进一步深入，企业付费模式已成为主流。

对用户而言

根据易观千帆对中国移动医疗用户的监测显示，2016 年中国互联网医疗移动端用户渗透率持续上升，尤其问诊等领域用户增长明显。但传统医疗体系的信息资源壁垒与互联网医疗监管的缺位形成了从“健康咨询与管理”到“疾病诊断与治疗”的阻碍，用户对互联网医疗的信任体系仍未完全建立。

市场典型企业——春雨医生

2016 年，春雨医生通过推出在线问诊开放平台，深度挖掘其在线问诊领域的服务能力，免费为有这一需求的硬件厂商、APP、网站、微信公众号等接入春雨医生的在线问诊服务，在问诊行业用户来源、资源品控与盈利模式方面进行创新尝试。开放平台扩大 APP 红利消失下用户资源的获取，以服务能力获取医疗问诊流量，极度降低获客成本。同时对问诊业务按科室与病种进行产品化的尝试，问诊付费率已经提升到 20%以上。

春雨于 2011 年成立，作为中国最早的移动医疗企业之一，春雨在成立之时便推出其掌上医生 APP，致力于利用移动互联网拉近患者与医生的距离，实现患者有效的健康管理。2012 年，春雨推出博士诊所咨询服务，并提供医生线上自由定价体系，探索盈利模式。2013 年，春雨推出育儿医生 APP，涉足母婴健康领域，同期新版春雨掌上医生 APP 开设会员服务，开启其 C 端盈利模式的尝试。2014 年，春雨掌上医生更名为春雨医生，加入“空中诊所”服务功能，并与京东云合作，为可穿戴设备提供数据解读服务；同期，春雨完成了 C 轮千万美元的融资。2015 年，春雨与线下药店合作来开设线下诊所，实现了其业务布局的突破；其中场所、医疗设备和医保资质由合作医院负责，春雨则负责制定标准和管理流程，通过网络调配医生资源。总体看，春雨已构建以综合问诊平台为主，垂直人群、垂直服务细分的问诊咨询为辅，医疗、健康管理相融合的产品生态。

根据易观发布的《中国移动医疗市场趋势预测报告 2017—2019》数据显示，2016 年中国移动医疗市场规模达到 105. 6 亿元人民币，同比增长 116. 4%。预计到 2019 年，移动医疗市场规模将超过 400 亿元人民币。

中国移动医疗市场目前处于启动期，在政策利好、资本注入的背景下，移动医疗市场的服务多样性、产品丰富性不断提高。根据易观发布数据显示，2016 年中国移动医疗市场市场规模的增幅为五年来最高。

易观分析认为，2017—2019 年，移动医疗市场发展将呈现如下趋势：

1. 政策利好，医疗制度改革的推进促进移动医疗市场空间增长

2016 年 8 月，卫计委发布了《关于印发推进和规范医师多点执业的若干意见的通知》，正式明确了医师多点执业无需再去第一执业地点医疗机构的“书面同意”，通过放宽条件、简化程序、优化政策环境推进医师合理流动，这一举措有效提高了移动医疗资源的丰富性。同月《关于推进分级诊疗试点工作的通知》也随之发布，规划出 270 个城市开展分级诊疗试点，随着分级诊疗的推进与医疗资源的下沉，移动医疗企业对于连接分散的基层医疗机构将会起重要作用。

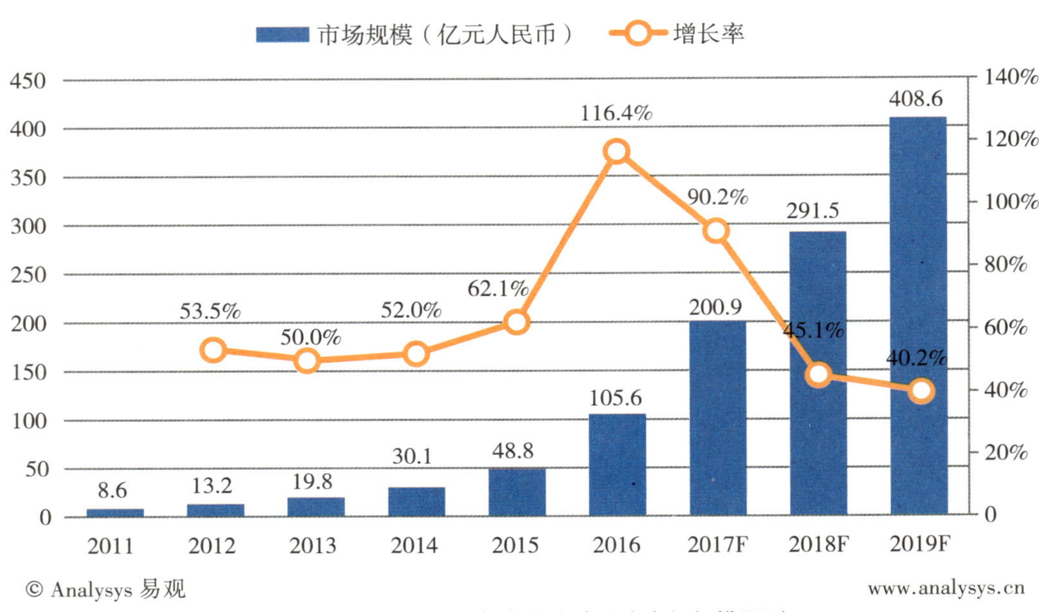

图 47　2017—2019 年中国移动医疗市场规模预测

2. 大体量平台企业形成，垂直领域尚有较大发展空间

移动医疗从 2014 年爆发至今，经过快速发展与整合，已经出现具有用户体量、资源资本优势的领先企业。未来随着 APP 红利的下降，拥有流量的平台企业优势将会进一步体现，出现强者更强的格局。与此同时，在慢病管理、基因检测、养老保健、海外医疗等垂直细分领域依旧存在很大的市场空间，对于移动医疗新进入者而言，差异化的医疗服务以及对用户体验的关注将成为其主要发展方向。

3. 盈利模式日渐清晰，打通商业险成为未来趋势

2016 年，移动医疗各厂商探索盈利模式初见成效，现阶段移动医疗市场主要分为面向患者提供医疗增值服务、面向企业提供广告投放服务与面向医药电商、民营医院提供导医导药服务三种主流盈利模式。与此同时，移动医疗企业正在积极探索与商业保险的合作，未来随着医疗大数据的发展与医疗市场化进程的加快，商业险将成为移动医疗市场核心控费与付费方。

根据易观近期发布的《2016 年中国互联网医疗市场实力矩阵专题研究报告》，易观对 2015 年至 2017 年主要互联网医疗企业在实力矩阵中所处的位置以及现有资源和创新能力的变化情况作如下解读：

- **领先者象限分析**

领先者在商业模式创新或产品、服务创新性上拥有较强的独特性，同时具有很好的系统执行力能够把创新性提供给市场并获取较高的市场认可。

2016 年中国互联网医疗市场领先者：春雨医生、平安好医生、丁香园、微医、好大夫在线、就医 160

随着“互联网+医疗”的日益高涨，互联网医疗开始在不同垂直领域挖掘不同患者需求，市场出现问诊、挂号、疾病管理、医生服务等细分领域。而互联网医疗市场的领先企业在经历前期高成

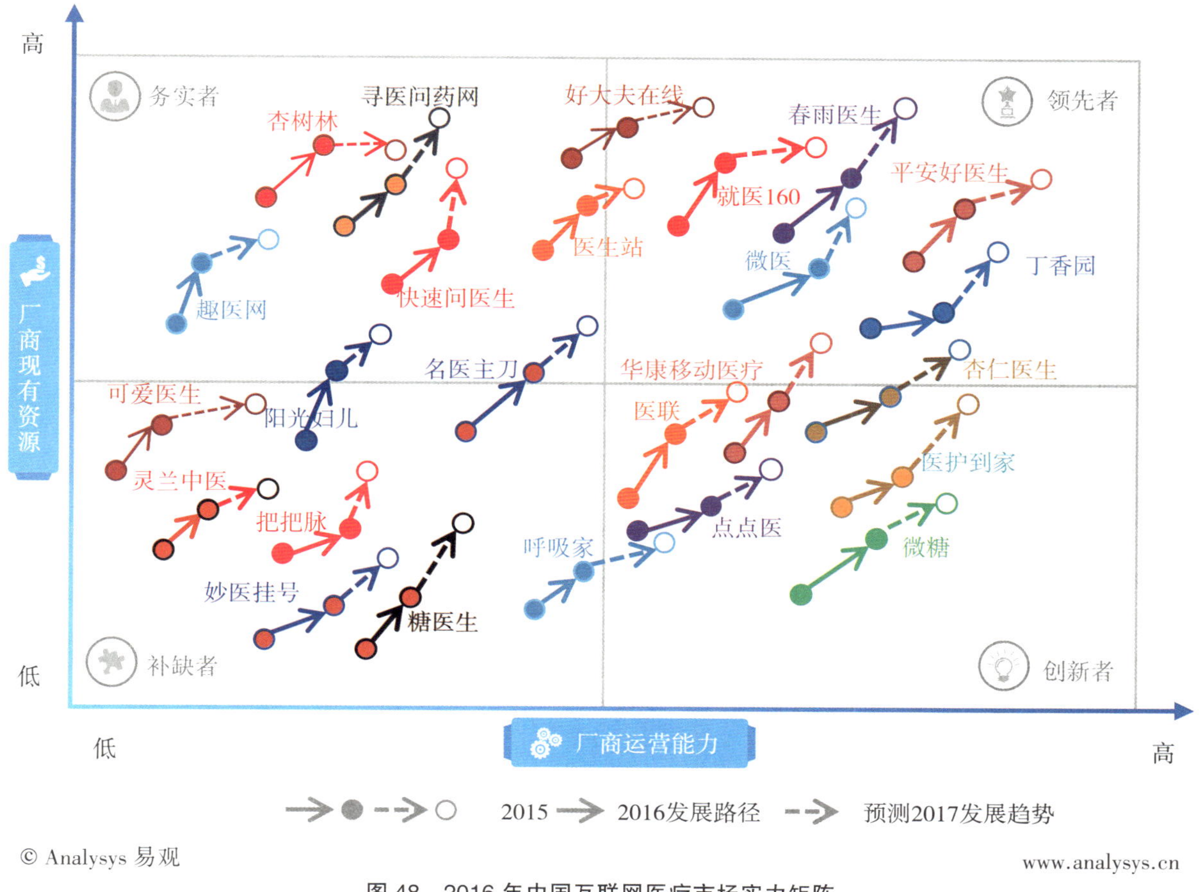

图 48　2016 年中国互联网医疗市场实力矩阵

本的产品、服务研发与运营阶段后，在 2016 年继续进行不同业务方向的拓展结合与生态圈建设，扩大自有资源，改善自身盈利模式的同时为患者提供多样化、系统化的医疗服务。

春雨医生于 2016 年完成 12 亿人民币 Pre-IPO 环节融资，2015 年线上问诊业务已实现盈利，计划分拆打包上市。春雨在 2016 年除了继续有序运转现有“医疗+药品”服务外，还上线了开放问诊平台，以积极应对 APP 红利消退的市场现状。这一举措囊括了春雨在移动医疗问诊市场资源积累、质量管控、盈利模式的创新成果，奠定了其在领先者象限的市场地位。

- **创新者象限分析**

创新者在产品/技术上的投入很大，并在商业模式、技术或者产品服务的创新性上有独特的优势，拥有较大的市场潜力。

2016 年中国互联网医疗市场创新者：医护到家、杏仁医生、华康移动医疗、微糖、点点医、医联

医护到家于 2015 年年底成立，是第一视频旗下千医健康打造的移动健康信息服务平台。目前平台方向主要为护士上门和患者陪诊，成立了中国第一个护士集团，目前平台认证 17000 多名执业护士，中医医生集团也于 2016 年 3 月成立，规模在 1800 人左右。从成立初期医护到家就明确布局线上线下相结合的模式，以护士上门作为切入点，重点满足患者的医疗护理需求，采取平台流水抽成的盈利模式。医护到家通过提供护士上门、中医理疗、慢病回访、护工护理、育儿月嫂、催乳师等服务，构建院外医疗护理 O2O 服务体系，挖掘诊前陪护、诊后护理、慢病管理等增量市场。此外，在服务质量方面，医护到家对于上门打针输液等基本医疗服务存在的事故风险制定了一套 IC-CINO 规范流程，降低医疗纠纷发生的可能。医护到家在医疗护理服务市场开拓的全新商业模式是基于我国社会现状和养老需求的创新探索，有助于医疗资源的平衡与分散。

● 务实者象限分析

务实者拥有丰富的资源，执行能力较强，但是创新优势不明显。

2016 年中国互联网医疗市场务实者：好大夫在线、寻医问药网、快速问医生、医生站、杏树林、阳光妇儿、名医主刀

➢ 新进入者：阳光妇儿、名医主刀

阳光妇儿上线于 2014 年，致力于针对妇幼群体提供健康医疗服务，产品功能包括在线健康资讯、孕妇教育、孕期社交、健康管理工具、儿科专家诊室等，2016 年年初道明光学对阳光妇儿进行 5000 万元人民币战略投资。阳光妇儿重视对医疗行业 B 端的把控，一方面同线下医院入手，在医院设立自己的阳光妇儿诊室，充分利用医院资源；另一方面与全国儿科医生联盟签订独家战略合作协议，保证医生质量。现阶段阳光妇儿是移动医疗领域医疗资源较为丰富的母婴移动产品之一。

● 补缺者象限分析

补缺者的业务创新力、市场占有率不高，有待明确市场定位或转型。

2016 年中国互联网医疗市场补缺者：呼吸家、糖医生、把把脉、可爱医生、灵兰中医、妙医挂号

呼吸家成立于 2015 年，是一个主要面向 COPD（慢性阻塞性肺病）和哮喘患者的呼吸慢病管理服务平台，通过自主研发的国内首款便携式智能肺健康检测仪、移动端、呼吸家健康云端和坐席医生，为用户提供针对呼吸系统慢病的检测—分析—预警—咨询—随诊全程服务。呼吸系统疾病具有高发病率、高死亡率、高经济负担的特点，同时目前移动医疗呼吸系统慢病管理是一个新兴的市场，呼吸家智能肺功能检测仪的开发、呼吸慢病管理平台的搭建是对于慢病管理垂直领域的有效补充。

医药健康

2016 年，宏观环境为移动健康市场发展营造了良好的环境。国务院相继发布推动医疗健康的政策意见，同时国民健康意识增强，健康话题成为社会关注的热点。移动互联网技术进一步成熟和智能硬件在市场上的进一步推广为移动健康的快速发展奠定坚实的技术基础。易观分析认为，未来线上电商与线下增值服务深化结合以及产业链联动合作是移动健康领域实现行业生态化、商业化的必经之路。

易观分析认为，移动医疗进入启动期，政策放开推动了互联网技术深入医疗行业供给端进行模式创新，促进了技术对行业进行生产力革新。

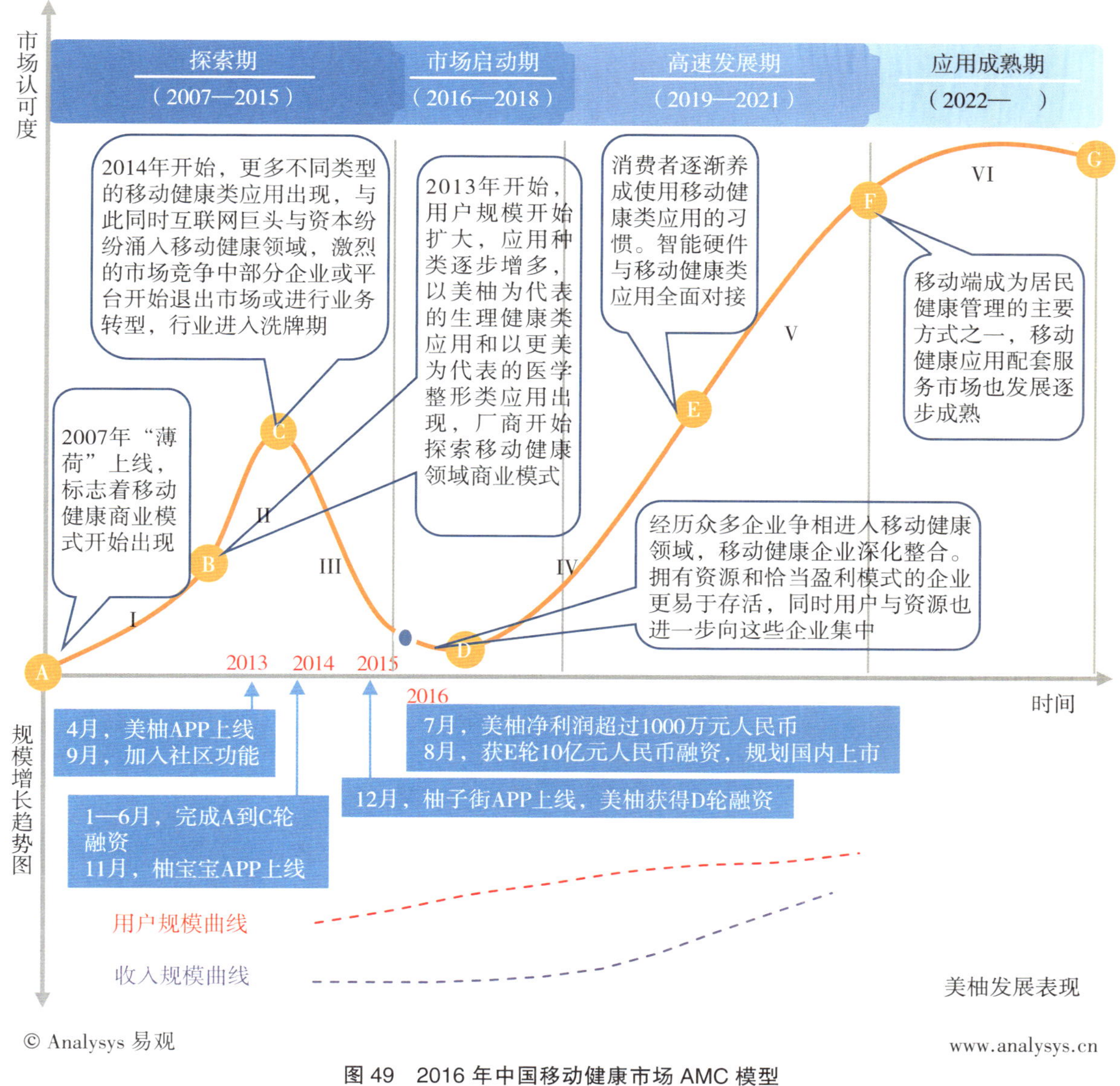

图 49　2016 年中国移动健康市场 AMC 模型

易观把中国移动健康市场的发展周期分为四个阶段，即探索期、市场启动期、高速发展期和应用成熟期。目前中国移动健康市场正处于探索期向市场启动期的过渡阶段。中国移动健康市场发展周期过程如下：

探索期（2007—2015）

薄荷网在 2007 年率先推出“在线减肥”服务，开创了健康领域中进行移动、在线式服务的先河。这一模式的迅速发展和市场扩充，为健康领域的其他从业者提供了新的思路和方向。初期移动化商业模式创新只出现在部分领域和厂商中，渠道和资源均有不足，也尚未把握整体市场的话语权。但从 2013 年开始，随着用户规模的扩大，应用种类也逐步增多，移动健康呈现出健康管理、心理健康、运动健康、养生保健等多个垂直细分领域共同发展的形势。2014 年，巨头企业和资本市场对移动健康的关注度提高，借势纷纷进入市场，同时，行业进入洗牌期，市场开始盘整，部分小厂商退出。

市场启动期（2016—2018）

进入 2016 年，移动健康领域的整合进一步深化。以美柚为代表的全领域企业将业务拓展至线下各个垂直细分领域，力求在各业务间形成无缝对接，逐步建立全流程健康管理生态闭环。以轻+、薄荷为代表的运动健康领域企业则通过打通饮食、运动的方式实现“数据收集+运动指导+电商”的服务体系，从而助力其商业模式的创新，实现盈利。预计到 2017 年，移动健康市场在产品服务、商业模式不断创新的基础上将发掘出切实可行的落地路径，资源丰富、渠道顺畅、模式可行的企业将脱颖而出，成为不同细分领域的领先者，大厂商将逐步主导渠道整合，市场竞争格局将逐渐形成。与此同时，用户还需要继续被发掘和引导，拥有资源和渠道的厂商还必须推动用户使用习惯的养成。

高速发展期（2019—2021）

2019 年移动健康市场将进入发展期，模式发展趋于饱和，市场主流格局确定，全产业链布局开始有效运转，衍生品及 O2O 等业务模式得到实质性发展。同时，由于用户在启动期内逐步养成了使用移动健康类应用的习惯，所以这一时期行业将迎来又一个高峰，智能硬件和移动健康实现数据对接，在此基础上用户更为细致的需求在被不断发掘。渠道完成整合，使用效果更加出色。

成熟期（2022— ）

2022 年之后，中国移动健康市场服务与商业模式均逐步纵深化，各个子领域均出现核心企业，行业格局已经稳定。

对个人用户而言

“80 后”、“90 后”一代是中国互联网的原生用户，他们几乎是伴随中国互联网的快速发展而成长起来的，所以很多习惯都已经网络化了。对这一代人而言将互联网、移动端的模式应用于健康领域是非常自然的事情。移动健康领域的社区、工具、助手类应用在助力年轻一代更科学生活的同时，电商类应用也在为他们提供便利购买健康相关周边产品的渠道。移动健康行业正在围绕用户需求不断地推出相应的产品和服务，力求最大程度的满足用户需求，帮助用户更好地应对健康问题。目前移动健康领域已经开始整合渠道，未来将形成每个垂直细分领域 2—3 家巨头共存的格局。

对资本市场而言

目前移动健康市场竞争激烈，虽然各大厂商都处于大规模投入期因而亏损较大，资本仍然对市场的整体发展有着较强的信心。2016 年中国移动健康市场的投资焦点呈现出比较明显的分化态势，资本市场逐渐将关注点转移至有切实模式和良好服务体验的企业上。其中运动健康、生理健康类企业表现突出：以轻+、Keep 为代表的运动健康企业，在各自业务资源、产品定位、市场战略上有着独到优势，都致力于解决用户在健康领域中的不同痛点，并获得资本青睐，2016 年，Keep、轻+先后完成 C 轮、B 轮融资；生理健康领域中的行业领先者美柚也在年中完成了高额的融资，并开始准备国内上市。

市场典型企业——美柚

聚焦到移动健康行业的典型企业美柚，易观智库分析认为，美柚虽然进入市场较晚，但在推动移动健康行业发展、打造多元化运营商业模式、精准营销上有领导性作用。

美柚于2013年4月推出，定位为女性健康管理平台，主要服务包括女性经期管理、用户互动社交、在线购物、孕期管理等，正在构建起以女性为核心的综合在线健康服务平台，逐步完善商业布局。与同类女性健康管理应用相比较，美柚依托社区建立起用户间形成联动的社交“圈子”，积累了大量忠实的用户。随着移动互联网的快速普及，美柚抓住移动化迁移的机遇，快速布局移动产品，针对移动端用户的需求特点，推出美柚孕期和美柚瘦身两款差异化定位的移动产品，快速地实现了用户的移动迁移。此外，随着社区与电商的不断融合，美柚通过在产品端围绕用户需求不断丰富业务布局，推出电商平台“柚子街”，专营女性用品特卖，来自电商业务的营收也在快速增长。通过拓宽服务范围，增强用户之间的联系，美柚正朝着多场景化入口的方向迈进。2016年，美柚营收来源更为多样，形成了电商+广告的营收模式，在2016年第2季度实现了规模盈利后，由于已达到国内上市的要求，因此决定放弃美国IPO，转而拆除VIE回归国内资本市场。

内容消费

网络视频

2016年，受益于技术突破与服务创新助力网络视频广告营销体系优化，中国网络视频市场发展进一步壮大，以短视频领域爆发式增长为代表。与高速发展同步的是愈发激烈的竞争局面，多类型厂商参与网络视频内容制作，围绕IP、用户展开拉锯战，就拥有主流地位的综合视频厂商而言，生态战略布局是其主要打法，中小厂商发展空间被进一步压缩。就新兴的视频直播厂商而言，易观分析认为未来将迎来洗牌与转型的变化期。

易观分析认为，中国网络视频市场目前处于高速发展阶段。

探索期（2000—2008）

随着校园网络中P2P直播服务的发展，网络视频初步兴起，而后欧洲杯/超女等全民娱乐事件及恶搞视频的流行带动网络视频在互联网用户中的广泛传播，网络视频开始引起资本注意。2006年YouTube被Google高价收购，大量行业参与者进入网络视频市场。

厂商数量的迅速增加加剧了行业内的同质化竞争，引发了大量版权纠纷。2007年广电总局发布《互联网视频节目服务管理规定》，确立了视频网站经营的牌照制度。2008年金融危机更带来整体市场环境的低迷。

市场启动期（2009—2011）

探索期疯狂的发展以及出现的大量问题导致产业链整合开始，偶偶网、Mofile等视频厂商或退

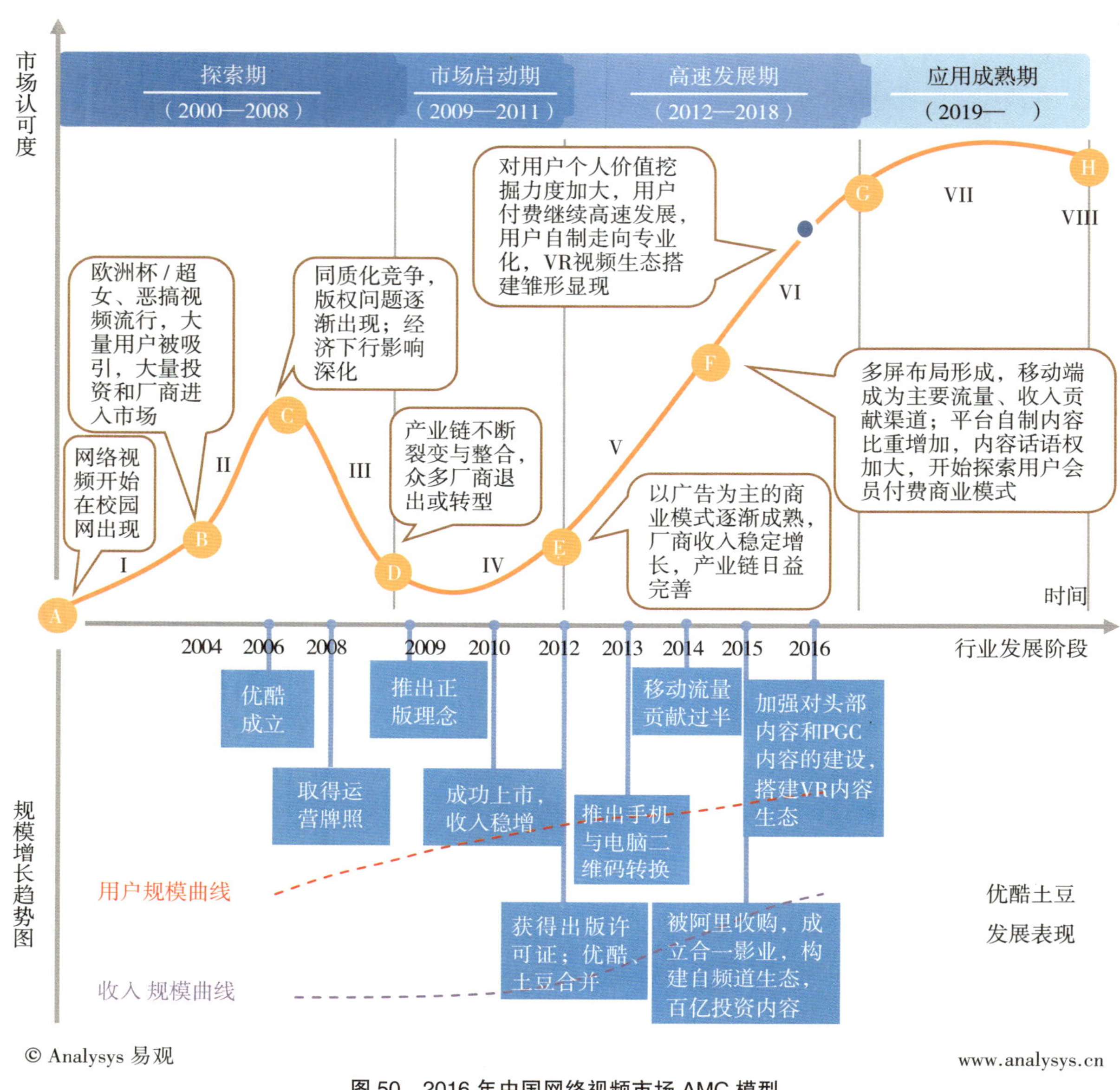

图 50　2016 年中国网络视频市场 AMC 模型

出市场或寻求转型。2009 年 CNTV 上线，拥有内容资源的传统电视媒体进军网络视频行业，2010 年百度组建独立视频公司奇艺，网络视频行业竞争加剧。2010 年优酷网在美国纽交所独立上市，标志着网络视频以流量获取广告收入的商业模式正式得到市场认可。同时以乐视为代表的厂商，通过版权分销获得可观的价值回报。视频网站对于版权内容的估值不断攀升，关于内容版权的纠纷也不断升级。

高速发展期（2012—　）

酷 6 网、优酷网、土豆网连续上市标志着网络视频行业主流商业模式逐渐成熟，产业链发展日益完善，行业进入门槛提高。2012 年优酷、土豆宣布合并，用户账号、版权内容、销售体系均打通，双平台差异化竞争形成市场垄断地位。

随着互联网的普及和速度的提升，网络视频用户规模、用户黏性均有明显增长，视频内容形式不断丰富，网络视频市场收入保持增长，商业价值得到证明。在互联网技术和硬件技术的发展下，厂商开始探索多屏发展战略，纷纷展开在手机、互联网电视等终端的布局。而移动互联网的高速发展推动整体网络视频用户规模化增长，综合视频、聚合视频、播放器应用等多种视频应用向用户提供移动视频服务，厂商在移动端流量规模的提升带来移动端显著的商业化效果。同时厂商在全娱乐产业链上下游纵深化拓展，从播放平台向文化娱乐生态延伸发展，并不断增强对用户个人价值的挖掘力度，用户付费、用户自制等商业模式发展升级，对 VR 等下一代网络视频业务的生态搭建雏形显现。

从 2016 年中国网络视频发展状况看来，有以下 3 点值得关注：

对个人用户而言

对版权内容的激烈抢夺和对平台自制内容的高投入依然是 2016 年网络视频厂商在内容方面的发展重点，尤其是在平台自制方面，网络视频平台自制内容整体数量和质量都有较大幅度提升，《我去上学啦 2》《火星情报局》《老九门》等平台自制内容获得高播放量和不俗口碑。核心内容制作能力的加强，帮助网络视频平台获得更强的内容话语权，围绕优质内容推出“会员提前观看”、“先网后台”等差异化会员内容编播方式，兼顾付费与免费不同层级用户的不同需求。

2015 年年底到 2016 年年初，papi 酱的迅速火爆让具有稀缺性的优质用户自制内容引起广泛关注，更多专业创作人才涌入，并不断挖掘新的内容主题和内容形式。另一方面在资本的介入下，用户自制内容生产过程中环节分工逐级细化，进入专业化、团队化、职业化的进程，UGC 开始向 PGC 转变。

在经历了 2015 年《盗墓笔记》带来的视频付费服务的兴起，直播等以用户付费为主要商业模式的移动视频应用爆发，面向个人用户的互联网娱乐消费生态丰富形成，2016 年用户对于网络视频付费服务有了更高认可度，爱奇艺、腾讯视频先后宣布付费会员数突破 2000 万人。目前主流网络视频平台普遍已开通视频付费服务，并从基础内容服务向更广泛的会员权益方向持续耕耘，未来用户有望从直接针对内容付费转向为整个视频娱乐场景付费，形成忠诚度更高的付费会员体系。

对行业客户而言

2016 年网络视频移动端成为最主要的流量贡献渠道，互联网电视通过终端销售和内容布局迈上发展新台阶，视频 VR 市场积极探索，网络视频多屏布局逐渐形成。同时随着网络视频付费服务的发展，用户账号在多屏体系中形成互通得到识别，跨屏营销获得新的价值。

网络视频付费市场的发展同样将用户体验的重要性提高到了一个新的高度，不仅赋予了付费用户跳过广告的权利，也让与用户之间的深层次互动成为广告主需要考虑的重点，内容营销、定制化内容受到更多广告主的认同，网络视频平台也开发出更多互动营销产品帮助广告主提升营销效果，比如爱奇艺推出的创新广告产品“原创帖”、“创可贴”，基于剧情将广告融入其中，以用户体验为本，在广告创意、用户转化等方面实现共赢。

对市场投资者而言

2016 年的网络视频市场资本运作活跃，短视频、直播等新兴业务市场备受资本市场关注，VR 为代表的下一代视频业务也获得了大量资本注入。同时，伴随着资本对平台方的高关注，针对 papi

酱等优秀内容创作方的投融资事件也接连发生，具有稀缺性的内容创作者价值在资本市场得以体现，而诸如新片场、壹酷文化等助力网生内容生产的内容孵化发行机构也在 2016 年得到资本推动，在垂直领域 PGC 高速增长的背景下，专业的第三方运营机构市场潜力还有挖掘空间。

市场典型企业——优酷土豆

聚焦到网络视频行业的典型企业优酷土豆，易观分析认为，优酷土豆作为较早进入市场的厂商，在网络视频市场突破同质化发展、打造广告营销商业模式、推行内容自制上有领导性作用。在近期的发展中，受制于上市公司成本压力以及自身发展战略相比竞争对手稍显落后，市场地位有所调整，但私有化进入阿里之后，有望迎来新的发展高峰。

优酷成立于 2006 年，定位于用户视频分享平台，以海量内容快速流畅播放吸引用户并获得多轮融资。在多轮融资带来的资金优势下，购买大量版权内容。2008 年，优酷获得运营牌照，在版权内容和“拍客”口号倡导下的原创内容双重支撑下，优酷在视频网站同质化的竞争中以内容形成有效壁垒获得个人用户，同时其视频营销价值也受到行业用户肯定，优酷作为行业领先者带领网络视频行业在广告营销商业模式上高速发展。2010 年优酷网登陆纳斯达克，成为国内首家独立上市的视频网站，优酷平台影响力得以提升，也标志着网络视频以流量获取广告收入的商业模式正式得到市场认可。在内容方面，优酷推出《嘻哈四重奏》《泡芙小姐》《让梦想飞——中国最牛人》等多种形式的自制内容，以自制内容推动差异化竞争。在移动化方面，推出无线客户端，为用户带来移动视频体验。2012 年优酷、土豆宣布合并，用户账号、版权内容、销售体系均打通，双平台差异化竞争形成市场垄断地位。随着移动互联网开始高速发展，网络视频平台在移动端开辟新战场，爱奇艺、腾讯视频等市场后入者在内容抢占、社交化战略、用户体验优化、新盈利模式、生态化系统建设方面积极探索，市场地位提升迅速，在竞争中逐步缩小与优酷土豆的差距，尤其在移动端活跃用户规模、广告营销收入、付费用户规模等方面已经逐渐超越优酷土豆。

2015 年，阿里巴巴宣布收购优酷土豆，2016 年优酷土豆融入阿里大文娱体系，获得阿里在数据、营销、账户、内容多方面优势资源的支撑，并提出“大优酷”概念，未来可能整合阿里音乐、阿里体育、淘票票的业务资源。在具体内容上，2016 年优酷土豆对头部 IP 内容抢夺更加积极，同时加强对 PGC 的扶持力度，并牵手国内外优质 VR 内容供应商搭建 VR 内容格局。预计 2017 年优酷土豆将进一步借助阿里优势资源，在内容生产传播、大数据、视频营销方面获得更多发展动能。

根据易观发布的《2016—2019 年中国网络视频市场趋势预测专题研究报告》显示，预计 2016 年中国网络视频市场规模将达到 361.0 亿元人民币，相比 2015 年增长 48.5%。同时伴随着移动端流量和收入贡献率的稳定攀升，2016 年中国移动视频广告市场规模将达到 198.0 亿元人民币，相比 2015 年增长 72.7%，占整体网络视频市场规模的 54.8%。

易观分析认为，在 2017 年中国网络视频市场将呈现以下趋势：

1. 网络视频市场多元化、垂直化融合发展

在现阶段网络视频市场，尤其是占重要地位的综合视频领域，优酷土豆、爱奇艺、腾讯视频作为头部厂商已经形成明显的领先地位，2017 年分别背靠 BAT 的网络视频三巨头也将继续鏖战，在用户、内容的抢夺上激烈竞争。

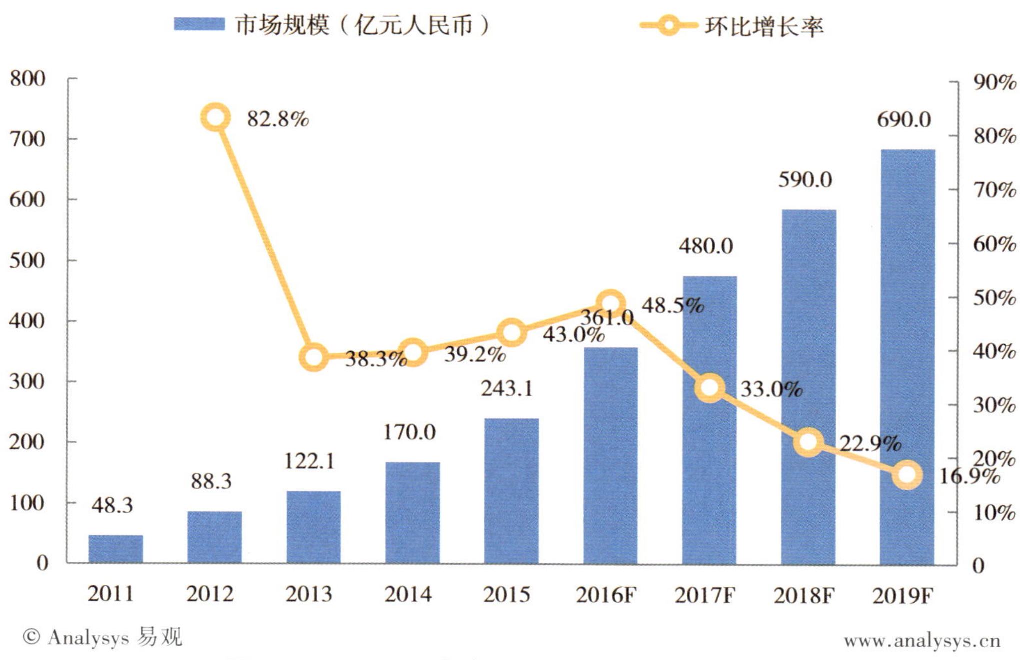

图 51　2016—2019 年中国网络视频广告市场规模预测

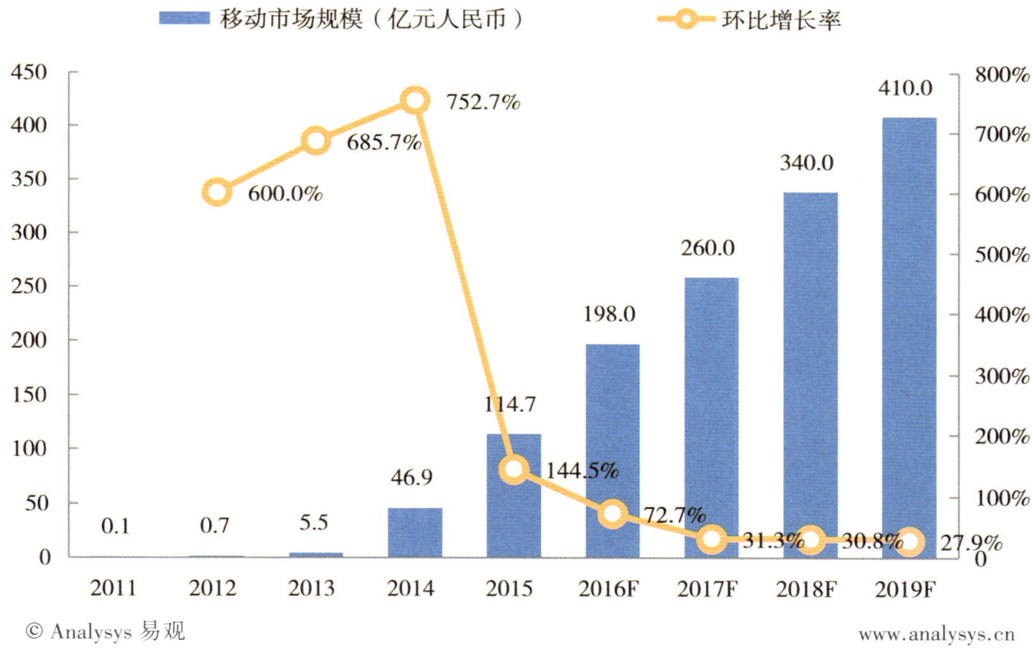

图 52　2016—2019 年中国移动视频广告市场规模预测

在面临头部厂商压力的同时，另一些厂商通过深挖用户垂直化、个性化需求探索新的业务突破，2016 年百度视频获得 A 轮融资后致力于 PGC 内容平台建设，凤凰视频转型为短视频媒体平台。

易观分析认为，巨头强势发展的同时，网络视频市场的垂直细分拓展将在 2017 年迎来新一轮高潮，一方面是平台出于自身发展需求以差异化获得市场空间，另一方面在各类平台的政策扶植和资源倾斜背景下，垂直领域的内容创作者不断涌现，第三方服务机构大量出现，为垂直视频平台的内容发展带来强劲力量，而用户付费观念的深化同样也为垂直视频内容商业化形成驱动。

2. 网络视频多屏布局完善，互联网电视迎来发展突破

伴随着移动互联网高速发展，网络视频移动端流量贡献和收入贡献地位稳定提升，预计到 2019 年中国移动视频广告市场规模将达到 410 亿元人民币，占网络视频广告市场规模的 59.4%。智能电视、VR 设备等智能终端与互联网服务的融合促进用户跨终端多屏视频观看行为越来越频繁，网络视频平台的服务将在更多屏幕上得到延伸。

随着智能电视在电视终端中的渗透率逐步攀升，大屏优势不断吸引更多用户回归电视端，广告营销、用户付费等在 PC 和移动端已经有所发展的商业模式及资源逐渐向互联网电视端复制迁移，同时阿里、腾讯、乐视等互联网巨头已经瞄准客厅家庭娱乐用户进行数字娱乐生态建设，预计在 2017 年内容和服务将超越硬件成为互联网电视厂商的核心竞争力来源。

3. 用户付费市场壮大，网络视频平台多元商业结构逐渐稳固

广告营销作为网络视频市场的最主要收入来源在 2016 年保持稳定增长，移动营销、内容营销、程序化购买、跨屏营销等针对广告主不同营销需求的投放方式不断释放网络视频平台的营销价值。

在用户付费方面，经过了早期的市场探索以及预热启动，2016 年网络视频平台带来的更丰富的付费内容资源、更差异化的内容编播形式、更广泛的付费会员权益为网络视频付费市场带来发展动力，预计在 2016 年中国网络视频付费用户在整体网络视频用户中的渗透率将超过 10%，到 2017 年视频付费用户渗透率有望超过 15%。同时随着以网络视频平台为入口的数字娱乐生态产业市场发展，视频电商、IP 开发等模式也将不断充实网络视频平台的收入结构。

易观对 2015 年至 2017 年中国主要网络视频厂商在实力矩阵中所处位置以及现有资源和创新能力的变化作如下解读。

● 领先者象限分析

领先者在商业模式创新或产品/服务创新性上拥有较强的独特性，同时具有很好的系统执行力能够把创新性提供给市场并获取较高的市场认可。

2016 年中国网络视频市场领先者：优酷土豆、爱奇艺、腾讯视频、搜狐视频、乐视

➢ 新进入者：无

➢ 新退出者：无

2016 年优酷土豆顺利成为阿里文娱体系中的重要一员，并获得阿里各方面优势资源的支持，厂商资源能力的提升对业务创新产生积极影响。组织架构方面提出“大优酷”概念，阿里巴巴自身原有内容方面的资源以及内容相关产业将与优酷土豆进行整合，与新浪微博、UC 共同成立“视频大文娱联盟”；在内容方面对头部 IP 内容的抢占更加重视，播出了《微微一笑很倾城》《青云志》《幻城》《仙剑云之凡》等爆款热门电视剧，同时加强自制合制内容输出，推出《欢喜密探》《极品家丁》《火星情报局》等热门网剧网综，对 PGC 扶植力度也不断加大；在 VR 内容方面牵手数字王国、Reload Studio、Filmakademie 等作为内容供应商，致力于提供优质 VR 内容体验服务。通过内容的丰富完善和生态内容资源整合，优酷土豆付费会员数突破 3000 万。预计在 2017 年优酷土豆将在阿里

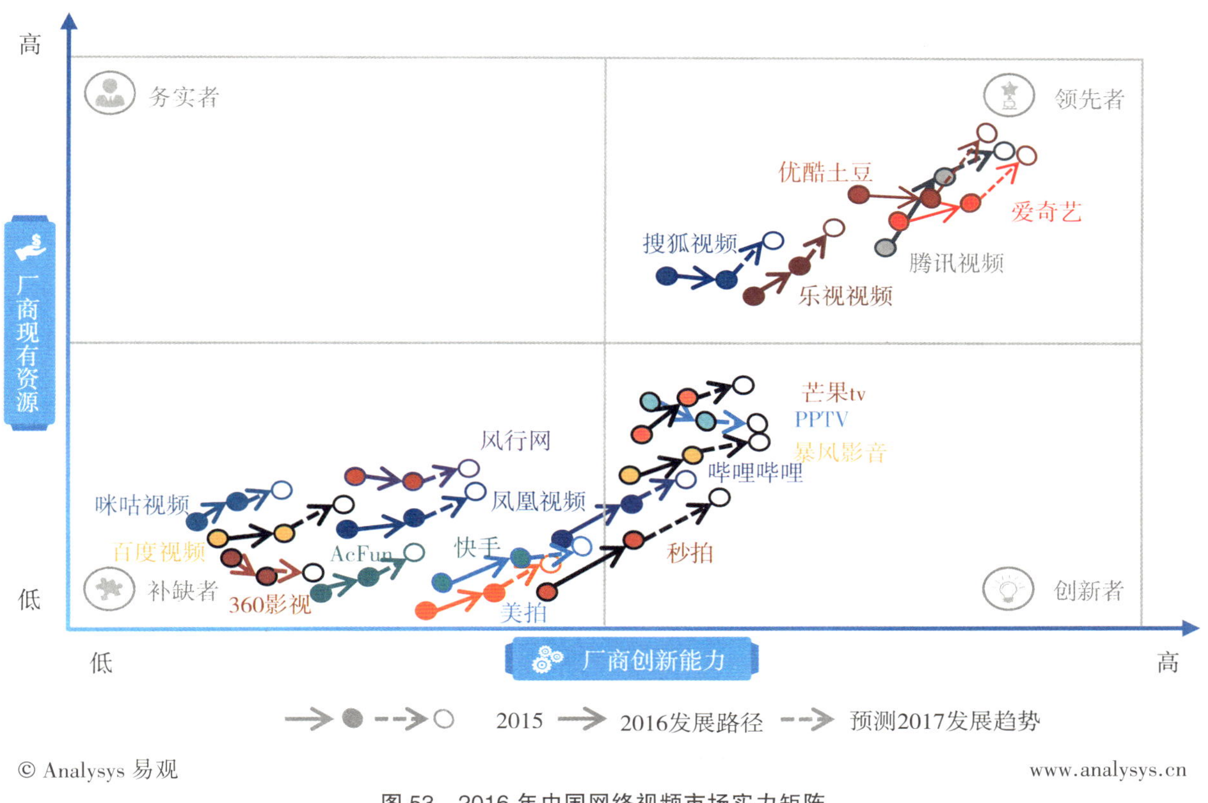

图 53　2016 年中国网络视频市场实力矩阵

生态的赋能下，在内容生产、大数据视频营销上获得更多发展动力。

2016 年腾讯视频通过优质内容投入和资源整合继续处于市场领先地位。内容方面，腾讯视频坚持"全覆盖+顶级 IP"的战略，版权采购与自制相结合，巩固了腾讯视频在版权内容方面的市场领先优势；探索"大 IP+自制"获得成功，独播、联播剧均收获大量流量；海外资源继续扩充丰富，并与国外音乐经纪公司合作，打通直播与音乐业务，完善娱乐生态布局；腾讯直播联手腾讯云实现"云+直播"微生态的构建，利用技术加内容矩阵为腾讯云直播提供有力支撑。付费业务方面，腾讯视频 11 月宣布其付费会员数突破 2000 万，一年内增长近 300%，实现飞跃增长。广告营销方面，在碎片化的营销环境下，腾讯视频巨大的流量和曝光度、大数据分析能力以及精准触达的技术，为腾讯视频带来更多广告主的青睐。预计 2017 年腾讯视频将继续发力自制内容，并保持对优质内容和顶级 IP 的占有量，摸索发展广告营销、付费会员与更多的商业可能。

2016 年爱奇艺利用"顶级 IP+高水准自制剧"加速付费领域的扩张，据爱奇艺 6 月公布，其有效会员数已突破 2000 万。内容方面，顶级版权和超级 IP 的采购依旧是爱奇艺内容的重要来源，爱奇艺文学也成为爱奇艺生产原创 IP 的摇篮；爱奇艺对 PGC 的投入加大，不断开拓专业化领域，全面推进视频自媒体孵化器战略；与英特尔达成战略合作，深入布局社交领域，为爱奇艺泡泡社区打造全新视频社交体验；推出"奇秀直播"，打造泛娱乐直播体验，将直播与爱奇艺出品的原创内容相结合，扩大 IP 开发内容的维度和宽度。内容营销方面，爱奇艺成功推出新型广告形式"原创贴"、"创可贴"，独特的创意和高转化率深受广告主青睐。VR 方面，爱奇艺已推出面向 VR 一体机的全景影院 APP、面向 cardboard 用户的爱奇艺 VR APP，其移动端集成 VR 功能已顺利实现，并成功推出“智能 3D 立体声”功能，可实现爱奇艺全站内容覆盖。预计 2017 年爱奇艺将致力升级 IP 生态联动，增加与用户之间的互动，将内容与产品深度融合，挖掘粉丝经济价值新模式。

2016 年搜狐视频内容生产能力迅速提升，原创视频带来更多商业价值。内容方面，搜狐视频坚持品质化、差异化的战略路线，以及国产影视剧、海外影视剧、综艺及动漫等领域的覆盖和精品独播模式；自媒体 PGC 已形成一定规模，搜狐视频对 PGC 的扶持继续；与美国 MACHINIMA、韩国 Content N 等公司展开合作，引入海外优质 PGC 内容，丰富内容库；推出互动直播产品“千帆直播”，自媒体可通过手机千帆直播平台发起实时直播。VR 发展方面，搜狐视频已经具备“直播+点播”全景播出的技术支持，上线“全景风暴”拍摄计划鼓励自媒体使用 VR 设备进行内容创作，孵化 VR 方向的 PGC 内容。营销方面，搜狐视频依托集团大数据基础，开发创新技术产品如 MAX 矩阵、品算、点算等，开发弹幕广告、原生后缀等创新型广告形式，并实现广告精准投放。预计 2017 年搜狐视频将加强自身在版权、自制和自媒体方面的内容格局建设，并通过业务模式创新带动资源能力的发展。

2016 年乐视视频的领先者地位继续加强，“平台+内容+终端+应用”的生态模式已经发展相对成熟。内容方面不断增加版权购买和自主自制，与美国好莱坞达成战略合作，扩大海外版权内容，乐视自制内容所占总体内容比例也不断变大；通过投入高额资金和大力扶持，并为 PGC 的内容播放提供硬件支持和设立专属平台，乐视视频 PGC 发展进入快车道。在优质内容基础上，优质影视剧会员独播以及乐视“终端+会员”的绑定销售令乐视付费会员业务获得高速发展。在用户体验方面，乐视打造的乐视生态提供“4K 内容+4K 终端”、“3D 内容+3D 终端”以及全景 VR 的优质体验。预计 2017 年乐视生态资源优势将获得进一步发挥，市场份额有望继续提升。

- **创新者象限分析**

创新者在产品/技术上的投入很大，并在商业模式、技术或者产品服务的创新性上有独特的优势。但是由于种种原因暂未获得更好的市场表现。

2016 年中国网络视频市场创新者：PPTV、芒果 TV、暴风影音、哔哩哔哩

➢ 新进入者：哔哩哔哩

➢ 新退出者：无

2016 年 PPTV 在内容上以版权采购为主，自制剧打造为辅。优质自制剧《执念师 2》、联播剧《武神赵子龙》《胭脂》《麻雀》等均收获较高播放量。版权方面，手握西甲赛事版权以及英超联赛电视转播权，PPTV 利用苏宁易购平台优势，并引入“大数据+活动技术”，在用户观看比赛中提供购物、游戏、投票等互动新体验。硬件方面，PPTV 与努比亚达成手机定制生产合作；PPTV 电视与英超利物浦豪门达成合作，共同打造英超定制限量版电视；PPTV 推出“聚 · VR 一体机”，布局 VR 领域。此外，PPTV 收购龙珠直播，将拓宽直播业务。2017 年 PPTV 需要加大头部内容一侧的投入，以保持市场竞争能力。

2016 年暴风影音网络视频业务稳定发展。通过版权采购及对外合作方式使内容资源逐步丰富，投资设立暴风影业，布局上游影业内容，暴风体育在中超联赛、CBA 联赛方面的内容版权也吸引了大量用户。虚拟现实业务先发优势明显，以“硬件+软件内容”保证行业领先。暴风超体电视也成为家庭娱乐业务的重要入口，设立暴风体育挖掘体育文化 IP 产业价值链。预计 2017 年暴风将通过暴风影音、VR、TV 和秀场构建的平台端和体育、影视及游戏构建的内容端挖掘更多的盈利增长点。

2016 年芒果 TV 通过“版权+自制剧”的形式抢占 IP 资源,《青云志》《亲爱的翻译官》《麻雀》等优质剧为平台带来庞大流量，同时随着各种网综、自制剧的推出，芒果 TV 的内容布局正逐步完善。内容运营上，芒果 TV 继续沿用独播战略，利用顶级 IP 制作的电视剧和综艺形成差异化竞争。娱乐营销方面，芒果 TV 与百度达成战略合作，百度娱乐流量将与芒果 TV 资源实现对接，帮助品牌主实现 IP 娱乐营销效应最大化。芒果 TV 在《2016 超级女声》期间顺势推出芒果直播 APP，加快芒果 TV 多渠道布局步伐。拥有湖南广电的全力支持，以及自身对自制内容的不断重视，芒果 TV 未来的发展会对国内领先视频网站带来更大的冲击。

2016 年哔哩哔哩达成了与东京电视台动画网络播放版权的合作，再次丰富哔哩哔哩动画版权库；同时联合 SMG 成立哔哩哔哩影业，将从版权采购逐渐转变为版权自制。在商业模式上，哔哩哔哩推出以用户积分兑换的大会员服务充实平台现有的会员体系，与哔哩哔哩浓郁的社区氛围充分融合，并形成与其他网络视频平台的差异化。此外哔哩哔哩还冠名上海男篮，从二次元出发向大众群体靠近。预计 2017 年哔哩哔哩在内容运营和商业模式上将继续创新发力，成为垂直网络视频平台的标杆厂商。

- **务实者象限分析**

务实者评价拥有丰富的资源，执行能力较强，但是创新优势不明显。目前中国网络视频市场内容资源稀缺，用户资源流动性大，市场厂商或通过资源优势或创新优势获得市场地位。故目前市场还不存在资源优势明显而创新优势较弱的厂商。

➢ 新进入者：无

➢ 新退出者：无

- **补缺者象限分析**

2016 年中国网络视频市场补缺者：风行网、凤凰视频、咪咕视频、百度视频、360 影视、AcFun、快手、秒拍、美拍

➢ 新进入者：无

➢ 新退出者：哔哩哔哩

2016 年风行网不断寻求自身的市场新定位。视频内容方面，风行网将长视频、短视频、智能 IP 作为在内容上的重点发展方向。视频广告营销方面，风行网积极探索新领域，如智能场景识别及营销互动、短视频的精准价值营销等。硬件方面，风行网联合硬件、内容、牌照、渠道等优势资源，打造互联网电视生态。兆驰股份在传统行业深耕多年，为风行电视的线下销售带来渠道优势，风行网正逐步自建线下渠道网络。

2016 年凤凰视频将平台定位调整为短视频方向，围绕凤凰卫视新闻、纪录片两大王牌板块发力短视频。对内容重视程度加大，对直播、短视频、体育、营销等多方面加大投入。内容方面，凤凰视频推出“凤凰制片”机制，全面提升 PGC 入驻服务并不断改进，目前已有飞碟说、美食台等优秀 PGC 团队入驻；对凤凰卫视内容采取独播战略，并增大凤凰自制内容投入。体育方面与乐视达成战略合作，在体育赛事方面达成版权共享。

拥有成熟运营商背景的咪咕视频通过与多家直接、间接内容合作商开展的长期稳定合作积累了大量从电视剧、电影、电台、直播到原创视频的全方位版权内容库。同时作为咪咕文化中“咪咕+生态”的重要组成部分，咪咕视频从咪咕数媒获得原创 IP 支持，与咪咕动漫实现动漫内容共享，咪咕直播也在探索直播付费和打赏的新模式，另外咪咕视讯也通过与爱上传媒在 IPTV 方面的战略合作进军 IPTV 领域。作为网络视频市场的后入者，咪咕视频需要背靠网络运营商底层基础资源和秉持互联网创新以面对市场的激烈竞争。

2016 年百度视频完成 A 轮融资，重点发力 PGC 内容、直播聚合、个性化推荐三大业务。在 PGC 内容方面，启动 PGC 内容投资基金，通过大数据技术、视频推荐算法等技术优势，以及入口和流量优势，围绕生产、营销、变现、管理、衍生等环节打造 PGC 全产业链生态系统。直播方面，百度视频聚合国内多家直播平台，并连续吸引了 papi 酱、angelababy、王晶等一线明星大咖上线直播。此外利用大数据和人工智能技术，百度视频在内容传播和广告营销的精准营销触达方面具有自身优势。预计 2017 年百度视频将继续加大 PGC 方面的投入，为完成整体转型做准备。

2016 年 360 影视保持对网络视频娱乐业务的积极探索。2016 年 5 月，李湘正式出任 360 娱乐总裁，7 月发布的新版 360 影视 APP 加入 VR 内容和会员付费窗口，12 月 360 宣布将与东方明珠共同打造联合品牌 BesTV 360，在互联网影视娱乐业务及其他相关业务上展开更紧密的紧密合作。2015 年孵化上线的花椒直播也在 2016 年先后推出“VR+直播”、“直播+垂直行业”的发展模式。360 影视在核心内容制作能力上有所缺乏，作为流量入口地位不断下降，未来在网络视频市场中突出重围还需要更多努力。

随着去年 8 月 AcFun 获得合一集团投资，优酷土豆和 AcFun 在内容的共享上逐渐打通，版权内容的采购压力也得以释放；2016 年 1 月 AcFun 获得软银中国资本的 6000 万美元 A+轮投资，用于 AcFun 的品牌推广以及产品优化。连续的资本大动作，预示着 AcFun 日后的竞争实力不容小觑，但 AcFun 的发展需要增加对移动端的重视以及提升企业的创新意识和创新能力。

快手成立于 2011 年，从早期 GIF 工具转型为社区以后，依靠以往的用户积累与良好口碑，并坚持极简操作、轻运营形成了独特鲜明的草根社区氛围，向外部稳定扩张，活跃用户规模实现持续增长。此外，2016 年内不断爆出的低俗短视频内容对快手平台口碑造成不良影响。预计 2017 年快手会在发扬简单极致的产品功能的同时对平台内容加强监管力度，市场地位进一步提高。

秒拍于 2013 年 8 月上线，是微博官方短视频应用以及唯一拥有视频牌照的短视频平台。作为一下科技旗下的短视频平台，秒拍与同公司的互动社交直播平台一直播、短视频互动应用小咖秀构成了差异化的移动视频产品矩阵，实现内容和用户打通。同时，秒拍通过与微博独家合作的方式，获得大量明星用户和内容创作者以及高效的内容分发渠道。2016 年 5 月秒拍上线直播功能，用户黏性持续增强；9 月秒拍出资 1 亿美元打造短视频生态模式；11 月与中青旅深度合作孵化垂直行业网红，之后秒拍母公司一下科技宣布获得 E 轮 5 亿美元融资。秒拍通过在内容、产品、生态方面的多样化建设不断充实平台价值并带动短视频行业发展，预计2017年秒拍会继续加大创新，向创新者领域发展。

美拍是美图秀秀出品的短视频社区产品，较早进入短视频市场，在市场占有上有明显优势。“直播+短视频+明星”是美拍的核心竞争。作为“美图家族”的一员，在技术方面美拍拥有美图公司的全力支持，最新推出的美拍5.0已经上线打赏功能。在内容方面，美拍更倾向于生活化和娱乐教育的UGC和PGC内容的生产。在硬件方面，美图推出了美图手机，并将包含美拍在内的美图产品与硬件完美融合，力求打造一个“微生态”。营销方面，美拍利用直播互动和明星号召力实现品牌宣传。随着美图公司整体上市，美拍在2017年的发展值得期待。

娱乐直播

2016年，移动直播在资本追逐和网络巨头的青睐中跻身移动互联网风口。一时间，移动直播产品百花齐放，各方参与力量群雄并起，跑马圈地的用户流量争夺战愈演愈烈。直播作为效率提升器已渗透到游戏、体育、电商、美妆、旅游、教育、医疗等领域，现有的全民直播产品已涌现出手游直播、赛事直播、音乐直播、二次元直播等垂直直播产品以及诸多泛娱乐/泛生活场景的直播产品。

易观分析认为，现阶段的中国娱乐直播市场处于移动互联网加持的高速发展阶段。

易观基于AMC模型对中国娱乐直播市场发展成熟度进行了精准画像。根据娱乐直播市场的用户规模、产业营收等多个维度的表现，易观认为目前中国娱乐直播市场处于跻身移动互联网风口的高速发展期。现就中国娱乐直播市场发展阶段做下述分析：

探索期（2008—2011）

天鸽互动在2008年推出9158视频社区，上线网络视频聊天业务，基于此发展出PC端秀场模式，即漂亮女生在虚拟房间内表演才艺，观众用户购买鲜花、道具等虚拟物品表达心意，最后房主和平台对收入进行分成的模式，娱乐直播雏形初现。由于秀场模式现金流稳定、用户黏性高等特点，呱呱视频、KK唱响、六间房等厂商纷纷入局。2009年，六间房由濒临破产的经营状态由视频网站业务转型秀场直播，走出经营困境。加之视频网站网络聊天室业务的关停，娱乐直播的秀场模式处于闷声赚钱的发展状态。但日渐上涨的带宽成本、“网络夜总会”等负面标签的舆论压力使其面对着诸多不确定性，行业尚处在探索阶段。

市场启动期（2012—2015）

2012年，多玩借助自身早期在《魔兽世界》专区和语音软件方面积累的优势，上线YY游戏直播并在美国纳斯达克上市，欢聚时代多元直播模式获资本市场认可。2013年中国移动游戏市场由于中国智能手机用户的剧增迎来快速发展，YY游戏直播、斗鱼TV、PLU、战旗TV、17173直播等网络直播平台相继出现。2014年8月26日，亚马逊（Amazon）宣布以9.7亿美元的价格收购游戏直播网站Twitch，这一次收购让国内游戏直播平台赢得媒体与资本的空前关注。2014年11月24日，

© Analysys 易观 www.analysys.cn

图 54　2016 年中国娱乐直播产业图谱

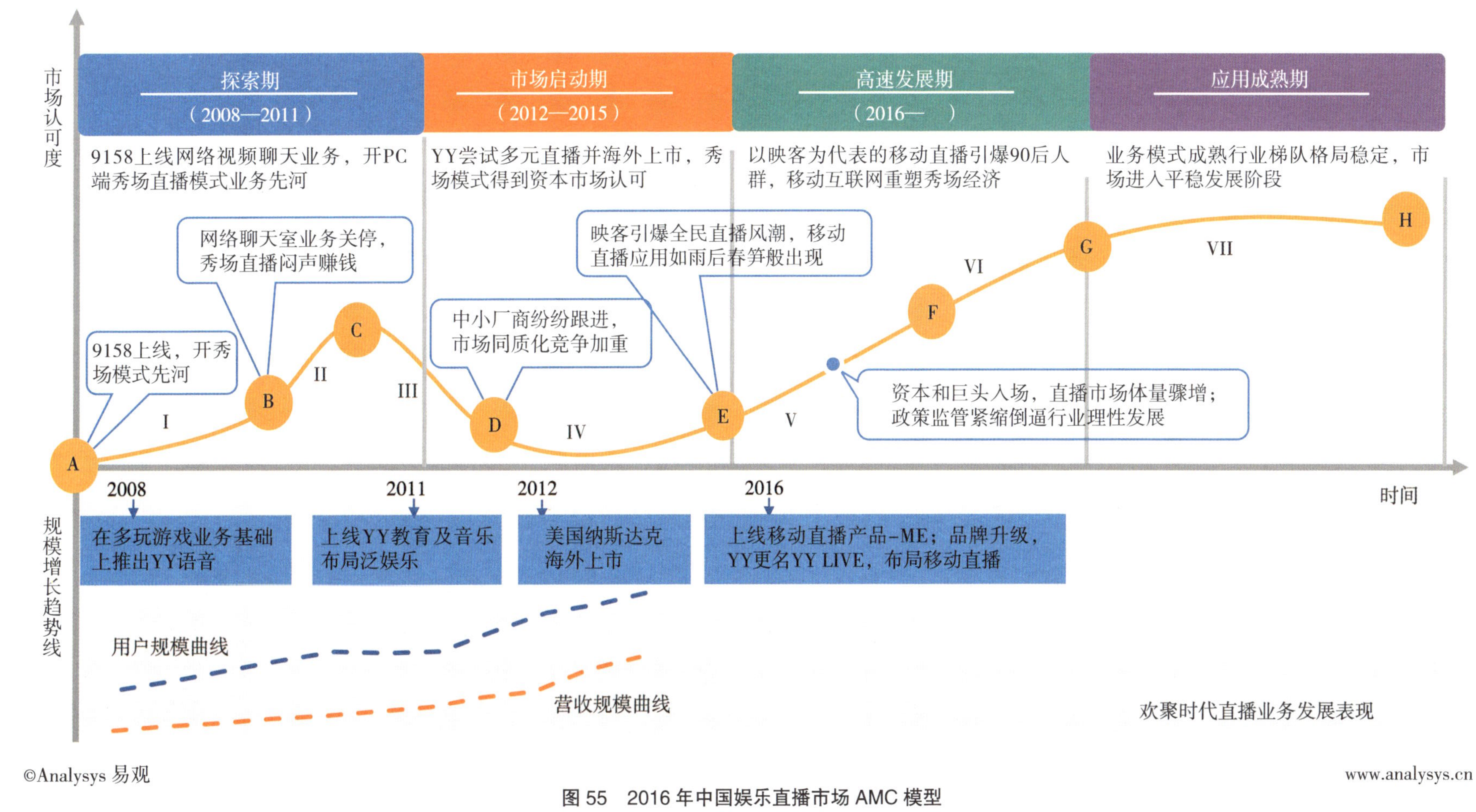

图 55　2016 年中国娱乐直播市场 AMC 模型

YY 剥离游戏直播业务成立虎牙直播，专注于游戏直播业务的发展与布局。2015 年 9 月 5 日，“国民老公”王思聪上线游戏直播平台—Panda TV，引发了游戏主播的接连跳槽。不少中小厂商纷纷涌入，同质化现象越发严重。与此同时，随着智能手机规模的快速普及、移动互联网展示出强大的业务颠覆能力，以欢聚时代为代表的众多厂商纷纷开始布局移动端，在原有业务模式基础上进行横向、纵向拓展，对内容形态做延伸，秀场、影视、综艺、兴趣技能乃至琐碎生活场景都成为延伸对象。受益于移动端的便携性、即拍即播的低门槛操作和关联微信的移动互联生态，2015 年移动直播产品“映客直播”引爆“90 后”人群，掀起全民直播风潮。国内手机直播应用以创业团队的鱼贯式涌入为开端，直播产品的数量如雨后春笋般涌现。至此，娱乐直播进入老牌秀场厂商与新潮移动直播产品百花齐放的市场启动期。

高速发展期（2016— ）

进入 2016 年，娱乐直播迎来高速发展期。一方面娱乐直播技术日趋成熟以及网络提速降费政策的实施使得企业经营成本得以减少，另一方面，娱乐直播的商业模式经过市场的考验，已经逐渐形成付费打赏、会员订阅为主，网络广告、电商导购、游戏联运等为辅的相对成熟的收益模式。一时间，腾讯、陌陌、微博等网络巨头的入场和资本市场的注资让直播成功跻身移动互联网风口。手机直播借力移动互联网拓宽了娱乐直播的内容形态和市场空间，经过明星吸粉、企业营销以及“直播+”的探索，直播平台作为流量入口的价值凸显。此外，2016 年，很多关涉直播的规制性政策出台。文化部出台了《文化部关于加强网络表演管理工作的通知》，明确网络表演经营单位对本单位提供的网络表演承担主体责任；国家新闻出版广电总局发布了《关于加强网络视听节目直播服务管理有关问题的通知》，规定开展网络视听节目直播服务，必须持有《信息网络传播视听节目许可证》；国家互联网信息办公室发布的《互联网直播服务管理规定》，规定直播平台提供互联网新闻信息服务应依法取得互联网新闻信息服务资质，并在许可范围内开展互联网新闻信息服务。政策监管的高压，有效扭转了娱乐直播市场的乱象，促使整个行业健康稳定地发展。

应用成熟期

进入成熟期后，娱乐直播进入存量市场。行业壁垒显著，品牌成核心竞争力，市场对企业创新能力提出愈发强烈的要求，厂商纷纷做出业务转型或拓展的战略布局。

对娱乐直播厂商而言

娱乐直播发端 PC 在线秀场，爆发于游戏直播，获益于智能手机的高渗透及自身强大的实时互动属性，其形态得以进一步外延，体现为“直播+”，如今已经渗透到社交、影视、电商、美妆、旅游、教育、医疗等领域。以 9158、YY 为代表的老牌秀场厂商的 PC 端格局稳定，伴随新潮手机直播应用的崛起，移动直播也突破了传统秀场模式的天花板，在业务形态及盈利模式上有了更多空间。流量红利一度是移动直播初期高速增长的重要原因，由于资本的介入以及产品上线时机的先发优势，头部平台在用户流量的争夺战中形成了一定的规模壁垒。但移动直播应用的产品形态同质化较为严重，除此之外，逐渐消失的流量红利、居高不下的用户流失、资源资金实力更占优的巨头的威胁，让大多数直播平台走入“营收容易盈利难”的发展困局。居高不下的运营成本，使得内容形态拓展与商业模式创新迫在眉睫。

对市场投资者而言

自 2012 年欢聚时代登陆纳斯达克以来，以 PC 秀场模式起家的老牌厂商纷纷开启了上市之路，坐拥 9158 的天鸽互动 2014 年挂牌港交所，2015 年六间房通过宋城演艺的天价收购登陆资本市场，与天鸽互动、欢聚时代成三足鼎立之势。秀场模式已获资本市场认可，移动直播应用更是得到了资本的青睐。2016 年 1 月，映客直播获得昆仑万维领投的 8000 万元 A+轮投资，这是其在三个月内的第二轮融资，2016 年 3 月易直播完成 6000 万 A 轮融资，2016 年 7 月抱抱直播获得 1 亿元 B+轮融资，距离其转型做直播刚刚过去 5 个月。在上市公司陌陌的 2016 年第 1 季度财报中，直播服务营收增长迅猛，成陌陌公司第一大收入来源。直播基于自身强社交强互动优势可以立即获得庞大的用户流量，但在同质化严重、内容单调、经营成本高的行业压力下，尝试多元化变现和战略拓展成为众多厂商不得不面对的事情，同时成功尝试的企业无疑具有更高的投资价值。

市场典型企业——欢聚时代

欢聚时代是娱乐直播市场的典型企业，其凭借市场先入优势积攒了大量用户，并以 YY 语音为基础切入游戏、教育、泛娱乐等领域，搭建与用户融合共生的富集生态圈。自 2012 年登录美国纳斯达克将直播模式带入资本市场后，其越发注重对业务模式的拓展及资源整合，是娱乐直播厂商多元化发展的成功典范。凭借多年的积极布局与经营，其依然维持着市场领先的竞争地位。

欢聚时代成立于 2005 年 4 月，2012 年 11 月赴纳斯达克上市（NASDAQ：YY），是首家上市的娱乐直播厂商。2005 年 4 月，欢聚时代前身多玩游戏网成立并获得 100 万美元天使投资，2008 年推出 YY 语音软件并在同年突破 30 万人同时在线，2009 年 4 月获得 GGV 1200 万美元投资，2010 年 6 月 YY.COM 正式上线，同年 YY 语音软件注册用户破一亿，达到 500 万人同时在线，2011 年获得老虎基金 7500 万美元投资，上线 YY 教育频道并由此开始业务拓展之路，包括游戏、音乐、教育、直播等。凭借游戏联运、YY 语音研发以及泛娱乐布局的积累，欢聚时代成功于 2012 年在美国纳斯达克成功上市。借着上市势头，欢聚时代开始新一轮的资源整合及拓展，2013 年 7 月旗下 YY 娱乐与湖南卫视合作，作为 2013 年《快乐男声》的“官方互联网视频互动平台”，让选手在网络上参与比赛，引领娱乐直播互动新模式；2014 年斥 5 亿元人民币巨资打造新生代中国女子偶像组合——1931，尝试网络造星，同年推出独立教育品牌——100 教育（100.com）；2015 年成立欢聚时代互动娱乐事业部，全面打通游戏、通讯、音乐、视频、教育五大产业，同年搭建电商平台 Yo 商城，定位粉丝网购首选的主播店铺平台；2016 年推出全新手机直播产品 ME 直播并做出轻秀场化的战略转型，发布全新品牌 YY LIVE 及多元内容生态布局。

随着众多相似厂商的涌入，娱乐直播市场的体量日益增大，竞争也愈发激烈，战略拓展势在必行。欢聚时代作为先行者，凭借多年的经营深耕，已做出成功尝试，建立了以 YY 语音为基础，游戏、音乐、直播、教育等业务加持的集群式富集生态圈。伴随 2016 年 YY LIVE 的品牌升级，可以预见，欢聚时代会在原有业务的基础上发力移动端产品布局与泛娱乐业务拓展，以便满足庞大用户社区不断进化的需求，从而推动营收和净利润增长。

根据易观发布的《2016 年中国娱乐直播市场实力矩阵专题研究报告》显示，易观对 2015 年至 2017 年开展娱乐直播业务的主要厂商在实力矩阵中所处的竞争地位以及厂商现有资源和厂商运营能力的变化情况作如下解读。

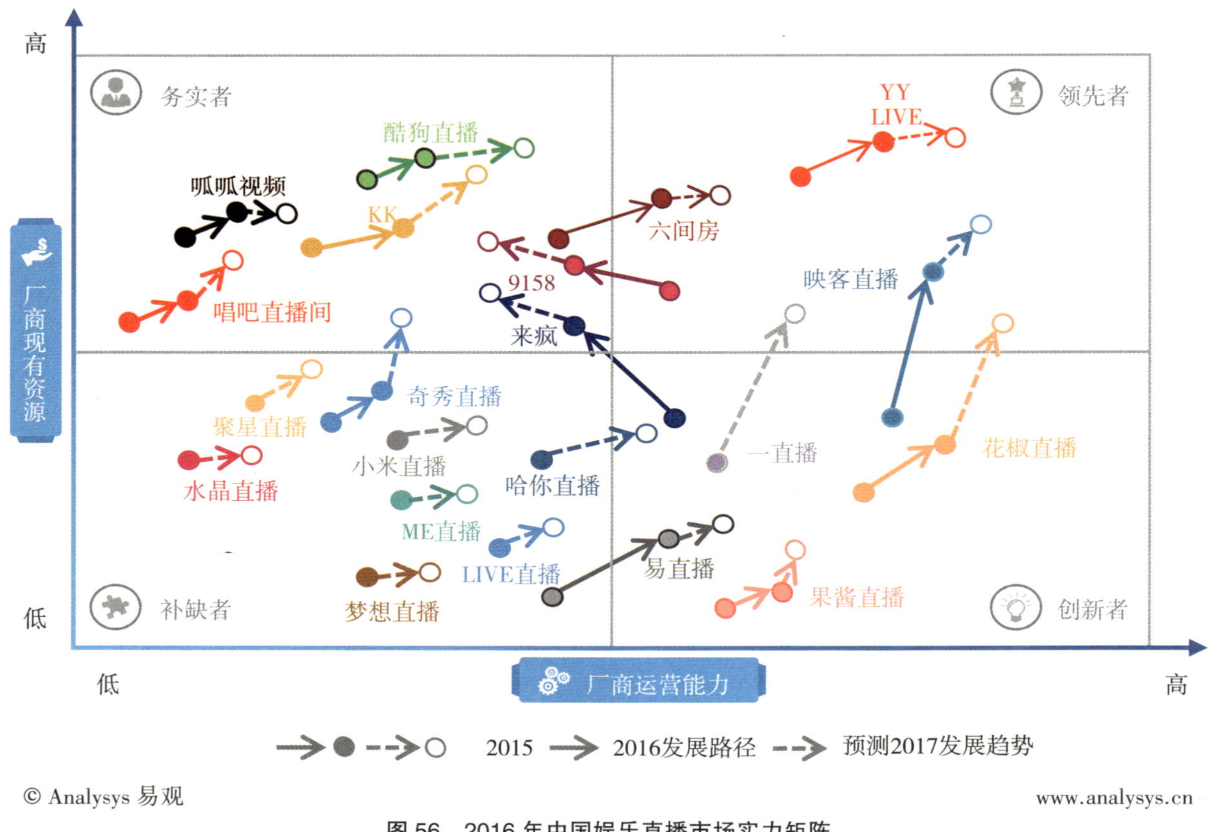

图 56　2016 年中国娱乐直播市场实力矩阵

• **领先者象限分析**

领先者在业务运营和商业模式创新或产品/服务创新性上拥有较强的独特性，同时具有很好的系统执行力能够把创新性提供给市场并获取较高的市场认可。

2016 年中国秀场娱乐市场领先者：YY LIVE、映客直播、六间房

随着宽带网络技术的日趋成熟以及网络提速降费政策的实施，中国移动互联网呈现高速蓬勃发展态势。得益于移动互联网发展和新业务模式井喷，2016 年的中国娱乐直播市场处于移动互联网加持的高速发展时期。YY LIVE 和六间房凭借秀场业务的多年深耕以及运营积累，已获资本市场认可。映客直播作为移动端而生的新潮直播产品，在产品格调和功能上引领了全民直播的风潮并在资本热捧下站上了娱乐直播的风口浪尖。位于领先者象限的 YY LIVE 在 2016 年战略转型的基础上，加大资源投入和直播领域的拓展布局，并在娱乐直播的内容形态和商业模式方面拥有较多的创新点。

继剥离游戏业务成立游戏直播平台虎牙直播后，整合多玩游戏、欢聚游戏、虎牙直播业务模块，成立互动娱乐事业部，娱乐、教育、游戏三大业务支撑的欢聚时代在多元富集业务上发展得有声有色。在手机直播爆发的 2016 年，YY 在秀场模式的基础上发布了战略升级的全新品牌 YY LIVE，并上线了手机直播产品——ME 直播。YY 的内容早期是以 UGC 为主打，即用户生成内容模式，品牌升级的 YY LIVE 逐渐向 PUGC 模式进化，主打“专业扶持的自由演出”，并与合作机构进行内容制作上的合作以优化平台的内容产出质量。据欢聚时代 2016 年第 2 季度的财报显示，YY LIVE 移动端用户已超过 PC 端且移动端业务营收呈现持续增长势头。预计在 2017 年，YY LIVE 将在品牌升级的基础上，继续围绕移动端业务的发力加大主播培育与内容布局，以巩固自己的领先者位置。

自 2015 年 5 月上线后，映客直播凭借“你丑你先睡，我美我直播”刷爆朋友圈，握住了移动直播产品的社交渠道推广机会。映客在上线之初就明确并坚定了全民娱乐直播的平台定位，因此无论是映客首创的智能实时美颜功能，还是在强化自身移动直播平台的基础上推出的全球首创三连麦技术、精彩回放、私密直播、“我的一天”短视频等新功能，都极大降低了大众参与直播的门槛，更充分满足了用户群体在颜值、互动、娱乐等方面的多重需求，这是映客引领全民直播风潮的根本所在。明星、网红可拉动新增用户增长，所以明星艺人的直播站台已成为移动直播平台的推广利器，映客在兼顾明星、网红直播的同时，更多将目光聚焦在草根素人身上，夯实了平台“全民直播”的基调。2016 年，借助刘涛、马东、傅园慧等明星主播的热度，“小映助学”、“天猫双十一”、“三人五环”的线上活动及内容逐渐将直播与娱乐、公益、体育、营销、教育等多个领域深度结合，开创了全新的客户体验并在此基础上构建了深度多层次的内容生态与流量变现探索。预计在 2017 年，映客直播将发力核心用户的转化以提升平台的自造血能力，并通过“直播+”的更多探索以最大程度地拓宽平台变现方式。

- **务实者象限分析**

务实者拥有丰富的资源，业务经营能力较强，但是创新优势不明显。

2016 年中国娱乐直播市场务实者：酷狗直播、KK、呱呱视频、唱吧直播间、9158、来疯

酷狗直播，由酷狗繁星更名而来，是酷狗于 2012 年倾力打造的在线视频互动演艺平台。基于酷狗音乐“听看唱玩”的一体化音乐服务与音乐产业背景，酷狗直播定位于音乐现场直播平台，自成立之初便致力打造草根歌手及艺人，并以成功的网络直播 O2O 造星模式在演艺圈声名鹊起。2015 年尝试策划平台艺人线下音乐演唱会，推出全新 O2O 线上线下互动栏目《星现场》，并在酷狗直播平台全程独家直播。音乐内容的专业性和独特性是酷狗繁星的核心资源，预计在 2017 年，酷狗直播将得到酷狗音乐更多的音乐资源支撑，凭借平台鲜明的音乐属性朝专业化与垂直化方向发展。

KK，隶属 2012 年创立的杭州米络科技有限公司，产品形态涉及秀场、游戏、影视等多元娱乐直播内容。在网络直播市场竞争空前激烈的 2016 年，米络于 2016 年年初整合原有“KK 唱响”、“KK 直播”、“KK 开播”，统一为娱乐社交视频直播互动平台“KK”。针对当下的“95 后”及“00 后”用户，推出手机视频直播社交产品棒直播，从而实现内容和产品形式上的创新。KK、棒直播在拓展娱乐明星、游戏竞技、科技人文等多个领域的同时，还加大了原创内容的开发与尝试。平台周播类情感访谈直播节目《深夜私房话》已在平台积累了可观的粉丝量；自制恶搞版《太子妃升“值”记》《我的“逗逼”女友》反向输出视频网站；试水直播自制真人秀《美人出逃——非洲花样之旅》以承载平台主播与内容的创新。预计在 2017 年，KK 将基于平台产品的解构与积累，在直播内容层面做出更大的尝试与探索。

● 创新者象限分析

创新者在产品/技术上的投入很大，并在商业模式、技术或者产品服务的创新性上有独特的优势。但是由于上线时间不长等原因没有得到很好的市场表现。创新者迫切需要获取研发投入的产出，以大力改变整个产业的格局。

2016 年中国娱乐直播市场创新者：花椒直播、一直播、易直播、果酱直播

2015 年 6 月，花椒直播正式上线，致力于以强硬的技术实力和优质的内容，打造一个具有强明星属性的直播平台。在竞争激烈的 2016 年，花椒直播在产品功能、内容形态、商业变现层面做出了很多创新尝试。与 Faceu 联手推出萌表情，将独家原创变脸功能嵌入直播，增加直播趣味性；上线 VR 直播专区，支持包括 insta360、完美幻境、蚁视等在内的国内多家知名厂商设备；作为具有强明星属性的直播平台，举办明星大咖与花椒主播齐聚的“花椒之夜”，助推直播的主流化。此外，花椒直播还推出了专业人员策划主题的自制直播，涵盖明星、主持、相声、星座、心理咨询、选秀等多个领域。发布“融”平台战略将直播与电商、旅游、影视综艺、游戏等行业结合，与百合网、途牛影视已有成功的跨界合作，实现了平台与合作企业的共赢。预计在 2017 年，花椒直播将在主播培养与内容拓展的基础上，提升平台自造血能力以及商业变现的进程。

一直播是一下科技旗下产品，于 2016 年 5 月 13 日正式上线。在上线之初，一直播便承担了微博直播业务的支持功能，是一款嵌入微博自带用户流量入口的娱乐直播产品。直播业务是微博的垂直化战略之一，通过开放明星、粉丝、网红、段子手资源维持平台用户的社交关系，一直播与微博达成独家战略合作，导入用户基于微博的网络社交圈。据微博 2016 年 Q2 财报显示，直播业务为微博的用户变现做出了重大贡献。一直播聚合微博、秒拍、小咖秀的用户及内容资源，形成基于社交及视频的产品矩阵，邀请贾乃亮做创意官，直播“2016 宋仲基粉丝见面会”，以微博的公信力和粉丝基础作为支撑，一直播拥有众多明星、网红资源并引爆了明星的扎推直播。预计在 2017 年，一直播将依托既有“直播+社交”优势，在直播的内容形态及“直播+”的探索层面做更多的尝试。

● 补缺者象限分析

补缺者对于产业格局的影响不大，由于进入市场时间尚短或时机不对暂时没有取得较好的市场竞争地位，补缺者很难保持稳定状态，一旦从补缺者队伍中脱颖而出，将会成为另外 3 类厂商或者投资者的并购/投资对象。

2016 年中国娱乐直播市场补缺者：奇秀直播、哈你直播、聚星直播、小米直播、ME 直播、水晶直播、LIVE 直播、梦想直播

主流视频网站、门户网站以及互联网巨头纷纷涉足在线秀场：腾讯早已入股呱呱视频，网易创办 BOBO 直播间，优酷开设来疯，爱奇艺搭建奇秀，直播俨然成为视频网站流量变现的标配。坐拥爱奇艺视频网站平台资本，用户大多数为视频网站平台用户引流而来，与传统直播单纯以明星、主播为核心的内容播出不同，奇秀直播主打追星内容和造星业务。奇秀直播业务更加倾向于泛娱乐属性，预计 2017 年在与爱奇艺内容生态系统的协同互动下，奇秀直播将朝基于爱奇艺自身网络直播技术和平台用户积累的娱乐直播业务方向发展。

哈你直播是陌陌推出的移动视频社交直播 APP，依托陌陌的流量底盘与陌陌用户的陌生社交需求，为用户提供新奇的内容和社交生活。抛开陌陌主产品的直播业务及营收变现能力，哈你直播在作为独立产品上线的探索中逐渐找到了自身的发展方向。陌陌通过支持音乐播放的产品功能实现以及陌陌现场的尝试，验证了陌陌用户对于音乐和泛娱乐内容的认可和接纳。通过哈你直播与太合音乐的战略合作，陌陌再次认准了与音乐产业的跨界合作。预计在 2017 年，哈你直播将围绕“直播+音乐”打造自身的平台特色。

移动音乐

随着移动互联网的高速发展，满足人们收听音乐需求的音乐播放器产品逐步发展为集推荐、歌单、分享、评论、电台以及周边活动等诸多丰富功能于一身的综合型音乐平台。2015 年国家版权局下发“史上最严版权令”，经历音乐版权规范化和行业内部资源整合洗礼的中国移动音乐市场迎来高速发展契机。目前，网络巨头的音乐产业布局逐渐清晰。坐拥酷狗、酷我音乐的中国音乐集团和腾讯集团对数字音乐业务进行合并成立腾讯音乐娱乐集团，三个品牌保持独立发展，基于“听唱看玩”的多产品布局探索音乐产业的可行盈利模式；阿里音乐旗下虾米音乐和阿里星球定位区分开来，前者专注流媒体音乐服务，后者聚焦于粉丝交互平台；网易云音乐另辟蹊径从音乐社交切入，已成长为突破 3 亿用户的移动音乐平台；并入太合音乐的百度音乐也明确了从“播放器工具”到“多功能平台”，再到人格化、场景化、智能化的“音乐伴侣”的发展路径。至此，中国移动音乐市场已形成“一超多强”的竞争格局。

易观分析认为，现阶段的中国移动音乐市场处于资源整合加码行业持久战的高速发展阶段。

易观基于 AMC 模型对中国移动音乐市场成熟度进行了精准画像。根据移动音乐的用户规模、产业收入规模等多个维度的表现，易观认为目前中国移动音乐市场处于正版音乐拓展多元变现价值，资源整合加码行业持久战的高速发展期。现就中国移动音乐市场发展阶段作下述分析：

探索期（2003—2008）

“彩铃”作为增加手机用户通信流量的增值业务出现，成为移动音乐的雏形。中国移动自 2003 年推出个性化“彩铃”业务，用户数量和收入增长可观。通信运营商通过彩信、彩铃、手机下载等业务模式改变唱片公司的销售模式，通信运营商的无线增值业务救活了经营惨淡的唱片公司。

苹果公司于 2003 年创立了 iTunes 在线音乐商店，将播放器和正版音乐“捆绑”销售。苹果公司音乐播放产品 iPod 引领国内 MP3 产业热潮，音乐载体从黑胶、卡带、CD 到 MP3 的改变，迎合并培养了用户移动场景收听音乐的习惯，移动音乐用户规模快速增长。

市场启动期（2009—2014）

网络搜索引擎的出现使得网络盗版音乐迅速蔓延，免费下载和盗版横行严重制约行业发展。以免费和分享为主题的网络音乐下载促成了用户根深蒂固的使用习惯，移动音乐产业发展举步维艰。国家版权保护部门相继开展打击网络侵权盗版的“剑网行动”并加强对网络音乐的知识产权

© Analysys 易观 www.analysys.cn

图 57 2016 年中国互联网音乐产业生态图谱

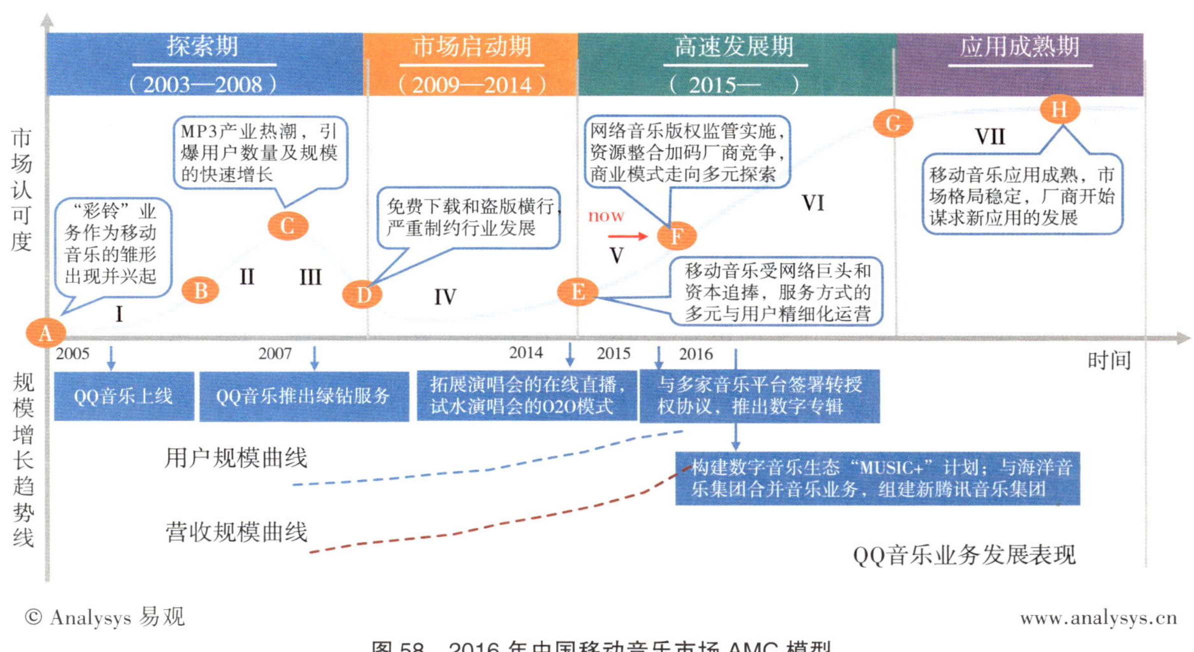

图 58　2016 年中国移动音乐市场 AMC 模型

保护。随版权保护政策的推出及音乐市场整顿，版权状况逐渐改善，移动音乐产业发展进入市场启动期。

高速发展期（2015—　）

随着宽带网络技术日趋成熟以及网络提速降费政策的实施，中国移动互联网呈现高速蓬勃发展态势。得益于移动互联网发展和手机应用 APP 类型和数量的井喷式增长势头，2015 年的中国移动音乐搭载移动互联网的东风走向高速发展阶段。2015 年 7 月，国家版权局下发《关于责令网络音乐服务商停止未经授权传播音乐作品的通知》，要求 2015 年 7 月 31 日前，各网络音乐服务商必须将未经授权传播的音乐作品全部下线。正版音乐政策的实施不但让网络音乐的免费时代成为过去，也开启了国内在线音乐正版化的新征程。2016 年，中国音乐集团和腾讯集团对数字音乐业务进行合并，合并后的酷狗、QQ 音乐、酷我等产品和品牌保持独立发展；继 10 月停止天天动听的互联网运营业务后，12 月阿里星球彻底停止音乐服务，直接把用户引导进虾米音乐；百度音乐依托太合音乐集团的生态体系，在差异化竞争中寻找新出路；网易云音乐上线赞赏功能，深耕音乐社交。经历过政策洗礼和资源整合后的移动音乐市场，进入新腾讯音乐集团绝对垄断，太合音乐、阿里音乐、网易音乐等巨头对峙的格局。

应用成熟期（2021—　）

进入成熟期之后，中国移动音乐市场同质化竞争严重，政策、资本倒逼移动音乐市场重构行业壁垒，品牌或成为核心竞争力，厂商纷纷做出业务转型或拓展的战略布局。

对移动音乐厂商而言

现阶段的中国移动音乐市场已形成集移动音乐 APP、版权资源方、网络运营商、支付渠道、终端设备、广告主以及用户为利益相关者的价值多元产业格局。随着政府监管制度的不断完善和行业内部的资源整合，移动音乐产业厂商纷纷围绕优质资源的独家版权、数字专辑形式的首发以及音乐生态的布局展开激烈争夺。此外，围绕用户多元娱乐需求在产品层面做功能拓展，在产业链层面做上下游联动与延伸，也成为移动音乐厂商的布局方向。

对移动音乐用户而言

国家版权部门和行业自身对正版音乐的监管和引导正在冲击中国网民免费下载音乐的观念，网民付费观念和移动支付习惯处于建立阶段。数字专辑带领音乐发行进入无介质时代，社交互动、在线直播等诸多平台特色功能也在不断涌现，移动音乐的智能硬件研发正在满足移动音乐用户的多场景使用需求。

对市场投资者而言

2015 年的移动音乐市场投资并购比较活跃，以网络巨头为首的投融资事件接连上演。移动音乐产业备受资本市场关注，市场投资者的青睐与资本注入推动移动音乐产业的快速发展。由于正版音乐政策实施所带来的音乐内容内生增长与外延增长，大力提升了移动音乐市场的商业化进程。围绕音乐核心所催生的数字音乐专辑发售、音乐演唱会的在线直播，以及移动 K 歌、音乐编辑与教学等模式与领域逐渐崛起，大大加码了移动音乐市场的投资价值。

市场典型企业——QQ 音乐

QQ 音乐是移动音乐市场的典型厂商，易观分析认为，QQ 音乐凭借极具前瞻性的行业布局和合理的版权采买机制，在用户覆盖和曲库量级上占据绝对优势。QQ 音乐围绕“音乐版权”，凭借成熟的商业机制、产品渠道和广泛的用户覆盖，基于版权和用户两个核心节点构筑移动音乐生态圈。

QQ 音乐成立于 2005 年，是腾讯公司推出的网络音乐平台。2007 年，QQ 音乐推出绿钻服务，支持桌面歌词、明星演艺及空间分享等功能；2008 年，QQ 音乐推出线下歌友会及网络赛事活动；2009 年，QQ 音乐面向所有 QQ 用户推出音乐包月服务绿钻贵族，并结合音乐推出了空间 MV 秀、MV 分享等周边绿钻特权，全面提高绿钻贵族的视听享受；2011 年，QQ 音乐支持不同社交平台间的音乐分享；2012 年，推出售票演出项目《QQ 音乐尊享音乐会》；2014 年，QQ 音乐与华纳索尼等多家音乐公司拓展音乐版权合作，拓展优质音乐资源，并开启以数据化、社交化、网络化、大众化为特点的大数据巅峰盛典；2015 年，国家版权局对音乐平台上的内容进行整顿，QQ 音乐与多家音乐平台签署转授权协议，推动正版化发展；2016 年，腾讯开启数字音乐生态圈“MUSIC+”构建计划，并与中国音乐集团合并音乐业务，合并后的 QQ 音乐、酷狗音乐、酷我音乐仍保持品牌独立发展。

QQ 音乐积极布局数字音乐正版化建设，自 2005 年成立至今，历经十年积淀，在曲库版权建设始终领航产业发展，拥有的独家版权合作方包括华纳、索尼、YG、LOEN、CUBE、JVR、福茂、英皇、华谊、乐华、少城时代、梦响当然等海内外优秀唱片公司 30 余家，总计达成版权战略合作方 200 多家，累积了超过 1500 万首的海量正版曲库，并与《中国好歌曲》《中国梦之声》《最美和声》等标杆性电视音乐栏目达成独家合作。QQ 音乐创新音乐专辑发售的数字专辑，依托歌迷和强势粉丝的利益转化和输血模式，自 2014 年 12 月开始，成功发售了周杰伦、张学友、周笔畅、BIGBANG 等歌手的数字专辑。截至 2016 年 7 月，已累计销售了 2000 万张专辑，总销售额突破 1 亿元人民币。

而且 QQ 音乐已经在听歌、K 歌、社交、票务、演出、游戏等领域都建立了付费体系，完成“听看唱玩”全场景生态布局。QQ 音乐将依托现有版权资源与用户资源，发展融合版权购买、转授权、数字专辑、社交传播、付费收听下载、电商发售、O2O 演出等多种商业模式为一体的综合生态模式。

2016 年，中国移动音乐市场的整体规模将达到 86.8 亿元人民币，较 2015 年同比增长 41.4%。易观预测，2017 年的中国移动音乐市场规模将达到 115.6 亿元人民币，囿于移动音乐用户数增长势头不再强劲，收入规模同比增长率有所放缓；伴随产业盈利模式的多元化发展以及用户付费习惯的建立，预计 2019 年的中国移动音乐市场规模将超过 150 亿元人民币。

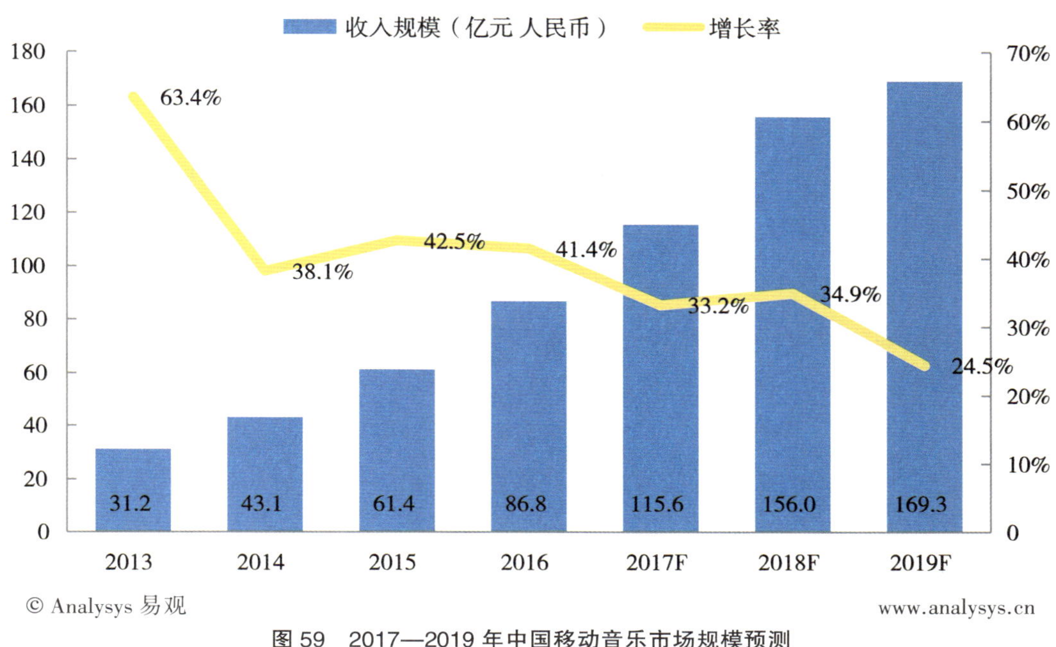

图 59　2017—2019 年中国移动音乐市场规模预测

通过中国移动音乐整体市场发展趋势来看，版权内容争夺和商业模式创新成为移动音乐市场的核心议题。未来移动音乐市场发展将有如下趋势：

1. 音乐内容及平台服务的付费化

“史上最严版权令”下发执行以来，音乐作品的版权使用逐渐规范，版权不清晰和盗版情况得以改善。在此背景下各家音乐平台采购音乐资源的成本提升，加之音乐产业长期面临盈利的困扰，音乐内容及平台服务会逐渐走向付费化。囿于用户在 PC 互联网时代形成的免费下载及收听观念，用户的付费消费习惯尚处于培养阶段，所以如今各音乐平台只是开通部分优质内容的付费下载以及针对会员用户的付费音乐包服务。高质量无损音乐、在线听歌免流量、免广告、演唱会近距离接触明星等音乐服务及特权设置是推行音乐内容付费化的重要措施，通过付费获取优质音乐服务的观念正被越来越多的用户所接受。

2. 数字专辑将成为主要音乐发售模式

随着网络信息技术的飞速发展，音乐的传输载体由胶片、卡带、CD 等物理介质发展为数字格式的形式。数字专辑，指的是不依托实体 CD，通过授权网站发售正版音乐的形式。QQ 音乐率先采用这一模式，依托平台用户中的强势粉丝积极参与并取得了可观收益。在技术和经济的双重背景下，越来越多的音乐人将专辑发售重心转向数字专辑。展望未来，数字专辑将接棒实体 CD 成为音乐发售的主要模式。

3. 版权获取由“代理”向“自产+代理”模式转变

“代理”模式主要包括唱片公司音乐版权独家代理、音乐版权转授权和音乐综艺音频授权，“自产”则主要指与音乐人的合作及扶持计划。移动音乐平台发展早期主要承担音乐播放器的服务角色，行业话语权小，只能被动地接受“代理”模式。现如今随着业务多元化，加之平台对产业链上下游环节持续渗透，把控越来越重要的资源，各音乐平台已经有足够实力增加“自产”模式以寻求差异化。现阶段主要体现为对原创音乐人的扶持及孵化，比如咪咕音乐的 30 亿“音乐新生态”计划、网易云音乐的“石头计划”独立音乐人扶持计划、百度音乐的“百度音乐人”计划等。

4. 粉丝经济发力，泛音乐服务消费增长迅猛

从中国数字音乐的历史发展来看，单纯的音乐形式买单率向来不足，要提升用户的买单意愿，需要提升音乐的复合性，更多与音乐人运营、粉丝娱乐等产业链环节结合起来，形成以音乐人为中心，音乐发行、节目制作、专属音乐会、在线演艺等泛音乐服务加持的粉丝生态。QQ 音乐原“MUSIC+”计划通过围绕明星艺人推出“巨星定制”计划，专注明星音乐人背后的粉丝经济，先后与王力宏、李宇春、TFBOYS 等音乐人合作取得一系列成果，成为国内数字音乐人 IP 运营的开拓性品牌。现如今坐拥酷狗、酷我及 QQ 音乐的腾讯音乐娱乐集团，进一步将其升级为“聚・星公社”，TFBOYS、王力宏、周笔畅等人已入驻成为第一批成员。阿里星球也砍掉音乐播放器功能为主的音乐集成服务，定位为泛娱乐粉丝交互平台。

5.“音乐+硬件”捆绑用户多元化场景需求

随着智能手机人口红利的消失，各移动音乐厂商会不遗余力寻找新的增量市场，与此同时，经过近些年的市场培育，用户对音乐体验的要求越来越高，听歌场景也趋于多元化。“一部手机听遍天下”的情况会越来越少。而耳机、音箱、智能电视、家庭音响、车联网等音乐相关的硬件领域则会成为重点探索对象，目前各个厂商或多或少已经做了一些尝试。比如 QQ 音乐的车载互联、网易云音乐的车载蓝牙播放器。

根据易观发布的《2016 年中国移动音乐市场实力矩阵专题研究报告》显示，易观对 2015 年至 2017 年开展移动音乐业务的主要厂商在实力矩阵中所处的竞争地位以及厂商现有资源和厂商运营能力的变化情况作如下解读。

• 领先者象限分析

领先者在业务运营和商业模式创新或产品/服务创新性上拥有较强的独特性，同时具有很好的系统执行力能够把创新性提供给市场并获取较高的市场认可。

2016 年中国移动音乐市场领先者：QQ 音乐、酷狗音乐、酷我音乐

QQ 音乐不断整合腾讯平台各种优势资源，已经打造出一条系统化的生态链，涵盖了音乐社交、音乐电商、O2O 演出、粉丝经济等全方位、多元化的明星互动娱乐模式。而在音乐生态发展上，

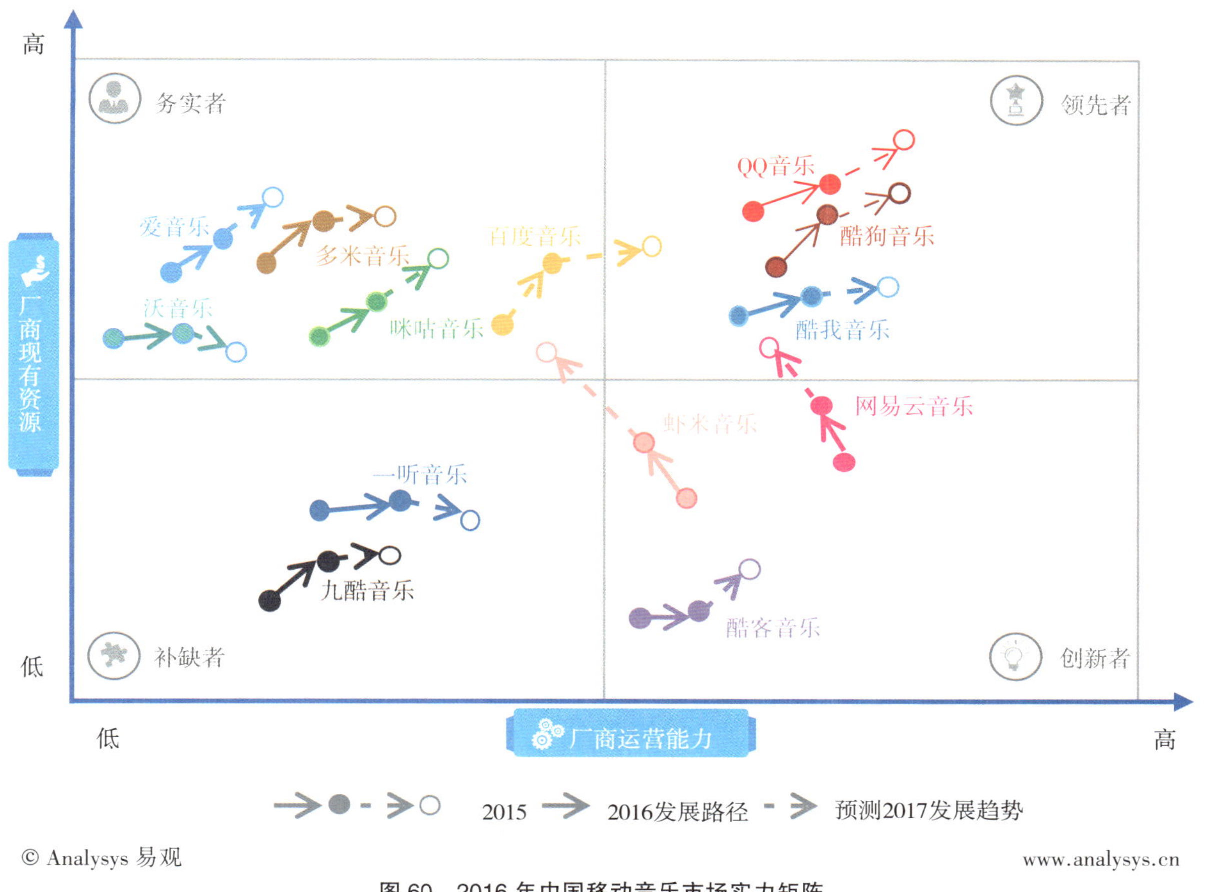

图 60　2016 年中国移动音乐市场实力矩阵

QQ 音乐也一直引领行业开拓新思路。在 2015 年数字唱片与在线演唱会成绩双收的基础之上，2016 年从“听”“看”“玩”“唱”音乐四大维度来深耕音乐服务。年初，推出为歌手量身打造的“巨星定制计划”以及致力于构建数字音乐生态圈的“MUSIC+”计划，以期连接内容、用户、终端等各音乐产业环节，搭建开放化的音乐大社区，提供更多智能化及个性化服务的新模式。年中，在媒体分享会上宣布其付费用户达 1000 万，数字专辑累积销售破亿元。年终，协同酷狗、酷我平台独家开售鹿晗全新 MINI 数字专辑《Xplore》，继续推进用户的付费习惯。QQ 音乐已经在听歌、K 歌、社交、票务、演出、游戏等领域都建立了付费体系，完成“听看唱玩”全场景生态布局。

酷狗音乐作为老牌的音乐厂商，有着 PC 端庞大客户群的先天优势，依托强大的音乐库、音乐标签及个人偏好推荐功能，让用户的需求满意度得到最大化提升，并在移动端保持其用户规模领先的优势。2016 年，酷狗音乐大手笔再次发力音乐版权布局，年初与国内最高级别音乐频道——央视音乐频道合作，将其海量独家音乐资源如数纳入酷狗正版音乐版图。继与 QQ 音乐合并音乐业务后，酷狗音乐也获得了来自腾讯音乐集团层面的版权资源。同时，酷狗音乐继续完善自身的产品矩阵。繁星直播更名酷狗直播，在酷狗音乐盒产品中内嵌直播入口，为用户提供以集资讯、视听、互动为主的一体化娱乐服务。

酷我音乐同样基于市场先发优势积累了一定数量的音乐服务用户群，除提供播放器音乐服务外，还有电台、直播、听书等产品功能的内嵌与协同。值得注意的是，酷我音乐在原创 DJ 音乐人的发掘和扶植方面远远领先其他音乐平台，开设酷我深度培养的原创 DJ 音乐人频道，在 MC 喊麦圈中拥有很强的认知和影响力。此外，2016 年，契合平台“好音质，用酷我”的战略定位，酷我音乐向公众推出“母带音频”，把过去只存在于专业人士专业设备中的未压缩的“母带”音乐带给普通用户。同时，酷我音乐也在音乐硬件领域发力，继 2015 年 9 月推出第一款硬件产品酷我 K1 无线音乐耳机后，在 2016 年推出酷我喷喷防淋水蓝牙音箱 S7 以及头戴耳机，围绕“畅听好音乐”打造音乐硬件链，完善其音乐生态布局。

● 务实者象限分析

务实者拥有丰富的资源，执行能力较强，但是技术/产品本身的创新优势不明显。

2016 年中国移动音乐市场务实者：百度音乐、咪咕音乐、多米音乐、爱音乐、沃音乐

百度音乐依靠百度搜索入口为其积累了早期的门户音乐用户，2015 年国家版权局发布《关于责令网络音乐服务商停止未经授权传播音乐作品的通知》，未经授权的歌曲将全部下架，百度音乐由于早期没有版权资源的储备与布局而错失市场领先机会。2015 年 12 月与太合音乐集团合并后，有效弥补了其在版权资源层面的不足。2016 年的百度音乐在产品层面做了更新，除对用户体系、会员中心等进行改善外，还新增了 UGC 体系和音乐商城，并将自身会员与爱奇艺等百度其他领域的会员打通，以提升用户的泛音乐服务。百度音乐一方面是借助百度的流量入口优势和大数据对接用户，从而加强用户体验，另一方面因并入了拥有太合麦田、海蝶音乐、大石版权等音乐厂牌，以及布局 LiveHouse、音乐节、演唱会等线下业务的太合音乐集团，百度音乐可以从中获得从内容版权到线下演出、粉丝社群等方面的优势资源，预计 2017 年的百度音乐将进入市场领先者队列。

咪咕音乐隶属咪咕文化科技有限公司，从原有基地模式走向公司化运营。咪咕音乐拥有 www、wap、12530 语音台三大门户及咪咕音乐、咪咕铃声两大客户端，面向用户提供完整的音乐产品及体验。此外，咪咕音乐还携手华纳、索尼、环球、EMI 等国际知名唱片公司及诸多国内音乐制作人/工作室，推出众多正版音乐歌曲、彩铃订制等音乐类订制内容，每年更有超百场“咪咕和 TA 的朋友们”“咪咕音乐现场”等线上、线下联动的演艺活动及“年度音乐盛典咪咕汇”等大型音乐颁奖礼。2016 年，咪咕音乐旗下“咪咕和 TA 的朋友”“咪咕音乐现场”“咪咕汇”三大演艺品牌继续发力，进一步整合行业优质演艺资源并通过咪咕音乐官网、咪咕音乐客户端等平台进行全方位实时直播，为用户的音乐生活带来全方位的优质体验。咪咕音乐主要经营以音乐为载体的新媒体业务，是中国移动集团面向全国 8 亿手机用户提供音乐产品和增值服务的业务窗口。

多米音乐隶属 A8 新媒体集团，是以“音乐云”为核心，跨终端于一体的专业数字音乐服务提供商。通过与各家 CP 及终端厂商的合作，曲库来自于环球、海蝶、SM、JYP、陈家瑛工作室、KT MUSIC、CJ E&M、孔雀唱片、力行网际、龙乐文化、天娱传媒等唱片公司，为用户提供高品质音乐。2015 年上线的粉丝应援平台 APP 偶扑，成为多米音乐发展粉丝经济的重要平台和战略。多米音乐已经引进了光线传媒、华谊兄弟、磐石基金、七匹狼、喜之郎等投资者资源，并与中移动旗下咪咕文化达成了战略合作，于 2016 年 9 月获准挂牌新三板。

● 创新者象限分析

创新者在产品/技术上的投入很大，并在商业模式、技术或者产品服务的创新性上有独特的优势。但是由于种种原因没有得到很好的市场表现。创新者迫切需要获取研发投入的产出，大力改变整个产业的格局。

2016 年中国移动音乐市场创新者：网易云音乐、虾米音乐、酷客音乐

网易云音乐是网易公司于 2013 年推出的一款音乐产品，依托专业音乐人、DJ、好友推荐及社交功能，在线音乐服务主打歌单、社交、大牌推荐和音乐指纹，以歌单、DJ 节目、社交、地理位置为核心要素，主打发现和分享。相较于其他竞争产品，网易云音乐发展迅猛。网易云音乐依靠准确的定位，先在用户群中建立移动音乐社区转而以用户为中心打造音乐生态圈。一方面，网易云音乐主打歌单、社交、音乐指纹以及大牌推荐四大核心功能。允许用户导入原有手机通讯、SNS 关系，还能用 LBS 查看附件用户分享的好音乐，这一系列的动作，让网易云音乐走出了音乐播放器的影子。另一方面，网易云音乐注重用户体验，在应用 UI 设计、用户反馈等各方面都加以用心，甚至在推荐方面都采取人工推荐与机器推荐相结合的方式，赢得了大批用户的喜爱与追捧。

虾米音乐隶属阿里音乐，阿里音乐正式组建于 2015 年 3 月，旗下拥有天天动听和虾米音乐两款音乐产品。在阿里音乐的战略层面上，两款产品逐渐走向差异化，虾米音乐专注于音乐播放器功能，天天动听这款产品做更多尝试。2016 年，天天动听先是改版阿里星球后停止互联网运营服务，阿里星球则脱离音乐播放服务，彻底变更为一个粉丝娱乐的互动交易平台。预计 2017 年，虾米音乐将承担起阿里音乐更多的音乐服务功能，并加快产品商业变现的进程。

- **补缺者象限分析**

补缺者对于产业格局的影响不大。但是受限于自身规模的发展，补缺者很难保持稳定状态，一旦从补缺者队伍中脱颖而出，将会成为另外 3 类厂商或者投资者的并购/投资对象。

2016 年中国移动音乐市场补缺者：一听音乐、九酷音乐

一听音乐基于一听音乐网庞大的曲库，集搜索、在线试听、歌曲管理、歌词匹配等众多功能于一身。一听音乐集正版音乐、原创歌曲平台、网络电台为一体，拥有丰富的正版音乐库、原创歌曲展示平台（可乐频道）和精彩纷呈的电台节目（一听音乐台）。但由于版权合作形式受限，音乐资源以网络流行和老歌为主，外加产品功能的相对单一导致一听音乐难以吸引年轻用户。

互联网体育

互联网体育

中国体育市场在经过 2015 年的狂热后，2016 年市场趋于理智，但是龙头企业对于赛事版权的争夺依然十分激烈，英超、亚冠等赛事版权价格再创新高。中小创业企业则更多地在群众体育市场发力，通过不同的赛道分享体育行业的蛋糕。而资本市场除了在国内投资企业和赛事外，也开始更多地关注海外市场，对欧洲的俱乐部展开投资和收购。以阿里巴巴、腾讯、苏宁等为代表的互联网企业围绕体育产业布局发展，开启了各个环节的“互联网+”模式。未来，对体育用户价值的不断深挖，将促使“互联网+体育”市场不断迎来新的发展机遇。在传统体育跨越地域联动程度不高的情况下，互联网的大数据运用将可构建全新的产业链运营、生态化的发展思路，也为行业发展带来巨大的想象空间。

易观分析认为，中国互联网体育市场目前处于市场启动期。

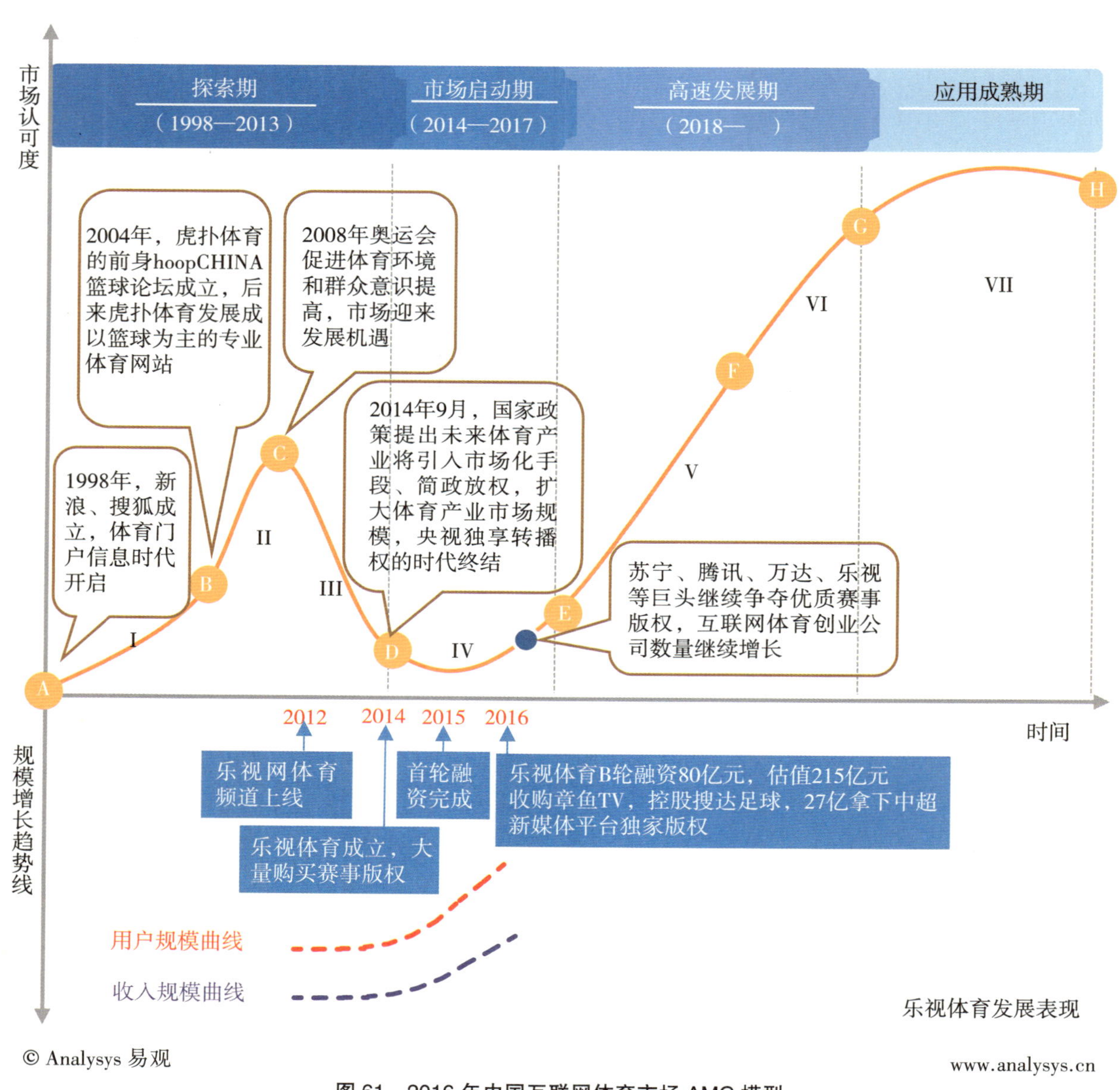

图 61　2016 年中国互联网体育市场 AMC 模型

探索期（1998—2013）

由于 2000 年广电总局颁布的《关于加强体育比赛电视报道和转播管理工作的通知》规定，

重大体育赛事，包括奥运会、亚运会、世界杯（及其预选赛）的电视转播权，在中国境内统一由中央电视台负责谈判与购买，其他电视台、广播电台不得直接购买，因此这个阶段央视在转播权方面一家独大。2008 年北京奥运会促进中国体育环境和群众意识提高，市场迎来发展机遇。早期的互联网体育产品以新浪体育、腾讯体育、搜狐体育等体育信息门户网站为主。之后随着淘宝等网上零售平台的成立和网络视频的推广，用户购买体育用品的渠道从线下往线上渗透，观赛渠道从电视直播扩大到在线转播。2012 年之后，在移动互联网快速发展的背景之下，一些移动体育服务随之兴起。

市场启动期（2014—2017）

早期政策造成的央视长期垄断地位使得国内体育转播版权价值被低估。2014 年 9 月，国家政策提出未来体育产业将引入市场化手段、简政放权，扩大体育产业市场规模，央视独享转播权的时代终结。随着赛事审批权和转播权放开，国内版权运营空间扩大。网络媒体、地方电视台以及民营资本参与竞争，版权价格也从行政定价回归市场定价。2015 年 10 月，体奥动力以 5 年 50 亿元人民币打败央视及其他竞争者拿下中超版权，使得赛事整体商业价值大幅提升，也标志着体育版权市场正式开始市场化、规范化。2016 年，互联网巨头公司对于优质体育赛事的版权之争愈发激烈。赛事版权的价格也是节节高升，出现了乐视体育 27 亿元人民币独揽中超联赛未来两年新媒体版权，腾讯体育 5 亿美元拿下 5 年中国大陆 NBA 独家的网络播放权，苏宁以 7. 21 亿美元的总价获得 2019—2022 赛季英超在中国大陆及澳门地区独家媒体版权。赛事版权作为体育市场中最具商业价值的部分，成为巨头们抢占市场、布局产业链上下游的关键一环，因此在市场启动期企业对版权的争夺尤为激烈。此外，在 2016 年，瞄准互联网体育产业的初创公司也是雨后春笋般涌现，由于体育产业细分品类众多，因此有大量的赛道可供创业公司开发，与体育相关的大数据分析、体育旅游、运动健身等细分领域成为创业公司选择较多的几个方向。

高速发展期（2018—　）

互联网公司的战略布局逐渐落地，头部公司通过优质赛事版权的经营，得以实现产品盈利，互联网体育行业的商业模式逐渐清晰，并呈现多样性的特点。头部公司占据市场的主要份额，进入门槛提高，一些头部公司成功实现 IPO。在众多细分市场，一些早期初创型公司逐步探明了可行的商业模式，积累了一定的用户，开始进入市场收获阶段。体育产业的价值被持续挖掘出来，体育产值保持大幅增长。

对用户而言

在中国体育市场，用户的需求类型多样，包括基本的设备需求、健身的功能需求、竞技赛事观赏的娱乐需求。而随着互联网化进程加速，体育产业开始嫁接互联网基因，体育产品逐渐智能化，满足用户在智能服饰、智能器械、智能场馆以及可穿戴设备等方面的需求。体育在线服务市场也逐渐打开，出现包括在线票务、网络赛事直播、体育社交、运动记录等更多细分服务领域。体育与旅游、健康医疗服务、影视娱乐等行业的跨界合作越来越广泛，对于用户未来的各种需求将得到更大程度的满足。

对行业而言

目前国内体育产业的商业价值开发仍处于初期阶段，但是由于原有赛事转播权的垄断局面被打破，市场化进程的速度很快。在资本和互联网企业的推动下，2016 年，首先互联网企业在体育产业上游的赛事资源端展开了激烈的竞争，中超、NBA、英超等优质赛事 IP 的版权价格大幅增加。但是购买版权后，企业对版权的开发和变现能力并没有实质性的突破，因此赛事 IP 的价值在消费端的表现与企业购买的价格还有很大的差距。未来，如何提升用户端的价值，从而带动整个体育行业价值的良性增长是目前摆在体育企业面前的主要问题。互联网体育领域的创业公司数量在 2016 年继续保持大幅增加，而创业公司大量集中在运动健身领域，缺少差异化竞争导致资源和资本的浪费。对互联网体育行业来说，未来成熟商业模式的确立和对消费层面的开发变现是行业做大做强需要重点思考的问题。

对投资者而言

市场化改革红利、居民消费水平升级、用户需求高涨以及互联网巨头的入场将促进中国体育产业迎来黄金十年，5 万亿元人民币的市场规模亟待深入挖掘。当前体育服务仅贡献体育产业产值不到 20%，相比美国的 57%来说还有很大的提升空间。由于体育产业具备很高的准入门槛，因此拥有资本实力和掌握顶层体育资源的企业有望率先突围，赛事运营、场馆运营、体育营销以及大众健身领域将是投资热点。2016 年，体育产业投资基金的数量和规模又有明显的增加，包括邓亚萍团队与中原股权投资公司共同发起在河南省设立了邓亚萍体育产业投资基金，计划募集资金总规模为 50 亿元人民币。这些体育产业投资基金开始陆续投入到互联网体育产业中，资本的大量投入带动了行业的发展，也带来了更多的其他领域的投资人加入到体育产业的投资中，从而让体育行业中的更多细分领域获得发展空间，未来体育产业的产融结合、产融互动将变得更为突出。

市场典型企业——乐视体育

2012 年 8 月乐视网体育频道上线。2014 年 3 月，乐视体育作为独立的公司从乐视网分离出来，从赛事版权切入，拥有包括英超、欧冠、德甲、NFL、NCAA、F1 等在内的 200 多个版权，由单一的视频媒体网站的业务形态逐渐发展为基于“赛事运营+内容平台+智能化+增值服务”的垂直生态。

2016 年，乐视体育的布局动作进一步加强，购买 MLB 赛事的独家媒体权益，除了为 MLB 球迷搭建线上社区、售卖衍生产品之外，还将进行衍生 IP 的开发；冠名五棵松体育馆为乐视体育生态中心，冠名北京国安俱乐部，增强品牌传播力；控股搜达足球，布局体育大数据业务；收购体育直播平台章鱼 TV，进一步补充 UGC 直播模式。资本方面，乐视体育于 2015 年 5 月完成首轮 8 亿融资，估值达 28 亿美元，A 轮由万达投资领投，A+轮由云锋基金领投，东方汇富和普思投资等 7 家机构和个人跟投。2016 年 4 月，乐视体育完成 B 轮融资，由海航领投，中泽文化、安星资产、中金前海、新湃资本、中泰证券、体奥动力、中建投信托、中银粤财等 20 多家机构跟投。乐视集团、东方汇富等 A 轮股东对乐视体育增持，本轮共融得资金 80 亿元人民币，公司估值达到 215 亿元人民币。

乐视体育的融资目前主要用于购买优质赛事版权资源，其中27亿元人民币拿下中超两年的版权可谓是巨大的投入。此外，乐视还手握亚冠、CBA、2018世界杯亚洲区预选赛12强赛、英超香港地区转播权等重量级版权。大量的优质赛事版权，为乐视体育的生态发展提供了基础资源，之后围绕这些IP开发多样化的节目内容，最终实现大量付费用户的增长，这些是乐视体育未来盈利的一个重点思路。抢占互联网体育产业的龙头地位，需要资本力量的推动，乐视体育也正在借助资本的力量快速践行着其未来的目标规划。

网络游戏

移动游戏

2016年中国移动游戏市场仍处于高速发展阶段，大型场上囤积大量IP，拥有强大的研发能力，同时把控发行渠道，挤压着中小创业者和新进入者的生存空间，市场准入门槛提高，市场竞争格局趋于稳定。2016年端游改编手游成为行业的主流产品形态，反映出玩家对游戏内容的要求日益增高。重度游戏、IP泛娱乐化、市场细分成为移动游戏行业的三大趋势，同时由于人口红利消失和游戏转换成本增高等原因，行业对厂商精细化运营能力的要求日益增高。

易观分析认为，中国移动游戏市场目前仍处于高速发展阶段。

探索期（2009—2012）

2009年智能手机开始兴起，移动互联网概念逐渐变得火热，移动游戏作为重要一员也面临更多可能性，但受手机规模所限，市场仍处于孕育期。经过两年的市场培育，2011年智能手机用户规模快速扩大，移动游戏用户规模也随之增加。与此同时，《愤怒的小鸟》《水果忍者》等海外移动游戏进入中国市场，市场反响热烈，大量移动游戏创业厂商随之涌现。但游戏质量难以保证，产业链不完善，商业模式不清晰，整个市场尚处于探索期。

市场启动期（2013—2014）

2013年和2014年，随着中国移动游戏市场的快速发展，移动游戏行业备受资本市场青睐，投资并购频繁，PE指数普遍高达15倍左右。在资本利好的大环境下，大量创业团队入局，市场竞争愈发白热化，研发和运营推广成本逐渐提高。由于产业生态环境的独特性，移动游戏的推广极大地依赖于游戏平台和渠道。平台集中度高且背靠庞大的用户量，而研发商数量众多且分散，发行能力薄弱，两者对接时研发商明显处于劣势。为此，专注做发行的厂商出现，其普遍拥有雄厚的资金和推广运营能力，发行商的出现填补了移动游戏市场的重要产业环节，成为推动中国移动游戏行业发展的重要力量，市场进入启动期。

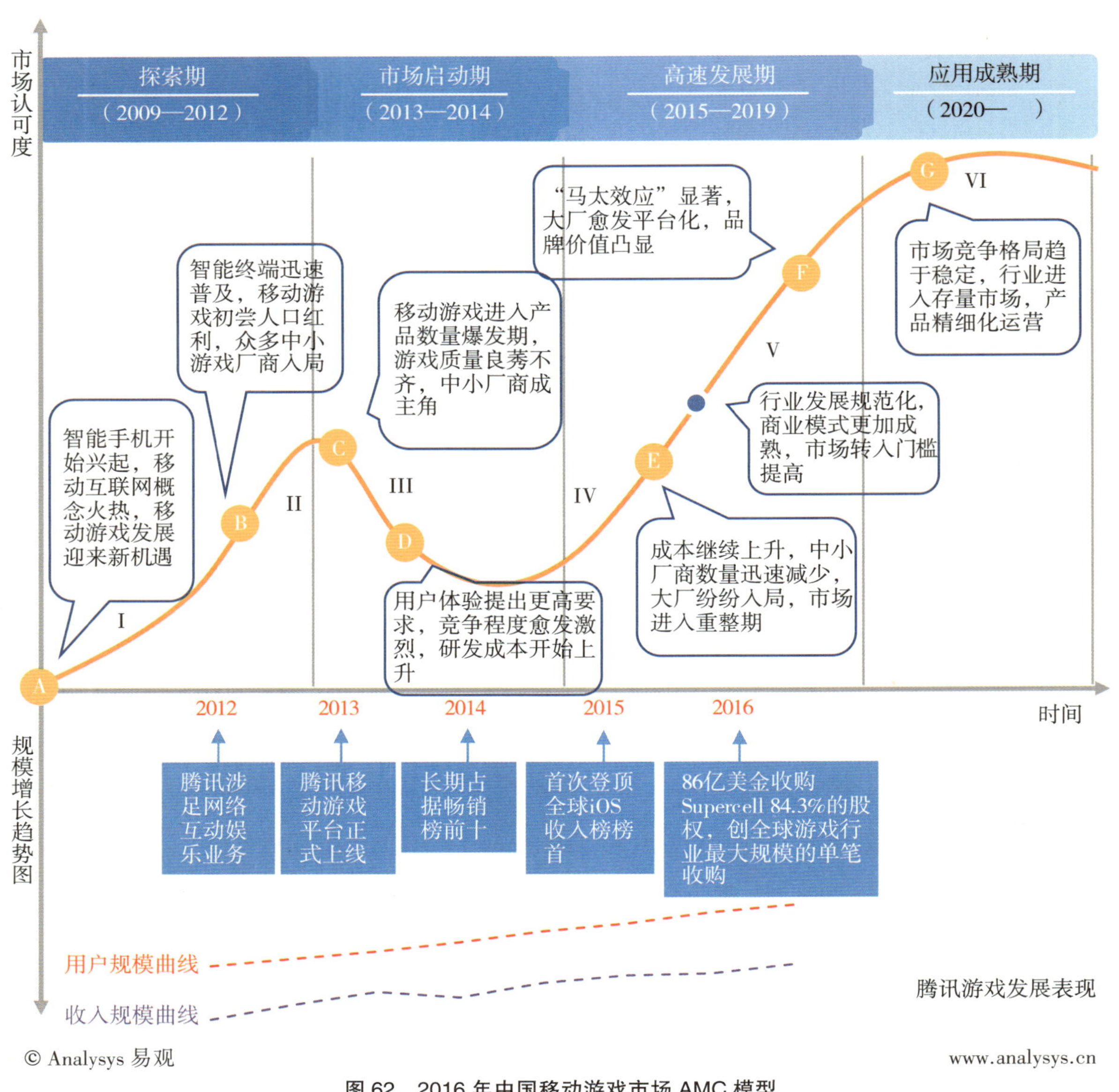

图 62 2016 年中国移动游戏市场 AMC 模型

高速发展期（2015—2019）

随着资本热度的下降和研运成本的上升，2015 年的中国移动游戏市场开始趋于理性增长，大型 CP 通过揽括内容 IP、研发和发行渠道等环节，加上自身的品牌沉淀，逐步挤压大量中小企业及新进入者切入市场的机会，市场准入门槛提高，"马太效应"愈发显著。2016 年市场竞争格局趋于稳定，腾讯、网易等大厂继续主宰移动游戏市场，端游大厂陆续转战手游市场，行业集中度进一步提高。端游 IP 改编为手游成为行业的主流形态，反映出玩家对游戏内容提出越来越高的要求。

应用成熟期（2020— ）

2020 年之后，市场竞争格局基本稳定，进入成熟期。这一阶段，移动游戏进入存量市场。行业壁垒显著，品牌成核心竞争力，市场对企业创新能力提出愈发强烈的要求，厂商纷纷做出业务转型或拓展的战略布局。

对个人用户而言

一方面，网络的提速降费和智能手机性价比的提升促使移动游戏行业快速发展，在手机上玩游戏已经成为大量手机持有者的习惯，以增值服务为主导的商业模式日渐成熟，用户付费情况见好。另一方面，移动游戏用户规模和市场普及率的增长开始趋于稳定，经过近些年的市场培育和学习，玩家对优质游戏内容和玩法创新性的需求越来越强烈，对产品质量提出越来越高的要求。

对行业客户而言

2016年移动游戏市场用户规模趋于稳定，人口红利下降，用户高度沉淀于成熟产品，转换游戏的成本日渐提高，研发和发行市场集中度进一步提升，使得中小厂商面临更严峻的洗牌。与此同时，重度游戏、IP泛娱乐化、市场细分三大趋势在2016年更加明显，端游IP改编手游的成功促使端游巨头入局移动游戏市场，推动了整个市场的变革。

产品方面，玩家对拥有优质内容、重度竞技属性的移动游戏偏向性更加明确，因此除了玩法创新外，拥有能增加用户黏性的电子竞技和优质IP加持的移动游戏相对而言市场机遇更大。深入打磨产品，提升游戏品质，精细化运营成为目前移动游戏市场的主要发展方向。

市场典型厂商——腾讯游戏

腾讯游戏作为典型厂商，一路见证了移动游戏行业的发展。易观分析认为，其凭借自身强大的资源整合能力，引领了整个行业的快速发展。

2012年腾讯正式入局手游行业。2013年8月成立“腾讯移动游戏平台”，同年年末平台旗下集卡牌、战斗于一体的《全民英雄》仅用8小时就冲进畅销榜前三，腾讯游戏自此开启了“霸榜”生涯，凭借强大的运营和分发能力，旗下多款产品多次占据榜首。2014年移动游戏收入达到112亿元人民币。2015年收入增长将近一倍，达到213亿元人民币，8月首次登顶全球iOS收入榜榜首。进入2016年，腾讯游戏大动作频频，先是6月21日宣布以86亿美金的价格收购全球知名手游开发商Supercell 84.3%的股权，创下全球游戏行业迄今最大规模的单笔收购纪录，后又于7月26日，腾讯网、QQ手游和腾讯互娱联合成立企鹅电竞，行业布局进一步完善。2016年前三个季度腾讯移动游戏收入达到270亿元人民币。

产品类型方面，腾讯游戏抓住游戏人口增长的红利期，并依托其在社交领域的优势，于2014年年初开始试水休闲轻度类型游戏，在迅速扩大规模后，为腾讯移动游戏平台制定了以“精品产业链”为核心的发展策略。2014年则以休闲游戏和回合制卡牌游戏为主，同时着重发展动作类和策略类游戏。到了2015年，人口红利逐渐消失，产品间的竞争也愈演愈烈，其开始挖掘细分人群，布局MOBA、FPS为代表的电竞手游，进入精细化运营阶段。进入2016年，其精品战略上升到2.0版本，集中资源打造爆款，同时进行精细化运营。9月底，旗下《王者荣耀》的日活跃用户数超过4000万，创下自有平台非休闲手游的新纪录。

代理发行方面，腾讯游戏积极与各方合作，签下了大量知名IP的代理权。未来，腾讯游戏将继续实行精品战略，深挖用户需求，打造高品质手游，同时继续精品化运营现有产品。

基础应用与服务

应用分发

中国互联网应用分发市场已进入应用成熟期，商业模式较为成熟，新兴分发模式不断涌现，市场从业者依托大数据、社交平台、线下体验店等方式，通过精准分发提高用户使用黏性，抢占高质量用户。

中国应用分发市场发展过程如下：

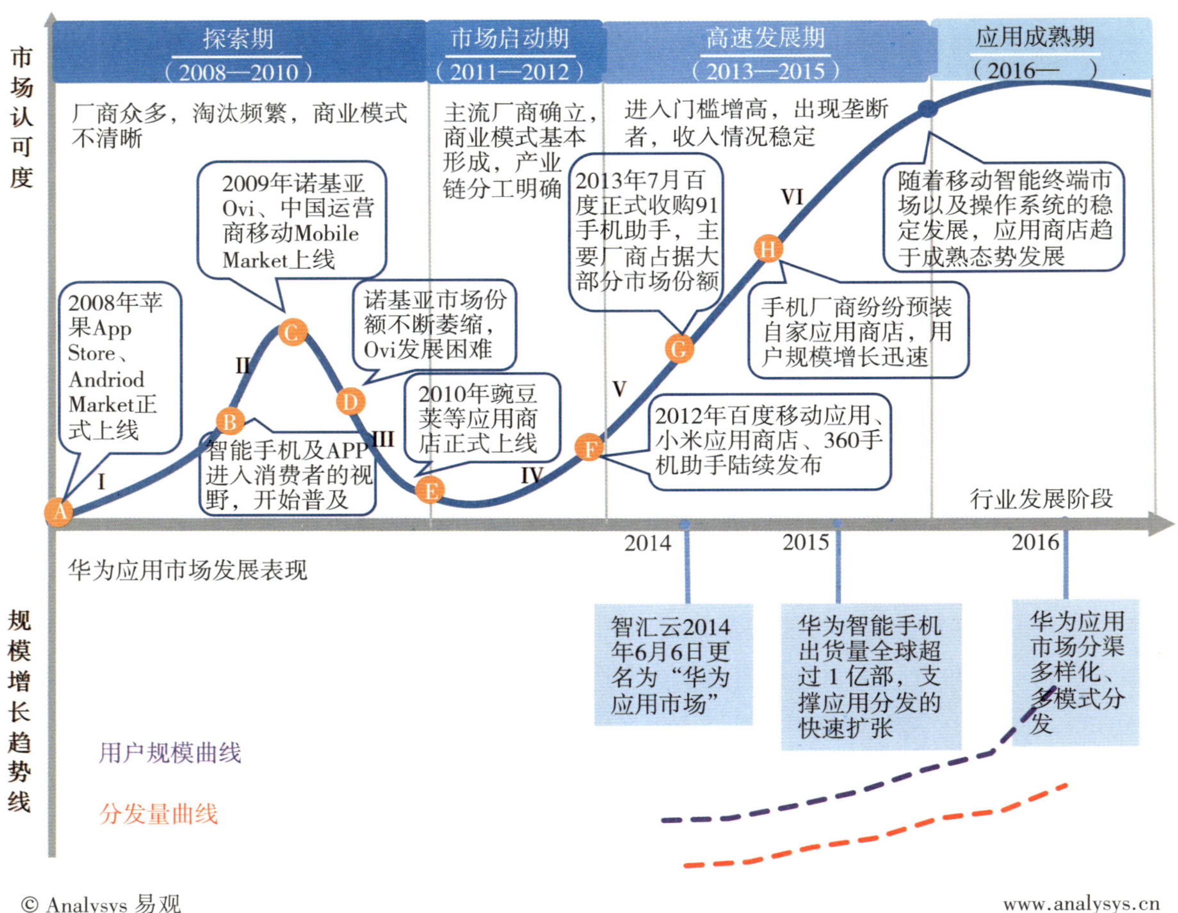

图 63　2016 年中国应用分发市场 AMC 模型

探索期（2008—2010）

苹果公司在2008年7月正式推出应用程序商店“App Store”，无论是从盈利方面还是影响力方面都取得了巨大的成功。2009年是中国手机应用商店市场的起步年，三大电信运营商纷纷进入市场，诺基亚Ovi Store、Mobile Market等开通中国区业务，但随着诺基亚等手机厂商市场份额的萎缩，部分应用商店发展困难。

市场启动期（2011—2012）

随着iOS、Android等智能手机快速流通，中国手机应用商店市场迎来了市场的快速启动期。2010年年底豌豆荚等第三方厂商都开始构建自己的在线应用平台。2012年互联网巨头纷纷推出自己在手机助手领域的最新产品：百度移动应用、360手机助手、小米应用商店等。在市场上出现手机安全、应用下载安装为一体的应用分发平台。应用商店的发展离不开中国3G网络以及移动终端智能机的普及和渗透，也是移动互联网不可缺少的组成部分。

高速发展期（2013—2015）

2013年百度以创纪录的价格收购91无线，知名手机厂商也纷纷推广自家应用商店。伴随着商业模式的成熟，市场处于高速发展的阶段。同时，移动互联网入口之争愈发激烈，应用商店市场正在加速进入巨头时代。百度、360与腾讯成为应用分发渠道的三巨头，手机厂商依靠预装的优势，也成为市场的重要组成部分，而第三方势力单一的团队生存空间进一步被挤压。

应用成熟期（2016—　）

2016年随着智能终端市场操作系统平稳发展，应用商店市场进入应用成熟期，阿里收购豌豆荚进一步布局应用分发，百度搭建了“搜索引擎+应用商店+网盘备份+信息流破壳”的四核分发模式，微信推出“小程序”来探索更为轻量级的、直达APP内容和服务本身的分发方式。随着移动互联网的发展，应用分发模式同质化较为严重，应用商店打通应用间的壁垒，将内容及服务直接呈现给用户，预示着应用商店将彻底变革现有的内容及服务分发模式，越来越多厂商开始探索新的分发模式，争夺用户。应用商店有望变为新的超级APP，打造移动入口，为用户带来更优质更丰富的体验。同时随之而来各厂商在市场份额、产品创新等方面的竞争会愈加明显。

对个人用户而言

激烈竞争的应用分发市场，给应用商店厂商带来了巨大的压力，为了获得更大的市场份额，厂商们想尽办法提高用户体验，无论是应用商店本身的使用，还是商店内APP的数量及质量，主流应用商店均得到了用户的认可，部分应用商店还提供免流量下载等功能，为用户提供了更多的便利。

对开发者而言

移动互联网经过多年的发展，APP的种类和数量越来越多，面对海量的移动互联网用户，应用的开发者们都想要获得更高的关注度和更多的用户，而在应用分发领域马太效应十分明显，排名靠前的应用商店占据大部分市场份额，这些应用商店内的广告位和推广资源也随之水涨船高，开发者需合理利用应用商店的推广资源，以较少的成本达到最好的推广效果。

对资本市场而言

当前中国应用分发市场处于市场成熟发展阶段，互联网巨头及手机厂商占据市场大部分份额，应用商店间的比拼也上升至集团公司层面，手机厂商入局，借助其终端销量的优势，争夺这一入口，该市场的头部品牌均是成熟厂商，对于投资者而言，应用商店已经进入稳定发展的阶段。

市场典型企业——华为应用市场

聚焦到应用商店行业的典型企业华为应用市场，易观分析认为，随着华为终端用户的日益增长，为华为应用市场的发展奠定了坚实的基础。

2014 年，“智汇云” 正式更名为 “华为应用市场”，通过终端销量的快速增长，直接与第三方应用商店等厂商展开竞争。2016 年华为应用市场活跃用户复合增长率超过 10%，借助智能手机的天然入口优势，华为拥有较为强劲的用户拓展能力。未来竞争依然比拼流量优势，市场领先者在品牌知名度、用户习惯、开发者资源等方面的积累将成为竞争壁垒。移动互联网用户需求的日益多样化、“00 后” 用户群体的迅速增长，将促使应用分发市场加速走向年轻化、个性化，以用户体验为核心的品牌差异化、产品和运营创新将成为应用分发市场的重要诉求。

根据易观发布的《中国应用分发市场趋势预测 2017—2019》数据显示，2017 年中国应用分发市场用户规模将达到 7.7 亿人，较 2016 年增长 6.9%。预计到 2019 年，中国应用分发市场用户规模将达到 8.3 亿人。

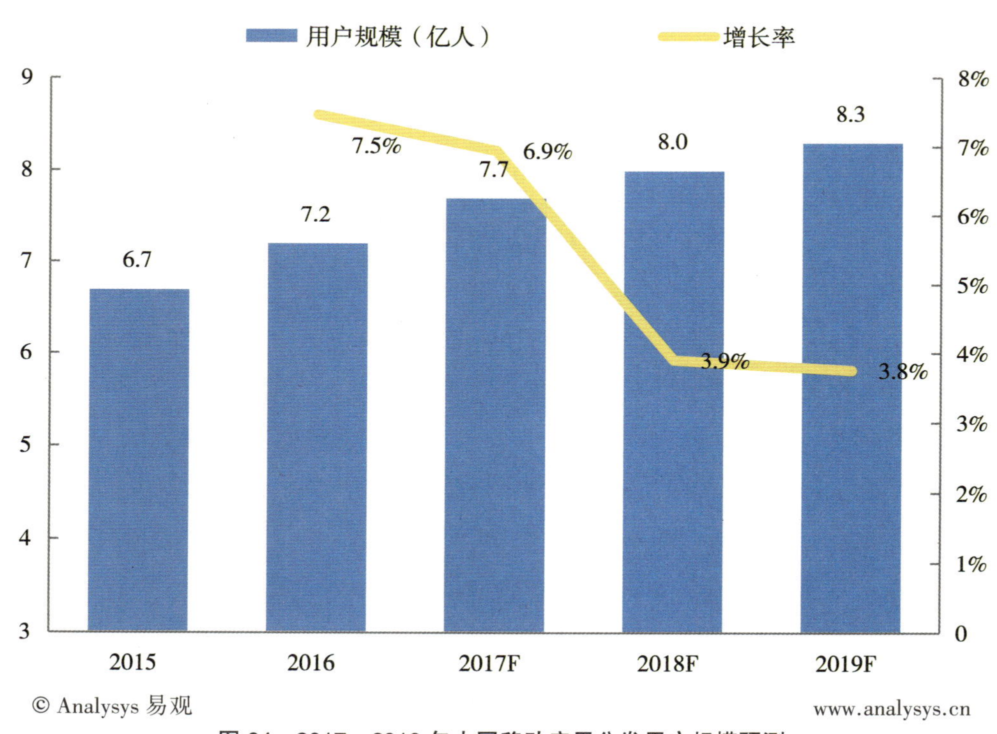

图 64　2017—2019 年中国移动应用分发用户规模预测

易观分析认为：目前整个应用分发市场已进入成熟期，主要表现在以下几个方面：

1. 增长进一步放缓

易观分析预测，未来三年应用分发市场整体将进入缓慢增长阶段，增速在 2018 年将进一步降到 4%以下。伴随着人口红利的消失，智能手机销量增速放缓，智能手机渗透率达到较高水平，未来应用分发用户规模趋于稳定。

2. 探索分发新模式，高质量用户价值凸显

随着应用的数量越来越多，内容及服务越来越丰富，传统的分发模式进入到瓶颈期，而依托大数据、社交平台、线下体验店形成的新兴分发模式在市场中取得较好的反响，通过精准分发提高了用户使用黏性，抢占高质量用户。

第三方分发企业中，百度推出了“破壳技术”和“应用秀”功能，搭建“搜索引擎+应用商店+网盘备份+信息流破壳”的四核分发机制，形成多元化分发模式；微信推出“小程序”功能，探索更为轻量级的、直达 APP 内容和服务本身的分发方式，改变应用商店分发 APP 的传统形态。利用大数据、AI 等技术，第三方分发机构将从传统的应用商店向需求解决方案的平台方向发展。

另一方面，以华为应用市场为代表的手机厂商应用商店进一步崛起，依托海量的手机增量用户，利用预装优势，借由智能手机的销售迅速冲击原有的应用分发市场，进而推动了整体市场的发展。手机厂商通过“场景化应用推荐”等多种分发形式强化自有应用商店，未来将在产品体验及 APP 覆盖度上持续发力。终端与软件相结合下，手机厂商应用商店形成“分发+体验”的良性循环。

根据易观近期发布的《2016 年中国应用分发市场实力矩阵专题研究报告》，易观对 2015 年至 2017 年应用分发厂商在实力矩阵中所处的位置以及现有资源和创新能力的变化情况作如下解读。

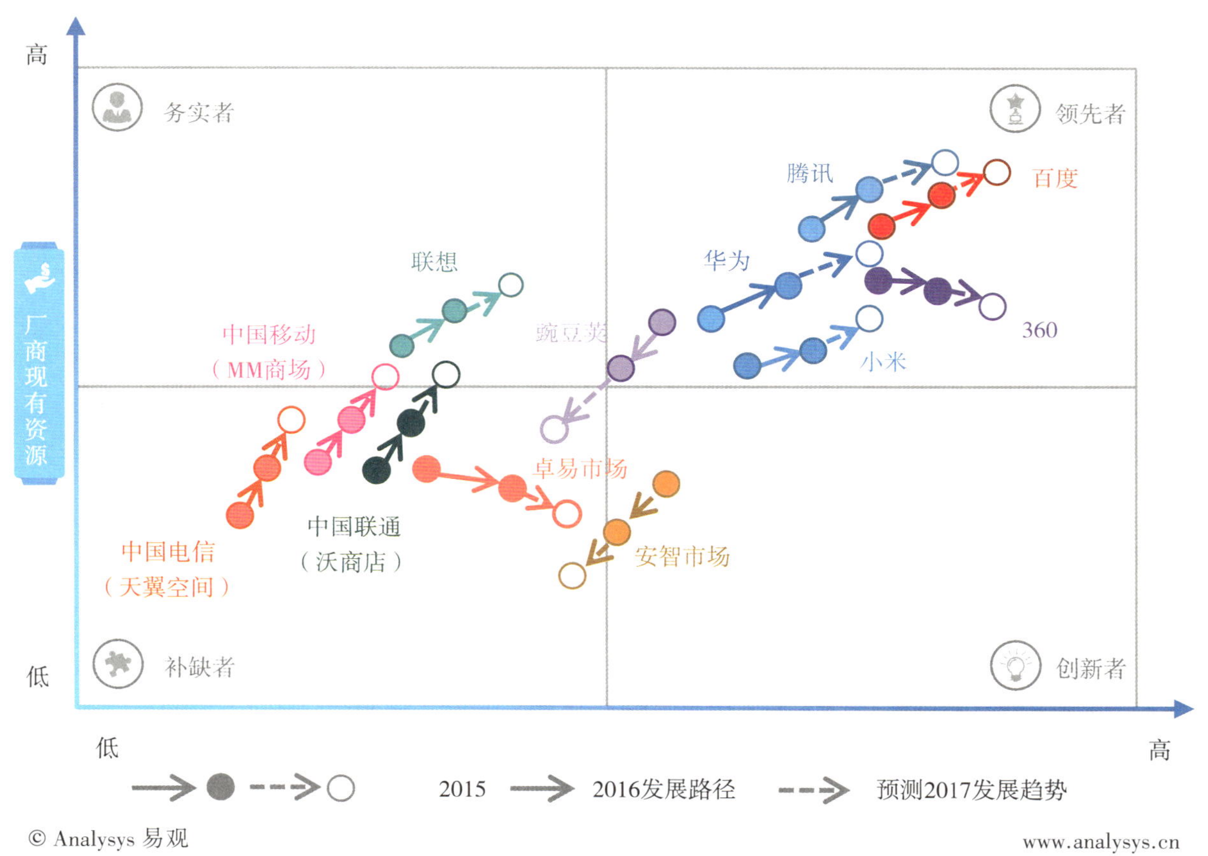

图 65 2016 年中国应用分发市场实力矩阵

● **领先者象限分析**

领先者在商业模式创新或产品/服务创新性上拥有较强的独特性，同时具有很好的系统执行力能够把创新性提供给市场并获取较高的市场认可。

2016 年中国应用分发市场领先者：百度、腾讯、360、华为、小米、豌豆荚

➢ 新进入者：无

➢ 新退出者：无

应用商店市场目前处于成熟发展阶段，手机应用商店是中国手机网民应用下载最常用的渠道。随着移动互联网的发展，应用分发模式同质化较为严重，应用商店打通应用间的壁垒，将内容及服务直接呈现给用户，预示着应用商店将彻底变革现有的内容及服务分发模式，越来越多厂商开始探索新的分发模式，在市场份额、产品创新等方面的竞争会愈加明显。

2013 年百度收购 91 无线，2015 年将 91 手机助手合并入百度手机助手，强化了百度手机助手的品牌优势及规模优势，产品布局完善，平台优势明显。2016 年，百度手机助手 7.0 版本中推出“破壳技术”和“应用秀”功能，提高了分发效率。同时百度手机助手以“城市联盟”连接各地开发者，构筑一个让开发者能够持续发展、持续获得收益、加速成长的移动开发生态平台。百度依靠其搜索优势和大数据优势，搭建了“搜索引擎+应用商店+网盘备份+信息流破壳”的四核分发机制，在分发模式上日益多元化。2016 年百度继续领跑应用分发市场。

腾讯依靠应用宝、微信、手机 QQ、手机浏览器等多个热门 APP，发力应用分发领域，市场表现增长明显。2015 年，应用宝先后推出了“应用+”战略和“微下载”功能，创新不同的分发模式，进一步缩短用户与 APP 之间的距离，同时利用大数据、AI 等技术向需求解决方案的平台方向发展。2016 年，微信推出“小程序”功能，探索更为轻量级的、直达 APP 内容和服务本身的分发方式，改变应用商店分发 APP 的传统形态。依靠持续的产品创新及强大的移动端资源，腾讯将保持行业领先地位。

360 在移动互联网领域布局较早，其最开始借助 360 安全卫士迅速占领移动互联网入口，后来面对百度、腾讯、小米等竞争对手的竞争，其市场份额逐渐下滑，但分发量、产品体验等仍处于行业领先地位。360 手机助手致力于全民分发，根据不同用户打造具有针对性的“应用圈”。2016 年，360 统一手机品牌，发布多款新品，硬件渠道的铺设为手机安全、手机浏览器、搜索引擎等应用提供更多分发渠道，2016 年，360 在应用分发市场中继续保持极强的市场竞争力。

华为应用市场借助于海量的手机存量用户，快速推动了应用市场的发展。华为依托华为全球化技术服务平台和实力雄厚的开发者群体，积极探索新的产品功能，推出“场景化应用推荐”，将不同类别的精选应用整合进一个动态“窗口”中，提供更为优质的用户体验。虽然华为布局应用分发市场较晚，但是在 4G 网络发展及华为终端份额的增长带动下，华为依靠在庞大的手机出货量和 APP 预装上的优势，将继续在应用分发市场领先者象限中发展。

豌豆荚作为行业内为数不多独立发展的第三方应用商店厂商，在市场上与诸多巨头及手机厂商的竞争中，公司实力方面有所落后。2016 年豌豆荚被阿里收购，并入阿里巴巴移动事业群。虽然背靠阿里巴巴，有望通过 UC、优土、神马搜索、高德地图等提升豌豆荚的应用分发能力，但在应用分发市场中，手机厂商强化自有应用商店，各类应用提供应用下载服务，豌豆荚在市场白热化竞争中已疲态尽显，未来将从行业领先者象限进入到补缺者象限。

2016年，小米推出小米5、小米5S、小米Note 2和小米概念手机MIX等新机，在智能硬件领域形成“MIJIA”品牌，依靠小米手机及MIUI庞大的用户规模，小米应用商店的用户规模保持稳定增长，同时小米对于应用商店的重视度也越来越高，产品体验及APP覆盖度也越来越好，随着小米生态的发展，未来小米应用商店将继续处于领先者象限，并保持较快增长。

- **创新者象限分析**

创新者在产品/技术上的投入很大，并在商业模式、技术或者产品服务的创新性上有独特的优势。

2016年中国应用分发市场创新者：安智市场

➢ 新进入者：无

➢ 新退出者：无

安智市场作为国内第三方安卓系统手机应用软件免费下载平台，受到手机厂商及互联网巨头的挤压，市场表现方面下滑较多。虽然安智市场将重心转移到内容服务方面，通过场景化刺激应用，但在增量市场缩小、用户获取应用入口渠道增多的背景下，安智市场竞争力不足，未来将由创新者象限下滑到补缺者象限。

- **务实者象限分析**

务实者拥有丰富的资源，执行能力较强，务实者可以继续通过良好的市场运作对领先者进行挑战，但是在业务创新非常关键的情况下，会出现后劲不足的情况。

2016年中国应用分发市场务实者：联想

➢ 新进入者：无

➢ 新退出者：无

目前国内应用分发市场已进入成熟期，在小米应用商店快速发展的带动下，其他国产手机厂商也开始在应用分发市场发力，导致该市场的竞争更加激烈。联想推出自家应用商店，在软件层面进行持续优化，同时积极提高应用覆盖率。联想乐商店在具备循环经济的基础上，打造新一轮的生态创新，乐商店作为连接联想设备与移动互联网的入口，借助于大数据、云计算等创新技术，为用户提供优质、个性化的内容及服务。2016年联想将继续在务实者领域深耕。

- **补缺者象限分析**

2016年中国应用分发市场补缺者：卓易市场、中国移动、中国电信、中国联通

➢ 新进入者：无

➢ 新退出者：无

卓易市场依靠Freeme OS较多的用户基数，自发布以来用户规模增长迅速，产品端持续更新迭代，用户体验较好。卓易市场引入第三者：用户，形成卓易、用户、CP 3∶2∶5的新形式，卓易市场通过对用户的行为付费，使用户享受到收益和收获。卓易市场通过多种线上活动维持对用户的吸引力。但卓易市场发展时间较短，与其他知名应用商店尚有一定的差距，随着OS端持续推广，产品端持续优化，2016 年卓易市场仍将继续在补缺者象限发展。

国内运营商应用商店上线时间较早，但受限于公司重视不够及体制问题，整体发展较慢，面临着互联网巨头和手机厂商的挑战。目前线上分发市场竞争已呈白热化，成本上升，而随着线上价格的走高，线下价格劣势开始被稀释，同时线下更为精准，运营商应用商店拥有线上线下融合发展的优势，市场执行能力上将保持持续增长。

联通沃商店在手机、电视两端发力，产品创新优势明显，在提供安全绿色的精品内容分发的同时，广泛布局互联网生态圈，在谋求业务全面布局上增强了资本运作灵活度，快速形成小沃生态链。目前生态链企业覆盖家庭娱乐、游戏发行、人工智能、智慧生活平台等领域，这些企业与沃商店业务互补，可以形成产业合力，整体来看联通沃商店未来将进入到行业务实者领域。

中国移动 MM 商场作为中文手机应用娱乐商店，与国内外手机软件 CP 合作，面向移动用户，提供应用搬家、“MM 精灵” 等功能，致力于发展成为面向消费者的一站式销售平台，面向开发者的一站式服务平台和面向产业链的一站式支撑平台。虽然与互联网巨头整体存量差距较大，但利用线上线下渠道的资源优势，MM 商场未来将会向务实者象限发展。

天翼空间作为中国电信官方手机应用商店，采用“前店—后厂”整体框架，为全网使用者、开发者和推广者进行“新三者”服务。“前店”指手机应用商店，“后厂”为天翼空间旗下的“应用工厂”业务，主要为开发者提供包括“云测试”、“云托管”、“云开发”等在内的一站式高效服务。2016 年，天翼空间在成都建立线下体验店，优先布局线下体验模式，未来天翼空间将在补缺者象限快速发展。

智能终端

智能手机

目前智能手机已进入到产业发展的成熟期，国产手机发展强势，跻身进入行业第一梯队，2016 年整体智能手机市场 80% 以上是国产手机。2016 年智能手机市场虽然销量增速有明显下降，但人工智能、数据识别等相关创新技术的应用，或将能够拉升智能手机品牌的用户黏性进而促进智能手机行业的进一步发展。

易观把中国智能手机市场的发展分为四个阶段，即探索期、市场启动期、高速发展期和市场成熟期。中国智能手机市场经过多年发展，目前已进入市场成熟期。

探索期（2008—2009）

智能手机于 21 世纪初出现，因为价格和易用性问题，用户群体更多局限于需要移动办公的商

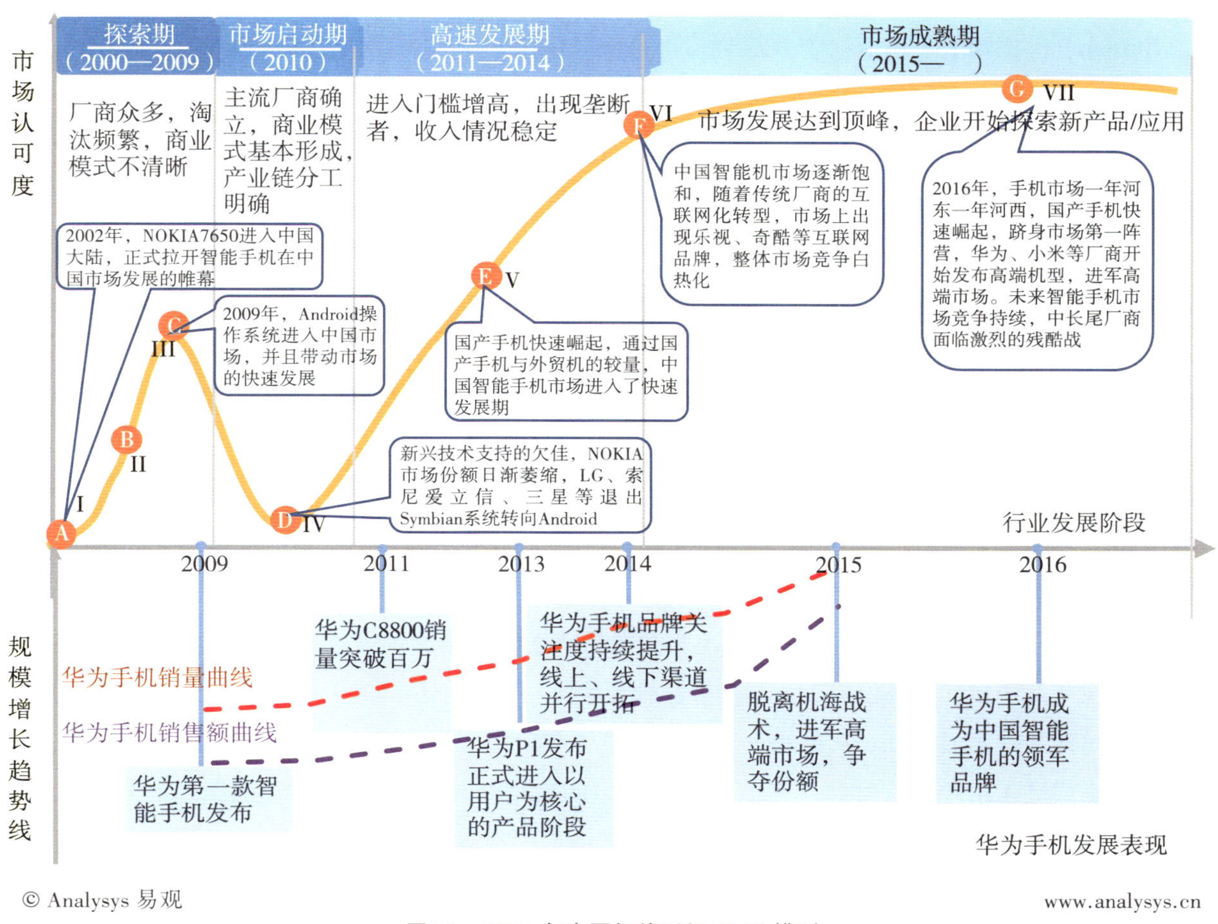

图 66　2016 年中国智能手机 AMC 模型

务人士。直到几年后，新一代智能手机操作系统 Android 和 iOS 的出现，智能手机才被广大消费者所接受。而开源的 Android 则直接推动了中国智能手机产业的崛起。随着 Android 操作系统的进入，中国智能手机市场正式从探索期快速发展。

市场启动期（2010）

2010 年，中国智能手机市场迎来井喷式发展的一年。随着移动互联网的迅速普及，智能手机的商务、娱乐等应用功能越来越被消费者认可，用户关注度再度攀升。同时，智能手机作为手机市场新的利润增长点，操作系统之间的对决进一步升级，各大厂商之间的争夺也更加激烈，占据关注优势的国外品牌在很大程度上左右着智能机市场的发展方向。其中，苹果在智能手机市场的风生水起尤为值得关注，如何平衡市场份额及利润成为值得各大厂商思考的问题。受其他操作系统产品影响，诺基亚用户关注比例持续下滑；HTC、摩托罗拉借力 Android，上升势头迅猛。

高速发展期（2011—2014）

依托中国 3G 业务的发展，移动手机市场近几年来发展火爆，全面智能化。中国的智能手机占据手机市场的比重也越来越大，功能机正在被智能手机逐步替代。中国的智能手机品牌繁多，三星、苹果占据着中国智能手机的大部分市场份额，由于智能手机发展迅速，正借智能手机的普及大潮而重新发力。华为、中兴、联想、OPPO、金立、酷派等纷纷迎来新一轮春天，小米、魅族等新兴品牌崛起，国产智能手机占据着一部分市场份额。中国本土品牌手机的爆发证明了他们的能量，华为、小米、中兴等品牌占据了不错的市场份额。

在高速发展期间，国产品牌面临两大问题：一是国内品牌以低端产品为主，没有形成强势品牌，国内的联想、夏新、华为等智能手机价格偏低，和诺基亚、三星、摩托罗拉等品牌相比属于低端产品，主要是原件、芯片和核心技术研发方面落后于这些品牌，考虑到国内很多手机品牌进入智能手机市场时间不长，研发能力相对落后，这个问题会随着国内品牌的不断发展而得到解决；二是盗版问题是智能手机行业面临的重要问题，盗版问题一直是困扰我国手机行业的难题，山寨机、仿真机等大量出现不但损害了行业的正常发展，也对消费者带来不利的隐患。

市场成熟期（2015— ）

随着 4G 商用和硬件成本降低，中国智能手机产业迎来市场成熟期，国产品牌市场份额进一步扩大，华为、OPPO、vivo、小米等为代表的国产手机企业强势崛起，出货量迅猛增长，品牌认知度显著提升。同时，由于运营商渠道调整，电商及公开渠道比重加大，产品“同质化”现象加剧，“价格战”日趋激烈。中国本土智能手机企业在产品研发和市场营销上的投入加大，凭借价格和渠道优势，在产品销量和市场份额上，与国外品牌差距进一步缩小。同时，消费者对于华为、小米等国产品牌的认知度明显提升。从市场表现来看，2016 年以来，中国智能手机市场已经从拼参数、配置时代，正式进入用户体验时代，凭借着旗舰机型的高用户体验来争夺市场份额。从产品层面来看，国产智能手机厂商更多向自主研发渗透，研发国产芯片等，当前国产智能手机凭借着高配置、创新设计等优势，进一步抢食外贸智能机市场份额。

易观分析认为，目前中国智能手机市场已处于市场成熟期，中国各大智能手机厂商均已积累了相当的技术与市场资源，与国际智能手机品牌在市场上平分秋色，中低端档位智能机市场基本被国产智能机占领，新进入者已经难以获得市场地位。随着物联网时代的来临，创新智能硬件产品日益丰富。目前，智能手机作为智能硬件相互连接的重要组成，各大硬件厂商均开始在智能手机的基础上，向个性化智能硬件市场延伸。

对个人智能手机用户而言

随着智能手机快速发展和国产手机的快速崛起，消费者对智能手机的使用周期逐步缩短，智能手机进入到消费升级时代。消费者对智能手机的需求从以往满足基本功能即可、注重性价比进化为追求用户体验、品牌认同、展现品位等新境界，智能手机市场开始朝着中高端市场进发。

对手机厂商而言

随着物联网时代的来袭，智能硬件产品日益多元化，用户对于手机的使用需求也随之更加个性化，对智能手机功能的需求不断提升。面对消费者需求的动态变化，智能手机厂商通过提炼用户的大数据，将数据内容转化为个性化产品及服务反馈给用户，必将能够带来新的机遇。厂商需要做的是不断地洞悉、研究消费者的需求变化，探索差异化创新机会；从粗放式向集约式方向发展，精简产品线，打造精品爆款；重塑品牌形象，培育消费者的品牌、文化认同，以在下一波需求升级到来之前占据先机。

对投资者而言

手机行业在更新换代上的速度，已经超过了电脑、相机等众多数码产品。整个手机市场也从拼参数时代向用户体验时代递进。智能手机的红海奋战，使投资者更加沉着冷静，手机厂商研发个性化、人性化、工艺化等较为强劲、具有竞争力的手机，将是引起投资者关注的关键。

市场典型企业——华为手机

2016 年，随着中国智能手机市场成熟化发展，中国智能手机品牌将在中国市场继续扩大份额，并积极推进平台化与国际化。国产手机逐步向高端市场进军。例如，华为手机现阶段在向中高端战场前进，优势就在于通信技术的积累，以及自家海思技术的掌握，还有全球各大运营商的合作资源。华为可以利用这些优势，蓄力完善系统软件短板，做好“硬件+软件+沟通+服务”的手机生态。随着硬件技术发展不断接近“天花板”，这样的趋势正在减缓。未来智能手机必将与人工智能相结合，通过面部识别、语音识别等相关技术的融入，未来新一轮的智能手机变革时代或将来临。

根据易观数据显示，预计 2017 年中国智能手机销量将达到 45669 万台，较 2015 年增长 1.2%。预计 2019 年中国智能手机销量将在 46500 万台左右，整体增长速率呈现出下降趋势。

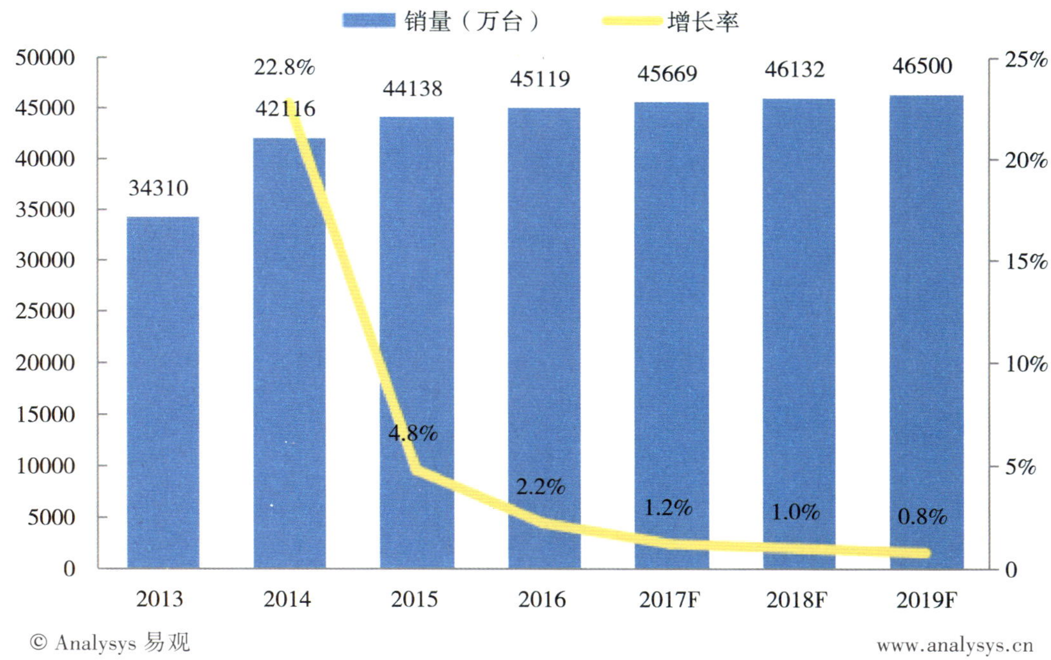

图 67 2017—2019 年中国智能手机销量预测

智能手机已进入到产业发展的成熟期，国产手机发展强势，跻身第一梯队。2016 年整体智能手机市场 80%以上是国产手机，2016 年智能手机市场虽然销量仍保持增长，但是增速明显下降。

易观认为未来智能手机市场的发展将有以下两方面：

1. 人工智能助力智能手机升级

从人工智能语音助手苹果 Siri，到微软发布智能助理小娜，人工智能技术正在手机上不断地被应用。随着科技的快速发展和进步，人工智能的语音识别、面部识别均已经成熟地被应用到手机中，人工智能技术有了更多的用武之地，智能语音助手等模块也将会成为手机等移动设备以及智能终端的标配。苹果在 iOS10 系统中强化了人工智能 Siri。未来，人工智能与手机等智能终端的结合将更加紧密。智能手机终端可以通过深度挖掘用户的属性、行为数据，将分析的结论转化为优质的服务反馈给消费者，从而可以进一步为用户提供个性化、智能化的优质服务。

2. 持续创新的产品设计

在互联网营销大规模爆发之前，中国智能手机厂商长期依赖运营商补贴与渠道，在千元价位左右开展价格战，利润被大幅挤压，随之带来的便是产品同质化严重。当中国智能手机厂商开启互联网营销模式，并且在产品硬件配置无法互相拉开差距时，更具创新的功能与设计则成为了产品制胜的关键。在加强产品设计的基础上，许多厂商也开始尝试通过提高产品售价和服务，打造高端产品，如华为 Mate 系列。厂商通过打造高端产品线，既能够展现其技术与设计实力，同时又能够树立高端品牌形象，这将成为未来提升品牌价值的关键。

根据易观近期发布的《2016 年中国智能手机市场实力矩阵》，易观对 2015 年至 2017 年主要智能手机厂商在实力矩阵中所处的位置以及执行能力和创新能力的变化情况作如下解读。

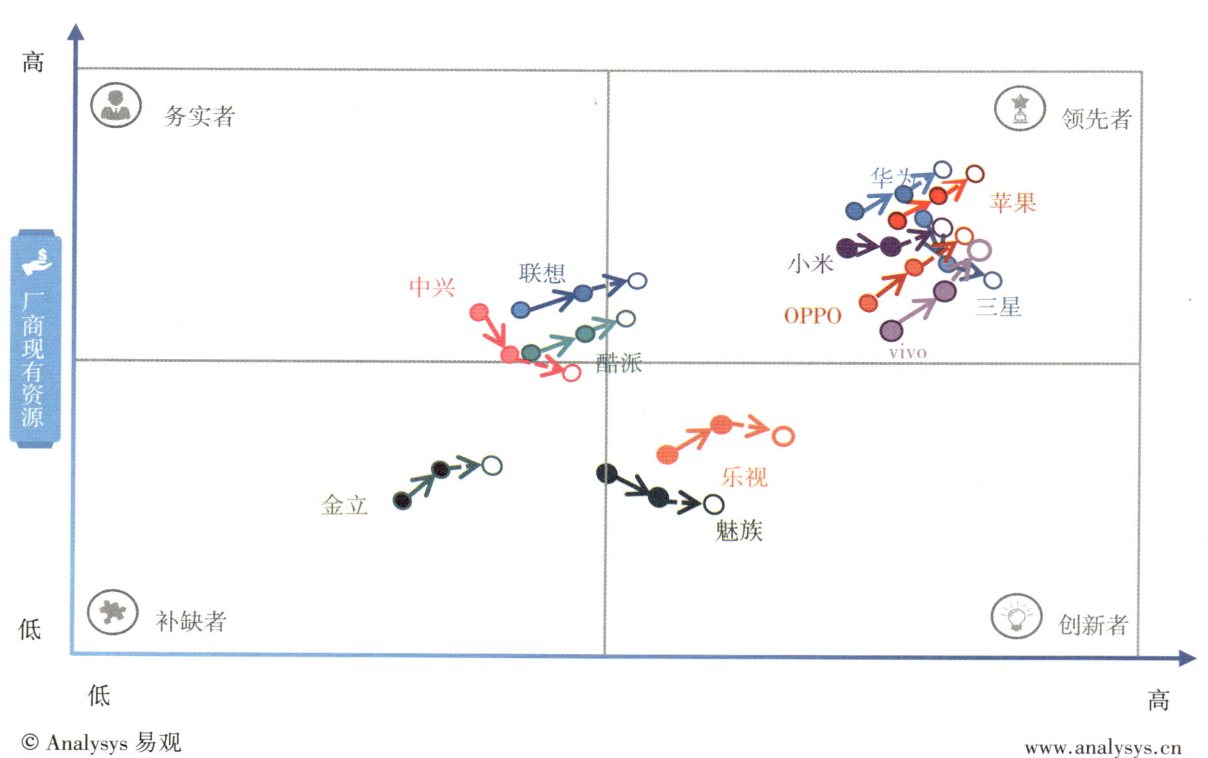

图 68　2016 年中国智能手机市场实力矩阵

• 领先者象限分析

领先者在商业模式创新或产品/服务创新性上拥有较强的独特性，同时具有很好的系统执行力能够把创新性提供给市场并获取较高的市场认可。

2016 年中国智能手机市场领先者：苹果、三星、华为、小米、OPPO、vivo

➢ 新进入者：无

➢ 新退出者：无

华为、OPPO、vivo 等国产品牌经过 2016 年的发展，进一步巩固了在智能手机市场的地位。主攻二线及二线以下城市的 OPPO、vivo 厂商凭借优质的渠道资源，以及严格的价格保障能力，顺势跻身进入市场的第一梯队；华为依靠“华为”“荣耀”两大品牌成功占据线下、线上市场；小米发布 Note 2 以及着眼一新的 MIX 概念机，使其在产品研发上取得进一步的成果。三星在智能手机领域的创新研发实力、品牌影响力依然牢不可破。进入智能手机时代，三星手机凭借其强大的创新研发实力，实现了快速的发展。

• 创新者象限分析

创新者在产品/技术上的投入很大，并在商业模式、技术或者产品服务的创新性上有独特的优势。

2016 年中国智能手机市场创新者：乐视、魅族

➢ 新进入者：无

➢ 新退出者：无

创新者市场中乐视手机，在 2015 年进入市场中来，凭借其硬件免费的优惠营销策略，销量保持着快速增长的态势。乐视手机是 2015 年互联网公司进入手机行业的产品之一，可以预见，手机已然不是纯粹的通话、短信、上网等功能，随着物联网时代的来临，手机将成为连接智能硬件生态中的重要核心部分，从而使互联网公司也瞄准这一市场。现在的手机市场，高中低端已经成型，各价位都有强势的竞争者，单一产品线的手机公司将很难生存。随着阿里的投资，魅族开始放弃“小而美”的路线，转而走向开发多条产品线的道路。魅族的创新设计也得到一定的认可。但是当前有强劲的外贸机以及第一梯队的强力竞争，两者还需继续努力创新设计以及销售渠道的铺垫。

• 务实者象限分析

务实者拥有丰富的资源，执行能力较强。

2016 年中国智能手机市场务实者：中兴、酷派、联想

➢ 新进入者：无

➢ 新退出者：无

中兴、联想、酷派均是曾经的几大国产品牌之一，由于长期与运营商渠道深度合作，且缺乏产品创新，在市场中难以体现出自有品牌价值，但是摆脱运营商渠道的旗下品牌努比亚又定位于中高端用户，使其品牌难以覆盖到更广泛的千元机市场，难以得到用户广泛认可，市场规模相比 2015 年呈现下降趋势。联想手机随后开拓了 ZUK、MOTO 等品牌，但同比过去的几年，都显得有些乏力。酷派曾经是四大国产品牌之一，但其市场地位已经今非昔比，过去两年更遭遇系列动荡，直至乐视入主进行重组，质量、设计各方面都中规中矩，却没有什么亮点，品牌渠道操盘又不得当，尤其是软件还需要创新。

• 补缺者象限分析

2015 年中国智能手机市场补缺者：金立

- 新进入者：无
- 新退出者：无

2016 年中国万物互联时代来临，智能终端设备多元化发展，中国智能机市场竞争异常激烈。目前为了应对市场竞争，各家厂商的产品更新周期都在缩短，快速迭代虽然在同一品牌内能带来技术提升，但部分国产品牌在技术创新以及品牌推广上略显薄弱。若无创新的产品形态以及商业模式，难以在市场中立足。

服务机器人

随着人口红利消失，劳动力成本增长，互联网巨头及新兴创业公司纷纷开始布局服务机器人领域。在大数据、云计算、人工智能等技术的带动下，服务机器人在多个行业对传统人工进行辅助或替代，现已被应用于医疗、农业、金融、物流等多个行业，并呈现出逐渐改变原有的产业模式的趋势。家庭清洁机器人、娱乐机器人、陪护助残机器人等个人/家用机器人出现在普通消费者家庭中，在满足家政服务、老人看护、儿童教育等需求的同时与智能家居结合，实现更多场景化服务。在技术的推动下，智能服务机器人在未来将获得进一步发展。

易观把中国服务机器人市场的发展周期分为四个阶段，即探索期、市场启动期、高速发展期和应用成熟期。中国服务机器人市场发展周期过程如下：

探索期（1986—2020）

创新型厂商不断出现，市场缓慢培育，商业模式尚未清晰。目前中国服务机器人处于市场探索期，除部分机器人实现量产外，多数企业仍处于产业化前期。服务机器人对于智能化有更高层次的要求，人机交互更为多样精准，按其应用场景不同，分为专业级服务机器人和个人/家用服务机器人，具体到细分领域中：

在金融领域，传统金融行业具有重复动作多、数据分析工作多以及安全隐患大的突出特点。机器人在简单危险工作中的辅助、代替能力，以及数据存储、分析、整合的计算优势，使机器人在金融领域中的应用较广，能够覆盖多个场景，包括业务中的客服、业务办理、数据支撑、各类金融交易和金融分析中的决策，以及后台的风险防控和监督等工作。

在物流领域，餐饮、物流领域中的配送机器人搭载传感器，可实现环境分析、自动避障、规划路线等功能，在相对集中的写字楼、住宅区实现小批量的集中配送。从餐厅送餐机器人、酒店服务机器人到解决“最后一公里”配送问题的快递机器人，机器人组成的智慧物流将颠覆传统物流行业的从业人员、配送装备和具体的交付环节。

在医疗领域，老龄化趋势加剧了用户对助残护理的需求，医护人员的劳动力缺口以及疑难杂症对新技术的依赖成为医疗机器人的驱动因素。在医疗市场中，外科手术辅助机器人、诊断与治疗机器人、医用教学机器人、护理机器人、康复机器人等多种医疗工具为传统医疗提供精密、安全、高效、人性的辅助服务。

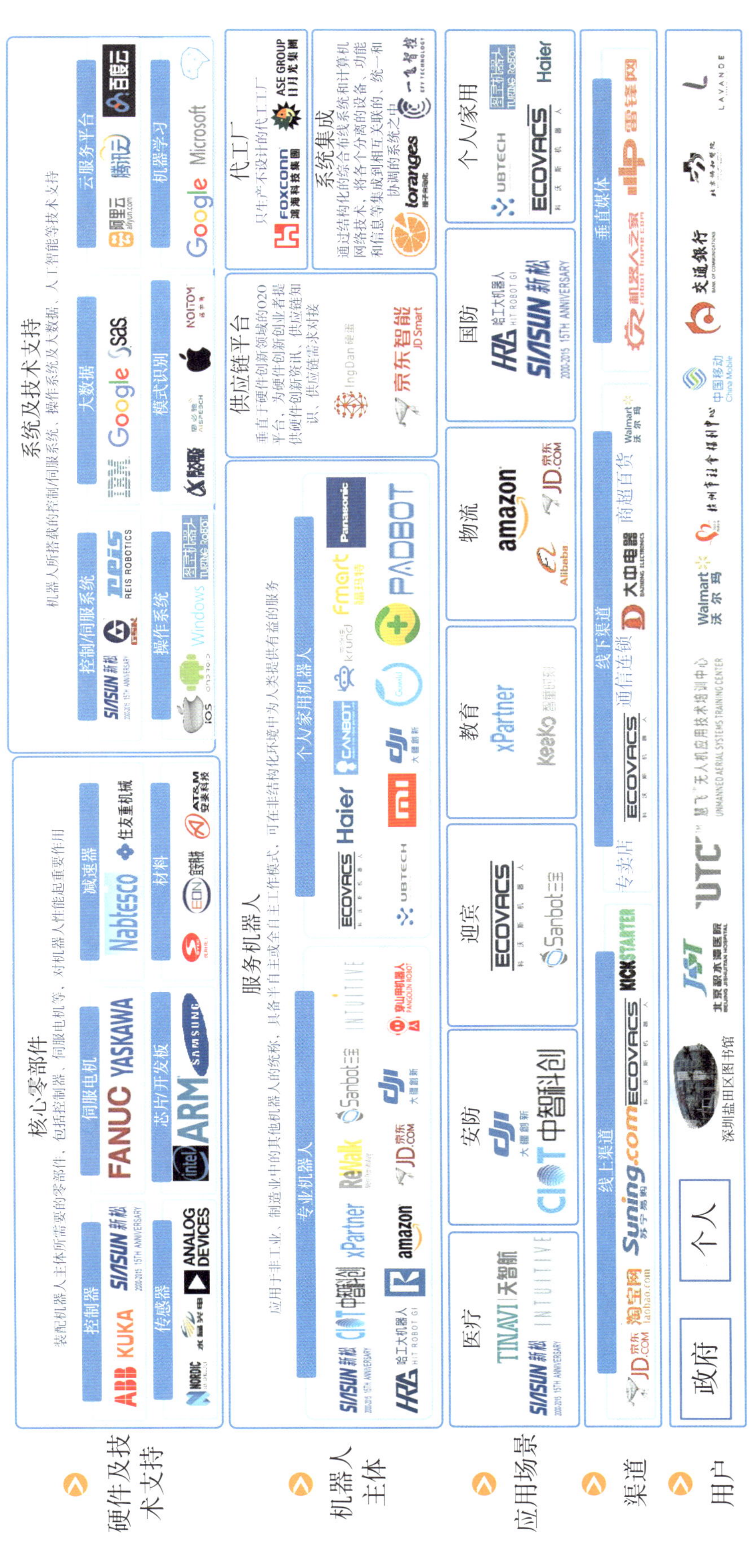

图 69　2016 年中国服务机器人产业生态图谱

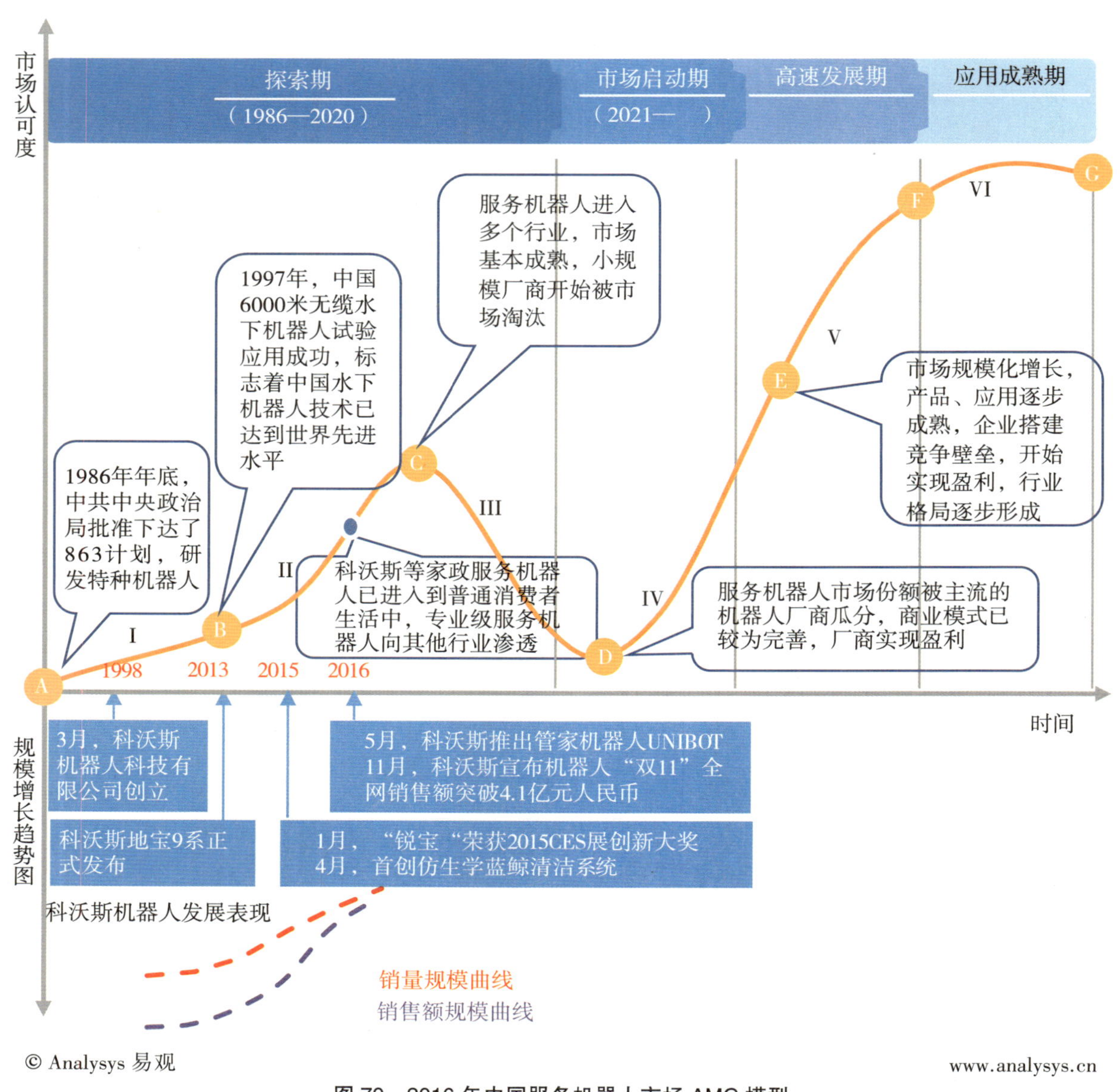

图 70　2016 年中国服务机器人市场 AMC 模型

在农业领域，农业机器人的应用不仅能够节省劳动力成本，更重要的是能有效提升农产品质量。农业机器人通过搭载的人工智能，实现感知、传输、作业一体化，利用信息交互与通信技术，实现农产品的物联网布局，从而完成从作物播种到培育、采摘、分拣、包装一系列工作的识别、跟踪、监控与管理，推动农业生产的标准化、规范化。

在国防、救援等领域，搭载多项技术的特种机器人能够在极端环境中替代人类工作，并且能够有效减少因危险作业造成的人员损伤。特种机器人研发费用高，研发周期长，社会价值远大于商业价值。目前特种机器人技术集中在科研机构及高校手中，汇集了最为前沿的机器人技术，未来其技术也可应用于民用。

在个人/家用服务机器人领域，以扫地机器人为代表的家政服务机器人解决用户家务清洁的痛点，率先进入普通消费者家庭。陪伴类机器人虽然以儿童教育、老年陪伴、成人情感交流为入口，但现阶段机器人性能远达不到类人陪伴，导致市场中产品定位更趋向于“高级玩具”。未来，这类机器人仍需要进一步探索用户需求。随着智能家居时代的到来，家用服务机器人将成为智能家居的重要组成部分，搭载多功能的管家型机器人或将成为智能家居的控制中心。

总的来说，医疗、金融、物流领域中的专业服务机器人市场潜力巨大，成为发展热点；客服与住宿餐饮等行业对机器人技术要求较低，在机器人实现量产之后，可以较快实现规模化机器换人；农业机器人发展以农场主规模化经营方式为基础；国防、救援等特种机器人在国家政策的支持下，往专、精、深方向发展；个人/家用服务机器人目前仍以解决家政清洁刚需的扫地机器人为主，陪伴类机器人需通过提升技术实现真正的类人陪伴。随着产品的迭代，未来专业级服务机器人向系列化发展，消费级机器人向商品化方向发展，商业模式将逐步清晰。

市场启动期（2021—　）

经历探索期的市场检验，创新力不足、技术落后以及市场定位不清的企业被淘汰，市场迎来新一轮机会，资本持续关注，市场进入启动期。接下来，行业领域出现主流厂商，商业模式得到验证，市场进入快速推广期。随着人工智能技术的进一步发展，服务机器人在2021年将由弱智能向强智能方向发展，能够从感知、认知进入到简单决策，在金融、农业、医疗、交通、教育等多个行业中辅助或者替代传统人工。机器人平台兴起，搭载多种功能的智能服务机器人开始出现。

高速发展期

市场规模化增长，产品、应用逐步成熟，企业搭建竞争壁垒，开始实现盈利，行业格局逐步形成。高速发展期内，服务机器人的销售规模进一步扩大，使用场景不断增多，多个行业中都有机器人的身影。机器人在智能、功能方面的性能都将进一步强化，从联网感知、认知，到机器人自主决策演化。而人与机器人的关系，也从人控制，到人机协作，再到机器自主决策，甚至对人工进行监测的方向发展，搭载多功能的智能服务机器人开始成为主流产品。在这一阶段，市场交易规模将保持相对稳定的增长态势，服务机器人企业逐步探索行业盈利模式，并且开始实现盈利，在高速发展期间，行业格局将逐步形成。

应用成熟期

进入市场成熟期后，服务机器人行业趋于成熟，竞争壁垒更加鲜明，商业模式以及行业服务纵深化发展，各大企业纷纷凸显核心竞争力，搭建生态护城河，智能服务机器人产品进一步成熟。

从2016年中国服务机器人市场发展状况来看，有以下三大点值得注意：

对个人用户而言

2016年中国居民人均可支配收入达到23821元人民币，实际增长6.3%，“80后”“90后”成为主流消费人群。随着收入的增加以及消费观念的转变，消费者更加关注产品体验，愿意为质量优良、服务完善的优质产品付费，而伴随着互联网、移动互联网成长起来的消费人群对智能产品的接受能力更高，更愿意通过智能化机器人替代工作或是享受个性化服务。从另一方面来说，中国已经进入人口老龄化社会，二孩政策的放开，进一步加剧了中青年的赡养和抚养压力，工作以及生活的多重压力使得用户倾向于使用机器人代替简单重复的工作。

消费者在科幻作品及概念宣传的影响下，对智能产品的期望值较高，但现有的人工智能仍处于弱智能阶段，在成本及技术的限制下智能化程度有限，从而导致消费者在使用时体验感差，愿意为服务机器人付费尝鲜的仍以发烧友人群为主。未来随着机器人在多场景中的覆盖，在意见领袖的带动下将会有更多消费者愿意去体验或者购买服务机器人产品。

对行业企业而言

2016 年，服务机器人市场一片火热，从业者从不同角度切入市场。机器人是硬软件相结合的产品，芯片、材料、减速器等核心硬件以及模式识别、机器学习等软件技术的提升都将对机器人产业的发展起带动作用。在细分市场中，服务机器人企业仍有较大的进入空间，但机器人产业技术门槛较高，尤其在医疗等行业中，需要有相关的专业技术能力。

易观分析认为服务机器人产品的价值在于在非结构化场景中对传统人工工作进行替代或者辅助，需要直接与人进行交互，因此在智能化水平上要求更高。目前服务机器人厂商在提升技术水平、优化类人服务的同时，需要为机器人的应用提供更多场景，从而实现规模化替代，为普通用户提供更为人性化的服务。

对市场投资者而言

2016 年中国服务机器人市场在人工智能技术的带动下，受到资本市场的青睐，投资人看重机器人底层技术，比如语音识别、机器学习、计算机视觉等，机器人相关企业思必驰、达阔科技、商汤科技成功融资，在细分市场领域中，医疗、金融、物流、家用领域的机器人机会较多。从整体而言，目前服务机器人市场仍然处于投入期，快速发展的业务对资本的需求较高。而面对巨大的市场空间，易观分析认为，在资本的助力下，预计服务机器人市场将在未来三年内保持稳定增长的发展态势，后期的发展仍需要资本的长期支撑。

市场典型企业——科沃斯机器人

聚焦到服务机器人行业的典型企业科沃斯，易观分析认为，科沃斯一直在家用服务机器人领域进行深耕，推出扫地机器人“地宝”和擦窗机器人“窗宝”，成为国产家用服务机器人的代表品牌。2016 年，科沃斯推出管家机器人 UNIBOT，进一步扩充家用服务机器人的产品矩阵，强势布局智能家居，未来科沃斯将在个人/家用服务机器人领域继续发力。

科沃斯机器人科技（苏州）有限公司成立于 1998 年，2000 年开始进行项目研发，从 2006 年开始，先后推出扫地机器人“地宝”，空气净化机器人“沁宝”、擦窗机器人“窗宝”和机器人管家“亲宝”。2013 年，地宝 9 系诞生，搭载 LDS 雷达测距系统和 SLAM 算法，能够通过激光雷达技术实现全屋巡航建图，并根据建立的家庭地图进行“弓”字形规划式清扫，为地面清洁机器人带来革命性突破。2015 年，科沃斯首创仿生学蓝鲸清洁系统，进一步优化家用服务机器人的清洁力度。2016 年，科沃斯推出智能家庭管家 UNIBOT，拥有巡逻、家电管控、外设、看护、清扫五大功能模块，实现家用服务机器人与智能家居的融合，在万物互联模式下，通过智能管家机器人对其他家居产品进行控制，同时管家机器人将作为平台接入第三方应用，为家居生活提供更多服务。

根据易观发布的《中国服务机器人市场趋势预测 2017—2019》显示，2016 年中国服务机器人市场规模达到 72. 9 亿元人民币，同比增长 44. 6%。2016 年人工智能成为市场热点，机器人作为人工智能技术的最佳载体，开始在金融、物流、家用等多个领域发力。另一方面，国家在2016年陆续发布了《机器人产业发展规划（2016—2020年）》和《智能硬件产业创新发展专项行动（2016—2018年）》相关政策，进一步为服务机器人的发展提供政策支持。易观分析认为，预计服务机器人市场在未来三年内仍将维持增长的态势，但同比增速将会有所回落。预计2019年中国服务机器人市场规模将达到151.9亿元人民币。

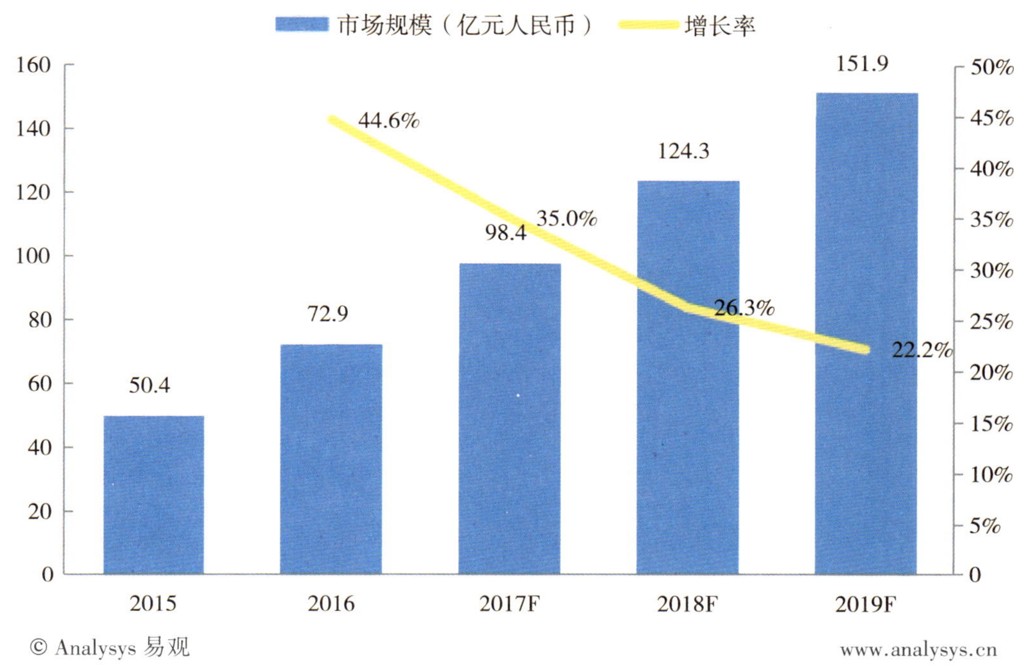

图71　2017—2019年中国服务机器人市场规模预测

易观分析认为，2017—2019年中国服务机器人行业将呈现以下趋势：

1. 服务机器人向多个行业渗透，可应用场景进一步增多

服务机器人在商用的各个行业中都有广泛的发展前景：医疗、金融、物流领域中的专业服务机器人市场潜力巨大，成为现阶段的发展热点；客服与住宿餐饮等行业对机器人技术要求较低，在机器人实现量产之后，可以较快实现规模化机器换人；农业机器人发展以农场主规模化经营方式为基础；国防、救援等特种机器人在国家政策的支持下，往专、精、深方向发展。

在个人/家用的消费级领域中，扫地机器人已经率先成为家政清洁工作的主要替代者。陪伴类服务机器人在儿童、老年、成人多个用户中将扮演不同的角色，但儿童陪伴类产品处于低智能阶段，用户体验较差，需要通过提升智能化与完善情景交流模式，驱动机器人向类人陪伴方向发展。老年看护类机器人存在市场缺口，但产品研发壁垒高，生产成本大，目前仍处于试验阶段。市场中现有的监测高血压、糖尿病等病症的智能可穿戴设备能够对看护机器人医疗健康的功能进行替代，未来以大（看护机器人）和小（可穿戴设备）构成的身体体征监测及护理系统将为用户提供立体化的健康保障。

2. 专业级服务机器人向系列化发展，家用服务机器人向商业化方向发展

随着技术发展带来的智能化水平提升，用户对服务机器人接受度随之提高，材料、芯片等硬件成本的下降将促使服务机器人成本降低，服务机器人的销量将会实现快速增长，产品迭代在推动机器人功能完善的同时，将会使现有产品向系列化方向发展，逐渐形成较为完善的产品矩阵。在个人/家用领域中，随着技术的突破和商业化的发展，机器人能够快速从研发试验进入商业化生产阶段，这意味着更多的服务机器人能够从研发中心走向普通消费者家庭，用户将有更多机会体验到服务机器人的个性化服务。

3. 机器人由流程自动化向人工智能方向发展，机器人平台兴起，搭载多动能的智能服务机器人是未来趋势

未来服务机器人将从联网感知、认知，发展到机器人自主分析、判断、决策阶段，智能服务机器人成为主流产品。人与机器人的关系，也从人控制、人机协作，向机器自主决策，甚至对人工进行监测的方向发展，比如现有的客服机器人对传统人工客服的监督。同时机器人平台兴起，机器人作为智能平台接入第三方应用，形成机器人生态圈。随着应用开发，智能服务机器人将被赋予更多功能，既能够完成家政服务、进行身体监测、康复护理，又可以提供聊天娱乐、控制家电、提醒日程安排、叫车付费等服务，科幻作品中的管家机器人将会变为现实。

2016年，优必选、狗尾草、思必驰、地平线机器人等机器人相关企业受到资本市场青睐。从年初AlphaGo大战李世石到年末AlphaGo升级版Master横扫中日韩围棋界，人工智能成为发展热点，资本市场对人工智能的投资热情高涨。机器人作为技术驱动型行业，人工智能技术的发展将进一步带动服务机器人的发展，而芯片、柔性屏等相关零部件、材料的发展，也将为服务机器人提供更多延展空间。

VR/AR

沉浸式虚拟现实技术为用户带来内容资源、交互方式和交互效果的革新。未来将形成一个全新的以沉浸式虚拟现实头戴设备（含外接式/一体式头戴显示器、头戴手机盒子三种）为核心的，由前端零部件、内容制作解决方案、交互输入设备、内容拍摄设备、内容制作、内容运营平台、生态服务、销售渠道等相关厂商构成的产业链生态，易观分析认为，中国沉浸式虚拟现实设备市场目前处于市场启动期。未来沉浸式虚拟现实硬件、内容将相互促进、协同发展。

探索期（1988—2013）

1988年，VPL公司研制出市场上第一款民用虚拟现实产品EyePhone，沉浸式虚拟现实技术走出实验室，正式在民用市场落地。1992年，Sense8公司开发“WTK”软件开发包，极大地缩短了虚拟现实系统的开发周期，为沉浸式虚拟现实技术快速发展打下基础。1995年，任天堂公司发布了首个便携式头戴3D显示器，Olympus、索尼等公司也相继推出产品，头戴3D显示器是沉浸式VR设备的雏形，由于售价较高、清晰度较低、佩戴舒适感欠佳、3D内容少，未能获得市场的广泛认可。

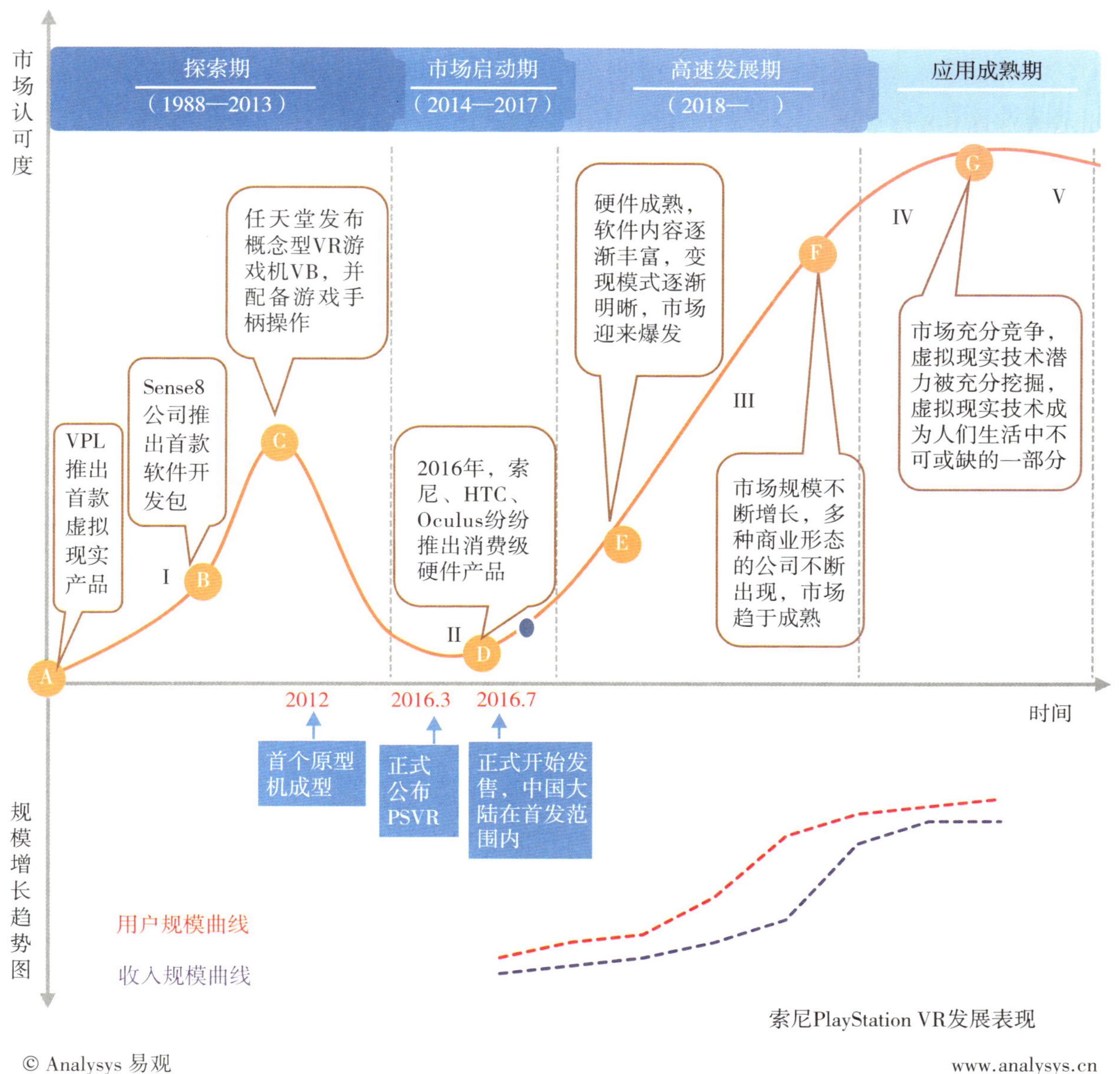

图 72　2017 年中国沉浸式虚拟现实市场 AMC 模型

市场启动期（2014—2017）

2013 年下半年，Oculus VR 公司推出沉浸式 VR 头戴设备 Oculus Rift，区别于头戴 3D 显示器，它的视场角得到改进，并配置多种传感器使交互提升，沉浸式 VR 设备重获关注。2014 年，脸谱公司以约 20 亿美元的价格收购 Oculus。2016 年，Oculus、索尼、HTC 分别推出消费级硬件产品，正式进入市场，Google 推出 Daydream 系统，安卓手机盒子也将迎来发展机会。消费级沉浸式虚拟现实市场进入了一个新的时代。

在市场启动期，中国沉浸式 VR 设备公司，如暴风魔镜、虚拟现实科技、蚁视科技、乐相科技等，推动硬件产品、内容资源发展，积极与国际市场接轨，不断探索商业模式。其中，暴风魔镜公司已探索通过自建平台、广告服务、增值服务等形式获取盈利。2016 年，阿里巴巴、乐视、腾讯、网易等公司，也纷纷通过收购、投资等方式进入虚拟现实市场，期望拓展新业务领域及客户群体。游戏制作公司、手机公司也通过战略合作、投资进入市场或直接进入市场，共建沉浸式 VR 生态系统。

高速发展期（2018— ）

易观认为，2018 年及以后中国沉浸式 VR 设备市场将进入高速发展期。这一阶段，沉浸式 VR 生态系统逐步成熟，产品被消费级市场接受，行业盈利模式成熟；沉浸式 VR 设备市场受资本市场不断关注，部分企业成功上市；细分市场模式出现，细分领域创新厂商层出不穷。

应用成熟期

易观认为，随着中国沉浸式 VR 设备市场的高速发展，市场应用趋于成熟，虚拟现实技术成为生活中不可或缺的一部分。在资本、市场双重因素影响下，市场发展达到顶峰，企业开始探索新产品/应用，并通过各细分市场业务竞争形成稳定市场格局。

对个人用户而言

对于大部分个人用户而言，沉浸式 VR 设备是新兴事物，它为个人用户带来内容资源、交互方式、交互效果的革新。沉浸式 VR 技术以多媒体信息的“环境”作为计算机处理的对象和人机交互的内容；采用的语音识别、动作识别等技术，可使用户利用自己的感觉与“环境”交互；通过基于自然的交互技术，用户可得到身临其境的视觉、听觉、触觉感知效果。

目前，拥有沉浸式 VR 设备的个人用户仍不算多，这些用户以东部发达地区的硬件发烧友为主，他们乐于尝试新鲜事物，普遍受过较高的教育，拥有中等以上收入，喜欢 3D 电影和游戏内容，每天使用沉浸式 VR 设备约为 1 到 2 小时。

易观认为，沉浸式 VR 内容目前仍然较为缺乏，个人用户付费的环境尚未形成，内容制作公司需要在优质内容和用户体验两方面持续耕耘，让更多个人用户体验到付费带来的价值。目前，在移动平台上，内容主要以 3D 电影、360 全景图片/视频、VR 游戏为主，内容数量有限，VR 游戏处于样片阶段。这些内容大部分以免费体验的形式提供给购买设备的个人用户。而在外接式设备中，用户则需要花费金钱来购买相关内容，虽然价格较高，但变现模式较为明晰。

对行业客户而言

对于行业客户而言，沉浸式虚拟现实技术是虚拟现实技术的一种类型，当消费级沉浸式 VR 头戴设备尚未成熟时，一些企业已经通过计算机、投影设备、洞穴式立体显示设备等，使用虚拟现实技术。当沉浸式 VR 头戴设备进入消费级市场后，被行业客户作为项目展示工具，如旅游公司、房地产公司或家装公司、电影公司分别将旅游景点、样板房、电影场景制作为沉浸式 VR 内容供个人用户体验，以达到销售相应产品的目的。易观分析认为，相比传统平面广告、视频广告形式，沉浸式 VR 头戴设备允许个人用户走入场景中体验，甚至与场景中的物品进行互动，这种体验式营销方式能够提高个人用户的主动性、趣味性。

另一方面，沉浸式虚拟现实内容制作公司也试图在内容中植入广告，以吸引更多行业客户。易观分析认为，由于目前沉浸式虚拟现实设备市场用户规模有限，乐于投入广告费用的行业客户较少。相比传统的电视、电脑、手机，沉浸式虚拟现实设备这块屏幕具有更大的延展性，除与视频网站有相同的贴片广告、暂停广告、旗帜广告、产品植入广告等广告变现模式外，还可以提高广告的趣味性，降低个人用户的反感，也可以依靠采集用户的眼动数据为行业客户服务，将使广告投放更加精确。

对投资者而言

2014 年至 2017 年，中国沉浸式虚拟现实设备市场处于市场启动期，此阶段对于投资者而言是较好的进入时机。市场中，沉浸式 VR 设备公司与内容制作公司以创业公司为主体，投资者有较多投资标的。从 2014 年年底起，君联资本、红杉资本等投资机构已经投资相关公司，2015 年下半年，资本市场热度上升，投资标的以投资硬件产品、输入技术公司为主。易观认为，在 2016 年，随着资本寒冬，中国大部分沉浸式 VR 头戴设备公司融资受到阻碍。但在 2017 年及更晚些，随着产品技术的进一步发展，公司洗牌的结束及资本寒冬的缓解，沉浸式虚拟现实行业将重新受到资本市场的青睐。

市场典型企业——PlayStation VR

聚焦到沉浸式虚拟现实设备市场的典型企业索尼，易观认为，索尼发售的 PlayStation VR 是沉浸式 VR 市场的领先者，是国际沉浸式 VR 设备市场热点的推动者。领先的产品体验、丰富的内容、封闭稳定的生态和庞大的粉丝群是 PlayStation VR 的优势，但其硬件微利乃至亏损，产能方面存在不确定性，其配置相对于竞品来说也偏低，如果后续产品跟进较慢的话，市场占有率可能会降低。

自 2014 年索尼的“梦神计划”曝光后，索尼的 VR 计划一直被业内及粉丝所关注。2016 年年底的 PS VR 头盔自发布以来，备受玩家青睐，市场需求旺盛，全球各地的零售商处被销售一空，预订困难。易观认为，PlayStation VR 在 2016 年将在全球卖出超过 100 万台。而在 2017 年有望突破 200 万—230 万台，如果索尼出货能力足够，这个数量或许还将会增长。与竞品相比，偏低的售价、无须高配电脑、极高的粉丝忠诚度以及多种独占大型游戏是索尼的优势所在。同时索尼还可从数千万主机用户中转化 VR 用户，并且可以从自家的影视、音乐等其他业务中获得独特优势。

易观分析认为，在 2016 年中国沉浸式虚拟现实设备市场将呈现以下趋势：

1. 大型公司入场，VR 行业洗牌加速，巨头时代即将到来

在沉浸式虚拟现实设备市场启动期早期，沉浸式 VR 头戴设备厂商是主要的市场推动者，如暴风魔镜、乐相科技、虚拟现实科技等公司。这些厂商以销售硬件产品为中心，兼顾内容运营，致力于虚拟现实平台建设，与零部件厂商、内容制作公司、手机/电脑厂商、垂直媒体、销售渠道等产业链上下游参与者合作，共同教育用户，推动行业发展。2016 年，Oculus、HTC、索尼均推出了消费级硬件。而国内市场中，阿里、腾讯、乐视等 VR 战略也十分明晰，纷纷将自有优势业务与 VR 趋势相结合，全方位布局 VR 市场。

2. 沉浸式虚拟现实设备配置趋于完善，用户体验进一步提升

用户体验是影响沉浸式虚拟现实设备市场快速发展的关键因素之一。沉浸式 VR 头戴设备厂商、VR 技术公司正着手通过优化算法，提升屏幕、CPU、GPU 等硬件配置，解决这一问题。另一方面，随着人机交互技术升级、交互输入设备不断成熟，沉浸式 VR 系统人机交互更加自然，消费者将体验到更加自然的沉浸式 VR 效果。

3. 沉浸式虚拟现实内容横向、纵向扩充，支撑市场发展

目前，360 度图片/视频、计算机仿真内容是两种主要的沉浸式虚拟现实内容。2016 年，360 度图片/视频内容应用场景将得到拓展，横向扩充沉浸式 VR 内容，其应用场景将从旅游景点展示、地产项目展示、电影场景体验，到新闻场景展示、体育/演唱会/音乐会等节目直播延伸。计算机仿真内容，尤其是游戏类内容的时长将不断延长，趣味性、交互性将得到提升，将形成比较完整的娱乐体验，从而促进沉浸式 VR 内容纵向深度发展。

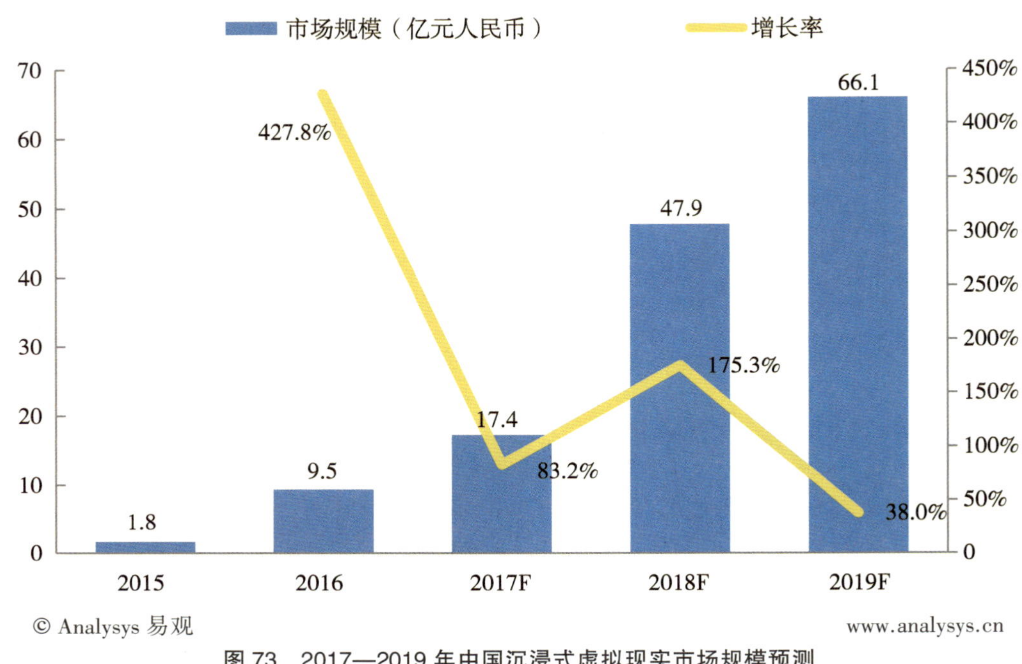

图 73　2017—2019 年中国沉浸式虚拟现实市场规模预测

根据易观近期发布的《2016 年中国沉浸式虚拟现实市场实力矩阵》，易观对 2015 年至 2017 年主要虚拟现实厂商在实力矩阵中所处的位置以及执行能力和创新能力的变化情况作如下解读。

- **领先者象限分析**

领先者在商业模式创新或产品/服务创新性上拥有较强的独特性，同时具有很好的系统执行力能够把创新性提供给市场并获取较高的市场认可。

2016 年中国沉浸式虚拟现实市场领先者：索尼、HTC、Oculus、三星、暴风魔镜

➢ 新进入者：索尼、HTC、Oculus

➢ 新退出者：无

索尼、HTC、Oculus 均在 2016 年发布了消费者期待已久的终端设备。索尼发布的 PlayStation VR 凭借丰富的内容资源和相对低廉的价格与独特的生态引发了消费者的抢购；而 HTC vive 的机器性能和画面表现均为首屈一指，处在业界领先地位，且 HTC 内部十分重视 VR 业务，其在未来爆发并成为主流 VR 设备的可能性很大；比竞争对手稍早发布的 Oculus Vive 由于未在中国正式发售，市

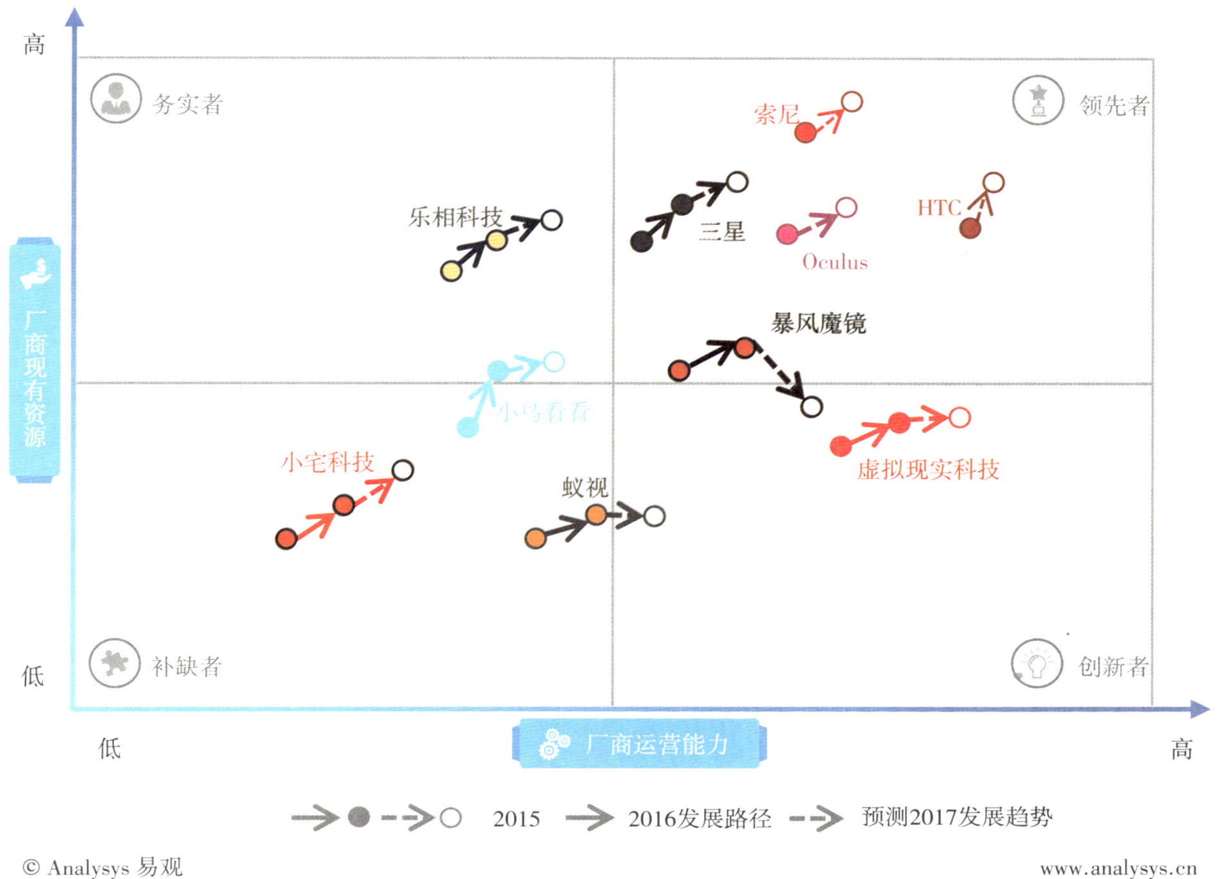

图 74　2016 年中国沉浸式虚拟现实市场实力矩阵

场影响力较小，但其与 Gear 结盟在未来优势互补的可能性很强，潜力极佳。暴风魔镜作为中国市场上的领头羊，虽然在 2016 年下半年遇到困境，但仍然在市场上处于领先地位。

- **创新者象限分析**

创新者在产品/技术上的投入很大，并在商业模式、技术或者产品服务的创新性上有独特的优势。但是由于种种原因没有得到很好的市场表现。

2016 年中国沉浸式虚拟现实创新者：蚁视、虚拟现实科技

➢ 新进入者：无

➢ 新退出者：无

创新者市场中的虚拟现实科技的 3Glasses 具备手动调节瞳距等优质功能，配置、设计水平都在平均水准之上，易观认为，在未来的市场中虚拟现实科技将会有良好发展。而蚁视科技的产品支持 Steam 等优质平台，内容丰富，但如很多 PC 端 VR 设备一样，对于高配置 PC 的需求使其难以普及。

- **务实者象限分析**

务实者拥有丰富的资源，执行能力较强，但是创新优势不明显。

2016 年中国沉浸式虚拟现实市场务实者：小鸟看看、乐相科技

➢ 新进入者：小鸟看看

➢ 新退出者：无

无论是小鸟看看还是乐相都有提升的空间。更侧重综合素质的乐相需要的是用户反馈以筛选优质内容，使开发者搭建更好的平台环境。而小鸟看看的产品硬件结构仍然有优化的余地，游戏内容则需要更多开发者的支持。此外，小鸟看看在2016年与乐视合作后带来出货量的巨大提升，但随着乐视在2016年年底遇到困境，小鸟看看的增长速度或许会因此变慢。

- **补缺者象限分析**

2016年中国沉浸式虚拟现实市场补缺者：小宅科技、蚁视

➢ 新进入者：小宅科技、蚁视

➢ 新退出者：小鸟看看

2016年中国万物互联时代来临，智能终端设备多元化发展，中国沉浸式虚拟现实市场竞争异常激烈。目前为了应对市场竞争，各家厂商的产品更新周期都在缩短，快速迭代虽然在同一品牌内能带来技术提升，但多数国产品牌在技术创新上较为薄弱，只能依靠品牌推广等方面弥补。若无技术创新和内容的丰富，未来将难以在市场中立足。

新一代信息技术

云计算

中国云计算IaaS市场正处于高速发展期。云计算IaaS技术逐渐成熟，各厂商提供的丰富的云计算服务更加成熟稳定、规范和廉价，互联网企业和传统企业纷纷选择将业务迁移向云端，IaaS市场中的用户数量迅速增加，云计算服务认可度快速提升。整体云计算行业将向着规范化发展，市场中也将出现拥有核心优势的领先厂商。

根据易观近期发布的《2016年中国云计算IaaS市场AMC模型》，易观对云计算IaaS市场所处发展阶段与市场认可度的变化情况作如下解读。

中国“大众创业、万众创新”的互联网创业环境带动传统行业的企业陆续开展互联网化转型。与此同时，国家将云计算作为国家信息化发展战略的核心地位。政策与市场环境双重利好的背景下，中国的公有云IaaS厂商迎来了发展机遇。通过对中国云计算IaaS市场的研究，易观分析认为，中国的云计算IaaS市场主要分为四个阶段，现在正处于高速发展期。

探索期（2005—2010）

2005年到2010年为市场探索期，这个阶段主要为云计算技术储备和概念推广。当时云计算IaaS的概念刚刚进入中国，市场对云计算的认知程度比较低。中国出现了第一批提供IaaS服务的厂商，并且有了第一批用户，初期主要客户来源于政府部门公有云的建设。由于当时云计算产品功能

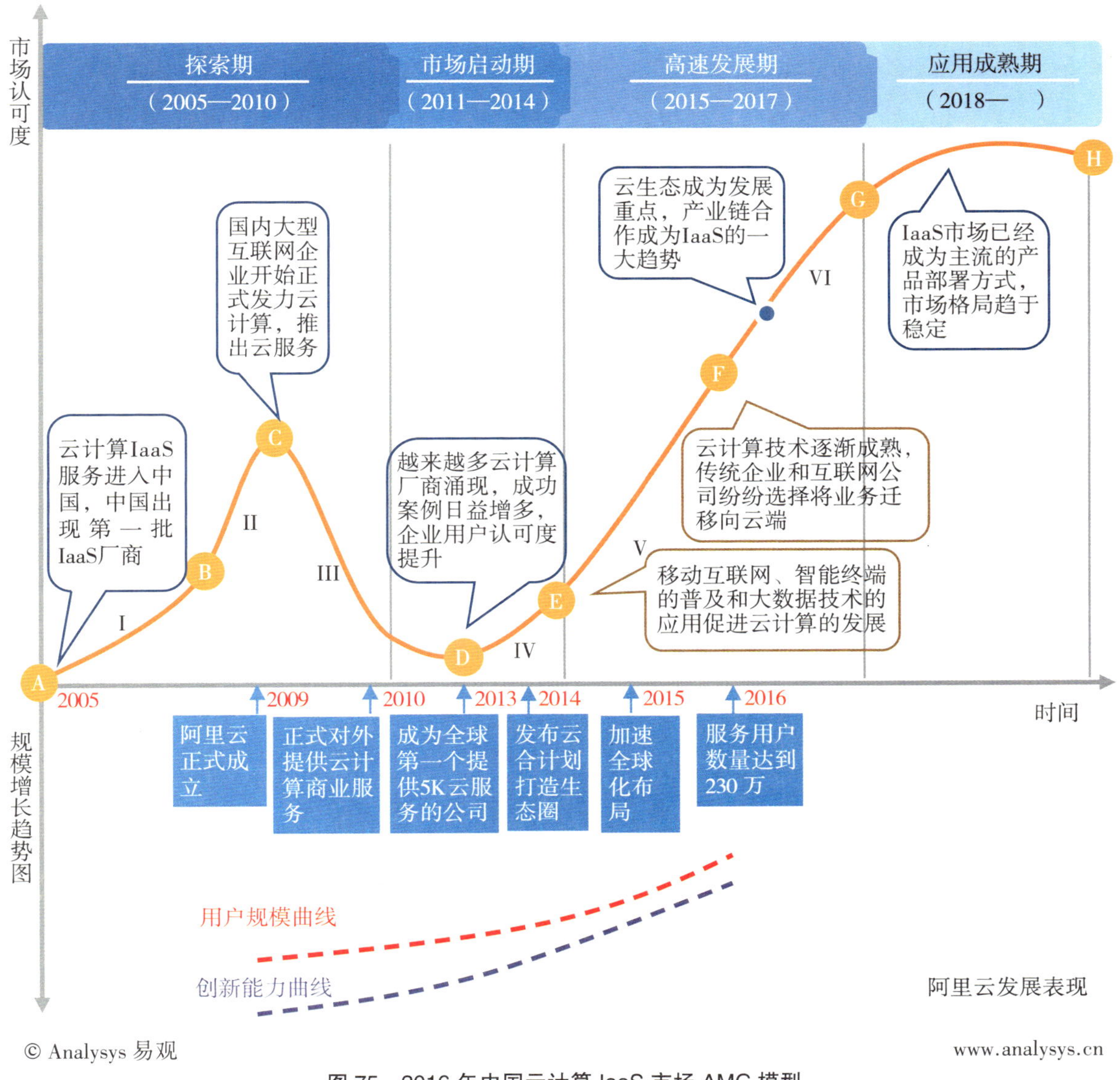

图 75　2016 年中国云计算 IaaS 市场 AMC 模型

单一，使用的体验和服务的稳定性还相对较差，而 IaaS 服务的价格比较昂贵，加之企业用户担心云迁移形成的风险，市场和技术的不确定性导致 IaaS 的普及度不高，云计算 IaaS 的优势还不能非常好的体现出来。与此同时，国内以阿里云为代表的 IaaS 厂商在这个阶段建立，互联网巨头企业正式发力云计算，中国具有自主知识产权的云计算技术的开发正式开启。

市场启动期（2011—2014）

2011 年到 2014 年为市场启动期，在这个阶段，国内互联网企业和传统行业的企业上云的成功案例逐渐增多，因此企业用户数量高速增加，市场对于云计算服务的认可度快速提高。与此同时，亚马逊、IBM、微软等跨国企业的公有云服务纷纷入华，加速抢夺中国市场，中国云计算市场的竞争开始显现。此外，中国的移动互联网快速发展、智能终端的普及使互联网改变了许多行业的应用场景，并且大数据技术的应用也促进了云计算的发展。诸多国内的云计算 IaaS 厂商也都是在这个阶段建立的，也为接下来的云计算 IaaS 市场发展打下了坚实的基础。

高速发展期（2015—2017）

2015 年到 2017 年为市场高速发展期，云计算 IaaS 技术逐渐成熟，各厂商提供的丰富的云计算服务更加成熟稳定、规范和廉价，互联网企业和传统企业纷纷选择将业务迁移向云端，IaaS 市场中的用户数量迅速增加，云计算服务认可度快速提升。而应用云计算的用户都取得了良好的效果，云计算成为 IT 系统不可获缺的组成。除此之外，云计算产业链结构趋向稳定，云生态的建设成为领先 IaaS 服务提供商发展的重点，在此带动下，产业链上下游之间的合作成为 IaaS 的一大趋势。与此同时，行业云解决方案逐渐成熟并且向更多传统行业的企业渗透。云计算市场的快速发展意味着具备技术优势与充足资金的云计算 IaaS 厂商能够获得市场红利并实现爆发式增长。而整体云计算行业将向着规范化发展，市场中也将出现拥有核心优势的领先厂商。

应用成熟期（2018—　）

2018 年以后为应用成熟期，企业用户的数量在实现快速发展之后趋于稳定，IaaS 服务已经成为企业用户 IT 系统主流的部署方式，市场格局也将趋于稳定。IaaS 服务将真正意义上成为一种“水”“电”“煤”一样的资源随意按需取用，IaaS 的兼容性和安全性将得到最大程度的提升，各种新技术和服务都将大规模地部署在 IaaS 上面。此外，国内云计算厂商之中也将出现占据市场优势、技术优势以及生态优势的领导型企业。

对 IaaS 厂商而言

目前，国内的 IaaS 市场已经进入整合的阶段，云主机、云存储、CDN 内容分发等基础功能的价格会逐渐降低，IaaS 基础服务的利润空间将逐渐被压缩。这就需要 IaaS 厂商能够平衡 IaaS 服务前期的庞大数据中心的租用和建设费用与营收之间的关系，需要厂商对于自身的业务规模增加有一个比较明确的把握，实现资源的合理配置，最终能够通过规模化的服务来分摊成本，通过稳定的服务和差异化的产品实现盈利。

除此之外，IaaS 还应该不断丰富自身应用商店的功能，使自身的产品能够满足更多的使用场景，并且还需要加强与云计算产业链中其他厂商的合作，打造一个比较完整的服务链条，让用户在使用云计算的过程中能够享受更为全面、便捷的服务。最后，厂商还应该打造自身的人才培育机制，通过源源不断的人才来推动厂商自身的发展。

对用户而言

用户在选择使用 IaaS 产品的时候需要进行一定的思考。首先，用户需要明确是否真的需要使用 IaaS 服务，选择 IaaS 服务的动力源自哪里？是来自于当前架构无法支撑现有业务的增长，还是新业务的发展需要，抑或是需要通过使用 IaaS 服务来降低自身的成本？通过使用 IaaS 服务自身的业务能够获得什么样的提升，或者企业能够得到什么样的资源和帮助？IaaS 的部署和迁移是否是具有经济效益的？从而最终选择是否使用 IaaS 服务。

在确定了选择 IaaS 服务之后，用户需要选择一家合适的 IaaS 厂商，在这个过程中需要考虑的因素比较多。在选择 IaaS 服务之前，要对于自身的业务特点有比较明确的了解，找到自身业务需求的关键点，主要包括对于计算能力的需求、对于存储能力的需求、对于高并发的需求、对于大数据分析的需求、对于海外节点和网络的需求等等。根据自身的业务需要来选择不同的 IaaS 厂商及服务，并在这个过程中需要多关注厂商的成功部署案例，可以选择一站式的解决方案，也可以分别选择不同厂商的部分功能最终实现自身的部署。

市场典型企业——阿里云

阿里云创立于 2009 年，是中国最大的云计算平台，为全球 200 多个国家和地区的创新创业企业、政府机构等提供服务。阿里云致力于提供安全、可靠的计算和数据处理能力。2010 年，阿里云对外开放其在云计算领域的技术服务能力。用户通过阿里云，用互联网的方式即可远程获取海量计算、存储资源和大数据处理能力。阿里云已建成的超大规模数据中心包括中国（华东、华北、华南、香港）、欧洲、美国、日本、新加坡、中东、澳大利亚，阿里云已经在全球主要互联网市场形成云计算基础设施覆盖，将为中国出海企业以及当地企业提供云计算服务。

目前，阿里云的服务用户数量达到 230 万，同时汇聚近 1000ISV 和 3000+商品。2016 年第三季度，阿里云收入同比增长 130%，达到 14.93 亿元人民币。云计算付费用户数量同比增长 108%，覆盖金融、医疗、公共交通、能源、制造、政府机构、游戏、多媒体等行业和企业类型。在全球云计算行业，阿里云的增速已大幅领先。

根据易观近期发布的《2016 年中国云计算 IaaS 市场实力矩阵》，易观对 2015 年至 2017 年主要云计算 IaaS 厂商在实力矩阵中所处的位置以及厂商现有资源和创新能力的变化情况作如下解读。

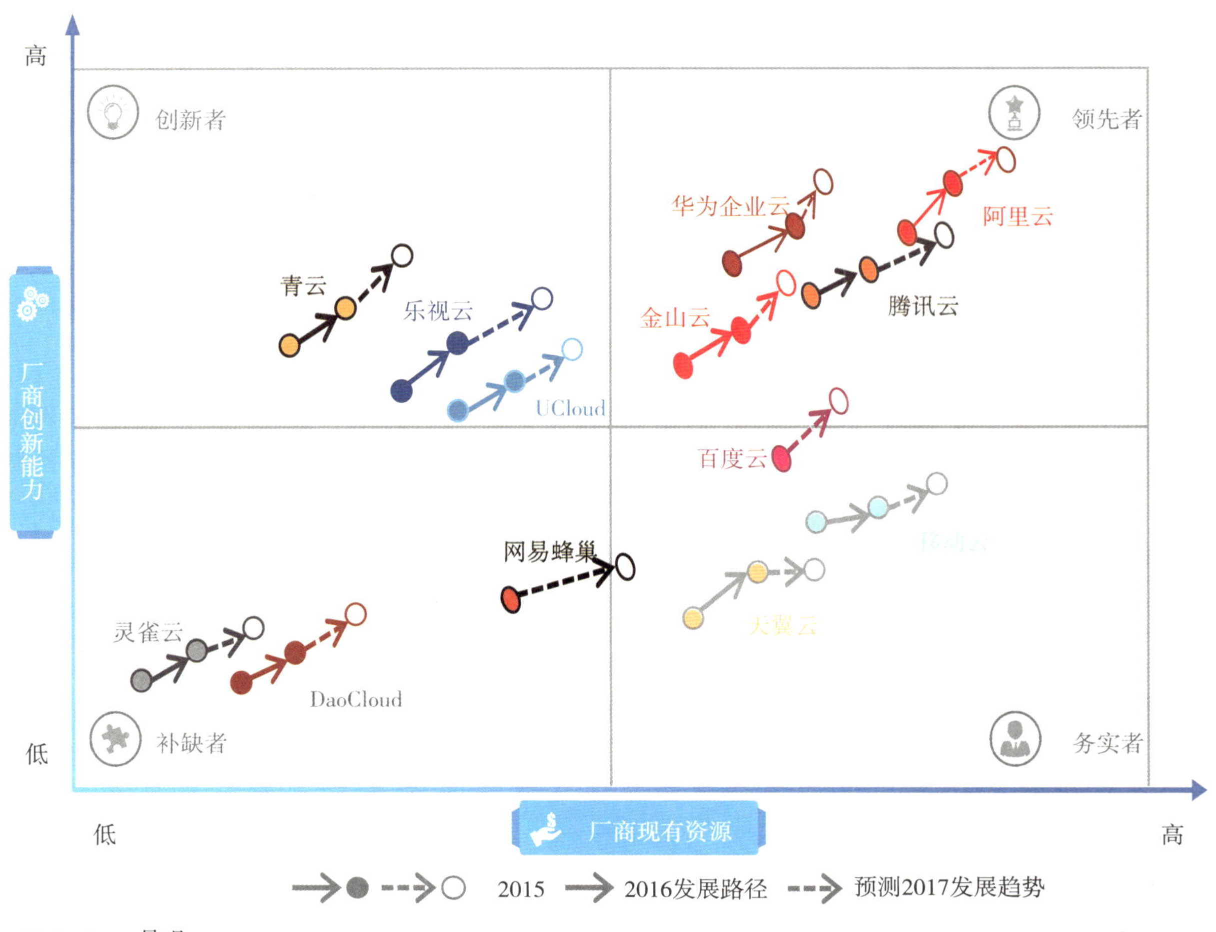

图 76　2016 年中国云计算 IaaS 市场实力矩阵

• 领先者象限分析

领先者在商业模式创新或产品/服务创新性上拥有较强的独特性，同时具有很好的系统执行力能够把创新性提供给市场并获取较高的市场认可。

2016 年中国云计算 IaaS 市场领先者：阿里云、腾讯云、华为企业云、金山云

➢ 新进入者：华为企业云、金山云

➢ 新退出者：无

阿里云是中国最大的云计算平台，致力于提供安全、可靠的计算和数据处理能力。用户通过阿里云，用互联网的方式即可远程获取海量计算、存储资源和大数据处理能力。阿里云已建成的超大规模数据中心包括中国（华东、华北、华南、香港）、欧洲、美国、日本、新加坡、中东、澳大利亚，阿里云已经在全球主要互联网市场形成云计算基础设施覆盖，将为中国出海企业以及当地企业提供云计算服务。目前，阿里云的服务用户数量达到 230 万，同时汇聚近 1000ISV 和 3000+商品，覆盖金融、医疗、公共交通、能源、制造、政府机构、游戏、多媒体等行业和企业类型。在全球云计算行业，阿里云的增速已大幅领先。预计阿里云在 2017 年将仍处于领先者象限。

腾讯云是腾讯公司打造的面向广大企业和个人的公有云平台。腾讯云有着深厚的基础架构，并且有多年对海量互联网服务的经验，不管是社交、游戏还是其他领域，都有多年成熟的产品。腾讯在云端完成重要部署，为开发者及企业提供云服务、云数据、云运营等整体一站式服务方案。腾讯云拥有云服务器、云存储、云数据库和弹性 web 引擎等基础云服务以及 QQ 互联、QQ 空间、微云、微社区等云端链接社交体系。这些正是腾讯云可以提供给这个行业的差异化优势，造就了可支持各种互联网使用场景的腾讯云技术平台。预计腾讯云在 2017 年将仍处于领先者象限。

华为企业云贯彻华为公司“云、管、端”的战略方针，聚焦 I 层，使能 P 层，聚合 S 层，致力于为广大企业、政府和创新创业群体提供安全、中立、可靠的 IT 基础设施云服务。华为企业云聚焦提供完备的 IT 基础设施云服务及解决方案，已构建了覆盖全国的云服务网络，数据中心规模超过 20 万平方米，是中国规模大、网络覆盖广的公有云服务商。华为已在全球部署了 5 个专注于云计算的研发中心，涉及研发人员超 10000 人。华为企业云持续进行基础设施的布局和合作伙伴生态的建设，希望与合作伙伴一起共同丰富云生态系统。预计华为企业云在 2017 年将仍处于领先者象限。

金山云以业内领先的用户体验和服务端技术，为用户和企业提供云服务器、海量云存储、负载均衡、云关系型数据库等多项云服务。除此之外，金山云拥有服务于 CP 及渠道发行商的游戏云平台，该平台在游戏开发、测试、部署、运营，直至推广过程中，为游戏厂商提供了一体化的云计算解决方案。金山云在技术研发方面具备优势，依托于金山软件集团 20 多年的软件开发经验，不断完善产品和服务，能够为企业提供优质的云计算服务以及技术支持。预计金山云在 2017 年仍将处于领先者象限。

• 创新者象限分析

创新者在产品/技术上的投入很大，并在商业模式、技术或者产品服务的创新性上有独特的优势。

2016 年中国云计算 IaaS 市场创新者：青云、UCloud、乐视云

➢ 新进入者：UCloud、乐视云

➢ 新退出者：无

青云是全球唯一实现资源秒级响应并按秒计费的基础云服务商，致力于为企业用户提供安全可靠、性能卓越、按需、实时的 IT 资源交付平台。其产品包含完整的 IaaS 层组件、PaaS/Orchestration 层服务及超融合硬件设备和桌面云等产品与服务，为企业用户提供公有云、私有云、托管云、混合云等全面专业的云计算服务与整体解决方案。青云已具备高可用、高可靠、高性能、轻维护的特点，业务保持了稳步快速的增长。青云目前正在为超过 6 万家企业提供服务。预计青云在 2017 年将继续保持在创新者象限。

UCloud 是国内领先的公有云服务商，自主研发并提供计算资源、存储资源、网络资源等企业必需的基础 IT 架构服务。UCloud 深入了解互联网、移动互联网、传统企业不同场景下的业务需求，提供一系列行业解决方案。UCloud 一直专注于深挖各个细分行业的关键需求，为近 4 万家的企业级用户提供适合行业特性的云服务解决方案，业务覆盖游戏、电商、互联网金融、互联网医疗、泛娱乐、在线教育、PaaS、SaaS 等在内的众多细分领域。预计 UCloud 在 2017 年将继续保持在创新者象限。

乐视云围绕 VaaS（Video-as-a-Service，视频即服务），面向 IaaS、PaaS、SaaS 启动全云布局，向企业用户提供云资源、云视频、云应用、云发行、云营销、云数据等服务，乐视云已经形成国内最大的视频云产品系。与此同时，乐视云已经完成基于产业链垂直整合、跨行业的视频云服务生态的构建。目前，乐视云已经成功服务了上万家企业客户。2016 年，乐视云成功完成 A 轮 10 亿元人民币融资，成为全球云计算产业中首轮融资金额最大的公司。预计乐视云在 2017 年将继续保持在创新者象限。

- **务实者象限分析**

务实者拥有丰富的资源，执行能力较强。

2016 年中国云计算 IaaS 市场务实者：百度云、移动云、天翼云

➢ 新进入者：百度云、移动云

➢ 新退出者：无

百度云是由百度提供的公有云平台，于 2015 年正式开放运营。2016 年，百度正式对外发布了“云计算+大数据+人工智能”三位一体的云计算战略。2016 年 10 月，百度云计算品牌全新升级，“百度开放云”正式改为“百度云”。与此同时，百度云推出了 40 余款高性能云计算产品，以及天算、天像、天工三大智能平台分别提供智能大数据、智能多媒体、智能物联网服务。由于百度云涉足云计算行业较晚，与阿里云、腾讯云存在明显的产品与技术差距，但是凭借百度的技术沉淀以及云计算战略位置，百度云将快速提升创新能力。预计百度云在 2017 年将升级到领先者象限。

移动云是中国移动面向政企、事业单位、开发者等客户推出的云计算技术。移动云系自主技术研发而成的公有云平台，通过服务器虚拟化、对象存储、网络安全能力自动化、资源动态调度等技术，将计算、存储、网络、安全、大数据、开放云市场等作为服务提供，客户根据其应用的需要可以按需使用、按使用付费。移动云业务产品丰富，可为客户搭建一站式个性化的解决方案，可以满足不同客户的需求。预计移动云在 2017 年将继续保持在务实者象限。

天翼云成立于 2012 年 3 月，是中国电信旗下的专业公司，是国内优秀的云计算服务提供商，集约化发展包括互联网数据中心（IDC）、内容分发网络（CDN）等在内的云计算业务和大数据服务。云公司依托中国电信覆盖全国、通达世界的通信信息服务网络和最大规模的互联网用户基础，集市场营销、运营、产品研发于一体，为政府、企业和公众提供电信级、高可靠的云基础资源、云平台应用及云解决方案等产品和服务。预计天翼云在 2017 年将继续保持在务实者象限。

- **补缺者象限分析**

2016 年中国云计算 IaaS 市场补缺者：网易蜂巢、DaoCloud、灵雀云

➢ 新进入者：网易蜂巢、DaoCloud、灵雀云

➢ 新退出者：无

网易蜂巢是网易公司推出的专业的容器云平台，深度整合了 IaaS、PaaS 及容器技术，提供弹性计算、DevOps 工具链及微服务基础设施等服务，帮助企业解决 IT、架构及运维等问题，使企业更聚焦于业务，是新一代的云计算平台。除了容器服务之外，网易蜂巢还提供包括数据库、缓存服务、对象存储、CDN、安全服务和 IP 管理在内的平台服务以及包括性能监控和日志服务的运维工具。网易蜂巢继承了网易公司多年的互联网创新经验以及丰富的客户渠道，预计网易蜂巢将在 2017 年升级到务实者象限。

DaoCloud 成立于 2014 年年末，是容器云服务提供商。DaoCloud 产品线涵盖互联网应用的开发、交付、运维和运营全生命周期，并提供公有云、混合云和私有云等多种交付方式。其核心团队由来自微软、EMC、VMware 等知名企业的高管和技术专家组成，公司已经完成两轮超过千万美元规模融资，产品被企业级客户、互联网公司等广泛采用。预计 DaoCloud 在 2017 年继续保持在补缺者象限。

灵雀云是云雀科技推出的企业级容器云平台。其中自动化运维平台基于容器技术，以 DevOps 为理念，打造以应用为中心的管理模式，帮助用户专注于核心业务。灵雀云开发流程管理平台以 Docker 标准为核心，覆盖从代码到生产的全生命周期，帮助企业建立和管理敏捷的开发团队，实现持续集成、持续部署。预计灵雀云在 2017 年继续保持在补缺者象限。

第五部分

厂 商 分 析

伴随“互联网+”国家战略的不断推进，2016 年的互联网行业再次迎来新一轮的竞争与沉浮。当人工智能、虚拟现实、云计算、直播等行业热词不断刷新互联网产业新趋势时，亦存在魏则西事件、三星 note7 爆炸带给人们的警醒。在监管与鼓励并存的 2016 年，政策利好、需求释放、巨头入场，产业布局动作频出，注定“十三五”开局之年，互联网行业将迎来不同以往的新趋势、新发展。易观以 2016 年为时间点，对于在产业内所覆盖与关注的各细分领域的厂商进行了简要分析。

电子商务

网上零售

淘宝

淘宝网是亚太地区较大的网络零售商圈、中国深受欢迎的网购零售平台，由阿里巴巴集团在2003年5月10日投资创立，其业务跨越C2C、B2C两大部分。随着淘宝网规模的不断扩大和用户数量的不断增加，淘宝网逐渐演变成一个囊括C2C、B2C、团购、分销、拍卖等多种电子商务模式的综合性零售商圈。目前拥有超过5亿的注册用户数，每天有超过6000万的固定访客，成为世界范围内的电子商务交易平台之一。根据阿里巴巴公布的实时数据，2016年“双十一全球狂欢节”总交易额超1207亿元，相比于去年增长了32.32%，交易更是覆盖235个国家和地区。

淘宝经过多年的经营，建立起了自己专属的生态圈，在产业链的各个环节都保持了优势地位。淘宝拥有自身的流量入口一淘、交易工具支付宝、众多快递合作伙伴，加之其正紧锣密鼓的投资物流企业、申请快递牌照，已经打通了从营销、支付再到物流的整个产业链条。此外，由于其吸引了大量的用户，在内外部营销、会员管理、网站设计优化、数据商业化等方面存在明显优势。但是，由于淘宝平台模式的开放性，其难以掌控商家的生产能力和信用程度，产品质量控制方面及售后服务存在短板。根据2016年淘宝售后问题相关新闻显示，“李鬼”商店数量偏多和售后问题无法解决，阻碍着淘宝进一步提高客户满意度。与此同时，如何提高在线支付的安全性与解决物流配送不及时问题也是淘宝面临的两大难题。

易观分析

淘宝是国内最早以平台形式从事电子商务的企业，凭借店铺好评体系和支付宝，以及在菜鸟物流等服务领域的布局，从而建立了一套电商较为完善的网购信用体系，形成了完整的电商生态圈。其平台化的特点，使其在商品品类和数量方面具备明显竞争优势。在其平台上积累了大量商家和消费者，同时这些巨大的用户流量和市场影响力使淘宝网能够长期保持市场领先地位。另外，淘宝还利用大数据推行定制服务，为“90后”的主力消费群体推出夜场平台。

但是由于淘宝平台的开放性这一自然缺陷，导致平台对入驻商家监管难度大，从而容易产生出现假冒伪劣产品和不法交易行为，甚至出现利用平台漏洞谋取私利的事件发生，此类情况严重影响消费者对淘宝网的用户体验。同时物流也是淘宝网发展的短板之一，尽管阿里早已布局菜鸟物流，但其物流联盟成员众多，监管难度大，其服务质量难以短时间内得到提升。

一、基础信息

1. 基本信息

公司名称：阿里巴巴集团

成立时间：1999 年（集团）　2003 年 5 月 10 日（淘宝）

总部地点：杭州

上市时间：2014 年 9 月 19 日（阿里巴巴在纽约证券交易所上市）

企业性质：中外合资

资本信息：注册资本 5000 万元

联系方式：

网址：http：//www.taobao.com/

地址：杭州市余杭区文一西路 969 号西溪园区　311100

电话：集市消费者热线：0571-88158198

集市商家热线：0571-88157858

2. 组织信息

管理层：

马云　执行主席

蔡崇信　执行副主席

陆兆禧　首席执行官

二、业务信息

1. 产品及服务信息

作为 C2C、B2C 综合电子商务平台，拥有最为丰富的包括鞋包、配饰、运动、珠宝、数码、家电、美妆、母婴、家居、食品、百货、汽车等实体商品和大量的虚拟（充值）商品，主要产品有阿里旺旺、淘宝店铺、淘宝指数、快乐淘宝、淘宝基金（2013 年 11 月 1 日上线）、淘点点（2013 年 12 月 20 日推出）。

作为第三方平台，有线上交易、7 天无理由退换货、数据统计、物流等众多针对买家与卖家的服务。

2. 覆盖范围

行业：综合互联网 C2C、B2C 交易平台

主要客户：国内外商家和消费者

业务区域：全球

3. 收入结构：主要收入来源为广告和增值服务，具体收入结构不详

三、综合信息

1. 发展定位：全面打造综合性线上零售商圈，国内领先的个人交易平台

2. 重要合作伙伴及供应商：主要合作伙伴有阿里巴巴（中国）、支付宝、搜狐、MSN、雅虎、淘宝联盟、淘拍档。此外淘宝“淘拍档”有百合计划，成员有百胜软件、富润科技、管易软件、又一城软件、湖畔网络技术、禾唐科技、任我行软件、赛普软件、商通电子商务、飞速网络、商派网络、宏巍信息、万维商联、欢乐逛、派科思诺、网商软景、光云软件、暴风科技、浙江省检验检疫科学技术研究院、网萌网络等

天猫

“天猫”原名淘宝商城，2012 年 1 月 11 日正式更名为“天猫”，是一家国内领先的综合性购物网站。迄今为止，天猫已经拥有 4 亿多买家，5 万多家商户，7 万多个品牌。通过在商品、服务等方面的优势，为商家和消费者提供一站式线上购物解决方案。2014 年 2 月 19 日，天猫国际正式上线，主要为国内广大消费者提供海外原装进口商品。天猫国际目前拥有来自美国、英国、澳大利亚、新西兰、韩国、日本、中国台湾地区、中国香港地区等多个国家和地区的数千品牌，并且在线销售。

随着人们收入水平和生活品位的不断提高，海外购和海淘成为人民购物的新趋势。天猫国际成为天猫战略的新重心。据中国电子商务研究中心相关报道显示，截至 2016 年 12 月 23 日，天猫国际平台共引进了来自 63 个国家和地区、覆盖 3700 个品类的 14500 个海外品牌，其中，八成以上的品牌是首次进入中国市场。同时根据天猫官方数据显示，2016 年“双十一”期间，天猫国际在全国跨境试点的总订单量位列第一，并相当于前十位跨境进口电商平台中第二位至第九位的订单量总和。

不仅如此，对于生鲜市场这块大蛋糕，天猫也是谨慎部署，力争能全面渗透整个市场。首先天猫超市作为天猫自营商城，依托于天猫和淘宝自带吸量的特质，早在初期就获得了较高的流量，再加上其不断完善的服务，早已成为具有高用户黏性的日常用品购物平台，为以后其他项目的发展提供了很好的支撑作用。其次，天猫创建了喵鲜生 APP 和投资了垂直生鲜品牌易果生鲜垂直平台，分别定位于中端和高端的生鲜产品。同时其又投资于线下到家品牌盒马鲜生和三江作，从线上到线下完全打通了生鲜市场的 O2O 环节，外加支付和物流的支持，已形成了一个完善的阿里生鲜商业圈。

易观分析

天猫依托于淘宝网的发展，将淘宝网产品组合进行筛选，进驻到天猫商城，相比较京东商城等竞争对手，在产品线上具有强大的优势。成为中国网上零售 B2C 领域的领导者。

这其中最为主要的优势便是：天猫共享淘宝网的注册用户。淘宝网积累了庞大的消费者数据库，基于这些资源的深刻研究和应用，有助于抓住消费者购买行为和消费行为的动态变化趋势，有效地利用这些将会使天猫商城能够准确地把握消费者的消费习惯、购物特点，对于天猫商城站点的设计都会提供非常大的参考作用。

同时天猫目前整合了淘宝网4亿多买家，首页每天的访问量接近1亿人，是一个非常好的广告平台。天猫广告主要有商品展示广告、品牌展示广告、旺旺植入广告等。另外，天猫允许商家付费购买关键词，以提高在搜索结果中的排名，提高店铺的流量，这也是天猫非常重要的收益来源。

但天猫和淘宝相似的是都依赖第三方物流，相比自建物流的商家而言，其物流方面的服务质量难以保证，常常出现发货不及时和在物流途中产品受损等情况，进而影响消费者的用户体验。另外，天猫也存在销售产品质量不合格的问题，严重影响平台声誉。

一、基础信息

1. 基本信息

公司全称：阿里巴巴集团（天猫事业部）

成立时间：1999年（集团）　2012年1月（天猫）

总部地点：香港（国际总部）　杭州（中国总部）

上市时间：2014年9月19日（阿里巴巴在纽约证券交易所上市）

企业性质：股份制

资本信息：中外合资，具体资本不详

联系方式：

　　网址：http：//www.tmall.com/

　　邮箱：florenceshih@ hk.alibaba-inc.com

　　地址：浙江省杭州市余杭区文一西路969号

　　电话：4008608608

2. 组织信息

人员规模：500人以上

管理层：

　　马云　执行主席

　　蔡崇信　执行副主席

　　陆兆禧　首席执行官

二、业务信息

1. 产品及服务信息

产品信息

B2C 综合商城，产品囊括汽车、电脑、服饰、家居用品、家装建材等实体商品及网络游戏装备等虚拟商品，拥有品牌街、名鞋馆、网上超市、医药馆、喵鲜生、电器城、淘宝旅行等特色店铺。

作为第三方服务平台，其服务有正品保障、天猫智库、线上交易、7 天无理由退换货、数据统计、物流、代运营接入等。2014 年秋季推出“在线看秀”“边看边买”的全新创新性购物服务。

2. 覆盖范围

行业：综合 B2C 平台

主要客户：国内外全网用户

业务区域：国内及海外

3. 收入结构：主要包括广告、交易分成、商家增值服务三部分，具体比例不详

三、综合信息

1. 发展定位：网购世界中的第五大道、香榭丽舍大道或者铜锣湾，中国乃至世界 B2C 的新地标

2. 重要合作伙伴及供应商：拥有包括国内及国外来自美国、英国、日本、澳大利亚、法国、韩国、中国台湾、中国香港等多个国家和地区的 5 万多家商户，7 万多个品牌，包括 Dior、LV、PRADA 等奢侈品牌及安娜苏、Karenmillen、NYR 等海外知名品牌

京东商城

京东商城目前已成长为中国最大的自营式电商企业。根据易观公布的《中国网络零售 B2C 市场年度综合报告 2016》中显示，2015 年中国网络零售 B2C 的市场中，京东凭 22.4%的市场份额名列该领域电商的前三名，锁定了其在该领域的领导者地位。

京东拥有中国电商领域规模最大的物流基础设施；通过完善布局，京东将成为全球唯一拥有中小件、大件、冷藏冷冻仓配一体化物流设施的电商企业。当前京东在全国范围内拥有 7 大物流中心，运营了 234 个大型仓库，拥有 6756 个配送站和自提点，覆盖全国范围内的 2639 个区县。京东专业的配送队伍能够为消费者提供一系列专业服务，如 211 限时达、次日达等服务，保障用户享受到卓越、全面的物流配送和完整的“端对端”购物体验。京东智慧物流持续创新，无人机和无人配送车已开始试用，将全面提升京东运营效率。

2014 年 3 月，京东与腾讯达成了战略合作，全面推进移动社交电商新模式的发展，成为全球移动社交的积极探索者和实践者。目前，京东已经形成了手机客户端、微信购物、手机 QQ 购物组成的完整移动购物布局。2016 年第 2 季度通过移动端渠道完成订单量约占总完成订单量的 79.3%，同比增长超过 130%。

2015 年，京东加速渠道下沉，大力发展农村电商，推进 3F 战略，已初见成效。京东已开设 1600 多家“京东帮服务店”，服务覆盖 43 万行政村；同时建立了 1500 多家“县级服务中心”，服务 23 万行政村。京东农资电商的合作涉农企业已达到 200 多家，乡村白条覆盖全国近 30 多万行政村。

易观分析

如今在电商领域，京东依靠自营售卖正品的品牌形象和强大的自建物流体系与产品售后服务等诸多优势，从阿里垄断着的整个中国电商市场里慢慢地抢夺用户，形成其独具特色的“京东系”电商体系。经过2015年京东斥资近百亿元直投包括：永辉超市、金蝶软件、饿了么、天天果园、分期乐、途牛等项目，其生态链已被全面布局。而这些垂直领域的投资无不与京东的生态布局有直接关系。其中仅对京东到家业务的支持就包括永辉超市、天天果园、饿了么等。

而相比于天猫和淘宝此类全面型的平台式电商，虽然京东在电子产品与家用电器是具有胜于对手的优势，但在其他产品的市场上，京东的影响力弱于天猫和淘宝，尽管当前京东已着力发展其他零售市场，但其号召力还是弱于阿里巴巴，并且京东的极速物流也备受考验。同时，虽然有腾讯在背后支持京东，但是京东的流量入口活跃度仍弱于其同行竞争对手。虽有微信和QQ的自带流量支持，但其在京东的服务推广上仍略显薄弱，并且根据易观千帆的数据统计，2016年全年京东自建APP的活跃用户量远远小于淘宝的活跃用户量。

在未来，京东应加深和知名品牌的合作，进一步扩大京东在移动电商领域的领导者地位。在其多元化发展的同时，需要但注重自身规模的控制。

一、基础信息

1. 基本信息

公司全称：北京京东世纪贸易有限公司

成立时间：1998年6月18日

总部地点：北京

上市时间：2014年5月22日（美国纳斯达克）

企业性质：民营企业

资本信息：注册资本1000万元

联系方式：

网址：http：//www.jd.com/

邮箱：zhouyongyue@ jd.com

地址：北京市朝阳区北辰西路8号北辰世纪中心A座 100101

电话：010-58959005

2. 组织信息

管理层：

刘强东 董事会主席、首席执行官

二、业务信息

1. 产品及服务信息

品类完善的综合商品，包括计算机、手机及其他数码产品、家电、汽车配件、服装与鞋类、奢侈品、家居与家庭用品、化妆品与其他个人护理用品、食品与营养品、书籍、电子图书、音乐、电影与其他媒体产品，还有母婴用品与玩具、体育与健身器材以及虚拟商品在内的 13 大类超过 4000 万 SKUs 的优质商品。主要产品有京东商超、京东支付和京东云。

所提供的服务包括 211 限时达、次日达、夜间配和三小时极速达，GIS 包裹实时追踪、售后 100 分、快速退换货以及家电上门安装等。

2. 覆盖范围

行业：综合电商平台

主要客户：大众

业务区域：2014 年 1 月京东西北大区正式启动运营，至此京东业务区域遍布全国

3. 收入结构：主要来自分成、销售返点、增值服务、交易差价等方面，具体结构不详

三、综合信息

1. 发展定位：中国 B2C 市场最大的 3C 网购专业平台、中国电子商务领域最受消费者欢迎和最具影响力的电子商务网站之一

2. 重要合作伙伴及供应商：ACER 宏碁电脑，俄罗斯的 DST、老虎基金、九州通医药集团股份有限公司等

苏宁云商

苏宁易购是苏宁云商旗下网上购物平台，是建立在苏宁云商长期以来积累的丰富零售经验和采购、物流、售后服务等体系上的，由行业内领先的合作伙伴 IBM 合作开发的新型网站平台。现已覆盖传统家电、3C 电器、日用百货等全品类，居中国 B2C 市场份额前三强。2016 年，苏宁互联网零售发展策略进一步明确，就是要围绕零售、物流、金融三大业务单元，进一步打造核心竞争力。上半年，企业发展外部环境景气度较弱，根据中华全国商业信息中心统计数据，2016 年上半年全国百家重点大型零售企业零售额累计同比下降 3.2%。内部来看，苏宁互联网零售 CPU 能力逐步凸显，企业运营进入销售快速增长、规模效应提高、运营效益改善的良性发展轨道。

据 2016 年第 3 季度苏宁云商公司财报披露，在线上，公司聚焦精准推荐、强化搜索、支付等基础工作，全面提升互联网业务的用户体验与转化率；加强移动端发展，在下载、激活、复购方面加强投入，移动端实现较快发展，2016 年 9 月移动端订单数量占线上整体比例提升至 73%；苏宁易购天猫旗舰店的运营逐步优化，日销稳步提升。此外，紧抓一系列互联网促销节日，积极推广，公司线上销售保持快速增长，报告期内，公司线上平台实体商品交易总规模为 518.65 亿元（含税），同比增长 65.49%。

苏宁易购服务站是公司抢占农村消费市场、实现三四级市场 O2O 平台落地的载体，自 2015 年推进以来，公司不断探索优化易购服务站的开设标准及经营模式，运营逐步成熟，用户认可度提

高。与此同时，公司以易购服务站作为平台，加强对农村电商的扶持力度，推进“农产品进城”，已上线400余家中华特色馆。

易观分析

苏宁在经历转型之后，确立了“全渠道零售O2O”的发展战略，凭借早年在3C家电领域的积累，线上业务（苏宁易购）实现较快增长，但仍无法和天猫、京东等平台竞争。品类扩充方面也未能取得明显进步。2015年苏宁易购推出了“云店”，在母婴、跨境、农村电商方面也有布局，8月引入阿里战略投资，补足自身的资金和线上流量资源。

随着新零售概念的提出、苏宁与阿里共同投资成立猫宁电商，未来线上与线下的融合大势，将会改变现有电商发展模式及市场格局。同时，不断升级的健康、便捷、提升生活品质的新兴智能家电，会越来越获得消费者的欢迎、追捧。此外，在应对国内消费者对个性化、定制化商品高涨的需求下，线上3C家电也会成为上游品牌商实现智能制造的强势推动者，一定程度上突破乏力增长的局面。

此外，下沉进一步开拓县级市场、农村市场成为各大电商竞争焦点。苏宁必将面对物流的挑战。第三方物流公司、电商自营物流对农村地区覆盖缺乏，对此，苏宁需不断完善自营物流服务。

一、基础信息

1. 基本信息

公司全称：苏宁云商集团股份有限公司

成立时间：1990年

总部地点：南京

上市时间：2004年7月

企业性质：股份制

资本信息：注册资本738304.31万元

联系方式：

网址：http：//www.suning.com/

邮箱：ggzx@ cnsuning.com　b2b@ cnsuning.com

地址：江苏省南京市玄武区徐庄软件园苏宁大道1号　210000

电话：4008198198

2. 组织信息

人员规模：8364人

管理层：

张近东　董事长

二、业务信息

1. 产品及服务信息：综合，各品类产品

平台开放、在线交易、物流配送、上门安装、品牌推广等双边服务

2. 覆盖范围

行业：综合电商

主要客户：全网用户

业务区域：国内及海外

收入结构：具体细分结构不详

三、综合信息

1. 发展定位：力争最大程度赢得 B2C 市场收益，计划到 2020 年实现 3000 亿元的销售规模，成为中国领先的 B2C 平台之一

2. 重要合作伙伴及供应商：阿里巴巴、万达、IBM、思科、新浪、凡客等

亚马逊中国

亚马逊中国，原名卓越亚马逊，是一家 B2C 电子商务网站，前身为卓越网。2004 年 8 月 19 日亚马逊公司宣布以 7500 万美元收购雷军和陈年创办的卓越网，将卓越网收归为亚马逊中国全资子公司，使亚马逊全球领先的网上零售专长与卓越网深厚的中国市场经验相结合，进一步提升了客户体验，并促进了中国电子商务的成长。

亚马逊中国承袭了亚马逊集团在 IT 技术及物流配送方面的优势基因，在中国率先推出“定时送货”服务与“夜间送货”服务，提升用户体验。但是亚马逊本土化能力不足，在网站页面设计、网站运营方面不能够贴合中国消费者的使用习惯，这在一定程度上制约了亚马逊中国的发展。

2016 年，亚马逊中国开始全面发展跨境电商。首先，亚马逊依托其在全球布局的优势，并与上海自贸区建立了合作关系，开通了德国、西班牙、美国、法国、英国和意大利等六大亚马逊海外站点，汇集 8 千万种国际选品开展直邮中国的业务，开启了“一网买遍六国”的全新模式。同时亚马逊新建了跨境通平台，将中国消费者直接引导到美国亚马逊网站，并用中文显示商品信息，以人民币标注商品价格。亚马逊还在中国推出了全球历史上首个提供跨境订单全年无限次免费配送的 Prime 会员服务。在 2016 年的“黑色星期五”前，亚马逊向外公开了其首个海外购线下“体验馆”的亮相。

根据易观公布的《中国网上零售 B2C 市场年度综合报告 2016》中的报告显示，2015 年在中国网络零售 B2C 市场中，亚马逊占整个市场的 1.1%，份额占有率基本与 2014 年持平。其中亚马逊在 B2C 市场图书出版物品类市场份额为 11%，为其产品在市场份额中占比最高的市场，其他产品的市场份额仅为 1.5%，其发展程度则落后于其同等竞争对手。

易观分析

亚马逊中国同样“以客户体验为中心”，强大的技术支持保证了其对客户需求的挖掘，最大程度地提升客户体验。产品价格低、产品丰富度一般、配送快，总体购物体验较好。

亚马逊中国目前有15个运营中心，总运营面积超过70万平方米，拥有世界一流的自动化包装流水线、商品摄影棚和图片处理平台，以及先进的订单处理系统和库存管理系统。亚马逊运营中心主要负责厂商收货、仓储、库存管理、订单发货、调拨发货、客户退货、返厂、商品质量安全等。同时，卓越亚马逊还拥有自己的物流部门，可以最大程度地节约物流资源，节约买家的费用。

但其管理层决策受制于美国总部，而美国经验不一定适合中国国情，本土化不够，导致其国内业务增长缓慢。并且，在京东、淘宝等其他电商逐步开启跨境购物之后，亚马逊的交易额与市场份额有所下降，在未来，亚马逊所面临的竞争压力将继续增加。

一、基础信息

1. 基本信息

公司全称：亚马逊（中国）公司

成立时间：亚马逊公司初创于1995年；卓越亚马逊成立于2000年

总部地点：北京

上市时间：1997年5月15日

企业性质：外资企业

资质信息：225063.2万港币

联系方式：

网址：http://www.amazon.cn/（亚马逊中国）

邮箱：cn-cs-smfix@amazon.com

地址：北京市朝阳区东四环中路56号楼5层

电话：（1）客服电话：4008105666

（2）海外用户：028-65332666

2. 组织信息

管理层：

道格·葛（Doug Gurr）　亚马逊中国总裁

二、业务信息

1. 产品及服务信息

亚马逊（中国）电子商务提供超过32大类和超过2000万种商品，主要有图书、音乐、影视、手机数码、家电、家居、玩具、健康、美容化妆、钟表首饰、服饰箱包、鞋靴、运动、食品、母婴、户外和休闲等32大类产品，2013年消费电子产品Kindle家族进入中国。2014年7月，亚马逊中国推出三大类别的“广告推广”服务，包括“搜索广告”、“展示广告”和“高端定制广告”

2. 覆盖范围

行业：综合类电商

主要客户：全球消费者

业务区域：亚马逊中国拥有业界最大最先进的运营网络之一，目前有 16 个运营中心，分别位于北京（2 个）、苏州（2 个）、广州（2 个）、成都（2 个）、武汉、沈阳、西安、厦门、上海、天津、哈尔滨、南宁，总运营面积超过 70 万平方米。其主要负责厂商收货、仓储、库存管理、订单发货、调拨发货、客户退货、返厂、商品质量安全等。同时，亚马逊中国还拥有自己的配送队伍和客服中心，为消费者提供便捷的配送及售后服务

3. 收入结构：具体信息不详

三、综合信息

1. 发展定位：以最丰富的选品、最具竞争力的价格、最完备的自建物流和最优的客户体验成为中国消费者首选的综合网上商场

2. 重要合作伙伴及供应商：马可波罗、泡泡网手机频道、中国供应商网，PC HOME 产品中心、海词在线词典、PConline 数码相机频道、91 手机门户网、拉手网、麦考林、我买网、凡客诚品、糯米网、比特网

跨境电商

网易考拉

网易考拉海购是网易旗下以跨境业务为主的综合型电商，于 2015 年 1 月 9 日上线进行公测，其平台提供的销售品类涵盖服饰箱包、母婴、美容彩妆、数码家电、家居生活等。网易考拉海购主打自营直采的理念，其在美国、德国、意大利、日本、韩国、澳大利亚、中国香港、中国台湾等地均设有分公司或办事处，以便从产品原产地直采高品质、适合中国市场的商品，进而从源头杜绝假货，保障商品品质的同时省去诸多中间环节，直接从原产地运抵国内，在海关和国检的监控下，储存在保税区仓库。除此之外，网易考拉海购还与海关联合开发二维码溯源系统，严格把控产品质量。作为“杭州跨境电商综试区首批试点企业”，网易考拉海购在经营模式、营销方式、诚信自律等方面取得了不少建树，获得由中国质量认证中心认证的“B2C 商品类电子商务交易服务认证证书”，认证级别四颗星，是国内首家获此认证的跨境电商，也是目前国内首家获得最高级别认证的跨境电商平台之一。

作为一家媒体驱动型电商，网易考拉海购是网易集团投入大量优质资源打造的战略级产品，良好地解决了商家和消费者之间信息不对等的现状，并凭借自营模式、定价优势、全球布点、仓储、海外物流、资金和保姆式服务七大优势，仅一年就跻身跨境电商第一梯队，并成为增长速度最快的电商企业之一。根据中国国际电子商务网的报告显示，网易考拉海购因为自营直采的经营模式，质量更为可靠；同时采用保税仓发货，物流优势明显。并且平台担保，退换货相对无忧，消费者对其产品和服务较为满意，所以位列跨境电商全行业第一。但同时由于其采用的是较重的保税仓模式，

虽然有利于提升用户体验，却对平台资金、出货速度要求较高。

根据网易 2016 年第 4 季度公布的财务数据显示，2016 年全年网易考拉净收益为 80.46 亿元，较去年增长了 117.50%。并且根据易观发布的《中国跨境进口零售电商市场季度监测报告 2016 年第 4 季度》中的数据显示，网易考拉海购以 11.6%的市场占有率在 2016 年第 4 季度跨境零售电商市场中名列前四，同时更是以 42.4%的市场占有率在独立跨境进口零售电商市场中位列第一。

易观分析

成立于2015 年的网易考拉海购，于一开始就确立了精品自营的策略。一方面不断地加强物流体系的深度和宽度：2016 年除了与亚马逊达成物流合作协议以外，还着重加强保税区仓储的建设，同时联合多家企业打造跨境物流平台；另一方面持续地在品牌多样化体系建设上寻找突破口：2016 年已经与日本、澳大利亚、中国香港地区的多个知名品牌签署合作协议；除此之外，网易考拉海购还联合多个直播平台，尝试多种形式，探索跨境电商的场景化营销之路。网易考拉已从该领域的创新者发展成为该领域的领导者之一，并有进一步向上发展的趋势。

但是，在跨境电商领域，网易考拉既需要面对淘宝、天猫、京东和亚马逊等其他综合电商平台的威胁，又不能忽视了小红书、洋码头和宝贝格子等独立跨境电商的发展，网易考拉日后面临的竞争也异常激烈。

一、基础信息

1. 基本信息

公司全称：广州网易计算机系统有限公司

成立时间：网易初创于 1997 年；网易考拉海购成立于 2015 年

总部地点：北京

上市时间：2000 年 6 月 30 日

企业性质：股份有限公司

资本信息：注册资本 2000 万元

联系方式：

网址：http：//nie.163.com/

地址：北京市海淀区中关村东路 1 号院清华科技园 8 号楼启迪科技大厦（火炬大厦）D 座 26 层

客服热线：020-83568090

2. 组织信息

管理层：

丁磊　首席执行官

二、业务信息

1. 产品及服务信息

主要销售进口的母性和婴儿用品，护肤品和化妆品，平台开放、在线交易、物流配送、上门安装、品牌推广等双边服务

2. 覆盖范围

行业：跨境类电商

主要客户：国内外商家和消费者

业务区域：网易考拉海购在杭州、郑州、宁波、重庆四个保税区拥有超过15万平方米的保税仓储面积，为行业第一。同时，位于宁波的25万平方米现代化、智能化保税仓已经破土动工，不久后也将投入使用。目前，网易考拉海购已经成为跨境电商中拥有保税仓规模最大的企业。未来，网易考拉海购还将陆续开通华南、华北、西南保税物流中心。在境外，网易考拉海购初步在美国、中国香港地区建成两大国际物流仓储中心，并将开通韩国、日本、澳大利亚、欧洲等国家和地区的国际物流仓储中心。

三、综合信息

1. 发展定位：以最丰富的选品、最具竞争力的价格、最完备的自建物流和最优的客户体验成为中国消费者的首选的综合网上商场

2. 重要合作伙伴及供应商：携程、亚马逊中国、招商银行、松下电器、玺乐集团、E-mart、高丽雅娜、三井物产、美赞臣、Blackmores、PharmaCare、Delhaize、雀巢、LG、澳倍康

小红书

小红书创办于2013年6月，是一个社区电商平台，其目的是帮下一代消费者找到全世界的好东西。小红书主要包括两个板块，UGC（用户原创内容）模式的海外购物分享社，以及跨境电商“福利社”。对即将出国的人来说，可以借助这个平台制定自己的购物清单，而暂时没有出国打算的人，可以通过逛社区来增长经验，或者去福利社完成一次“海淘”。

小红书福利社采用B2C自营模式，直接与海外品牌商或大型贸易商合作，通过保税仓和海外直邮的方式发货给用户。这种方式既能保证正品的质量，又能保证在进货时拿到有优势的价格。

根据易观千帆的数据统计，2016年全年，小红书活跃用户量为6565.03万人，名列跨境电商领域前三名，并且其新开创的板块——福利社上线半年时间，销售额突破7亿元。

易观分析

小红书主打“社区电商”，其主要以大众购物分享社区起家，通过积累大量的客户资源和内容原创信息，以便通过大数据筛选出符合定位用户的爆款商品，再以社区的口碑推荐获得高转化率。另一方面，小红书利用其社区资源的优势，可以匹配不同商品和相关的目标群体，通过此方式加强营销优势，同时也为社区引流。其创新型的商业模式不但可以吸引大量的年轻用户，同时也备受资本青睐。

但是，当前小红书面临内外双重难题。首先，小红书自身所销售的产品面临“假货”“仿冒品”等质量问题，同时因其售后服务问题导致用户不能及时退换货，甚至出现了不能及时退款的问题。由于小红书的用户体验存在较多的问题，其难以提高其平台的用户黏性。其次，小红书在海淘市场面临着强大的对手，例如，天猫、京东和亚马逊等。这些平台的流量优势和系统优势，是小红书不可匹敌的，如何提高用户存留率是小红书当前需要解决的问题。

一、基础信息

1. 基本信息

公司全称：行吟信息科技（上海）有限公司

成立时间：2013 年 8 月 2 日

总部地点：上海

上市时间：未上市

企业性质：有限责任公司

资质信息：100 万元

联系方式：

网址：http：//www.xiaohongshu.com/

邮箱：contact@ xiaohongshu.com

地址：上海市黄浦区马当路 388 号 SOHO 复兴广场

2. 组织信息

管理层：

毛文超、瞿芳　创始人

二、业务信息

1. 产品及服务信息

从事网络技术领域内的技术服务、技术转让、技术咨询、技术开发，设计、制作、代理各类广告，利用自有媒体发布广告、商务咨询、旅游咨询（不得从事旅行社业务）、电子商务（不得从事增值电信、金融业务）、服装、鞋帽、卫生用品、化妆品、日用百货、日用品、文具用品、珠宝首饰、工艺品、电子产品、数码产品、包装材料、一类医疗器械、二类医疗器械的销售，从事货物及技术进出口业务，食品流通

2. 覆盖范围

行业：跨境类电商

主要客户：国内外商家和消费者

业务区域：国内及海外

收入结构：具体细分结构不详

三、综合信息

1. 发展定位：口号是“找到国外的好东西”。其目前的定位十分明确，即先作为一个社区，通过 UGC 的形式为想购买国外商品的用户提供实时的购物信息以及使用心得，然后借助上线以来的数据沉淀精选出独特选品以跨境社区电商的身份进行网上销售

2. 重要合作伙伴及供应商：天天爱消除、Blackmores 澳佳宝、日本 istyle 株式会社、金沙江创投、Cosmo、富士、MTG、Vinehoo、摩登主、Glam Ever、X-doria、Canmake

电商服务

代运营服务

宝尊电商

宝尊电商成立于 2007 年年初，是一家为品牌企业和零售商提供包括营销服务、IT 服务、客户服务和物流服务等在内的专业的整合式电子商务服务商。得益于中国电子商务市场的急速扩张，宝尊电商迅速成长并获得了阿里巴巴集团、汉理资本两轮数千万美元的投资，而与淘宝网的深度合作，使其有能力为品牌和消费者提供更多更好的服务内容。作为电商内容服务商，宝尊电商的竞争力主要体现在其成熟完善的电商服务体系与 IT 技术服务，以及与淘宝网的密切合作上，其提供的一揽子专业整合式服务帮助诸多品牌厂商建立合作关系。

随着电子商务市场的稳步推进，传统企业触网加速，电商代营运市场也将得到进一步拓展，上海宝尊作为业界领先的企业有望利用其市场地位获得更多的市场份额。经过多年发展，宝尊电商体量不断增长，目前已经拥有 1200 余名员工，其运营品类也在不断扩张。宝尊电商在 2014 年上线了布局 B2C 的尾货特卖平台“卖客疯”，其主要以移动客户端为阵地，定位品牌尾货特卖。2016 年 6 月，宝尊电商推出了面向品牌线下门店的应用“驻店宝”。这是针对品牌电商客户整合线上线下渠道的智能化 O2O 工具，支持品牌企业线上线下会员、商品、库存、交易及订单等信息的整合，可以和各类线上销售平台进行对接，如天猫、京东、微信商城、品牌官网等。2016 年 8 月，宝尊电商将旗下仓储物流业务宝通易捷正式作为全资子公司独立运营，宝尊电商的仓储物流业务在全国布局了 7 个自运营仓储分拨中心，主要位于苏州、北京、广州、香港。

易观分析

宝尊电商经过多年的发展后，形成了完整而成熟的电商服务体系，并且在营销、CMR服务与IT系统及服务上建立了自己的核心竞争力，在业内拥有良好的口碑。在代营运上执行低价政策使其获得了众多国际大牌客户。根据宝尊2016年财报，宝尊2016年全年交易总额（GMV）为112.65亿元人民币，首次突破百亿，较去年同期增长67.3%。此外，全年归属于宝尊公司股东的净利润为8660万元人民币（约合1250万美元），而去年同期净亏损270万人民币。且“卖客疯”购物平台的快速发展与良好收益也标志着宝尊电商成功布局B2C领域。但同时整体行业利润微薄，面对品牌厂商，缺失议价能力。

随着中国电子商务市场规模的不断扩张，电商代营运行业仍有巨大的发展空间，这为宝尊电商的进一步发展提供巨大空间。随着电商服务行业的渐趋成熟，大量代营运商将会被市场淘汰，而宝尊电商所具备的专业性以及多年积累的企业影响力有利于挖掘更多客户，在市场竞争中将保持一直以来的市场优势。但是，尽管宝尊电商近年来公司规模得到快速的扩张，但其在管理中仍然存在很多问题。首先，品牌客户增长过快，导致宝尊在品牌推广中专注度不够；其次，在享受阿里巴巴丰富资源的同时也使其受制于阿里巴巴，使其损失与京东等电商的合作机会，这或将影响其进一步的发展；最后，宝尊过度重视大品牌，导致其在小品牌的推广中缺乏相关的经验。在机遇与危机并存的市场中，宝尊电商想要继续保持自己的优势，应当增强自身的稳定性，注意自身规模的控制，稳步前进。

一、基础信息

1. 基本信息

公司全称：上海宝尊电子商务有限公司

上市时间：2015年5月21日

总部地点：上海

资本信息：注册资本55000万元

企业性质：股份制

联系方式：

网址：http：//www.baozun.com/

邮箱：bd@ baozun.com

地址：上海市静安区万荣路1268号B栋

电话：4006661000

2. 组织信息

管理层：

仇文彬　首席执行官

二、业务信息

1. 产品及服务信息

品牌官网系统平台、数据仓库等

2. 覆盖范围

行业：电商代运营、电子商务 B2C

主要客户：品牌与零售商和购买需求者

3. 收入结构：宝尊电商主要收入为电商代销佣金、网络经销、分销分成以及其他收入

三、综合信息

1. 发展定位：中国电子商务领域第一大数字服务和电子商务服务商，品牌和零售商在中国电商市场上的首选合作伙伴

2. 重要合作伙伴及供应商：阿里巴巴、淘宝网、天猫商城、雷士照明、飞利浦、伊莱克斯、Nike、Converse、玖熙、Levi's、哈格达斯、Intel、惠普等

光云科技

杭州光云科技股份有限公司，成立于2009年，是中国首批电商软件服务商，是互联网 SaaS 模式的软件技术创新型企业，在国内电商软件服务领域处于领先的地位。光云科技专注于互联网电商的软件服务，为电商用户提供从管理、交易、营销、客户服务等场景的高效软件，在研发、产品、体验、服务等各方面不断创新，在方便用户的同时实现自身利润的增长。

光云科技的产品有开店一站式管理工具超级店长、淘宝直通车广告优化工具超级快车、钻展广告优化工具超级钻展、电商门户卖家网（maijia.com）、电商 ERP 超级掌柜、千牛系列网店系列、电商电子面单快递打印机快麦打印机、跨境电商软件等。同时，光云科技公司也不断拓展新业务，超级绩效、超级快车、千牛各应用及 ERP 已先后完成开发并发布上线。目前，光云拥有超过 20 款产品，其中超级店长软件，作为光云第一款自主研发的应用软件，至今实现累计服务 500 万商家。2015 年，员工人数已经超过 500 人的光云受到投融资机构关注，并获得同创伟业和中金公司的投资。2016 年，光云科技继续扩大公司规模，拓展市场，目前该公司正在准备上市中，预计在 2017—2018 年 A 股主板上市，现今估值 30 亿元左右。

易观分析

光云科技专注于互联网电商软件服务，为数以千万计的电商商家提供从管理、交易、营销、客户服务等场景的一站式解决方案。专注于互联网电商软件服务使得光云科技在电商软件服务领域处于国内领先地位，在众多竞争者中脱颖而出。然而，对电商软件服务领域的过度投入同时也限制了其他业务的发展，导致光云科技在电商服务产业链中的其他环节过于薄弱，极大限制了其未来的发展空间。

未来的光云科技将会面临来自同行的更大的挑战和来自用户更高的要求，光云只有以确保高效帮助用户为基础，持续优化已有产品，同时保持收集用户意见及需求，扩展更多创新业务，从更多方面去帮助电商，才能在激烈的市场竞争中立于不败之地。

一、基础信息

1. 基本信息

公司全称：杭州光云科技股份有限公司

成立时间：2009 年

总部地点：杭州

资本信息：注册资本 6476.7309 万元

企业性质：股份制

联系方式：

网址：http：//www.raycloud.com/

地址：杭州市滨江区江南大道 588 号恒鑫大厦 15F

电话：0571-88995530

2. 组织信息

管理层：

谭光　董事长兼总经理

二、业务信息

1. 产品及服务信息

开店一站式管理工具超级店长、淘宝直通车广告优化工具超级快车、钻展广告优化工具超级钻展、电商门户卖家网（maijia.com）、电商 ERP 超级掌柜、千牛系列网店系列、电商电子面单快递打印机快麦打印机、跨境电商软件等

2. 覆盖范围

行业：电商软件服务商

主要客户：电商店主、商家

3. 收入结构：主要收入为电商服务软件收费

三、综合信息

1. 发展定位：中国领先的电商软件服务提供商，互联网软件技术创新型企业

2. 重要合作伙伴及供应商：阿里巴巴、淘宝网、天猫商城等

万琛电商

上海万琛电子商务有限公司成立于 2012 年，是一家专业从事条码集成方案的提供商，集开发、生产、销售服务为一体的高新技术企业，旗下拥有两家工厂。万琛旗下运营的产品主要有启锐电子面单打印机 QR-668、QR-580、QR-380A。万琛电子根据物流行业对电子面单打印机的需求，推出全新的电子面单打印机——启锐电子面单打印机（QR-668），针对物流行业对电子面单的高标准，该机型做了大量的调整和创新，推出了现行同规格电子面单打印机没有的全新功能，同时也对现有打印机存在的问题进行了转向改进。QR-588 是万琛推出的最新款迷你热敏电子面单打印机，采用进口打印头经久耐用，工业级散热设置，专业防尘防卡纸设计，针对菜鸟设计的智能化识别打印，一

键学习纸张功能。此外，它还新增自动洗纸，打印头坏点预警功能。

2015 年 6 月 8 日，蜂网正式投资上海万琛电子商务有限公司。在飞速发展的过程中，公司的产品已成为中通速递、申通快递、圆通速递、韵达快递、天天快递、全峰快递、快捷快递、淘宝、天猫等各大电商平台与快递物流公司的推荐品牌及产品供应商。

易观分析

上海万琛电子商务有限公司强大的技术优势与高标准的服务流程在物流电子面单打印机领域极具竞争优势，其优质的产品和服务得到了业内的认可和关注，使其成为大量电商平台和快递物流公司的推荐品牌和优质产品供应商。然而，过于依赖单一的产品——电子面单打印机也使得万琛的风险承受能力大大降低。

随着技术的进步、社会生产率的提高以及行业竞争的加剧，未来物流电子面单打印机的整体利润将更加微薄，万琛仅仅依靠电子面单打印机的利润不足以支撑其未来发展需求，未来的万琛需要探索出一种新的业务组合和发展模式，其发展任重而道远。

一、基础信息

1. 基本信息

公司全称：上海万琛电子商务有限公司

成立时间：2012 年

总部地点：上海

资本信息：注册资本 3096.974 万元

企业性质：有限责任公司

联系方式：

网址：http：//www.qrprt.com/

邮箱：4008596916@ b.qq.com

电话：13501867665

地址：上海市青浦区沪青平公路 3938 弄 19 号楼

2. 组织信息

管理层：

陈席　董事、总经理

二、业务信息

1. 产品及服务信息

启锐电子面单打印机 QR-668、QR-580、QR-380A

2. 覆盖范围

行业：电商服务

主要客户：快递物流公司

3. 收入结构：主要收入来自电子面单打印机销售利润

三、综合信息

1. 发展定位：一家专业从事条码集成方案的提供商，集开发、生产、销售服务为一体的高新技术企业

2. 重要合作伙伴及供应商：中通速递、申通快递、圆通速递、韵达快递、天天快递、全峰快递、快捷快递、淘宝、天猫等

仓储物流服务

中国邮政

中国邮政集团公司是在原国家邮政局所属的经营性资产和部分企事业单位基础上，中国邮政依法经营邮政专营业务，承担邮政普遍服务义务，受政府委托提供邮政特殊服务，对竞争性邮政业务实行商业化运营。中国邮政集团公司注册资本800亿元人民币，为国务院授权投资机构，承担国有资产保值升值义务。财政部为中国邮政集团公司的国有资产管理部门，国家邮政局为中国邮政集团公司的行业监管部门。中国邮政集团公司在全国各省、自治区、直辖市设置邮政公司。中国邮政集团公司在财富世界500强企业排行榜中位居168位，在中国500强企业排名中位列第28位。中国邮政集团公司的普遍服务范围广泛，业务种类较为全面，服务资费低廉，服务网点遍布全国各地，投递网络深入千家万户，满足了本国境内包括城市、农村、海岛、边疆在内的所有居民的基本通信需求。

目前，全国邮政营业局所已达57136处，其中设在农村的局所有41196处，提供邮政全项功能服务的局所有34044处。全国邮政信筒信箱已达225846个，邮政报刊图书销售点达49053处，集邮品销售点达20224处，全国邮政已有信报箱处，邮政妥投点达2929万个。中国邮政承包邮递、集邮、金融三大类数十种传统业务的同时，根据市场需求，不断提高一些传统业务的服务水准，开发出许多新的邮政业务和服务，并逐步形成了以核心业务为主导、以多元化的业务为补充的业务结构。中国邮政以“构建一流实物传递网络”为总目标，综合利用铁路、汽车、航空等运输手段，基本形成了一个覆盖全国、连接城乡、通达世界的拥有先进信息传输平台的实物传递网络。该网以北京等七个一级邮区中心局为骨干，包含2201个主要处理节点，是国内规模最大、通达地区最多、使用最广泛的国内实物运递网络。2016年中国邮政拥有波音737、757全货机共计29架，在2015年12月订购的17架波音飞机陆续投入运邮；拥有自有员工14万人，提供上门服务，营业网点超过5万个；业务范围遍及全国的所有市县乡（镇），通达全球200余个国家和地区。

易观分析

中国物流市场空间巨大，随着政策和制度红利的大规模释放，以及移动互联网的发展、城镇化的推进、基础交通设施的建设和消费升级共同推动了快递行业的发展。国家邮政局数据显示，2016 年，中国快递业务量达到 312.8 亿件，同比增长 51.4%，2011—2016 年的复合增速为 53.5%；收入规模达到 3974.4 亿元，同比增长 43.5%，2011—2016 年的复合增速为 39.3%。快递行业持续展示出强大的活力，可以预计：快递行业在“十三五”期间将继续保持 30%的收入增速规模，这就给邮政带来了极大的发展机遇。但同时由于行业门槛低，过去十年来物流公司迅速增加到了 8000 多家，使得利润被挤压到只有 5%左右，而十年前的利润还有 30%，行业的整体上市与重组并购将使快递行业即将进入寡头时代，中国邮政将面临更为强劲的对手，如顺丰速运等。

中国邮政的网络资源在国内最为完善，三围合一。在专业方面，中国邮政的品牌影响力大、历史久，网点遍及全国各个地区，线下网络覆盖全国，并且拥有完善的物流系统及代收货款一体化平台。在政策上，中国邮政集团公司是在原国家邮政局所属的经营性资产和部分企事业单位基础上依法经营邮政专营业务，承担邮政普遍服务义务，受政府委托提供邮政特殊服务。对竞争性邮政业务实行商业化运营，是中国邮政经久不衰的主要原因。然而，邮政也面临一系列问题，如信函业务大量萎缩，报刊、速递业务从窗口办理转向上门服务；全球范围内的邮政企业都面临着业务量下滑、营业厅资源闲置的挑战；信息共享不足，技术不完善；网点效率较低，重点不突出；经营管理模式老旧等。此外，中国邮政进入电商领域时间晚，失去发展升级先机。但是中国邮政多元化的发展战略以及良好的财务状况都是其能快速变革的重要条件。

一、基础信息

1. 基本信息

公司全称：中国邮政集团公司

成立时间：2007 年 1 月 29 日

总部地点：北京

企业性质：大型国有独资

联系方式：

网址：http：//www.chinapost.com.cn/

邮箱：webmasterchinapost.com.cn

电话：11185

地址：北京市西城区宣武门东大街 2 号

2. 组织信息

管理层：

李国华　总经理、党组副书记

二、业务信息

1. 产品及服务信息

主营业务：国内和国际邮件寄递业务；报刊、图书等出版物发行业务；邮票发行业务；邮政金融业务

服务信息：邮政业务主要包括信函、邮政汇总、包裹、报刊发行、特快专递、集邮、邮政储蓄业务

2. 覆盖范围

行业：邮政和邮政储蓄业务

主要客户：商家和消费者

3. 收入结构：服务费和金融投资获利

三、综合信息

发展定位：建成一个以邮区中心局为基础以缩短传递时限为目标的水、陆、空多层次、多渠道的邮政网络

顺丰速运

顺丰速运于 1993 年 3 月 26 日在广东顺德成立，是一家主要经营国际、国内快递业务的港资快递企业。最初仅有顺德与香港之间的即日速递业务，一经推出即大受欢迎，因客户的需求，顺丰的服务网络延伸至中山、番禺、江门和佛山等地，最后顺着电子商务物流的兴起，顺丰的网络遍布全国。顺丰速运是目前中国速递行业中投递速度最快的快递公司之一。在健全全国快递网络后，顺丰积极拓展国际件服务，除开通中国大陆、香港、澳门和台湾外，目前已开通美国、日本、韩国、新加坡、马来西亚、泰国、越南、澳大利亚等国家的快递服务。

随着电子商务业的发展越来越快，不少与之相连接的行业也借此机会扩展公司的业务，搭建电子商务平台。而一直以低调著称的顺丰速运也加入其中，在 2012 年推出的经济型快递产品“顺丰优选”独具特色，在其中，不乏有人们喜爱的水果海鲜等食品，也有提供常温类食品配送等服务，更加方便了客户生活。顺丰不再只是单纯的快递公司，更是一家结合人们日常生活、日常饮食等方面的综合型大企业，极大扩展了其企业发展目标。

在高标准服务用户的同时，顺丰也得到了回馈，根据顺丰速运 2016 年年报显示，顺丰速运 2016 年度实现营业总收入 574.83 亿元，同比增长 21.51%；营业利润 36.93 亿元，同比增长 44.20%；归属于上市公司股东的净利润为 41.80 亿元，同比增长 112.51%。扣除非经常性损益后归属于上市公司股东的净利润约为 26.43 亿元，超过此前承诺的 21.8 亿元。

易观分析

顺丰速运坚持用户至上，极度重视用户体验，建立了良好的市场口碑和品牌形象。顺丰在快递行业内已经成为“快”“准时”“安全”的代名词，是企业客户和中高端个人客户的首

选品牌。在电商快递方面，顺丰控股坚持中高端电商快递市场定位，向目标客户提供高质量、全方位的综合物流服务，极致客户体验，在中高端电商快递市场中占据领先地位。此外，顺丰还坚持直营模式，保证经营稳定性和可控性，确保服务质量和时效，这就大大增强了客户黏性。

未来的顺丰拥有资本和政策的双重优势。资本方面，顺丰上市后得到大量资本的青睐，总市值已达到2310亿元，这就为顺丰的战略布局提供了大量的资金支持；政策方面，国家邮政局发布的《快递业发展“十三五”规划》中明确提出了要积极打造“快递航母”，到2020年，形成3—4家年业务量超百亿件或年业务收入超千亿元的快递企业集团，培育2个以上具有国际竞争力和良好商誉度的世界知名快递品牌，这也是顺丰的发展目标。但是，随着EMS的日渐壮大，以及京东、苏宁、海尔等电商自建物流企业的对外开放，未来的顺丰也面临着较大的竞争压力。

一、基础信息

1. 基本信息

公司全称：顺丰速运

成立时间：1993年3月26日

总部地点：深圳

企业性质：(集团）有限公司

上市时间：2017年2月24日

联系方式：

网址：http：//www.sf-express.com/

邮箱：chenjing2@ sf-express.com

电话：客服4008111111

地址：广东省深圳市福田区福华路玩基大厦

2. 组织信息

管理层：

王卫　首席执行官

二、业务信息

1. 产品及服务信息

顺丰标快、顺丰标快（国际)、顺丰即日、顺丰特惠、物流普运、顺丰特安；保价、代收货款、签单返还、委托件、等通知派送等

2. 覆盖范围

行业：互联网、物联网、B2B、B2C交易平台

主要客户：商务、电商和个人客户

3. 收入结构：快递服务费

三、综合信息

发展定位：借助顺丰速运成熟的仓储、IT 信息系统、顺银支付及顺丰优选等服务产品，并整合其他配套服务资源，为电商企业提供一站式服务

德邦

德邦创始于 1996 年，主营国内公路运输业务，是一个覆盖快递、快运、整车、仓储与供应链等多元业务的综合性物流供应商。德邦坚持自营门店与事业合伙人相结合的网络拓展模式，搭建优选线路，优化运力成本。截至 2016 年 12 月，公司已开设 10000 多家标准化的门店，服务网络覆盖全国 34 个省级行政区，全国转运中心总面积超过 130 万平方米，已开通韩国、日本、泰国、新加坡、马来西亚、越南等多条国际线路，全球员工人数超过 11 万名。

德邦采用统一的车体形象、店面形象、员工形象和操作标准，根据客户的不同需求，为客户提供代收货款、签单返回、保价运输、安全包装、保管业务等增值服务。在安全质量方面，德邦通过 FOSS、PDA、CRM、官网平台、APP 等系统，实现营运端到端的透明化管理，多样化智能侦测和手机实时查看，建立以人员优化、日常管理、车辆保障、线路风险预防等方面的车辆安全防控体系。在信息化管理方面，德邦在 2014 年至 2016 年投入超过 6 亿元人民币，目前拥有 79 个 IT 系统，5 个开发平台，45 个 IT 项目。根据德邦 2016 年财报，截至 2016 年 12 月 31 日，公司总资产规模 57.14 亿元，归属于母公司股东权益 25.16 亿元，2016 年营业收入 170.01 亿元，归属于母公司股东的净利润 3.80 亿元。

易观分析

德邦所采用的直营网络体系相比于其他物流公司更有利于管理，公司内部科学化的人员管理模式和信息化的资源管理模式，推动着德邦更快发展。但是，直营所带来的成本负担也较为沉重，此外，德邦推广合伙人网点建设，合伙人收费模式不同于直营网络，因而对整体单价产生了一定影响，进一步影响了毛利率水平。2016 年，德邦零担业务的毛利率全面下滑，精准卡航/城运业务的毛利率下降到 23.78%，精准汽运受到的冲击更大，从 2014 年的 10.41%下降到 3.25%。事实上，2016 年，德邦所有业务的综合毛利率为 13.41%，远低于 2014 年的 17.77%。

目前的物流行业正逐渐呈现“微利化、无利化和亏损化”的困境，这在无意中加重了德邦所承受的经济负担，考验着德邦的现金流，但是顺丰上市的成功足以说明资本市场对物流行业的青睐，德邦目前也在紧锣密鼓地筹划着上市，若上市计划得以实现，德邦未来的路将平坦很多。

一、基础信息

1. 基本信息

公司全称：德邦物流股份有限公司

成立时间：1996 年 9 月

总部地点：上海

企业性质：民营

联系方式：

网址：http：//www.deppon.com/

邮箱：dpdzswb@ deppon.com

电话：400-830-5555

地址：上海市青浦区徐泾镇明珠路 1018 号

2. 组织信息

管理层：

崔维星　董事长

二、业务信息

1. 产品及服务信息

产品信息：3.60 特惠件、标准快递、精准卡航、精准城运、精准汽运、增值服务等

2. 覆盖范围

行业：B2B、B2C 平台

主要客户：企业和个人用户

3. 收入结构：快递及零担物流

三、综合信息

1. 发展定位：德邦物流志在成为中国人首选的国内物流运营商，公司以“为中国提速”为使命，凭借一流水准的服务体系和持续完善的营业网络，竭诚为广大客户提供快速、安全、专业的服务

2. 重要合作伙伴及供应商：阿里 B2B、普洛斯、沃尔沃卡车、梅赛德斯-奔驰卡车、米其林轮胎、麦肯锡公司、IBM、甲骨文、安永等

生活信息服务

分类信息

58 赶集

2015 年 4 月 17 日，58 同城发布公告宣布战略入股赶集网，称以现金加股票的方式获得赶集网

完全稀释后43.2%的股份，其中包含1700万份ADS及4.122亿美元现金。据悉，去除58同城的对外投资，两家公司此次的合并将采用约5：5换股的形式进行，根据最新的股价，合并后新公司的市值将超过100亿美元，58同城和赶集网两家公司将保持双方品牌独立性，网站及团队均继续保持独立发展与运营。合并初期，杨浩涌与58同城创始人姚劲波将出任新公司联合CEO，并同时担任联席董事长，目前，杨浩涌已经卸任联席董事长一职转去做瓜子二手车业务。

据58赶集公开财报数据显示，58同城2016年第4季度实现营业收入3.066亿美元，同比增长28.5%；毛利为2.756亿美元，同比增长17.5%，58同城仍然维持了高达89.9%的毛利率水平。同时，财报显示截至2016年第4季度，包括58同城、赶集网、安居客在内的平台付费会员账户数量约207万，会员服务贡献1.189亿美元的收入，同比增长26%。此外，在线推广收入依然保持增长态势，第4季度实现收入1.741亿美元，同比增长37%。

易观分析

58赶集作为国内领先的综合性生活信息应用类网站，在该领域具有绝对的优势地位。随着2015年相继并购中华英才网、安居客，并与竞争十年的赶集网合并，58集团已经形成服务消费者全生活领域的庞大网络。2016年，58集团将公司战略转移到细分领域的发展，相继拆分58到家、斗米兼职、瓜子二手车、转转，并在垂直细分领域进行一系列投资。通过合并，强化平台合力，通过拆分，强化细分领域的战略方式，58集团是在一步步打造更具竞争力的综合服务集团。

从商业模式来看，当信息不对称的瓶颈被信息供给效率打破后，分类信息的核心优势不再是对资源的垄断，而是对用户需求的进一步理解和挖掘。UGC和站内搜索使分类信息网站掌握了大量的用户需求数据，对二手车房信息、蓝领招聘求职需求的有效控制，分类信息网站在进入垂直细分领域深耕细作的优势上会更加明显。因此，58集团“从合到拆、深耕细分领域”的年度战略，加上自身在该领域的“霸主”优势，有望在数字经济时代，进一步推动互联网与实体经济的融合，在生活服务领域，向低频次的家政保洁、美容美甲、搬家速运等业务扩展，寻找新的发展机遇。

一、基础信息

1. 基本信息

公司全称：北京五八信息技术有限公司

合并时间：2015年

总部地点：北京

联系方式：

地址：北京市朝阳区酒仙桥北路甲10号院105号楼（电子城IT产业园内）

电话：010-59565858

2. 组织信息

管理层：

2015 年 4 月 17 日，姚劲波任首席执行官，姚劲波、杨浩涌同时出任联席董事长；同年 11 月，杨浩涌被任命为瓜子二手车董事长及 CEO，卸任 58 赶集集团 CEO 一职，保留集团联席董事长职位

二、业务信息

1. 产品及服务信息

58 赶集作为全国最大的分类信息网站与一站式生活服务平台，其服务覆盖房屋租售、招聘求职、二手买卖、汽车租售、商家黄页、宠物票务、旅游交友、餐饮娱乐等多种生活服务，并已在全国 380 个左右的城市开通分站。

通过 PC 端与 APP 客户端，58 赶集提供分类信息、团购、无线产品、商业产品和工具 5 大类产品，具体有：

（1）分类信息

房产信息、招聘信息、求职简历、跳蚤市场、生活黄页、交友征婚、宠物/宠物用品、票务/优惠券、车辆买卖与服务、教育培训、商务服务、旅游/酒店/签证

（2）无线产品

58 同城、赶集生活

（3）商业产品

生活黄页、网邻通、房产版网邻通、招聘通、置顶、精准推广、智能推广

2. 覆盖范围

行业：一站式生活服务平台/分类信息网站

主要客户：已开通服务的城市互联网用户，包括信息需求方、信息提供者和供应商

业务区域：在全国 380 个左右的城市开通分站

三、综合信息

1. 发展定位：免费分类信息服务与本地生活服务，致力于成为人们更便利获取优质生活服务信息的一站式生活服务平台，以及国内分类信息领域绝对的领头羊

2. 重要合作伙伴及供应商：（58 同城合作伙伴）腾讯公司、北京电子城投资开发股份有限公司、温州君义同城信息技术有限公司、潍坊添翼网络科技有限公司、柳州唐潮科技有限公司、本溪市平山区芊秋网络服务中心等渠道代理商。（赶集网合作伙伴）谷歌、TOM、大众点评网、北京艺鸣盛世文化传媒有限公司、百思诚文化传媒（北京）有限公司等

招聘

前程无忧（51job）

前程无忧于 2009 年 4 月在美国纳斯达克上市，是首个在美国上市的中国人力资源服务企业。

提供报纸招聘、网络招聘、招聘猎头、培训测评和人事外包在内的人力资源服务，最初全国包括香港在内的26个城市设有服务机构。

前程无忧拥有全国目前最大的职位信息库。根据易观千帆数据监测显示，2016年第2季度前程无忧APP活跃用户数为427万人，同比增长4.18%；启动次数7264万次，同比下降19.71%；使用时长706万小时，同比下降14.71%。尽管使用频次和时长均略有降低，但覆盖的用户数有明显提高，用户黏性有所增强。随着移动端招聘的用户习惯正在逐步养成，用户在移动端的比重越来越大，前程无忧在移动端的优势将不断凸显，这将成为促进其营收进一步增长的强劲动力。根据财报数据显示，前程无忧2016年第4季度的总营收为人民币6.942亿元，同比增长43.0%。

易观分析

作为中国领先的人力资源服务供应商，前程无忧仍然在在线招聘行业占据着领导地位。2016年前程无忧继续针对人力资源垂直细分领域，包括无忧精英、应届生、培训、测评等业务深耕细作，同时与高顿教育形成战略合作，双方将在职业教育、企业培训和专业人员就业等领域进行全方位深度合作，在财经领域提供更好的培训和求职机遇。

在线招聘行业逐渐进入应用成熟期，无论是传统的在线招聘平台还是新兴垂直类型招聘网站，都面对着同样的机遇和挑战。作为中国领先的传统互联网招聘平台，前程无忧既有自身的优势，也存在行业发展的短板。一方面，基于多年经营积累的庞大企业和人才库，致力于为上亿的个人用户以及企业提供优质服务，作为行业领头羊，前程无忧盈利模式已被检验，再加上全人力资源产业拓展，业务形态不断丰富，在行业竞争不断加剧的背景下，仍然优势明显；另一方面，前程无忧也存在诸多问题需要进一步优化升级，信息对称性不足、信息流单向无反馈、供需匹配度不高，同时用户求职招聘效率较低、服务体验急需提升。

一、基础信息

1. 基本信息

公司全称：前程无忧

成立时间：1998年

总部地点：上海

上市时间：2009年4月（美国纳斯达克）

企业性质：股份制

资本信息：近21亿美元市值（上市后）

联系方式：

网址：http://www.51job.com/

地址：上海市浦东新区张东路1387号3号楼（张江集电港2期）

电话：021-61601888

传真：021-68796266

邮箱：ir@ 51job.com

电话：400-886-0051

2. 组织信息

管理层：

甄荣辉（Rick Yan）　首席执行官

二、业务信息

1. 主要产品与服务信息

前程无忧的主要产品包括报纸招聘、网站招聘、招聘猎头、培训测评、人事外包和咨询（薪酬调查、调研咨询、典范企业评选）等。主要提供个人求职和企业求才服务，为个人求职者提供不同行业和不同地区的职位频道，根据求职者需求提供个性化职位搜索服务、个人简历管理服务和职位订阅信息推送服务。

2. 覆盖范围

行业：互联网招聘网站（人力资源服务机构）

主要客户：具有求职需求的个人和人才需求的企业等网络用户

业务区域：全国

3. 盈利收入：2016 年，前程无忧总营收为人民币 23. 727 亿元（约合 3. 417 亿美元），比 2015 年增长 12. 9%；净利润为人民币 6. 118 亿元（约合 8810 万美元）

三、综合信息

1. 发展定位：致力于为积极进取的白领阶层和专业人士提供更好的职业发展机会，同时为企业搜寻、招募最优秀的人才，成为国内最具影响力的领先的网络招聘服务提供商

2. 重要合作伙伴：CC 校网、中国设计资讯、明日商务网、知久商务网、上海兼职、厦门人才网等 100 多个企业

智联招聘

智联招聘前身是 1994 年创建的猎头公司智联（Alliance）公司。其总部位于北京，并在上海、广州、深圳、成都等 20 多个城市设立了分公司，业务涉及全国的 50 多个城市。2014 年 6 月 12 日，智联招聘在美国纽约证券交易所正式挂牌上市，成为第二个在海外上市的国内互联网招聘公司。

根据财报显示，智联招聘 2016 年第 2 季度总营收为人民币 5. 089 亿元（约合 7330 万美元），比 2015 年同期的人民币 4. 092 亿元增长 24. 4%；净亏损为人民币 520 万元（约合 70 万美元），相比之下 2015 年同期的净利润为人民币 6170 万元。智联招聘第二财季在线招聘服务营收为人民币 3. 949 亿元（约合 5690 万美元），比 2015 年同期增长 23. 3%。

目前智联招聘正在向职业发展平台转型，以求职者为核心，为求职者的整个职业生涯提供相关

职业及发展机会。

易观分析

作为职业发展平台，智联招聘自上市以来积极转型，从“简历仓库”转型为“人才加工厂”，针对职场新人大学生、白领人群、高端人群按需提供测评、招聘、教育三大产品线。招聘产品针对不同人群分别有智联校园、智联招聘、智联卓聘。智联招聘不断优化用户体验，解决信息不对称问题。

基于海量数据的在线招聘时代已经逐渐远去，随着大数据的不断发展，如何将海量数据精准匹配、精细化运营成为在线招聘领域的重要主题。作为老牌互联网在线招聘平台，智联招聘持续创新的理念不断为企业注入新的活力。基于庞大的用户规模，智联招聘持续进行着产品创新和市场的细分扩张，意在建设职业发展平台，挖掘人力资源价值链。

但是，面对传统综合市场与新兴垂直细分领域的双重竞争，智联招聘仍然存在信息匹配度低、用户体验较弱、产品服务较为同质化的问题。在线招聘行业的发展，必然会从粗犷流量和广告模式，过渡到注重用户体验与服务品质的新场景，因此，对于智联招聘等传统互联网招聘行业而言，仍需在原有基础上，实现模式升级。

一、基础信息

1. 基本信息

公司全称：智联招聘

成立时间：1997 年

总部地点：北京

上市时间：2014 年 6 月 12 日（美国纽约证券交易所）

企业性质：民营企业

联系方式：

网址：http：//www.zhaopin.com/

电话：400-885-9898/800-810-0484

地址：北京市朝阳区望京阜荣街 10 号首开广场 5 层　100020

2. 组织信息

管理层：

郭盛　首席执行官

二、业务信息

1. 主要产品与服务信息

智联招聘主要产品与服务有网上招聘服务、猎头服务、培训服务、校园招聘服务、急聘产品等。

网上招聘服务：为个人用户提供网上求职、简历中心、求职指导等个性化服务；为企业客户提供以网络招聘为核心的人才解决方案

猎头服务：智联猎头是中国最早的外资猎头公司之一，其业务遍布全国，已经在北京、上海、天津、深圳、南京、成都、苏州等城市设有猎头部

2. 覆盖范围

行业：互联网招聘网站（人力资源服务机构）

主要客户：具有求职需求的个人用户和具有人才需求的企业用户

业务区域：全国

3. 收入结构：在线招聘服务营收、校园招聘服务营收、测评服务营收、其他人力资源服务营收等

三、综合信息

1. 发展定位：智联招聘的终极目标是做一个优秀的职业发展平台，所提供的服务能够贯彻用户的整个职业生涯，并将强化职位招聘与职业测评、职业培训之间的衔接

2. 重要合作伙伴及供应商：北京大学企业社会责任与雇主品牌传播研究中心发起机构、CCTV年度雇主调查合作机构、国台办“台企联”战略合作机构、台资企业人才服务网络平台构建机构、中国残疾人联合会信息中心战略伙伴、中央电视台、凤凰卫视、土豆网

拉勾网

拉勾网是专注于互联网职业机会的招聘网站。拉勾网于 2013 年 7 月 20 日上线，以众多优质互联网资源为依托，发布圈内招聘信息，为求职者提供人性化、个性化、专业化的信息服务。覆盖包括互联网、移动互联网、电商、游戏、O2O、大数据、云计算、社交网络、在线教育、互联网金融等多个互联网细分领域。

拉勾网的“24 小时极速入职”，由于精准的职位匹配，求职者平均每 8 次投递就会收到一次优质面试机会。“拉钩云人事”是拉勾网旗下的一站式人事管理平台，主要提供包括招聘管理、人事管理、薪酬管理、员工自助平台在内的人力资源 SaaS 服务。2014 年 8 月拉勾网完成 2500 万美元 B 轮融资，2016 年 3 月 24 日，获得 2. 2 亿元人民币 C 轮融资。

易观分析

作为专注互联网行业从业者的招聘平台，拉勾网在短短两年多的时间内，完成五轮融资，并不断在寻求新的发展和突破。从“24 小时极速入职”到“云人事”平台，拉勾网模式探索的关键点在于重新定义“人和企业之间的关系”。拉勾网涉猎范围不仅包括招聘服务，还包括职业规划等，通过相对精细化的服务来提升产品附加值。

目前，虽然中国互联网招聘市场竞争格局仍然以传统招聘平台为领先者，但分类信息平台、垂直细分招聘平台及社交招聘平台正在分食互联网招聘市场。以拉勾网为代表的创新者通过互联网创新，重视用户体验，带给了用户全新的求职招聘体验。

以拉勾网为代表的垂直招聘网站对互联网企业具有更强的针对性，是互联网企业招聘的首选。由于拉勾网在提高信息对接精准度、人才匹配率和企业招聘效率方面具有明显优势，随着互联网企业规模不断扩大、岗位数量不断增加，拉勾网在互联网招聘行业中的影响力逐渐扩大，满意度也最高。但是，由于垂直细分的特性，拉勾网的规模化发展容易受到限制，更存在产品同质化的问题。

一、基础信息

1. 基本信息

公司全称：北京拉勾网络技术有限公司

成立时间：2013 年 7 月

总部地点：北京

上市时间：未上市

企业性质：合伙企业

资本信息：2014 年完成 B 轮融资，2016 年完成 C 轮融资

联系方式：

网址：http：//www.lagou.com/

邮箱：pqzhao@ laogou.com（商务合作）

地址：北京市海淀区海淀西街 70 号　100015

电话：400-605-9900

2. 组织信息

人员规模：105 名员工

管理层：

马德龙　首席执行官

二、业务信息

1. 主要产品与服务信息

庞大的互联网公司库、优质职位信息首发平台、微信服务号“@ 拉勾”服务平台、24 小时极速入职服务等

2. 覆盖范围

行业：互联网垂直招聘网站

主要客户：互联网公司、求职者

业务区域：全国

3. 收入结构：拉勾网目前主要商业模式是企业用户付费

三、综合信息

1. 发展定位：以让优质的人才和优秀的企业及时相遇为己任，致力于打造最专业的互联网招聘平台

2. 重要合作伙伴及供应商：启明创投、贝塔斯曼亚洲投资基金以及百度、腾讯、阿里巴巴、新浪、优酷、乐视网、去哪儿网、聚美优品、锤子科技、小米、豌豆荚等超过20000家互联网公司

猎聘网

猎聘网原名猎头网，隶属于万仕道（北京）管理咨询有限公司，成立于2006年，是高端人才互动型的求职网站。凭借其创新的产品模型及独有的服务模式，为企业、猎头和职场精英之间打造了一个高端人才的互动招聘平台。2014年，推出猎聘同道，完善职业社交板块；2016年，成立了旗下传媒公司“猎新传媒”帮助企业做雇主品牌的传播；2016年推出一款名为“乐班班”的eHR系统，扩展企业服务领域。

猎聘网总部位于北京，在上海、广州、深圳、天津、大连、杭州、南京、武汉、厦门、成都等十余个城市设有分公司，其用户除中国大陆地区以外，还包括美国、加拿大、英国、澳大利亚、新加坡等17个国家的华人华侨，以及中国香港、澳门、台湾等地区的众多中高端职业经理人。

易观分析

与拉勾网专注互联网的垂直细分模式不同，猎聘网的横向细分发展方向在于打造企业、职业经理人、猎头三方互动的职业发展平台。从2011年年初创到2016年完成2亿美元的D轮融资，猎聘已经积累了一定的资本实力。猎聘网对于自身的定位在于打通人才服务和企业服务领域的产业链，从而突破行业限制，实现产品价值的延伸。

由于互联网产品快速的更新换代，对于像猎聘网这样的细分招聘厂商而言，产品同质化明显，基本融入社交、人脉、公司、点评、职场洞察等服务，发展至今已缺少服务亮点、在提高招聘效率和体验的本质上亦遭遇发展瓶颈。除此之外，由于只针对某一行业或者某一特定人群，在盈利模式没有成熟和追求用户体验的同时，规模化受限制，盈利能力亦不强。

一、基础信息

1. 基本信息

公司全称：猎聘网

成立时间：2006年

总部地点：北京

上市时间：未上市

企业性质：外商独资企业

资本信息：2014 年 4 月完成 7000 万美元 C 轮融资，2016 年 6 月完成超 1 亿美元 D 轮融资

联系方式：

网址：http：//www.liepin.com/

全国客服热线：400-6838-789

总公司联系方式

地址：北京市东四环八里庄西里 99 号住邦 2000 商务中心 2 号楼 8 层　100025

电话：010-65502668

2. 组织信息

人员规模：近 2000 人

管理层：

戴科彬　首席执行官

二、业务信息

1. 主要产品与服务信息

猎聘网主要产品有线上招聘、RPO 招聘、专业猎头、猎聘通、HR 沙龙

2. 覆盖范围

行业：中高端人才招聘网站（网络招聘）

主要客户：中高端职业经理人、企业、猎头

业务区域：北京、上海、广州、深圳、天津、大连、杭州、南京、武汉、厦门、成都、青岛、重庆、郑州等十余个城市

3. 收入结构：企业付费和增值业务收入

三、综合信息

1. 发展定位：始终专注打造以经理人个人用户体验为核心的职业发展平台，全面覆盖传统网络招聘以企业为核心的广告发布平台，用属于移动互联网时代的产品服务组合打造一个为全球华人经理人服务的职业发展平台

2. 重要合作伙伴及供应商：华平投资集团、经纬中国、国内外各知名企业

婚恋

世纪佳缘

作为中国知名的婚恋交友网站，世纪佳缘通过互联网、无线平台和线下活动为中国大陆、香港、澳门、台湾及世界其他国家和地区的单身人士提供婚恋交友服务。2015 年 12 月 7 日，世纪佳

缘宣布与百合网合并，其ADS将从纳斯达克退市。但由于原有交易方案在程序设计上存在一些尚需进一步论证的问题，2016年3月9日百合网宣布公司参股公司天津幸福时代企业管理有限公司将作为LoveWorldInc和FutureWorldInc的控股公司与世纪佳缘完成合并交易，放弃了直接重组世纪佳缘的捷径，而转由参股公司曲线完成。

2016年5月14日，世纪佳缘宣布完成与百合网的合并，同时正式暂停其在纳斯达克股票市场的交易。为了达成合并，百合网向世纪佳缘存入现金1.5亿元，这笔资金被用来支付合并的部分对价。2016年第3季度，世纪佳缘在全国拥有105家线下一对一红娘服务中心，红娘经纪人项目覆盖其中17个线下中心。约会吧会员实体店遍布北京、深圳、南京等8个主要城市，并开启加盟模式加速扩张。针对线上，世纪佳缘上线么么答、视频约会、聊天机器人等产品。同时，世纪佳缘与中国电信合作，实现天翼账号与世纪佳缘平台打通。新技术应用方面，世纪佳缘在七夕推出VR相亲体验。

根据易观发布的《中国互联网婚恋交友市场季度监测分析2016年第3季度》报告显示，2016年第3季度，世纪佳缘PC端活跃用户稳居市场首位，其移动端用户活跃度也最高，用户平均每3.06天就使用一次APP。

易观分析

世纪佳缘通过互联网平台和线下会员见面活动为单身人士提供婚恋交友服务。虽然世纪佳缘在2016年5月从纳斯达克退市，但其与百合网在2016年还未开始整合，还没有大规模调整组织架构和人员上，双方在2016年仍以配合协调为主。

世纪佳缘与百合网的强强联合，对于两大厂商线上线下资源整合、成本节约有重大战略意义，给公司聚集资源推动婚恋生态圈建设创造了条件。在原有市场优势的基础上，世纪佳缘通过合并更加巩固了其PC端体量、用户黏性优势。同时，借由两家强大的品牌影响力，使之迁移至移动端后，用户黏性同样得以维持。

随着移动互联网的快速普及和婚恋领域用户群体的日益年轻化，加之新技术的逐渐成熟，用户习惯及需求将随之发生变化。互联网婚恋交友厂商通过优化产品、应用新技术和实现运营创新进一步提升行业价值与效率。2016年，世纪佳缘充分整合优质资源，深耕线下一对一红娘服务市场，一方面继续关注产品和服务链的改善和丰富，另一方面开启产品精细化运营思路，为用户创造更为真实的婚恋交友环境。

一、基础信息

1. 基本信息

公司全称：上海花千树信息科技有限公司

成立时间：2003年10月8日

总部地点：北京

退市时间：2016 年 5 月 13 日　美国纳斯达克退市（NASDAQ：DATE）

企业性质：有限责任公司（法人独资）

联系方式：

网址：http：//www.jiayuan.com/

地址：上海市杨浦区昆明路 1209 号尚凯商务大厦副楼 501 室

电话：010-57835066

传真：010-57835066

2. 管理层：

孙涛　董事长

吴琳光　联席执行官

二、业务信息

1. 主要产品与服务信息

线上网站、移动应用 APP 客户端、线下红娘一对一服务中心、世纪佳缘约会吧、线下交友活动、广告服务、佳缘金融

2. 覆盖范围

行业：婚恋交友

主要客户：征友的单身人群，以白领人群为主

业务区域：全球，主要在中国

三、综合信息

1. 发展定位：服务于真诚征友的单身人群，并建立严格的身份认证机制和会员投诉机制，通过客服人工审核、技术屏蔽以及会员投诉等方式屏蔽不良会员，尽最大努力维护征友会员的质量、征友过程的安全，和在世纪佳缘征友的效果

2. 重要合作伙伴及供应商：

媒体合作：新浪交友、MSN、广东卫视、浙江卫视、山东卫视等

金融合作：玖富、芝麻信用、厦门银行等

活动赞助：万达集团、蓝光地产、月星家居等

品牌合作：奔驰、本田、中兴、卡玫尔等

百合网

百合网是中国第一家实名制婚恋服务商，公司业务主要分为线上业务、线下业务和商务合作三部分。同时百合网正在积极布局婚恋生态圈上的新业务。线上业务主要通过 PC 端和移动端提供用户自助模式的服务，主要有沟通类产品、展示类产品和半自助类产品。线下业务的模式主要分为 VIP 直营模式、合作商特许加盟模式和合作商联营模式。VIP 直营模式是指为会员提供线下“一对一”红娘服务以及情感咨询等衍生服务；合作商特许加盟模式和合作商联营模式是公司在具备条件的大中型城市确定优质的加盟商，建立合作加盟或联营关系。商务合作主要指广告服务和组织线下

活动等。

2016年百合网加速布局婚恋产业，频繁投资以构建自身的婚恋帝国。2016年5月9日，百合网以现金人民币4016.25万元收购北京小两口网络科技有限公司的100%股权，并向小两口网络增资人民币4750万元，完成对小两口网络的收购。完成本次股权收购将助力百合网在婚恋产业链中婚礼领域的布局，有助于百合网做大、做强在婚恋领域中婚礼部分的细分领域，丰富公司的业务体系，对百合网未来的业绩和收益的增长具有积极作用。2016年5月13日，百合网与世纪佳缘顺利完成合并交易，世纪佳缘成为百合网参股公司——天津幸福时代的全资子公司。2016年8月23日，百合网公告其全资子公司百合时代投资发展有限公司拟以现金方式出资人民币500万元，认购时尚致爱（北京）科技有限公司20%的股权。为了扩大投资，百合网在2016年累计融资19亿元，并在3月份向银行贷款16亿元。

据百合网2016年半年度报告数据显示，2016年上半年，百合网实现营业收入7595.68万元，同比下降24.21%。但百合网在上半年加大研发产品投入，线上日活用户数大幅提高，较2015年继续增长35%。线下VIP付费业务较同期增加681.22万元。同时，百合网在报告期末负债总计14662.22万元，与期初相比下降87.01%，报告期末净资产168678.46万元，与期初相比增长133.20%。

易观分析

百合网自2015年取消沟通类产品的收费起，其战略布局就给人极大的想象空间。公司开始从单一的婚恋交友平台向打造婚恋产业链发展，由恋爱结婚延伸至婚礼婚宴、情感咨询等领域，构筑包含金融、科技在内的大型生态圈，直至成为“互联网+”的集团公司。其2016年半年度报告中也提到，未来公司将进一步开拓新的业务模式和扩展新的业务领域。

作为在线婚恋市场的重要玩家，百合网的核心竞争力在其线下生态布局，其线下VIP收入一直是其盈利的重要渠道。一方面，百合网通过与世纪佳缘的合并，借助其线上资源优势，保持注册用户数量的增长和影响力的扩大，从而为布局婚恋生态圈打下基础。另一方面，加大线下业务布局，将线上流量转化为线下营业收入，从而实现盈利。

目前，百合网在婚恋产业生态建设上已初具规模，其生态圈已包括婚恋交友业务、婚礼业务（小两口）、婚恋咨询（百合密语）、婚纱摄影（淘拍拍）、婚礼社区等领域，形成了对其免费沟通模式下的婚恋交友服务的有效补充。前景明朗的业务版图使百合网受到资本市场的青睐，2016年8月，A股上市公司宝新能源发布公告称收购百合网部分股权，以现金支付交易对价约8.82亿元，收购完成后，将持百合网股份比例为26.42%，成为其第一大股东。

一、基础信息

1. 基本信息

公司全称：百合网股份有限公司

成立时间：2005年5月

总部地点：北京

上市时间：2015 年 11 月 20 日

企业性质：股份制有限公司

联系方式：

地址：北京市朝阳区阜通东大街 1 号院望京 SOHO 塔 3B 座 6 层

电话：010-50863711

2. 组织信息

管理层：

田范江　首席执行官

二、业务信息

1. 主要产品与服务信息

线上网站、移动应用 APP 客户端、线下一对一红娘服务门店、线下活动、广告服务、婚礼庆典、婚纱摄影、婚品、婚礼地产、互联网金融

2. 覆盖范围

行业：婚恋交友

主要客户：高端成功人士以及优秀的单身社会精英

业务区域：中国

3. 收入结构：与世纪佳缘合并后的公司在线服务、一对一红娘服务、线下活动及其他服务

三、综合信息

1. 发展定位：帮助亿万中国人拥有幸福的婚姻和家庭

2. 重要合作伙伴及供应商：

媒体合作：钻石婚恋网、江苏卫视《非诚勿扰》、湖南卫视《我们约会吧!》、东方卫视《百里挑一》、浙江卫视、南京电视台等

金融合作：玖富、芝麻信用等

活动赞助：万达集团、蓝光地产、月星家居等

品牌合作：奔驰、本田、中兴、卡玫尔等

珍爱网

珍爱网是国内著名的婚恋品牌网站，其前身是中国交友中心，创始于 1998 年 5 月，2004 年正式更名为珍爱网。珍爱网首创“网络征选+电话红娘服务”的高效在线婚恋服务模式，专为忙碌的城市白领省时高效地成就姻缘。经过 10 多年的发展，珍爱网已成为中国在线婚恋网络服务的领先者。

据珍爱网 2016 年半年报显示，珍爱网 2016 年上半年收入达到 4.75 亿元，比去年同期增长了 67%，净利润 3100 万元，经营性净现金流 7700 万元。同时，珍爱网注册会员接近 1 亿人。截至 2016 年第 3 季度，珍爱网直营相亲店已开至 37 家，遍布全国 28 个一二线城市。直营店模式能保持相亲服务的一致性和流程的标准化，珍爱网坚持用该模式来与世纪佳缘和百合采用的代理店的模式竞争。

此外，珍爱网自 2014 年起，布局数据分析计算，整合信息科技部门，汇总所有的数据进行计算匹配，为客户提供成功率更高的对象，同时在对外投放方面有效控制成本。

易观分析

珍爱网独创“网络征选+人工红娘”的高效婚配服务模式，以电话的方式提供一对一的人工服务。相较于世纪佳缘和百合网，珍爱网专注于 ARPU 值较高的高端婚恋用户，其线下实体店采用直营模式，由珍爱网培养的专属人工红娘提供服务。珍爱网的红娘均经过专业心理学培训，结合多年的征婚服务经验，可提供用心细致、专业个性化的红娘服务，以促成征婚者尽快找到心仪对象。用户可以通过网站发起红娘委托服务，也可以直接拨打红娘热线电话。

2016 年，珍爱网加大移动端布局，在其移动端加入“私密通话”服务，推出线上相亲服务——微信相亲会。同时，珍爱网持续优化其线上产品。目前，珍爱网正按既定目标持续推进线下直营门店扩张建设，通过丰富的线下讲座、活动形式扩大品牌在目标人群中的认知。与世纪佳缘、百合网不同，珍爱网在 2016 年并未大规模拓展副业。

一、基础信息

1. 基本信息

公司全称：深圳市珍爱网信息技术有限公司

成立时间：2005 年 8 月

总部地点：深圳

上市时间：未上市

企业性质：民营企业

联系方式：

网址：http：//www.zhenai.com/

地址：深圳市南山区高新技术产业园北区朗山路 7 号中航工业南航大厦 2 楼

电话：0755-22673262

2. 组织信息

管理层：

李松　首席执行官

二、业务信息

1. 主要产品与服务信息

线上网站、移动应用 APP 客户端、电话红娘呼叫中心、直营红娘服务中心

2. 覆盖范围

行业：婚恋交友

主要客户：25—45 岁的城市白领

业务区域：中国

3. 收入结构：线上增值产品收入和线下红娘服务

三、综合信息

1. 发展定位：“网络征选+电话红娘”的高效婚配服务模式专为忙碌的城市白领省时高效地成就姻缘

2. 重要合作伙伴：招商银行、中国电信、中国工商银行、中国网通、UPS、IPS、VISA

外卖

百度外卖

百度外卖于2014年5月20日正式推出，不同于饿了么和美团外卖，百度外卖主打中高端白领市场。2016年第1季度，百度外卖完成B轮融资。据融资计划书显示，B轮融资主要用于4个方面，其中，40%用于平台建设；20%用于产品研发；20%用于品类扩展；20%用于市场推广。第2季度，百度外卖在“520”大促推出两周年庆大促活动，上线多样化的折扣和红包活动吸引用户。8月，“聚力前行”2016百度外卖全国大客户研讨会在北京举行，研讨会公布了2016年下半年百度外卖最新品牌餐饮合作规划，并与和合谷、新辣道等餐饮商户代表进行交流。第4季度，百度外卖引入内容元素，打造“指南”内容频道，试图通过高品质生活方式的内容传播吸引用户留存。

根据易观监测数据显示，2016年12月，百度外卖APP月活跃用户达1274.63万，领域渗透率达26.39%，在外卖领域排名第3。

易观分析

2016年上半年，外卖厂商开始缩减外卖红包补贴，通过完善送餐物流、提高餐饮品质等方式来提升用户消费体验，从而培养用户忠诚度，降低用户对补贴的敏感性。

战略上，百度外卖携百度骑士杀入外卖竞争格局，提出外卖品质化服务，切入中高端白领市场。物流方面，百度外卖为确保配送准时配送的体验，采取“专职+派单”配送模式，有数万的外卖“骑士”。此外，百度的人工智能技术还可应用在物流调度、商家获客、用户推荐等环节，进而提升效率和用户体验。

在市场拓展恒定之后，外卖平台将依靠服务升级、用户体验以及满足用户个性化需求等手段吸引用户。外卖服务品质将成为厂商一决高下的重要分水岭。2017年，在品质化之外，百度外卖力图通过构建内容频道，引入高品质生活方式，试图将服务体验构建为核心竞争力。

一、基础信息

1. 基本信息

公司全称：北京小度信息科技有限公司

成立时间：2015 年 9 月

总部地点：北京

上市时间：未上市

企业性质：股份制有限公司

资本信息：注册资本 75000 万美元

联系方式：

网址：waimai.baidu.com

地址：北京市海淀区上地信息路 11 号彩虹大厦

邮箱：xdtech@ iwaimai.baidu.com

电话：010-56997777

2. 组织信息

管理层：

巩振兵　首席执行官

二、业务信息

1. 产品及服务信息

快餐、正餐、小吃零食、甜品饮品、果蔬生鲜、超市购物、药品

2. 覆盖范围

行业：网络购物

主要客户：在校大学生及白领

业务区域：全国

3. 收入结构：流水抽成

三、综合信息

1. 发展定位：提供方便快捷的网络外卖订餐服务

2. 重要合作伙伴及供应商：麻辣诱惑、俏江南、汉拿山、大鸭梨、必胜客、赛百味、吉野家、周黑鸭、星巴克、满记甜品等

美团外卖

美团外卖是美团网旗下的网上订餐平台，于 2013 年 11 月正式上线，截至 2016 年年底，已覆盖近 1300 多个城市及地区。2016 年 1 月，美团点评完成 33 亿美元融资，已成为未上市公司融资金额的最高值。2 月，美团上线 B2B 业务。名为“快驴”的商家后台系统，可为美团外卖商家提供财务对账、商品管理等服务，其中“快驴进货”为美团外卖平台商家提供食材、一次性用品、酒水饮料

等进货服务。7月，美团宣布获得华润旗下华润创业联和基金战略投资，双方将建立全面战略合作。合作后，双方将首先在外卖平台探索“互联网+零售”的新业态。同月，美团设立“餐饮平台”，新设立的“餐饮平台”将整合原到店餐饮事业群、外卖配送事业群和餐饮生态平台，取消原组织层级，将各所属相关事业部和部门汇入餐饮平台。9月，美团外卖推出“偷红包”功能，外卖订餐首次引入社交因素。截至12月底，美团外卖覆盖城市及地区数达1300多个。

易观分析

纵览2016年，美团外卖也将服务方向聚焦在用户体验的品质服务商，尝试通过优质的供给、配送运力优势以及监管力度等因素提升品质。

美团点评作为目前国内全生态生活交易类服务平台，在互联网餐饮有着自身优势，为旗下美团外卖带来支撑。根据美团点评提供的数据显示，美团点评APP带来的外卖导流与美团外卖独立APP月活人数比例约为3∶1。

目前，美团外卖品牌知名度相对较高，商家质量较高，用户群体以中高消费为主，一二线城市渗透率高。2016年，美团外卖通过研发上线“O2O实时物流配送智能调度系统”，确保品质和用户体验，从而保持自身市场份额。此外，美团外卖也已经为无人驾驶和机器人技术做布局，并开始招兵买马。

一、基础信息

1. 基本信息

公司全称：北京三快在线科技有限公司

成立时间：2010年

总部地点：北京

上市时间：未上市

企业性质：私营企业

资本信息：注册资本109000万元

联系方式：

网址：http：//www.waimai.meituan.com/

地址：北京市海淀区海淀苏州街18号院2楼507

邮箱：fawu@ meituan.com

电话：010-57376600

2. 组织信息

管理层：

王兴　首席执行官

二、业务信息

1. 产品及服务信息

快餐小吃、地方菜、西餐、甜点饮品、生活超市、水果蔬菜、药品、鲜花蛋糕

2. 覆盖范围

行业：网络购物

主要客户：在校大学生及白领

业务区域：全国

3. 收入结构：抽成、商家排名、广告

三、综合信息

1. 发展定位：专业提供外卖订餐服务

2. 重要合作伙伴及供应商：红杉资本、北极光、华登国际、泛大西洋资本、腾讯等

饿了么

饿了么于 2009 年 4 月上线，主要意在为线下商户提供基于互联网技术的一体化运营解决方案，建立完善的外卖商业生态体系，搭建外卖物流配送网络。饿了么主要收入来源为商户入驻平台费和增值服务费。

2016 年 4 月，饿了么确认与阿里巴巴及蚂蚁金服正式达成战略合作协议，并获得 12.5 亿美元投资。融资后，饿了么公司仍保持独立的运营和发展。饿了么与阿里巴巴及蚂蚁金服将在多项业务上进行深入的合作。同时，口碑平台的外卖服务也将由饿了么提供运营支撑。阿里巴巴与饿了么在云计算和地图服务领域亦会展开合作。5 月，饿了么推出“517”饿货节。截至 12 月底，饿了么覆盖城市及地区数量达 1400 多个。

据易观监测数据显示，2016 年 12 月，饿了么 APP 月活用户达 2103.73 万，领域渗透率达 43.55%，在外卖/订餐二级领域排名第一。

易观分析

饿了么是国内较早的在线外卖订餐平台，在推动互联网餐饮外卖行业发展、延伸外卖服务品类、拓展产业链发展上有领导性作用。目前，互联网餐饮外卖行业资源进一步集中，有着充足资金的饿了么将继续保持着上升发展态势。

截至 2016 年年底，饿了么基本已经完成对全国基本城市的覆盖。与此同时，在对已覆盖的城市服务上，饿了么一方面加强运营能力，市场供给不断增强，横向往生鲜、药品等周边品类拓展，丰富产品形态，重视用户服务体验。另一方面，不断强化上下游产业链的构建。此外，饿了么还大力着手于物流配送服务的构建，涉足即时配送市场，上线准时达，拓展蜂鸟配送，并达成和圆通等物流公司合作，服务物流“最后一公里”。

一、基础信息

1. 基本信息

公司全称：上海拉扎斯信息科技有限公司

成立时间：2009 年 4 月

总部地点：上海

上市时间：未上市

企业性质：有限责任公司

资本信息：注册资本 1200000 万元

联系方式：

网址：http：//www.ele.me/

地址：上海市闵行区莘松路 380 号智慧园 5A

邮箱：wenjuan.gong@ ele.me

电话：021-54332216

2. 组织信息

管理层：

张旭豪　创始人、董事长、首席执行官

二、业务信息

1. 产品及服务信息

美食、早餐、夜宵、鲜花蛋糕、水果、甜品、超市、拼单服务

2. 覆盖范围

行业：网络购物

主要客户：在校大学生及白领

业务区域：全国

3. 收入结构：在线订餐月流水超过某个额度收取入驻商家一定管理费用；平台商家竞价排位；促销活动收取增值收费；商家广告

三、综合信息

1. 发展定位：专业提供外卖订餐服务

2. 重要合作伙伴及供应商：金沙江、经纬中国、红杉资本、大众点评、中信产业基金、阿里巴巴、蚂蚁金服等

互联网出行

滴滴出行

滴滴出行自 2012 年 6 月推广以来，迅速渗透市场，在很短时间内积累了广大的用户群，成为

中国打车 APP 中的佼佼者。滴滴出行打车的诞生改变了传统打车市场格局，颠覆了路边拦车概念，利用移动互联网特点，将线上与线下相融合，从打车初始阶段到下车使用线上支付车费，画出一个乘客与司机紧密相连的 O2O 完美闭环，最大程度优化乘客打车体验。

2016 年 1 月，滴滴出行开放平台上线，对第三方应用及个人开发者全面开放 SDK 接口。截至 2016 年 4 月，腾讯地图、新浪微博、58 同城等多个第三方应用和个人开发者产品接入滴滴开放平台。2 月，滴滴出行开通春运跨城顺风车。4 月，滴滴出行与 Lyft、Grab、Ola 联合宣布建立共享出行全球合作框架，将为中国、美国、东南亚和印度的游客提供无缝出行服务。8 月，滴滴出行收购 Uber 中国全部资产，并与 Uber 全球达成战略合作。此举将滴滴出行从与 Uber 的补贴大战中解放出来，亦有助于推动滴滴出行的国际化发展。同时滴滴出行也在积极布局互联网租车市场。2016 年 8 月滴滴出行与一嗨租车合作上线租车业务，采取全程线上化服务及免费上门送取车模式。11 月，滴滴和安飞士巴吉集团达成战略合作，将为中国用户提供跨境租车服务。拓展境内外租车服务，不仅进一步完善了滴滴出行城市交通 O2O 生态平台，也为未来全面进军国际市场奠定基础。12 月，滴滴正式宣布推出小巴业务，该产品通过搭建算法模型和大数据计算能力，优化站点和路线规划，专注解决用户 3 公里以内的短途出行问题。

2016 年全年，滴滴出行融资金额达 70 多亿美元，成为唯一一家腾讯、阿里巴巴和百度共同投资的企业。

易观分析

滴滴出行与 Uber 中国的合并直接让国内交通出行市场进行了大规模洗牌，滴滴出行成为当之无愧的市场巨头。2016 年，滴滴在各个垂直领域突破发展，成为全球最大的一站式出行平台。目前，滴滴出行已有出租车、专车、快车、代驾、巴士、顺风车等多个产品，基本构建出互联网城市交通综合服务平台。滴滴出行车站的部署在未来也能够继续服务于滴滴出行旗下其他产品线，并通过对附近商圈及线下服务资源的整合，打造以出行为入口辐射全行业 O2O 的用户资源变现模式。

随着《网络预约出租汽车经营管理暂行办法》及各地方专车新政陆续落地，中国互联网出行用车市场竞争进入新的阶段。未来，在中国出行用车市场，滴滴出行将着重解决如何在适应中央及地方政策的基础上进一步提高服务质量，保持用户黏性的问题。在海外市场，滴滴出行面临的主要挑战则是如何尽快完成本地化改革，提升用户认可度。

一、基础信息

1. 基本信息

公司全称：北京小桔科技有限公司

成立时间：2012 年 6 月

总部地点：北京

上市时间：尚未上市

企业性质：民营

联系方式：

网址：http：//www.xiaojukeji.com/

邮箱：shichanghezuo@ diditaxi.com.cn

地址：北京市海淀区东北旺西路8号院35号楼

电话：400-000-1999

2. 组织信息

管理层：

程维 首席执行官

二、业务信息

1. 主要产品与服务信息

出租车、专车（含快车）、拼车、代驾、巴士、试驾

2. 覆盖范围

行业：出行行业

主要客户：普通市民

业务区域：全国大部分城市，并在持续拓展中

3. 收入结构：广告收入，订单收入分成等

三、综合信息

1. 发展定位：以创新和用户体验为宗旨，扎根服务交通运输行业

2. 重要合作伙伴及供应商：腾讯（腾讯地图、微信等）、阿里巴巴（支付宝、高德地图等）、新浪微博、Lyft、GrabTaxi、Ola、去哪儿网、携程网等

神州专车

神州专车是租车连锁企业神州租车联合第三方公司优车科技推出的互联网出行品牌，于2015年1月28日在全国60大城市同步上线。神州专车采用“专业车辆，专业司机”的B2C运营模式，车辆均为来自神州租车的正规租赁车辆，并和专业的驾驶员服务公司合作。

2016年3月，神州租车发布公司股权重大重组：其主要股东Hertz和神州租车CEO陆正耀分别向优车科技（神州专车运营公司）转让8.5%、15.47%股份，优车科技将持股29.21%成为神州租车第一大股东。同月，神州专车运营主体神州优车与光大银行旗下光大金融租赁达成合作，光大金融租赁将向神州专车提供总额200亿元的授信，用于支持神州专车车队扩展。4月，神州优车宣布与阿里巴巴签署战略合作协议。7月，神州专车运营主体神州优车股份有限公司正式挂牌新三板，当日股价上涨13%，总市值超过400亿元，成为新三板实业板块市值最大公司，也是国内首家网约车概念股。9月，神州专车发布“U+”开放平台战略，向符合条件的全国车主免费开放流量、技术和品牌资源，并承诺永不抽成。

据神州优车2016年度报告显示，2016年神州优车营收58.5亿元，同比大幅增长235%，扣除非经常性损益后净利润27亿元，亏损同比大幅收窄27.4%。其中，公司主营专车业务增长强劲，收入增长近2倍。

易观分析

神州专车2016年收入的大幅提升主要得益于其专车业务用户规模和消费频次的大幅度提升，以及其品牌效应的日益凸显。专车服务上线以来，凭借其差异化的高品质服务在竞争日趋激烈的专车市场中占得先机，通过建立严格的司机管理制度，实现了“租车+专车”的巨大协同效应和价值链上的战略性扩张。

神州专车车辆均来自租赁公司的正规租赁车辆，司机均经过专业筛选和培训，保证了专车服务的安全、专业和标准化，赢得了消费者的认可。加之神州专车开放优驾平台，对全部加盟车辆承诺“永不抽成”，完善了产品线、提高了运营效率和市场占有率。此外，采用B2C模式使神州专车能够轻松应对网约车各项政策。

目前中国专车服务市场格局基本形成，滴滴出行基本形成市场垄断。但凭借差异化的竞争策略以及不断提升的运营效率，神州专车的市场规模将稳步增长。

一、基础信息

1. 基本信息

公司全称：神州优车股份有限公司

成立时间：2002年6月27日

总部地点：北京

上市时间：2016年7月22日（新三板挂牌）

企业性质：有限责任公司

联系方式：

网址：http：//www.ucarinc.com/

地址：北京市海淀区中关村南大街乙12号院1号楼2层北区C-064

电话：010-59729000

2. 组织信息

管理层：

陆正耀　董事局主席兼CEO

二、业务信息

1. 主要产品与服务信息

产品：神州租车、神州专车、神州买买车、神州车闪贷

服务：在线约车（叫车、预约、接送机、租车）、买车服务、汽车金融、企业服务（行程管

理、用车管理、企业管理)、会员账户等增值服务

2. 覆盖范围

行业：出行行业

主要客户：中高端商务群体

业务区域：全国大部分一线城市地区

3. 收入结构：广告收入，订单收入分成，服务费用

三、综合信息

1. 发展定位："随时随地、随叫随到"，定位于中高端群体，主打中高端商务用车服务市场

2. 重要合作伙伴及供应商：神州租车、阿里巴巴、e代驾、宝马集团、联想、美国华平等

首汽集团

北京首汽（集团）股份有限公司是国内领先的全方位汽车服务提供商，在中国旅游汽车行业中历史最久、规模最大、综合接待能力最强。首汽集团是交通部"一级客运企业"，中国旅游协会副会长单位、中国道路运输协会副会长单位、中国旅游车船协会会长单位，主营业务涵盖汽车客运、汽车销售与维修、汽车租赁、成品油销售四大业态。

近年来，首汽积极响应国企改革和供给侧结构性改革号召，努力探索传统国有企业转型升级，确立了"实业+互联网+资本"的发展模式，产品布局和全国经营网络的主干工程基本完成，形成了以"首汽租车""首汽约车""Gofun出行"三个平台为主体的首汽移动出行产业格局，并且带动传统产业转型。

2015年9月，首汽约车服务上线，坚持"自有车辆+专职司机"的运营模式，并致力于为用户提供国宾级的服务体验，目前已搭建起覆盖全国35城、拥有千万级用户、近20000台车辆的网约车平台。"Gofun出行"是首汽集团针对移动出行推出的一款新能源分时租车项目，成立于2015年，总部位于北京，致力于将服务网点覆盖北上广深、一线城市及省会、沿海经济发达二线城市。

2016年12月，首汽约车发布开放加盟平台战略，立足"互联网+出行"领域，面向全国各城市符合当地网约车实施细则的龙头客运企业、巡游出租车企业及租赁公司等机构开展业务融合，打造B2B网约车加盟平台。

易观分析

首汽约车定位于中高端群体，主打中高端商务用车服务市场，与传统的出租车有本质区别。首汽约车坚持"自有车辆+专职司机"的B2C运营模式，致力于为用户提供国宾级的服务体验。由于首汽约车的驾驶员都是专职司机，全部是本地户籍人口，并采用统一管理，因此其运营基本不受网约车政策影响。

此外，首汽集团的母公司首旅集团拥有首商股份、全聚德、首旅酒店等三家上市公司，在国内外参股和控股了300多家企业，产业链成员企业有1600多家，旗下有超过6000家酒店和康辉、神州等旅行社，对食住行等产业链的全覆盖资源给首汽约车带来了强劲的发展动力。

一、基础信息

1. 基本信息

公司全称：北京首汽（集团）股份有限公司

成立时间：1993年12月14日

总部地点：北京

企业性质：其他股份有限公司

联系方式：

网址：http://www.sqgf.com/

邮箱：sq_ bgs@ sqgf.com

地址：北京市东城区交道口东大街2号楼

电话：010-64061238

2. 组织信息

管理层：

赵金俊　董事长

周红　总经理

二、业务信息

1. 主要产品与服务信息

主要产品：首汽租车、首汽约车、Gofun出行

主要服务：出租车营运、在线约车（叫车、预约、接送机、租车）、汽车租赁等

2. 覆盖范围

行业：汽车租赁出行行业

主要客户：异地工作者、出差商务人士、政府机构、企事业单位等

业务区域：全国大中型城市

三、综合信息

1. 发展定位：打造中国汽车出行服务领军品牌

2. 重要合作伙伴及供应商：大众汽车、一汽丰田、中信银行、中国银行、北京银行、交通银行、招商银行、民生银行

摩拜单车

摩拜单车是由北京摩拜科技有限公司研发的互联网短途出行解决方案，是无桩借还车模式的智

能硬件。人们通过智能手机就能快速租用和归还一辆摩拜单车，用可负担的价格来完成一次几公里的市内骑行。

2016 年 4 月，摩拜单车在上海上线。用户在 APP 上实名注册，并缴纳 299 元保障金，即可租用。8 月，摩拜单车完成 B 轮及 B+轮数千万美元融资，由创新工场领投；9 月，摩拜单车完成由红杉资本领投的 1 亿美元 C 轮融资；10 月，再次获得 C+轮融资；12 月，摩拜完成 2 亿美元的 D 轮融资。截至 2016 年年底，摩拜单车已进驻北京、上海、广州等 20 多个城市，致力于为用户提供最好最简洁的体验和最可靠的短途出行方式。

易观分析

不管是在市场份额还是在融资进度上，摩拜单车一直走在行业的前列。相较于其他单车租赁产品，摩拜单车采取重资产模式，自行研发、设计并生产产品，使用二维码扫描解锁方便快捷，且不易被破锁。战略上，摩拜单车首选上海，陆续与上海市杨浦区、宝山区、徐汇区和广州市珠海区政府达成合作，政府给予摩拜单车运营、管理等方面的支持。

在日益激烈的竞争环境下，过重的模式限制了摩拜单车在规模上的快速扩张。一面是持续不断的高成本投入，一面是与竞争对手抢占市场的分秒必争，同时还要面对全新领域内不断出现的问题，摩拜单车的挑战并不小。此外，摩拜单车的问题也显而易见：前期投入成本过高，仅靠客单价极低的租赁本身几乎难以实现盈利。若通过广告变现、会员价值等方式实现间接盈利，则对于平台流量在数量和稳定性方面都有着极大的要求。

一、基础信息

1. 基本信息

公司全称：北京摩拜科技有限公司

成立时间：2015 年 1 月 27 日

总部地点：北京

上市时间：未上市

企业性质：有限责任公司

联系方式：

网址：http：//www.mobike.com/

地址：北京市海淀区学院路甲 5 号 2 幢平房

电话：18911499468

邮箱：544482975@ qq.com

2. 组织信息

管理层：

胡玮炜　首席执行官

二、业务信息

1. 主要产品与服务信息

主要产品：摩拜单车

主要服务：单车租赁

2. 覆盖范围

行业：单车租赁行业

主要客户：上班族、学生

业务区域：全国一二线城市

三、综合信息

1. 发展定位：用人人可负担得起的价格提供共享自行车服务，使人们更便利地完成城市内的短途出行，并帮助减少交通拥堵，帮助减少环境污染，让我们生活的城市更美好

2. 重要合作伙伴及供应商：招商银行、红杉资本、富士康等

ofo 共享单车

ofo 由四位北京大学学生于 2014 年共同创立，首创无桩单车共享模式，以“ofo 共享单车”为核心产品，基于移动 APP 和智能硬件开发，为城市人群提供便捷经济、绿色低碳、更高效率的城市共享单车出行服务。

2016 年 1 月，ofo 完成 A 轮融资；8 月，完成 A+轮融资。9 月，ofo 获得经纬中国领投、金沙江、唯猎资本跟投的数千万美元 B 轮融资；同月，ofo 总订单突破一千万。10 月，ofo 宣布完成 1.3 亿美元 C 轮融资，包括滴滴出行数千万美元 C1 轮战略投资，以及美国对冲基金 Coatue、小米等领投的 C2 轮投资。11 月，ofo 宣布正式开启城市服务，推出新一代小黄车 ofo3.0，并启动“城市大共享”计划。“城市大共享”鼓励市民将闲置自行车共享出来，接入 ofo 平台为更多人提供服务。同时，把自己的自行车共享出来的市民，将获得 ofo 平台所有车辆的使用权。12 月，共享单车平台 ofo 宣布，将于近期在硅谷、伦敦等地开启城市服务试运营。

易观分析

与摩拜单车的深耕细作不同，ofo 发展战略为覆盖一二线主要城市的同时，迅速下沉到更多的二三线城市。ofo 通过开放平台模式，鼓励个人单车共享，同时扩大服务范围。2016 年 11 月，ofo 宣布向 B 端自行车厂商和 C 端个人用户开放平台，为用户提供多元化服务。

相较于摩拜单车，ofo 具有低成本优势，在初期会有足够的资金投放更多的单车，能快速布局，抢先占领市场。但在后期的运营管理，ofo 将面临更大的难题。ofo 没有信誉积分体系，基本上只能靠用户的自觉完成单车的管理。由于没有 GPS 定位，用户无法查出附近单车的具体位置。同时，ofo 的机械密码锁也为其管理制造了麻烦：由于每辆车的密码是固定的，网上出现了大量的“ofo 单车密码共享群”，将单车密码公布，使得 ofo 成为了实质上的“免费骑”。

一、基础信息

1. 基本信息

公司全称：北京拜克洛克科技有限公司

成立时间：2015 年 8 月 6 日

总部地点：北京

上市时间：未上市

企业性质：有限责任公司

联系方式：

网址：http：//www.ofo.so/

地址：北京市海淀区信息路甲 28 号 D 座

电话：010-62416339

邮箱：yuxin@ ofo.so

2. 组织信息

管理层：

戴威　首席执行官

二、业务信息

1. 主要产品与服务信息

主要产品：ofo 共享单车

主要服务：单车租赁

2. 覆盖范围

行业：单车租赁行业

主要客户：上班族、学生

业务区域：全国主要城市

三、综合信息

1. 发展定位：随时随地有车骑

2. 重要合作伙伴及供应商：滴滴出行、蚂蚁金服、中国电信、华为等

车后服务

途虎

途虎养车网于 2011 年成立，是目前“维修保养服务 O2O+汽配 B2C”电商平台中的典型玩家。途虎以轮胎为主营业务切入汽车后市场，在多年的发展中朝着汽车维修保养全品类覆盖的方

向拓展产品线，并与上游多家厂商展开合作，积极开展供应链建设。根据途虎官方公开数据显示，途虎养车现拥有 13000 多家线下安装门店、405 个城市覆盖数、1.5 亿元的资本实力及 600 万的用户数，还在北京、上海、广州等 10 个核心城市建有仓储物流系统。其厂商现有资源层面领先其他同类型平台。途虎在 2015 年 10 月顺利融入 5000 万美元的 C+轮之后，提出了通过品类升级、服务升级、模式升级、平台升级等四大战略升级措施。为更好地抢占线下资源，2016 年 3 月 30 日，途虎养车再度牵手线下经销商企业——亚夏汽车，双方达成战略合作，将在“途虎亚夏工厂店”进行连锁项目落地、合作建设汽车维修培训学校，并在汽车保险和汽车金融业务等方面进行深度合作。

易观分析

随着中国汽车后市场电商进入市场启动期阶段，后市场电商的发展也进入了精耕细作的年代。目前，汽车后市场电商的市场格局尚未稳定，途虎作为行业领先者，通过自营型模式充分发挥了对整个汽车后市场配件供应链的优化能力，并保证了维修保养 O2O 的高效转化率。

汽车后市场电商中维修保养服务电商自营型平台是目前为止发展最稳健、成长最快速的细分模式。途虎作为自营型模式的代表，充分发挥了对整个汽车后市场配件供应链的优化能力，并保证了维修保养 O2O 的高效转化率。“维修保养服务 O2O+汽配 B2C”模式的电商平台涉足产业链环节最多，在行业竞争中的综合实力也较强。途虎养车网成立至今已完成 D 轮首笔融资，具备一定的资金实力，在仓储物流等方面的布局也初显成效，企业有望实现快速发展。

一、基础信息

1. 基本信息

公司全称：北京途虎信息技术有限公司

成立时间：2014 年

总部地点：北京

上市时间：未上市

企业性质：有限责任公司（台港澳法人独资）

资本信息：注册资本 2400 万元

联系方式：

网址：https：//www.tuhu.cn/

邮箱：chenmin@ tuhu.cn

地址：北京市海淀区成府路 28 号 12 层 4-1206 号

电话：010-56579352

2. 组织信息

管理层：

陈敏　执行董事、经理

二、业务信息

1. 主要产品与服务信息

途虎养车为养车类B2C电商平台，主营轮胎、机油、汽车保养、汽车美容等产品和服务，为客户提供“线上预约+线下安装”的养车方式。线上通过网站、电话、微信、APP、各大电商平台等渠道购买到途虎的商品与服务可在线下通过合作安装门店客户服务，并提供先安装后付款的体验方式。

另外，途虎还有兄弟平台汽配龙，汽配龙商业模式属B2B的汽车配件采购平台。面向的主要客户群体是各类汽修厂和维修服务门店，汽修人员可以在平台上按照维修车辆的型号或VIN码，采购对应的配件产品；配件经销商也可以注册入驻平台，为汽修厂提供零配件产品。

2. 覆盖范围

行业：汽车后市场电商

主要客户：车主、汽配相关领域

业务区域：途虎已向全国405个城市开放13000余家安装门店，覆盖规模迅速扩大中；安装店支持装完付款，更尊享包安装、免费动平衡等11项轮胎免费服务

3. 收入结构：具体信息不详

三、综合信息

1. 发展定位：途虎养车定位为专业的汽车养护电商平台

2. 重要合作伙伴及供应商：亚夏汽车、3M、马牌、固铂、胜牌、美孚、壳牌、嘉实多、道达尔、优路博、上汽安帕仕、万丰奥威、众安保险、亚夏等

汽车超人

汽车超人是特维轮网络科技（杭州）有限公司旗下提供一站式O2O服务解决方案平台，于2015年4月上线，是金固股份旗下的汽车后市场O2O项目。2016年8月，金固股份用于投资汽车超人的定向募资27亿元获得证监会批准，为汽车超人带来了巨大的资金支持。汽车超人以“维修保养服务O2O+汽配B2C”的商业模式在供应链、平台、线下门店三大系统上着重发力，积极开展产业链布局和仓储、物流等供应链建设。汽车超人特有的超人服务模式，以提升用户体验为宗旨，将线上销售与线下服务相结合，通过大数据分析，获得精准的服务需求，并力争提供完美的解决方案。同时，汽车超人还拓展汽车金融、汽车救援、汽车改装、车务服务等后服务市场业务，极力将汽车超人打造成汽车后服务市场云集成终端平台，全方位为用户在车后的一系列问题提供解决方案。

易观分析

根据易观监测数据显示，当前汽车后市场电商渗透率仍然很低，仅 3.5%，还有更大的市场等待着这些电商进行挖掘和深入，在今后仍需要较长的时间培育市场、教育用户。在未来几年，后市场电商将继续推动汽车后服务的水平提升，同时应用场景将更为广泛，以满足消费者的各项需求。同时，汽车后市场电商的主要服务模式有了同质化的倾向，模式差异正逐渐缩小，按照前端深耕汽配产品供应链，在后端推进线下门店合作、规范服务标准的路径进行发展，未来这些电商需在金融服务、数据服务、技术服务、物流服务等方面建立各自的优势才能形成有效的盈利模式。

汽车超人具备较强的资金实力，有助于企业开展多项业务布局，提高综合竞争力。汽车超人在汽车供应链方面依托母公司资源已经与包括马勒、固铂、辉门等汽车配件厂商建立合作伙伴关系，在提升服务上，采取开设“超人学院”的方式，提供线下培训支持，致力于为合作商户提供系统化、专业化的产品技能培训；在 B2B 业务上，汽车超人从 2015 年第 4 季度启动“汽配超人”平台，进一步加强供应量和服务链的控制。根据易观发布的《2016 年中国汽车后市场电商市场实力矩阵》显示，汽车超人目前排在第二梯队中，紧随行业第一的途虎养车，在运营能力方面有一定优势，企业有望实现快速发展。

一、基础信息

1. 基本信息

公司全称：特维轮网络科技（杭州）有限公司

成立时间：2014 年

总部地点：杭州

上市时间：未上市

企业性质：一人有限责任公司（内资法人独资）

资本信息：注册资本 9172.5 万元

联系方式：

网址：http：//www.yangchechaoren.com/

邮箱：tangren@ qccr.com

地址：杭州市富阳区银湖街道富闲路 9 号银湖创新中心 9 号六层 610 室

电话：0571-87425962

2. 组织信息

管理层：

孙锋锋　执行董事兼总经理

二、业务信息

1. 主要产品与服务信息

汽车超人：主要为车主用户提供最优保养产品。由汽车超人对接各大厂商，直接供货，意在将汽车超人打造成汽车后服务市场 O2O 终端平台，提供便捷可靠的一站式汽车养护服务

2. 覆盖范围

行业：汽车后市场电商

主要客户：车主、汽配相关领域

业务区域：截至 2015 年 7 月，汽车超人在全国拥有万余家特约服务门店，十余万名汽配、汽修技师为车主提供专业服务

3. 收入结构：具体信息不详

三、综合信息

1. 发展定位：汽车超人定位为致力于向广大车主们提供“专业、优质、便捷、贴心”的汽车服务

2. 重要合作伙伴及供应商：辉门、车知了、支付宝、美团、平安商城、铂轮胎、天会智数

生活信息交易类平台

新美大

美团成立于 2010 年，定位于团购交易，以跑马圈地快速进驻二三线城市进入团购第一梯队。在高效营销与走一日多团交易平台模式的策略下，在团购同质化竞争中脱颖而出。2013 年，美团将电影品类从平台剥离，独立为“猫眼电影”，并推出线上售票、选座功能，开始了“去团购化”的发展。2014 年起，美团开始将线上的重要品类逐个独立纵深发展，包括拓展酒店旅游团购、布局在线酒店预订、大力推广美团外卖。作为行业领先者，美团已成为用户在餐饮、电影、住宿、出行等生活服务领域消费的助推器。2015 年，美团、大众点评宣布合并，点评的商业模式，加上点评广告、结婚丽人等低频高价业务，与美团业务形成优势互补。双平台差异化的生态布局，带来了新公司更丰富的业务线及超越壁垒，也奠定了美团点评在生活服务领域的绝对优势地位。2016 年，再次获得 33 亿美元融资的美团点评为尽快盈利，收缩业务战线先后下调了到家业务入口并关闭电商购物，将资金重新聚焦至优势餐饮、酒旅等品类，下半年又做出架构调整，整合餐饮到店和外卖，以及确立酒店旅游和到店综合 O2O 事业群，点评高端酒店业务也获得快速增长。支付上，通过完成对钱袋宝的全资收购，获得支付牌照补齐短板，有了向消费金融场景的延伸想象空间。从以上转型升级可以看出，以美团点评为代表的生活服务平台在战略上有了重要转变，在烧钱圈用户、抢市场的阶段过去后，平台价值重新回归到精细化运营、深耕细作上来。通过技术赋能商户，提高商户端收益与行业整体运营效率将成为推动全行业新一轮成长的重要支撑。

易观分析

在行业进入成熟期，团购拉新、引流愈加乏力且商户毛利愈加摊薄的现状下，团购对商户的吸引力已越来越弱，单纯将佣金作为主体营收对平台的风险变大。只有顺应时势，逐步降低补贴，提升后端商户服务，通过技术手段规范商户行为，用精细化的平台经营理念，才能稳固地位，展现平台价值。

美团点评作为较早从团购向提供本地生活服务转型的厂商，在打造生活服务交易闭环、突破团购同质化发展、实现场景化消费、建设一站式生活服务平台，推进商户 IT 系统接口标准化建设，助力商户精细化运营上有领导型作用。且凭借对支付形式、消费场景等商业模式的不断升级以及对垂直领域的深耕，在生活服务市场地位不断提升。

美团点评架构调整以后，餐饮平台、酒店旅游、到点综合（非餐饮业务）成为美团点评“互联网+”的三驾马车。这将有利于更好地整合美团点评资源优势，发挥协同效应，更好地服务于行业。

一、基础信息

1. 基本信息

公司全称：北京三快在线科技有限公司（美团）
上海汉涛信息咨询有限公司（大众点评）

成立时间：2007 年（美团）
2003 年（大众点评）

总部地点：北京（美团）
上海（大众点评）

上市时间：未上市

企业性质：有限责任公司（自然人投资或控股）

联系方式：

网址：http：//www.meituan.com/（美团）
http：//www.dianping.com/（大众点评）

地址：北京市朝阳区望京东路 6 号望京国际研发园三期（美团）
上海市长宁区安化路 492 号 C 座 2 楼（大众点评）

邮箱：marketing@ meituan.com（美团）

电话：021-53559777（大众点评）

2. 组织信息

管理层：

张涛　董事长

王兴　联席首席执行官

二、业务信息

1. 产品及服务信息

产品：美团网、大众点评、美团外卖、美团酒店、猫眼电影、美团打车、钱袋宝

服务：团购、酒店、票务、电影、找优惠、订座、外卖、同城活动、消费金融、生活服务等

2. 覆盖范围

行业：城市生活消费平台

主要客户：互联网用户

业务区域：全国

3. 收入结构：销售佣金等，具体收入结构不详

三、综合信息

1. 发展定位：做吃喝玩乐的大平台，连接人与商户，形成可以追踪的闭环，把以往置于线下的交易环节逐渐转移到线上

2. 重要合作伙伴及供应商：百胜集团、永和大王、华谊兄弟、光线传媒、携程、艺龙、去哪儿网、屈臣氏、保洁、腾讯、百度、三星、360 等

百度糯米

2010 年 6 月，人人公司旗下团购网站“糯米网”正式上线，致力于成为用户的“本地精品生活指南”，为商家创造“精准营销平台”。2013 年 8 月，百度宣布向糯米网战略投资 1.6 亿美元，获得 59%股份，成为糯米第一大股东，其后全资收购人人所持的全部糯米网股份，成为糯米网的单一全资大股东，并于 2014 年 3 月正式更名为百度糯米。百度和糯米深度整合后，通过品牌和服务双升级，在百度本地化服务的战略中成为重要的布局之一。

在团购拉新、引流愈加乏力且商户毛利愈加摊薄的现状下，团购对商户的吸引力已越来越弱，对此百度糯米将通过包括小美科技、客如云等“糯米+”B 端服务联盟、大数据技术优势精准指导商户运营为商户赋能，以技术手段和生态服务大幅拉动商户营销业绩。百度糯米在百度资金和生态战略的支持下，通过技术造节，同时结合百度在搜索、地图、移动分发市场入口的推广渠道及百度钱包的协同推广，活跃用户增速与市场份额获得快速提升。根据易观监测数据显示，百度糯米在 2016 年第 2 季度中国团购市场成交额中占据 23.8%，名列第三，行业进入“七二一”竞争格局。

易观分析

百度糯米在 2016 年取得了不错的成绩，今后仍将在其快速追赶的餐饮领域做重点深耕，并在 KTV、美业、酒店出行、旅游等几大行业做重点突破。依靠对上游商户、伙伴与服务联盟的支持，以及对下游依靠大数据、技术造节对用户消费体验的提升，糯米包含餐饮在内的交易份额仍有极大的上涨空间。在餐饮领域，以代金券、储值卡、信用支付等金融服务为辅助，配合 CRM 管理、大数据营销服务为支撑的百度糯米，势必会赢得更多用户和商家的支持。

对于生活服务交易类平台来说，2016 年新美大和百度糯米之间竞争更为白热化，百度糯米为争取客户，面对美团的竞争推出的永久免收佣金政策，虽然对平台收入有短期影响，但对行业来说有利于改善团购不健康的佣金补贴模式，使平台的责任回归到协助商户改善 IT 系统建设、推动传统服务业互联网化、大数据管理化上来，从长远角度对餐饮产业升级做出积极正面的引导。

一、基础信息

1. 基本信息

公司全称：北京百度糯米信息技术有限公司

成立时间：2012 年

总部地点：北京

上市时间：未上市

企业性质：有限责任公司（台港澳法人独资）

注册资金：2780 万美元

联系方式：

网址：http：//www.nuomi.com/

邮箱：zhangdan06@ baidu.com

电话：010-84580589

2. 组织信息

管理层：

曾良　执行董事

二、业务信息

1. 产品及服务信息

产品：手机糯米、百度糯米网页端、综合收银台

服务：美食团购、在线订座、电影票团购、休闲娱乐、购物、生活服务、酒店预订等

2. 覆盖范围

行业：网络购物

主要客户：互联网用户

业务区域：全国

3. 收入结构：销售佣金等，具体收入结构不详

三、综合信息

1. 发展定位：通过品牌和服务双升级，承诺为消费者提供“省钱更省心”的团购服务，通过大幅度的让利为用户省钱，无后顾之忧的服务让用户省心，为移动互联网时代的人们带来一种生活方式的全新体验

2. 重要合作伙伴及供应商：应届生校招网、人人逛街、56 网、车问网、经纬网、北京演出票务网、亚马逊、大麦网、秀网、我买网上购物、都市圈三维地图、大邑网、美图看看、化妆品团购、开心人网上药店、网上订餐、三丰漫画等

母婴

母婴社区

宝宝树

宝宝树于 2007 年上线，经过 10 年的发展，宝宝树用户群体已经覆盖中国相当规模的年轻家庭。目前宝宝树生态涵盖社区、电商、教育、健康、金融等多个相关领域。宝宝树目前正以大健康和教育为发展重点，打造满足中国年轻家庭消费升级的会员俱乐部，为父母提供高质量、多类型的线上及线下服务，满足妈妈用户和年轻家庭对于知识获取、交流交友、记录成长以及消费购物的需求。

宝宝树目前拥有宝宝树孕育和小时光两款移动 APP 以及宝宝树 PC 社区网站，在移动端和 PC 端都积累了大量的活跃用户群体。同时在商业模式的探索上，宝宝树除了传统的品牌广告营收之外，其早教产品米卡也是其一个重要的营收来源。2015 年，宝宝树布局了电商业务“美囤妈妈”，并且获得了聚美优品的战略投资，与聚美联合拓展“社区+电商”的业务模式。2016 年，宝宝树先后 2 次获得巨额融资，宣布已经开始与投资方复星集团旗下医疗健康、金融保险、教育领域的强势企业以及教育领域的战略投资人好未来等共同整合资源，构建家庭生态的全新版图。

易观分析

易观分析认为宝宝树是互联网母婴社区进行移动化转型的成功典范。根据易观监测数据显示，2016 年宝宝树旗下以“宝宝树孕育”和“小时光”为代表的移动母婴社区 APP 以及“美囤妈妈”为代表的移动母婴电商 APP，均保持用户规模大、用户黏性高的稳定优势。再加上宝宝树 PC 社区网站，宝宝树在移动端和 PC 端都积累了大量的活跃用户群体，保持与竞争对手间大规模领先。宝宝树通过社区/社群和内容优势围拢用户，再以电商进行变现，并通过零售全渠道的建设拓展消费场景，以满足用户售前体验和亲子购物需求，形成了良性产业闭环。

目前，宝宝树已经形成丰富的产品矩阵，在产生用户规模效应的作用下，通过资源有效整合以及不断创新，全面立体地为中国的家庭用户提供可信赖的、优质的产品和服务。未来将继续保持行业领先者的位置。

一、基础信息

1. 基本信息

公司全称：宝宝树（北京）信息技术有限公司

成立时间：2007 年

总部地点：北京

上市时间：未公布

企业性质：有限责任公司（法人独资）

资本信息：9777.23 万元

联系方式：

网址：http：//www.babytree.com/

邮箱：jingdongyan@ babytree-inc.com

地址：北京市海淀区阜成路 115 号丰裕写字楼 C202 室

电话：010-61138080

2. 组织信息

管理层：

王怀南　首席执行官

二、业务信息

1. 主要产品与服务信息

涵盖社区、电商、教育、健康、金融等多个母婴相关领域：包括母婴垂直门户宝宝树、宝宝树电商平台美囤妈妈、分龄递送家庭早教产品米卡成长天地、母婴礼物 BabyBox、宝宝书 0—6 岁儿童 iPad 早教应用分享平台、宝宝树时光记录类 APP、宝宝树孕育母婴工具类 APP 等产品

2. 覆盖范围

行业：互联网母婴社区

主要客户：妈妈群体和年轻家庭

业务区域：全网用户

3. 收入结构：具体信息不详

三、综合信息

1. 发展定位：宝宝树的愿景应该是影响甚至培养一代人。为此要做一个最好用、最实用的母婴平台；为此从来不喜欢戴任何无意义的标签；为此产品和创新永远会是网站准则；为此勇敢地走

向线下；为此把宝宝树当作自己终生的职业

2. 重要合作伙伴及供应商：维达集团、美泰、爸爸去哪儿、平安财富等

妈妈网

妈妈网成立于2004年，是较早进入互联网母婴行业的厂商之一，妈妈网经过多年的深耕细作，拥有领先的用户优势和完善的业务及渠道布局。2015年，妈妈网在新三板成功挂牌上市，目前已拥有资讯、社交、工具、电商等四大商业板块，形成了完整的“妈妈生态圈”布局。作为中国母婴网络的领先企业，妈妈网面对二孩政策、消费升级所带来的新契机，积极探寻母婴企业转型升级的发展路径，构建出以社区为核心，以“微网红”为营销特色的母婴综合型平台。目前，妈妈网已将业务全面延展至母婴电商、本地生活、线下实体等领域。

以完善生态布局，力求给母婴消费用户提供包括知识、购物、亲子、游乐、教育、医疗等多方面的服务，打造以妈妈用户为核心的综合家庭服务平台。

易观分析

妈妈网财报表现出企业良性发展，整体营收利润高速增长，业内地位强凸显。妈妈网正在积极探索应对用户消费升级的发展之路，已进行全面的品牌升级。邀请徐熙媛作为品牌代言人及首席育儿官；全面启动“微网红”计划，为品牌提供全新营销组合解决方案；妈妈良品上线，全面启动电商F2C模式创新实践；不断拓展业务布局，携手敦南真爱月子会所战略合作，打通“线上+线下”，进行业务布局的全面升级。妈妈网正从自身母婴社区优势出发，以为母婴消费者提供更安全、优质的产品和服务为方向，探索新型的产品研发和供应链整合方式，如教育、亲子旅游、亲子文化、家庭汽车、人工智能等多个行业的跨界合作，探寻母婴企业转型升级的发展路径，积极应对消费升级的挑战。

一、基础信息

1. 基本信息

公司全称：广州盛成妈妈网络科技股份有限公司

成立时间：2006年12月

总部地点：广州

上市时间：2015年11月27日，新三板挂牌（834093）

企业性质：其他股份有限公司（非上市）

注册资金：5675.5809万元

联系方式：

网址：http：//www.mama.cn

邮箱：sunbing@ mama.cn

地址：广州市天河区天河路 230 号 4301 房（自编 4305 至 4307 室）

电话：020-85505893

2. 组织信息

管理层：

杨钢　首席执行官

二、业务信息

1. 产品及服务信息

涉及 O2O、跨屏互动、B2C 的互联网母婴生态圈，包括母婴垂直门户妈妈网、女性社区妈妈网 APP、广州妈妈网等 32 个城市妈妈网垂直社区、工具类应用孕育管家、“小树熊”母婴特卖平台、妈妈良品精品推荐、妈网亲子游亲自旅游推荐等产品

2. 覆盖范围

行业：互联网母婴社区

主要客户：妈妈群体和年轻家庭

业务区域：全网用户

3. 收入结构：具体信息不详

三、综合信息

1. 发展定位：企业愿景为让妈妈成为最好的妈妈

2. 重要合作伙伴及供应商：拜耳、辉瑞、杜蕾斯、诺华、惠氏、强生、养生堂、同仁堂、云南白药、海昌等

母婴电商

蜜芽

蜜芽成立于 2014 年，作为国内最早一批进军跨境零售的企业，蜜芽已经在重庆、宁波、郑州开设跨境保税仓，蜜芽以自营为主，承担跨境采购、国际物流、保税仓发货等供应链主要环节，目前平台对于非敏感品类，也适度开放，允许优质的商家入驻直供。在线上，蜜芽通过社区蜜芽圈、微信公众号、视频等渠道，持续生产和输出高质量内容建设母婴人群的线上入口；在线下，耕耘婴童服务领域，通过医疗、亲子娱乐、早教等线下体验方式，打通全方位的用户体系，从不同领域解决亲子家庭需求。

易观分析

蜜芽目前正在从自营进口母婴商品限时特卖电商逐步向综合婴童服务商进化。在供应链方面，通过供应商展开深入合作，开展产地直销的方式，以去掉中间商差价来获得价格优势，同时还积极开设线下实体门店，缩小与顾客的距离。在服务链方面，蜜芽除了线上的电商业务，正在寻求更多的线下合作机会，向教育、医疗、旅游等领域跨业纵深融合发展，开拓更多的消费场景，打造成为综合型的婴童服务商。2016 年，蜜芽的营销战略以“内容为王”进行展开，旗下蜜芽圈、育儿头条、兔头妈妈说育儿等多个平台积极布局内容建设，通过内容降低获客成本，增加用户黏性，创生体验场景，增强体验式导购，打造蜜芽的体验式零售，为用户提供中高端母婴商品服务。

一、基础信息

1. 基本信息

公司全称：北京花旺在线商贸有限公司

成立时间：2011 年

总部地点：北京

上市时间：未上市

企业性质：有限责任公司（台港澳法人独资）

资本信息：注册资本 108.6112 万元

联系方式：

网址：https://www.mia.com/

邮箱：public@miyabaobei.com

地址：北京市朝阳区太阳宫中路 8 号冠捷大厦 15 层 1501、1502、1503、1504 室

电话：010-56217891

2. 组织信息

管理层：

刘楠　首席执行官

二、业务信息

1. 主要产品与服务信息

蜜芽 PC 端，蜜芽 APP 端，微信公众号线下实体店，蜜芽乐园

早教：与红黄蓝联手

医疗：进驻美中宜和

游乐：战略投资悠游堂

2. 覆盖范围

行业：互联网母婴电商

主要客户：妈妈群体和年轻家庭

业务区域：全网用户

3. 收入结构：具体信息不详

三、综合信息

1. 发展定位：从母婴垂直电商到成为覆盖母婴人群线上和线下需求的生态型公司

2. 重要合作伙伴及供应商：红黄蓝、悠游堂、尤妮佳、花王、好奇、大王天使、大王维 E、帮宝适等

贝贝网

贝贝网成立于 2014 年 4 月，贝贝由非标品的童装童鞋品类切入，逐渐加入奶粉、尿裤等标品自营产品，并开展跨境电商业务，坚持平台和自营并重，围绕妈妈需求不断扩充品类。贝贝网正在建立一个可控的开放性的母婴全品类特卖平台，将货架和供应链开放，帮助商家进行代运营，且开始着手布局金融，鼓励和帮助中小品牌解决资金问题。贝贝通过丰富的电商和平台运营经验，正在不断地提高供应链的效率和用户的体验，逐步打造以妈妈经济为核心的移动购物入口。根据易观监测数据显示，2016 年中国母婴电商 APP 活跃用户规模，贝贝 APP 排名第一，大幅度领先行业内其他竞争对手，在实力矩阵中，贝贝网作为行业领先者领跑。

易观分析

在 2016 年资本收紧的情况下，贝贝网凭借其强大的运营能力和用户基础，仍旧受资本青睐，获得 1 亿美元的融资。贝贝网始终坚持母婴为核心，围绕“妈妈经济”进行布局，从“给自己买”“给孩子买”“给家里买”三个层面满足妈妈购物需求。通过优先发展童装、玩具等非标品，贝贝网高筑护城河，健康良性发展。目前已经实现非标品销售占比突破 85%，移动端销售占比超 95%，拥有很强的抗风险能力，未来盈利空间大。贝贝网在拥有以非标品类的行业核心竞争力后，又迅速布局跨境业务，自建自营供应链，并不断拓展社群、拼团、红人直播等多模式业务，未来贝贝网会在母婴电商这条赛道上保持和巩固行业领先者位置。

一、基础信息

1. 基本信息

公司全称：杭州贝购科技有限公司

成立时间：2014 年

总部地点：杭州

上市时间：未上市

企业性质：一人有限责任公司（私营法人独资）

资本信息：注册资本 1000 万元

联系方式：

网址：http：//www.beibei.com.cn/

地址：杭州市江干区九盛路 9 号 A12 幢 204 室

电话：0571-56633017

2. 组织信息

人员规模：900 人

管理层：

张良伦　首席执行官

二、业务信息

1. 主要产品与服务信息：贝贝集团旗下拥有贝贝网、米折网、育儿宝、贝猫供应链等多项业务

贝贝网：创立于 2014 年，是国内最大的妈妈购物平台。是一个基于买手和大数据推荐的精选购物平台，专注妈妈经济；

米折网：创立于 2011 年，是国内领先的女性特卖平台。米折专注极致好货，致力于为年轻女性提供时尚又实惠的精选购物体验；

育儿宝：创立于 2016 年，是全家人记录宝宝成长的育儿神器，为妈妈提供宝宝记录、育儿知识、社区等服务，陪宝宝一起成长；

贝猫供应链：创立于 2015 年，专注全球供应链管理，为合作品牌提供进销存一体的供应链服务，帮助提升效率、降低成本

2. 覆盖范围

行业：互联网母婴电商

主要客户：妈妈群体和年轻家庭

业务区域：全网用户

3. 收入结构：具体信息不详

三、综合信息

1. 发展定位：贝贝网定位为致力于成为中国妈妈最信赖的购物平台；企业愿景为成为全球一流的移动电商平台

2. 重要合作伙伴及供应商：好孩子、贝贝帕克、贝壳元素、宝洁帮宝适、美赞臣、申通快递、天天快递等

在线旅游

在线旅游

携程旅行网

携程旅行网创立于 1999 年，总部设在中国上海。经过 16 年的发展，今日的携程在综合在线旅行服务市场中居领先地位，成为全球市值前三的在线旅行服务公司。携程最为核心的业务分别是住宿预订和交通票务，其也正全力发展相关的旅游度假和商旅管理业务。根据易观发布的《中国在线度假旅游市场季度监测报告 2016 年第 4 季度》，携程市场份额为 23. 86%，名列前三位，较其他厂商具备明显领先优势，居于第一梯队。携程在 2016 年着力发展其国际业务。2016 年 10 月末，携程方面宣布战略投资美国两大地接社——海鸥旅游和纵横集团，从而构建了与途风在内的美国领先的三大地接旅行社的战略投资与合作，全面布局北美旅游市场，显示其国际化布局。2016 年 11 月，携程收购天巡主要股东全部股份，进一步扩大其海外市场。

易观分析

携程通过近年内与同行业企业的并购与战略合作，其在线旅游行业内已形成“携程系”，其战略布局清晰，涉及领域全面。这些优势使携程不仅可实现一定程度上的规模经济效应，同时也使携程拥有较高的竞争壁垒，可以继续扩大细分市场份额。在行业消费升级的情况下，其发展战略以资本整合为主，正在成为在线旅游行业的领导者。

但在线旅游行业发展至今，行业核心发生转变：旅游消费从核心资源向外圈层拓展，场景化和 IP 化带动旅游体验从视觉到内心体验的转变。面对此转变，携程需要更深入了解用户的需求并向其提供多元化的产品，来满足不同消费者丰富且微妙的内心需求。同时面对新型细分市场——国际业务和商旅业务以及市场整合中，携程在不断加码布局的同时也面临一定运营风险和财务风险。不仅如此，对于携程来说，其既要面对以上外部环境的变化，还要应对内部管理层换血对其战略、运营、财务和人力等多方面所带来的影响。

一、基础信息

1. 基本信息

公司全称：携程旅行网

成立时间：1999 年 6 月

总部地点：上海

上市时间：2003 年 12 月 9 日　美国纳斯达克上市

企业性质：股份制

联系方式：

　　网址：http：//www.ctrip.com/

　　地址：上海市虹漕路 421 号 63 幢 3 楼

　　电话：8008206666

2. 组织信息

管理层：

　　孙洁　首席执行官

　　梁建章　董事会主席

二、业务信息

1. 产品及服务信息：电话热线、PC 端服务及 APP

酒店、旅游、机票、火车票、团购、商旅、度假、门票、礼品卡、论坛、订餐、积分特卖

2. 覆盖范围

行业：在线旅游

主要客户：全网用户旅游，出行人群

业务区域：全球

3. 收入结构：携程收入主要围绕大住宿和大交通两条业务线

三、综合信息

1. 发展定位：中国领先的在线旅行服务公司，提供全方位旅行服务，做互联网和传统旅游无缝结合的典范

2. 重要合作伙伴及供应商：同程网、去哪儿网、艺龙网、途风网、中软好泰、铁友网、途家网、天巡等

驴妈妈

驴妈妈旅游网创立于 2008 年，是中国知名综合性旅游网站、自助游领军品牌、中国景区门票在线预订模式的开创者，提供景区门票、度假酒店、周边游、国内游、出境游、大交通、商旅定制游等预订服务。其在景区门票、周边游、邮轮等品类处于行业领先地位。根据易观千帆数据监测得知，驴妈妈 APP 客户端截至 2016 年 12 月活跃用户数为 167.95 万，并且根据其官网信息介绍，驴妈妈合作伙伴超 5 万家。2016 年驴妈妈覆盖景区超过 1 万家，5A 景区覆盖率居 OTA 行业第一。根

据易观《中国在线周边自助游市场专题研究报告 2016》，在线周边自助游领域驴妈妈以 30.7%的市场份额居于首位。

驴妈妈旅游网总部设在上海，已在除西藏外全部省会 110 个城市设立子公司，覆盖国内重要旅游目的地和客源地，形成全国深度布局、线上线下 O2O 一站式服务，致力于让游客“自由而有尊严的行走”。

易观分析

驴妈妈作为首批进入在线周边游市场的厂商之一，其核心业务是电子门票和自助游。借助于集团的景区资源，驴妈妈与景区、酒店深度合作，利用品牌策划、活动营销等优势，在黄山、迪士尼公园（香港、上海）、长隆、欢乐谷等景点的门票在线销售上表现突出；5A 景区覆盖率达到 90.6%；2015 年上市后，驴妈妈深度布局全国子公司，增强线下资源掌控与服务能力。产品方面，驴妈妈通过门票和酒店形成以“景+酒+X”为主的周边自助游产品体系。并通过主题化、IP 化塑造旅游消费场景，发力驴悦亲子游和自驾游，加强用户沉淀。对此，根据易观实力矩阵模型，2016 年驴妈妈在在线周边游市场位于领先者象限，市场份额居于前列。

当前 OTA 平台目前的竞争格局已定，驴妈妈的领先地位或难撼动，线上平台已经度过了快速烧钱的时期，但是价格战还在持续，同时自助游业务人力成本高，对后端的处理能力要求也高。公司目前还在不断地进行资本投入，以此来获得更大的流量，提高用户黏性，增加市场占有率，暂时无盈利情况，但是在竞争格局稳定的情形下，未来线上盈利可期。

一、基础信息

1. 基本信息

公司全称：上海景域文化传播股份有限公司

成立时间：2007 年

总部地点：上海

上市时间：2015 年 12 月 22 日

企业性质：股份有限公司

资本信息：注册资本 11007.3612 万元

联系方式：

网址：http：//www.lvmama.com/

地址：上海市普陀区金沙江路 1759 号 B 座 12 楼

电话：021-60561616

2. 组织信息

管理层：

洪清华 首席执行官

二、业务信息

1. 产品及服务信息：景区门票、度假酒店、周边游、国内游、出境游、大交通、商旅定游

2. 覆盖范围

行业：在线旅游

主要客户：全网用户旅游人群

业务区域：全球

3. 收入结构：景区门票产品预订服务和中高端附加旅游产品服务

三、综合信息

1. 发展定位：做最受尊重的世界级旅游集团

2. 重要合作伙伴及供应商：奇创设计、重庆境界、南京景淳、上海帐篷客、安吉帐篷客

去哪儿网

去哪儿成立于2005年，主要经营模式是为消费者和旅游产品服务供应商提供旅游搜索商务平台。去哪儿网现有超过3800名正式员工，其中产品研发人员占比32.4%，其服务搜索范围超过125000条航线，468000家酒店以及186000条度假线路。去哪儿网的主要收入来源为机票领域、酒店领域以及无线领域。

去哪儿在2015年与携程强强合并后，二者在用户和业务上的互补性与并购后的协同效应，使得去哪儿的发展增速加快，更加巩固了去哪儿在OTA市场的领先地位。根据易观千帆数据监测统计，截至2016年12月，去哪儿的活跃用户为1828.65万，名列综合在线旅游预订APP前三。同时根据去哪儿官方公布的2016年第1季度与第2季度的财报显示，总收益分别为993.1万元人民币和1030万元人民币，同比2015年分别增长了48%和17%。

去哪儿网10月19日宣布，已经与远洋管理有限公司达成私有化协议，将与该公司合并，而对去哪儿的股权估值约为44.4亿美元。

易观分析

去哪儿网提供垂直搜索引擎对海量旅游信息进行搜索、整合、对比，覆盖全面，同时提供了多种技术工具，能让用户自行通过排序、过滤得到所需信息，特有的智能比价系统帮助用户获得更加出色的用户体验。去哪儿网无线端收益增幅最大，说明移动互联时代的到来，无线旅游将成为新的掘金点。与百度的战略合作，让去哪儿网弥补了流量不足的问题。在2015年年末，去哪儿和携程联姻，彻底结束疯狂的烧钱模式，在OTA领域形成新的巨头——“携程系”，根据易观发布的《中国在线旅游市场年度综合报告2016》中显示，在2015年中国在线旅游市场厂商份额中，携程与去哪儿占比分别为36.1%和27.8%，分列厂商中前3名。

但在这巨头光芒的背后，同样是危机四伏。就外部环境而言，航司对携程系进行了封杀并于7月1日开始执行新的佣金政策，同时酒店上游资源方纷纷成立酒店联盟体抱群对抗携程系的垄断金政策，外加新美大对去哪儿中低端酒店市场攻城掠地，阿里旅行发布“信用住”“未来酒店”对标携程系，途牛通过“机+X”与“酒+X”向携程系机酒市场渗透，这些都对去哪儿和携程以后的发展造成威胁和挑战。就内部环境而言，去哪儿经历价格战后，需面对数年亏损，又在并购后更换核心管理层，更是在2016年年末计划退市，这些变化对去哪儿未来的影响难以预判；另一方面，携程在并购后不得不面对一系列的难题：首先自己2016年营业成果由盈转亏，其股东需承担大额并购费，同时还需要弥补去哪儿之前的亏损，最后还得涉及双方的未来战略定位的问题等。

一、基础信息

1. 基本信息

公司全称：北京趣拿软件科技有限公司

成立时间：2005年2月

总部地点：北京

上市时间：2013年11月1日　美国纳斯达克上市（NASDAQ：QUNR）

企业性质：合资

联系方式：

　　网址：http：//www.qunar.com/

　　地址：北京市海淀区苏州街29号院18号楼维亚大厦17层

　　电话：010-10101234

2. 组织信息

管理层：

　　谌振宇　首席执行官

二、业务信息

1. 主要产品与服务信息

在线旅游产品的搜索、比价服务

酒店预订、机票门票预订、度假预订、团购、租车服务

去哪儿手机版——无线业务

2. 覆盖范围

行业：在线旅游

主要客户：全网用户旅游，出行人群

业务区域：全球

3. 收入结构：首先是为旅游商带来交易的服务收入，其次是网页广告收入，再次是其他类型

的收入，如产品代理销售收入，其他企业的文字链接收入以及第三方支付平台的佣金收入等

三、综合信息

1. 发展定位：全球最大的中文在线旅行网站，以信息敏感的旅行者为主，聪明地安排消费者的旅行，竭力为消费者提供最全面、性价比最高的产品，可靠的服务和便捷的技术工具

2. 重要合作伙伴及供应商：百度、香港航空、支付宝、财付通、劲旅网、凤凰旅游、人民网

飞猪

飞猪的前身为阿里旅游，其宗旨是为用户提供便捷、更高性价比的出行服务。2016 年 10 月 27 日，阿里巴巴集团宣布，将旗下旅行品牌“阿里旅行”升级为全新品牌“飞猪”。飞猪 APP 提供国内及海外 200000 余家酒店、民宿、客栈、酒店式公寓在线预订服务；提供多条国内及出境旅游线路，并提供电话卡、境外 WiFi、租车、签证等一站式服务；全覆盖国内外多家付费景点门票，线上预订一键预约；提供国内航线和国际绝大多数主流航线机票、国内所有火车票的在线订购。

飞猪凭借淘宝、天猫等具有高用户黏性的电商平台入口，外加其自身研发的 APP，在较短的时间内获得较高的流量：根据易观千帆的监测数据得知，截至 2016 年 12 月，飞猪 APP 的活跃用户为 858.05 万，名列同类型电商前五。同时根据阿里巴巴 2016 年公布的 2016 年“双十一”的成绩单：全天交易总额达 21.7 亿元，交易对应未来 680 万人次的出行；平台上超过 50 个商家的成交额更是在“双十一”超过了千万元。

与此同时，飞猪也积极扩展海外市场。仅在 2016 年，飞猪就宣布与美国国家旅游局、马来西亚国家旅游局和英国国家馆宣布达成里程碑式的战略合作关系，飞猪将为各国打造线上的旅游国家馆，向超过 2 亿年轻互联网用户，多维展现各国的文化及旅游体验。

飞猪还计划推行未来酒店战略，推出“信用住”免押金、免查房、免排队，为用户带来了前所未有的入住体验，西溪天堂的酒店群落已推出信用住。2016 年 5 月 19 日，飞猪未来酒店战略升级至 2.0，在“信用住”的基础上着力在线 VR 选房、自助 Check-in、智能门锁、提前预约发票等极致用户体验，同时布局赋能酒店平台、“智慧酒店云”以及“众筹未来”计划。

易观分析

早在阿里旅游更名为飞猪之前，其早已在酒店、景区、度假、机票等领域开疆拓土，尤其是在“未来酒店”“未来景区”“度假 IP”等方面，外加阿里系中的支付宝、高德地图以及淘宝、天猫和聚划算等都成为飞猪背靠集团的优势资源，也是飞猪短时间快速成长的重要推动力。当下，飞猪基本已全面覆盖了旅游业务方面，阿里巴巴的生态赋能作用也在飞猪上得到充分的体现，飞猪通过得到支付宝、高德地图等阿里巴巴生态内企业的推动力，从一个旅游零售平台开始逐渐深入，开发自营产品，布局酒店 B 端。

不过，作为OTP领域领导者的飞猪，虽背靠阿里众多资源，但仍面临着众多难题。易观认为，在平台服务准则上，飞猪需要有详细且合理的制度，但在线下服务上，平台模式难以把控服务的质量、统一服务的标准，因此通过技术手段串联起旅游消费的各个环节，从而实现对旅游线下服务的监控，才是未来飞猪需要关注的重点，尤其是度假产品领域更是存在这个问题。此外，平台商家的排名布局也是商家所看重的，毕竟在众多商家和商品中，如何让大量消费者寻找到自己才是商家所关注的。同时，旅游行业的资源十分重要，飞猪虽然是平台模式，自身在资源端的布局也是关键。

一、基础信息

1. 基本信息

公司名称：阿里巴巴集团

成立时间：1999年（集团）　2003年5月10日（淘宝）

总部地点：杭州

上市时间：2014年9月19日（阿里巴巴在纽约证券交易所上市）

企业性质：中外合资

资本信息：注册资本5000万元

联系方式：

网址：http：//www.taobao.com/

地址：杭州市余杭区文一西路969号西溪园区　311100

电话：集市消费者热线：0571-88158198

集市商家热线：0571-88157858

2. 组织信息

管理层：

马云　执行主席

蔡崇信　执行副主席

陆兆禧　首席执行官

二、业务信息

1. 产品及服务信息：提供出行的机票、火车票、汽车票、门票以及酒店的预订服务，为不同类型用户提供出行的具体攻略以及跟团游和自助游的预订

2. 覆盖范围

行业：在线旅游

主要客户：全网用户旅游，出行人群

业务区域：全球

3. 收入结构：主要收入来源为广告、增值服务，具体收入结构不详

三、综合信息

1. 发展定位：飞猪将目标客户群锁定为互联网下成长起来的一代，结合阿里大生态优势，通过互联网手段，让消费者获得更自由、更具想象力的旅程，成为年轻人度假尤其是境外旅行服务的行业标杆

2. 重要合作伙伴及供应商：美国国家旅游局、马来西亚国家旅游局、英国国家旅游局等各大国外旅游局、淘宝、高德地图、天猫、支付宝、荷兰皇家航空、法国航空、新西兰航空、加拿大航空、国泰航空、大韩航空

途牛旅游网

途牛旅游网创立于2006年10月，最初以“让旅游更简单”为使命，为消费者提供由北京、上海、广州、深圳、成都等64个城市出发的旅游产品预订服务，产品全面，价格透明，全年365天24小时400电话预订，并提供丰富的后续服务和保障，深受消费者喜爱。目前，途牛旅游网提供8万余种旅游产品供消费者选择，涵盖跟团、自助、自驾、邮轮、酒店、签证、景区门票以及公司旅游等，已成功服务累计超过400万人次出游。2015年至2016年途牛在旅游产业链进行多元化布局，不仅收购浙江中山国旅、天津经典假期和五洲行等旅行社，同时加强海外地接社、海外服务中心体系建设；在业务层面上，产品品类不断扩充，业务体系包括机票、酒店、火车票、跟团游、自由行等等，并推出品质升级品牌——牛人专线，亲子游——瓜果亲子游和老年游乐开花爸妈游等多个主题品牌。同时基于途牛旅游网全球中文景点目录以及中文旅游社区，可以更好地帮助游客了解目的地信息，妥善制订好出游计划，并方便地预订旅程中的服务项目。

易观分析

尽管在线旅游市场里携程仍然是无可争议的老大，但一批精准定位、打破传统用户和服务商们固有思维的新型商旅网已经突起。其中途牛旅游网就凭借在线订购旅游线路模式及兼有传统旅行社的线路优势，走出了自己的一片新天地。在2016年，途牛不仅巩固了其在产业链中的地位，拓展了旅游相关产品品类，还打造了旅游生态圈。如今，途牛的品牌战略开始显示出成果，随着公司在产业链横向和纵向的拓展，途牛的议价能力不断提高。

途牛是最早一批进入在线度假旅游市场的企业，其凭借在出境跟团游上的先发优势，在OTA中自成一家，帮助其在激烈的竞争中一直保持着较高的市场占有率与较高的客户忠诚度。对此易观认为途牛通过度假旅游领域的精耕细作，已成为行业领先者，市场份额居于前列。

一、基础信息

1. 基本信息

公司全称：南京途牛科技有限公司

成立时间：2006年10月

总部地点：南京

上市时间：2014 年 5 月 9 日（美国纳斯达克）

企业性质：股份制

资本信息：注册资本 200 万元

联系方式：

电子邮箱：tuniucs@ tuniu.com

网址：http：//www.tuniu.com/

地址：南京市玄武区玄武大道 699-32 号途牛大厦

电话：025-86853969

2. 组织信息

管理层：

于敦德　董事长、首席执行官

二、业务信息

1. 产品及服务信息

电话热线、PC 端服务及 APP

跟团、自助、自驾、邮轮、酒店、签证、景区门票以及公司旅游

2. 覆盖范围

行业：在线旅游

主要客户：全网用户旅游，出行人群

业务区域：全球

3. 收入结构：途牛主要分销传统旅行社产品，靠旅游线路的预订起家，逐步成为跟团游市场第一名。其中，出境游发力明显，占据总交易额的 70%

三、综合信息

1. 发展定位：途牛致力于成为国内第一的在线旅游预订平台，“让旅游更简单”

2. 重要合作伙伴及供应商：澳大利亚旅游局、柏林旅游局、加拿大旅游局等各大国外旅游局、海航、携程网

互联网医疗健康

医疗健康

春雨医生

春雨医生是国内最早涉足移动医疗行业的创业公司，其首款产品春雨掌上医生是一款专业的医

患问答软件，当时开设了妇科和儿科两个专业科室，仅有“症状自查”与“咨询医生”两大主要功能。经过四年多的发展，春雨医生已由当时的两个科室增至包含妇产科、儿科、内科、皮肤科、内分泌科、营养科、骨科、男性泌尿科、外科、心血管科、妇科、整形美容科等在内的多个科室，推出了病患自查的智能搜索引擎，提供24小时随时待命的医生咨询服务，并推出“空中诊所”服务，以及多种健康工具和资讯模块。易观千帆数据显示，2016年问诊医生端各APP使用时长稳中有升，其中春雨医生用户黏性长期领先同行，并且明显上升，人均单日启动次数为12—16次左右持续领先。2016年6月，春雨医生得到东方证券等机构12亿元人民币的投资，春雨医生线上问诊业务分拆备战上市。

随着移动医疗的不断发展，线上线下结合逐渐成为行业共识。春雨医生在2016年8月曝光了其首个线下互联网医院：位于贵州的“普安春雨云医院”。云医院目前主要提供在线问诊与会诊功能，未来将进一步完善云端医疗影像、电子处方外流、电子病历等功能。春雨还即将在银川布局互联网医院，能够在线上进行分诊导诊、预约挂号、电子处方、划价缴费、诊疗报告查询、慢病管理等；线下则可以进行疾病诊疗、视频问诊、患者教育、药品配送等其他环节。

易观分析

春雨医生是第一家移动医疗公司，随着中国移动医疗市场正飞速发展，移动健康应用领域有着广阔的想象空间，线下医院的成功也为春雨医生提供了很多的商业机会和很大的成长空间。但是作为医疗服务集团，商业模式是困扰春雨医生发展的巨大难题，目前市场中移动医疗商业模式尚未成熟，仍在不断探索中。此外，2016年10月创始人张锐的突然离世也给公司的未来发展蒙上了一层阴影，核心人物过世对春雨今后的上市法律程序、企业公信力各方面都会有不小的影响。

医疗行业本身的特殊性，使移动医疗的未来发展仍处于未知状态，即使春雨医生有着庞大的用户基础，但也很难实现其价值的变现。目前春雨医生还处于烧钱探索阶段，打造成熟的商业模式是春雨医生继续发展的必经之路。

一、基础信息

1. 基本信息

公司全称：北京春雨天下软件有限公司

成立时间：2011年

总部地点：北京

上市时间：未上市

企业性质：股份有限公司

资本信息：注册资本85万元

联系方式：

网址：http：//www.chunyuyisheng.com/

邮箱：business@ chunyu.me

地址：北京市海淀区学院路甲5号768创意园B座南区1171

电话：400-001-8855

2. 组织信息

人员规模：成立初1—10人

管理层：

李光辉 首席执行官、联合创始人

二、业务信息

1. 主要产品与服务信息

春雨医生：移动健康软件

春雨心境：通过面部识别测量心率的应用

自由定价体系：医疗服务支付架构

春雨育儿医生：垂直电子商务应用

春雨手机诊所：专门针对医生的医生版客户端

空中医院：提供快捷电话、制定专家特约提问及预约电话、私人医生签约、公立医院预约就诊、线下求助等功能

2. 覆盖范围

行业：移动医疗

主要客户：医生、病患

业务区域：全网用户

3. 收入结构：付费问诊、线下诊所、私人医生

三、综合信息

1. 发展定位：轻问诊，利用移动互联网改变生活，促进健康

2. 重要合作伙伴及供应商：好药师、温宝宝、京东、老百姓网上药店等

平安好医生

平安好医生又名平安健康管家，是中国平安于2015年4月21宣布上线的一款互联网健康管理产品，是一款在线健康咨询及健康管理APP，其以医生资源为核心，提供实时咨询和健康管理服务，包括一对一家庭医生服务、三甲名医的专业咨询和额外门诊加号等。平安好医生主要有家庭医生、名医问诊、健康社区、健康评测、健康习惯、健康档案六大功能，为用户提供健康咨询及健康管理服务。目前平安好医生自聘了1000人的全职医生团队作为核心服务圈层，通过7＊24小时全天候图文及视频在线咨询，为用户提供辅助诊断、康复指导及用药建议，已签约5万社会化医生作为服务外圈，分布在线下3000家定点医院，完成后续分诊转诊、线下首诊及复诊随访服务。此外，平安好医生还建立了名医预约体系，已汇集5000多名“三甲”名医。根据易观千帆统计，截至

2016 年 12 月，平安好医生活跃用户达到 1283.1 万，在医疗和问诊领域均排名第一。

2016 年 5 月 19 日，平安好医生获得 5 亿美元的 A 轮融资，该轮融资完成后，平安好医生估值达到 30 亿美元，同时刷新了全球范围内互联网医疗初创企业单笔最大融资及 A 轮最高估值两项纪录。

易观分析

平安好医生集成中国平安集团特有的生态资源，在移动互联网医疗领域中独树一帜，不仅有着强大的资金资源使其成立之初便快速发展，而且通过平安集团多年的客户积累快速获取了极大的用户量和知名度，发展出了医疗与保险一体化服务的商业模式，同时自建医疗团队也保证了其服务的稳定性，带来了良好的用户体验，这些优势使得平安好医生上线之初便实现盈利。

平安好医生的商业模式是依托平安集团形成的独特自有的“互联网+医疗+健康+保险”的混合模式，这就使得平安好医生在移动医疗领域形成了差异化的竞争优势。此外，根据易观数据统计，移动医疗产业市场规模逐年攀升，2016 年达到 105.6 亿元，较 2015 年增长 116.4%。

一、基础信息

1. 基本信息

公司全称：平安健康互联网股份有限公司

成立时间：2014 年

总部地点：深圳

上市时间：未上市

企业性质：股份有限公司

联系方式：

网址：http：//www.pingan.com/

地址：广东省深圳市前海深港合作区前湾一路 1 号 A 栋 201 室

电话：95511

2. 组织信息

人员规模：100—499 人

管理层：

王涛　董事长兼 CEO

二、业务信息

1. 主要产品与服务信息

2. 覆盖范围

行业：移动医疗咨询、保险

主要客户：医生、病患、客户

业务区域：全国用户

3. 收入结构：在线付费问诊、健康卡销售等

三、综合信息

1. 发展定位：打造用户健康管理一站式解决方案提供商，构建一个中国最大的互联网健康产业生态圈

2. 重要合作伙伴及供应商：平安银行、日本近铁集团、云知声等

就医 160

就医 160 是国内比较早的预约挂号及导医、咨询和点评服务平台，同时也是深圳市卫生局、东莞市卫生局的官方预约挂号网站，成立于 2009 年 8 月。就医 160 为大众提供导医、医患互动、点评、医疗健康档案及健康管理全流程服务。根据易观千帆统计，截至 2016 年 12 月，就医 160 的活跃用户数为 74.12 万，在国内医疗挂号预约领域排名第二，是国内较大的区域挂号平台之一。就医 160 还与阿里健康签署战略合作协议，双方利用各自资源优势，在互联网医疗挂号、加号、咨询等服务项目上展开合作，并且阿里健康将全面介入就医 160 相关医疗资源，就医 160 根据阿里健康向用户提供的医疗服务分类提供全线资源服务，主要集中在挂号、加号、咨询服务等，双方平台还将利用各自资源共同进行推广。

2015 年 12 月 15 日，股转中心公布就医 160 登陆全国中小企业股份转让系统即新三板，股票代码为 834750，股票名称宁远科技。2016 年 11 月 18 日，就医 160 完成 C1 轮 5650 万元融资，还以 293 万元收购深圳一家 C 证医药电商，估值已达 15 亿元。

易观分析

就医 160 以挂号服务为切入点，立足于深圳，辐射全国，政府管理、企业投资、市民受益的“深圳模式”使其在同类型网站独具特色。然而，就医 160 只是帮助节省患者排队等候时间、改善就医体验和优化医院秩序，无法解决号源稀缺的问题，这也成为影响用户体验的一个重要因素。

就医 160 积极探索新的互联网医疗新模式，提供患者从预约挂号开始，诊前、诊中、诊后为止的全流程服务，用户黏度比较高，但发展过快导致运营成本急速增加，根据就医 160 的 2013—2016 年财报显示，该公司从 2013 年到 2016 年持续亏损，从未实现盈利。此外，就医 160 提供的虽然是刚需服务，但是同时也是利润最为薄弱的一块，其盈利模式有待进一步探索，且就医 160 开展的其他业务也面对着较为强大的竞争对手，如平安好医生、春雨医生等，未来的就医 160 需要探索一条差异化的发展道路。

一、基础信息

1. 基本信息

公司全称：深圳市宁远科技股份有限公司

成立时间：2009 年
总部地点：深圳
上市时间：未公布
企业性质：股份有限公司
资本信息：5160 万元
联系方式：
　　网址：http：//www.91160.com/
　　邮箱：wangming@ 91160.com
　　地址：北京市海淀区学院路甲 5 号 768 创意园 B 座南区 1171
　　电话：0775-26738262
2. 组织信息
管理层：
　　罗宁政　首席执行官

二、业务信息

1. 主要产品与服务信息
就医 160 平台，提供预约挂号及导医、咨询和点评等服务
2. 覆盖范围
行业：互联网医疗
主要客户：医生、病患
业务区域：全网用户
3. 收入结构：付费咨询、流量广告等

三、综合信息

1. 发展定位：成为互联网医疗领头羊，打造中国人的网上医院
2. 重要合作伙伴及供应商：百度、阿里健康、全国各大医院等

内容消费

网络视频

优酷土豆

优酷土豆集团是一个综合视频服务商，提供视频发布、搜索、分享、播放服务，由优酷和土豆

合并而成。优酷成立于2006年，定位于用户视频分享平台，以海量内容和快速流畅播放吸引用户并获得多轮融资，在多轮融资带来的资金优势下，购买大量版权内容。2008年，优酷获得运营牌照，在优质版权内容的支撑下，优酷在视频网站同质化的竞争中以内容形成有效壁垒，同时其视频营销价值也得到行业用户肯定。

目前，优酷、土豆已覆盖PC、电视、移动三大终端，兼具影视、综艺和资讯三大内容形态，贯通视频内容制作、播出和发行三大环节。2015年，阿里巴巴宣布收购优酷土豆，2016年优酷土豆融入阿里大文娱体系，获得阿里在数据、营销、账户、内容多方面优势资源的支撑，并提出“大优土”概念。在具体内容上，2016年优酷土豆对头部IP内容抢夺更加积极，同时加强对PGC的扶持力度，并牵手国内外优质VR内容供应商搭建VR内容格局。根据易观千帆数据显示，截至2016年12月，优酷、土豆分别以13840.4万与2079.41万活跃用户数排名移动视频行业第3位和第11位。

易观分析

优酷、土豆合并之后，用户账号、版权内容、销售体系均打通，双平台差异化竞争形成市场垄断地位。但是随着移动互联网开始高速发展，网络视频平台在移动端开辟了新的战场，爱奇艺、腾讯视频等市场后入者凭借内容抢占、社交化战略、用户体验优化、新盈利模式、生态化系统建设方面探索积极，市场地位提升迅速，在竞争中逐步缩小与优酷土豆的差距，尤其在移动端活跃用户规模、广告营销收入、付费用户规模等方面已经逐渐超越优酷土豆。

优酷土豆作为较早进入市场的厂商，在网络视频市场突破同质化发展、打造广告营销商业模式、推行内容自制上有领导性作用。但在近期的发展中，虽然受制于腾讯视频、爱奇艺等竞争对手，市场地位有所下降，此外在2016年私有化进入阿里之后，获得了阿里在数据、营销、账户、内容多方面优势资源的支撑，优酷土豆有望迎来新的发展高峰。

一、基础信息

1. 基本信息

公司名称：合一集团（优酷土豆集团）

成立时间：2006年

总部地点：北京

上市时间：2010年上市、2016年退市，被阿里巴巴收购

企业性质：有限责任公司

联系方式：

网址：http：//www.youku.com/

地址：北京市海淀区海淀大街8号中钢国际大厦11层

电话：010-58851881

2. 组织信息

管理层：

古永锵　董事长、首席执行官

魏明　优酷总裁

杨伟东　土豆总裁

二、业务信息

1. 产品及服务信息

产品：资讯中心、娱乐中心、生活中心、优酷拍客、优酷牛人、优酷 PC 客户端、优酷 APP、优酷拍客 APP

服务：广告服务、用户上传/下载、视频推广/宣传、开放平台服务、VIP 会员服务、平台社区

2. 覆盖范围

行业：互联网视频及内容行业

主要客户：视频用户群

业务区域：全球，主要是华语地区

3. 收入结构：流量广告、用户付费、版权分销和其他增值服务

三、综合信息

1. 发展定位：实践“三网合一”，贯通视频内容制作、播出、发行三大环节，成为真正意义的互联网电视媒体，引领视频行业格局及全媒时代的大格局

2. 重要合作伙伴及供应商：湖南卫视、北京电视台、辽宁卫视、安徽卫视、广东卫视、天津卫视、黑龙江卫视、山东卫视、吉林卫视、阿里影业、本山传媒、迪士尼、英国 BBS、同洲电子、华数集团、海尔、长虹等

爱奇艺

爱奇艺是一个网络视频综合服务商，全面覆盖电视端、PC 端、移动端，北京爱奇艺科技有限公司旗下产品。爱奇艺 2010 年 4 月 22 日正式上线，品质、青春、时尚的品牌调性网罗了大量年轻用户群体。爱奇艺打造了涵盖电影、电视剧、综艺、动漫在内十余种类型的中国正版视频内容库，同时，作为中国付费用户规模较大的视频网站，爱奇艺倡导“轻奢新主义”的 VIP 会员理念，主张人们对高品质生活细节的追求，为 VIP 会员提供专属的精品内容以及独有的线下会员服务。2014 年，爱奇艺在全球范围内率先建立起首个基于搜索和视频数据理解人类行为的视频大脑——爱奇艺大脑，用大数据指导内容的制作、生产、运营、消费。目前，爱奇艺已成功构建了包含电商、游戏、电影票等业务在内，连接人与服务的视频商业生态。

2016 年 12 月 20 日，爱奇艺宣布将联合 IDG 资本、中国文化产业基金、经纬创投三大投资机构，成立创投金额达 10 亿元人民币的合伙人创投联盟，加强优质原创内容的孵化力度。同时，爱

奇艺的爱频道已升级为爱奇艺号，并推爱奇艺头条，为内容合伙人提供信息流广告分成、粉丝付费体系、网剧网大等会员分账模式。爱奇艺在内容领域的深耕也得到了回馈，根据易观千帆统计，2016 年 12 月，爱奇艺活跃用户达到 22047.9 万，在视频领域排名第 1 位。

易观分析

伴随着移动端互联网环境的成熟和用户使用行为的转移，网络综合视频移动端活跃用户规模保持持续上涨，根据易观千帆监测数据显示，2016 年 12 月中国移动综合视频活跃用户规模达到 51960 万人，相比 2016 年 11 月环比增长 4.1%，整体行业环境利好，视频在移动端存在较大的市场潜力。此外，百度的导流也给爱奇艺带来了巨大的流量优势。然而，背靠腾讯、阿里的腾讯视频、优酷土豆也给爱奇艺带来了很大的竞争压力。

在网络视频平台渠道地位不断彰显、内容成为移动端流量入口的背景下，综合视频平台"版权采购+平台自制"的比例分配发生着变化，平台通过与专业制作公司加强合作以及自行搭建内容制作团队的形式加深着在渠道和内容双重环节的融合程度。未来，爱奇艺将更加注重自制内容的打造，依靠百度大数据进行个性化内容的开发，打造出受大众用户欢迎的视频内容，并围绕自制进行完整的产业链运营。

一、基础信息

1. 基本信息

公司全称：北京爱奇艺科技有限公司

成立时间：2010 年 4 月 22 日

总部地点：北京

上市时间：未上市

企业性质：私营股份制企业

联系方式：

网址：http：//www.iqiyi.com/

地址：北京市海淀区海淀北一街 2 号鸿诚拓展大厦 17 层

电话：010-62677171

2. 组织信息

管理层：

龚宇　首席执行官

二、业务信息

1. 产品及服务信息

长视频、自制视频内容、合作伙伴视频内容；版权采购分析系统；涵盖电影、电视剧、综艺、动漫、纪录片等多十余种类型的国内首家正版视频内容库；多端移动广告系统

2. 覆盖范围

行业：互联网/视频

主要客户：全网用户

业务区域：全国

3. 收入结构：广告、用户付费、版权分销和其他增值服务

三、综合信息

1. 发展定位：为用户提供更丰富的视频内容和更优质的观看体验，实现用户、视频网站、合作方、广告客户的多方共赢

2. 重要合作伙伴及供应商：影视机构如光线影业、星美影业、海润影视等；电视台如东南卫视、湖南卫视、浙江卫视等；平面媒体如北京青年报、齐鲁晚报、羊城晚报、南风等；网站如人民网、新华网、豆瓣等；导航网站如 hao123、QQ 导航等；其他如中信银行、新东方英语、中国音协等

腾讯视频

腾讯视频是聚合热播影视剧、独家出品内容、体育赛事、大事件、新闻资讯等为一体的综合视频内容平台。从内容，到用户，再到品牌合作方，腾讯视频正在逐步建立完整而有效的产业链条。不管是传统电视平台还是视频网站，所有的竞争都始于内容。2016 年，腾讯视频在内容源头的布控显得更加多元，从自制剧、版权剧、综艺、音乐、纪录片、动漫等方面同时发力，加大了对其的投入，腾讯视频用户得到快速的增长。

众多优质内容给腾讯视频带来了巨大的流量和变现能力，根据易观千帆数据监测显示，2016 年 12 月，腾讯视频活跃用户达到 21332.20 万，在视频领域排名第 2 位。而根据易观发布的《中国网络视频广告市场季度监测报告 2016 年第 3 季度》数据显示，2016 年第 3 季度中国网络视频广告市场收入份额中，腾讯视频占 21.6%，位居行业第 1 位。

易观分析

目前，随着阿里巴巴对合一集团的收购，网络视频行业市场集中度进一步提高，BAT 旗下的爱奇艺、优酷土豆、腾讯视频在整体市场份额、移动端份额、付费用户比例方面排在行业前三位，形成了三足鼎立的格局。市场竞争依然激烈，腾讯视频也在努力形成自己的竞争优势：内容方面，腾讯视频大手笔购买了众多优质内容版权，得到众多用户喜爱；平台方面，腾讯视频通过与新闻客户端、微信等多个移动端产品组成超级矩阵，使其具有绝对的用户覆盖优势。

内容是网络视频厂商发展的根基，通过高投入、精运营内容为个人用户带来更佳的观看体验，通过整合内容为行业用户带来更创新的营销服务解决方案，并以优质内容催生多元化的商业模式，是网络视频厂商加强市场竞争力、构建强大生态系统的重要途径。未来，腾讯视频在大量资金投入内容采买、内容制作之外，还需依托腾讯系其他业务线链的用户、渠道、资金以及合作资源优势，进一步提升其影响力。

一、基础信息

1. 基本信息

公司全称：深圳市腾讯计算机系统有限公司

成立时间：1998 年 11 月

总部地点：深圳

上市时间：未独立上市

联系方式：

网址：http：//v.qq.com/

地址：深圳市南山区高新科技园中区一路腾讯大厦

2. 组织信息

管理层：

马化腾　董事会主席、执行董事兼首席执行官

二、业务信息

1. 产品及服务信息

涵盖电影、电视剧、直播等最新最热分类和内容；采用最新的 P2P 下载引擎，根据网络情况自适应；一键分享到空间微博等

2. 覆盖范围

行业：互联网视频

主要客户：互联网用户

业务区域：全球

3. 收入结构：广告、视频付费、版权分销和其他增值服务

三、综合信息

1. 发展定位：中国最大在线视频媒体平台

2. 重要合作伙伴及供应商：已有凤凰网、中录国际、ESPN、浙江卫视、山东卫视、云南卫视、重庆卫视、CNTV、四川卫视、嘉佳卡通、广东电视台、天津电视台、NeoTVCN、NBA、金鹰网、佳韵社、九州梦网、网乐互联、乐视文化、星核动力、中南卡通、飞扬视界、华夏视联、盛世骄阳、瑞亚阳光、圣天动漫、华谊兄弟、优度宽带、激动、中青网络台等合作伙伴

搜狐视频

搜狐视频是中国以正版高清长视频为优势的综合视频网站，2008 年年底推出 100%正版高清电影、电视剧、综艺、纪录片、音乐等系列高清优质视频频道，同时旗下亦涵盖了电视直播、视频新闻、电视栏目库以及网友上传播客等传统视频业务。2010 年，搜狐视频与搜狐娱乐、搜狐矩阵媒体平台全面整合，制作出一系列有影响力的原创影视作品。同时，搜狐视频提出并实践“台网联动”理念，在宣传与营销领域，全面与传统电视台深入整合，取得产业协同发展效应。2011 年，搜狐视频在自制影视剧方面持续发力，同时加大力度推出一系列高品质原创栏目。2014 年 10 月 31 日，搜

狐与人人达成一致，将其旗下56并入搜狐视频，成为搜狐视频分享业务的组成部分。2016年8月25日，搜狐视频正式启动其VR战略，计划通过探索VR技术和商业化创新，打通VR内容生产制作和发行推广渠道，建立VR自媒体平台，围绕全产业链构建内容生态。搜狐视频自媒体VR全景频道2016年6月已经上线，是国内首家全面支持VR全景播放的自媒体平台。针对VR内容，目前可以做到PC、移动、TV三端同步，全面支持VR视频的播放。根据易观千帆数据显示，2016年12月，搜狐视频活跃用户达到3412.07万，在视频领域排名第7位。

易观分析

在版权内容上，搜狐视频一直坚持在价值投资的前提下，最大化投资回报，在高品质差异化的策略下，对顶级精品进行精准独家占有，如搜狐视频与华纳达成独家内容优选权，这就对美剧爱好者这一用户群体具有较大的吸引力。然而，在自制内容的打造上，搜狐视频却表现出了较大的滞后性，这对其长期发展产生了不利的影响。此外，背靠BAT的爱奇艺、优酷土豆、腾讯视频垄断着网络视频行业，给没有“靠山”的搜狐视频造成了巨大的生存压力。

在未来的发展中，搜狐可以合理规划优质内容，重视自制内容的打造。搜狐公司在视频内容成本上的投入，是以内容吸引用户的现阶段不可避免的成本支出，UGC与PGC内容库的建立，未来既能给搜狐视频补充多样化的视频内容，也可以从广大视频分享者中发掘优秀的人才用于搜狐自制视频的开发。

一、基础信息

1. 基本信息

公司全称：飞狐信息技术（天津）有限公司

成立时间：2006年

总部地点：天津

上市时间：未独立上市

联系方式：

电话：010-58511234

传真：010-58722727

地址：天津经济技术开发区南港工业区综合服务区办公楼C座二层210-01室

2. 组织信息

管理层：

张朝阳　首席执行官

刘春　总裁

邓晔　首席运营官

二、业务信息

1. 产品及服务信息

涵盖电影、电视剧、动漫、综艺、纪录片、原创等精彩视频每日推荐最新电视剧、电影等，提供热播排行榜详细分类查找功能，还有快速搜索、语音搜索、收藏功能、评论功能、视频下载（预加载）功能、边加载边看、播放记录等功能服务

2. 覆盖范围

行业：互联网视频

主要客户：互联网用户

业务区域：全球

3. 收入结构：广告、用户付费、版权分销和其他增值服务等

三、综合信息

1. 发展定位：网络长视频播放平台，国内第一家提供正版高清、原创视频的门户网站

2. 重要合作伙伴及供应商：中央电视台、浙江卫视、广东卫视、深圳卫视、安徽卫视、东方卫视、天津卫视、北京卫视、江西卫视、山东卫视、河北卫视、辽宁卫视等合作伙伴

乐视视频

乐视视频，原名乐视网，2004 年成立于北京，享有国家级高新技术企业资质，致力打造基于视频产业、内容产业和智能终端的“平台+内容+终端+应用”完整生态系统，被业界称为“乐视模式”。乐视 2010 年 8 月 12 日在中国创业板上市，是中国 A 股最早上市的视频公司。目前乐视网影视版权库涵盖 100000 多集电视剧和 5000 多部电影，并正在加速向自制、体育、综艺、音乐、动漫等领域发力。2016 年，乐视视频持续加码内容生态的构建，在保持惯有的版权优势外，还大规模发力“自制内容”，依托乐视生态体系做支撑，以“内容+场景”的模式提升用户体验，围绕着“用视频服务生活”的核心内容战略，根据用户的实际生活需求展开内容布局，力求让视频的内容突破娱乐化的单面维度，向生活化服务发展。根据易观千帆统计数据显示，截至 2016 年 12 月，乐视视频活跃用户达到 5245.81 万，在综合视频领域排名第 4 位，人均单日启动次数 5.16 次，人均单日使用时长 79.7 分钟。

易观分析

在网络视频快速发展的当下，自制内容成为各网站实现品牌差异化的关键。乐视是最早在自制剧领域进行探索的视频网站之一，虽然目前网络自制剧受人才及资金的限制，质量与关注度有限，尚难以与热播影视剧相抗衡，但随着跨界合作及产业链上下游的渗透，自制剧的发展将有更加广阔的空间，成为用户重要的视频选择之一。目前，乐视通过加深与影视制作公司、电视台、名导、名编剧的合作，助其在自制内容产出方面的发展，从而强化“平台+内容+终端+应用”的产业链布局的综合竞争力。

视频付费模式将推动互联网电视市场新一轮的发展。目前中国OTT视频产业正处于不断规范的阶段，互联网电视厂商通过与网络视频厂商的内容合作为硬件销售附加了更大价值，同时带动硬件终端销量和用户规模的扩大。同时随着互联网电视作为未来客厅经济重要入口，用户在PC端和移动端逐渐形成的内容付费习惯也将随之迁移，为互联网电视市场带来更广阔的商业发展空间。作为在网络视频行业首家推出智能电视的企业，乐视较市场内的传统电视企业具备一定的优势，首先在内容方面，智能电视依托乐视自身丰富的版权内容，能够满足用户观看需求的同时挖掘其他盈利模式；其次是在价格方面，乐视主打低价策略，较市场其他传统企业的智能电视具备明显的价格优势。然而，随着爱奇艺、优酷等越来越多的网络视频企业纷纷向电视终端布局，以及传统电视企业加强与互联网企业的合作，乐视在智能电视领域所面临的挑战也将日益加剧，而智能电视市场的爆发预计还需两年时间，乐视能否在此期间突出重围，尚需市场验证。

一、基础信息

1. 基本信息

公司全称：乐视网信息技术（北京）股份有限公司

成立时间：2004年成立

总部地点：北京

上市时间：2010年

联系方式：

网址：http：//www.letv.com/

总机：59282610

地址：北京市朝阳区姚家园路105号宏城鑫泰大厦16层　100025

2. 组织信息

管理层：

贾跃亭　董事长、总经理

二、业务信息

1. 产品及服务信息

电影资讯、约看活动、票务服务、线上营销活动、O2O营销支持、观影VIP订制服务、电影全流程体验等

2. 覆盖范围

行业：传媒行业

主要客户：互联网用户

业务区域：全球

3. 收入结构：广告、视频付费、版权分销和其他增值服务等

三、综合信息

1. 发展定位：互联网时代的电影公司，为观众提供从线上到线下全方位的观影及增值服务，为国产电影保驾护航

2. 重要合作伙伴及供应商：足球比分、金鹰网、VeryCD、网酒网、暴风影音、中国娱乐网、NBA 直播、搜狗视频、爱卡汽车、搜视网、51.com、一搜视频、直播吧、中国电视网、京华网、电影网、114 啦影视等

视频直播

一直播

一直播是一下科技旗下一款娱乐直播互动 APP，于 2016 年 5 月 13 日正式上线，并嵌入微博客户端。一直播采取明星带动效应，2016 年 11 月 21 日，赵丽颖被聘为一下科技副总裁。一直播与秒拍均为一下科技旗下产品，该公司去年还打造了风靡一时的对嘴表演产品小咖秀。一下科技成立于 2011 年 8 月，是国内领先的移动短视频娱乐分享应用和移动视频技术服务提供商，于 2015 年完成 D 轮融资，估值超过 10 亿美元。

在用户积累方面，一直播与新浪微博达成独家战略合作，导入用户基于微博的网络社交圈，拥有与秒拍、小咖秀、微博共享用户资源的方式，也拥有了更多精准定位的直播用户；在新媒体营销方面，一直播邀请贾乃亮做创意官，直播“2016 宋仲基粉丝见面会”，以微博的公信力和粉丝基础作为支撑，从而形成了强势的明星效应。

易观分析

作为一下科技推出的第三款移动视频应用产品，一直播不仅背靠新浪微博，而且与“秒拍”“小咖秀”形成合力，一下科技构建起了一个“三足鼎立”的移动视频生态矩阵。秒拍聚集了大批明星和普通用户以及多家媒体和自媒体，小咖秀在视频内容上更具娱乐属性，再加上众多明星网红资源的一直播，创造了“直播+明星+电商+分众+微博+品牌”的新型传播形态。

手机直播借力移动互联网拓宽了娱乐直播的内容形态和市场空间，明星吸粉、企业营销以及“直播+”的探索，由此直播平台作为流量入口的价值凸显。但是，随着市场体量骤增，仅依靠打赏分成的商业模式过于单一，难以抵消宽带和签约明星主播的成本。2016 年的移动直播热闹火热，但大多数平台多半处于烧钱尚未盈利的状态。因此，一直播在坐拥流量与社交优势的同时，仍需强化内容形态的拓展以及商业模式的创新。

一、基础信息

1. 基本信息

公司名称：炫一下（北京）科技有限公司

成立时间：2011 年

总部地点：北京

上市时间：未上市

企业性质：有限责任公司

联系方式：

网址：http：//www.yizhibo.com/

地址：北京市石景山区实兴大街 30 号院 3 号楼 2 层 A-0128 房间

电话：010-64828268

2. 组织信息

管理层：

韩坤　CEO

赵丽颖　副总裁

二、业务信息

1. 产品及服务信息

产品：场控功能，主播可以单独设置自己的场控人员，协助自己管理直播间；支持横屏模式，能够自动识别横屏观看；热门一键直达话题，能够直接进入到话题参与。除此之外，还有粉丝功能、录屏功能、签到功能、付费直播等

2. 覆盖范围

行业：互联网视频及内容行业

主要客户：全网用户

业务区域：全国

3. 收入结构：一直播营收主要来源是付费打赏、会员订阅为主，网络广告、电商导购、游戏联运等为辅

三、综合信息

1. 发展定位：打造一个“全民泛娱乐直播”平台

2. 重要合作伙伴及供应商：新浪微博、品趣、一路直播、木蚂蚁潮流实验、健康时报、米尔军事、EK 爱车等

映客直播

映客是基于视频直播的移动社交平台。2015 年 5 月，映客直播正式上线，并获得多米音乐 500 万元天使投资；2015 年 11 月，映客获得赛富基金领投，金沙江创投、紫辉创投跟投的数千万元 A 轮投资；2016 年 1 月，映客获得昆仑万维领投的 8000 万元 A+轮投资；2016 年 9 月，光信资本 2. 1

亿元购买映客 3%股权。

映客主打素人直播理念，开创“全民直播”先河。在产品体验方面，全平台用户随时随地观看，点赞聊天，同时，映客覆盖终端设备，支持微博微信的第三方账号登录及分享。在商业模式方面，映客采取不签约的合作方式，与所有主播一律采取“32：68”的打赏分成标准。在技术创新方面，映客首创三连麦功能，解决了直播中时间与空间的同步问题，同时将静态美颜发展成为智能实时美颜。

易观分析

映客直播可以说在 2016 年引爆了全民直播风潮，“你丑你先睡，我美我直播”，社交平台迅速被直播刷屏。由于映客直播的强势推进，促进了直播行业的进一步发展，这其中也包括很多模式的创新。映客也在把握流量红利的同时，积极探索“直播+”的商业模式。

伴随新潮手机直播应用的崛起，移动直播也突破了传统秀场模式的天花板，在业务形态及盈利模式上有了更多空间。流量红利一度是移动直播初期高速增长的重要原因，由于资本的介入以及产品上线时机的先发优势，头部平台在用户流量的争夺战中形成了一定的规模壁垒。映客直播正是在这种优势之下，在颠覆在线秀场的同时，掀起了全民直播新潮。同时，映客不断在技术和产品上突破创新，在内容多元化和社交立体化方面不断强化自身优势，试图打造一个更大空间、多元丰富的直播生态平台。

但在同质化严重、内容单调、经营成本高的行业压力下，映客依然需要尝试多元化变现和战略拓展，建立自己的用户基础，沉淀一定的粉丝用户，突破现有盈利模式，寻求新的发展机遇。

一、基础信息

1. 基本信息

公司全称：北京蜜莱坞网络科技有限公司

成立时间：2015 年 3 月 31 日

总部地点：北京

上市时间：未上市

企业性质：有限责任公司

联系方式：

网址：http：//www.inke.cn/

地址：北京市朝阳区阜通东大街 1 号院 6 号楼 3 单元 10 层 231101

电话：15832008239

2. 组织信息

管理层：

奉佑生　董事长

二、业务信息

1. 产品及服务信息：社交视频直播应用，首创三连麦技术，支持多人连线直播，覆盖 iPhone、Android、Apple Watch、iPad 等平台；短视频功能；视频滤镜及美颜功能

2. 覆盖范围

行业：互联网/视频

主要客户：全网用户

业务区域：全国

3. 收入结构：付费打赏、会员订阅为主，网络广告、电商导购、游戏联运等为辅

三、综合信息

1. 发展定位：映客致力于打造最高端、最流行的手机视频直播平台

2. 重要合作伙伴及供应商：腾讯应用宝、QQ 浏览器、天猫商城、百度、快报、小度互娱、中华万年历、魅族等

花椒直播

2015 年 6 月，花椒直播正式上线，致力于以强硬的技术实力和优质的内容，打造一个具有强明星属性的直播平台，吸引大量优质用户。花椒直播的主播体系涵盖素人主播、网红主播与明星艺人，同时在高校遴选“最美主播”，开启主播“造星计划”，向影视娱乐领域输出网红主播。另一方面，花椒直播通过“融”平台战略将直播与电商、旅游、影视综艺、游戏等行业结合；与百合网、途牛影视已有成功的跨界合作，实现了平台与合作企业的共赢。在技术实力方面，与 Faceu 联手推出萌表情，将独家原创变脸功能嵌入直播，增加直播趣味性；上线 VR 直播专区，支持包括 insta360、完美幻境、蚁视等在内的国内多家知名厂商设备。

根据易观千帆数据监测显示，截至 2016 年 12 月，在移动直播领域中，花椒直播用户月活数环比增长率为 27.42%、使用时长为 62.75 分钟，月活数环比增长率领先其他同类泛娱乐直播 APP 平台。

易观分析

花椒直播通过启动自制直播节目，不断拓展平台内容形态。其中，“七天花椒自制”丰富了花椒平台的内容资源，甚至超越了普通用户对直播平台的传统认知。同时，花椒直播的“融”平台战略更是试图打造跨界多元的商业模式。

在直播平台用户发展的初期，明星跨界刷屏、网红主播挖角、奇闻轶事猎奇等内容具有吸引性，但不具备发展可持续性。在这方面，花椒自制向着娱乐直播平台内容形态的精细化与专业化方向发展。综艺内容的娱乐属性与直播的实时互动基因相耦合，自制综艺及在线活动成为直播平台构建差异化的举措。

与此同时，花椒直播推出 SDK 服务，拓展直播行业新生态。通过开放 SDK 的服务，帮助其他 APP 实现专业的直播功能，正在成为花椒直播与 B 端合作的一种新模式。但是，当直播逐渐形成一种普遍适用的功能时，花椒直播等同类直播平台的优势也会被弱化。

一、基础信息

1. 基本信息

公司全称：北京密境和风科技有限公司

成立时间：2014 年

总部地点：北京

上市时间：未上市

企业性质：有限责任公司

联系方式：

网址：http：//www.huajiao.com/

地址：北京市朝阳区酒仙桥路甲 10 号 3 号楼 1701-48A

电话：010-64528658

2. 组织信息

管理层：

吴云松　总裁

二、业务信息

1. 主要产品与服务信息

VR 直播：主播在 WiFi 环境，甚至是 4G 网络下均可实现 VR 直播

脸萌技术：通过人脸识别技术，将皇冠、兔耳朵、帽子、猫咪等多种表情直接戴在头上或出现在用户面部

变脸：针对眼睛、眉毛、嘴角等关键位置 95 个特征点进行精准检测

美颜：自动对用户的面部进行美白、化妆等

自制节目：专业人员策划主题的自制直播

2. 覆盖范围

行业：互联网视频、传媒、游戏

主要客户：互联网用户

业务区域：全网用户

3. 收入结构：付费打赏、会员订阅为主，网络广告、电商导购、游戏联运等为辅

三、综合信息

1. 发展定位：花椒直播平台，聚焦“90后”“95后”主要用户群体，以强硬的技术实力和优质的内容，打造一个具有强明星属性的直播平台

2. 重要合作伙伴及供应商：途牛影视、百合网；传统纸媒有《华西都市报》《伊周》《时尚健康》；综艺节目有《美丽俏佳人》《非常静距离》《全员加速中》等

互联网影视

阿里影业

阿里巴巴影业集团前身为文化中国传播集团有限公司，于2014年6月更名至今。2015年4月，阿里巴巴将集团旗下淘宝电影票和娱乐宝资产注入阿里影业，6月阿里已完成全资收购底层票务系统牌照方粤科软件，加上之前注入的淘宝电影和娱乐宝，阿里影业已经初具平台运作实力。2015年8月，阿里影业旗下的粤科软件联合首都电影院在北京金融街店推出首家智能影院，由此可能结成中小院线联盟，搭建宣传发行业务平台和衍生品消费平台。阿里集团一直给人以不断创新、引领行业的印象，这种风格也延续到阿里旗下的各个事业群、子公司。同时，阿里影业将实践全球范围内的文化及影视娱乐产业资源的中国落地，以及中国相关产业的全球化拓展路径。2016年12月5日，阿里影业宣布阿里巴巴影业董事局主席俞永福将兼任CEO，原CEO张强和原总裁张蔚转任联席总裁。

根据阿里影业公布的中期业绩显示，截至2016年6月30日六个月期间，集团亏损约4.657亿元，截至2016年12月31日预计录得9.5亿—10亿元人民币的净亏损。阿里影业称，影响集团2016年整体盈利水平的主要因素是淘票票为获取更多市场份额而投入的市场推广支出。

易观分析

阿里影业作为阿里巴巴大文娱板块的重要一环，自2014年收购文化中国至今，阿里影业在文化产业上的一系列布局最终完成了从投资、制作、发行到渠道、终端、硬件等整条生态链的建设。与此同时，依托阿里背后巨大的财力和资源支持，再加上对行业趋势的把握，阿里影业将迎来快速发展，不过随着行业逐渐成熟，竞争势必加剧。

2016年，阿里影业参与制作或发行影片超过10部，其中《七月与安生》《封神传奇》等均获得了超高话题度，但整体制作数量和质量都还有待提高。以互联网资本为背景的阿里影业在资金和线上渠道有优势，但内容生产能力是影视产业不可或缺的重要一环，这是阿里影业较薄弱的地方，也是其未来发展的关键。

到底是坚持传统电影的商业模式还是致力于类似《纸牌屋》那样的精品网络自制剧，进而依托优酷土豆、微博这样的数字内容分发平台把自己打造为中国版的“奈飞+youtube”合体，是阿里影业目前最需要解决的问题，也是影响未来改变中国影视行业竞争格局的重要变量。

一、基础信息

1. 基本信息

公司全称：阿里巴巴影业集团

成立时间：2014 年

总部地点：北京

企业性质：股份制

联系方式：

地址：北京市朝阳区天泽路 16 号院润世中心 2 号楼 20 层

电话：010-59115566

传真：010-59115599

2. 组织信息

管理层：

俞永福　董事会主席兼首席执行官　张强改任联席总裁（2016 年 12 月 5 日）

二、业务信息

1. 产品及服务信息

阿里影业承接阿里巴巴集团在世界领域内的业务发展及大数据资源优势，已具有业内少数具有影视业务开发、制作、发行、宣传，相关衍生品品牌授权、业务托管，以及线上线下产品深度开发相结合的产业链运营能力，阿里影业致力于制作及发行优质电影及电视剧

2. 覆盖范围

行业：互联网影视

主要客户：观众

业务区域：全球

3. 收入结构：票房、植入式广告等

三、综合信息

1. 发展定位：阿里影业将以互联网和大数据为业务拓展原点，打造以用户需求为出发点的创新模式，加速文化领域资源整合及业务拓展工作，构建全新的产业链式文化运营模式

2. 重要合作伙伴及供应商：深圳广播电影电视集团、四川卫视、广东广播电视台、美盛文化、广东大地影院建设有限公司、环球影业、浙江横店影视产业实验区等

万合天宜

万合天宜是一家红衫资本投资的互联网影视制作创业公司，由范钧、柏忠春和叫兽易小星共同创建。自2012年起，万合天宜确立了全新的品牌战略，其出品制作的网络剧、脱口秀等优质内容在互联网影视界打出了一定的知名度。目前，万合天宜集结了近400人的团队，100位初出茅庐的编剧和导演，用横向、纵向去切分团队，形成了一个生产内容的矩阵。2015年，万合天宜开始实行“车间制剧系统”，这套系统是万合天宜的研发成果，目的是保证内容生产的质量和商业性。也就是说，万合天宜生产剧集的基本单位是车间，每个车间负责孵化的内容种类各不相同，同时，每个车间里面又分为各种小组，而每部剧集是由一个小组孵化而出的。

易观分析

凭借《万万没想到》《报告老板》等迷你剧红遍网络的万合天宜，原创内容和人才孵化平台是万合天宜的核心竞争力。再加上多年积累的资源和品牌优势，万合天宜为粉丝提供优质内容的同时，旗下的导演、演员、编剧等人才都得到了成长。

在万合天宜的规划中，短视频、直播也成为今后的发展方向，从而形成高度垂直的新媒体，同时，通过网络节目实现电商变现，增加万合天宜的综合竞争力。除此之外，利用公司旗下的出版社积累IP资源也在万合天宜的考虑之中。

内容作为网络视频企业服务核心，通过高比例投入、精细化运营，为个人用户带来了更佳的观看体验，通过整合内容为广告主带来更创新的营销服务解决方案，并以优质内容催生多元化的商业模式，是网络视频厂商加强市场竞争力、构建强大生态系统的重要途径。2016年是万合天宜调整战略布局的一年，万合天宜试水大体量的网剧，尝试多类型发展，也试水了院线电影。在保证自制内容差异化发展的基础上，继续孵化相关人才，巩固万合天宜在网剧市场中的优势。一方面自制网剧可以丰富视频网站的内容源，并和其他竞争对手保持差异化；另一方面，还可以围绕优质IP，进行电影、游戏、电子商务的全产业链开发。

一、基础信息

1. 基本信息

公司全称：北京万合天宜影视文化有限公司

成立时间：2012年

总部地点：北京

联系方式：

地址：北京市朝阳区四惠东尚8里文创园西侧联信国际大厦701

电话：010-87521213

2. 组织信息

管理层：

范钧　创始人

柏忠春　首席运营官

叫兽易小星　创始人

二、业务信息

1. 产品及服务信息

万合天宜主要制作及发布优质网剧和微电影，过去成功制作、宣传及发布了多部观众喜爱的网剧作品，其中包括《万万没想到》，以及优酷全网评分高达 9.5 分的《报告老板》等。万合天宜同时也为负责签约导演和艺人的定位、包装和推广，协助客户进行产品推广事宜；结合全媒体文化营销，联合线上线下各种活动为品牌带来最大化的曝光和影响力。目前也在致力于发展根据影视剧研发衍生品。

2. 覆盖范围

行业：影视传播

主要客户：观众

业务区域：全国

3. 收入结构：广告植入、版权交易以及和视频网站贴片广告分成

三、综合信息

1. 发展定位：内容品牌运营公司

2. 重要合作伙伴及供应商：百度、淘宝、搜狐畅游、联想、华硕、三星、微软、英特尔、戴尔、惠普、诺基亚、摩托罗拉、奥迪、大众、梅赛德斯-奔驰、丰田、福特、现代、东风标致、海尔等；中国工商银行、中国银行、马应龙药业、云南白药、中美史克、盘龙云海药业、伊利、蒙牛、王老吉、百事、康师傅、汇源、白象等

乐视影业

乐视影业成立于 2011 年，隶属于乐视控股集团，定位为“电影互联网公司”。2015 年 11 月，乐视影业宣布与好莱坞达成合作《长城》《埃及诸神》《狼图腾》等 13 个大电影项目，意味着乐视“北洛硅”战略开始落地。“乐视之夜”上，同时发布了乐视影业倡导的中美合作 G2 战略，该战略对外称将中国电影市场、电影故事资源与好莱坞相结合，欲带动中国电影工业化体系建设。2015 年 12 月，乐视网正式启动将乐视影业控股权转让给乐视网事项，拟通过发行股份购买资产并募集配套资金的方式购买乐视影业股权，将乐视影业的控股权转让给乐视网。2016 年起，乐视宣布将陆续投入 70 亿元扶植 PGC 内容，帮助 PGC 内容的孵化、运营、分发、商业化。

作品方面，《盗墓笔记》斩获 10.04 亿元票房，获得较高评价，但因乐视影业参与度较低，分账因此也较少；而 2016 年 9 月上线并号称中国第一部真人 CG 电影的《爵迹》，并且此次是乐视“投资+制作+发行”的重磅之作，收获 3.83 亿元人民币。

易观分析

乐视影业作为乐视“内容生态”的重要一环，在乐视围绕内容为根基打造生态闭环，并以生态协作反哺内容日渐成熟之时，乐视影业着力打造基于互联网时代下的电影产品，强化 IP 影响力，同时确保每一款 IP 都有自己的商业模式。在 PGC 方面，题材广泛且互联网基因深刻的自制内容、PGC 内容扩充了乐视的内容资源。在坚持外购版权战略的同时，对自制内容、PGC 内容的布局为乐视带来了品牌影响力增值，乐视内容生态竞争力不断提高。

乐视“平台+内容+终端+应用”的生态以视频内容服务作为核心，内容是其他子生态的入口和驱动力，通过内容生态建设完善，乐视自身媒体价值不断提升，并在平台、终端、应用协同之下构筑起整体竞争力基石。乐视影业不仅扩充了乐视上游内容生态，成功切入线下发行体系以及影视内容全产业链，并为广告营销、会员付费、硬件销售等环节形成支撑，成为乐视商业变现的重要一环。

一、基础信息

1. 基本信息

公司全称：乐视影业（北京）有限公司

成立时间：2011 年

总部地点：北京

公司性质：民营

联系方式：

地址：北京市朝阳区姚家园路 105 号宏城鑫泰大厦 11 层

2. 组织信息

管理层：

张昭　CEO、执行董事

二、业务信息

1. 产品及服务信息

乐视影业的经营范围包括：国产影片发行；制作发行动画片、专题片、电视综艺；不得制作时政新闻及同类专题、专栏等广播电视节目；投资管理；资产管理；租赁影视器材；影视策划；影视制作技术培训；组织文化艺术交流活动（不含演出）；设计、制作、代理、发布广告；会议服务；经济信息咨询；市场调查；技术推广服务；影视衍生品的技术开发品；文化经纪、个人演出经纪；票务代理等。

2. 覆盖范围

行业：影视传播

主要客户：观众

业务区域：全球

3. 收入结构：电影投资、发行收入、票房收入

三、综合信息

1. 发展定位：定位为“电影互联网公司”，为观众提供从线上到线下全方位的观影及增值服务

2. 重要合作伙伴及供应商：康师傅、大地影院、中国电影集团公司、北京保利博纳电影发行有限公司、星美（北京）影业有限公司、中影寰亚音像制品有限公司、北京佳韵社文化传播有限公司、北京新华海润网络科技有限公司、北京朗思文化发展有限责任公司、北京紫禁城三联影视发行有限公司、北京鑫宝源影视投资有限公司、上海森乐文化传播有限公司、中国国际广播电台国广传媒中心等

互联网动漫

快看漫画

快看漫画创立于 2014 年。2014 年 12 月凭借其创始人兼 CEO 陈安妮的一篇长条漫画《对不起，我只过 1%的生活》而被人广为熟知，同时获得由红杉资本投资的 300 万美元 A 轮融资。同年 12 月，快看漫画启动“30 万元正版计划”，该活动在公司层面为快看漫画搜罗了优秀漫画师，在作品层面增加了快看漫画内容储备，在对外形象层面营造了“支持正版”的品牌形象，同时提升了品牌知名度。

2016 年 4 月，快看漫画独家连载的《快把我哥带走》出现在中汇影视的超级片单里，《快把我哥带走》正式启动影视化。同月，快看漫画官方宣布称其总用户数破 3000 万，但根据易观千帆数据统计，2016 年 4 月，快看漫画活跃用户数量仅为 548. 52 万人。2016 年 9 月，快看漫画获得 C 轮融资。

快看漫画作为国内最早的原创条漫自制和内容 IP 分发平台，截至 2016 年 11 月，易观千帆数据显示，快看漫画 APP 月活跃用户达到 819 万，日活跃用户达到 178. 3 万，在易观千帆—动漫领域里位列第一。目前快看漫画签约漫画作品已超过 1000 部。

易观分析

快看漫画凭借持续推出优质内容来吸引大量用户，平台收集的国漫数量齐全且人气较高。快看漫画在 2016 年 1 季度和 3 季度相继完成 B 轮、C 轮融资。凭借资金的到位，快看漫画未来不只是做漫画，而是把想借助漫画内容切入 IP 开发运营领域。另外，快看漫画将在漫画、影视以及游戏等多个领域发力布局，推动泛娱乐战略。

在泛娱乐战略不断推进的情况下，漫画作为IP改编的热门源头，快看漫画日后重心将继续奉行“内容为王”，注重漫画内容创作。但是，内容消费市场对内容需求千变万化，快看漫画依靠目前的发展模式已经成为行业MAU和DAU第一，如何依靠大数据科学预测用户需求变化进而把控市场，这是快看漫画所欠缺的。此外，随着近几年泛娱乐的布局，各漫画厂商需建立一套将漫画科学有效地转化为动画、游戏的IP孵化机制，这是快看漫画乃至全行业需努力的。

一、基础信息

1. 基本信息

公司全称：快看世界（北京）科技有限公司

成立时间：2014年9月12日

总部地点：北京

企业性质：其他有限责任公司

资本信息：注册资本121.762万元

联系方式：

网址：http://www.kuaikanmanhua.com

地址：北京市朝阳区阜通东大街1号院6号楼14层1单元

电话：13051335302

2. 组织信息

管理层：

陈安妮　董事长

二、业务信息

1. 产品及服务信息

主要产品：快看漫画APP，快看漫画PC网页

主要服务：连载漫画、动漫、影视、游戏

2. 覆盖范围

行业：互联网动漫

主要客户：学生

业务区域：全国

三、综合信息

1. 发展定位：动漫、影视、游戏等互联网泛娱乐平台

2. 重要合作伙伴：中汇影视、万达影业、企鹅影业、聚合影业、磨铁娱乐

腾讯动漫

腾讯动漫成立于 2012 年 3 月 21 日，原名腾讯动漫原创发行平台。2015 年，腾讯动漫成为腾讯互娱下的独立的业务部门。2015 年 7 月，QQ 动漫上线，以手机 QQ 的 8 亿用户规模支持动漫战略业务。腾讯动漫和手 Q 的合作，不仅意味着一次巨大的 IP 增值机遇，更是一次对二次元群体的开辟，即腾讯动漫从核心动漫用户向更广泛的二次元用户的“突破”。

2016 年 1 季度，腾讯动漫宣布与日本讲谈社合作引进《妖精的尾巴》《金田一少年之事件簿》等 12 部作品，除了版权获取，也是在双方的合作中学习日本动漫工业化流程、版权拓展模式的过程。此外腾讯动漫与集英社、凯撒股份等在版权和 IP 方面也有合作。2016 年 6 月，腾讯动漫更新 Logo、品牌标识、App Icon 和看板娘企鹅娘，同时发布《这是我们共同的信仰》视频。2016 年 10 月 20 日，主题为“众创高能”的第二届腾讯动漫行业合作大会在上海召开。截至 2016 年 12 月，易观千帆数据显示，腾讯动漫 APP 月活达到 831. 10 万，日活达到 194. 65 万，产品数据在易观千帆—动漫领域里位列第二。

易观分析

作为腾讯互娱事业群四大业务平台之一，腾讯动漫的资源优势明显。一方面腾讯动漫已经与讲谈社、角川和集英社在经典日本动漫、优质轻小说版权方面都达成合作；另一方面腾讯一直在对中国原创动漫的内容进行积累，并对平台原创优质内容进行孵化，进而寻求与外界的跨界运营，展开泛娱乐联动。

依托腾讯泛娱乐大战略，腾讯动漫在产业布局上已逐步构建完成内容链（自有 IP、引进 IP）——制作合作链（视美、绘梦等知名动画制作公司）——媒体链（腾讯视频、哔哩哔哩、国内和海外电视台）——产品链（PC 站、腾讯动漫 APP、H5、QQ 动漫）——品牌活动链（腾讯动漫网 PV 大赛、星漫奖）——周边链（手办、玩具）——融合链（与腾讯互娱其他平台联动，共同打造大 IP）这样一条完整国产动画产业链。

一、基础信息

1. 基本信息

公司全称：深圳市腾讯动漫有限公司

成立时间：2016 年 9 月 19 日

总部地点：深圳

企业性质：有限责任公司（法人独资）

资本信息：注册资本 1000 万元

联系方式：

网址：http：//ac.qq.com/

地址：深圳市前海深港合作区前湾一路1号A栋201室

2. 组织信息

管理层：

邹正宇　总经理

二、业务信息

1. 产品及服务信息

主要产品：PC站（ac.qq.com）、腾讯动漫APP、H5产品、QQ动漫

主要服务：连载漫画、动漫、影视

2. 覆盖范围

行业：互联网动漫

主要客户：学生

业务区域：全国

三、综合信息

1. 发展定位：腾讯互娱事业部的重要组成部分

2. 重要合作伙伴：集英社、角川集团、哔哩哔哩、讲谈社、凯撒股份等

有妖气漫画

北京四月星空网络技术有限公司（有妖气动漫）是中国知名的动漫网络及内容企业。公司成立于2009年5月，并在同年10月上线原创漫画网站“有妖气”，2012年推出网络动画业务，首部作品《十万个冷笑话》累计网络播放量超过20亿次。2013年启动动画电影业务，2014年推出手机游戏业务，并在衍生品图书等业务上不断与第三方进行深度合作，目前已充分覆盖各产业链条。2015年《十万个冷笑话》电影上映，票房过亿。

2016年第1季度，有妖气与搜狗搜索达成合作，搜狗搜索将有妖气上的全量漫画，在搜索结果中进行结构化展示，便于搜狗用户直接找到想看的漫画资源，结构化的呈现更让用户可以便捷地选取其中的章节，直接打开即可观看。2016年4月，有妖气动画《镇魂街》网络动画开播；2016年6月，由有妖气和掌趣合作的《镇魂街》手游开启封测。《镇魂街》是有妖气首次尝试独家和优土平台合作的项目，也是有妖气在动画粉丝经济方面的一次重要试水。2016年第3季度，有妖气发布魔幻题材漫画《曙光之战》，助力同名手游公测，此举打破了以漫画为基点，进行游戏等其他产品改编的常规。其次继上季度蓝港获得妖气原创漫画《雏蜂》的手游授权后，该动画片周边产品已经开始对日销售，为该片在日本上映造势宣传。

截至2016年12月，易观千帆数据显示，有妖气漫画APP月活达到234.54万，日活达到45.98万，产品数据在易观千帆—动漫领域里位列第六。

易观分析

2012 年上线的《十万个冷笑话》，成功地带动了中国网络动画创作的风潮，也奠定了有妖气的领先地位。但近几年来，动漫市场的竞争愈发激烈，有妖气逐渐力不从心。跟背靠腾讯集团的腾讯动漫不同，有妖气在动画内容生产能力上有所欠缺，无法并行开发多个 IP 作品，因此其动画产量被腾讯动漫压制。其次，有妖气在 IP 新作的挖掘上存在一定问题，2016 年出品的《镇魂街》动画是有妖气 2011 年的热门 IP，新作的缺乏让有妖气难以面对更加激烈的市场竞争。

随着上市公司奥飞动漫 100%收购有妖气漫画，2016 年有妖气逐渐开始与奥飞集团的优质动漫资源进行融合，除了继续在漫画原创 UGC 平台的领域深耕外，也更加积极地探寻和国内外优秀影视公司合作开发旗下优质漫画版权。此外，有妖气和搜狗搜索在 2016 年的合作为有妖气平台内容提供直达用户的便利途径，但是搜索行为是基于用户对内容的需求，所以搜狗搜索将来也可能会与其他家漫画平台展开类似合作。

一、基础信息

1. 基本信息

公司全称：北京四月星空网络技术有限公司

成立时间：2009 年 4 月 30 日

总部地点：北京

企业性质：有限责任公司（法人独资）

资本信息：注册资本 11338.3335 万元

联系方式：

网址：http：//www.u17.com/

地址：北京市石景山区实兴大街 30 号院 3 号楼 2 层

电话：010-81031917

2. 组织信息

管理层：

陈德荣　董事长

二、业务信息

1. 产品及服务信息

主要产品：PC 站（http：//www.u17.com/）、有妖气漫画 APP、动画、电影

主要服务：连载漫画、动漫、影视

2. 覆盖范围

行业：互联网动漫

主要客户：学生

业务区域：全国

三、综合信息

1. 发展定位：中国最大的独立原创漫画网络平台
2. 重要合作伙伴：奥飞影业、掌趣、优酷土豆、搜狗搜索、蓝港等

数字音乐

QQ 音乐

QQ 音乐以腾讯社交关系为基础，依托 QQ、QQ 空间、微信、视频游戏等娱乐生态链和社交产品链，形成联动是其最大优势。在众多移动音乐厂商中，QQ 音乐付费增值的盈利模式最为成熟。

2016 年 1 季度的 QQ 音乐，启动开年“MUSIC+”战略相继赢得王力宏、TFBOYS、李宇春等歌手的加盟。“MUSIC+”战略的核心价值在于明星、音乐人的 IP 价值打造。7 月 15 日，中国音乐集团和腾讯集团对数字音乐业务进行合并，合并后的酷狗、QQ 音乐、酷我等产品和品牌保持独立发展。10 月，酷狗、QQ 音乐、酷我三家合并而来的腾讯音乐集团与世界三大唱片公司之一的索尼音乐续签战略合作协议，拿下索尼音乐在中国大陆地区的营销，管理以及在线分销。12 月 26 日，腾讯发布腾讯音乐业务架构调整及高层任命邮件，宣布成立 QQ 音乐业务线、版权管理部、法务管理部和人力资源部等部门，分别负责各个方向的工作，其中 QQ 音乐业务线负责 QQ 音乐、全民 K 歌等音乐产品的研发运营，并任命腾讯集团财务总监胡敏为 CFO。

截至 2016 年 12 月，易观千帆数据显示，QQ 音乐 APP 月活跃用户达 13691.5 万人，日活达 3334.04 万人，产品数据在易观千帆—移动音乐领域里位列第二。

易观分析

自国家版权局下发《关于责令网络音乐服务商停止未经授权传播音乐作品的通知》后，移动音乐平台之间的版权资源争夺进入白热化。从唱片公司的授权到热门音乐综艺节目的音频版权，从明星 IP 资源到影视剧原声，均成为移动音乐平台竞相争夺的焦点内容。

为此，QQ 音乐签约多位著名音乐人和多档音乐综艺节目，一方面是基于国家版权局“最严令”的实施而扩充自身曲库规模，另一方面则是依托腾讯全产品链资源挖掘歌手 IP 的商业价值，通过签约音乐人的独家首发、数字专辑、专属音乐会等定制化服务，以打通腾讯全产品链的资源支持与音乐版权的商业生态。

同时，中国音乐集团和腾讯集团对数字音乐业务进行合并后，中国移动音乐市场的寡头竞争态势愈演愈烈，腾讯系俨然成为中国移动音乐市场的绝对参与主体，拥有华语音乐最大版权库。此外，在中国音乐集团和腾讯合并中已明确说明，新的音乐集团要单独上市。

一、基础信息

1. 基本信息

公司全称：深圳市腾讯计算机系统有限公司

成立时间：1998 年 11 月 29 日

总部地点：深圳

上市时间：2004 年 6 月 16 日在香港联交所主板上市（股票代号 700）

企业性质：股份有限公司

资本信息：注册资本 6500 万元

联系方式：

网址：http：//y.qq.com/

地址：深圳市南山区高新区高新南一路飞亚达大厦

电话：0755-86013388

2. 组织信息

管理层：

马化腾　首席执行官

二、业务信息

1. 产品及服务信息

客户端：PC 版、iPhone 客户端、iPad 客户端、MAC 版、Android 客户端、Android Pad 客户端、Windows8 版、Windows Phone 版

特色产品：车载互联、QPlay、QQ 音乐合作平台、笛声传歌、手机遥控、隔空下载、音乐基因、单曲电台、歌词翻译

2. 覆盖范围

行业：数字音乐行业

主要客户：互联网用户

业务区域：全国

3. 收入结构：绿钻贵族、广告收入

三、综合信息

1. 发展定位：免费、流行、正版数字音乐服务平台

2. 重要合作伙伴及供应商：索尼音乐、英皇娱乐、相信音乐、杰威尔音乐、华研国际、美妙音乐、乐华娱乐、华谊兄弟音乐、少城时代、当然娱乐、联通沃音乐、安桥、梦之声、ONOS、DENON、Marantz、B&O、罗技、飞利浦、福特、通用、TCL 等

酷狗音乐

酷狗音乐成立于 2006 年，是国内最早的数字音乐服务与互动平台。移动互联网爆发后，酷狗快速应对市场变化，发力移动端，在市场发展初期占据了较大领先优势，在移动音乐类软件中也稳

居前列。

2016 年 1 季度，酷狗音乐同 QQ 音乐签署相互转授权协议获得了 QQ 音乐独家代理版权的大部分内容，涉及的唱片公司包括华纳音乐、索尼音乐、杰威尔音乐、福茂唱片等。此外，酷狗音乐还独家上线了《太阳的后裔》正版 OST 数字专辑。7 月，酷狗音乐所属公司中国音乐集团与腾讯集团对数字音乐业务进行合并，但合并后各产品品牌保持独立发展。第 4 季度，酷狗旗下直播平台繁星直播更名酷狗直播。在直播浪潮下，酷狗音乐与旗下的酷狗直播打造了一套完整的“造星”产业链。同时，酷狗音乐打通音乐上下游，将正版音乐实现“硬着陆”，相继推出小酷 M1 蓝牙耳机、酷狗潘多拉智能音响、酷狗 K6 智能轻奢 HIFI 音响等硬件产品，继续加强音乐从软件到硬件、平台到终端的产业布局。

截至 2016 年 12 月，易观千帆数据显示，酷狗音乐 APP 活跃用户渗透率最高，达 45.59%，月活用户为 20847.5 万，日活用户达 5306.79 万，产品数据在易观千帆—移动音乐领域里位列第一。

易观分析

酷狗音乐有着 PC 端庞大客户群的先天优势，依托强大的音乐库、音乐标签化及个人偏好推荐功能，让用户的需求满意度得到最大化提升。但由于酷狗主打主流音乐，因此流失掉部分喜欢小众音乐的用户。

近几年，酷狗围绕专利技术研发、版权保护和经营、品牌打造以及企业知识产权体系等多个方面进行知识产权布局，并取得了良好的效果。目前，酷狗拥有多项国家发明专利和计算机软件著作权证书，不仅覆盖了音频识别、音频提取、音频控速等音频处理技术，也涉及信息显示技术、硬件产品等技术领域。例如，其 K6 智能 HIFI 音响荣获德国红点产品设计奖。

此外，繁星直播的更名意味着酷狗音乐产业的重要战略升级。酷狗音乐和酷狗直播品牌联动，能实现品牌统一化，以酷狗整体品牌打动用户，从听音乐到看音乐直播，打造新的音乐体验生态。

一、基础信息

1. 基本信息

公司全称：广州酷狗计算机科技有限公司

成立时间：2006 年 2 月 20 日

总部地点：广州

上市时间：未上市

企业性质：有限责任公司

资本信息：注册资本 3068 万元

联系方式：

公司网址：http：//www.kugou.com/

电话：010-65814277-825

地址：广州市天河区科韵路 16 号自编 2 栋

2. 组织信息

管理层：

谢振宇　董事长、首席执行官

二、业务信息

1. 产品及服务信息

产品

PC：酷狗音乐盒 2014Windows 版、酷狗 Mac 版

手机：酷狗安卓版、酷狗 iPhone 版

Pad：酷狗音乐 iPad 版、酷狗安卓 Pad 版

其他：酷狗收音机安卓版、酷狗收音机 iOS 版、酷狗游戏盒、酷狗直播安卓版，小酷 M1 蓝牙耳机、酷狗潘多拉智能音响、酷狗 K6 智能轻奢 HIFI 音响等硬件产品

服务

音乐播放器提供在线音乐播放、本机音乐播放、网络收藏音乐、一键分享音乐等服务

酷狗音乐网站提供乐库、电台、MV、资讯、美女秀场、音乐达人、歌友会、VIP 中心等服务

2. 覆盖范围

行业：数字音乐行业

主要客户：互联网用户

业务区域：全国

3. 收入结构：在线广告、增值业务、推广收入、向用户收费。酷狗近 4 年每年营业收入增长率均在 100%以上

三、综合信息

1. 发展定位：P2P 音乐共享软件

2. 重要合作伙伴及供应商：华纳唱片、索尼音乐、金牌大风、英皇娱乐、悦声无限、冒牌音乐、太合麦田、龙乐文化、恒大音乐、源泉、天娱传媒、华数唱片、中国移动通信、联想、诺基亚、BenQ、LG、淘宝网、大国文化、EEG、华友飞乐、鸟人艺术、网络秀、太格印象、NMG、酷 6 网、孔雀唱片、CUTV、环球音乐、音著协、手机之家、中国票务在线、ELLE、大麦网、娱乐星闻、兄弟网、音悦台、365 音乐网、我要玩网页游戏、海报时尚网、PC 下载、站长之家、巴士玩、妆品网、乐蜂网、华体网、悠视网等

阿里音乐

阿里音乐正式组建于 2015 年 3 月 16 日，由阿里巴巴集团旗下两款音乐服务应用虾米音乐、天

天动听合并而成。合体后的阿里音乐，横向上将保持原有产品的差异化路线，纵向上将在独家音乐版权、阿里音乐人挖掘与培养、娱乐数据跨界营销、艺人经纪等多方向持续发力，同时融入阿里巴巴的电商血液，创造一个全新的数字娱乐行业生态环境。

2016 年 1 季度，阿里音乐继续打两款产品的差异化路线并实施商业化运营模式，其中虾米音乐走专业音乐人路线，天天动听主打大众用户。基于两款产品的版权成本及公司战略，将天天动听升级为阿里星球，一个拥有粉丝游乐、天天视听和幕后英雄三大板块，包含从粉丝经济到互动直播再到音乐产品交易等多种服务内容的泛娱乐平台。9 月，阿里巴巴大文娱板块宣布人事调整，高晓松将担任新职阿里娱乐战略委员会主席，负责国际战略；阿里音乐原 CEO 宋柯将就任阿里音乐董事长，负责阿里音乐演艺业务及创新发展；合一集团（优酷土豆）总裁杨伟东将兼任阿里音乐 CEO。12 月 15 日，阿里音乐宣布“全面停止音乐服务”，包括停止收藏、歌单、本地音乐服务等功能，完全变为涵盖粉丝社区、明星行程、应援任务、福利周边、现场直播等内容的粉丝娱乐互动交易平台。

截至 2016 年 12 月，易观千帆数据显示，阿里星球—天天动听 APP 月活用户为 546.30 万，日活用户达 42.56 万，产品数据在易观千帆—移动音乐领域里位列第八。

易观分析

在用户资源方面，阿里音乐拥有虾米音乐和天天动听的用户群，整合了大量用户资源；阿里希望新加入的高晓松和宋柯能凭借其各自在音乐文化领域的资历、经验和人气，整合阿里已有的音乐资源，建立起自己的音乐生态圈，同时为艺人最大化挖掘潜在商业价值。

作为阿里大文娱的战略部署中非常重要的一部分，阿里音乐被寄予厚望。由于阿里音乐对旗下阿里星球和虾米音乐两款音乐产品进一步实施差异化战略，上线仅 7 个月阿里星球在 2016 年 12 月宣布全面停止音乐服务，转而定位为可交易的粉丝娱乐交互平台。这能看出阿里音乐在粉丝经济领域的野心。

随着音乐版权新政策的实行，移动音乐平台之间的版权资源争夺进入白热化，阿里音乐在这场版权清理中受到了最为严重的冲击，曲库量骤减彻底暴露了虾米音乐、天天动听常年以来的音乐盗版问题。因此，阿里音乐将粉丝经济作为重点深耕领域，和优酷、UC 等平台，及阿里影业、阿里文学等业务联通，聚集粉丝。

一、基础信息

1. 基本信息

公司全称：杭州阿里巴巴音乐科技有限公司

成立时间：2015 年 3 月 16 日

上市时间：未上市

2. 组织信息

管理层：

高晓松　董事长

宋柯　经理

二、业务信息

1. 产品及服务信息

虾米音乐：走专业音乐人路线

阿里音乐人：音乐人孵化器，阿里音乐人致力于孵化出更多优秀的当代独立音乐人

阿里星球—天天动听：主打大众用户

2. 覆盖范围

行业：数字音乐行业

主要客户：互联网用户

业务区域：全国

三、综合信息

1. 发展定位：专注社区粉丝

2. 重要合作伙伴及供应商：阿里音乐与三大唱片公司合作，并且与相信音乐、滚石音乐、华研国际、BMG、寰亚唱片等多家知名唱片公司牵手，拥有这些公司的独家版权

数字阅读

掌阅

掌阅是一家专业从事手机软件开发及无线娱乐运营的科技公司。以移动端书城起家，进入移动阅读领域较早，在 Java 时代即开始移动阅读的布局，多年来积累了大量的阅读用户以及海量的内容合作方，从而建立起在移动阅读领域的竞争壁垒，相继推出了手机阅读、手机音乐、手机安全等多个系列产品，并与众多品牌手机厂商达成了战略合作。

2016 年，掌阅围绕“终端+内容+IP 改编”三大业务线发力。5 月，掌阅发布第二代电纸书产品 iReader Plus，售价 999 元。7 月，掌阅联合完美时空、蜻蜓 FM 作为主办单位，以及其他 22 家知名出版社，展开全国范围内的文学创作大赛正式开赛。一方面通过大赛挖掘具有优质 IP 价值的作品进行储备，另一方面通过大赛完成对文学市场内容类型发展的探索。除了网络文学外，漫画内容也在积累。3 季度，掌阅书城新上线漫画版《微微一笑很倾城》，同时与漫铠动漫达成合作，后者将为掌阅输入更多的漫画作品。此外，掌阅公版《史记》也上架书城，公版小组为其添加了 3 家注，加上普通注释后总字数已接近 150 万字。

内容分发方面，掌阅科技与蜻蜓 FM 达成战略合作，在有声书的制作、发行上展开合作，在国内布局“阅听 IP”生态的网络音频平台。此次掌阅科技与蜻蜓 FM 达成的战略合作中，掌阅科技将

其核心版权作品制作音频的权利授权蜻蜓 FM，包含的作品中有《指染成婚》《都市奇门医圣》等在掌阅 iReader 点击量近亿的小说。

IP 改编方面，掌阅文学已经在 IP 扶植、实体书出版、漫画改编、网络剧改编等方面有了比较大的突破。《叛逆的征途之我非英雄》网络大电影已于 2016 年 8 月完成拍摄，掌阅文学旗下重点 IP《我的清纯大小姐》也已经确定与北京新维盛世影视公司合作开发首部超级网络电影。

截至 2016 年 12 月，掌阅 iReader 月活达 4249.42 万，日活为 1131.60 万，在综合阅读领域排名第一。

易观分析

掌阅 iReader 是目前移动阅读行业用户规模最大的服务提供商。2015 年起，掌阅 iReader 重点发力品牌推广，通过汪涵代言和联合冠名电视节目等合作方式有助于掌阅快速提升自身品牌知名度。同时，掌阅文学也进军网络原创文学领域，开始进行游戏、影视方面的合作。另外推出的掌阅电纸书硬件产品，构成内容铺陈的双渠道，一方面提高掌阅的行业竞争优势，有助于加深用户碎片化阅读习惯；另一方面依靠硬件概念提升企业的估值。

2016 年在移动阅读 APP 和硬件阅读终端的漫画内容试验，让掌阅愿意继续加大在内容覆盖方面发力。原因主要有以下几点：第一，掌阅拥有千万级别的用户基数和良好的用户付费的习惯，在同一平台提供图书、杂志以及漫画丰富了读者的可读性内容的选择，且可较大程度的避免漫画内容收费对平台造成的伤害；第二，掌阅 iReader 与 kindle 在电纸书市场竞争激烈，除本身定位与覆盖的受众群体存在差异外，掌阅 iReader 凭借漫画内容形成新的差异点和竞争点；第三，漫画也被看作是 IP 改编的重要源头，平台提供漫画阅读功能，相当于是前期验证 IP 的过程，发掘到好的 IP 之后，进行孵化，再和其他公司合作开发 IP，进行电影、电视剧、网络剧等多平台的开发。

目前网文市场，大神级作者基本被各大原创平台签约，或者已经成立自己的工作室对外合作，所以，掌阅通过创办掌阅文学创作大赛来挖掘长尾价值。

一、基础信息

1. 基本信息

公司全称：掌阅科技股份有限公司

成立时间：2008 年

总部地点：北京

上市时间：未上市

企业性质：私营企业

联系方式：

网址：http://www.zhangyue.com/

地址：北京市朝阳区东三环中路 39 号建外 SOHO23 号楼

邮箱：guomin@ zhangyue.com

2. 组织信息

管理层：

成湘均　首席执行官

二、业务信息

1. 产品及服务信息

掌阅杂志，掌阅听书、掌阅动漫，掌阅 iReader

服务：每天提供海量网络原创文学、畅销书、出版物阅读

授权热门小说连载，最快同步更新

满足个性阅读需要，阅读自定义、全文搜索、护眼模式等数十处创新

云笔记，用户的点点滴滴，掌阅随身记

倾力奉献云书架，用户不受设备限制方便阅读，支持微博分享、短信互动等多种好友互动

首家语音朗读专业提供，为盲胞点亮阅读

2. 覆盖范围

行业：数字阅读

主要客户：移动互联网用户

业务区域：全国

3. 收入结构：收入来源于用户付费、增值服务等

三、综合信息

1. 发展定位：数字阅读领域的领导者，国内最具规模和影响力的数字图书分发平台

2. 重要合作伙伴及供应商：中国移动、中国联通、中国电信、诺基亚、三星、HTC、摩托罗拉、SONY、LG、华为、步步高、天语、OPPO 音乐手机、酷派、HOSIN、AUX、朵唯、华勤通讯、HEDY、亿通、邦华、蜻蜓 FM 等

QQ 阅读

QQ 阅读作为腾讯旗下的移动阅读应用，重点发力移动阅读，升级核心产品体验，深入挖掘渠道价值，实现移动与 PC 端产品间的彻底互通，数据、运营、资源全面共享与统一运作。

2016 年，QQ 阅读品牌推广效果明显，借助平台拥有热门影视原著的数量优势带动品推。9 月，阅文集团借势大热 IP《爵迹》，在《快乐大本营》的综艺平台上，借助郭敬明、陈学冬等主创众星吸粉转化，实现新增用户上涨，不仅将 QQ 阅读品牌进一步曝光，并进一步推动了全民阅读的核心目标。由此可见，娱乐营销已经成为 QQ 阅读的一种优势能力的体现。

阅文方面，票房不俗的影片《九层妖塔》《寻龙诀》均改自阅文小说《鬼吹灯》，QQ 阅读选择了电影贴片广告为切口，吸引电影观众反哺文学作品；再比如暑期档的爆款，包括《幻城》《九州·天空城》以及《诛仙青云志》，原著小说的推广活动也在 QQ 阅读平台同步进行，热播影视剧

粉丝转换成 QQ 阅读新用户。目前 QQ 阅读拥有强大的原著 IP 资源，丰富内容使得它在传播风向把控上嗅觉更为灵敏。

IP 动画开发方面，截至 2016 年第 3 季度，阅文集团已经推出了《女娲成长日记》、《择天记》第二季、《全职法师》共 3 部动画，均获得不俗的市场反应，此外《全职高手》《CMFU 学院之王子碰碰球》《斗破苍穹》也正在火热制作中，即将陆续开播。

易观分析

QQ 阅读作为阅文集团旗下最重要的移动阅读产品，打通了集团内外资源，陆续接入近 1000 万部内容，并对产品进行改版升级，努力打造一个向社交概念靠拢的阅读产品，旨在通过海量优质内容和自身资源抢占移动端用户。

对 QQ 阅读而言，除阅读外，其自带的最大属性应该是社交，而社交娱乐也是腾讯的立身之本。所以腾讯系产品大都天然具备社交属性优势，尤其是在非直接社交的领域，直接的社交功能和间接实现社交效果对于附加给产品的使用体验会更加明显。比如，QQ 阅读通过阅读而产生的社交，最基本的体现在每个分享都带有具体书籍的信息，这为用户通过平台社交发现共同兴趣爱好者或者更多的好书提供了更便捷的渠道。尤其是后者，在碎片化的阅读时代，更进一步提升了用户找书的效率。获取书籍、阅读、评论、分享是用户一整套阅读闭环动作，而获取书籍又是头部环节非常重要，解决的是如何快速的让用户获得其喜欢的书籍。用户获取匹配其阅读爱好的书籍分为两种，一种是通过平台社交去发现，另一种是平台根据用户喜好而推荐，而这两种方式也是 QQ 阅读一直在做的。

一、基础信息

1. 基本信息

所属公司：上海阅文信息技术有限公司

成立时间：2015 年 3 月 16 日

总部地点：上海

上市时间：未上市

企业性质：民营企业

联系方式：

网址：http：//www.chuangshi.com/

邮箱：xuyuanda@ yuewen.com

电话：021-61870500

2. 组织信息

管理层：

吴文辉　首席执行官

梁晓东　首席执行官

3. 组织架构

阅文集团包括：起点中文网、创世中文网、小说阅读网、潇湘书院、红袖添香、云起书院、榕树下、QQ 阅读、中智博文、华文天下等网文品牌

二、业务信息

1. 产品及服务信息

创世中文网是与腾讯合作，以网络小说为主要经营内容的原创文学门户网站，是集阅读、创作、互动社区、版权运营于一体的新一代全开放网络文学平台。该网站由专业网络原创文学团队携数十位专业编辑倾力打造，提出了“创造（网络文学）新世界”的口号

云起书院是集阅读、创作、版权运营为一体的全新网络开放平台，有完善的运营机制、作家制度、编辑制度、版权运作制度

QQ 阅读是腾讯公司开发的一款手机看书软件，在 Android/iPhone/iPad/Symbian/Kjava 等多手机平台上，全面支持 TXT、UMD、HTML、EPUB、DOC 等多种电子书格式，还可在 QQ 书城免费下载最新热门小说。海量图书资源、全新阅读模式、极速软件引擎、个性界面设计带给您最舒适的阅读体验。服务：海量书城在线资源、全平台多格式支持、个性化阅读模式、先进阅读内核引擎、舒适美观界面设计、贴心细致辅助功能。支付方式有 Q 币、充值卡、QQ 卡、银行卡、话费。几乎平均每两周进行一次基于用户体验的版本更新

2. 覆盖范围

行业：泛娱乐—数字阅读

主要客户：互联网用户

业务区域：全国

3. 收入结构：会员增值、付费阅读，延伸至音乐、影视、文学、动漫、出版和周边制造等多个产业

三、综合信息

1. 发展定位：一个包括小说、人文、社科、财经、技术、健康等海量内容在内的中国互联网上最大正版内容基地，以满足各年龄层各类别人群的“全用户”需求

2. 合作伙伴与供应商：17K 小说网、人民文学出版社、作家出版社、凤凰出版传媒、接力出版、北京磨铁图书、中南博集天卷文化传媒、北京中文在线数字出版等

中文在线

中文在线是国内最大的正版数字内容提供商之一，自有用户超 7000 万，合作用户超 4 亿。公司拥有数字内容资源过百万种，签约版权机构 600 余家，签约知名作家、畅销书作者 2000 余位，驻站网络作者超过 80 万名。旗下拥有互联网文学平台包括 17K 小说网、汤圆创作和中文书城。

中文在线以版权机构、作者为正版数字内容来源，进行内容的聚合和管理，向手持终端、互联网等媒体提供数字阅读产品，为数字出版和发型机构提供数字出版运用服务。2015 年 1 月 21 日，

中文在线在深交所创业板上市，成为中国“数字出版第一股”。

2016 年 8 月，中文在线公布其“IP 一体化”战略，将与出版、影视、游戏、动漫等产业链上下游合作伙伴深入探讨如何通过 IP 一体化运营，共同打造“文学+”新经典。同月，中文在线宣告近 20 亿元定增的正式落成，并与动漫第一股奥飞娱乐达成深度战略合作。同时，中文在线发布公告，拟通过增资和收购获得新浪阅读 16.667%股权，使其借助新浪阅读拥有的大量自由版权作品及签约作品进一步扩充自己的资源库。11 月，中文在线宣布公司进击中国未来十年最具想象力的亚文化领域。中文在线拟以 5 亿元现金战略投资二次元门户网站 AcFun 和晨之科，三方形成铁三角生态内核，基于“内容+宣发+变现”战略级协同，发挥中文在线的 IP 源头作用、亚文化发源地 AcFun 的垂直用户社区、首个规模盈利的二次元玩家社区 GuluGulu 的变现作用。

中文在线 2016 年半年报数据显示，上半年，公司实现营收 2.27 亿元，同比上涨 75.23%；实现净利润 783.03 万元，同比上涨 12.46%。报告期内公司整体规模进一步扩大，业务发展能力不断增强，通过持续的业务模式创新、研发投入、市场拓展，以用户为中心，依托内容及出品运营优势，围绕“文学+”“教育+”发展战略，推动业务稳定发展，实现基于 IP 的泛娱乐和在线教育产业的双主业发展。

易观分析

近几年，泛娱乐已成为中文在线重要发展战略。中文在线在 2015 年正式挂牌上市半年多后，就发布 20 亿元定增预案，其中近一半均用于布局泛娱乐。此后中文在线发展战略也大多与泛娱乐密切相关，并在 2016 年 8 月发布 IP 一体化战略，其中，鉴于影视产业的快速发展，以及人们对于影视作品的大量需求，将旗下拥有 IP 进行影视化开发成为中文在线的主要发展方向。

中文在线拥有 A 股最大的 IP 源头，入股 AcFun 和晨之科后，通过“内容+宣发+变现”的互相协同，在亚文化发源地 AcFun 的垂直用户社区、具备超强变现成立的二次元玩家社区 GuluGulu 基础上，以中文在线的 IP 源头贯通整个二次元生态核，引爆价值乘数效应。

中文在线布局代表未来趋势的二次元生态，可以进一步反哺中文在线的 IP 泛娱乐生态圈，强化中文在线“文学+战略布局，提高公司现有业务对用户时间的覆盖面和用户黏性，丰富公司业务线和渠道。

一、基础信息

1. 基本信息

公司全称：中文在线数字出版集团股份有限公司

成立时间：2000 年

总部地点：北京

上市时间：2015 年 1 月 21 日

企业性质：股份有限责任公司

联系方式：

地址：北京市东城区安定门东大街 28 号 2 号楼 9 层 905 号

邮编：100007

电话：010-51667567

邮箱：het@ chineseall.com

2. 组织信息

管理层：

童之磊　董事长兼总裁

二、业务信息

1. 产品及服务信息

全媒体出版：作为国内数字出版的领先企业，中文在线形成了“一种内容、多种媒体、同步出版”的全媒体出版模式，实现“任何人可以在任何时间、任何地点、以任何方式获得任何内容”。

无线阅读服务：中文在线整合丰富的数字阅读资源，以服务手机读者为宗旨，全面助力手机阅读，打造全球最大的中文无线阅读平台。

移动阅读：中文在线移动阅读业务，整合移动阅读产业链上下游企业，根据厂商需求，量身定制包括正版数字内容资源、互联网及移动互联网下载平台开发、在线服务平台、客户端定制、行业销售、运营商合作、读书卡产品合作等整体解决方案。

互联网阅读服务：中文在线通过多年积累，建立起覆盖不同用户对象的、多层次的互联网阅读服务渠道，其中“17K 小说网”和“四月天小说网”是集创作、阅读于一体的原创文学网站；“全民阅读网”（www.chineseall.org）旨在深化和推动全民阅读。

机构阅读服务：中文在线提供面向学校、公共图书馆、政府、企事业单位等机构用户的数字阅读服务解决方案及数字阅读产品。

数字内容增值服务：为实现数字内容资源价值最大化，中文在线对拥有版权的作品深度挖掘，经过筛选和审核，将内容进行纸质出版或改编为影视剧、游戏、有声读物等产品。

2. 覆盖范围

行业：互联网

主要客户：互联网用户

业务区域：全国

3. 收入结构：出版费、增值服务等领域

三、综合信息

1. 发展定位：以“数字传承文明”为企业使命，致力于成为全球领先的中文数字出版机构

2. 重要合作伙伴及供应商：人民出版社、上海文化出版社、凤凰教育、浙江大学出版社、希望出版社、人民邮电出版社、黄河出版传媒集团、中国移动、AcFun 等

游　戏

电子竞技

斗鱼 TV

斗鱼 TV 是一家弹幕式直播分享网站，是国内直播分享网站中的一员。斗鱼 TV 的前身为 ACFUN 生放送直播，于 2014 年 1 月 1 日起正式更名为斗鱼 TV。其以游戏直播为主，涵盖了体育、综艺、娱乐等多种直播内容。近年来随着中国电子竞技市场的迅猛发展，以斗鱼 TV 为代表的游戏、赛事直播已成为独立热门市场。作为直播领域的第一梯队，其用户规模和资金面都有优势，用户规模上，斗鱼 TV 在 PC 端较竞争对手优势明显，在手机端也处于领先地位；资金面上，在 2016 年 3 月，斗鱼获得腾讯、红杉等机构 1 亿美元投资，2016 年 8 月，斗鱼又获得了凤凰资本、腾讯等机构 15 亿元人民币投资，对业务拓展推动作用明显。

在游戏竞技领域，斗鱼通过游戏实况直播、转播赛事+举办联赛、游戏解说、签约职业战队的形式全面铺开，与对手展开竞争攻势，借以提高用户数量及留存率，增加用户使用时长，稳固行业地位。但电子竞技的火热也随之带来直播平台纷争不断，竞争激烈。就斗鱼来说，2016 年 5 月 16 日，中国首起电竞游戏赛事网络直播纠纷案结案，宣告斗鱼二审败诉，维持原判，需赔偿耀宇公司经济损失人民币 100 万元和维权的合理开支人民币 10 万元，并在斗鱼网站首页显著位置刊登声明，消除不良影响；在 2017 年年初，由于出资不够，斗鱼失去了最大电竞赛事 LPL 联赛转播的版权，预计将对平台流量产生较大影响。除游戏外，斗鱼目前还大力推行“直播+”战略，战略以游戏直播为基础，拓宽以游戏为中心，向外囊括综艺、体育、财经、科技、户外、影视等几十个领域的交互内容。推动了主播的成分迁徙，形成了主播的泛娱乐化导向，使原有的电子竞技游戏直播用户与其他多重领域交互，推行精品内容。推动电子竞技大环境的发展。

易观分析

游戏直播平台作为千亿游戏市场以及电竞产业链竞合的中心，在过去两年里，一直呈现野蛮生长的状态，是最热的风口之一，在资本的强力推动之下，游戏直播平台保持高速发展。斗鱼 TV 经过近几年的发展，已经形成比较成熟的盈利模式，纵观整个直播行业，斗鱼作为综合性直播平台非常强势——既横跨 PC 端和移动端，又在双端具备优势；既在游戏直播领域占据优势，同时又能延展覆盖到御宅、星秀、科技、户外、体育、音乐、影视等集众多热点领域。

斗鱼 TV 未来在行业中依旧会保持领先优势，但须克服发展过程存在的一些问题。首先是在移动端用户上，斗鱼出现了活跃用户上升速度减缓，份额下降的趋势。根据易观千帆数据监测显示，2016 年 1 月，斗鱼 APP 活跃用户为 1230.75 万，而到了 2016 年 12 月，斗鱼活跃用户为 1251.78 万，仅增加 21.03 万新用户，虽然排名依旧保持第一，但增速远低于游戏直播平台平均增速，与其他直播平台领先优势缩小。再是电竞赛事合作转播上，游戏直播平台的竞争已经进入白热化，斗鱼作为行业的第一，却失去了下赛季 LPL 的转播权，这必然会导致用户的流失。最后是斗鱼推行的“直播+”战略的实施，目前来看，游戏和电竞直播仍旧是斗鱼最核心的部分，泛娱乐的成型还需要等待时间的考量。

一、基础信息

1. 基本信息

公司全称：武汉斗鱼网络科技有限公司

成立时间：2014 年 1 月

总部地点：武汉

上市时间：未上市

企业性质：私人企业

资本信息：未知

联系方式：

网址：http：//www.douyutv.com/

2. 组织信息

管理层：

陈少杰　首席执行官

二、业务信息

1. 产品及服务信息：网络直播平台

2. 覆盖范围

行业：泛娱乐直播平台

主要客户：互联网用户

业务区域：全国

3. 收入结构：运营页游、用户购买虚拟道具、广告

三、综合信息

1. 发展定位：中国最大的互动娱乐直播平台

2. 重要合作伙伴及供应商：WCA、腾讯、IG 战队等

PLU

PLU 是国内比较早专注于电子竞技赛事直播的公司，在 2005 年 8 月 25 日，PLU 与国内知名的 P2P 运营商合作研发了网络视频直播技术，开拓了世界电子竞技比赛直播方式的新模式，成为市场领先者。其以举办推广各类游戏赛事、传播报道国内外游戏热点重点新闻、选拔包装中国游戏高手为主要职能，成功举办了多次电子晋级赛事，近年尤以成功举办与打造出中国最大电子竞技赛事 LPL 为业内瞩目。2015 年 2 月 1 日，PLU 游戏娱乐传媒正式发布龙珠直播平台，并与游戏开发和运营机构腾讯游戏、韩国职业电子竞技协会（KeSPA）、游戏风云、NICE TV 达成战略合作。2016 年 11 月 16 日，苏宁控股旗下上海聚力传媒技术有限公司拟通过收购股权等一系列方式分别取得苏州游视网络科技有限公司分拆之后的直播公司（龙珠直播）100%的股权和电竞公司 25%的股权，腾讯将全部退出龙珠直播公司，仅持有电竞公司 19.99%的股权。

易观分析

从电竞产业链环节来看，PLU 覆盖自上游到下游的全部流程，包括自主赛事品牌、直播及视频平台、解说主播资源、节目制作。PLU 是最早的赛事执行方之一，参与举办了英雄联盟职业联赛、穿越火线职业联赛及 TGA 大奖赛等电竞赛事，举办过 6000 余场电竞比赛，经验丰富；PLU 是目前行业内少有的同时拥有直播+点播双平台玩家，通过龙珠直播和视频两个视频媒体平台，二者可有效地将电竞内容的广度与精度进行互补。

随着香蕉计划在国内电子竞技行业的异军突起，PLU 不仅丢失了 LPL 赛事的主办权，失去了独占直播的游戏内容，同时面临着香蕉计划旗下 PandaTV 游戏直播平台的追击。在此情形下，腾讯宣布退出龙珠直播的股份，PLU 也结束了与腾讯的蜜月期，腾讯旗下游戏赛事的直播内容也将逐渐转移到腾讯自身的企鹅电竞平台中，在电竞内容方面对龙珠直播是有着不小的影响。在这一轮股权收购下，新东家苏宁提供了充足的资金面支持，同时苏宁文创集团，拥有庞大的体育版权资源、用户资源和线下资源优势，二者在综艺娱乐、电子竞技等领域可开展深度合作，综合分析，平台发展的好坏还需时间的检验。

一、基础信息

1. 基本信息

公司全称：苏州游视网络科技公司

成立时间：2005 年 8 月 25 日

总部地点：苏州

上市时间：未上市

企业性质：有限公司

资本信息：未知

联系方式：

网址：http：//www.plu.cn/

地址：江苏省太仓市科教新城海运堤路 86-2

2. 组织信息

管理层：

陈琦栋　首席执行官

二、业务信息

1. 产品及服务信息：游戏娱乐传媒

2. 覆盖范围

行业：泛娱乐在线游戏

主要客户：互联网用户

业务区域：全国

3. 收入结构：售卖虚拟道具、网络广告、电子商务交易

三、综合信息

1. 重要合作伙伴及供应商：苏宁等

WCA

WCA 世界电子竞技大赛（World Cyber Arena）是一项全球性的电子竞技赛事，该项赛事由银川市政府、银川圣地国际游戏投资有限公司运营。自 2014 年创立以来，WCA 网罗了全球最热门的游戏作为比赛项目，WCA 赛事游戏产品囊括 PC 端、移动端、页游端全平台，游戏种类涵盖了 MOBA、RTS、卡牌、棋牌、竞速、休闲，用户覆盖广泛，赛事主体灵活。WCA 通过举办国际性电竞大赛、组织电竞选手培训、设立优秀选手个人工作室等形式，致力于推动电子竞技赛事、电子竞技产业的蓬勃发展。

作为第三方赛事平台代表，2016 年 WCA 全年奖金池高达 2 亿，全球收视人次达到 17 亿次，参赛选手数量超过 40 万，形成了职业赛、公开赛、外卡赛、中外对抗赛、高校争霸赛、电竞嘉年华等立体式的赛事体系。在赛制上，WCA 向体育赛事看齐，WCA2016 全球总决赛采用了奥运会的模式，在赛程赛制向奥运会看齐的同时，赛事的形式和仪式也相应效仿，例如为优胜者颁发纯金银铜奖牌、升国旗奏国歌等，将奥运会特有的国家和民族荣誉感引入到电子竞技当中。同时，WCA 还超越电竞本身，成为世界文化交流的载体。2016 年 12 月 12 日，首届 WCA 全球电子竞技高峰论坛在银川举行，会议提出共建“电竞星球”的主张，全球 20 多个国家及地区的政府或行业机构与 WCA 签订了合作协议，将共同在全球建立多元化的电竞文化和生态圈。

易观分析

电子竞技在逐渐步入体育范畴之后，无论是政府方面还是社会方面，都会将电子竞技进行正面资源、舆论等投放，电子竞技维护用户最好下行方式则是赛事，随着各个领域对赛事产业的关注，未来电子竞技赛事也将成为朝阳产业。正是因为如此，WCA 因银川市政府的大力支持下，在整体资源覆盖上拥有得天独厚的优势，经过三年运营，WCA 不仅成为中国最大电子竞技赛事，而且形成一个以赛事为引擎打造的电竞大平台及电竞生态圈。由此带来的规模效应推动了游戏开发、线下电竞中心、电竞俱乐部、艺人经纪、赛事直播平台、渠道发行、电竞教育、电竞解说及海外发行等相关产业的发展。

WCA 将多领域融合打造新的体育生态战略或将打破电子竞技赛事的传统模式，随着电子竞技内容产品的更迭，多项产品融合是目前许多电子竞技用户迫切需要的，而在此基础上融合其他元素领域，在一定程度上将电子竞技用户范围扩大化。另外，WCA 积极接轨国际的战略，预计将有更多来自全球的电竞合作伙伴参与到 WCA2017 海外赛事的推广和运营中来。

一、基础信息

1. 基本信息

公司全称：银川圣地国际游戏投资有限公司

成立时间：2014 年 6 月

总部地点：银川

上市时间：未上市

企业性质：有限公司

资本信息：未知

联系方式：

网址：http：//www.wca.com.cn/

地址：宁夏银川市金凤区上海西路 239 号国电英力特大厦 18 楼 B 座

邮箱：hr@ wca.com.cn

电话：0951-5962585

二、业务信息

1. 产品及服务信息

比赛项目：传统电竞、页游和手游

代表比赛：Dota2、炉石传说、CS：GO、穿越火线、坦克世界、魔兽争霸、英雄联盟、风暴英雄、英雄之刃等

2. 覆盖范围

行业：电子竞技赛事、泛娱乐在线游戏

主要客户：电竞选手、游戏用户

业务区域：全国

3. 收入结构：赛事奖金池、网络广告、电子商务交易等

三、综合信息

1. 发展定位：以“英雄的竞技场，玩家的寻梦地”为口号，致力于推动电子竞技赛事、电子竞技产业的蓬勃发展，矢志打造为全球顶尖的第三方综合性电竞赛事

2. 重要合作伙伴及供应商：京东游戏、ACFUN、京东手机、贴吧电竞、虎牙、斗鱼、游戏茶餐厅、小米电视、乐视体育、新浪电竞、优酷等

腾讯游戏

腾讯游戏作为中国游戏行业的绝对领先者，在电子竞技领域中占有先天的内容资源，公开财报提到，腾讯 2016 年总收入为 1519.38 亿元，同比增长 48%；其中网络游戏收入达 708.44 亿元；Q4 手游实现同比增长 51%，达 107 亿元；腾讯手游 2016 年收入约为 382 亿元，占据中国移动游戏市场的 46.6%。在游戏产品矩阵中，拥有《王者荣耀》《英雄联盟》《穿越火线》等最热门的竞技游戏 IP，有强大的用户群体支撑。

从 2010 年 TGA 平台（腾讯游戏竞技平台）成立以来，腾讯一直在电竞领域布局。经过 6 年持续的投入和培育，腾讯已经打造了完整的电竞生态版图：腾讯电竞赛事已经拥有了覆盖旗下各类型游戏的 TGA 大奖赛、TGA 移动游戏大奖赛，以及单产品职业赛事 LPL、CFPL、KPL，此外，还有覆盖不同渠道用户的 WGC、QGC。这些赛事，覆盖了 90%以上的电竞人群，也培育了如今成为中国电竞行业中坚的一批选手、主播。

2016 年 7 月 26 日，腾讯网联合 QQ 手游、腾讯互娱，三方宣布：将合作推出专注于连接手游电竞生态的平台——企鹅电竞，并公布了该项目的一系列计划与合作模式。12 月 9 日，腾讯正式对外发布腾讯电竞子品牌——以 TGA 为核心的腾讯电竞业务平台升级为“腾讯电竞”这一全新品牌。腾讯集团副总裁程武宣布，电子竞技将成为腾讯互娱继游戏、文学、动漫、影业后的第五大泛娱乐业务矩阵。

易观分析

腾讯电竞的发布，填补了腾讯游戏产业生态版图的最后一块空白。此前腾讯并没有专门的电子竞技品牌，但腾讯确实一直在运营着很多电子竞技游戏、赛事和产品。包括 TGA 腾讯游戏竞技平台、WGC 赛事、TGC 游戏嘉年华等，甚至腾讯的 QQ 业务也基于用户群做过 QGC 赛事。作为是全世界最热门竞技游戏 IP 的拥有方，腾讯是最有资格做电子竞技的厂商之一，如今成立腾讯电竞，也算是名至实归。

腾讯核心战略是连接和内容，对于电子竞技这个新兴内容的连接正是处在腾讯的核心业务路径上。掌握着核心 IP 的腾讯是电子竞技赛事的发起方和拥有方，拥有强大的势能，随着腾讯电竞业务正式树立并逐步跑起来，整个产业背后的商业价值将逐渐被揭示。例如腾讯移动电竞的排头兵，企鹅电竞践行腾讯“连接一切”的理念，整合内外部的资源，从赛事举办、直播、内容、社区等领域出发，不断联动电竞产业链的各个环节，让赛事主办方、游戏厂商、玩家等多方均能受益，联合推动电竞生态圈的蓬勃发展。总之，作为腾讯互娱的第五大矩阵，腾讯电竞在互娱板块地位不言而喻。随着电子竞技产业的爆发，电竞将会成为腾讯互娱全新的 IP 策源地，带来游戏业务的持续性增长。

一、基础信息

1. 基本信息

公司全称：腾讯控股有限公司

成立时间：2000 年 2 月

总部地点：深圳

上市时间：2004 年在香港联交所上市

企业性质：股份有限公司

资本信息：注册资本 8000 万元

联系方式：

网址：http：//game.qq.com/

邮箱：10000@ qq.com

地址：深圳市福田区赛格科技园 2 栋东 403 号

电话：0755-86013666

2. 组织信息

管理层：

马化腾　首席执行官

二、业务信息

1. 产品及服务信息：网络游戏的研发、发行、运营

2. 覆盖范围

行业：泛娱乐在线游戏

主要客户：互联网用户

业务区域：全国

3. 收入结构：游戏增值服务收入、网络广告、电子商务交易

三、综合信息

1. 发展定位：围绕泛娱乐战略，通过对版权的运营，打造中国最大的娱乐平台

2. 重要合作伙伴及供应商：动视暴雪、WeMade、Electronic Arts、NCsoft、NEOPLE 等

手游

腾讯游戏

腾讯于2012年正式入局手游行业，2013年8月成立“腾讯移动游戏平台”，凭借强大的运营和分发能力，旗下多款产品多次占据下载榜首。2014年移动游戏收入达到112亿元人民币；2015年收入增长将近一倍，达到213亿元人民币，8月首次登顶全球iOS收入榜首。进入2016年，腾讯游戏大动作频频：先是3月25日，在UP2016腾讯互动娱乐发布会上首次公布腾讯移动游戏精品3.0战略，未来将更聚焦、更立体、更精细和更高效，同时在会上宣布与盛大、巨人、金山、完美世界等端游大厂进行合作，获得大量知名IP手游的代理发行权；再是6月21日宣布以86亿美金的价格收购全球知名手游开发商Supercell 84.3%的股权，创下全球游戏行业迄今最大规模的单笔收购；后又于7月26日，腾讯网、QQ手游和腾讯互娱联合成立企鹅电竞，行业布局进一步完善。

2016年前三个季度腾讯移动游戏收入达到270亿元人民币。产品类型方面，腾讯游戏抓住游戏人口增长的红利期，并依托其在社交领域的优势，于2014年年初开始试水休闲轻度类型游戏，在迅速扩大规模后，为腾讯移动游戏平台制定了以“精品产业链”为核心的发展策略。2014年则以休闲游戏和回合制卡牌游戏为主，同时着重发展动作类和策略类游戏。到了2015年，人口红利逐渐消失，产品间的竞争也愈演愈烈，其开始挖掘细分人群，布局MOBA、FPS为代表的电竞手游，进入精细化运营阶段。进入2016年，在游戏精品3.0战略下，集中资源打造爆款，同时进行精细化运营。例如旗下的MOBA类竞技手游《王者荣耀》，根据易观监测数据显示，2016年12月，月活跃用户高达3399.07万人，在细分领域中远远超越同类游戏。

易观分析

腾讯游戏作为典型厂商，其凭借自身强大的资源整合能力，引领了整个行业的快速发展。根据易观监测数据显示，腾讯在2016年第4季度手游市场份额达到40.29%，且有持续上升趋势，目前在行业中处于绝对领跑地位。在腾讯游戏精品3.0战略推动下，一方面已发行的游戏以多领域规模铺设+典型游戏精品化运营二者相结合的策略，前者巩固各个游戏细分领域的份额，后者利用头部精品游戏持续吸引新用户，起到收入重要拉动作用；另一方面，将端游改编手游成为主要产品形态，吸引端游玩家进入手游领域。凭借强大发行能力，众多端游大厂纷纷选择腾讯游戏作为合作发行方。例如西山居的《剑侠情缘》、完美世界的《梦幻诛仙》、盛大的《龙之谷》等端游当家IP的手游版均交由腾讯运营。腾讯游戏预计在2017年上半年再推出《天堂2》和《天龙八部》手游版，均为大IP+大研发的优质产品，后续产品潜力巨大，会继续巩固腾讯游戏在手游市场的头部位置。

一、基础信息

1. 基本信息

公司全称：腾讯控股有限公司

成立时间：2000 年 2 月

总部地点：深圳

上市时间：2004 年在香港联交所上市

企业性质：股份有限公司

资本信息：注册资本 8000 万元

联系方式：

网址：http：//game.qq.com/

邮箱：10000@ qq.com

地址：深圳市福田区赛格科技园 2 栋东 403 号

电话：0755-86013666

2. 组织信息

管理层：

马化腾　首席执行官

二、业务信息

1. 产品及服务信息：网络游戏的研发、发行、运营

游戏产品：《王者荣耀》、《欢乐斗地主》、《穿越火线》（手机版）、《天天爱消除》、《奇迹暖暖》、《火影忍者》、《天天飞车》（手机版）等

2. 覆盖范围

行业：泛娱乐在线游戏

主要客户：互联网用户

业务区域：全国

3. 收入结构：游戏增值服务收入、网络广告、电子商务交易

三、综合信息

1. 发展定位：围绕泛娱乐战略，通过对版权的运营，打造中国最大的娱乐平台

2. 重要合作伙伴及供应商：巨人网络、盛大网络、西山居、完美世界、金山网络、动视暴雪、WeMade、Electronic Arts、NCsoft、NEOPLE 等

网易游戏

网易游戏是目前国内手机游戏市场中仅次于腾讯的存在，跟据易观监测数据显示，在 2016 年第 4 季度，网易游戏市场份额达到 27.79%，和腾讯游戏共同占据手游市场近 7 成，形成双寡头格局。网易游戏最开始以端游《梦幻西游 2》的移动端口《梦幻西游口袋版》为切入口进入手机游戏领域，但其当时定位局限于服务《梦幻西游 2》端游版玩家，因而没有得到很好的市

场反馈，随后在 2015 年 3 月《梦幻西游》手游版一经推出市场，便取得了巨大的反响，《梦幻西游》强大的 IP 影响力助推其手游版登顶 iOS 畅销榜首，随之而来的《大话西游》手游版同时占据了 iOS 畅销榜第二名的位置。2016 年 9 月，网易自研手游《阴阳师》上线，作为一款优秀的原创游戏，迅速成为市场上爆款产品，上线一个月即登顶 iPhone 和 iPad 畅销榜双榜首，上线 50 余天，DAU 突破 1000 万，并获 App Store 中国区 2016 年度十佳游戏，Facebook 2016 年度最佳移动游戏。

易观分析

网易游戏凭借优秀的游戏品质和良好的市场口碑，游戏市场份额得到不断提升，已经与腾讯形成了双寡头格局，这与网易的精品化策略是离不开的。首先是依靠老牌 IP《梦幻西游》《大话西游》等稳固基础，守住基本面；再通过打造优质原创 IP 方面，像《乱斗西游》《率土之滨》以及爆款《阴阳师》等拓宽用户面；再是与暴雪合作，通过代理精品游戏如《炉石传说》来赢得口碑；最后是完善自身 IP 库，像《小时代》《猫和老鼠》《功夫熊猫》等来争取公司未来。

网易游戏有强大的自研能力，并拥有众多端游 IP，未来可通过端游 IP 手游化和打造优秀原创手游 IP，使手游业务持续稳定的发力。但是其拥有的游戏 IP 中，以重度游戏为主，对中轻度玩家来说疲劳度较高，面对时间碎片化的今天，轻度游戏正逐渐成为市场主流，网易游戏须推出更多易玩的轻手游以适应市场环境。

一、基础信息

1. 基本信息

公司全称：广州网易计算机系统有限公司

成立时间：1997 年 6 月 24 日

总部地点：北京

上市时间：2000 年 6 月 30 日

企业性质：股份有限公司

资本信息：注册资本 2000 万元

联系方式：

网址：http：//nie.163.com/

地址：北京市海淀区中关村东路 1 号院清华科技园 8 号楼启迪科技大厦（火炬大厦）D 座 26 层

客服热线：020-83568090

2. 组织信息

管理层：

丁磊　首席执行官

二、业务信息

1. 产品及服务信息

网络游戏的研发、出版、发行、运营，电子邮件，门户网站，广告

游戏产品：《阴阳师》《梦幻西游手游》《大话西游手游》《倩女幽魂手游》《率土之滨》《大唐无双手游》《乱斗西游2》等

2. 覆盖范围

行业：在线游戏

主要客户：互联网用户

业务区域：全国

3. 收入结构：在线游戏收入（约占75%）、广告收入、邮箱、电商及其他收入

三、综合信息

1. 发展定位：中国领先的在线游戏平台

2. 重要合作伙伴及供应商：暴雪、Funnybee、EA等

乐逗游戏

当国内移动游戏还处于萌芽和起步阶段时，乐逗游戏抓住了机遇，引入了《神庙逃亡》《水果忍者》等当时风靡海外的热门大作。因此，乐逗游戏在迅速先于众多国内游戏厂商建立起自身优势，抢占市场空白。从2011年开始到2013年的时间里，每一年的市场热门游戏都有乐逗代理的产品：2011年的《水果忍者》、2012年的《神庙逃亡》以及2013的《地铁跑酷》。在顶峰时期，苹果App Store全球游戏总榜单的前五款游戏中，被乐逗代理的产品就有四款。2014年8月7日晚9点，乐逗游戏在美国纳斯达克敲钟，乐逗游戏母公司创梦天地科技有限公司（纳斯达克代码：DSKY），宣布其公开募股已定价，以每股15.00美元发行7700000股美国存托股票（以下简称“ADS”）。2015年12月31日创梦天地晚间宣布，已与创梦投资控股有限公司和创梦合并附属有限公司母公司的全资子公司达成最终的合并协议与计划。同时，创梦天地董事会已批准该私有化协议，并建议股东投票支持该交易。美国东部时间2016年9月7日下午，乐逗游戏母公司创梦天地科技有限公司（NSDAQ：DSKY），宣布完成私有化交割，从纳斯达克退市，腾讯将成为除管理团队外的最大股东，占股30%。

根据易观监测数据显示，截至2016年第4季度，乐逗游戏在中国移动游戏发行商全平台竞争格局中处在第四的地位，拥有15.9%的市场份额。在游戏发行市场用户渗透率方面，乐逗游戏连续12个季度保持发行商市场用户规模第一，得益于休闲手游《地铁跑酷》《神庙逃亡》等游戏一直以来的良好表现，乐逗游戏拥有庞大的用户基础，2017年1季度份额达到28.8%。

易观分析

作为海外游戏开发商最为信赖的国内手游发行公司之一，乐逗游戏曾代理了众多国际知名开发商的明星休闲单机游戏产品。然而随着用户习惯的改变和市场环境的变化，这些游戏的用户量和收入逐步下降也是不争的事实。面对这样的情况，乐逗休闲单机游戏业务，须一方面通过寻找成熟品类中的精品游戏，以保持高 DAU；另一方面，除了传统的内购以外，通过将大部分游戏接入了当下流行的视频激励广告进行变现，借以守住用户规模和收入规模。

乐逗游戏在 2016 年因为私有化的原因，其重心都放在了资本和结构的调整上，产品发布较少。尤其是手机网游上，仅发布了《圣斗士星矢—集结》以及《坦克之战》两款，虽然通过精细化的推广以及运营，两款游戏获得了较好的成绩，但随着移动游戏市场规模不断扩大，页游和端游厂商、手游渠道、视频平台等移动游戏相关厂商纷纷拓展手游业务，未来竞争愈发激烈，乐逗游戏需要在公司结构和产品上做好相应的对策。

一、基础信息

1. 基本信息

公司全称：深圳市创梦天地科技有限公司

成立时间：2011 年

总部地点：深圳

上市时间：2014 年 8 月 7 日（美国纳斯达克）

退市时间：美国东部时间 2016 年 9 月 7 日下午，乐逗游戏母公司创梦天地科技有限公司（NSDAQ：DSKY）宣布完成私有化交割，从纳斯达克退市

企业性质：民营

联系方式：

网址：http：//www.idreamsky.com/

邮箱：business@ idreamsky.com

地址：深圳市南山区科苑北路科兴科学园 A3 单元 16 层

电话：0755-86110235

2. 组织信息

管理层：

陈湘宇　首席执行官

二、业务信息

1. 主要产品与服务信息：网络游戏的发行、开发、运营

游戏产品：《圣斗士星矢——集结》《坦克之战》《三剑豪》《苍穹变》《冲吧航海王》《果宝三国》《机战王手游》《快乐点点消》《神庙逃亡 2》《地铁跑酷》《纪念碑谷》《赛尔号：雷神崛起酷跑》

2. 覆盖范围

行业：手游

主要客户：智能手机用户

业务区域：全国

3. 收入结构：不详

三、综合信息

1. 发展定位：致力于打造国际一流的手机游戏公司，为用户带来高品质的游戏体验

2. 重要合作伙伴及供应商：Halfbrick 游戏公司、Imangi Studios 工作室、Kiloo Game 游戏公司、Gameloft 游戏公司、Enfeel 游戏公司、迪士尼、Rovio 娱乐、世嘉游戏、乐动卓越、Joycity 公司、中国移动通信、中国电信、中国联通、360 手机助手、腾讯、九游游戏门户、新浪游戏、电玩巴士平台等

基础应用与服务

搜索

百度搜索

百度搜索是专业的中文搜索引擎，覆盖地图、娱乐、财富、学术、医疗、翻译等多个领域。2016 年，百度加大了国际化力度，2016 年 12 月 31 日，百度与日本雅虎在广告业务上达成合作协议，打通日企在中国的网络广告通道。11 月 28 日，百度地图宣布与北欧四国旅游局达成战略合作，并在一月内上线非洲、欧洲、亚洲的 106 个国家，完成全球 209 个国家和地区、99%世界人口的覆盖。

截至 2016 年 12 月，百度入股企业大约 119 家，行业主要涵盖衣、食、住、行、娱乐、金融、教育七大领域。百度立足于其独一无二的技术基因、大数据和人才优势，依托于现有搜索引擎及资讯流平台，打造了人工智能驱动的商业新时代，为互联网和传统行业带来了革命性的变化。

易观分析

2016 年，人工智能技术为百度搜索的优化升级注入了新鲜血液。通过对语义理解技术、语音搜索与图像搜索等技术的创新应用优化了用户体验，进而更好地彰显了百度搜索的营销价值与营销转化能力。根据易观监测数据显示，虽然 2016 年第 4 季度中国搜索引擎运营商市场规模轻微下降，但在未含渠道收入的中国搜索引擎运营商市场收入份额占比上，百度依然保持占据市场份额 79.62%的领先地位，并创下 2016 财年总营收同比增长 11.9%的成绩。图片搜索、语音搜索等新技术应用与变现模式成熟，将对于搜索引擎运营商收入提升有较大帮助，未来百度搜索如何利用人工智能将内容与用户精准连接并提升用户的搜索体验将作为突破其搜索功能的重要战略。

百度以搜索引擎技术和手机百度信息流为基础，通过“搜索+推荐”的方式分发百家号等自有内容和联盟内容，提升了内容与用户的适配度和广告的转化能力，从而进一步加强了搜索引擎的信息分发能力与百度内容生产循环互补效应。搜索引擎信息分发能力升级的背后是实时的匹配计算与动态建模功能的升级，而百度搜索引擎所积累的丰富用户标签、先进的自然语言处理以及深度学习等技术优势会更好地助力完善这两项功能，将成为帮助百度搜索信息分发能力升级的关键因素。

一、基础信息

1. 基本信息

公司全称：百度在线网络技术有限公司

成立时间：2000 年 1 月

总部地点：北京

上市时间：2005 年（美国纳斯达克）

企业性质：股份有限公司

资本信息：注册资本 4520 万美元

联系方式：

　　网址：http：//www.baidu.com/

　　地址：北京市海淀区上地十街 10 号百度大厦

　　电话：010-59928888

2. 组织信息

人员规模：员工人数超过 17000 人

管理层：

　　李彦宏　董事长、首席执行官

二、业务信息

1. 主要产品与服务信息

搜索服务：百度网页搜索、百度视频、百度音乐、百度地图、百度新闻

导航服务：hao123、百度网站、百度团购

社区服务：百度文库、百度空间、百度百科、百度贴吧、百度知道、百度经验、知道日报、百度问咖、次元饭、百度派

软件工具：百度浏览器、百度影音、百度输入法

其他服务：百度翻译

新上线：百度 VR 客户端社区、百度高考、百度好看、百度有钱花、百家号、百度广播开放平台

移动类产品：百度移动搜索、百度移动应用、百度地图、百度手机浏览器、百度手机输入法

百度旗下：爱奇艺 PPS、有啊、百付宝

2. 覆盖范围

行业：搜索引擎为核心的网络信息服务

主要客户：全网用户与组织机构

业务区域：全国

3. 收入结构：百度营收以网络营销为主

三、综合信息

1. 发展定位：以“让人们最平等、便捷地获取信息，找到所求”为使命，致力于为用户提供“简单，可依赖”的互联网搜索产品及服务

2. 重要合作伙伴及供应商：新浪微博、搜房、CBSi 集团、盛拓传媒、天极传媒、凤凰新媒体、盛大、CNTV、新东方在线、百合网、去哪儿、拉手网等

搜狗搜索

搜狗搜索是搜狐公司于 2004 年 8 月 3 日推出的第三代互动式中文搜索引擎，致力于中文互联网信息的深度挖掘。搜狗主要经营搜狐公司的搜索业务，同时还推出搜狗输入法、免费邮箱、企业邮箱、新闻、音乐等业务。2010 年 8 月 9 日搜狐与阿里巴巴宣布将分拆搜狗成立独立公司，引入战略投资，2013 年 9 月 16 日，腾讯向搜狗注资 4.48 亿美元，并将旗下的腾讯搜搜业务和其他相关资产并入搜狗。2015 年 4 月 10 日，搜狗公司日前正式对外宣布，成为 Apple Watch 国内首批应用之一。2016 年 5 月，搜狗搜索推出了“搜狗明医”频道，自上线以来，搜狗明医的搜索流量增长超过 150%。

根据易观监测数据显示，2016 年第 4 季度，在未含渠道收入的中国搜索引擎运营商市场收入份额中搜狗占比 5.73%，排名第三。根据搜狗公开财报数据显示，搜狗 2016 年全年营收 44 亿元人民币，同比增长 19%。其中，2016 年第 4 季度，搜狗营收 11.7 亿元人民币，同比增长 11%，继续快于行业增速。截至 2016 年年底，搜狗已经连续 12 个季度实现持续盈利，并且保持良好的增长态势。根据搜狗公开财报数据显示，截至 2016 年年底，搜狗搜索整体流量较一年前增长 30%，特别是移动搜索流量增长 70%，对整体流量的贡献达 3/4。搜狗搜索 PC 端、WAP 端和 APP 端终端总覆

盖人群比例达 30.4%，位居行业第二。

易观分析

搜狗主张"搜索天生就是人工智能"，针对中国搜索引擎行业市场同质化的现象，2016年，搜狗搜索持续展现出搜索技术与内容的差异化优势。首先是搜索流量入口差异化，通过引进微信搜索、微信头条、知乎搜索以及连接 QQ 兴趣部落，在为搜狗搜索积累深厚的用户流量的同时，通过分析诸多优秀平台的独有优质内容帮助搜狗搜索更好地满足新时代用户的个性搜索需求，进而提供区别于其他搜索的差异性内容实现开发和存留新老用户，此策略未来将在搜狗搜索赢得更大用户市场份额上发挥重要作用。

第二，搜索场景差异化。首先是将搜索与医疗场景结合。2016 年 5 月，搜狗明医问世，首创性地引入了基于人工智能技术的智能诊断助手，模拟医生与病人对话实现更自然、智能的交互形式。360 搜索放弃布局医疗搜索以及百度的"魏则西事件"都是搜狗明医在扩大医疗搜索市场份额的客观优势，但鉴于用户对医疗搜索信息的权威性需求与搜索平台对商业推广的利益性需求的矛盾，搜狗明医在对搜索内容的真实性上应有严格把控。其次，通过革命性的跨语言搜索技术打破传统搜索壁垒，为用户提供跨语言搜索场景的体验。2016 年 5 月，搜狗发布搜狗英文搜索。作为全球首个跨语言搜索引擎，用户通过输入中文即可实现检索英文信息。搜狗将翻译技术创新应用到搜索技术上，最大效用地实现了将人工智能翻译技术通过搜索引擎服务用户，这将是未来搜狗扩大海外搜索市场的重要助力。

一、基础信息

1. 基本信息

公司全称：北京搜狗网络技术有限公司

成立时间：2004 年 8 月 3 日

总部地点：北京

上市时间：未上市

企业性质：有限责任公司（台港澳法人独资）

资本信息：注册资本 10 万美元

联系方式：

网址：http：//www.sogou.com/

地址：北京市海淀区中关村东路 1 号院 9 号楼威新国际大厦　100080

电话：010-62728080

2. 组织信息

管理层：

王小川　首席执行官

二、业务信息

1. 主要产品与服务信息

搜狗的产品线主要包括网页应用、桌面应用和手机软件三大部分：

网页应用：微信搜索、网页搜索、网址导航、搜狗金榜、搜狗英文搜索、搜狗明医搜索、搜狗学术搜索、搜狗问问等

桌面工具：搜狗拼音输入法、搜狗五笔输入法、搜狗手机输入法、搜狗高速浏览器、搜狗壁纸

手机软件：搜狗搜索、搜狗手机输入法、搜狗手机助手、搜狗号码通、搜狗手机地图等

2. 覆盖范围

行业：互联网搜索引擎、互联网应用工具

主要客户：全网用户

业务区域：全国

3. 收入结构：在线广告、流量分发、增值服务。具体收入结构不详

三、综合信息

1. 发展定位：搜狗以搜索技术为核心，致力于中文互联网信息的深度挖掘，帮助中国上亿网民加快信息获取速度，为用户创造价值

2. 重要合作伙伴及供应商：逗游、米尔网、中华网、和讯、豆丁、凤凰网、央视网、酷6网、中国青年网等

社交

QQ

QQ是腾讯旗下即时通讯软件，经过多年发展积累了大量用户。手机QQ基于PC端即时通讯资源迅速积累了大量用户，根据腾讯公开财报数据显示，截至2016年12月31日，QQ月活跃账户数达到8.68亿，比2015年同期增长2%。QQ智能终端月活跃账户达到6.52亿，比2015年同期增长2%，QQ整体最高同时在线账户（包括PC及手机）达2.44亿，比2015年同期增长1%。

依托于移动端和多元化的产品生态体系网，提升用户沟通分享的互动性体验是QQ的创新主打策略。首先体现在“QQ+AI”创新结合上，12月微软人工智能“小冰”入驻QQ厘米秀平台，使QQ用户获得更人性化的交流体验，未来微软小冰将进入QQ群聊和QQ公众号，QQ群的活跃度预计也将有很大的提升。第二，迎合用户趋向年轻化的结构趋势，2016年1月，QQ推出面向年轻用户群体的厘米秀，厘米秀因其强大的互动黏性成为QQ智能端月活跃账户增长的主要贡献者，并成长为QQ部落平台中的佼佼者，有望成为近十亿用户量级的手机QQ中使用频次最高的互动功能之一。第三，面向企业用户需求，以轻聊与方便办公为目标的TIM应运而生。可以看出通过结合创新

技术与关注用户体验，QQ 巩固了其在中国用户生活中无处不在的平台地位。

易观分析

QQ 在 IM 行业有着其他软件无法比拟的先入优势，除了在消费者市场拥有巨大的用户基数和较高的品牌认可度，线上线下的紧密结合与广阔覆盖度使得 QQ 在行业内持续保持领军地位，彰显出庞大的商业价值。从支付层面看，除夕当天，综合参与 QQ“刷一刷红包”与“LBS+AR 天降红包”的人数、领取红包次数与玩法上都完胜对手支付宝，在这场移动支付市场的争夺中，QQ 进一步增强其线下支付话语权。相较于支付宝，QQ 钱包发挥其在三四线城市庞大用户量优势，实现了移动支付下沉渠道的扩展，未来可供开发市场宽广。从扩大娱乐社交层面看，QQ 抓住视频社交未来的趋势，携手多领域的 IP 合作伙伴推出以“日迹”为代表的价值千亿的“EQ 计划”，打破 IP 与消费者之间的围城，挖掘庞大流量群体的商业价值。

日迹依靠腾讯旗下动漫、游戏、文学等多元平台与有重大影响力的 IP 展开线上线下多维合作，帮助用户与 IP 间更好地联动。依靠 IP 的品牌效应提升用户黏性并且更全面地覆盖年轻人关注的娱乐内容。所以无论从移动支付市场占有份额还是多元布局娱乐市场上，QQ 背后的商业升值空间巨大。

当然，已经达到成熟量级的 QQ 依旧面临着如何持续吸引用户注意力的挑战。因为随着新的一代年轻人崛起以及其排斥成熟社交网络的消费心理，老牌社交平台需要挖掘新的消费热点。其次，QQ 承载的广告价值面临着被短视频、直播等工具严重分化的困境。由于年轻用户群体产生兴趣分化，这种中流效应的不足使得 QQ 应在如何收买年轻用户与寻求自我年轻因素的供给方面做进一步的考虑。

一、基础信息

1. 基本信息

公司名称：腾讯控股有限公司—社交网络事业群 SNG

成立时间：1998 年成立　2012 年调整为社交网络事业群

总部地点：深圳

上市时间：2004 年 6 月 16 日港股

企业性质：上市公司

资本信息：注册资本 8000 万元

联系方式：

网址：http：//im.qq.com/

邮箱：cosec@ tencent.com

地址：深圳市南山区高新科技园中区一路腾讯大厦

电话：0755-86013388 转 88668

2. 组织信息

管理层：

马化腾　首席执行官

二、业务信息

1. 产品及服务信息

2.1.1 产品信息

PC 版、手机 QQ、iPad 版、企业 QQ

QQ 作为腾讯核心级用户产品与入口级应用，集成了多种服务，如 QQ 群、QQ 空间、朋友网、QQ 邮箱、附近的人、兴趣部落、腾讯游戏、QQ 购物、QQ 阅读、QQ 音乐、热门活动、同城服务等

2. 覆盖范围

行业：互联网/即时通讯

主要客户：企业和个人

业务区域：影响力遍及中国大陆、中国香港地区、中国台湾地区、东南亚、海外华人聚集地和部分西方区域

3. 收入结构：增值服务，如 QQ 会员体系中的各种增值服务等，具体结构不详

三、综合信息

1. 发展定位：通过互联网服务提升人类生活品质，成为最受尊敬的互联网企业

2. 重要合作伙伴及供应商：开放账号体系、第三方接入合作

微信

微信是腾讯布局移动互联网的明星产品，于 2011 年推出，经过快速迭代迅速积累用户。根据易观千帆数据监测显示，截至 2016 年 12 月底，微信月活跃账户达 75616.50 万，较上月增长 0.69%。此外，微信完成了从即时通讯工具到平台的初步进阶，以及从 2C 到 2B 的进阶，商业化的价值逐步凸显，生态体系逐渐完善。作为微信升级的重要辅助工具，二维码上的先发式利用不仅强化了微信在游戏和即时沟通上的优势，还在取代甚至颠覆传统的商家 CRM 体系方面发挥了至关重要的作用。近千万的商户通过注册微信公众号，消费者可以通过公众号实现预约挂号、签证申请、信用卡服务等复杂服务预订，说明微信已经演变成一个拥有海量用户数据的强大 CRM 生态群，商业开发潜力巨大。同时，微信通过微信支付、理财通、公众号以及和一系列的线下吃喝玩乐应用的对接，已经脱离了单纯的 IM 聊天工具和朋友圈社交产品的定位，慢慢向为用户提供一切生活基础服务的超级 APP 进化，并为数十个行业提供标准解决方案。

易观分析

目前微信的商业化模式围绕微信支付与广告业务展开。2016 年 9 月 21 日，支持自助投放的微信朋友圈本地推广广告上线，基于精准的算法与未知数据，帮助线下实体商户与其服务区域内的目标用户建立联系，实现从线上往线下引流的推广目标，是对过去线上定向发送信息流广告模式的一大创新。借助微信支付帮助商家实现客户管理、下单、支付、售后等诸多服务，极大提升微信的收益以及生态聚合力。

作为微信生态的核心力量，微信支付虽然近几年发展迅速，在交易规模上快速走高，但交易规模的主要份额仍是社交支付，而非更有商业价值的消费支付。于是微信自 2016 年 3 月 1 日起，对微信支付提现进行收费。微信支付此举促进了微信生态圈内资金循环，实现微信生态圈内的良性循环。对微信而言，降低了运营成本；对用户而言，在引导 C 用户消费微信零钱的同时也淘汰了不规范 B 类商户，进而扩大微信的消费支付规模，发挥了微信区别于其他社交平台的依靠流量获取广告营销收入的独特支付属性与商业价值。但另一方面，此举并非是促进微信生态良性循环的最佳方法。收费只能使用户被动选择将资金留置微信零钱中，微信支付应该重点考虑的是如何建立下游消费渠道，让用户的资金有更好的消费流向或者实现更有价值的用途。因此，微信支付未来的重点和难点仍是如何引导用户使用微信内嵌入的消费场景以及推出更多的金融增值业务。

一、基础信息

1. 基本信息

公司名称：腾讯控股有限公司—微信事业群

成立时间：2011 年 1 月 21 日

总部地点：深圳

上市时间：2004 年 6 月 16 日（香港）

企业性质：上市公司

资本信息：注册资本 8000 万元

联系方式：

网址：http://weixin.qq.com/

邮箱：cosec@tencent.com

地址：深圳市南山区高新科技园中区一路腾讯大厦

电话：0755-86013388 转 88668

2. 组织信息

管理层：

马化腾　首席执行官

张小龙　微信事业群总裁，高级执行副总裁

二、业务信息

1. 产品及服务信息

主要产品：微信移动端、微信公众平台、微信开放平台

主要服务：即时通讯、在线视频、语音通话、朋友圈、扫一扫、摇一摇、附近的人、漂流瓶、微信购物、微信游戏

2. 覆盖范围

行业：互联网/即时通讯

主要客户：企业和个人

业务区域：影响力遍及中国大陆、中国香港地区、中国台湾地区、东南亚、印度、海外华人聚集地和部分西方区域

3. 收入结构：广告收入、增值服务等，具体结构不详

三、综合信息

1. 发展定位：通过互联网服务提升人类生活品质，成为最受尊敬的互联网企业

2. 重要合作伙伴及供应商：公众平台、财付通、KFC 等

微博

新浪微博是由新浪网推出，用户可以通过网页、WAP 页面、手机客户端、手机短信、彩信发布消息或上传图片与视频方式进行社交的微型博客服务社交网站。2014 年 4 月登陆美国纳斯达克，首日交易中便创下股价飙升 19%的傲人成绩。据新浪微博公开财务报告显示，2016 年第 4 季度总营收为 2.13 亿美元，同比增长 43%，全年净利润增幅高达 180%，第 4 季度广告营收占比为 88%。其中，来自重点客户、中小企业的广告营收达到 1.63 亿美元，同比翻倍，占广告总营收的 87%。根据易观千帆数据监测显示，截至 2016 年 12 月底，微博月活跃用户数为 14706.20 万。

易观分析

2016 年微博针对视频消费与电子商务广告产品进行大胆的探索尝试，微博已经成长为品牌推广的理想平台。直播业务上，微博以“ToB”为主，同传统媒体、“大 V”意见领袖合作。同时兼顾尝试 C 端和 B 端的盈利模式，如明星在做直播时兼顾企业赞助。这些举措标志着微博从之前的纯文本链接性转向直播/KOL 交互，提高了销售转换率。电子商务广告上，依托信息流产品新浪微博正从社交平台转型为社会化电商。与小米手机、奔驰 Smart、乐视盒子合作推出线上销售活动。11 月，推出微博电商橱窗功能，与之前的微博淘宝链接相比，进一步提升了销售转化率。而在手机淘宝的用户规模迅速扩大的趋势背景下，微博利用其与淘宝的高用户重叠度进行更为精准的营销广告投放，未来二者协同作用将得到显现，会为微博留出更大的利润想象空间。

短视频与直播领域产生的丰富流量对于品牌广告有较高的营销价值。所以，微博商业化程度提高仍需在不破坏用户体验的前提下进一步提升广告投放精准度，如优化广告算法。另一方面，就微博依靠信息流产品传播广告实现营销价值的策略而言，今日头条与微信都对微博占据市场份额上施压。虽然进军视频领域为微博争取到了庞大的流量并依靠网红助力增加了用户黏性，但其实质性的商业价值仍未被完全开发。如何将庞大流量变现而不是简单担任媒介角色为视频平台输送流量是微博需要探索的问题。

一、基础信息

1. 基本信息

公司全称：新浪微博

成立时间：2009 年 8 月

总部地点：北京

上市时间：2014 年 4 月 17 日（美国纳斯达克）

企业性质：股份制

联系方式：

网址：http：//www.weibo.com/

邮箱：sinamedia@ vip.sina.com

地址：北京市北四环西路 58 号理想国际大厦 20 层

电话：010-58983336

2. 组织信息

管理层：

曹国伟　董事长、首席执行官

二、业务信息

1. 产品及服务信息

新浪微博客户端

新浪微博企业版：提供品牌形象展示、数据评估功能以及应用扩展服务

新浪微博广告中心—微博“粉丝通”：基于微博海量用户，把企业信息广泛传递给粉丝和潜在粉丝的营销产品。它会根据用户属性和社交关系将信息精准投放给目标人群，同时微博粉丝通也具有普通微博的全部功能，如转发、评论、收藏、赞等

新浪微博开放平台：新浪微博 API，覆盖了新浪微博的全部功能，可以通过 API 发微博、传照片、加关注，甚至进行搜索等

2. 覆盖范围

行业：互联网/社会化平台

主要客户：互联网用户

业务区域：全国

3. 收入结构：据新浪微博官方数据显示，2016 年第 3 季度业绩净营收 8410 万美元，较上年同期增长 58%。广告和营销营收 6540 万美元，较上年同期增长 50%。微博增值服务（微博 VAS）营收 1880 万美元，较上年同期增长 93%

三、综合信息

1. 发展定位：开放性互动媒体

2. 重要合作伙伴及供应商：人民网、生活周刊、时尚、中国计算机报、京报网、体坛网、CCTV1、TCL、摩托罗拉、诺基亚、三星、中国电信、中国联通、中国移动通信、阿里巴巴等

陌陌

陌陌是由北京陌陌科技有限公司推出的立足于地理位置为用户提供即时通讯服务的社交产品。自上线以来，陌陌凭借更为精确的 LBS 服务和完整的社交服务体系迅速打开了 IM 市场。作为 IM 软件，陌陌与腾讯 QQ、微信、移动飞信等市场定位有所差异。陌陌主打陌生人交友，提出了“总有新奇在身边”的口号，也因此吸引了更多年轻人的目光。2014 年 12 月 12 日，陌陌科技登陆纳斯达克。据陌陌公开财报显示，截至 2016 年 12 月 31 日，陌陌月活跃用户数量为 8110 万，同比增长 16%。据陌陌公开财报显示，2016 财年，陌陌净营收为 5. 531 亿美元，同比增长 313%；增值服务营收为 1910 万美元，同比增长 31%；移动营销营收为 1970 万美元，同比增长 29%。2016 财年，归属于陌陌的净利润为 1. 453 亿美元。这是陌陌连续第八个季度实现盈利。11 月，陌陌旗下哈你直播与太合音乐集团达成战略合作，完成音乐和直播的跨界整合，标志着陌陌正在向泛社交和泛娱乐的方向发展。

易观分析

陌陌相对于其他 IM 软件最大不同就是基于 LBS 的陌生人交友，并且通过这种服务模式，完成了其他软件所不具备的从线上交流到线下交互的转化。此外，与通讯录、微博账号等内容的关联，使得用户资料立体化，增加了可识别性，也因此累积了不少用户资源。同时，由于“总有新奇在身边”的策略和其市场定位，使得陌陌的用户群年轻化、高端化。

直播作为陌陌开启视频社交战略的钥匙，帮助用户间建立开放性的社交关系。作为补充性工具产品的直播业务帮助用户更真实地展现自我，减轻“陌生人交友”发展理念下的陌生用户骚扰等问题，提高陌陌上的陌生人社交效率，为平台持续运营保驾护航。自 2015 年开展直播业务以来，目前直播服务营收为 1. 948 亿美元，已经占据总营收的 79. 15%，标志着陌陌已经从一家基于 LBS 的位置社交公司转化为基于 LBS 的视频社交平台。

未来媒体的营收增长不再完全依赖于库存的扩张，更加重视技术与模式创新，增加单位流量的变现价值。陌陌自建广告交易平台，增强对于自有流量的运营能力，很好地实现其营销价值。当然，陌陌认识到社交媒体商业化途经有限，除了依赖广告营销变现，搭建泛娱乐平台是陌陌 2016 年加速商业化进程的创新模式。预计在 2017 年，哈你直播将围绕“直播+音乐”打造自身的平台特色。当然，陌陌和大部分创业公司一样，不具备 BAT 那种极其刚需并且接近垄断的核心业务，公司业务单一，不稳定，所以以直播为媒介搭建泛娱乐化平台，挖掘自身创新核心业务是个明智的尝试。

一、基础信息

1. 基本信息

公司名称：北京陌陌科技有限公司

成立时间：2011 年 8 月 4 日

总部地点：北京

上市时间：2014 年 12 月 12 日美国纳斯达克上市

企业性质：股份制

联系方式：

网址：http：//www.immomo.com/

邮箱：bd@ immomo.com

地址：北京朝阳区望京阜通东大街 1 号望京 SOHO 塔 2，B 座 20 层　100020

电话：010-57310567；010-57310678

2. 组织信息

管理层：

唐岩　董事长、首席执行官

二、业务信息

1. 产品及服务信息

陌陌：基于地理位置的移动社交工具。使用者可以通过陌陌认识附近的人，免费发送文字消息、语音、照片以及精准的地理位置和身边的人更好地交流；可以使用陌陌创建和加入附近的兴趣小组及参与附近活动和陌陌吧，丰富自己的社交圈

陌陌游戏：为用户提供增值游戏服务的娱乐平台

陌陌现场：模拟“现场音乐会”音乐互动直播平台

陌陌直播：为用户提供“视频+兴趣+LBS+社交”的“四位一体”体验的直播平台

哈你直播：独立直播 APP，相较于服务社交的陌陌直播，更关注探索不同直播方式

2. 覆盖范围

行业：即时通讯、社交

主要客户：互联网移动社交用户

业务区域：全国

3. 收入结构：会员服务费用、手机游戏、移动广告占主要部分，另有表情收费和虚拟礼物商城

三、综合信息

1. 发展定位：由“陌生人的社交”转向“基于地点的社区”

2. 重要合作伙伴及供应商：阿里巴巴、腾讯微博、龙图游戏、久游等

知乎

知乎是一个社区氛围友好与理性，连接各行各业的精英的网络问答社区。基于其用户的真实问答和分享、大量原创和优质内容，目前已经成为很多人主动获取优质信息的优选。2013 年 4 月 23 日，知乎向公众开放注册，不到一年时间，注册用户迅速由 40 万攀升至 400 万。截至 2016 年 9 月，根据知乎品牌开放日公布信息显示，知乎已经拥有 6000 万注册用户，平均日活跃用户达 1600 万，人均访问时长达 40 分钟。

2016 年，知乎以提高信息交换效率为目标，从不同维度扩充着“知识”的连接。一方面，引入了话题索引、知乎书店等结构化内容产品；另一方面，知乎推出了“知识市场”服务，帮助用户连接到日常生活圈层面无法连接到的人，也为知识工作者创造了直接获得收益的可能。2017 年，知乎已经完成 D 轮 1 亿美元融资，投资方为今日资本，包括腾讯、搜狗、启明、创新工场等在内的原有董事股东也全部跟投。

易观分析

知乎在优质用户、UGC 资源积累上有较大优势，未来商业发展空间显著。产品方面，知乎拥抱用户趋向场景化与个性化的需求变化，迭代改进产品并丰富知乎社区生态。2016 年相继推出机构账号、知乎书店、知乎 live、值乎等产品。知乎通过原生问答等广告形式，以内容营销方式拉近品牌与用户的距离，增强商业化变现能力。商业化途径一：借力知乎 live 与值乎把用户知识转化为价值，将平台化的能力发挥到最优。通过打通知乎书店与知乎 Live、值乎的互动，实现知乎知识共享经济带来的闭环效应。在 2017 年年初这种平台化商业效应将会进入一个规模化的阶段。知乎的第二个商业价值体现在广告渠道上，与传统互联网产品依靠收割流量的方式不同，除了依靠原生广告产品，知乎机构账号成为品牌机构与用户平等对话的深度互动工具。同时机构账号成长体系会与社区产品的传播和推荐机制有联动，获得不同级别的有针对性推荐。目前奥迪、SK-II 等品牌均已入驻知乎机构账号。综上，知乎独特的广告渠道与内容营销式的商业化平台将在优化品牌运营策略，提升品牌影响力等方面将发挥巨大作用，为知乎未来规模化盈利奠定了框架基础。

虽然知乎的商业价值具有较大挖掘空间，但其变现模式依旧较单一。首先知识付费维度单一，且作为非标准社交产品在用户时间占有度上没有黏性优势。第二，在通过广告实现盈利时，如何保证做到不破坏用户体验且高效地将社群转化为准确定位的消费群体这一问题依旧值得深化探究。

一、基础信息

1. 基本信息

公司全称：知乎

成立时间：2011 年 1 月 25 日

总部地点：北京

上市时间：未上市

网站性质：社会化问答社区

联系方式：

网址：https：//www.zhihu.com/

地址：北京市海淀区学院路甲 5 号 768 创意园 A 座西区 1-002

2. 组织信息

管理层：

周源　创始人、首席执行官

二、业务信息

1. 产品及服务信息

知乎社区、读读日报 APP、知乎日报 APP

为激励用户和优质内容产生编辑制作“知乎・盐”系列电子书及知乎出版物

知乎吉祥物“刘看山”

机构账号、知乎书店、知乎 live、值乎

2. 覆盖范围

行业：网络社交

主要客户：互联网用户

业务区域：全国

3. 收入结构：内容出版物、知乎 live、融资等

三、综合信息

1. 发展定位：致力于帮助人们更有效、方便地分享与组织彼此的知识、经验和见解，从中发现新的机会

2. 重要合作伙伴及供应商：腾讯、搜狗、创新工场、启明创投、软银赛富

浏览器

QQ 浏览器

QQ 浏览器是腾讯公司推出的浏览器，有 PC 和移动版本。QQ 浏览器在 2010 年才开始进入手机浏览器市场，但是凭借产品和技术创新、细分市场的营销落地及社交体系的资源优势转换，QQ 浏览器已在第三方手机浏览器市场占据重要地位。根据易观千帆数据显示，截至 2016 年 12 月，手机 QQ 浏览器平均月活跃人数达到 22438.6 万人，占据中国第三方手机浏览器市场活跃用户覆盖率第一名的位置。QQ 浏览器通过与腾讯旗下其他移动产品（腾讯新闻、微信、QQ 空间等）的有效整合，让用户通过 QQ 浏览器浏览的内容能够简便地分享到社交圈子。通过 QQ 一号通的登录方式，QQ 浏览器打通了腾讯旗下各产品间的接口，跨屏穿越、微收藏等多平台、多应用的互通不仅为用户带来了实用的功能，更通过腾讯 APP 群的力量加强了用户黏性。同时手机 QQ 浏览器定位年轻化，产品对于自身品牌、功能、用户群体的准确定位，加之品牌形象代言人等对于市场的推广力度，使得个体产品所聚集的用户影响到了整个 APP 群。腾讯旗下有众多超级 APP，而产品间的相互共存共进体系，使得手机 QQ 浏览器保持了如今的领先地位。同时，腾讯加强了与 Google 及微软在浏览器技术方面的合作，借此 QQ 浏览器得以在性能方面有更大的提升。

易观分析

QQ 浏览器是腾讯打造移动互联网生态圈的重要环节。2016 年，QQ 浏览器主打“内容聚合”，力图将其打造为互联网内容消费的超级入口，从而实现腾讯生态圈的精准连接，强化 IP 孵化功能，进一步拓展腾讯“互联网+文化创意产业”的平台化发展。

在内容聚合方面，QQ 浏览器发布新一季主题广告，并喊出“不止一面，大有看头”以配合其“内容聚合平台”的产品认知升级计划。再加上 QQ 浏览器拥有丰富的渠道资源，凭借腾讯旗下众多产品（视频、新闻、阅读、购物）为其平台化建设提供了丰富的系统资源，加强了浏览器娱乐化的趋势，同时打通了腾讯产品矩阵之间的联系，利用腾讯生态闭环的优势，强化了与同类产品的差异化竞争。除此之外，QQ 浏览器最大的亮点在于对其 IP 孵化能力的定位，通过智能的筛选和大量用户选择，更高效地孵化出明星 IP，并对小说、漫画、游戏、影视等进行各种形式的转化。可以看出 QQ 浏览器正在大力推进其产品品牌认知的升级，从以往大众普遍的工具认知升级成为超级内容聚合平台，从而强化产品转型力度。

目前来看，中国第三方手机浏览器在市场趋于饱和的情况下，同时受到原生 APP 的冲击，市场竞争更为激烈，垂直细分领域追逐个性化竞争，为提高自身吸引力与竞争力，QQ 手机浏览器仍需不断强化自身的创新发展，服务用户的个性化需求。

一、基础信息

1. 基本信息

公司全称：腾讯控股有限公司

成立时间：2000 年 2 月

总部地点：深圳

上市时间：2004 年（香港）

企业性质：股份有限公司

资本信息：注册资本 8000 万元

联系方式：

网址：http：//browser.qq.com/

邮箱：10000@ qq.com

地址：中国广东省深圳市高新科技园北区深圳腾讯大厦

电话：0755-86013666

2. 组织信息

管理层：

马化腾　首席执行官

二、业务信息

1. 产品及服务信息

iOS、Android、windows 版手机浏览器产品

2. 覆盖范围

行业：互联网

主要客户：移动互联网用户

业务区域：全球

3. 收入结构：流量分发、广告，具体比例不详

三、综合信息

1. 发展定位：借助腾讯的口碑与影响力，集合优势资源，打造内容聚合平台

2. 重要合作伙伴及供应商：豌豆荚、起点网、17K、大众点评、Google、微软等

优视

UC 浏览器原名 UCWEB，是中国第三方手机浏览器市场的重要应用。2004 年 UC 优视在全球首次将云端架构应用到手机浏览器领域。2011 年 6 月 9 日 UC 发布第一代手机浏览器，通过自主研发 WEB 内核以及云端架构压缩 60%流量迅速占领移动端浏览器市场。随着互联网企业进入手机浏览器市场并快速发展，UC 浏览器作为独立的手机浏览器厂商，缺少平台资源，一家独大的局面被打破，市场份额处于下降趋势，受到了 QQ 浏览器和百度浏览器的双重威胁。2015 年 7 月，UC 浏览器全新改版，以大数据为核心，融入信息流式交互体验，根据每个用户的兴趣推荐个性化内容咨

询。在国际化方面，UC浏览器先后发布了英文、俄文等11个国际语言版本，其海外用户超过1亿，并在亚洲、非洲、俄罗斯等多个地区和国家取得了市场领先地位，其中在印度市场份额超过50%，成为印度市场第一大手机浏览器。同时也在2015年3月成为印尼第一大浏览器，市场份额超过40%。2016年8月24日，UC在北京举行战略升级发布会，宣布“UC浏览器”正式升级为“UC”，向“大数据新型媒体平台”全面升级，并正式发布资讯应用“UC头条”以及UC云观·媒体服务平台。根据易观千帆监测数据显示，截至2016年12月，UC浏览器月活跃人数达到13462万人，占据中国第三方手机浏览器市场活跃用户覆盖率第二名的位置。

易观分析

目前，UC已经成为阿里大文娱板块的重要端口，弥补了阿里在移动互联网中的入口流量。2016年，随着UC浏览器正式更名为“UC”，并将其定位为“大数据新型媒体平台”，意味着UC已经开始了前所未有的转型和平台升级。

作为阿里系的重要成员，UC创新了“内容+流量+商业化”的开放模式，在内容生产方面，UC积极布局内容产业，其实是希望“借内容立场景，借场景找卡位”，从而精确自身定位。在大数据方面，UC凭借多年的用户积累，再加上阿里系的资源优势，构建了完整的数据基础。UC对于大数据产业的深耕，一方面，是为了形成个性化的信息服务，实现从“人找信息”到“信息找人”的转变；另一方面，也是为内容生产者提供商业化发展方向，让内容与电商相互借力，打通内容变现的商业脉络。在国际拓展方面，UC发展势头依然强劲，通过本土化的发展策略，在印度形成强势竞争力，为阿里的国际战略布局打下良好基础。

目前来看，无论是QQ浏览器的内容聚合方向还是UC的内容生态构建，浏览器厂商都纷纷将重点发展方向转移到了内容建设上，UC如果想要实现以内容为基础的产业链发展，仍需继续强化内容生态，关注用户体验，提升差异化创新能力。

一、基础信息

1. 基本信息

公司全称：优视科技有限公司

成立时间：2004年

总部地点：广州

企业性质：股份有限公司

联系方式：

网址：http://www.uc.cn/

地址：广东省广州市中山大道西天河科技园建中路36号裕桥商务大厦5楼

2. 组织信息

人员规模：

公司员工总数已经超过 2600 人，产品研发人员比例超过 80%

管理层：

俞永福　阿里 UC 移动事业群总裁

二、业务信息

1. 产品及服务信息

iOS、Android、windows 版手机浏览器产品

2. 覆盖范围

行业：移动互联网

主要客户：移动互联网大众用户

业务区域：全球

3. 收入结构：广告，游戏、广告收入占比为 75%

三、综合信息

1. 发展定位：UC 浏览器定位于做移动互联网浏览入口平台

2. 重要合作伙伴及供应商：人民网、豆瓣、阿里巴巴、小米、HTC、联想等

百度浏览器

百度是全球最大的中文搜索引擎、最大的中文网站，在综合搜索、无线搜索等领域均占据显著优势。百度浏览器是百度在移动浏览器业务上的延伸，其推出双向互动的“信息（资讯等）+评论”吐槽社区功能，进行娱乐化转型，增设资讯和线上互动功能，为年轻群体打造全面、趣味、生动的互动资讯体系。2015 年 3 月 26 日百度浏览器新增积分特权，用百度浏览器免费送爱奇艺黄金 VIP，借爱奇艺视频无广告的服务进行推广。2015 年 6 月 11 日百度浏览器继续进行百度业务在移动端的转移和整合，新增积分可免费下载百度文库资源等功能。根据易观千帆监测数据显示，截至 2016 年 12 月，百度浏览器月活跃人数达到 5908.2 万人，占据中国第三方手机浏览器市场活跃用户覆盖率第三的位置。

易观分析

不同于 QQ 浏览器与 UC 的内容生态战略，百度浏览器着力通过娱乐化转型提升用户黏度，从而达到提高用户留存、聚集用户的目的，因此，百度提出全新品牌主张“做个有趣的人”，并上线“趣星球”专区，凝聚一批因“有趣”而成长的用户，为用户制造更加美好的互动体验，从而建造出独特的品牌优势。除此之外，百度浏览器用户群定位清晰，背靠百度旗下的强大产品线，力图打造集娱乐、生活、服务、资讯为一体的资源整合平台。与此同时，百度浏览器从用户使用习惯入手，在产品体验上下功夫，同时将场景化和信息前置相结合，有助于细分领域的深度挖掘。

中国第三方手机浏览器市场处于成熟发展期，浏览器市场竞争格局稳定。伴随着移动互联网的快速渗透，以及网民需求的增多，第三方手机浏览器厂商将更加注重用户体验。百度浏览器在丰富互联网用户个性选择的基础上，精准定位用户兴趣，将生活娱乐与手机浏览器相结合，有利于强化用户黏性，提高用户覆盖率。但是，与 QQ 浏览器的内容聚合模式以及 UC 的新媒体战略相比，百度在模式创新上的力度稍显不足。

一、基础信息

1. 基本信息

公司全称：百度在线网络技术有限公司

成立时间：2000 年 1 月

总部地点：北京

上市时间：2005 年（美国纳斯达克）

企业性质：股份有限公司

资本信息：注册资本 4520 万美元

联系方式：

网址：http://www.baidu.com/

地址：北京市海淀区上地十街 10 号百度大厦

电话：010-59928888

2. 组织信息

人员规模：员工人数超过 17000 人

管理层：

李彦宏　董事长、首席执行官

二、业务信息

1. 主要产品与服务信息

搜索服务：百度网页搜索、百度视频、百度音乐、百度地图、百度新闻；

导航服务：hao123、百度网站、百度团购；

社区服务：百度文库、百度空间、百度百科、百度贴吧、百度知道；

软件工具：百度浏览器、百度影音、百度输入法；

其他服务：百度翻译；

新上线：百度认证、百度壁纸、百度桌面、百度魔图、百度一键 Root；

移动类产品：百度移动搜索、百度移动应用、百度地图、百度手机浏览器、百度手机输入法；

百度旗下：爱奇艺 PPS、有啊、百付宝。

2. 覆盖范围

行业：搜索引擎为核心的网络信息服务

主要客户：全网用户与组织机构

业务区域：全国

3. 收入结构：百度营收以营销为主

三、综合信息

1. 发展定位：以“让人们最平等、便捷地获取信息，找到所求”为使命，致力于为用户提供“简单，可依赖”的互联网搜索产品及服务

2. 重要合作伙伴及供应商：新浪微博、搜房、CBSi 集团、盛拓传媒、天极传媒、凤凰新媒体、盛大、CNTV、新东方在线、百合网、去哪儿、拉手网等

LBS

百度地图

2012 年 10 月，百度宣布分拆地图业务，成立了 LBS 事业部。2013 年，百度收购 91 助手和糯米网，增强其移动分发渠道和本地生活服务商户资源。2014 年，百度推出百度钱包并内置到百度地图中，补足其支付体系的短板，形成闭环。2015 年百度地图更多地围绕手机地图进行生活服务 O2O 生态布局。在位置服务和生活服务领域，百度较早地发现了手机地图的强入口属性和强场景属性，以及生活服务 O2O 的战略价值。基于以上原因，百度依靠自身资源优势连续对多个生活服务 O2O 领域的优秀企业进行投资，同时在某些关键服务开展自营业务，进而依靠其海量用户资源实现变现。

根据易观千帆最新数据显示，百度地图以 71.68%的比例占据 2016 年第 4 季度中国手机地图 APP 领域活跃用户覆盖率首位，远高于第二名 37.53%的高德地图。在中国手机地图 APP 全网绝对渗透率中，百度地图依然以 18.60%的比例占据首位。从中国主流手机地图生活服务 O2O 生态布局可以看出，目前百度布局了最多的生活服务 O2O 领域，其中超过半数的生活服务 O2O 为百度自营。

易观分析

百度地图作为中国领先的地图厂商，不仅为用户提供优质的出行服务，并通过自身的大数据能力、人工智能实力，广泛接入各行各业，不断打造更加丰富多元的百度地图生态圈。

在战略拓展方面，百度地图深耕 O2O 领域，凭借自身资源优势，建立了“手机地图+生活服务”O2O 的生态闭环。同时，百度地图开始实施国际化战略，在 2016 年年底覆盖 150 多个国家和地区，同时将其在中国的 O2O 运营经验复制到海外。在基础功能研发方面，百度宣布启动智慧汽车战略，并与长安汽车达成合作，其中百度的高精地图和高级驾驶辅助技术将进一步加速汽车智能化的发展与成熟。在人工智能技术上，百度地图利用深度学习、图像识别等人工智能技术，使其地图数据生产中的自动化比例超过 80%。

在手机地图发展趋于成熟，各手机地图服务商持续完善基础功能的前提下，正通过提供各种附加功能，丰富手机地图服务。在产品同质化严重的情况下，百度地图在未来需要抓住用户痒点，升级产品，引起用户兴趣，保持自身核心竞争力，同时推动行业服务水平的提升。

一、基础信息

1. 基本信息

公司全称：百度 LBS 事业部（百度在线网络技术有限公司下属事业部）

成立时间：2012 年

总部地点：北京

上市时间：2005 年

企业性质：私营

联系方式：

网址：http：//map.baidu.com/

地址：北京市海淀区中关村软件园 12 号

电话：010-59928888

2. 组织信息

管理层：

刘骏　百度 LBS 事业部副总裁、糯米网首席执行官

二、业务信息

1. 产品及服务信息

手机地图：百度地图

LBS 开放平台

本地版手机导航：百度导航

2. 覆盖范围

行业：位置服务

主要客户：互联网用户

业务区域：全国

3. 收入结构：百度 2014 年第 4 季度总营收达到 140.50 亿元人民币（约合 22.64 亿美元），同比增长 47.5%；归属于百度的净利润达到 32.29 亿元人民币（约合 5.204 亿美元），同比增长 16.0%，LBS 收入结构具体不详

三、综合信息

1. 发展定位：移动生活服务平台。

2. 重要合作伙伴及供应商：去哪儿、携程、艺龙、同程、订餐小秘书、万达电影、网票网、

大麦网、格瓦拉、嘀嘀打车、快的打车

高德

公司于 2002 年成立，2010 年登陆美国纳斯达克全球精选市场，2011 年转型移动互联网，并且于 2013 年获阿里巴巴集团 2.94 亿美元投资，2014 年成为阿里的全资子公司。目前高德已将核心导航功能面向开发者开放 SDK，以期打造完整生态圈。另一方面高德也在丰富其导航产品的内容和服务，继推出代驾、违章查询及缴款等功能之后，第 2 季度与神州租车展开合作，接入其租车预订页面。根据易观监测最新数据显示，2016 年第 4 季度高德地图以 37.53% 的比例成为中国手机地图 APP 覆盖用户数比例第二名。

高德拥有导航电子地图甲级测绘资质、测绘航空摄影甲级资质和互联网地图服务甲级测绘资质"三甲"资质，电子地图数据库成为公司的核心竞争力。高德业务覆盖三大领域，包括车载（车联网）服务、互联网和移动互联网服务、政企行业应用。高德业务能力覆盖移动地图和导航全产业链，成型的业务架构是较难被复制的核心能力之一。

易观分析

作为国内领先的 LBS 服务提供商，高德始终坚持向更加专业化的方向继续发展。在战略决策方面，高德并没有急于实现快速的商业变现，而是放弃本地生活服务 O2O，回归到地图基础技术上，在三年内无商业目标。因此，目前来说，高德最大的优势就在于专业化的品牌优势。在技术层面，随着高德地图 AI 引擎的发布，高德可以说是已经完成了"一个高德，两个中心"的核心布局，也明确了高德地图在多屏发展模式下，将着重打造手机与车机"两个中心"。在用户体验方面，高德的最终目标是提供"千人千面"的个性化位置出行服务，以用户画像为基础，实现个人定制化的出行服务。同时，对于与开放平台合作的第三方应用，高德也能够针对出行、智能硬件、O2O、社交、游戏等不同行业做出定制化、精细化的解决方案。

用户群体的多样化和使用场景的细分化造成了用户需求的复杂化，各手机地图服务商将继续挖掘用户需求，推出基于自身优势的创新性差异化服务。在这方面，高德地图"千人千面"的个性化服务将有助于增强用户黏度，提升用户认可度，从而为商业变现打好基础。

一、基础信息

1. 基本信息

公司全称：高德软件有限公司

成立时间：2002 年

总部地点：北京

上市时间：2010 年登陆美国纳斯达克全球精选市场

企业性质：有限公司

联系方式：

网址：http：//www.autonavi.com/

邮箱：amap01@ autonavi.com

地址：北京市朝阳区望京阜通东大街方恒国际中心 A 座 16 层　100102

电话：010-84107000

传真：010-84107777

2. 组织信息

人员规模：1000 人以上

管理层：

陆兆禧　首席执行官

二、业务信息

1. 产品及服务信息

汽车导航

政府和企业应用

互联网及移动互联网位置服务

2. 覆盖范围

行业：位置服务

主要客户：互联网移动互联网用户

业务区域：全国

3. 收入结构：高德软件 2016 年第 1 季度总营收 2310 万美元，2015 年同期为 3430 万美元；2016 年净亏损 4600 万美元，2015 年同期净利润 570 万美元。其中来自汽车导航业务的净营收为 1450 万美元，低于 2013 年同期的 1550 万美元以及 2013 年第 4 季度的 1860 万美元。来自移动和互联网位置解决方案业务的净营收为 650 万美元，低于 2013 年同期的 1390 万美元，以及 2013 年第 4 季度的 890 万美元。

三、综合信息

1. 发展定位：打造全新的“移动生活位置服务门户”，中国领先的数字地图内容、导航和位置服务解决方案提供商

2. 重要合作伙伴及供应商：

车载导航应用合作伙伴：宝马、奔驰、大众、奥迪、丰田、广汽、上海通用、尼桑、长安标致雪铁龙、别克、雪佛兰、沃尔沃、斯巴鲁、斯柯达、路虎、凯迪拉克、荣威、雷诺、讴歌、捷豹、兰博基尼、中国一汽、上汽集团、北汽集团、广汽集团、长安汽车、比亚迪、吉利、观致汽车、AW、阿尔派、德尔福、哈曼、博世、安吉星、东软

车联网合作伙伴：奥迪、宝马、奔驰、大众、上海通用汽车、上汽集团、福特、讴歌、斯巴鲁、长安标致雪铁龙、北汽集团、Continental、富士康、95190、inkaNet、安吉星、e 路享

互联网及移动互联网位置服务合作伙伴：苹果、三星、摩托罗拉、联想、LG、HTC、飞利浦、OPPO、华为、中兴、戴尔、步步高、纽曼、华硕、索尼、万事通、智器、海尔

政府和企业应用合作伙伴：谷歌、新浪网、微软、阿里巴巴、京东、腾讯、苏宁易购、石化盈科、国家电网、北京交通大学、中国移动通信、中国电信、中国联通、中国烟草、中国工商银行、中国银行、中国民生银行、中国农业银行、交通银行、中信银行、顺丰速运、快易通、韵达快运、圆通速递

应用分发

百度

2013 年 7 月百度在收购 91 无线之后，已形成百度手机助手、91 无线以及安卓市场三大核心分发平台，“移动搜索+应用商店”的双核模式，使其成为了全渠道、跨终端的应用分发平台，整体应用分发能力市场领先。目前，百度还正在从开发、推广、运营、变现四个维度打造一站式生态服务闭环，并重点在运营和变现环节加强对开发者的扶持。百度系分发平台将用户获取应用的方式从接受应用商店推荐的单一被动模式，升级为“移动搜索+应用商店”双核模式。一方面，百度在应用商店中推出“本地榜单”“酷应用榜”等多维度新鲜榜单供用户选择，并设置“达人推荐”来根据用户的喜好、身份定制化地推荐 APP，升级应用商店功能；另一方面，百度结合独有的搜索优势，拓展 APP 搜索功能，让用户能够根据自己的需求主动搜索下载 APP。根据易观最新发布的 2016 年第 4 季度《中国应用商店市场份额监测报告》显示，2016 年 4 季度中国应用商店市场活跃用户数占比中，百度手机助手占据 39. 1%的市场份额，在市场上领先。

易观分析

2016 年，渠道开发已经成为各厂商开拓新用户的重要手段，作为国内领先的第三方应用分发平台，百度手机助手升级至 7. 0 版，全新的破壳技术让应用市场不再是简单的陈列柜，而真正成为用户的应用中心。目前来看，百度建立健全了“搜索引擎+应用商店+网盘备份+信息流破壳”的四核分发模式，打通了应用获取的各个渠道，助力应用从多角度被用户认知和获取，进行多元化的生态发展。

随着智能手机增速逐渐放缓，应用分发市场也进入低增长期，各应用分发平台都在寻找更好的分发策略。例如百度手机增设“应用秀”功能，包括背景图片、功能描述、服务信息描述等内容完全突破传统，直指应用核心内容，使用户在未下载的状态下，了解应用的相关功能，从而为用户节省流量，提升应用效率。

一、基础信息

1. 基本信息

公司全称：百度在线网络技术有限公司

成立时间：2000 年 1 月

总部地点：北京

上市时间：2005 年上市

企业性质：股份制

资本信息：注册资本 4520 万美元

联系方式：

网址：http：//www.baidu.com/

邮箱：百度无线 mbaidu@ baidu.com

地址：北京市海淀区上地十街 10 号百度大厦

2. 组织信息

人员规模：员工人数超过 17000 人

管理层：

李彦宏　董事长、首席执行官

二、业务信息

1. 产品及服务信息

主要产品：百度搜索、百度手机助手、91 助手、安卓市场、百度手机卫士、百度手机浏览器

主要服务：增值服务（游戏联运、广告联盟）、基础服务、推广服务

2. 覆盖范围

行业：互联网应用分发

主要客户：全网用户

业务区域：辐射全国

3. 收入结构

移动收入分为三部分：移动搜索、爱奇艺和 91 无线的营收

三、综合信息

1. 发展定位：最大的应用分发平台

2. 重要合作伙伴及供应商：新浪微博、搜房、盛拓传媒、天极传媒、凤凰新媒体、盛大、CNTV、新东方在线、百合网、去哪儿、拉手网等

奇虎 360

作为 360 旗下的明星产品，360 手机助手通过手机安全、手机浏览器、搜索引擎等途径为用户提供下载，在应用分发市场中有极强的市场竞争力。为了抢占更多的市场份额，360 通过加强 IP 战略布局、为游戏产品提供更多优惠扶持政策，得到了数量较多的高质量移动游戏产品，并借此转化

了大量用户。2015 年中国国际数码互动娱乐展览会期间，“360 IP 年战略合作项目” 正式启动，360 已经和上影股份、掌上纵横、世纪华创等知名版权方达成战略合作。在分发模式的创新上，2014 年，360 手机助手首创移动应用 “社交分发” 模式，通过好友推荐分发应用；到 2015 年，360 手机助手又独创应用圈、生活助手等功能，加强内容和社交分发。根据易观最新发布的《中国全渠道应用分发市场季度数据监测报告 2016》显示，中国全渠道应用分发市场排在市场第一阵营的分别为百度系、腾讯系和 360 系，其中 360 系第 4 季度市场渗透率为 10.9%。

易观分析

360 在移动互联网领域布局较早，其最开始借助 360 安全卫士迅速占领移动互联网入口，后来面对百度、腾讯、小米等竞争对手的出现，其市场份额逐渐下滑，但分发量、产品体验等仍处于行业领先地位。360 手机助手致力于全民分发，根据不同用户打造具有针对性的“应用圈”。2016 年，360 统一手机品牌，发布多款新品，硬件渠道的铺设为手机安全、手机浏览器、搜索引擎等应用提供更多分发渠道，2016 年 360 在应用分发市场中继续保持了极强的市场竞争力。

随着整体应用商店市场增速放缓，各应用商店产品功能及用户体验差异化不足，从长远来看，能够提供高精准、高体验、高效率的应用商店厂商将会稳固立足于应用商店市场，随着用户体验不断深化，应用商店分发模式也会有不同的发展方向，360 手机助手通过不断创新应用分发模式和产品功能，不仅实现了用户活跃度的逆势增长，更是为整个行业带来了新的思考。

一、基础信息

1. 基本信息

公司全称：奇虎 360 科技有限公司

成立时间：2005 年

总部地点：北京

上市时间：2011 年 3 月 30 日

企业性质：上市公司

资本信息：股本 1.23 亿

联系方式：

网址：http：//www.360.cn/

地址：北京市朝阳区酒仙桥路 6 号院（电子城 · 国际电子总部）2 号楼

电话：010-58781000

2. 组织信息

管理层：

周鸿祎　董事长、首席执行官

二、业务信息

1. 产品及服务信息

个人与企业泛安全、搜索、桌面工具应用、移动应用工具、游戏平台、智能硬件等

在应用分发领域有360手机助手、360宝盒、360手机浏览器等产品

2. 覆盖范围

行业：移动互联网分发平台

主要客户：全网用户

业务区域：全网（以中国为主）

3. 收入结构：据财报显示，2015年第2季度奇虎360的收入和净利润分别达到4.383亿美元和8140万美元，营收同比增长37.9%，净利润同比增长108%，搜索和移动业务货币化共同推动了该季度实现营收高速增长。从营收结构来看，3季度网络广告收入2.939亿美元，同比增长71.6%，互联网增值业务收入1.222亿美元，同比下滑16.4%，二者在营收占比分别为67.05%和27.88%，互联网增值业务有较大幅度下降，主要受制于手游市场竞争程度上升，以及国内市场饱和

三、综合信息

1. 发展定位：互联网安全

2. 重要合作伙伴及供应商：中国移动、微软、中国电信、谷歌、英特尔、域名行业发展联盟、中国国家漏洞库、空中网、创投网、上方网等

华为

华为应用市场是华为手机官方应用下载平台，也是华为用户首选应用市场，是基于Android系统的免费资源共享平台。华为应用商店凭借近年在手机销售和存量中的优秀表现，以及其轻便、快捷、配备人工审核等特点使其用户更愿意使用自带商店，随之挤占大量市场份额。安全策略是华为应用市场发展的重要举措，其独有的“开发者实名认证+三重系统检测+人工专员复检”安全保障机制、月度揭露风险应用、定期发布的安全报告、呼吁社会共同关注应用安全的2016年度大赏等众多举措都在不同程度上提升了华为在用户群中的品质保障。2016年10月，华为应用市场更新7.1版本，该版本核心功能之一是体验式分发，基于用户访问华为应用市场的行为习惯，精准推演出用户的应用喜好，而这一功能则基于华为自己的推荐系统——伏羲推荐系统。2016年12月，华为应用市场推出付费应用模式，成为国内首家正式推出付费应用模式的应用分发平台。

根据易观发布的2016年第4季度《中国应用商店市场份额监测报告》显示，2016年第4季度华为应用市场的市场份额达到22.4%，仅次于应用宝、百度手机助手、360手机助手，位居第四。近年以来，以华为、小米、联想等为代表的手机厂商阵营凭借其手机在增量和存量市场中的优秀表现，以及免ROOT静默安装等优势，逐渐蚕食了部分第三方应用商店的份额，成为应用商店领域不可忽视的一股力量。

易观分析

作为典型的终端厂商应用商店，华为应用市场借助于海量的手机存量用户，快速推动了应用市场的发展。依托华为全球化技术服务平台和实力雄厚的开发者群体，积极探索新的产品功能，华为推出了“场景化应用推荐”，将不同类别的精选应用整合进一个动态“窗口”中，提供更为优质的用户体验。虽然华为布局应用分发市场较晚，但是在4G网络发展及华为终端份额的增长带动下，华为依靠在庞大的手机出货量和APP预装上的优势，将继续在应用分发市场领先者象限中发展。

以华为为代表的智能手机应用商店之所以增速迅猛，是因为智能手机拥有天然入口优势，出售一台终端设备，自带应用商店则增加一个用户，较为强劲的用户拓展能力是互联网巨头等厂商所不能及的。未来竞争依然比拼流量优势，市场领先者在品牌知名度、用户习惯、开发者资源等方面的积累将成为竞争壁垒，而以华为为代表的新兴渠道将如何挑战巨头值得关注。

一、基础信息

1. 基本信息

公司全称：华为技术有限公司

成立时间：1987年

总部地点：深圳

上市时间：未上市

企业性质：有限责任公司（法人独资）

资本信息：注册资本3990813.1820万元

联系方式：

网址：http://www.huawei.com/cn/

地址：深圳市龙岗区坂田华为总部办公楼

电话：0755-28780808

2. 组织信息

管理层：

任正非　创始人、总裁

二、业务信息

1. 产品及服务信息

华为致力于提供基于ALL IP网络的FMC解决方案，业务涵盖了移动、宽带、IP、光网络、电信增值业务和终端等领域，聚焦ICT基础设施领域，围绕政府及公共事业、金融、能源、电力和交通等客户需求持续创新，提供可被合作伙伴集成的ICT产品和解决方案

2. 覆盖范围

行业：华为产品和解决方案涵盖移动、宽带、IP、光网络、网络能源、电信增值业务和终端等

领域

主要客户：全球用户

业务区域：国内及国外

3. 收入结构：2016 年华为全球销售收入 5216 亿元人民币，同比增长 32%；2016 年净利润 371 亿人民币，净利润率 7.1%，同比增长 0.4%。2015 年同期增幅为 33%。其中，华为运营商业务 2016 年实现销售收入 2906 亿人民币，同比增长 24%；2016 年华为消费者业务销售收入 1798 亿元人民币，同比增长 44%。2015 年同期的增长为 73%。从区域分布来看，华为在中国市场营收占比达到 45%，份额增长 4%。从各区域市场增长上看，中国市场增长 41%，欧洲、中东、非洲增长 23%，亚太地区增长 37%，美洲增长 13%，华为应用市场收入结构具体不详

三、综合信息

1. 发展定位：引领新 ICT，共建全联接世界

2. 重要合作伙伴及供应商：

渠道伙伴：中建材信息技术股份有限公司、北京神州数码有限公司、联强国际贸易（中国）有限公司、佳电（上海）管理有限公司等

联盟伙伴：SAP SE、埃森哲、软通动力信息技术有限公司等

腾讯

腾讯主要依靠应用宝、微信、手机 QQ、手机浏览器进行游戏和应用的分发。其中，应用宝在腾讯内部更是地位超然，是腾讯内部唯一一个横跨两大事业群的产品，即移动互联网事业群（MIG）和社交网络事业群（SNG）。在 2015 年 1 月，应用宝发布品牌及产品升级后，半年的发展堪称突飞猛进，不仅斥资 5 亿力推“扫红码”活动，更相继推出“夺宝奇兵”及“挑战应用题”校园活动，欲借助商圈及校园场景开启应用分发 O2O。腾讯希望借助“扫红码”活动将应用宝品牌及“红色二维码”形成认知绑定，而在品牌营销的同时，“扫红码”也成为应用分发拓展线下场景的排头兵。

根据易观最新发布的《中国应用商店市场份额监测报告 2016 年第 4 季度》显示，2016 年 4 季度中国应用商店市场活跃用户数占比中，应用宝占据 41.7%的市场份额，在市场上领先。

易观分析

腾讯依靠应用宝、微信、手机 QQ、手机浏览器等多个热门 APP，发力应用分发领域，市场表现增长明显。在 2015 年，应用宝先后推出了“应用+”战略和“微下载”功能，创新不同的分发模式，进一步缩短了用户与 APP 之间的距离。在 2016 年，微信推出“小程序”功能，探索更为轻量级的，直达 APP 内容和服务本身的分发方式，改变应用商店分发 APP 的传统形态，而应用宝将利用大数据、AI 等技术向需求解决方案的平台方向发展。依靠持续的产品创新及强大的移动端资源，腾讯将保持行业领先地位。与此同时，腾讯应用宝深度实践“大娱乐模式”，跨界娱乐时尚圈，打造移动互联网潮流生活新方式，充分发酵“就要玩在一起”的先锋理念，试图打造“移动生活风向标”来占领更多市场份额。

移动互联网用户正在逐渐覆盖全部人群，“00 后” 乃至 “05 后” 纷纷开始使用智能手机，应用商店是其不可避免接触的领域，因此用户群体在保持增长的同时细分化更为明显，应用分发市场整体加速走向年轻化、个性化，用户在使用手机应用市场时的思考会更加谨慎。而腾讯“应用宝+大娱乐”模式的实践，进一步满足了新生代群体的需求，为平台带来了应用分发量的增加。

一、基础信息

1. 基本信息

公司全称：腾讯控股有限公司

成立时间：1998 年 11 月

总部地点：深圳

上市时间：2004 年 6 月 16 日

企业性质：集团控股

资本信息：8000 万元

联系方式：

网址：http：//www.qq.com/

地址：中国广东省深圳市高新科技园北区深圳腾讯大厦

电话：0755-86013388

2. 组织信息

管理层：

马化腾　首席执行官

二、业务信息

1. 产品及服务信息

腾讯系涉及应用分发的产品与服务，包括 iPhone 及 Android 版的腾讯应用宝、QQ 浏览器、腾讯手机管家

2. 覆盖范围

行业：移动互联网

主要客户：全网用户

业务区域：全球

3. 收入结构：财报显示，2016 年腾讯全年收入人民币 1519. 38 亿元，比 2015 年同期增长 48%。年度盈利为人民币 414. 47 亿元（59. 75 亿美元），比 2015 年同期增长 42%。净利润率由去年同期的 28%降至 27%

三、综合信息

1. 发展定位：发力占据应用分发下载量更大的份额

2. 重要合作伙伴及供应商：腾讯控股有限公司、百度、京东、万达、英唐智控、灯鹭、丰塘物联、CCF、康佳、招商银行、大众点评、王府井、永城保险、中石化易捷等

智能终端

移动终端

三星电子

三星电子是韩国最大的电子工业企业，同时也是三星集团旗下最大的子公司。1938 年 3 月它于韩国大邱成立，创始人是李秉喆。在世界上最有名的 100 个商标的列表中，三星电子是唯一的一个韩国商标，是韩国民族工业的象征。近年来，在智能手机技术的推动下，三星移动设备的年销售量超过 4 亿台，通过创新产品的推出和差异化设计的运用，三星在高端市场取得了显著增长。

2016 年 8 月，三星 Note7 新机发布后不久发生了多次自燃事件。室内、轿车、飞机上，多场景高频率的自燃事故和全球召回，让这家公司市值蒸发近百亿美元。2016 年 10 月，三星从市场上召回全部 Note7 手机，导致第 4 季度苹果取代三星成为最大智能手机供应商。

根据三星电子公布的 2016 年财务报表显示，2016 年三星尽管受到 Note7 自燃事件的影响，但仍然取得可观的营收成果，2016 年全年三星电子营收 201. 87 万亿韩元，营业利润 29. 24 万亿韩元，其移动终端业务还是获得了比较稳定的增长。

易观分析

在移动终端业务，三星注重技术创新和产品创新，不断优化手机软件及服务，瞄准曲面屏幕等差异化竞争点，用机海战术不断填补消费者各个层次的需求。此外，三星还拥有完整的产业链、强大的成本控制能力和一定的品牌号召力，这些优势使得三星尽管受到 Note7 自燃事件的影响，其移动终端业务仍然保持了较快增长。

2016 年中国智能手机市场同质化严重，行业陷入浅层次粗暴式竞争，加之市场正在饱和，一直高速增长的中国市场也已遇到瓶颈，三星在高端领域未能超越苹果，低端市场又被小米、华为等厂商压制，在高配置或者低价格方面都没有优势。未来的三星如果仅凭制造优势，而不从产业链思维向生态链思维转变，发展将面临更多的挑战。

一、基础信息

1. 基本信息

公司全称：三星电子

成立时间：1969 年 1 月

总部地点：韩国

上市时间：1989 年

企业性质：上市公司、跨国企业

资本信息：资产 2096.66 亿美元

联系方式：

网址：http：//www.samsung.com.cn/

地址：韩国京畿道城南市盆唐区书岘洞 263 号三星广场大厦

北京朝阳区建国路 118 号招商局大厦（中国总部）

电话：400-810-5858

2. 组织信息

人员规模：307000 人

管理层：

李健熙　会长、董事长

二、业务信息

1. 主要产品与服务信息

主要产品：

手机产品：智能手机、Samsung GALAXY Note、智能佩戴设备、双卡/双待、智能平板、Samsung GALAXY Camera、手机配件

电视/影视设备：电视产品、Blu-ray 播放器、音响产品、电视配件

电脑/办公：个人电脑、个人电脑配件、显示器、存储卡、SSD、光存储、硬盘

数码影像：NX 系列智能微型单电、Samsung Galaxy Camera、智能便携相机、NX 镜头、相机配件、数码摄像机

生活家电：冰箱、洗衣机、空调、等离子空气净化器、智能吸尘器

在中国经营的产品：CDMA 手机、CDMA 系统、激光打印机、TFT-LCD 显示器等综合办公产品；半导体（IC、TR）、34 英寸纯平显像管等核心零部件；背投大屏幕电视、DVD、家庭影院等 AV 产品；数码相机等光电子产品；大型双开门冰箱、中央空调及瑰石空调等白色家电产品

2. 覆盖范围

行业：电子工业为主的多元化集团

主要客户：个人及团体消费者

业务区域：全球

3. 收入结构：三星电子营收按照部门划分可分为电子部门营收、IT 和移动通信部门营收和设

备解决方案部门营收，其中，设备解决方案营收又包括半导体营收、芯片业务营收和显示面板营收

三、综合信息

1. 发展定位：秉承最基本也最简单的经营理念，即以人才和技术为基础，创造出高品质的产品和服务，为人类社会发展做贡献

2. 重要合作伙伴及供应商：十家韩国银行、中国银联等

苹果

苹果公司是美国的一家高科技公司，由史蒂夫·乔布斯、斯蒂夫·沃兹尼亚克和罗·韦恩等人于1976年4月1日创立，并命名为美国苹果电脑公司（Apple Computer Inc.），2007年1月9日更名为苹果公司，总部位于加利福尼亚州的库比蒂诺，其核心业务是高端电子科技产品，在高科技企业中以创新而闻名，其知名产品包括iPad、iPhone、iPod、Macbook、iTunes商店等。

2016年9月，苹果在旧金山发布了iPhone 7和Apple Watch Series 2，尽管iPhone 7并未带来太多惊喜，但亮黑色iPhone 7 Plus的需求依然十分巨大。与此同时，AirPods、iOS 10、MacOS Sierra、TVOS 10和WatchOS 3也一并亮相。根据苹果公司发布的财报显示，截至2016年12月31日，该季度卖出了7829万部iPhone，销量反超了三星，重夺全球最大智能手机厂商的头衔，营收达783.51亿美元，净利润178.9亿美元，远超华尔街分析师的预期，财报发布当日苹果股价大涨6.13%。

易观分析

苹果是智能手机潮流的引领者，定位高端市场，使用自主开发的iOS智能操作系统。苹果做到极致的产品设计，带来了良好的用户体验，因而拥有较高的品牌知名度、美誉度以及大量忠实粉丝。同时苹果具有完整独立的生态体系，包括多屏终端、操作系统、应用平台等，在市场中具有较强的竞争力。

目前国内智能手机已进入到产业发展的成熟期，国产手机发展强势，华为、OPPO、vivo、小米等为代表的国产手机企业强势崛起，出货量迅猛增长，品牌认知度显著提升，这将严重挤压苹果在华的市场空间。在高端机领域，虽然三星Note 7自燃事件给苹果带来了短期的发展优势，但是三星拥有强大的研发能力、全线覆盖的产品布局以及众多产品推广渠道，是目前唯一可以和苹果抗衡的竞争对手，其发展也将给苹果带来巨大的压力。

一、基础信息

1. 基本信息

公司全称：苹果公司

成立时间：1976年4月1日

总部地点：美国加利福尼亚库比蒂诺

上市时间：1980 年

企业性质：上市公司、跨国企业

资本信息：市值将近 7000 亿美元（2016 年 12 月）

联系方式：

网址：http：//www.apple.com.cn/

邮箱：ccaballero@ apple.com

地址：1 Infinite Loop，Cupertino，CA 95014，United States（美国总部）

北京朝阳区建国门外大街 1 号　100004（中国总部）

电话：+1-408-996-1010（美国总部）

客服/采购热线：400-666-8800（北京）

技术支持：400-627-2273

2. 组织信息

人员规模：97200 人

管理层：

蒂姆·库克（Timothy D. Cook）　首席执行官

二、业务信息

1. 主要产品与服务信息

主要硬件产品

个人数位音乐播放器：iPod classic、iPod、iPod nano、iPod shuffle、iPod mini、iPod Hi-Fi、iPod touch

笔记型电脑：PowerBook、iBook、MacBook、MacBook Pro、MacBook Air

桌上型电脑：Mac Pro、iMac

小型桌面电脑：Mac mini

显示器：Apple Cinema Display（27 英寸）、Apple Thunderbolt Display（27 英寸）

服务器：Mac Pro server、Mac mini server

电脑视讯配件：iSight（webcam）

网络连接设备：AirPrort Extreme（54Mbps 802. 11g base station）

智能手机：iPhone

平板电脑：iPad、iPad mini

家庭视听网络连接器：Apple TV

新产品：iWatch

主要软件产品

操作系统：OS X、iOS、iLife、iWork

其他软件：Final Cut Studio、Logic Pro、Aperture

2. 覆盖范围

行业：电子产品（计算机、办公设备）

主要客户：个人及团体消费者

业务区域：全球

3. 收入结构：主要依靠电子设备销售获取收益，具体收入结构不详

三、综合信息

1. 发展定位：高端电子产品市场，打造高端电子产品

2. 重要合作伙伴及供应商：富士康、中国银联、中国电信、中国移动、中国联通、Facebook、Twitter 等

OV

OPPO 全称广东欧珀移动通信有限公司，成立于 2004 年，是一家全球性的智能终端制造商和移动互联网服务提供商，为客户提供智能手机、高端影音设备和移动互联网产品与服务，业务覆盖中国、美国、俄罗斯、欧洲、东南亚等市场。OPPO 先后进入 MP3、MP4、蓝光高清影音、手机和移动互联网等领域。2016 年 OPPO 先后发布了 OPPO R9、OPPO R9 Plus 两款产品，采用了全新的 1600 万像素臻美前置摄像头和美颜 4.0 功能。不久后又推出 OPPO R9s、OPPO R9s Plus，主打拍照，取得了不俗的销量。

vivo 是广东步步高电子工业有限公司推出的专注于智能手机领域的手机品牌。2011 年，vivo 品牌正式进入智能手机领域。2016 年 7 月，vivo 拍照新旗舰 vivo X7 在北京·中国导演中心发布，主打 1600 万柔光自拍，搭载 vivo 自主研发的 Moonlight 柔光灯，模仿摄影棚苹果光，带来自拍效果。不久后，又发布了 vivo X9 系列及 Xplay6，并宣布启用新的品牌副标识“Camera&Music”，将 Camera 加入到 vivo 的品牌基因中，在短期内刷新了多个销量纪录。

2016 年，国内手机市场的竞争激烈程度有目共睹，市场格局更是发生了翻天覆地的变化，华为、OPPO、vivo、小米成为四大国产品牌，OPPO 和 vivo 强势崛起，迅速占领了国内中低端市场。

易观分析

OPPO、vivo 一直坚持自己的发展模式，通过明星代言和广告，来建立品牌和吸引买家，这是 OPPO、vivo 从功能手机时代逐渐完善的打法。2016 年，三星 note 7 自燃、小米为代表的互联网手机下滑、苹果手机创新乏力等因素，这些都给 OPPO、vivo 带来了巨大的发展机遇，主攻二线及以下城市的 OPPO、vivo 厂商凭借优质的渠道资源，以及严格的价格保障能力，顺势跻身进入市场的第一梯队，进一步巩固了在智能手机市场的地位。

目前中国智能手机市场已处于市场成熟期，中国各大智能手机厂商均已积累了相当的技术与市场资源，与国际智能手机品牌在市场上平分秋色，中低端档位智能机市场基本被国产智能机占领，新进入者已经难以获得市场地位。并且，伴随着国内的消费升级，人们将会对智能手机提出更高的要求，OV 在保证中低端市场占有率的同时，应看到中高端市场的发展潜力。

一、基础信息

1. 基本信息

公司全称：广东步步高电子工业有限公司

成立时间：1995 年

总部地点：东莞

上市时间：1994 年（香港联合交易所）

企业性质：有限责任公司（法人独资）

资本信息：注册资本 21000 万元

联系方式：

官方网站：http：//www.vivo.com.cn/

行政总部：广东省东莞市长安镇乌沙步步高大道 126 号

电话：4006789688

2. 组织信息

管理层：

沈炜　总裁兼首席执行官

二、业务信息

1. 主要产品与服务信息

vivo X9、vivo X9Plus、vivo Xplay6、vivo X7、vivo X7Plus、vivo Xplay5、vivo X6S 等

2. 覆盖范围

行业：智能手机

主要客户：个人及团体消费者

业务区域：全球

3. 收入结构：主要来自智能手机业务

三、综合信息

1. 发展定位：vivo 和追求乐趣、充满活力、年轻时尚的群体一起打造拥有卓越外观、专业级音质、愉悦体验的智能产品

2. 重要合作伙伴及供应商：索尼、OPPO、天猫、淘宝、苏宁等

小米科技

北京小米科技有限责任公司成立于2010年4月，是一家专注于智能硬件和电子产品研发的移动互联网公司。“为发烧而生”是小米的产品概念，小米公司还首创了用互联网模式开发手机操作系统、发烧友参与开发改进的模式，被认为是传统模式的“破局者”。自2011年成立后，小米一直保持着以高速增长的态势迈向一个个新的台阶，短短4年造就了手机行业的神话，2014年年底，小米完成了新一轮融资，总融资额11亿美元，公司估值450亿美元。可是到了2015年，小米渐渐走下了神坛，销量不达预期，年初在印度开始的国际市场计划也因专利纠纷等问题折戟。

2016年，国内手机市场逐渐趋向饱和，小米深陷国内手机厂商围攻之势。一向以营销见长的小米善于利用互联网做口碑营销，而此刻互联网已进入下半场，小米公司的优势也逐渐消失，之前深耕线下的OPPO、vivo以及侧重研发的华为则迅速崛起。小米也在努力推出自己的新品，抢占市场份额，2016年7月27日的发布会上小米笔记本终于正式亮相，这款产品叫作小米笔记本Air。2016年9月27日的小米2016秋季新品发布会上，小米5s和小米5s Plus以及小米电视3s 55英寸和65英寸发布。2016年10月25日，小米正式推出了小米Note2系列和小米MIX。

易观分析

在国内智能手机市场产品结构逐渐转型升级之后，小米手机产品的工艺质量水平在逐渐提升，但还是凸显高配置低价格和高性价比优势，在差异化竞争优势方面和一些竞争企业存在一定程度的差距，比如华为塑造的徕卡镜头、vivo手机快速充电功能、OPPO拍照手机概念，消费者越来越需要具有差异化技术优势的产品，但小米手机并没有把握住这个市场机遇。此外，小米重线上轻线下的销售模式也极大影响了其产品的销售规模。

小米东山再起困难重重，其中一个重要的原因在于互联网风口热度已过，借风口成长起来的小米尚未找到适合自己的发展方向。小米始终没能完成从营销主导型企业向科技主导型企业转型，没有建立起华为那样强大的研发能力，并且还缺乏国际市场的支撑。

一、基础信息

1. 基本信息

公司全称：小米科技有限责任公司

成立时间：2010年4月

总部地点：北京

上市时间：未上市

企业性质：有限责任公司

资本信息：注册资本5000万元

联系方式：

网址：http：//www.mi.com/

邮箱：xiaomiservice@ xiaomi.com

地址：北京市海淀区清河中街 68 号华润五彩城写字楼

电话：010-60606666

2. 组织信息

人员规模：约 7000 人

管理层：

雷军　董事长、首席执行官

二、业务信息

1. 产品及服务信息

小米手机、MIUI、米聊、小米网、小米盒子、小米电视和小米路由器是小米公司旗下七大核心业务

电子硬件产品：小米手机系列、红米手机 1S、红米 Note、小米电视、小米平板、小米盒子、小米路由器、智能家庭、随身 WiFi

平台及软件开发：MIUI、小米官网、迷人浏览器、小米社区、米聊、小米手机助手

服务提供及应用：金山云、小米安全中心、小米 VIP 认证、小米鉴别宝典

2. 覆盖范围

行业：智能设备、移动通信设备、互联网

主要客户：全网用户

业务区域：全球

3. 收入结构：终端销售、配件销售、基于 MIUI 的服务（包括游戏、阅读、应用、主题等），具体比例不详

三、综合信息

1. 发展定位：专注于高端智能手机、互联网电视自主研发，积极打造小米生态链体系，力争全行业、全产业链都能达到共赢

2. 重要合作伙伴及供应商：阿里、富士康、英伟达、搜狗、腾讯、讯飞、京东等

华为

华为技术有限公司是一家生产销售通信设备的民营通信科技公司，产品主要涉及通信网络中的交换/传输网络、无线/有线固定接入网络和数据通信网络及无线终端产品，于 1987 年正式注册成立，总部位于中国深圳市龙岗区坂田华为基地。近年来，华为在智能手机领域发力，并取得了巨大的成就，成为第一大国产手机厂商。

2016 年 4 月 6 日，华为与徕卡共同推出第二代双摄像头技术，在英国伦敦发布了全球首款徕卡双摄像头智能手机华为 P9，突出“全新的摄影体验”，P9 及 P9 Plus 全球销量突破 1000 万台，成为华为首个销量超千万台的旗舰产品；于 2016 年 11 月发布的华为 Mate 9 系列产品推出了人工智能

学习系统，解决了安卓越用越卡顿的问题，也在市场上取得良好口碑。

根据华为 2016 年年报数据显示，华为 2016 年全年实现销售收入人民币 5215.74 亿元人民币，同比增长 32.0%。华为营收主要来自于运营商、企业、终端三大业务，终端业务的增长主要来自智能手机，2016 年华为智能手机出货量达 1.39 亿台，营收同比增长 44%至 1798 亿元人民币。

易观分析

2016 年华为不断投入研发费用，提升手机配置，在功能性与质感方面也能与国际大厂相提并论，其体验好、质量高的产品受到消费者的喜爱，中高端的品牌形象已经建立并站稳脚跟。同时，华为极其重视海外市场，与海外运营商及企业有良好的合作关系，有利于其市场的拓展。此外，华为注重人才培养，拥有开发者联盟、启蒙计划等工业设计人才储备平台，在创新变革方面极具优势。但是，华为在智能终端、互联网运营方面起步较晚，并且应用软件方面实力并不突出，面对其余厂商的竞争仍有压力。持续的规模产量、稳定的供应链、完善的公开渠道以及深化的品牌单调性等一系列问题，都将是华为终端成为长跑型选手在耐力上所面临的严峻考验。

随着中国智能手机市场成熟化发展，中国智能手机品牌将在中国市场继续扩大份额，并积极推进平台化与国际化。华为手机现阶段在向中高端战场前进，优势就在于通信技术的积累，以及自家海思技术的掌握，还有全球各大运营商的合作资源，华为可以利用这些优势，蓄力完善系统软件短板，做好“硬件+软件+沟通+服务”，建立自己的手机生态。

一、基础信息

1. 基本信息

公司全称：华为技术有限公司

成立时间：1987 年 9 月

总部地点：深圳

上市时间：未上市

企业性质：民营企业、有限责任公司

资本信息：总资产 499.31 亿美元（2015 年）

联系方式：

网址：http://www.huawei.com.cn/

地址：中国广东省深圳市龙岗区坂田华为基地　518129

电话：0755-28780808

2. 组织信息

人员规模：17 万人（2015 年）

管理层：

孙亚芳 董事长

二、业务信息

1. 主要产品与服务信息

华为主要产品和服务包括以下十个方面：

无线接入：包括 GSM、UMTS、LTE 等基站设备

固定接入：传统固网介入（MSAN、DLSAM）、光纤宽带接入（FTTx）、ODN、配线（ODN、MDF）

核心网

传送网：WDM/OTN、MSTP/Hybirid MSTP、微波系统等

数据通信：路由器、交换机等

网络能源

业务与软件

OSS 服务器：电信网络和运维转型中的网规网设、IP 运维、资源管理、业务发放与激活、线路诊断、系统架构及端到端的专业服务等

存储与网络安全

终端：手机、上网卡、网关、调制解调器、机顶盒等

2. 覆盖范围

行业：智能终端、无线电、微电子、通信

主要客户：全体消费者

业务区域：全球

3. 收入结构：具体收入结构不详

三、综合信息

1. 发展定位：以“聚焦客户关注的挑战和压力，提供有竞争力的通信解决方案和服务，持续为客户创造最大价值”为使命，以“提供业界领先的终端产品，通过关键技术创新、工业设计创新和云服务创新，全方位提升用户体验”为发展目标

2. 重要合作伙伴及供应商：中国移动、中国联通、中国电信、工信部电信研究院、高通、爱立信、3Com、西门子、腾讯、百度、IBM、Microsoft 等

服务机器人

科沃斯

科沃斯成立于 1998 年 3 月，专业从事家庭服务机器人的研发、设计、制造和销售。在国内，

科沃斯多渠道布局，线上有科沃斯官网、天猫、京东等销售平台，线下构建了覆盖全国主要大中型城市的经销服务网络，目前已有东北、华北、西北、鲁豫等8个销售大区，共计600多个门店。在国际上，科沃斯先后在德国、美国、日本建立了分公司，并成功开拓西班牙、瑞士、法国、加拿大等60多个国家和地区的市场。

科沃斯从2006年开始，先后推出扫地机器人“地宝”，空气净化机器人“沁宝”、擦窗机器人“窗宝”和机器人管家“亲宝”。随后相继推出“地宝9系”和首创仿生学蓝鲸清洁系统。2016年，科沃斯推出智能家庭管家UNIBOT，拥有巡逻、家电管控、外设、看护、清扫五大功能模块，实现家用服务机器人与智能家居的融合，在万物互联模式下，通过智能管家机器人对其他家居产品进行控制，同时管家机器人将作为平台接入第三方应用，为家居生活提供更多服务。

易观分析

相较其他类型服务机器人，扫地机器人具备性价比高、实用性强、操作便捷等特点，能与消费者形成较强的使用黏性。与此同时，科沃斯一直在家用服务机器人领域进行深耕，推出扫地机器人“地宝”和擦窗机器人“窗宝”，成为国产家用服务机器人的代表品牌，2016年科沃斯推出管家机器人UNIBOT，进一步扩充家用服务机器人的产品矩阵，强势布局智能家居，未来科沃斯将在个人/家用服务机器人领域继续发力。

但同时，伴随着机器人技术越发成熟，用户的需求也将日益呈现多元化，为提升用户体验，产品正由传统单一的扫地功能逐步向智能化、联网化转型，势必提升该类产品的进入门槛，而海尔、美的等传统家电巨头的进入，也加剧了行业竞争格局，市场即将迎来洗牌。

一、基础信息

1. 基本信息

公司全称：苏州科沃斯机器人电子商务有限公司

成立时间：1998年3月

总部地点：苏州

上市时间：未上市

企业性质：港资企业

资质信息：36000万元

联系方式：

网址：http：//www.ecovacs.com.cn/

邮箱：jenny.sun@ ecovacs.com

地址：江苏省苏州市吴中区

电话：0512-65652452

2. 组织信息

管理层：

庄建华　法定代表人

二、业务信息

1. 产品及服务信息

研发、设计、制造家庭服务机器人、智能化清洁机械及设备、电子产品及相关零部件、机电产品、非金属模具，货物和技术的进出口（不含分销业务），销售公司自产产品（依法须经批准的项目，经相关部门批准后方可开展经营活动）

2. 覆盖范围

行业：家庭服务机器人、商用机器人、清洁小家电

主要客户：全球消费者

业务区域：在国内，科沃斯多渠道布局，线上有科沃斯官网、天猫、京东、唯品会、苏宁易购、亚马逊、1 号店及银行网上商城等销售平台；线下构建了覆盖全国主要大中型城市的经销服务网络，目前已有东北、华北、西北、鲁豫、华东一、华东二、西南、华南 8 个销售大区，共计 600 多个门店。在国际上，科沃斯先后在德国、美国、日本建立了分公司，并成功开拓西班牙、瑞士、法国、加拿大、捷克、波兰、德国、伊朗、马来西亚等 60 多个国家和地区的市场

3. 收入结构：具体信息不详

三、综合信息

1. 发展定位：让机器人服务全球家庭

2. 重要合作伙伴及供应商：天猫、京东、唯品会、苏宁易购、亚马逊、1 号店、商派、空中网、金信网、中国平安

中智科创

深圳市中智科创机器人有限公司于 1994 年 11 月 26 日在深圳市市场监督管理局光明局登记成立，公司经营范围包括机器人与自动化装备、传感器、电子仪器和物联网软硬件（以上不含外商投资限制禁止类项目）开发等。

在智能安保大趋势下，中智科创安保机器人有限公司（下称中智科创）先后推出两款商用机器人：安保服务机器人和安保巡逻机器人，主要应用于银行、购物中心、园区、展馆等地。安保机器人具备全景音频监控、环境感知、智能分析、灵敏避障、自主充电等功能，可在预先设定好的路线进行全天候自主巡逻，发现异常及时通知后台人员，提前预警，甚至在雷雨、高温、极寒、台风等极端天气下也可正常履行职责。中智科创安保机器人目前已经应用到华为、中国建设银行、中国联通、深圳公安局等各大场所，未来应用范围还将继续扩大。

2016 年，中智科创在服务机器人技术上实现突破，在深圳市机器人年度颁奖典礼上获得“2016 年深圳市十大机器人企业”，其旗下的两大核心产品——安保服务机器人与安保巡逻机器人在 2016 年中国国际高新技术成果交易会上获得“第十八届高交会优秀产品奖”。

易观分析

传统安防体系以静态监控为主，而中智科创率先提出了“动静结合”的安全防护理念，让机器人也担当起数据收集调度的智能终端角色，结合后端云服务平台以实现全方位的智能监控。目前，中智科创安保机器人实现多传感技术、云安防平台的集约开发，依靠“互联网+云平台”强大的记忆及计算能力，能第一时间将机器人传输的数据和监控画面通过后台云技术进行智能识别分析，在国内安保机器人领域处于前列。

“机器人+安防”结合概念的兴起，既打破了传统安防技术桎梏，使安防行业从传统的安防系统过渡到以现代服务为理念的智能安防系统，又迎合了机器人发展的大潮，中国安防行业将迎来一场重大的智能新变革。未来，中智科创应继续深耕安保机器人这一细分领域，避开巨头的锋芒，专注于研发针对企业服务的机器人产品，形成自己的竞争优势。

一、基础信息

1. 基本信息

公司全称：中智科创机器人有限公司

成立时间：1994 年

总部地点：深圳

上市时间：未上市

企业性质：有限责任公司

资本信息：注册资本 25000 万元

联系方式：

网站：http：//www.csstrobot.com/

邮箱：yafei.ai@ csst.com

地址：深圳市光明新区光明街道万代恒高新科技工业园 5 号厂房 5 楼

电话：0755-86926777

2. 组织信息

人员规模：100—499 人

管理层：

吴志明　董事长

二、业务信息

1. 产品及服务信息

机器人与自动化装备、传感器、电子仪器和物联网软硬件（以上不含外商投资限制禁止类项目）开发等

2. 覆盖范围

行业：安保服务机器人

主要客户：企业、政府机构等

业务区域：主要在国内

3. 收入结构：具体信息不详

三、综合信息

1. 发展定位：专注于智能安保机器人的高科技企业，致力于成为全球领先的智能安保机器人及云安防平台综合运营商

2. 重要合作伙伴及供应商：中国联通、华为等

谷歌

谷歌公司（Google Inc.）成立于1998年9月4日，由拉里·佩奇和谢尔盖·布林共同创建，是一家位于美国的跨国科技企业，业务包括互联网搜索、云计算、广告技术等，同时开发并提供大量基于互联网的产品与服务。近年来，谷歌对于机器人和人工智能大为关注，加紧了在人工智能以及服务机器人领域的布局，相继收购了致力于灾害现场紧急救援的机器人公司Schaft，致力于研究用于机器人3D视觉识别技术、能准确对物体进行分类的工业知觉公司Industrial Perception，致力于机器人手臂研发的红木机器人公司Redwood Robotics，致力于打造能和人类一起工作、生活的机器人的美卡机器人公司Meka Robotics，致力于全向移动的机器滚轮研究的迷你全息公司Holomni，致力于机器人运动控制的多莉机器人公司Bot & Dolly，致力于艺术视频拍摄的Autofuss，致力于机器人深度算法研究、打造高效沟通的DeepMind。这些企业在相关细分领域大部分处于领先位置，使得谷歌在人工智能和服务机器人领域抢占了先机，为谷歌未来的发展提供了更多的想象空间。

易观分析

谷歌虽然靠搜索起家，但是后期极其重视机器人和人工智能领域，收购了多家在相关细分领域技术实力较强的公司，具有技术、人才和资本优势。我们认为，未来服务机器人产品的价值在于在非结构化场景中对传统人工工作进行替代或者辅助，需要直接与人进行交互，因此在智能化水平上要求更高。目前谷歌在提升技术水平、优化类人服务的同时，需要为机器人的应用提供更多场景，从而实现规模化替代，为普通用户提供更为人性化的服务。

一、基础信息

1. 基本信息

公司全称：谷歌信息技术有限公司（Alphabet）

成立时间：1998年

总部地点：美国加利福尼亚州圣克拉拉县山景市

资本信息：市值6000亿美元

企业性质：上市公司

联系方式：

邮箱：ningchen@ google.com

电话：010-62505969

2. 组织信息

人数规模：6 万多人

管理层：

拉里·佩奇　联合创始人兼首席执行官

二、业务信息

1. 产品及服务信息

互联网搜索、云计算、人工智能、服务机器人等

2. 覆盖范围

行业：互联网、人工智能

主要客户：全网用户

业务区域：全球

3. 收入结构：搜索以及广告业务

三、综合信息

1. 发展定位：整合全球信息，使人人皆可访问并从中受益

2. 重要合作伙伴及供应商：雅虎、必应、网易等

软银

软银在 1981 年由孙正义在日本创立并于 1994 年在日本上市，是一家综合性的风险投资公司，主要致力于 IT 产业的投资，包括网络和电信。近年来，随着科学技术的不断进步，软银也越来越关注人工智能和服务机器人领域。2012 年年初，软银收购了 Aldebaran 公司，并以此为基础成立了软银机器人控股公司（SoftBank Robotics Holdings），简称 SBRH。此后，伴随着后者一系列的投资和并购，SBRH 在表情传感技术等人工智能领域进展颇多。2014 年 6 月，SBRH 发布了世界上第一款可以识别情绪的仿人形机器人 Pepper，并于次年 2 月正式在日本面向开发者销售，这款机器人身高 1. 2 米，体重 28 公斤，胸前自带一块 10. 1 英寸的触摸屏，其锂电池可让其持续工作超过 12 个小时。不同于我们在国内常见的玩具机器人和工厂流水线上的工业机器人，Pepper 服务于服务业，主要用途涉及商店接待、餐厅服务、家庭护理和医疗康复。2015 年 2 月 27 日，日本软银集团向研发人员限量发售 300 台 Pepper。2015 年 6 月—8 月，Pepper 正式面向普通顾客发售，虽然销量很好，但因不够智能而受人诟病。

2016 年 9 月，软银 310 亿美元收购英国移动芯片巨头 ARM，成为全球科技市场最大并购交易之一。软银收购 ARM 后，其人工智能的相关算法将更好地和芯片整合，甚至融合到 ARM 指令集当中也未尝没有可能。有了 ARM 的加盟，软银制造一个更智能 Pepper 的难度将会降低很多。

易观分析

人工智能实现方法大致可以分成两种：一种是基于目前的硬件和编程技术让终端实现一些人类能够进行的操作，另外一种是模拟人脑，实现更高级的功能，也被看作是人工智能更为合理的做法，比较有代表性的是 2014 年就出现的 IBM 神经元芯片。无论通过哪种方式，人工智能真正能够走进千家万户才能获得进一步的发展，核心问题还是要降低成本，这也是昂贵的模拟人脑类芯片迟迟没有普及，而更多的智能硬件采用基于 ARM 处理器的原因。

ARM 的授权模式让终端厂商可以更低成本地制造出符合自身需求的芯片，软银收购 ARM 不单是看重其技术和专注，有助于低成本的发展模式无疑更有吸引力。借助 ARM 低成本的优势，软银的 Pepper 机器人或许能卖得更加便宜。人工智能机器人被看作是人工智能最高级的呈现方式，如果价格便宜，自然普通消费者会更倾向于购买，更多人使用才能让人工智能真正大众化，充分地暴露问题，最终逐渐完善。或许软银收购 ARM 就是想造出一个成本更低、更加智能的 Pepper 机器人，不过一旦能够造出来，其代表的技术足以改变很多行业，软银自然也会成为最大的受益者。

一、基础信息

1. 基本信息

公司全称：软银集团股份有限公司

成立时间：1981 年

总部地点：日本东京

上市时间：1994 年

企业性质：股份制公司

联系方式：

网址：http：//www.softbank.jp/

电话：021-52534888

邮箱：contact@ sbcvc.com

2. 组织信息

人员规模：6 万多人

管理层：

孙正义　创始人、总裁及首席执行官

二、业务信息

1. 主要产品与服务信息

宽带网络、固网电话、电子商务、互联网服务、网络电话、科技服务、控股、金融、人工智能、服务机器人等

2. 覆盖范围

行业：网络和电信等

主要客户：企业和个人消费者等

业务区域：全球

3. 收入结构：不详

三、综合信息

1. 发展定位：综合性企业服务提供商

2. 重要合作伙伴及供应商：阿里巴巴集团、滴滴等

智能汽车

蔚来汽车

蔚来汽车是一家从事高性能智能电动汽车研发的公司，由包括腾讯、易车创始人李斌、汽车之家创始人李想及知名投资机构高瓴资本等在内的顶尖互联网企业和企业家投资数亿美金创建。蔚来汽车已在美国硅谷、德国慕尼黑、上海、北京、中国香港和英国伦敦设立了研发、设计及商务机构。蔚来汽车拥有多位世界一流研发设计人员，他们来自于近 20 个国家和地区，拥有宝马、特斯拉、福特、通用、大众、标致雪铁龙等汽车集团的资深技术及管理背景。

2016 年 4 月，蔚来汽车首次合作伙伴大会召开。蔚来汽车创始人、董事长李斌宣布，蔚来汽车将联合高瓴资本、红杉资本，共同出资 100 亿元人民币设立"蔚来新能源产业发展基金"。基金主要关注新能源、新材料、电动力系统、智能互联和自动驾驶等相关产业发展投资。蔚来汽车此举旨在推动中国新能源汽车产业发展，提升在国际上的竞争力。同年 4 月，蔚来汽车与南京市政府签署战略合作协议，总投资 30 亿元人民币的高性能电机及电控系统生产基地在南京经济技术开发区落成。蔚来南京基地具备年产 28 万台（套）高性能电机及电控系统的产能。6 月，蔚来汽车完成数亿美元融资。10 月，蔚来汽车取得由加州政府颁发的无人驾驶汽车测试牌照，与谷歌、特斯拉等企业一道，成为早期获得该牌照的公司。11 月，蔚来汽车举办了成立以来的第一次发布会，发布英文品牌"NIO"、全新 Logo 以及全球最快电动汽车 EP9。12 月，蔚来汽车、蔚来资本宣布与湖北省达成战略合作，与湖北长江产业基金、武汉东湖高新区签署正式协议，蔚来新能源产业发展基金落户武汉，并在武汉东湖开发区建设长江蔚来智能化新能源汽车产业园。

易观分析

移动互联网时代，汽车行业的竞争将是全程的用户体验。互联网汽车的营销、交易将走向一条完全不同的路：将市场需求和用户反馈实时联动，除了产品概念的普及外，还需要通过互联网与目标用户建立联系，并以此影响潜在用户的购买行为。一切以消费者为导向，这恰恰是在互联网基础上，长期与用户沟通的结果。

传统车企代表着1.0企业，关注于汽车本身，专注于产品的打磨。2.0模式由特斯拉引领，用互联网思维来实现软件定义硬件并坚持直销，尝试改变传统模式，与用户接触更多。蔚来汽车的3.0模式则是重塑造车后的产业链，全方位服务用户：直销并将后市场服务全部包圆，增强用户的全程愉悦体验。

通过移动互联网，蔚来可以实现直销。蔚来模式在于营销方式的创新，大规模的量产车尚未面世，而微信公众号和APP上的推广早已开始。但作为一家刚起步的互联网汽车企业，蔚来汽车需要面对的难题还有很多，例如前期研发、供应链建设等的巨额投入。

一、基础信息

1. 基本信息

公司全称：上海蔚来汽车有限公司

成立时间：2014年

总部地点：上海

上市时间：未上市

企业性质：有限责任公司（台港澳法人独资）

注册资本：55400万美元

联系方式：

网址：http：//www.nextev.com/

地址：上海市嘉定区安亭镇安驰路569号

电话：021-69082514

邮箱：hui.li@nextev.com

2. 组织信息

管理层：

李斌　董事长

秦力洪　总经理

二、业务信息

1. 产品及服务信息

主要业务：电动汽车

2. 覆盖范围

行业：汽车业、车辆与零部件

主要客户：企业及个人

业务区域：全球

三、综合信息

1. 发展定位：重新定义服务用户的所有过程，为用户提供超越期待的全程愉悦体验

2. 重要合作伙伴及供应商：百度、腾讯、易车网、江淮汽车、长安汽车等

驭势科技

驭势科技（北京）有限公司致力于为汽车品牌提供成熟的智能驾驶解决方案。驭势科技团队主要由三支顶尖技术团队强强联合组成，其中包括英特尔中国研究院总监级工程师、有 10 年以上软硬件设计和优化经验的系统团队、中国顶尖的计算机视觉和人工智能团队（来自格灵深瞳）和 2013 年智能车未来挑战赛冠军团队的自动驾驶技术带头人。

2016 年 4 月，驭势科技完成中科创星独家投资的 3000 万元人民币天使轮融资。6 月，驭势科技完成数百万美元的 A 轮融资。8 月，驭势科技正式签约入驻上海嘉定，并将入驻上海金融谷。嘉定区将在项目启动、人才引进、专项申报等方面给予大力扶持和帮助。驭势科技将和嘉定汽车城创新港汽车创新生态展开多层次合作。11 月，驭势科技智能汽车示范运营正式启动，并与北京市房山区政府签订《智能网联汽车产业发展战略合作协议》，全面启动与房山区政府共同打造智能汽车示范运营的战略合作。

易观分析

驭势科技未来主要定位于两类车：一类车是高速乘用车，它将卖给终端消费者；一类车是低速运营车，它将直接用于服务运营。驭势科技在高速乘用车领域更多的是一个技术方案提供者，并且其诉求也更多地集中在如何使驾驶员更加安全和舒适。在低速运营车领域，驭势科技很有可能是一个车辆解决方案提供商，或者是一个出行服务提供商。驭势科技在该领域的价值主张将是让出行者能够更加舒适便捷地享受更加廉价的服务。

在汽车产业链中，车企往往拥有绝对的话语权，对创业企业甚至互联网巨头树立了较高的行业壁垒。当前智能驾驶行业内的相关企业往往难以正确定位自己的行业位置，也没有成熟的商业模式，难以进入成熟的汽车产业链。驭势科技清晰地认识到了自己在行业中的位置，也对自己产品的未来落地进行了规划，并积极地推动了与车企的合作。

此外，驭势科技作为技术驱动型企业，其团队拥有对技术路线的完全可控性，灵活调整技术与市场策略才能够在瞬息万变的智能驾驶行业中立于不败之地。

一、基础信息

1. 基本信息

公司全称：驭势科技（北京）有限公司

成立时间：2016 年

总部地点：北京

上市时间：未上市

企业性质：有限责任公司（中外合资）

注册资本：117.65 万元

联系方式：

网址：http：//www.uisee.com/

地址：北京市房山区弘安路 85 号 2 号楼

邮箱：hiring@ uisee.com

2. 组织信息

管理层：

吴甘沙　董事长

二、业务信息

1. 产品及服务信息

主要服务：无人驾驶汽车

2. 覆盖范围

行业：互联网汽车业

主要客户：所有用户

业务区域：全国

三、综合信息

1. 发展定位：一家非传统的精英合伙人公司，为 10 亿人交付安全、舒适、低成本的自动驾驶技术、产品和服务

2. 重要合作伙伴及供应商：创新工场、真格基金、青山资本等

VR/AR

索尼

自 2014 年索尼的“梦神计划”曝光后，索尼的 VR 计划一直被业内及粉丝所关注。2016 年 7 月，PlayStation 中国在发布会上正式宣布国行版 PlayStation VR 的售价为 2999 元人民币，发售日为 2016 年 10 月 13 日。除了 PS VR 裸机之外，PS VR 国行还推出售价 3299 元人民币的 PS VR+PS Camera 基础套装和售价 3699 元人民币的 PS VR+PS Camera+PS Move 精品套装。2016 年 12 月，索尼 PlayStation VR 智能穿戴设备荣获年度卓越产品大奖。

与 Oculus Rift 和 HTC Vive 相比，核心组件版的 PS VR 外包装尺寸明显更小。此外，PS VR 采用近似遮阳帽的设计，将重量移到额头，同时后部的负重用于保持平衡。有别于其他 VR 采用棉等不透气的材质，PS VR 护目镜贴合人脸的部分采用有一定弹性的橡胶。

但与高性能 PC 搭配的 Oculus Rift 和 HTC Vive 头盔相比，PS4 的硬件性能远不及搭配了高性能显卡的 PC 主机。此外，从显示分辨率上看，PS VR 使用了 5.7 英寸 1920×1080 分辨率的 OLED 屏

幕（单眼分辨率为960×1080），可视角度为100度，刷新率120Hz。游戏方面，索尼承诺将会为PS VR设计30款游戏。

易观分析

索尼发售的PlayStation VR是沉浸式VR市场的领先者，是国际沉浸式VR设备市场热点的推动者。与竞品相比，偏低的售价、无需高配电脑、极高的粉丝忠诚度以及多种独占大型游戏是索尼的优势所在。同时索尼还可从数千万主机用户中转化VR用户，并且可以从自家的影视、音乐等其他业务中获得独特优势。但其硬件微利乃至亏损，产能方面存在不确定性，其配置相对于竞争对手来说也偏低，如果后续产品跟进较慢的话，市场占有率可能会降低。

借助索尼在主机发售上积累的多年经验，PS VR可以沿用PS4的渠道、销售体系，占据市场先机。但目前沉浸式VR内容仍然较为缺乏，索尼意图通过为PS VR开发上百款软件游戏维持用户对PS VR的兴趣。

一、基础信息

1. 基本信息

公司全称：索尼互动娱乐（上海）有限公司

成立时间：2016年

总部地点：加利福尼亚圣马特奥市

企业性质：外资公司

注册资本：4380万元

联系方式：

网址：http：//www.playstation.com.cn/

地址：中国（上海）自由贸易试验区德林路268号

电话：021-61216666

邮箱：helen.gu@ scesh.sony.com

2. 组织信息

管理层：

李斌　董事长

织田博之　董事长

二、业务信息

1. 产品及服务信息

主要产品：PlayStation VR、PlayStation 4、PlayStation Vita、PlayStation ©配件等

2. 覆盖范围

行业：智能硬件、游戏

主要客户：互联网用户

业务区域：全球

三、综合信息

1. 发展定位：创新源自好奇，梦想成就未来

2. 重要合作伙伴及供应商：任天堂、三星电子、JZ music、Columbus Nova、博纳影业、酷狗音乐、华为等

HTC

HTC Vive 是 HTC 与 Valve 联合开发的一款 VR 头显（虚拟现实头戴式显示器）产品，于 2015 年 3 月在 MWC2015 上发布。由于 Valve 的 Steam 为产品提供技术支持，因此用户在 Steam 平台上已经可以体验利用 Vive 功能的虚拟现实游戏。2016 年 4 月，2016 世界移动大会在北京召开“HTC VIVE 中国战略暨 VR 生态圈大会”，第一次向外界全面展示自己在 VR 战略上的布局，并宣布 Vive X 加速器计划。2016 年 6 月，HTC 推出面向企业用户的 Vive 虚拟现实头盔套装—Vive BE，其中包括专门的客户支持服务。HTC Vive 的官方售价是 799 美元，包含有 2 个手柄、2 个 Lighthouse 基站设备、一些绑定的免费小游戏等。同月，HTC Vive 宣布将斥资 100 亿美元，建立虚拟现实风投联盟。该联盟将与美国孵化器 500starts up、云锋基金等 28 家风投公司合作，投资虚拟现实相关的内容和技术公司。11 月，HTC 与深圳市政府签署战略合作协议，计划合作成立虚拟现实中国研究院。

在头显上，HTC Vive 开发者版采用了一块 OLED 屏幕，双眼合并分辨率为 2160x1200。2K 分辨率大大降低了画面的颗粒感，用户几乎感觉不到纱门效应。并且能在佩戴眼镜的同时戴上头显，即使没有佩戴眼镜，400 度左右近视依然能清楚看到画面的细节。画面刷新率为 90Hz。其控制器定位系统 Lighthouse 采用的是 Valve 的专利，它不需要借助摄像头，而是靠激光和光敏传感器来确定运动物体的位置，也就是说 HTC Vive 允许用户在一定范围内走动。这是它与另外两大头显 Oculus Rift 和 PS VR 的最大区别。

易观分析

作为 VR 产业的先行者，HTC 在 VR 行业中的发展非常迅猛，而且 HTC 已经将 VR 产业作为未来主推的产业之一。对于日薄西山的 HTC 而言，Vive 已成为其最有价值的资产。与 PS VR 和 Oculus Rift 相比，Vive 抢占了先发优势。但与其他两家相比，Vive 的价格要明显更高，Vive 的消费者普遍都是直接从 Steam 上导过来的。而 Steam 平台本身已然因为消费结构升级而变成主流群体的汇集地，也就是说 Vive 一上来就处于主流人群玩非主流内容的阶段。

内容是 HTC Vive 的一大优势。自 HTC Vive 发售以来，不断有 VR 相关游戏和内容在 Steam 上架，如今 Steam 上对应 HTC Vive 的游戏内容已达数百款，其独占内容超过 100 款。预计未来，HTC 将专注于 VR 生态系统的建设，不断完善内容产品，从而建立竞争壁垒。

一、基础信息

1. 基本信息

公司全称：宏达通讯有限公司

成立时间：2010 年

总部地点：上海

企业性质：有限责任公司（外国法人独资）

资本信息：注册资本 12750 万美元

联系方式：

网址：http：//www.htc.com/cn/

邮箱：nancy_ lu@ htc.com

地址：上海市浦东新区康桥镇新苗村 1000 号

电话：021-33760100

2. 组织信息

管理层：

董俊良　董事长

二、业务信息

1. 主要产品与服务信息

Vive X 创速——VR 创业服务平台、HTC Vive——虚拟现实头盔、HTC——电子设备制造商

2. 覆盖范围

行业：智能硬件、电子设备制造、游戏

主要客户：互联网用户

业务区域：全球

3. 收入结构：主要为手机销售、广告、付费视频、销售设备、游戏等收入项目

三、综合信息

1. 发展定位：通过高性能的便携设备让人们享受智能的移动生活体验，凭借不断创新的产品研发与用户体验独特设计，以革故鼎新的领导姿态，从掌上电脑进入智能手机领域

2. 重要合作伙伴及供应商：北京兴长信达、Steam、掌阅文学、优视、高德控股、华为、海尔等

Oculus

Oculus VR 是沉浸式 VR 设备国际市场热点的推动者。Oculus 成立于 2012 年，当年 Oculus 登陆美国众筹网站 Kickstarter，总共筹资近 250 万美元；2013 年 6 月，Oculus 宣布完成 A 轮 1600 万美元融资，由经纬创投领投；Facebook 在 2014 年 7 月宣布以 20 亿美元的价格收购 Oculus。在 Facebook 看来，Oculus 的技术开辟了全新的体验和可能性，不仅仅在游戏领域，还在生活、教育、医疗等诸多领域拥有广阔的想象空间。

2016 年 1 月，Oculus Rift 发布，分辨率为 960x1080，5.7 英寸 OLED 屏幕，刷新率 75 赫兹，视

野为 100 度，配有加速度计、陀螺仪、磁力计。3 月 28 日正式发货，售价 599 美元。同是 3 月，在游戏开发者大会 GDC 上，Oculus Rift 向开发者展示并介绍了虚拟现实应用商店 Oculus Store。Oculus Store 的商业模式与目前主流的智能手机应用商店比较类似，Oculus 将从应用销售中抽成。5 月，Facebook 在伦敦组建虚拟现实团队，这也是为其子公司 Oculus 在欧洲准备的第一个大本营。同月，Facebook 收购虚拟现实音频公司 Two Big Ears，为 Oculus 进一步铺路。同时，Oculus VR 宣布 "VR for Good" 教育计划，主要针对高中生人群。10 月，第三届开发者大会上，Oculus 公布了硬件、软件、内容等一系列重大 VR 计划，同时扎克伯格还宣布称，未来将用 5 亿美元投资 VR 内容。目前，已有 2.5 亿美元投资在游戏、影视等领域，之后还将拓展至 VR 教育等。

易观分析

Oculus 是较早发现消费级沉浸式 VR 市场机遇的厂商，技术和经验丰富，开发环境稳定，开发难度较低。但 Oculus Rift 作为外接式产品，对所搭载的 PC 性能有很高的要求，消费门槛较高，从而限制了用户规模扩张。定价方面，Oculus Rift 和 HTC Vive 差不多。前者拥有 599 美元的廉价版本，但只包括 Xbox One 控制器。此外，Oculus 的定位技术比起 HTC 和索尼来说，还差得太远。索尼有自家的 PS move，HTC 则有 Steam 的 LightHouse，而 Oculus 目前为止还不支持定位。

内容方面，Oculus 效仿游戏机厂商的发展方向，通过大额资金补助、技术支持等方式吸引开发商为 Oculus Rift 提供独占游戏。和 Valve 的基金支持不同的是，Oculus 的独占协定能为开发者提供更多的支持，例如大量的资金扶持、技术支持、后期的内容推广宣传等，这些对于小型的游戏工作室或者早期的创业者而言都是非常重要的资源。

总的来说，领先的产品体验、建立开放的开发者生态、积极与国际巨头合作是 Oculus 的优势，但在内容资源、产能方面其同样存在不确定性。

一、基础信息

1. 基本信息

公司全称：傲库路思商务信息咨询（上海）有限公司

成立时间：2015 年

总部地点：上海

企业性质：有限责任公司（台港澳法人独资）

注册资本：1130 万美元

联系方式：

网址：http://www.oculus.com/

地址：中国（上海）自由贸易试验区华京路 8 号 6 层

电话：021-50710301

2. 组织信息

管理层：

大卫·威廉姆·科林（David William Kling） 执行董事

二、业务信息

1. 主要产品与服务信息

主要产品：Oculus Rift、Oculus Touch

2. 覆盖范围

行业：智能硬件、游戏

主要客户：互联网用户

业务区域：全球

3. 收入结构：主要为硬件销售、游戏分成等

三、综合信息

1. 发展定位：虚拟现实设备制造商

2. 重要合作伙伴及供应商：MediaMarket、三星电子、Coatsink、Software、乐金显示、大立光电、罗姆、Apls Elec 等

微软

早在 2015 年，微软已经开始 VR 布局。2015 年 1 月，微软在 WIN10 发布会上发布增强现实头显 HoloLens。2016 年 5 月，微软推出 Flashback，让低端手机也能体验高品质 VR。同年 6 月，微软宣布将开放 Holographic 平台，允许其他厂商的虚拟现实、增强现实以及混合现实设备使用 Window Holographic。同月，E3 展会宣布推出支持 VR 的游戏主机 Xbox 天蝎座。10 月，微软推出 VR 头盔，起价 299 美元，由惠普、戴尔、联想、华硕和宏碁制造。它们将在 Windows10 Creators Update 中一个新的 VR 平台上运行，不需要购买额外配件，设置过程也不复杂。

与 Oculus 想要让人沉浸于一个全新的虚拟世界不同，微软的 HoloLens 意在帮助人们与现实世界交互，将虚拟和现实结合起来，并实现了更佳的互动性。使用者可以很轻松地在现实场景中辨别出虚拟图像，并对其发号施令。此外 HoloLens 还内置 3D 浏览器，在 Windows 环境中创建全系虚拟空间，让用户能够通过 Hololens 来探索和接触新的地方，而且是在 Windows 10 平台运行。基于 Windows 10 的 Windows Holographic 平台能够提供全息影像框架、交互模型、感知 API 和 XboxLive 服务，目前在 Windows 商店里能够找到数百个全息 UWP 应用，可见其正在规模性地扩展。

易观分析

微软的开放式系统是其 VR 布局的最大优势。无论是 Holographic，还是 UWP 通用应用平台，微软让 PC 主机和移动 VR 一体机，都离不开其引以为豪的 Windows 系统。微软开放 Win10 的操作系统，更大的意义并不在于开放系统让其他硬件厂商制作 VR 设备，而是在于开放 Win10 Holographic 的一些接口，让现存的非 Windows 系统的 VR 设备接入到 Windows 生态中。

目前，Oculus 和 Vive 都拥有自己的应用生态平台。Oculus Rift 用户大都在 Oculus Home 中获取内容资源，而 Steam 则支撑着整个 HTC Vive 的游戏和内容。移动 VR 领域，Google 刚刚推出了 Daydream 平台。微软意图利用 VR 设备的操作系统占领 PC VR 市场。

硬件方面，微软的 VR 头盔有着性价比的市场优势，起价只需 300 美元，并且可以运行许多 Vive 和 Rift 上的 VR 游戏。此外，微软 VR 头盔并不需要玩家配备额外的传感器，其本身自带 6 度自由传感器。微软的 VR 头盔的最大优势在于其只需要满足 DX12 标准即可，即便是集成显卡也可以运行。较低的门槛成为了微软 VR 头盔普及的重要一环。

一、基础信息

1. 基本信息

公司全称：微软公司

成立时间：1975 年 4 月 4 日

总部地点：华盛顿州雷德蒙德市

企业性质：上市公司、外商独资

资本信息：资产 1819 亿美元（2016）、市值 4070 亿美元（2016 年 12 月）

联系方式：

网址：https：//www.microsoft.com/

邮箱：v-qiansh@ microsoft.com

地址：中国北京海淀区丹棱街 5 号（中国总部）

电话：010-59179000

2. 组织信息

管理层：

约翰·汤普森　董事长

萨蒂亚·纳德拉　首席执行官

凯文·特纳　首席运营官

二、业务信息

1. 主要产品与服务信息

Windows、Office、Edge、Azure、Surface、Lumia、Xbox、Hololens

2. 覆盖范围

行业：软件、硬件、游戏

主要客户：互联网用户

业务区域：全球

3. 收入结构：操作系统收入、应用软件收入、硬件销售收入

三、综合信息

1. 发展定位：以人为本，追随智慧

2. 重要合作伙伴及供应商：联想、三星、诺基亚、腾讯、阿里巴巴、百度、华为等

暴风魔镜

暴风魔镜是暴风科技2014年9月1日发布的一款头戴手机盒子式VR硬件产品，可在手机上实现IMAX观影效果，是暴风进军VR和智能硬件领域的第一环。2016年1月，虚拟现实公司暴风魔镜获得第二轮融资，融资金额2.3亿元人民币。本轮由中信集团旗下中信资本领投，天神互动、暴风鑫源跟投。同月，暴风魔镜与360奇酷手机结成合作伙伴关系。4月，与华为达成VR内容软体合作伙伴关系，并成为世界邮轮网的VR战略合作伙伴。5月31日，暴风魔镜在北京举办了“暴风魔镜VR2.0| 虚拟现实·新篇章”发布会，并于会上公布了新一代VR眼镜盒子产品——暴风魔镜5/暴风魔镜5 Plus。在与海外知名手势识别技术公司Leap Motion进行深度合作研发的基础上，在暴风魔镜5 Plus版本中加入了手势识别功能。暴风魔镜5 Plus售价899元人民币。10月，暴风魔镜启动新一轮业务调整，裁员近半。同时，暴风魔镜将拆分汽车、旅游、房产、UGC等业务板块，分别成立独立子公司。12月，暴风魔镜在北京举行“VR Here”发布会，推出VR一体机产品魔镜Matrix，售价2499元人民币；同场还推出了新款Cardboard产品魔镜S1，售价199元人民币。

暴风科技以快速更新迭代、低价的方式，期望迅速占领沉浸式VR设备市场。据暴风科技2016年年度财报显示，暴风集团营业收入为16.5亿元人民币，同比增长153%，净利润亏损2.42亿元人民币，归属于上市公司股东的净利润5281万元人民币，同比下降69.53%。子业务板块中，暴风TV和魔镜进入规模成长期，暴风TV 2016年收入9.3亿元人民币，同比增长644%，基于魔镜的VR营销在开展业务的第一年就取得了1600万元人民币的收入。

据暴风集团年报内容显示，暴风魔镜经过两年半时间的发展，累计销量超过200万，用户使用时长35分钟。暴风魔镜在京东的份额为88%。

易观分析

借助本身的用户基数和资金优势，暴风用低价策略快速占领市场，先跑通整个商业市场的模式，成为了当前国内沉浸式VR设备市场的最大销售商。更新周期短、产品版本多，这既是暴风魔镜的亮点，也是其一直受质疑的地方。虽然这样的发布速度让暴风魔镜的知名度大大提高，但迭代多并不代表进步大。相较于PS VR、HTC、Oculus等更加成熟的产品，暴风魔镜的使用体验是其最大的劣势。这种低价和简易的做法其实是危险的，价格虽然低，但产品技术和品质上并不能满足用户体验，反而会造成用户对VR设备体验印象差的结果，不利于整个VR行业的发展；另外技术方面暴风也无明显优势，倾向于低端的实验性设备，对用户吸引力不足。所以，在目前已有的高市场份额情况和VR市场规模继续扩大的趋势下，如何提升用户黏度是暴风科技面临的重要挑战。

此外，虽然暴风魔镜已开始大范围生态布局，但其内容生态并没有商业化基础，无法依靠商业化为自身输血。因此在迟迟未进行下一轮融资的情况下，暴风魔镜只能提高产品售价进行止损。

一、基础信息

1. 基本信息

公司全称：北京暴风魔镜科技有限公司

成立时间：2014 年

总部地点：北京

企业性质：有限责任公司（法人独资）

资本信息：注册资本 16000 万元

联系方式：

网址：http：//www.91jile.com/

邮箱：zhangsongling@ baofeng.com

地址：北京市石景山区实兴大街 30 号院 3 号楼 2 层

电话：010-82263368

2. 组织信息

管理层：

黄晓杰　经理、执行董事

二、业务信息

1. 主要产品与服务信息

暴风魔镜：是一款虚拟现实眼镜，在使用时需要配合暴风影音开发的专属魔镜应用，在手机上实现 IMAX 效果，普通的电影即可实现影院观影效果

暴风魔眼：全球第一款 720°球形全景拍摄，并支持实时直播、沉浸式 VR 体验的个人便携式全景摄像机

2. 覆盖范围

行业：智能硬件、传媒、游戏

主要客户：互联网用户

业务区域：全球，主要在华语地区

3. 收入结构：主要为广告收入，有付费视频、销售设备、游戏等收入项目

三、综合信息

1. 发展定位：为互联网用户提供简单、便捷的互联网音视频播放解决方案；从一家网络视频企业转型成为 DT 时代的互联网娱乐平台

2. 重要合作伙伴及供应商：华谊兄弟、天音控股、爱施德、松禾资本、京东、淘宝、土豆、中央电视台等

互联网金融

互联网理财

蚂蚁聚宝

蚂蚁聚宝，是蚂蚁金服旗下的智慧理财平台，致力于让“理财更简单”，与支付宝、余额宝、招财宝等同为蚂蚁金服旗下的业务板块。2015 年 8 月，蚂蚁聚宝 APP 上线。作为支付宝的“兄弟”APP，蚂蚁聚宝主抓理财，力图成为一站式金融超市。在蚂蚁聚宝平台上，与理财无关的页面全部取消，主打包括余额宝、招财宝、存金宝、基金、股票信息查询等各类理财产品，从而形成了自有理财产品交易、代销基金产品导购、股票行情展示与交易服务的三大业务模块。更值得关注的是，针对基金代销业务，蚂蚁聚宝还推出了申购费用全免，赎回 T+1 到账的推广活动，前者进一步降低了用户的交易费用，对于大额基金投资者更具吸引力；赎回到账时间缩短为 T+1，相对于股票基金平均的 T+3 以上的到账时间，大幅缩短了至少两天。此外，蚂蚁聚宝用户还可以在 APP 中获得财经资讯、市场行情、社区交流、智能理财顾问等服务。2016 年 9 月 8 日，蚂蚁聚宝召开了一周年发布会，并推出了蚂蚁聚宝理财更简单 2.0。在发布会上，蚂蚁聚宝针对理财小白用户的痛点提出了整体理财解决方案，与金融机构一起启动“4S 开放平台计划”，并推出了每天只需投资 10 元的“轻定投”理财方式。

易观分析

金融业务是阿里未来业务的重中之重，从支付、财富，到微贷，需做到齐头并进，步调一致。蚂蚁聚宝作为蚂蚁金服自支付宝以来推出的第二款主打理财的 APP 应用，足以证明蚂蚁金服对于理财市场的重视。但蚂蚁聚宝目前表现并不是很突出。从目前来看，蚂蚁聚宝仍然以基金销售为主，并附带相应的理财讨论社区，其价值并没有得到很好的发挥。从余额宝和招财宝来看，随着余额宝收益的不断走低，余额宝难以延续前几年的风光。此外，2015 年年底一起逾亿元的巨额“逾期”风波也让招财宝“零逾期”的纪录被打破，并让投资人开始质疑其担保模式的安全性。

依托阿里巴巴的强大实力，蚂蚁聚宝有着其他综合理财 APP 无法比拟的优势。将来可在主打基金销售及定投的同时，利用蚂蚁金服的底层大数据，结合诸多生活场景如购物、旅行、宝宝教育等推出收益与特色服务并举的创新理财产品，同时精准地匹配营销到定向用户，吸收更多有效流量。

一、基础信息

1. 基本信息

公司全称：浙江蚂蚁小微金融服务集团股份有限公司

成立时间：2000 年

总部地点：杭州

上市时间：未上市

企业性质：其他股份有限公司

联系方式：

网址：http：//www.antgroup.com/

地址：杭州市西湖区西溪新座 5 幢 802 室

2. 组织信息

管理层：

彭蕾　董事长

井贤栋　首席执行官

二、业务信息

1. 产品及服务信息

生活服务平台支付宝、智慧理财平台蚂蚁聚宝、云计算服务平台蚂蚁金融云、独立第三方信用评价体系芝麻信用以及网商银行等

2. 覆盖范围

行业：互联网金融

主要客户：互联网用户

业务区域：全国

3. 收入结构：具体盈利模式及收入信息不详

三、综合信息

1. 发展定位：以“为世界带来微小而美好的改变”为愿景，致力于打造开放的生态系统，通过“互联网推进器计划”助力金融机构和合作伙伴加速迈向“互联网+”，为小微企业和个人消费者提供普惠金融服务

2. 重要合作伙伴及供应商：天弘基金、南方基金、华夏基金、博时基金、中国农业银行、易方达基金、广发基金、中国银行、中国工商银行、中国建设银行、中国农业银行等

随手记

随手记作为国内领先的个人理财应用服务提供商，旗下拥有随手记、卡牛信用卡管家等多款知名理财应用产品，服务用户超过1.2亿。得益于财务应用的专业性与用户体验的完美平衡，随手记、卡牛等明星产品高速发展。随手记不断探索互联网理财和个人金融业务的结合点，为个体经营者和个人消费者提供全面的财务服务。

根据易观发布的《中国记账理财APP移动市场季度监测报告2016年第4季度》数据显示，在入选的10家记账理财APP中，随手记以1130.49万的活跃用户量位居榜首，且与竞争对手拉开了较大差距。在人均单日使用时长上，记账理财APP梯队划分明显，随手记以82.37分钟位居行业首位，大幅度超过竞争对手，继续稳固市场中的位置。

易观分析

记账理财作为互联网金融细分领域之一，待用户积累达到一定程度，服务势必走向综合，突破单纯的财务软件边界，这对厂商而言是突破盈利瓶颈的关键。对此随手科技以记账理财切入积累用户，增加信用卡管理，提供办卡服务，获得消费大数据、进行个人信用管理，强化征信业务，同时为理财业务引流、为信贷业务进行风险控制。对于随手记来说，个人理财业务基本稳定，正向全面的个人资产管理升级，从目前的布局来看，随手记互联网金融大平台模型已经清晰。

目前记账理财APP领域行业梯队划分明显，随手记以千万级的活跃用户位居第一梯队，持行业领先地位。但从行业来看以随手记为代表的记账APP类互联网理财平台，在打造金融闭环服务时，产品优势不明显，又有各大巨头加入战局，进行围追堵截，蚕食市场份额。随手记未来可以利用大数据技术对用户的财务数据进行分析，从而为用户提供针对性的理财规划服务，以获取更多的用户流量，结合更多场景优化升级产品以保持自身的市场份额。

一、基础信息

1. 基本信息

公司全称：随手科技

成立时间：2009年12月

总部地点：深圳

上市时间：未上市

企业性质：有限责任公司

联系方式：

网址：http://www.feidee.com/

地址：深圳市南山区高新区南区科技南十二路金蝶软件园 B 栋 8 楼 801 室

邮箱：liyong@ kingdee.com

2. 组织信息

管理层：

谷风　首席执行官

二、业务信息

1. 产品及服务信息

APP：随手记、卡牛信用卡管家

版本：iOS 版、android 版

理财产品：新人宝、中邮战略新兴产业基金、随手理财活动等

2. 覆盖范围

行业：互联网理财

主要客户：所有用户

业务区域：全国

3. 收入结构：具体盈利模式及收入信息不详

三、综合信息

1. 发展定位：全平台免费记账理财服务 APP

2. 重要合作伙伴及供应商：家财通、MSN 理财、卡牛、华为网盘、软件盒子、金蝶应用商城、红岭创投等

互联网融资

陆金所

陆金所成立于 2011 年 9 月，全称上海陆家嘴国际金融资产交易市场股份有限公司，是中国平安集团旗下成员，注册资本金 8.37 亿元人民币。2012 年 3 月，陆金所旗下的网络投融资平台（稳盈—安 e）正式上线运营，之后，陆金所又推出了个人对个人的借贷投融资服务（稳盈—安业）、养老保障委托管理产品（富盈人生）以及结构化创新财务顾问服务等业务。

2016 年 1 月 18 日，陆金所正式对外宣布近期将完成 12.16 亿美元融资，其中包括 B 轮投资者 9.24 亿美元投资和 A 轮投资者行使认购期权投资的 2.92 亿美元，融资完成后，陆金所估值达到 185 亿美元；2016 年 2 月 29 日，陆金所保险频道正式上线，并首次上架保障型保险；2016 年 11 月 1 日，陆金所控股正式启动香港上市，花旗美林等四家投行入场尽调，但由于架构重组上市计划顺延至 2018 年。

易观分析

作为成立金融资产交易平台初衷的陆金所，在机构投资者和个人投资者交易方面均有不俗的成绩，随着开放平台战略的推进，平台投资选择更加多样，功能更加丰富，且竞争壁垒也得以逐步构建。目前陆金所控股旗下共拥有三家金融资产交易所，即陆金所、前交所和重交所。陆金所定位 B2C 个人投资者一站式理财平台，前交所、重金所重在 B2B 机构间交易。

陆金所背靠中国平安，依托平安集团累计的海量数据支撑和持有的全牌照，征信业务发展具有决定性的先天优势。目前陆金所在零售端用户数量层面离蚂蚁金服尚有一定距离，处在行业第二的位置；在机构端，陆金所则优势明显，通过在票据领域形成规模效应，获得高竞争壁垒，稳居行业第一。未来随着陆金所在港交所 IPO，将会充分享受品种稀缺带来的估值溢价。

一、基础信息

1. 基本信息

公司全称：上海陆家嘴国际金融资产交易市场股份有限公司

成立时间：2011 年 9 月

总部地点：上海

上市时间：尚未上市

企业性质：合资

联系方式：

网址：https：//www.lu.com/

地址：上海市浦东新区陆家嘴环路 1333 号

电话：4008666618

2. 组织信息

管理层：

计葵生（Gregory D Gibb）　首席执行官、董事长

二、业务信息

1. 主要产品与服务信息

P2P 理财：主要由稳赢—安 e、稳赢—安 e+等构成，以小额投资为主，年收益 6.0%~8.2%

票据收益权转让信息服务：主要为非金融企业与金融企业机构推出票据收益权转让信息服务业务

结构化创新财务顾问服务：为资产的结构化创新提供财务顾问服务

应收账款转让信息服务：为应收账款转让提供信息服务

网络投融资平台（www.lu.com）：为中小企业及个人客户提供专业、可信赖的投融资服务，实

现财富增值

金融资产交易服务平台（www.lfex.com）：为广大机构、企业和合格投资者等提供专业、高效、安全的综合性金融资产交易相关服务及投融资顾问服务

2. 覆盖范围

行业：互联网融资

主要客户：有资金贷款需求的企业和个人

业务区域：全国

3. 收入结构：平台交易费、管理费、承销费、广告收入

三、综合信息

1. 发展定位：值得信赖的投资理财平台

2. 重要合作伙伴及供应商：中国平安人寿保险股份有限公司、中国平安财产保险股份有限公司、平安养老保险股份有限公司、平安健康保险股份有限公司；平安银行股份有限公司、平安产险信用保证保险事业部；平安信托有限责任公司、平安证券有限责任公司及中国平安证券（香港）有限公司、平安资产管理有限责任公司及中国平安资产管理（香港）有限公司、平安期货有限公司、平安大华基金管理有限公司

搜易贷

搜易贷成立于 2014 年 4 月，是搜狐集团旗下的互联网金融平台，主要服务于个人及中小企业，是搜狐集团进入互联网金融领域的核心力量。上线不到 3 个月，交易量即突破 1 亿，而后在产品结构上进行优化，不断引入“小额、分散”的商业保理、新车及二手车项目。在目标市场细分后，推出“小狐分期”，开始发力电商、游戏、教育、旅游、医美等消费领域，顺应市场需求。在资金安全上，2015 年搜易贷与银行开始对接资金托管，根据监管指引进行合规调整。搜易贷自上线之初即专营互联网房产金融领域。

2016 年 4 月 18 日，搜易贷用时 19 个月实现了交易额突破 100 亿元人民币的目标。2016 年 5 月 9 日，搜易贷宣布将实缴注册资本由 5000 万元人民币增至 3 亿元人民币。增资将用于提升风控、加快互联网金融技术应用以及推出新消费金融产品三个层面。2016 年 12 月 8 日，搜易贷累计撮合成交额突破 200 亿元人民币。2017 年 1 月 18 日，搜易贷公司通过集团化战略升级为狐狸金服后，搜易贷成为其中一个业务子板块。

易观分析

依托搜狐公司的互联网实力和资源以及创始团队强势的科技和金融基因，搜易贷增速迅猛，打破了多项行业增长纪录，包括 19 个月破百亿、8 个月破第二个百亿等。搜易贷目前形成庞大的以技术驱动的金融服务体系，从大数据风控技术研发到网贷平台，从消费金融小狐分期到大数据征信服务的云狐征信，还渗透到商业保理、融资租赁等金融细分领域。

随着金融体系的形成，2016 年下旬搜易贷金服集团化战略便孕育而生，并逐渐成型。在用户体验上，狐狸金服顺应移动互联网大趋势，重点打造移动客户端，如今移动端投资金额占比达到83%，在行业中处于较为领先水平；在移动借贷产品上，消费金融“小狐分期”业务申请便捷性与平台自主研发的大数据风控系统“风刃”深入结合，提高了平台风控效率和安全性。预计 2017 年狐狸金服在整体架构及业务模式上会更加完善。

一、基础信息

1. 基本信息

公司全称：搜易贷（北京）金融信息服务有限公司

成立时间：2011 年

总部地点：北京

上市时间：未上市

企业性质：股份制

联系方式：

网址：https：//www.souyidai.com/

地址：北京市海淀区海淀北二街 8 号中关村 SOHO 1205-1206 室

电话：010-59733362

2. 组织信息

管理层：

何捷　首席执行官

二、业务信息

1. 主要产品与服务信息

房易贷、车易贷、信易贷

2. 覆盖范围

行业：互联网融资

主要客户：个人及中小企业

业务区域：全国

3. 收入结构：众筹交易手续费

三、综合信息

1. 发展定位：搭建中国最大、用户体验最好的个人及中小企业的互联网信贷平台

2. 重要合作伙伴及供应商：搜狐网、搜狐畅游、搜狗、搜狐焦点、17173、Chinaren

互联网支付

支付宝

蚂蚁金服旗下的支付宝于 2003 年 10 月在淘宝网推出，2004 年支付宝从淘宝网分拆独立，逐渐向更多的合作方提供支付服务，2011 年，支付宝获得央行颁布的首批支付牌照。目前，支付宝已经与超过 200 家金融机构达成合作，为近千万小微商户提供支付服务，拓展的服务场景不断增加。截至 2016 年 2 月底，实名用户数已经超过 4.5 亿。支付宝在覆盖绝大部分线上消费支付场景的同时，将支付消费拓展到线下餐饮、超市、便利店、出租车、医院、公共服务等多种场景，以助力传统商业和公共服务体验的升级。在海外市场，支付宝也推出了跨境支付、退税、海外扫码付等多项服务。支付宝现已发展成为融合了支付、生活服务、政务服务、社交、理财、保险、公益等多个场景与行业的开放性平台。

2016 年 9 月 12 日，支付宝对外发布公告，表示因综合经营成本上升，自 2016 年 10 月 12 日起，支付宝将对个人用户超出免费额度的提现收取 0.1%的服务费，个人用户每人累计享有 2 万元基础免费提现额度，并可以使用蚂蚁积分兑换更多免费提现额度；2016 年 10 月 13 日，支付宝发布了商户专用二维码，官方名称“支付宝收款”。开通“支付宝收款”业务、小摊小贩签约成商家后，不管是当面付还是支付宝收款，在提现时无需支付手续费。根据 Analysys 易观监测数据显示，在 2016 年第 4 季度中国第三方支付互联网支付市场中，支付宝以 43.44%的市场份额继续保持在线支付市场第一名；在 2016 年第 4 季度中国第三方支付移动支付市场中，支付宝以 54.10%的市场份额继续占领第三方支付移动支付市场头名。

易观分析

随着阿里巴巴的金融业务逐渐庞大，现已发展出已然独立的蚂蚁金服集团，其产品覆盖互联网金融全产业链。但支付宝作为基础服务和流量平台，仍然是阿里拓展金融版图的基础，因此，支付宝内部仍保留营销、理财等入口。未来支付宝仍然会保持较高的业务创新能力，在互联网金融方面将有更广泛的涉猎，平台化趋势和渠道优势将更加明显，从而带动支付宝盈利模式的创新。

依托完整的综合金融服务体系，支付宝金融类交易金额保持稳定，尽管提现收费对用户转账有一定的挤出作用，但一年一度“双十一”和“双十二”的连续落地，令支付宝用户活跃程度得到进一步提升，用户个人转账业务产生规模性增长。此外，支付宝推出了针对移动支付的春雨计划，强力补贴也令支付宝线下交易量有了明显提升。未来，支付宝将逐渐利用其覆盖海量商户和用户的优势，以及多年积累起的海量交易数据变现。由此，支付宝所拥有数据的挖掘和应用变得更加重要，互联网营销、征信等增值服务将和支付服务互成助力。

一、基础信息

1. 基本信息

公司全称：支付宝（中国）网络技术有限公司

成立时间：2004 年 12 月 8 日

总部地点：杭州

上市时间：未上市

企业性质：有限责任公司（内资法人独资）

联系方式：

官方网站：http：//www.alipay.com/

新浪微博：http：//e.weibo.com/alipay/

地址：杭州市万塘路 18 号黄龙时代广场 B 座

电话：0571-26888888

传真：0571-88157868

2. 组织信息

管理层：

彭蕾　支付宝首席执行官

邵晓锋　支付宝总裁

二、业务信息

1. 产品及服务信息

个人服务产品

付款收款：转账付款、转账到银行卡、信用卡还款、找人代付、交房租、AA 收款

生活助手：水电煤缴费、手机充值、固话宽带、有线电视缴费、还贷款、教育缴费、NFC 支付

网购导航：返利商家、优惠券、促销活动、海淘、一淘比价

会员账户管理：账户管理、交易记录、支付方式管理、账户通、集分宝

保险理财业务：余额宝、淘宝理财、淘宝保险

商家收款产品

基础收款产品

担保交易收款：收货后再付款，交易有保障，买家更易下单

即时到账收款：买家付款直接到账，帮助快速回笼资金

双功能收款：同时提供担保、即时两种支付方式供买家选择

其他收款产品（可作为辅助支付手段的收款方案）

国际卡支付

网银支付：让买家可通过网银完成支付，增加支付途径

COD 货到付款平台：为客户建立货到付款配送体系

无线产品

快捷支付（无线）

手机网站支付

商家付款产品（应用于商家间结算货款、支付交易费用的付款方案）

支付宝站内大额收付款：淘宝卖家，或已签约支付宝即时到账、担保交易、双功能中任意一款方可签约

批量付款到支付宝账户：淘宝卖家，或已签约支付宝即时到账、担保交易、双功能中任意一款方可签约，实现一次打款多个账户，并且资金即时到账

增值服务（为商家提供便利、增加销量的各类服务）

数据罗盘：支付宝首款数据产品，为商家指引电商之路

集分宝批量自助发：支付宝独家促销工具，发放方式灵活自助

快捷登录：用支付宝会员账号轻松登录

平台商产品（专为交易平台提供的收款方案）

平台商即时到账收款：为交易平台准备的即时到账收款方案

平台商双功能收款：为交易平台准备的双功能收款方案

2. 覆盖范围

行业：第三方支付——在线/移动支付、银行卡收单、预付费卡

主要客户：互联网用户

业务区域：全国

3. 收入结构：淘宝给支付宝的技术服务费，非淘宝商家的支付接入技术服务费，以及用户在淘宝中的沉淀资金；量化结构不详

三、综合信息

1. 发展定位：为中国电子商务提供“简单、安全、快速”的在线支付解决方案

2. 重要合作伙伴及供应商：中国工商银行、中国农业银行、中国建设银行、中国邮政储蓄银行、交通银行、中国银行、招商银行、浦东发展银行、民生银行等

财付通

财付通是腾讯集团旗下中国领先的第三方支付平台，一直致力于为互联网用户和企业提供安全、便捷、专业的在线支付服务。自 2005 年成立伊始，财付通就以“安全便捷”作为产品和服务的核心，为个人用户创造 200 多种便民服务和应用场景，同时为 40 多万大中型企业提供专业的资金结算解决方案。财付通目前作为腾讯集团支付业务的后台技术支持，提供支付的相关功能，如微信支付和 QQ 钱包。根据易观监测数据显示，在 2016 年第 4 季度中国第三方支付互联网支付市场中，财付通位列第二，市场占有率为 16.63%，而在 2016 年第 4 季度中国第三方支付移动支付市场中，财付通同样位列第二，市场占有率为 37.02%

易观分析

截至2016年第4季度，支付宝和财付通二者的市场份额达到了91.12%，占据绝对主导的地位，两家厂商交易量的迅猛增长得益于大范围的线下渠道铺设，压缩了其他厂商的份额，未来线下支付入口的竞争将会更加集中，二者今后的竞争将围绕线下支付优先权展开。

第三方支付作为腾讯其他业务的支撑，其重要性不言而喻。对此，财付通进一步加码线下移动支付。对商家来说，加大对线下服务商的扶持，实施开放平台策略，为更多商家甚至海外商家提供二维码支付接入；对用户来说，依靠微信的流量入口优势，财付通开展线下支付返现活动也令财付通用户在小额高频的使用场景中更加活跃，用户逐步养成支付习惯。财付通对线下场景的把控能力进一步增加，也将促进红包和转账等社交场景交易量保持高速增长。

一、基础信息

1. 基本信息

公司全称：深圳市财付通科技有限公司

成立时间：2005年

总部地点：深圳

上市时间：未上市

企业性质：民营

资本信息：隶属腾讯

联系方式：

网址：http://www.tenpay.com/

地址：深圳市南山区科技园科技中一路腾讯大厦9楼

电话业务合作：0755-86013388-65391（华南、西南区）、010-62671209（华北区）、021-54569595-21150（华东区）

B2C网站与移动支付合作：010-82173445

公关媒体合作：0755-86013388-64397

2. 组织信息

管理层：

赖智明　财付通总经理

二、业务信息

1. 产品及服务信息

财付通提供了微信支付、QQ支付、分期支付、委托代扣、epos支付、微支付等多种支付产品。不仅为个人用户创造200多种便民服务和应用场景，还为40多万大中型企业提供专业的资金结算

解决方案

2. 覆盖范围

行业：游戏、航旅、电商、保险、电信、物流、钢铁、基金等

主要客户：个人用户已超过 2 亿，企业客户超过 40 万

业务区域：全国

3. 收入结构：服务收费、手续费；量化结构不详

三、综合信息

1. 发展定位：一直致力于为互联网用户和企业提供安全、便捷、专业的在线支付服务

2. 重要合作伙伴及供应商：工商银行、招商银行、建设银行、中国银行、邮储银行、大众点评、滴滴打车、京东、小米、中国南方航空、艺龙、唯品会等

拉卡拉

拉卡拉集团是联想控股成员企业，是一家线下支付公司。2011 年第一批获得中国人民银行颁发的《支付业务许可证》。2007 年拉卡拉自主开发出中国第一个电子账单服务平台，第一个实现了远程多商户刷卡支付。同年，拉卡拉开始在全国便利店投放拉卡拉终端，让便利店成为银行营业厅的延伸，为社区提供便民金融服务。拉卡拉已经与中国银联以及工、农、中、建、交五大行在内的上百家金融机构建立了战略合作伙伴关系。凭借其立体布局，拉卡拉交易规模呈现出稳步增长的态势。

2016 年 2 月 5 日，西藏旅游公布了重大资产重组方案：拟以 110 亿元人民币作价收购拉卡拉 100%股权，后于 6 月 23 日西藏旅游公告称因证券市场环境、政策等客观情况发生了较大变化决定终止本次重大资产重组。10 月 11 日，拉卡拉正式改制为控股集团，架构分拆为拉卡拉支付集团及考拉金服集团。集团董事长孙陶然表示："拉卡拉支付集团已经接受了机构的上市辅导，会在未来时机成熟时递交 IPO 上市申请。"

易观分析

在第三方移动支付已经被支付宝和财付通牢牢把握住流量入口的行业趋势下，拉卡拉支付逐步从第三方支付方转型为智能 POS 硬件商，以拥抱行业变化。在 2015 年年底便推出智能 POS 产品以占据先机，2016 年依靠品牌影响力及十多年的资源积累，持续发力引领智能 POS 市场。根据国内主流 POS 机具制造商的智能 POS 出货量看，截至 2016 年年底，拉卡拉智能 POS 市场规模处于领先位置，相关出货渠道中市场覆盖率规模第一。这得益于以下两方面：一方面，拉卡拉智能 POS 是业内最早推出的全支付全受理终端，在时机、数量、品牌美誉度等方面占据先机，形成市场良性循环；另一方面，拉卡拉智能 POS 领先的市场覆盖率、巨大的终端数量，为拉卡拉支付打造云平台、构建多边市场的共生生态系统提供了入口，助力拉卡拉从帮商户收单升级到帮商户做生意的模式。

拉卡拉在互联网支付业务中积累了大量商户资源，拥有海量用户数据，通过不断丰富金融服务及产品类别、拓展应用场景等措施，逐步发展成为综合商户服务平台，为其加强在智能 POS 领域扩展奠定了基础。在稳固收单业务的同时，拉卡拉还拥有 20 多张金融牌照，于 2016 年 10 月成立控股公司，力图拓展为全牌照综合性金融服务公司。目前，在支付外业务中，互联网小贷表现出色，其收入占拉卡拉所有收入的大约 20%，已经成为拉卡拉盈利的一个主要部分。

一、基础信息

1. 基本信息

公司全称：拉卡拉集团

成立时间：2005 年

总部地点：北京

上市时间：未上市

企业性质：私营企业

联系方式：

官方网站：http：//www.lakala.com/

人力资源部邮箱：recruiting@ lakala.com

地址：北京市海淀区丹棱街 6 号中关村金融大厦 7 层、8 层　100080

电话：010-56710999

传真：010-56710550

2. 组织信息

管理层：

孙陶然　董事长、总裁

二、业务信息

1. 产品及服务信息

产品

个人产品：蓝牙刷卡器、拉卡拉手环

企业产品：收款宝、互联网 POS+

便民金融服务

个人金融：信用卡还款、转账汇款、银行卡余额查询

生活缴费：水电煤缴费、固话、宽带缴费

充值购卡：手机充值游戏点卡、账户直充、支付宝充值码、财付通账户充值

消费付款：账单号付款

商旅出行：机票、旅游、酒店

演绎票务：电影票、演出票

娱乐阅读：鲜花礼品、彩票生活、期刊订阅

其他服务：公益捐款

POS 收单服务

拉卡拉创新了针对小、中、大商户的多种 POS 产品和服务，尤其是针对小微商户的“收款宝”“生意通”等产品，极大地满足了商务的需求

在线购买

拉卡拉公司为了满足用户在线购买需求，更好地服务广大用户，满足拉卡拉正品网购的需要，开设官网商城和天猫旗舰店

2. 覆盖范围

行业：第三方支付

主要客户：电子商务消费人群

业务区域：全国

3. 收入结构：服务费、增值服务收入等；量化结构不详

三、综合信息

1. 发展定位：为个人和企业提供日常生活所必需的金融服务及生活、网购、信贷等增值服务

2. 重要合作伙伴及供应商：中国工商银行、中国农业银行、中国建设银行、中国邮政储蓄银行、交通银行、中国银行、招商银行、浦东发展银行、民生银行、中国移动、中国联通、中国电信等

互联网保险

众安保险

众安在线财产保险股份有限公司（以下简称“众安保险”）是国内首家互联网保险公司，由蚂蚁金服、腾讯、中国平安等企业发起设立，并于 2013 年 9 月 29 日获中国保监会同意开业批复。众安保险深度嵌入互联网背后的物流、支付、消费者保障等环节，改变了现有的保险产品结构、运营和服务模式，用互联网的模式重构消费者、互联网平台等相关各方的价值体系。根据易观千帆的数据监测，截至 2016 年 12 月，众安保险的活跃用户高达 41.43 万。

2016 年是众安保险全面布局之年，其在教育、共享单车、金融、医疗以及生活服务等领域均与优质企业进行战略合作，推出了贴近用户需求的保险类产品：在教育领域，众安与爱学贷达成战略合作，众安保险为爱学贷提供资金端资产优化服务并开发新型 ABS；在共享单车领域，众安与摩拜单车进行合作，为摩拜用户提供相关的保险业务；针对互联网金融场景，网易小贷和众安保险达成深度合作，推出面向个人用户的互联网借款保证保险产品——速贷宝；在健康领域，众安继开发尊享 e 生、肠命百岁、步步保、好孕保后，更是推出了其首个医疗全险——尊享 e 生 · 全保通；在生

活服务领域，众安与电信合作开发了“甜橙白条”，可在线话费充值、水电煤缴费和购买格瓦拉电影票等，并且还可以在全家便利店、屈臣氏等线下场景中进行使用。

易观分析

从通过互联网技术对场景需求的开发到消费金融的布局，众安金融科技能力也在不断提升和深入场景，以和场景互补的方式存在，金融科技为生态做保障，而保障给予了众安大量的数据基础和技术参考。同时，利用线上和线下场景及相关大数据服务，创新产品一直以来是众安特色。

由于其股东互联网背景凸出，众安始终坚持互联网思维，用互联网公司的轻资产模式解决财产险的盈利难题：众安保险无分支机构，与合作伙伴进行“共保”概念的合作，有利于控制费用率。互联网线上全闭环服务优化了用户体验，为许多新兴行业提供行业产品风险解决方案。而且众安产品服务齐全，更突显了其在互联网保险领域的领军者地位。

一、基础信息

1. 基本信息

公司全称：众安在线财产保险股份有限公司

成立时间：2013 年 10 月 9 日

总部地点：上海

上市时间：未上市

企业性质：股份有限公司

联系方式：

网址：http：//www.zhongan.com/

邮箱：cs@ zhongan.com

地址：上海市黄浦区圆明园路 169 号协进大楼 4-5F

电话：4009999595

2. 组织信息

管理层：

陈劲　首席执行官

二、业务信息

1. 主要产品与服务信息

众乐宝：众安保险联合淘宝网推出的国内首款网络保证金保险，旨在为加入淘宝消保协议的卖家履约能力提供保险，帮卖家减负，确保给予买家良好的购物保障

参聚险：众安保险联合“聚划算”专为聚划算卖家量身打造、用于替代保证金缴纳而推出的一

款保险服务产品

百付安：众安保险联合百度手机卫士推出，专为下载并使用百度手机卫士的用户设计的一款保险服务产品

37 度高温险：众安保险推出的首款高温险产品，也是国内首例面向个人的气象指数保险产品

小米手机意外保障计划：众安保险联合小米公司，为小米旗下的小米 4 手机独家订制手机意外保障服务。该保障服务对于“三包”范围内未涵盖到的、手机在使用过程中因各种意外导致的损坏提供免费维修

河狸家安心保障计划：众安保险联合国内美业 O2O 龙头河狸家推出的国内首款美业 O2O 安心保障计划，全方位保障河狸家用户在接受上门服务时的人身和财产安全

美团食品安全责任保险：众安保险携手国内最大外卖平台美团外卖，为美团外卖的在线商家提供食品安全责任保险

轮胎意外保：众安保险于 2015 年 5 月 20 日，联合途虎养车网、新焦点汽车维修服务有限公司推出的国内首款轮胎意外保障服务

2. 覆盖范围

行业：互联网保险

主要客户：互联网用户

业务区域：全国

3. 收入结构：具体收入结构不详

三、综合信息

1. 发展定位：保障和促进整个互联网生态发展

2. 重要合作伙伴及供应商：淘宝网、天猫、聚划算、支付宝、微信、小赢理财、小米、中信银行、携程、同信证券、招财宝、蘑菇街、去哪儿网、乐牙网、华大基金、美团外卖、智联招聘、快递 100、途虎养车网

慧择保险

慧择保险成立于 2006 年 6 月 18 日，是由深圳市慧择时代科技有限公司打造的全国首家保险产品对比系统并实现网上垂直交易的保险电子商务平台。2013 年 10 月 31 日慧择保险与太平洋人寿共同推出首款可网销分红保险——慧择红利发两全保险（分红型）。慧择保险为用户提供闭环式产品与服务是专业第三方互联网保险机构的核心竞争力，在多条垂直销售渠道的基础上，能够更加精准地把握用户的需求，进行产品的品质管理与服务的管控，从而在闭环生态里将平台的聚合价值进行最大的发挥，此模式之下慧择保险以“产品运营和服务”为内核的发展模式成为专业第三方互联网保险机构的典范。根据慧择保险官网的数据报告显示，2016 年“双十一”当天保费同比增长 570%，投保单提升 955%，客户数增加 972%，服务用户数量猛增近 15 倍。

易观分析

慧择以产品运营和服务为内核的发展模式，成为专业第三方互联网保险机构的典范。在掌握大量用户保险产品交易数据的前提下，根据用户的需求变化进行定制化产品开发已成慧择保险发展的特色。区别于其他互联网保险从业机构，慧择保险既能够保持传统产品专业的“深度”，又能覆盖互联网保险场景的“广度”。

一、基础信息

1. 基本信息

公司全称：深圳市慧择保险经纪有限公司

成立时间：2011 年

总部地点：深圳

上市时间：未上市

企业性质：民营股份制

联系方式：

网址：http：//www.hzins.com/

邮箱：baoxiangongsihezuo@ hzins.com

地址：深圳市南山区南油动漫园 1 栋 203

电话：4006366366

2. 组织信息

管理层：

马存军　首席执行官

二、业务信息

1. 主要产品与服务信息

万能险、分红险、旅游险、女性保险、意外险、仁寿险、汽车险、家拆险、企业险

2. 覆盖范围

行业：互联网金融

主要客户：企业、个人互联网理财用户

业务区域：全国

3. 收入结构：具体收入结构不详

三、综合信息

1. 发展定位：通过互联网创新，改善人与金融、货币的关系，让所有人都能享受到最好的金融服务

2. 重要合作伙伴及供应商：中国人寿、太平洋人寿、新华保险、泰康人寿、中国人保寿险、支付宝、中国银联、中国工商银行、中国建设银行、招商银行等

网络营销

新闻资讯

腾讯新闻

腾讯新闻是一款由腾讯团队打造的为用户提供客观、及时、工整的新闻资讯的中文免费新闻网站。自2010年10月上线以来，以快速的推送速度、界面友好、内容专业原创、视频图片优势得到了用户普遍认可，用户数量、活跃度和口碑都在同类软件中名列前茅。借助腾讯旗下微信与QQ的流量优势，腾讯新闻在用户数量与用户黏性上均表现十分出色。根据易观监测数据显示，截至2016年12月底，腾讯新闻月活跃用户量为15036.10万，较上月增长10.2%，人均单日使用时长为51.03分钟，绝对活跃渗透率达到83.32%。依托于流量优势，腾讯新闻通过提供富媒体化的资讯服务，满足多元资讯需求，留存住海量用户，巩固了其在新闻资讯界的老牌地位。3月，推出扶植自媒体发展的“芒种计划”，利用腾讯旗下产品的分发渠道优势，吸引优质自媒体加盟。自媒体IP化是未来趋势，腾讯新闻通过流量王牌必定能吸引更多的IP化的自媒体。在争取优质内容的同时，也丰富了腾讯新闻多样媒体形态。11月，腾讯新闻推出足球页卡，并与巴塞罗那、曼城等欧洲顶级俱乐部建立官方合作，为球迷打造线上线下互动平台。12月，以当事人直播为报道形式的新闻节目《听我说》登陆腾讯新闻，结合2016年最热的直播形式，腾讯新闻为用户提供了一个全新的、全面的、真实的获取资讯的途径。在实现留存用户与提升用户黏性后，腾讯新闻又极其敏锐地抓住了商业机会，《听我说》与大众、劲酒合作推出了《中国人真的会开车吗?》和《中国的酒桌文化该不该被摒弃》两期节目，将用户偏好、内容质量和营销价值实现有机统一。

易观分析

在内容已逐渐发展为资讯产品竞争核心的背景下，腾讯新闻深谙单纯依赖腾讯背后的流量宝藏无法持续保持领先地位的道理。于是2016年，在大胆创新的同时，腾讯新闻更加注重打造专业媒体生态。我们看到，2016年多家新闻门户纷纷布局自媒体与直播领域，以增强用户黏性。但腾讯在这两个领域的策略上展现出更高的格局观念，理清了内容创造不等于博取眼球而是提供专业权威资讯的思路，提出专业化的新闻阅读和社会化的个性阅读要同时兼顾的战略。图文阅读方面，通过加强与《财新》《每日经济新闻》等专业媒体的合作，发挥腾讯新闻强大的专业人工编辑能力，为用户提供优质的必读性新闻资讯。新闻直播方面，腾讯新闻直播也展现出其专业的制作与选题能力，除了开展注重还原新闻事实的《听我说》直播栏目，同时关注高端社会科学题材，“寻找本·拉登”、“十三邀”、“天宫二号发射”等优秀题材获得了广泛好评。

一、基础信息

1. 基本信息

公司全称：腾讯科技（深圳）有限公司

成立时间：1998 年 11 月

总部地点：深圳

上市时间：2004 年（中国香港地区）

企业性质：股份制

联系方式：

网址：http：//news.qq.com/

邮箱：10000@ qq.com

地址：北京市海淀区知春路 49 号希格玛大厦

2. 组织信息

管理层：

马化腾　首席执行官

二、业务信息

1. 产品及服务信息

地方频道：用户可获得本地新闻资讯和生活信息，目前广东、重庆等省份已开通

足球页卡：最专业、最及时、最深入的国内、国际足球的相关报道

腾讯新闻直播：以直播的方式为用户提供全流程、身临其境式、真实性的新闻资讯

大家：由具影响力的商业、文化、政治、财经和科技领域的意见领袖开设的媒体专栏

2. 覆盖范围

行业：互联网新闻资讯

主要客户：全网用户

业务区域：全国

3. 收入结构：以广告营销收入为主

三、综合信息

1. 发展定位：通过强大的实时新闻和全面深入的信息资讯服务，使用户随时随地掌握最新的资讯信息、最精彩的视觉图片、最犀利的时事评论、最响亮的名家之声，获得全新的移动新闻体验

2. 重要合作伙伴：

部委网站：公安部、中纪委、人社部、中国网信网、中国铁路总公司等

东北地区：生活网、东北网、东北新闻网等

华北地区：燕赵都市报、三晋都市报等

西北地区：华商网、西部网等

华东地区：扬子晚报、现代快报等

华中地区：楚天都市报、楚天金报等

华南地区：南方网、大洋网等

西南地区：大成网、四川在线等

今日头条

今日头条是一款基于大数据挖掘为用户推荐有价值的、个性化的新闻资讯产品，以实现内容与用户的精准连接为发展目标。自 2012 年上线以来，凭借其强大的算法推荐优势，今日头条积累了丰富的用户群体。根据易观监测数据显示，截至 2016 年 12 月底，今日头条月活跃用户达到 12128 万，在当月排名位于资讯领域第二名。2016 年，今日头条持续加码全球化的战略布局。10 月，今日头条参股印度市场最大的本地新闻聚合平台 Dailyhunt，抓住 4 亿潜在用户与印度未来数据爆炸的市场机遇。今日头条 CEO 张一鸣称，今日头条目前在北美、巴西、日本、东南亚等国家和地区已经有 1000 多万的海外用户。在拥有海量用户基础的前提下，今日头条把如何在社会资讯超载背景下利用碎片化时间通过个性推荐提升用户黏性做到了极致，而这份专注让今日头条在商业化道路上也频创佳绩。在广告模式上，今日头条依托个性推荐算法技术进行内容式电商的尝试。开放在文章中插入相关商品链接的功能，以内容为分类坐标，将相关商品推荐给用户，今日头条已经发展为淘宝、天猫、京东、有赞、微店等多家电商平台的货架。9 月“京条计划”问世，通过今日头条的个性推荐引擎，京东实现了更为精准的广告投放。

易观分析

通过投资内容创造领域实现完善的内容生态是今日头条 2016 年的年度主打策略。上游层面，启动今日头条创作空间孵化器，降低优质内容创业门槛，有助于加大今日头条优质内容供给。下游层面以挖掘短视频的内容价值为主。就传统图文资讯市场而言，后起之秀今日头条虽然依靠算法推荐技术获取到了较大的市场份额，但当算法推荐技术进入到成熟期被业界广泛使用后，其优势便不再明显，单纯依靠图文很难在流量上获得持续突破。所以，今日头条转向多元布局短视频领域是个获取用户流量的明智选择。并且，区别于传统视频平台依靠人工编辑将优势流量入口放到符合用户共性偏好内容的做法，今日头条短视频借助头条号平台的智能推荐功能将满足视频用户多元化的需求，进而为平台争取更多流量。

互动分享与个性化推荐是聚合媒体新闻端的主要发展方向，而算法与人工智能技术无疑是实现这两大发展方向的基石。与同类型新闻门户相比，今日头条的人工智能基因尤为突出，旗下的头条人工智能实验室为其输送了写作机器人、问答系统、自动封面选择等立足于自然语言处理技术的产品服务。在互动分享层面，与微信等依靠人工订阅传播的方式相比，今日头条的个性推荐引擎更为高效，且能有效控制恶性信息的传播。但与新浪新闻和腾讯新闻等拥有社交平台作为互动分享传播载体的新闻资讯端相比，如何挖掘出自己独特的社交基因是其需要进一步探究的问题，短视频的社交功能的积极尝试，值得期待。

一、基础信息

1. 基本信息

公司全称：北京字节跳动科技有限公司

成立时间：2012 年 3 月

总部地点：北京

企业性质：有限责任公司

联系方式：

网址：http：//www.toutiao.com/

邮箱：bd@ toutiao.com

地址：北京市海淀区双榆树北路 11 号中航广场

2. 组织信息

管理层：

张一鸣　首席执行官

二、业务信息

1. 产品及服务信息

头条寻人：对寻人或寻亲信息进行精准的定向地域推送，帮助家属寻找走失人员

话题社区：今日头条设置特定话题，用户可自由创作话题内讨论

头条号：帮助内容生产者在移动互联网上高效率地获得关注的专业信息发布平台

2. 覆盖范围

行业：互联网新闻资讯

主要客户：全网用户

业务区域：全球

3. 收入结构：以在线广告营收为主

三、综合信息

1. 发展定位：基于数据挖掘的推荐引擎产品，为用户提供精准化、个性化的移动资讯平台，实现内容与用户的精准连接

2. 重要合作伙伴：新华社、光明网、解放军报、澎湃新闻、链家、蚂蜂窝、京东等

搜狐新闻

搜狐新闻由搜狐公司出品，致力于打造全方位多维度的实力媒体平台，以“搜狐新闻—先知道”为口号，为大众提供快速、真实和权威资讯的新闻资讯平台。2016 年，搜狐新闻加大对用户数据的挖掘力度，为用户提供了更好的阅读体验并力争把搜狐新闻渗透到用户生活的各个层面。阅读方面，搜狐新闻通过数据算法抓取用户兴趣并依托其独创的智能混合推荐模式，为用户提供兼具个性与专业性的新闻资讯。生活服务方面，搜狐新闻联合“百度外卖”“去哪儿网”和“墨迹天气”三大平台，推出与用户生活密切相关的资讯报告。同时，启动搜狐新闻区域战略，发布“深圳地方版搜狐新闻客户端”，通过搜狐首创的“智能推荐引擎”技术，为本地用户推送优质的深圳本地公众号生产的本地生活资讯。凭借大胆创新与专注服务的精神，搜狐新闻吸引了大量用户。根据易观监测数据显示，截至 2016 年 12 月底，搜狐新闻月活跃用户达 5420. 97 万，在 12 月资讯领域排名第三。

易观分析

移动新闻资讯应以不影响用户体验为前提开展广告营销。搜狐新闻以提升用户获取资讯体验为目标的多元化阅读场景战略正是其商业化的创新点所在。除了深耕传统的基础阅读场景外，搜狐新闻革命性地提出了场景营销的概念，与其他新闻门户依靠把品牌直接引入流量端口达到营销目的的传统做法不同，搜狐新闻侧重提供恰当的场景让用户主动去挖掘品牌信息：一方面通过“扫图识别”打造真实营销场景，成功地将线上营销转换到线下消费中，盘活了流量资源实现线下变现；另一方面引入虚拟场景营销，在京东“红动全网”抢跑“双十一”活动中，借助 VR+AR 技术营造能够吸引用户主动参与的虚拟场景。依托于真实场景营销和虚拟场景营销两种模式，搜狐新闻把消费者在品牌营销中从被动接受信息的角色转化为主动传播者，在提升了搜狐新闻用户活跃度的同时，帮助品牌在嘈杂与超载的传播环境中实现营销目的，一举两得。随着搜狐新闻对庞大用户数据和 VR 技术的深度挖掘，未来场景营销将会成为搜狐新闻广告营销的特色优势。

一、基础信息

1. 基本信息

公司全称：搜狐公司

成立时间：1998 年

总部地点：北京

上市时间：2000 年 7 月 12 日（美国纳斯达克）

企业性质：股份制

联系方式：

网址：http：//www.sohu.com/

邮箱：Webmaster@ contact.sohu.com

地址：北京市海淀区科学院南路 2 号院 3 号楼搜狐媒体大厦

电话：010-62726666

2. 组织信息

管理层：

张朝阳　董事局主席、首席执行官

二、业务信息

1. 产品与服务信息

智能报盘：国内首个基于新闻客户端的智能股市播报系统

美食类自媒体联盟：具有美食探店、美食菜谱分享、传播美食文化功能的自媒体

扫图识别功能：通过简单有趣的创新扫图，盘活线上与线下广告资源

搜狐新闻发红包：开创了新闻类客户端接入支付功能的首例

政务平台：首家支持政务信息发布的新闻客户端平台

2. 覆盖范围

行业：互联网新闻资讯

业务区域：全国

3. 收入结构：主要是广告收入

三、综合信息

1. 发展定位：以“搜狐新闻—先知道”为口号，致力于发展成为中国网民获取资讯的首选网络平台

2. 重要合作伙伴及供应商：中国移动、中国电信、三星、中国新闻网、新华网、中青在线、人民网、阿里云、华为终端、兴业证券等

网易新闻

网易新闻主张做“有态度”的新闻，以专业、全面的新闻报道为用户提供及时的资讯服务。自 2011 年上线以来，历经几十次版本迭代，网易新闻始终把支持“品质内容生态建设”作为每一次产品优化和创新的重要前提，在移动新媒体技术的驱动下为用户提供专业而又多元化的资讯内容和阅读体验。2016 年 4 月，推出网易号自媒体平台，为头部自媒体开放 push 和直播功能。8 月，在直播中加入“热门推荐”和“分类查找”功能，用户一方面可以通过“热门直播”第一时间加入热点事件直播体验和讨论大军，另一方面还能根据自身喜好选择多个领域的优质直播节目。同月，正式发布“天网计划”直播战略，针对优质直播 PGC 生产者引入“TOP100 伙伴计划”，全面构建泛资讯直播生态。据易观监测数据显示，截至 2016 年 12 月底，网易新闻月活跃用户数量达到 5398. 28 万，在同月资讯领域排名第四。可以看到，网易新闻产品创新与内容建设并举，将用户需求作为其不断细分和升级的标准。

易观分析

2016年，网易新闻立足“直播+本地化”战略，进一步挖掘网易新闻的商业价值。依托于优质的新闻直播内容生态，网易新闻直播平台已成为品牌营销的不二选择。第一，拥有“新闻属性”的网易新闻直播为品牌提供了公信力极强的背书。第二，与其他直播营销不同，网易新闻创新地将热点新闻事件与品牌营销相结合，可以不着痕迹地、真实地开展营销。第三，依托于网易考拉等网易自有电商的平台优势，除了实现曝光、内容营销功能以外，还可以打通转化，使用户更便捷地进入购买环节，满足多元化的营销和销售诉求。

在通过直播布局线上营销的同时，网易新闻借助网易本地号发力线下营销，将其在用户分析上的优势最大程度地变现，比腾讯新闻地方频道更早地迈出了线下商业化的步伐。“网易号本地化”战略打通线上用户与线下本地商圈的信息壁垒，将网易新闻对用户的渗透从信息层面发展到消费层面，融入用户的生活环境与消费场景，完成从“资讯推送”到“服务推送”的最后一公里。同时，这种创新的信息分发方式有效地反哺内容创造。本地化战略激活了区域内的内容信息资源，并为地方性内容生产者提供了强大的内容生产与分发工具，经过区域化精准的内容沉淀，网易新闻建立了地区用户所需的精准内容池，再借助内容推送渠道与本地化商圈形成商业生态。所以，本地化战略不仅是网易新闻对用户获取新闻渠道的创新，亦是网易新闻整体从提供信息服务往提供消费服务上转型的关键一步。

一、基础信息

1. 基本信息

公司全称：网易公司

成立时间：1997年6月

总部地点：广州

上市时间：2000年6月30日

企业性质：股份制

联系方式：

网址：http://news.163.com/

邮箱：gzsales@service.netease.com

地址：广州市天河区科韵路16号广州信息港E栋网易大厦

电话：020-85105163

2. 组织信息

管理层：

丁磊　首席执行官

二、业务信息

1. 产品及服务信息

每日轻松一刻：新闻评论娱乐化的原创栏目

网易问吧：互动问答轻社

网易号自媒体平台：集高效分发、原创保护、现金补贴、品牌助推于一体的自媒体平台

数读：数据新闻可视化栏目，用数据说话，提供轻量化的阅读体验

网易深度频道：关注深度调查、话题新闻、新闻背后的新闻，引发读者深度思考的重要频道

2. 覆盖范围

行业：互联网新闻资讯

主要客户：全网用户

业务区域：全国

3. 收入结构：以广告收入为主

三、综合信息

1. 发展定位：秉承新闻专业主义的原则和有态度的理想，坚持打造高品质原创栏目。以有态度的新闻表达培养用户独立思考和审慎判断的能力，为用户提供更开放的态度表达平台

2. 重要合作伙伴及供应商：上海证券交易所、诺基亚、PayPal、特步、奇虎360、中国青少年发展基金会、中国红十字基金会、vivo、金立、联想等

凤凰新闻

凤凰新闻是依托于凤凰卫视和凤凰网，为用户提供及时、权威、客观新闻资讯的资讯类APP。海外视野、深度追踪社会焦点话题以及尖锐的评论视角彰显其独特的新闻价值。根据易观监测数据显示，截至2016年2月底，凤凰新闻APP以1728.36万日活跃用户规模超越网易、搜狐，在全部资讯类APP中DAU排名第四。同时，凤凰新闻客户端的用户健康指数在新闻类APP中排第一位，高活跃、高黏性的健康用户占比最高。借助与用户形成的良好关系，凤凰新闻在流量变现上表现突出。根据凤凰网公开财务数据显示，截至2016年12月31日，凤凰网2016年第4季度净广告收入为人民币3.532亿元，较去年同期的人民币3.462亿元增长2.0%，而增长主要受益于凤凰新闻客户端的移动广告收入同比增长22.5%。2016年凤凰新闻对个性化推送做了积极的尝试，1月上线的5.0升级版本，实现了“编辑推荐+智能推荐”的个性化推荐功能。9月，基于智能推荐模式的探索版正式上线。与其他新闻门户将个性化推荐作为主要分发方式的做法不同，出于过分保证个性很容易损伤新闻质量的担忧，凤凰新闻仍然十分强调编辑精选和用户订阅两方面并重，保持了凤凰新闻专业媒体的特色。

易观分析

2016年，凤凰新闻在信息爆炸的背景下依旧坚守底线，注重提供高品质、权威性的新闻资讯。在内容分发上，同今日头条一样通过算法技术捕捉用户兴趣，提供优质的精准资讯。在构建内容生态上，凤凰新闻发挥其独特专业媒体基因优势。与靠互联网用户流量起家的各新闻门户不同，凤凰新闻发迹于传统媒体，特有的采编优势让其在大事件专题报道上呈现出精准的点评，使其在诸多报道中脱颖而出。专业媒体基因在新闻直播上也得以彰显，利用凤

凰卫视和凤凰系权矩阵，凤凰新闻的“风直播”集合了诸多凤凰节目 IP 的独家言论观点，将其平台化的专业内容生产能力发挥到最优。

除了对自有内容的深度挖掘，凤凰新闻同时重视汲取优质的第三方内容，以构建丰富多元的内容生态。移动资讯平台的竞争核心是内容竞争，而布局自媒体是各新闻门户汲取内容的普遍做法。区别于其他新闻门户以资金鼓励吸引优质自媒体作者入驻平台的方式，凤凰新闻在自媒体的布局上体现出明显的先入优势。早在 2015 年凤凰新闻就推出了主笔专栏与凤凰号。在各大门户争相拉拢自媒体站队时，凤凰号已经累积了海量先发用户。同时，在开发新的优质自媒体资源上，凤凰新闻加强与一点资讯、OPPO、小米的合作，依托合作伙伴的多媒体内容优势、版权内容优势与硬件渠道优势，凤凰新闻未来在创新分发渠道上有很大发展潜力。相较于其他互联网新闻门户，凤凰新闻的技术基因有所欠缺。诚然，海量信息时代下算法推荐的使用不慎会造成垃圾信息泛滥的问题，但技术与人工协作已成为新闻资讯发展的必然趋势，作为传统媒体的代表，凤凰新闻在保有自身媒体基因优势的前提下，应对人工智能算法做进一步探索，方可实现质量与数量的双赢。

一、基础信息

1. 基本信息

公司全称：凤凰新媒体（凤凰网）

成立时间：1996 年

总部地点：北京

上市时间：2011 年 5 月 12 日

企业性质：股份制

联系方式：

网址：http：//news.ifeng.com/

电话：010-60676000

地址：北京市朝阳区望京启阳路 4 号中轻大厦 16 层

2. 组织信息

管理层：

崔强　凤凰网董事长

二、业务信息

1. 产品与服务信息

Fun 来了：网罗最新的轻松搞笑娱乐生活资讯，捕捉时下最新的互联网潮流动态信息

凤凰知道：品读每日核心新闻话题，挖掘新闻历史，呈现新闻厚度，传递价值主张

今日最大声：关注社会问题，为人民发声

风直播：提供专业、及时、全流程的新闻直播

2. 覆盖范围

行业：互联网新闻资讯

业务区域：全国

3. 收入结构：以广告收入为主

三、综合信息

1. 发展定位：争当精英文化的推广者、现代知识的传播者、社会文明的布道者、时代思想的宣誓者

2. 重要合作伙伴及供应商：新华网评、人民网、中国经济网、南方人物周刊、小米、OPPO、一点资讯等

广告公司

璧合

璧合科技在2012年8月成立，是一家基于大数据技术，提供跨屏程序化广告投放策略和技术解决方案的互联网效果广告技术公司。璧合科技深耕视频精准营销领域，已对接优酷、芒果TV、腾讯、爱奇艺、搜狐、乐视TV等十多家主流视频网站，并推出多种视频广告展现形式（网页banner、视频前贴片、视频暂停广告、视频后贴片等多种形式），帮助客户更精准地覆盖到目标人群，提升广告转化效果。目前，璧合科技已为包括游戏、电商、金融、教育等行业在内的1300余家广告主提供线上效果类营销服务，且已在2015年8月31日登陆新三板上市。

2016年年初，璧合成功融资2亿元人民币，之后开始了一系列外部投资举动，先后与安美微客（北京）互联网络技术有限公司、北京逍遥互动科技有限公司等建立深度战略合作关系，其中与安美的深度合作，通过酒店电视与酒店WiFi每天获取到全国2600家五星级酒店的客流人群标签、人群标识等信息，覆盖全国70%五星级酒店的高端人群，在高端人群数据方面形成一大优势。根据璧合科技2016年财报数据显示，2016年上半年公司实现营业收入1.56亿元人民币，同比增长107.25%。

易观分析

在技术方面，璧合拥有经验丰富的技术团队，在跨屏投放领域的技术水平亦处于业内领先水平；在业务模式上，璧合只专注于效果DSP，凭借强大的数据分析能力与经验，为广告主提供可衡量的效果广告，同时璧合的资源覆盖移动端、PC端、视频端，加上独特的跨屏识别方法，可以让广告主更直观地衡量广告投放后的效果。然而，中国DSP市场正处于高速发展期，参与企业也日渐增多，特别是国外的营销服务公司也开始进驻中国，厂商间的竞争日趋激烈，作为国内首家登陆新三板的DSP公司，璧合应利用其资本优势，进一步整合各方面的资源，打造程序化广告的开放式生态系统，建立自身的竞争优势。

一、基础信息

1. 基本信息

公司全称：北京璧合科技股份有限公司

成立时间：2012 年 8 月

总部地点：北京

资本信息：注册资本 1500 万元

联系方式：

邮箱：sales@ behe.com

地址：北京市朝阳区广渠路 3 号竞园 26A

电话：010-85591131

2. 组织信息

管理层：

刘竣丰　创始人兼董事长

二、业务信息

1. 产品及服务信息

自主研发的 AGAIN 广告投放平台，将数据管理平台和广告需求平台整合为一体，以高效的人群定向技术和先进的广告优化算法，实现目标受众、精准广告位、智能创意的一站式自助投放过程

2. 覆盖范围

行业：在线广告

业务区域：全国

三、综合信息

1. 发展定位：是基于大数据技术，提供跨屏程序化广告投放策略和技术解决方案的互联网效果广告技术公司

2. 重要合作伙伴及供应商：百度、搜狐、新浪、好耶广告网络、秒针系统、凤凰网、腾讯网、芒果 TV、环球网、优酷、安美微客（北京）互联网络技术有限公司、北京逍遥互动科技有限公司、北京畅聊天下科技股份有限公司、北京无界光合科技有限公司等

有米

有米广告是有米科技旗下的国内头一批综合性移动广告平台，总部位于广州，在北京、上海、香港设有分支机构及客户服务团队。2010 年，陈第带领团队上线了国内首个移动广告平台——有米广告，将 APP 发掘为新的广告载体，给开发者创建了新的变现模式。此后 6 年，商业路径渐显清晰的有米科技保持业务的高速增长，以插屏、应用墙、视频广告等为代表的 IN-APP 广告形式成为移动互联网从业者最熟悉的推广手段及盈利工具。2015 年 11 月，有米科技正式挂牌新三板，并进入创新层。2016 年，陈第带领有米首次入选工信部互联网百强企业。

根据有米 2016 年财报数据显示，2016 年上半年，国内有米广告及游戏联运业务稳步发展，

海外业务和以米汇为主的社媒业务也取得较大进展，有米科技实现总营收 4.23 亿元人民币，较上年同期增长 83.87%。仅有米广告、海外 Adxmi、米汇广告即实现营收 3.58 亿元人民币，占比 84.67%。其中，海外业务实现营收 3421.85 万元人民币，米汇则实现营收 2258.89 万元人民币。

易观分析

根据易观发布的《2017—2019 年中国互联网广告市场趋势预测》显示，预计 2017 年至 2019 年，中国网络广告市场规模仍将持续稳定上升，预测 2019 年市场规模将达到 3900 亿元人民币，移动营销市场规模预计将达到 3550 亿元人民币。2016 年移动互联网已经成为拉动互联网广告市场增长的绝对主力，未来随着用户对于移动互联网依赖程度的加深，移动互联网的营销潜力将进一步释放，这给靠移动广告起家的有米带来了巨大的发展机遇，有米将进入新的发展阶段。

国内有米广告+海外 Adxmi+社会化媒体米汇的“三驾马车”构成了有米科技的核心业务。海外 Adxmi、米汇广告虽然发展时间不长，但总体发展呈现向上的趋势。未来，有米科技不但要把国内市场做得更深、把最早的国内有米广告和米汇平台做得更好更扎实，还应大力开拓国际市场。此外，大数据变现是近两年大数据热潮中最现实的热门话题之一，有米科技在多年的营销过程中，广告平台积累了亿级甚至十几亿级的数据量，如何实现这些数据的商业化也是有米需要考虑的一种发展思路。

一、基础信息

1. 基本信息

公司全称：有米科技股份有限公司

成立时间：2010 年

总部地点：广州

上市时间：未上市

企业性质：股份有限公司

资本信息：注册资本 7819.8611 万元

联系方式：

网址：http：//www.youmi.net/

电话：4000702010

地址：广州市番禺区小谷围青蓝街 26 号研发楼（有米科技）17 楼

邮箱：zhangyu@ youmi.net

2. 组织信息

管理层：

陈第　董事长兼首席执行官

二、业务信息

1. 产品及服务信息

国内有米广告、海外 Adxmi、社会化媒体米汇、偶玩等

2. 覆盖范围

行业：移动广告、电子商务、网络游戏等

主要客户：苏宁易购、宝洁等

业务区域：全国

3. 收入结构：有米广告、海外 Adxmi、米汇广告

三、综合信息

1. 发展定位：为广告主提供优质的品牌营销与产品推广服务，同时助力开发者获得丰富稳定的广告收益，让天下没有难做的内容创业

2. 重要合作伙伴及供应商：谷歌、宝洁、苏宁易购等

品友互动

品友互动于 2008 年创立，是将人群定向和程序化购买引入中国的企业之一。品友互动与谷歌、百度、腾讯、淘宝、新浪、优酷等 25 家国内主流广告交易平台完成对接，为广告主及其代理公司提供实时竞价（RTB）采购目标人群曝光的服务，全方位覆盖移动端、PC 端、视频端以及融合三者的跨屏投放。同时，品友互动还支持 banner、图文、全屏、插屏、开屏、信息流、富媒体等广告形式，推出 PC+移动 PDB，对广告主自采媒体资源，运用程序化购买的方式进行对接和投放，帮助广告主在他们拥有的广告位中实现人群和品牌的匹配。

2016 年，品友推出首个全透明的数字广告管理云平台（Trading Platform）——擎天柱（Optimus Prime），通过云平台实现线上线下数据的打通，开放集成第三方功能应用，支持移动、视频、PC、OTT 等各终端的多屏广告投放和优化，帮助广告主实现一站式的数字广告管理优化。截至 2016 年 12 月，品友为电商、快消、汽车、IT、金融、旅游、房产、游戏等超过 1800 家企业客户提供数字广告技术服务，与联合利华、宝洁、通用、工行、国航、京东等超过 300 家世界 500 强达成合作。

易观分析

随着国家“互联网+”政策的持续支持，4G 网络的普及，中国网民的生活越发依赖移动互联网，广告主的数字营销核心诉求也更加注重效果与效率。品友在移动广告的营销精度、受众覆盖和媒体资源上持续投入，不断强化其移动大数据处理能力，完善整个以大数据和算法为驱动的移动程序化广告生态体系，移动领域的技术和业务优势不断加强。

作为行为定向广告市场的先入者，品友在获取广告主资源方面存在较大优势，而已经建立起来的媒体合作关系也能为其带来收益并拓宽市场。由于行为定向广告的投资回报率较高，将会进一步吸引大量广告主进入市场，品友也将迎来更大的发展契机。然而，经历了最初的野蛮式增长，程序化购买已经呈现了回落，缺少第三方数据、不透明的定价模式、对品牌的安全性和广告欺诈的担忧都在减缓程序化购买的发展。未来，品友应该时刻关注数据和流量的安全透明，还原广告管理和优化中的关键步骤，展现从技术、数据到流量的每一个环节，以获得广告主们的信任，占领更多市场份额。

一、基础信息

1. 基本信息

公司全称：北京品友互动信息技术有限公司

成立时间：2008 年

总部地点：北京

上市时间：未上市

企业性质：外商独资

联系方式：

网址：http：//www.ipinyou.com/

邮箱：business@ ipinyou.com

地址：北京市朝阳区东三环中路乐成中心 A 座

电话：010-85865673

2. 组织信息

管理层：

黄晓南　首席执行官

二、业务信息

1. 产品及服务信息

需求方平台（DSP）：品友互动，作为中国 RTB 市场的引领者，2012 年 3 月首家推出中国真正意义上的 DSP（Demand-Side Platform）。作为中国最大的 DSP，品友互动 DSP 已率先成功对接了国内全部上线运行的广告交易平台（AD Exchange），可以为广告主及其代理公司提供实时竞价（RTB）采购目标人群曝光的服务，并已经广泛服务了快消、金融、IT、电商、汽车、旅游等行业的客户

视频需求方平台（VDSP）：品友互动 VDSP（Video Demand-Side Platform）视频需求方平台，作为品友互动在视频网站领域进行 RTB 投放的主要产品，针对网络视频用户多样化的挑战，为广告主提供不绑定媒体、不绑定热播剧、绑定“目标人群”的投放模式，可以为广告主“零预算”搭建庞大视频媒体组合，对接每天 5 亿的视频媒体 PV 流量，实现低成本、海量目标人群的高效曝光

品友大算盘（S-DSP）：品友大算盘（Self-Service Demand-Side Platform）是专为中小企业量身定制的实时竞价自助广告投放工具

供应方平台（S-SP）：品友互动供应方平台（Sell-Side Platform）产品是一个依托于品友Optimus优驰TM智能广告投放系统的媒体服务平台，该平台通过人群定向技术，智能地管理媒体广告位库存、优化广告的投放，助网络媒体实现其广告资源优化，提高其广告资源价值，达到帮助媒体提高收益的目的

2. 覆盖范围

行业：在线广告

主要客户：汽车行业、金融行业、IT行业、快消行业、电子商务及旅游行业

业务区域：全国

3. 收入结构：以广告收入为主

三、综合信息

1. 发展定位：致力于打造人群定向、智慧传播的中国数字广告第一平台

2. 重要合作伙伴及供应商：包括腾讯在内的PPTV、迅雷、乐视、联合利华、宝洁、通用、工行、国航、京东等

行业互联网化

银行业互联网化

招商银行

招商银行股份有限公司是一家全国性商业银行，也是国内最大的零售银行，主要提供公司及个人银行服务、从事资金业务，并提供资产管理、信托及其他金融服务。1999年9月启动中国首家网上银行一网通，成为众多企业和电子商务网站广泛使用的网上支付工具，在一定程度上促进了中国电子商务的发展。2015年，招商银行持续推进战略转型，利用互联网+银行平台优势，做深互联网金融，加大收入结构和客户结构的调整力度，大力发展零售银行业务、中间业务、信用卡业务和中小企业业务，不断提高非利息收入的占比。2015年3月招行试运行面向大学生、年轻白领的零零花和好期贷两款互联网金融产品，凭借招商银行和中国联通两大巨头的支撑，全面响应移动互联时代的潮流。2015年6月招行推出大额存单业务，推动我国存款利率的市场化。2015年10月招商银行在深圳推出了ATM“刷脸取款”业务，客户无需插入实体银行卡即可完成取款，提高了用户的取

款效率。

根据易观千帆监测数据显示，截至 2016 年 12 月，招商银行手机银行活跃用户达到 1584.26 万，招商银行信用卡掌上生活活跃用户达到 1204.52 万，在银行服务应用中分别排名第 3 位和第 6 位。根据招商银行 2016 年财报数据显示，2016 年招商银行净利润 620.81 亿元人民币，同比增长 7.6%，非利息净收入延续快速增长态势，占营业净收入的比重超过 1/3。

易观分析

招商银行的互联网进程起步较早，PC 端及移动端服务经验丰富，拥有良好的电子银行品牌形象。同时，招行大力发展零售银行业务、中间业务、信用卡业务和中小企业业务，不断提高非利息收入的占比，经营转型效果良好，较之其他大行有良好的竞争力。然而，在移动支付领域，受制于传统银行一些固有的局限性，招商银行无论是在用户规模还是用户体验方面都无法与支付宝、微信等互联网厂商竞争。未来，招行可以考虑与这些互联网厂商进行深度合作，实现优势互补、互利共赢。

一、基础信息

1. 基本信息

公司全称：招商银行股份有限公司

成立时间：1987 年 4 月

总部地点：深圳

上市时间：2002 年 4 月 9 日，A 股于上证所上市

2006 年 9 月 8 日，H 股于港交所上市

企业性质：股份制

资本信息：总资产 47318 亿元（2015 年）

联系方式：

网址：http://www.cmbchina.com/

地址：深圳市福田区深南大道 7088 号招商银行大厦

电话：95555

2. 组织信息

人员规模：75109 人（2015 年）

管理层：

李建红　董事长、非执行董事

二、业务信息

1. 主要产品与服务信息

产品服务

借记卡：分为一卡通和金葵花卡，功能集定活期、多储种、多币种、多功能于一体

信用卡：采用芯片+磁条的形式的信用卡，具有透支、积分等信用卡的一切功能

金葵花理财：面向个人高端客户提供的综合理财服务体系，涵盖负债、资产、中间业务及理财顾问

网银服务

个人网银：针对个人客户提供互联网账户查询、转账、缴费、支付等功能的理财系统

企业网银：通过网络终端实现企业客户与银行系统的对联以提供查询、结算、在线支付等服务

手机银行：通过手机移动终端为客户提供查询、转账、缴费、支付等服务

电话银行：通过电话服务为客户提供查询、转账、缴费、业务咨询等服务

手机钱包：通过内置 TOUCH 卡到手机，实现“刷手机”快速付款的服务

在线服务：提供即时的网上查询、结算、业务办理及实时的金融信息行情

小企业 e 家：向客户提供较低风险、较高收益的互联网融资产品

投资银行：为企业提供短期融资券承销、中期票据承销、财务顾问、并购重组等多元化服务

商旅预订：招商银行自主运营的出行平台，提供机票查询、酒店预订等生活服务

2. 覆盖范围

行业：互联网融资、银行

主要客户：个人或企业贷款、投资及理财客户

业务区域：全国

3. 收入结构：贷款利息收入、手续费及佣金、代理保险、基金等业务收入

三、综合信息

1. 发展定位：中国领先的零售银行

2. 重要合作伙伴及供应商：中国联通、香港中央结算、招商局轮船股份、安邦财产保险、中国远洋运输集团、生命人寿保险、深圳市晏清投资、广州海运集团、深圳市楚源投资、中国交通建设、上海汽车集团等

民生银行

民生银行是中国大陆第一家由民间资本设立的全国性商业银行。2015 年 2 月 8 日民生银行正式启动“前台一体化、中台专业化、后台集约化”的凤凰计划，涉及战略定位、发展策略、经营体制、管理模式、运行机制、IT 系统、技术工具、专业能力等多个层面，推进全面战略转型和经营管理体系再造。同时，民生银行着力推进零售转型和“小微战略”，大力发展财富管理、消费信贷等重点业务，提升小微客户的综合开发水平。互联网金融方面，中国民生银行抓住国家推行“互联网+”战略所带来的重大机遇，大力创新直销银行、手机银行、网络支付、移动支付、网上银行等网络金融产品和服务。根据民生银行 2016 年年报数据显示，截至 2016 年 6 月末，直销银行客户规模达 360. 92 万户，如意宝累计申购总额 11902. 21 亿元，手机银行客户总数达 2177. 54 万户。根据

易观千帆监测数据显示，截至2016年12月，民生银行手机银行活跃用户达到647.53万，在银行服务应用中排名第9位。

易观分析

近年来，消费者与商业资源连接的方式、消费者行为数据获取方式、消费者的支付模式都发生了变化，这在很大程度上改变了客户的金融需求。同时，代表新锐势力的互联网企业和代表传统力量的部分产业巨头，也纷纷依托自身的优势和便利，以不同方式向金融服务领域渗透，这些都给民生银行带来很大的竞争压力。

近年来民生银行立足向互联网转型做了很多探索，包括网点轻型化、智能化转型、跨界创建电商平台等，但更多的精力和投入还在于将金融服务互联网化。互联网金融产业链大致分为五大环境，包括客户的需求、标准化的在线服务、大数据的运用、流程的审核、风险的控制五个环境。前三个环境，互联网企业是占据优势的，但后两个环境传统线下服务的银行是占据优势的，所以民生银行在保持自己优势的同时应加强与互联网企业的合作，学习互联网思维，运用互联网技术不断完善金融产业链的各个环节。

一、基础信息

1. 基本信息

公司全称：中国民生银行股份公司

成立时间：1996年1月

总部地点：北京

上市时间：2000年12月19日，A股于上证所上市
　　　　　2009年11月26日，H股于港交所上市

企业性质：股份制

资本信息：总资产40151亿元（2015年）

联系方式：

　网址：http：//www.cmbc.com.cn/

　地址：北京市西城区复兴门内大街2号

　邮编：100032

　电话：95568

2. 组织信息

人员规模：59659人（2015年）

管理层：

　洪崎　董事长

二、业务信息

1. 主要产品与服务信息

直销银行：无营业网点，客户通过电脑、手机、电话等远程渠道获取银行产品和服务，如“如意宝”“定活宝”“民生金”“称心贷”“随心存”“轻松汇”

个人网银：为个人客户提供的网上银行服务

企业网银：根据企业集团的发展与普遍需求所提供的网上银行服务

手机银行：为手机移动终端客户量身定制的移动金融服务平台，提供丰富的移动金融服务、增值服务及生活服务

电话银行：为客户提供24小时不间断、一站式的金融服务，包括查询、转账、结算、缴费及其他生活服务

微信银行：通过腾讯微信企业公共账号，为微信用户打造的专属移动金融和移动生活服务平台

网上商城：民生银行自行运营的网上购物商城

2. 覆盖范围

行业：互联网融资、银行

主要客户：个人或企业贷款、投资及理财客户

业务区域：全国

3. 收入结构：贷款利息收入、手续费及佣金、代理保险、基金等业务收入

三、综合信息

1. 发展定位：做民营企业的银行、小微企业的银行、高端客户的银行

2. 重要合作伙伴及供应商：香港中央结算、新希望投资、中国人寿保险、上海健特生命科技、中国船东互保协会、东方集团、安邦财产保险、中国泛海、福信集团等

平安银行

平安银行是总部设在深圳的全国性股份制商业银行，发展战略是面向中小企业、面向贸易融资，并较早推出围绕核心企业、开发上下游企业的全方位授信模式——供应链金融。2015年平安银行在细分市场和产品差异化方面做了许多部署。2015年1月，平安银行、第一车网、质新二手车成立了“二手车产融发展基金”，降低金融机构的信贷风险，提升二手车商的融资空间。2015年2月，平安口袋银行与科大讯飞合作推出“智能语音”功能，对客户的语音进行智能识别，自动开启口袋银行相应功能的模块。2015年6月，平安联合深圳光启推出可在无卡、无网络的情况下进行无额度限制的光子支付技术，之后又发布了可实现对动产无遗漏环节的监管、降低动产质押风险的物联网金融产品。

2016年，平安银行互联网金融战略成效日趋显著，根据平安银行2016年年报数据显示，2016年橙e平台交易量1.48万亿，同比增长92.52%，平安银行还开发了业内首款黄金投资专属的“平安金”黄金银行APP，2016年资产托管净值余额5.46万亿人民币，资产管理日均规模9819.76亿

元人民币，同比大幅增长。根据易观千帆监测数据显示，截至2016年12月，平安口袋银行活跃用户达到372.51万。

易观分析

2016年，平安银行在细分市场和用户洞察方面继续寻求突破，为产品建立差异化竞争优势，利用平安集团在客户、产品、渠道、平台、互联网等方面的资源优势，为客户提供一站式的综合金融和消费金融服务，并且在互联网金融方面投入大量精力，加强橙e网、平安橙子、行E通和口袋银行等互联网金融平台建设。同时，平安银行推出了物联网金融等创新产品，在创新和产品线丰富度方面具有很大的优势。

在利率市场化、息差收窄并存的时代，银行靠净息差盈利的传统模式已不再具备优势，平安银行应大力发展中间业务，延长产业链，提高非利息净收入占比。此外，银行互联网化已经成为不可阻挡的发展趋势，随着互联网、物联网、区块链、大数据等新技术发展，智能APP、社交网络、远程服务的重要性日益增加，平安银行可以加强与互联网公司的合作，运用新的技术降低获客成本，建立自己的信用评价体系，研发新的风控模式。

一、基础信息

1. 基本信息

公司全称：中国平安保险（集团）股份有限公司——平安银行股份有限公司

成立时间：2006年11月（前身深圳发展银行成立时间为1987年12月）

总部地点：深圳

上市时间：1991年4月3日（原深圳发展银行）深交所上市

企业性质：股份制

资本信息：总资产21865亿元（2015年）

联系方式：

网址：http：//bank.pingan.com/

地址：中国广东省深圳市深南东路5047号　518001

电话：95511-3

2. 组织信息

人员规模：29860人（2015年）

管理层：

孙建一　董事长

二、业务信息

1. 主要产品与服务信息

一账通网银：创新式综合金融平台，仅需一个账号、一套密码、一次登录可管理所有平安账户

和 50 多个其他机构的网上账户，实现保险、银行、投资等多种理财需求

手机银行：为手机移动客户端提供借记卡、信用卡、理财、缴费、生活服务等业务

电话银行：通过电话可以为客户提供查询、转账、缴费、业务咨询等服务

短信银行：以短信的方式通知账户变动情况

微信银行：面向微信客户的查询、提款、还款及生活服务平台

橙子银行、橙 e 网：通过互联网方式提供低风险、高收益的理财产品

线上供应链金融：与核心企业及监管方合作，通过线上融资平台和供应链金融系统进行协同，为线下供应链提供全流程的产品或服务

2. 覆盖范围

行业：互联网融资、银行

主要客户：个人或企业贷款、投资及理财客户

业务区域：全国

3. 收入结构：贷款利息收入、手续费及佣金、代理保险、基金等业务收入

三、综合信息

1. 发展定位：为客户提供一个客户、一个账户、多个产品、一站式服务的全方位综合金融服务体验

2. 重要合作伙伴及供应商：科大讯飞、上海汽车金融港、第一车网、质新二手车、建元资本、深圳光启、中国平安人寿、深圳中电投资、东方证券、南方东英资产、民生银行等

工商银行

中国工商银行是中国最大的国有独资商业银行，是中国五大银行之首，世界五百强企业之一。2015 年 3 月 23 日工行成立了互联网金融营销中心，推出互联网金融品牌“e-ICBC”战略，抓住“互联网+”新经济形态加快形成的历史机遇，打造以“融 e 购”电商平台、“融 e 联”即时通信平台和“融 e 行”直销银行平台“三大平台”，支付产品、融资产品和投资理财产品“三大产品线”为主体的互联网金融产品体系。以此战略为基础，工行还积极探索新的发展领域，2015 年 6 月与中建达成合作，开创“互联网+建筑+金融”的商业模式；2015 年 12 月推出工银票据电子化交易平台，积极创新“互联网+票据”经营模式；2016 年 9 月启动面向大学生客户群体的“互联网+校园”计划。此外，在小微企业网络融资方面，工行推出了网贷通、电子供应链融资、公司逸贷等一系列线上融资产品；在个人消费网络融资方面，工行依托大数据技术先后创新推出了逸贷、个人自主质押贷款、个人网贷通、新一代全线上信用消费贷款等网络融资产品。

根据易观千帆监测数据显示，截至 2016 年 12 月，中国工商银行手机银行活跃用户达到 2381. 31 万，工银融 e 联活跃用户达到 1438. 82 万，在银行服务应用中分别排名第 2 位和第 5 位。

易观分析

工商银行抓住“互联网+”新经济形态加快形成的历史机遇，充分发挥其技术优势、资金优势以及银行特有的信用优势、数据优势和线上线下一体化服务优势，加快实施互联网金融战略，以三大平台和三大产品线为主体的互联网金融业务快速发展，成为推动经营转型和业务发展的新引擎。此外，工行坚持智能化、个性化、开放化的发展方向，通过对新兴的小微企业网络融资、B2G采购、个人消费网络融资、房地产、旅游、汽车的布局，形成了较为完善的“互联网+”体系。

然而，作为国有企业，工商银行受政策管控较为直接，创新能力也容易受到限制，同时庞大的机构规模也给其商业模式转型带来不小的压力。并且，随着经济政策的逐渐开放，大量外资银行开始涌入，互联网行业巨头进军金融行业，这些均对其带来了诸多冲击和挑战，工商银行要想在竞争激烈的行业内长久发展，必须强化自主创新意识以顺应市场发展。

一、基础信息

1. 基本信息

公司全称：中国工商银行股份有限公司

成立时间：1984年1月

总部地点：北京

上市时间：2006年10月27日（A股与H股分别于上证所与港交所同步上市）

企业性质：国有独资

资本信息：净资产15309亿元（2015年）

联系方式：

网址：http：//www.icbc.com.cn/

地址：中国北京市西城区复兴门内大街55号　100031

电话：95588

2. 组织信息

人员规模：462282人（2015年）

管理层：

姜建清　执行董事

易会满　行长

二、业务信息

1. 主要产品与服务信息

个人网银：通过互联网，为工行个人客户提供查询、转账、理财、缴费等服务

企业网银：通过互联网或专线网络，为企业客户提供查询、结算、在线支付等金融服务

手机银行：通过手机移动终端，为客户提供查询、转账、缴费、消费支付等服务

电话银行：通过电话服务，为客户提供查询、转账、缴费、理财、业务咨询等服务

微信银行：通过微信平台，为客户提供信息查询、产品资讯、业务咨询等服务

网络融资：包括融 e 购、易融通、网贷通、网上商品交易市场融资、电子供应链四项融资产品与贷款体检一项工具，通过互联网为企业提供贷款融资服务

2. 覆盖范围

行业：互联网融资、银行

主要客户：个人或企业贷款、投资及理财客户

业务区域：全球

3. 收入结构：贷款利息收入、手续费及佣金、代理保险、基金等业务收入

三、综合信息

1. 发展定位：依据国家的法律和法规，通过国内外开展融资活动筹集社会资金，加强信贷资金管理，支持企业生产和技术改造，为我国经济建设服务。建设最盈利、最优秀、最受尊重的国际一流现代金融企业

2. 重要合作伙伴及供应商：中华人民共和国财政部、中央汇金投资、香港中央结算、中国平安人寿保险、工银瑞信基金、中国证券金融、安邦保险集团、中国人寿保险、南方东英资产等

教育业互联网化

学大教育

学大教育创立于 2001 年 9 月，一直以来专注于利用优质的教育资源和先进的信息技术，服务于中国教育服务领域。从 2004 年刚推出个性化教育时开始，学大教育就一直在探索如何把教育与互联网、计算机技术结合起来。2014 年学大教育发布线上与线下相结合的 O2O 战略，推出个性化智能辅导平台“e 学大”，建设“校外自建”和“校内共建”两大生态系统：前一个系统以课辅行业为核心，在学大内部实现线上线下结合，并开放加盟渠道；后一个系统以全日制学校为主体，提供数字教育服务。2015 年年初学大与百度作业帮达成深度合作，利用大数据和百度导流整合教育生态圈。2015 年 3 月与奇虎 360 成立合资公司，专注于在线教育领域的拓展，推出基于移动端的 K12 个性化学习产品——口袋老师。2015 年 4 月学大又与滴滴打车跨界合作，试水移动互联网渠道合作。2015 年 7 月，学大教育宣布其私有化方案，与紫光集团支持的银润投资公司达成约 3.5 亿美元的交易协议。2016 年 6 月，学大教育集团与 Xueda Acquisition Limited 完成合并，成为银润投资的全资子公司，私有化基本完成。历时 14 个月，学大教育正式更名为“紫光学大”，并以全新的名称成功落户 A 股。

易观分析

2016年，随着学大教育回归A股，意味着学大教育新一轮的转型升级也将全面铺开。紫光学大将依托于紫光集团及其背后清华产业带来的技术、高等教育、基础教育等多方面宝贵资源和平台，逐步实现由K12一对一辅导机构向综合性教育集团的战略转型。

但是，目前来看，学大教育的转型升级并非一帆风顺。对于自身发展而言，由于成本上升，线下业务的盈利能力逐渐减弱，而同时发展线上业务需要大量的资本投入，再加上之前在纽交所的估值被严重低估，学大教育的资本运作压力巨大。在市场竞争方面，传统教育行业对于在线教育的投资力度不减，而互联网行业也逐渐向在线教育行业倾斜，目前BAT和雷军主导的投资基金均已在在线教育领域布局，他们所推行的免费平台模式对于传统线下教育培训市场冲击相当大。

学大教育作为传统线下培训机构，尽管从线下延伸至线上能够打破其发展瓶颈，但由于缺乏互联网基因，传统线下培训机构要想成功进行线上转型，最终也需要引入外部团队（或自建专门团队），一是解决产品设计问题，二是解决线上运营问题，在此基础上再嫁接上原有的行业经验、市场基础、教师资源等优势。

一、基础信息

1. 基本信息

公司全称：学大教育科技（北京）有限公司

成立时间：2001年9月

总部地点：北京

上市时间：2016年10月31日，学大教育以“紫光学大”代码亮相，落户A股

企业性质：股份制有限责任公司

资本信息：市值48.8亿元（2016年）

联系方式：

网址：http://www.xueda.com/

地址：北京市朝阳区西坝河北里甲4号

电话：010-64278899

2. 组织信息

人员规模：员工17000多人（2015年）

管理层：

李如彬　董事会主席、联席总裁

金鑫　首席执行官、总裁

二、业务信息

1. 产品及服务信息

线上平台 e 学大：专业个性化学习测评网站，为家长、学生和教师提供开放的互动学习平台，及时获得更多测评、资源、校考信息、升学政策，交流课程难点、学科问题，分享育儿经验、学习点滴、生活感悟

手机 APP 口袋老师：采用了“拍照搜题+真老师在线答疑”双管齐下的模式，不仅能快速找到答案和解析，还有全国各地数万专业老师全天在线，实时在线辅导，给用户解释难题，吃透知识点

线下服务：提供心理专家、个性化专家、教育咨询师、学科教师、学习管理师、陪读教师等服务

2. 覆盖范围

行业：教育培训行业、电子商务

主要客户：小初高学生群体

业务区域：中国学生

3. 收入结构：课程业务收入、在线广告、增值业务创收

三、综合信息

1. 发展定位：在个性化教育理念的指导下，通过持续的创新和整合，让每个需要成长机会的人都能获得最优质的教育资源和服务，成为中国教育行业的领袖企业

2. 重要合作伙伴及供应商：奇虎 360、银润投资、各大媒体网站、教育网站

新东方

新东方是中国领先的综合性教育集团，在互联网教育方面，新东方采取保守中投资的方式逐渐向线上及 K12 领域拓展业务。2014 年新东方集团在战略上发生了很大的转变，非常重视在线教育业务，内部开始孵化各种小的项目，全部和在线相关，其内部子公司新东方在线已经成为中国最强大的网络教育服务平台和最领先的网络教育品牌之一。2014 年 12 月 8 日新东方与腾讯合作推出个人移动智能学习应用“优答”，分别整合教育和互联网海量用户方面的优势，进入在线教育领域，做深度垂直的“扫题+练题+问答”英语智能学习平台。英语培训是少儿领域一个应试和素质的结合点，市场广阔，2015 年 5 月 29 日新东方针对 6—12 岁阶段学员的在线兴趣英语课堂推出“致赢少儿一对一”产品，是新东方一系列 K12 领域战略部署的开始。据新东方集团公开财报数据显示，2016 财年新东方净收入将近 15 亿美元，运营利润将近 2 亿美元，较去年同期增长 29. 5%；2016 财年新东方面授学员累计 364. 5 万人次，同比增长 25. 8%。截至 2016 年 5 月 31 日，新东方全国学校总数为 66 家，学习中心总数达 748 家，与去年同期相比增加 24 家，与上季度相比增加 21 家。

易观分析

2016 年，互联网教育行业依然是一片热土。新东方积极布局在线教育产业，推出多样化的产品与服务，不断提高用户体验，同时加强在线教育缺乏交互的短板，个性化的互联网教育服务给用户提供了更为便利的学习体验，从而增强了用户黏性，有利于在线教育市场的培

育和发展。作为国内首屈一指的教育机构，新东方抓住“互联网+教育”这个极具发展潜力的行业风口，通过打造线上线下相结合的教育生态圈，在内部实现线下课堂教学产品和线上服务的相结合；在外部发起一系列关于在线教育产品和服务的合作。从营收以及用户规模来看，新东方的O2O教育生态布局已经初见成效。

互联网教育的基础与核心仍旧是在教育的本质上，只有提供更加优质的教育内容，并且抓住用户痛点，最大程度上提高用户学习效率和学习能力，推出全面高效的学习产品和设计，才是吸引用户、实现良性发展的根本。

一、基础信息

1. 基本信息

公司全称：新东方教育科技集团

成立时间：1993年11月16日

总部地点：北京

上市时间：2006年9月7日

企业性质：股份制有限责任公司

联系方式：

网址：http：//www.xdf.cn/

地址：北京市海淀区海淀中街6号

电话：010-60908000

2. 组织信息

管理层：

俞敏洪　董事会主席、首席执行官

二、业务信息

1. 产品及服务信息

公司业务：外语培训、中小学基础教育、学前教育、职业教育、出国咨询、图书出版等领域。除新东方外，旗下还有优能中学教育、泡泡少儿教育、前途出国咨询、大愚文化出版、满天星亲子教育、同文高考复读等子品牌

外语互联网教育：新东方在线、批改网。新东方在线的网络课程服务包括留学考试、学历考试、职业教育、英语充电、多种语言、中学教育，为各类用户提供全面的在线教育服务。批改网以批改学生作文和口语为核心，解决学生备考时无专业人员批改作文及口语的烦恼，以最终帮助考生提高作文与口语分数为目的。

2. 覆盖范围

行业：教育培训

主要客户：大众

业务区域：全球

3. 收入结构：课程业务收入、在线广告、增值业务创收

三、综合信息

1. 发展定位：成为中国优秀的、令人尊敬的、有文化价值的教学机构

2. 重要合作伙伴及供应商：全球各大英语考试机构、政府文化教育相关部门、各大教育网站、联想、中国移动、可口可乐、中国建设银行、各招聘网站

达内科技

达内科技集团有限公司是中国高端 IT 培训的知名品牌，致力于培养面向电信和金融领域的中高端软件人才。2014 年 4 月 3 日，达内国际集团成功在美国纳斯达克上市，是中国第一家在美国上市的 IT 职业教育集团。2015 年，达内发力互联网教育和 K12 领域教育内容，无论是市场的疆域还是业务覆盖都有很大的变化。2015 年 3 月推出了在线教育平台 TMOOC.CN，涵盖大部分高端热门方向。2015 年 5 月与人大继续教育学院达成包就业的学历教育战略合作。2015 年 11 月达内教育又推出了少儿品牌“童程”“童美”，面向中小学生，分别定位少儿电脑编程和少儿电脑美术培训课程。据达内科技公开财报数据显示，达内教育 2016 年第三财季总净营收为 4. 81 亿元人民币，同比增长 29. 4%，净利润为人民币 1. 20 亿元，同比增长 40. 7%。职业类培训市场需求持续旺盛，本季度达内教育招生总人数达到 30818 人，同比增长 28. 0%，2016 年前 9 个月已累计招收学员人数达到 80595 人，与去年同期相比增长 31. 5%。

易观分析

达内教育从 2004 年起步，专注于职业教育的细分 IT 教育，并逐渐形成以 IT 培训为主的多元化、综合性的职业教育及人才服务领导品牌。在集团业务逐步成熟的前提下，达内科技开始打造基于 IT 培训的产业生态圈，并逐步向 IT 培训周边不断拓展。

创新是达内很重要的一个综合实力，“远程视频教学+线下实体学习”的 O2O 教学体系和用户贷款的率先尝试，使达内实现了规模化的发展道路。一方面，O2O 教学体系结合线上线下的混合模式，在为学员提供学习场景的同时，节省师资力量的支出，从而提升了达内的盈利能力。另一方面，“先就业后付款”的模式，解决了用户的购买门槛，强化了达内在扩张过程中的用户认同感，提高了市场份额。2016 年，达内的重点领域是对于少儿 IT 培训产品的开发和拓展，这一领域也将成为达内科技新的增长点之一，有利于达内产品线进一步的延伸和发展。

随着达内科技的迅速发展，一些不可避免的行业乱象也不断出现，例如，向应聘者推销课程、诱导贷款、对教学成果过度营销等违规问题依然存在，因此在达内科技快速发展的同时，仍需强化自身管理，提升品牌美誉度，增强用户的信任感。

一、基础信息

1. 基本信息

公司全称：达内时代科技集团有限公司

成立时间：2002 年 9 月

总部地点：北京

上市时间：2014 年 4 月 3 日

企业性质：上市公司

资本信息：注册资本 1 亿元

联系方式：

网址：http：//tedu.cn/

地址：北京市海淀区北三环西路甲 18 号中鼎大厦 B 座 7 层

电话：4006500383

2. 组织信息

管理层：

韩少云　董事会主席、首席执行官

二、业务信息

1. 产品及服务信息

面向电信和金融领域的 Java、C++、C#/.Net、3G/Android、3G/IOS、PHP、嵌入式、软件测试、ui、网络营销等 11 大课程方向

“远程视频教学+线下实体学习” O2O 教学体系：利用达内科技自主研发的远程教学和学习系统（TTS），学员可以通过 TTS 系统和老师、助教进行提问和互动，进行复习、测验和考试，学员之间可以通过 TTS 系统进行交流，授课老师和助教可通过学员在 TTS 系统上的反馈和记录改善教学

2. 覆盖范围

行业：教育培训、IT 行业、电子商务

主要客户：大众

业务区域：全球

3. 收入结构：课程收入、在线广告、增值业务创收

三、综合信息

1. 发展定位：做高端课程，培养高端软件人才

2. 重要合作伙伴及供应商：IBM、微软、摩托罗拉、华为、Yahoo、阿里巴巴、TOM、新浪、搜狐、百度、美国国际数据集团 IDG、集富亚洲 JAFCO ASIA、美国高盛银行、联想等知名 IT 企业、各大招聘网站、各大媒体网站

汽车业互联网化

上汽集团

上海汽车集团股份有限公司是国内 A 股市场最大的汽车上市公司。2015 年上汽集团积极瞄准互联网时代要求，将“创新精神”写入公司愿景，实施创新转型发展战略。在互联网方面，上汽以“互联网汽车”开发项目为契机，与 BAT 积极合作，迅速打造互联网汽车生态圈。2015 年 1 月 27 日上汽与百度签订车联网领域战略合作协议，推动 CarLife 车联网平台定制化、营销及服务内容等方面的标准化应用。2015 年 2 月 6 日上汽与腾讯签署基于精准营销的大数据战略合作协议，利用 DMP 大数据管理平台，为用户提供互联网时代的个性化产品体验，打造一种全新的营销模式，推动汽车行业营销的数据化、精细化、智能化。2015 年 3 月 13 日上汽又与阿里集团计划推出由 YunOS 系统集成的互联网汽车，并在一个月后正式签署汽车大数据营销、汽车金融、原厂售后 O2O 业务和二手车置换等领域的合作，围绕用户的车生活，实现优势叠加，整合双方线上线下资源，为用户提供智慧出行服务。

同时，上汽集团不断加快产业链延伸，在多领域部署战略业务。2015 年 4 月 8 日与上海通用、上海大众宣布启动运营上汽保险业务平台，进军金融板块。并在汽车服务方面深化车享网电商平台 O2O 业务链建设，2015 年 6 月车享商城布局从用户选车开始到购车、用车、卖车，再选车的全生命周期服务的产业链生态，主推“车享落地价”一口价模式进行线上整车销售。

易观分析

在国内企业中，上汽集团 2016 年深度实践“互联网+”战略，秉承“电动化、网联化、智能化、共享化”的造车理念，不断实现创新转型升级，提高了核心产品竞争力。

在网联化方面，随着上汽集团和阿里巴巴合作的展开，推动了互联网汽车的发展，通过第一代互联网汽车 RX5 的成功上市，上汽集团分步挺进“互联网+”，向打造自主品牌互联网汽车及其生态圈迈出了坚实的第一步。在共享业务探索方面，车企/经销商近两年在传统行业互联网化的风潮下，开始尝试布局线上平台，打通汽车销售的 O2O 闭环，其中上汽集团的车享平台是这类平台中的典型代表。车享平台在上线短短一年时间里，在线上平台运营能力、线上流量获取能力方面有了较大的提升。在后市场服务方面，依托自身的品牌优势和强大的售后能力，上汽集团继续加快“车享”电商平台线上功能建设和线下服务拓展。

中国汽车行业经历了高增长的“黄金十年”，在高速增长的卖方市场阶段，传统汽车企业包括汽车零配件厂商、整车厂、经销商、服务商整体生存状态良好，利润空间较大。随着汽车行业进入新常态发展阶段，汽车销量增速明显下滑，互联网企业争相涌入，传统汽车企业急需互联网化来加速企业的结构调整、升级转型。可以说，上汽集团的“新四化”战略，为整个汽车行业的互联网战略提供了新思路、新方向。

一、基础信息

1. 基本信息

公司全称：上海汽车集团股份有限公司

成立时间：1978 年

总部地点：上海

上市时间：2011 年（股票代码为 600104）

企业性质：股份有限公司

资本信息：总资产 4621 亿元（2015 年）

联系方式：

网址：http：//www.saicmotor.com/

地址：上海市威海路 489 号　200041

电话：021-22011888

传真：021-22011777

2. 组织信息

人员规模：92484 人（2015 年）

管理层：

陈虹　董事长

二、业务信息

1. 产品及服务信息

主要业务：整车（包括乘用车、商用车）、零部件（包括发动机、变速箱、动力传动、底盘、内外饰、电子电器等）的研发、生产、销售，物流、车载信息、二手车等汽车服务贸易业务，以及汽车金融业务

整车企业：乘用车公司、商用车公司、上海大众、上海通用、上汽通用五菱、南京依维柯、上汽依维柯红岩、上海申沃等

2. 覆盖范围

行业：汽车业、车辆与零部件

主要客户：企业及个人

业务区域：全球

3. 收入结构：车辆及零部件销售、服务及保险等盈利

三、综合信息

1. 发展定位：倾力打造富有创新精神的世界著名汽车公司，引领未来汽车生活

2. 重要合作伙伴及供应商：百度、阿里、腾讯、易车网、通用公司、上海大众、上海通用、上汽通用五菱、上汽商用车、南京依维柯、上海申沃、上汽依维柯红岩等

零售业互联网化

银泰百货

银泰百货集团是以百货零售业为主营业务的百货零售集团。2015 年 7 月 19 日，阿里 CEO 接任银泰商业的董事会主席，银泰成为阿里 O2O 战略的重要一环。银泰通过与阿里的合作变成一个崭新的虚拟经济和实体经济结合的平台，为百货零售业提供 O2O 解决方案，加速推行泛渠道策略，并推出喵街、喵货、西选、意选及喵客等 O2O 应用举措；“双十一”当天，天猫银泰商业的精品旗舰店销售额历史性地达到了 3700 万元人民币，是同年的 6 倍；与阿里合作的银泰宝推出两周获得 VIP 客户达 150 万，是过去 15 年的积累总数。2015 年 8 月 19 日银泰取得国际支付界知名科技公司 Austreme18%股权，专注于大数据分析、反洗钱、线上商户非法内容监控及商户认证，为自身商业安全提供保障。2015 年 11 月 15 日银泰发布供应链金融产品“I 融”，联合合作银行为供应商提供信用融资，加持了信用融资服务的银泰新型供应商服务系统将从多个维度帮助上游供应商降低成本，提高供应链的运行效率。据银泰 2016 年公开财报数据显示，截至 2016 年 12 月 31 日，银泰商业的销售所得款项总额为 172.14 亿元人民币，较 2015 年的 167.61 亿元人民币增加 2.7%。增加主要由于同店销售增长约 0.3%以及计入 2016 年及 2015 年开设的新购物中心的销售表现所致。

易观分析

新兴市场的快速成长，以及传统渠道的发展速度放缓，促使传统零售企业加大了对电子商务的投入力度。在这方面，银泰百货是较早开始寻求互联网转型升级的传统企业之一，“互联网+”在未来银泰发展战略中占重要地位。

银泰百合与阿里的深度合作，不仅为传统零售行业的转型升级打开了新的突破口，同时也为电子商务的线上线下融合发展提供了良好的拓展基础。在战略合作方面，阿里与银泰通过实施“商品通、会员通、服务通”三通战略，逐步打造出集货、西选、西有、喵客等新形态的零售和互联网化的零售业态。在组织架构方面，银泰也逐渐向扁平化的互联网模式倾斜，为配合阿里与实体店线上线下协同，银泰参考学习阿里的小前台、大中台的扁平架构，以适应互联网时代的快速更迭。

在 2016 年云栖大会上，马云首次提出“新零售”概念，意在将线上线下与物流结合在一起，促进互联网与传统零售行业的深度融合。而银泰百货与阿里的合作，也将成为实践“新零售”概念的重要一步。但是如何让线上线下商城相辅相成，如何在电子商务不断发展的今天继续拓展行业版图，仍是其需要面对的问题。

一、基础信息

1. 基本信息

公司全称：银泰百货（集团）有限公司

成立时间：1998 年 1 月 1 日

总部地点：北京

上市时间：2007 年 3 月 20 日　香港联交所上市（01833.HK）

企业性质：股份有限公司

联系方式：

　网址：http：//www.intime.com.cn/

　地址：北京建国门外大街 2 号银泰中心 C 座 42 层

2. 组织信息

人员规模：8213 人（2015 年）

管理层：

　沈国军　董事会主席

　陈晓东　首席执行官、首席财务官、副总裁

二、业务信息

1. 主要产品与服务信息

银泰百货：百货连锁品牌，门店均位于城市繁华商业核心，以“传递新的生活美学”为理念，致力于成为在多个区域内拥有领先优势、具有银泰商业文化特色的全国连锁百货品牌

银泰中心：高端商业综合体，位于一线城市与经济发达的省会核心商圈，汇集国际知名奢侈品牌购物中心、豪华酒店、甲级智能写字楼和高档公寓等多功能于一体，成为城市地标性建筑

银泰城：中高端商业综合体，位于一线与二线城市的非核心商圈或发达的三线城市，汇集国内外知名品牌购物中心、星级酒店、写字楼、住宅等于一体，以国际国内时尚品牌为主导，以中高端流行百货、大型生活超市、特色餐饮、豪华影院、量贩式 KTV、娱乐电玩城、数码连锁电器等为配套设施，是都市人时尚生活首选

银泰电子商务：专注于时尚精品百货的在线购物商城，大型 B2C 电子商务平台，依托于银泰的优质供应商、客户资源以及品牌优势，与银泰百货实体店紧密互动、互为补充

2. 覆盖范围

行业：零售百货

主要客户：年轻和新型家庭

业务区域：全国

3. 收入结构：百货实体店商品的销售及功能性单位的租金

三、综合信息

1. 发展定位：以传递“新的生活美学”为经营理念，以百货零售业为主营业务，以年轻及新型家庭为主要客户，以实现连锁经营、专业化、集约化为目标，实施品牌战略，形成具备银泰商业

文化的大型零售企业品牌

2. 重要合作伙伴及供应商：新浪、腾讯、搜狐、网易、时尚网、美空网、瑞丽等网站，各类服装、美妆、箱包、家居等中高端品牌

大连万达

大连万达集团旗下拥有四大支柱产业，包括地产、酒店、百货和旅游。集团于 2007 年 5 月 8 日成立万达百货有限公司。万达百货和万达广场相辅相成，其内的酒店、娱乐、餐饮及其他品类的零售企业为消费者共同构筑了一个充满休闲乐趣和丰富购物体验的活力空间。2014 年万达借由自身强大的线下资源和商业平台实力，逐步转向 O2O 业务领域发展。2015 年万达改变平台搭建阶段的以电子商务类招商为主的商业零售模式，去除零售部门，以年轻用户为主要对象，在移动 APP 方面将广场资源进行整合，抓住 O2O 业务重要的资金链环节，将业务向网络金融倾斜，并于 2015 年 4 月在上海注册成立万达金融集团，下设网络金融、飞凡科技、保险、投资等公司。同时万达集团开启合作万达广场模式，将土地投资转给投资者，提供自身品牌，仅负责设计、建设、招商、运营，这种轻资产模式有利于万达百货的业务链拓展。

另外，万达集团在文化产业发展力度加大，2015 年跨国并购了盈方体育、世界铁人公司、澳洲 HOYTS 院线、传奇影业，投资西班牙马德里竞技足球俱乐部等，海外总投资额超过 50 亿美元。根据万达集团 2016 年度报告显示，2016 年集团资产达到 7961 亿元人民币，同比增长 21. 4%（按成本法统计），营业收入 2549. 8 亿元人民币，完成计划的 103. 2%，同比增长 3. 4%。

易观分析

万达于 2014 年年初开始实施第四次转型，即从房地产为主的企业转向服务业为主的企业。截至目前，万达集团已经基本构建起商业、文化、网络、金融四大支柱产业。在万达集团转型升级的同时，万达百货也在积极寻求“互联网+”的转型发展。

随着新零售概念的提出，传统零售行业纷纷开始试水“电商+店商”的经营模式。万达集团在线下商业地产、文化旅游等领域处于绝对领先地位，正在积极向服务型企业转型，而腾讯和百度一直在寻找将互联网入口与实体商业结合、将流量进一步变现的机会点。因此，万达和腾讯、百度联合打造的飞凡电商，在推动万达集团实现转型的同时，更充分利用互联网和大数据技术，为购物中心提供了一套完整的“互联网+”商业解决方案。

除此之外，万达集团逐步推动“去百货化”规划，零售业态占比将逐步减少，体验式业态占比将逐渐加重，从而打造基于互联网模式的超级智慧商场。目前来看，万达百货围绕体验展开的规划及服务，扮演着变革者的角色，传统的“大百货”格局必将迎来颠覆性的创新。

一、基础信息

1. 基本信息

公司全称：万达百货有限公司

成立时间：2007 年 5 月 8 日

总部地点：北京

上市时间：未上市

企业性质：股份有限公司

联系方式：

网址：http：//www.wanda.cn/

地址：北京市朝阳区建国路 93 号万达广场 B 座 12 层

电话：010-85587400

2. 组织信息

管理层：

王健林　董事长

二、业务信息

1. 主要产品与服务信息

高端奢华店、精致生活店、时尚流行店以及社区生活店四种店态形式，适应不同地区和客群的消费需求

2. 覆盖范围

行业：零售百货

主要客户：年轻、时尚女性和新兴家庭

业务区域：全球

3. 收入结构：百货实体店商品的销售及功能单位的租金

三、综合信息

1. 发展定位：配合万达集团商业地产的发展，成为中国第一流连锁百货集团

2. 重要合作伙伴及供应商：腾讯、各类中高端品牌，涵盖种类包括服装、美妆、箱包、家居等

王府井百货

北京王府井百货（集团）股份有限公司是一家专注于百货业态的全国性连锁零售企业，旗下王府井网上商城是王府井战略性规划的重要项目。2015 年 2 月 14 日王府井百货与腾讯首家微信购物合作门店实现上线试运行，通过引进互联网支付方式实现购物自主化、实体卖场的用户资源与移动端深度结合。2015 年 5 月中旬王府井联合大众点评网开展基于位置的互联网 LBS 引流营销，同时其 PC 端、移动端、线下端所有渠道用户已初步统一到王府井内部的 CRM 数据系统，进一步实现全渠道的战略部署。2015 年 6 月 23 日王府井百货集团与上海百联集团、香港利丰集团组建合资公司，共创战略合资平台，借助各自专业优势，整合资源，加速业务创新、业态创新、模式创新。

2015 年 7 月 24 日王府井百货联手京东金融推出了“王府井白条”的全新支付方式，推广会员

个人消费信贷业务，探索互联网金融与消费信贷，同时王府井大用户体系开始投入运营，线下门店已实现会员卡电子化，旗下全部门店已完成 WiFi 无线网络和 Beacon 设备部署，店内智能寻车系统、导购微商计划均已在试点门店上线。据王府井百货 2016 年业绩公告数据显示，2016 年实现营业收入 177.95 亿元人民币，同比上升 2.70%，同店下降 1.57%；总利润为 8.49 亿元人民币，同比下降 9.32%，实现归属于上市公司股东净利润为 5.75 亿元人民币，同比下降 13.07%；主业毛利率为 17.92%，同比减少 0.6 个百分点。

易观分析

作为中国领先的传统百货企业，王府井集团也在逐步进行战略转型升级，试图由单一百货主业转变为涵盖百货、购物中心、奥特莱斯、超市、线上零售平台等多业态并举、覆盖消费者全生活系统的零售公司。在集团的转型升级背景下，王府井百货的全渠道布局初见规模，通过自建 B2C 商城、入驻第三方电商平台、APP 营销等方式，形成网上商城、移动商城、微信微店、天猫旗舰店等多渠道立体化销售网络和服务体系。同时配合其独特的买手制、大数据运用等多种与众不同的营销方式，回归零售本质，推动线上线下资源高度融合，从而建立以客户为中心的新型生态圈。

目前来看，因受经济增长放缓和电商等网购平台的冲击，传统百货企业纷纷拥抱互联网开始了 O2O 转型之路。无论是银泰+阿里的“传统+电商式 O2O 模式”、万达百度的“抱团式 O2O 模式”，还是目前王府井的新型全渠道消费模式，都在一定程度上尝试线上线下的融合发展，以期打造新型的零售态势。但是，O2O 融合模式对于商企而言目前并无成功的商业模式可循，传统百货行业仍需在把握自身优势资源的同时，逐步拓展新的发展模式，从而实现真正意义上的转型升级。

一、基础信息

1. 基本信息

公司全称：北京王府井百货（集团）股份有限公司

成立时间：1993 年

总部地点：北京

上市时间：1994 年 5 月 6 日（上海证券交易所）

企业性质：股份有限公司

资本信息：总资产 137.50 亿元（2015 年）

联系方式：

网址：http：//www.wfj.com.cn/

地址：北京市王府井大街 255 号

电话：010-51283636

2. 组织信息

人员规模：11396 人（2015 年）

管理层：

刘冰　董事长

二、业务信息

1. 主要产品与服务信息

实体百货商店：内含购销百货、日用、文化、娱乐、五金、货物进出口等领域知名品牌商加盟入驻，以北京为中心，覆盖华南、西南、华中、西北、华北五大区域的销售网络，在 22 个城市开设 30 家大型百货店，形成了满足不同消费需求、不同地域分布的门店梯次和布局

王府井网上商城：定位于面向品位、品质、时尚和追求购物乐趣消费者的 B2C 精品购物平台，重点经营国际、国内知名品牌、流行品牌、网络热销商品和自有品牌商品等百货商品

2. 覆盖范围

行业：零售百货业

主要客户：中高端消费群体

业务区域：全国

3. 收入结构：实体百货商店的销售收入及功能性客户的租金

三、综合信息

1. 发展定位：品牌化、现代化、国际化，忠于“人文购物、人性服务”的经营理念，注重顾客体验，致力于为顾客创造高品位的人文购物环境

2. 重要合作伙伴及供应商：各类中高端品牌，涵盖种类包括服装、美妆、箱包、家居等

附录1 大事记2017

规律由诸多事件本身所承载，互联网产业发展的规律，可以具象为一年又一年发生的具体事件。在本部分，易观针对2016年互联网产业发生的事件，选择了对行业发展具有较大影响的、具有代表性的事件，作为行业发展的里程碑予以记录。

1月

4日 苏宁云商以25.87亿元人民币转让PPTV股权

事件：苏宁云商日前发布公告，宣布已完成25.87亿元人民币转让PPTV所持股权，截至2015年12月31日，所持PPTV股权已全部转让给苏宁文化。

5日 天猫超市生鲜月销破亿元，将重点投入华南

事件：天猫超市宣布，旗下生鲜业务在2015年12月销售金额突破1亿元人民币，同比增长400%，在国内生鲜线上销售平台中取得领先优势。

7日 我买网布局大健康：Uber之后牵手小米

事件：中粮我买网方面表示，2016年，将和小米运动在大数据领域进行战略合作。目前，在小米运动最能走的人将得到我买网“年货礼包”。

11日 蘑菇街美丽说合并，估值30亿美元，腾讯将增持

事件：1月11日社会化电商平台蘑菇街宣布正式合并美丽说，蘑菇街创始人陈琪和美丽说创始人徐易容也发布了内部信。在正式宣布合并前，美丽说已经在2014年8月完成了E轮融资，数额不详，估值近10亿美元。蘑菇街也在2015年11月完成了2亿美元的D轮融资，估值近20亿美元。

16日 京东金融宣布牵手红杉，融资66.5亿元人民币

事件：京东集团宣布旗下京东金融子集团已和由红杉资本中国基金、嘉实投资和中国太平领投的投资人完成具有约束力的增资协议签署，融资66.5亿元人民币。

18日 万达跨境O2O：体验店从进口生鲜做起

事件：名创优品全球联合创始人叶国富控股的195全球购跨境进口商品城正式启动，该全球购商城将与万达进行合作。

21日 新华百货合作飞凡，旗下8家购物中心将进驻

事件：“实体商业+互联网”场景服务运营商飞凡与新华百货集团在宁夏银川签署战略合作协议，新华百货集团旗下新百总店、ccmall、老大楼店等8家购物中心将全面进驻飞凡开放平台。

22日“挂号网”首发ACO战略，融合医疗与保险

事件：刚刚完成融资3.94亿美元的挂号网，即更名后的微医集团，近日发布了“ACO平台”战略，建立起“移动互联网+医疗+保险”的跨境平台。这意味着2015年微医集团设定的“互联网

分级诊疗平台”“区域手术中心”和“微医 ACO”三大战略全部落地，其精心搭建的“医、险、药”生态链闭环逐渐成型。

25 日 阿里体育加速全球化，独家签下国际拳联

事件：电商巨头近来在体育界频频发力，继 1 月 8 日签下 NFL（美国职业橄榄球大联盟）后，阿里体育又宣布拿下国际拳联，双方签署了为期 20 年的战略合作协议备忘录。

26 日 电商业务遇瓶颈，聚美市值一年跌 30 亿美元

事件：聚美在市场上抛出影视的新“故事”，要打造“时尚娱乐+电商”的新业务模式。与此同时，聚美的股价最近跌至了历史最低点，相比一年中的最高点市值跌去 30 多亿美元。

28 日 1 药网获超 10 亿融资，打造互联网医疗生态圈

事件：据 1 药网联合创始人兼执行董事长在采访中透露，1 药网再获十几亿人民币融资，这是继 2015 年 1 月获得 4.5 亿元人民币 C 轮融资后的再一轮融资。

2 月

3 日 阿里药品电子监管码运营权或将被收回

事件：澎湃新闻发布消息称，“CFDA 副局长孙咸泽在该局召开的一个会议上表示，国家食药监总局将收回此前交由阿里健康运营的全国药品电子监管网运营权”。

4 日 万达影业拟融资 100 亿元人民币，或 2016 年实现上市

事件：万达正加速在影视行业布局。在万达 35 亿美元收购托马斯图尔的传奇影业一事获批后，腾讯科技独家获悉，万达旗下万达影业正筹备上市，拟在上市前募集资金 100 亿元人民币左右。

11 日 阿里音乐投资韩国娱乐公司 SM

事件：阿里音乐宣布将与韩国娱乐公司 S.M.ENTERTAINMENT（以下简称为“SM”）在中国国内音乐事业以及电子商务展开合作，同时阿里巴巴集团将收购 SM 4%股份。

17 日 首开网上公立三甲医院：为患者建云病历

事件：浙江大学附属第一医院互联网院区正式对外开放，将开通 12 个热门专科门诊，124 位专家的线上咨询，这是全国首个公立三甲线上院区。

18 日 聚美优品拟以 7 美元的价格私有化，曾发行价 22 美元

事件：聚美优品宣布收到来自聚美优品 CEO 陈欧、红杉资本等递交的私有化申请，准备以每美国存托股（ASD）7 美元的价格收购聚美优品流通的、未由收购方持有的全部股份。该价格比最近十个交易日的平均收盘价高出 26.6%。

23 日 复制凯撒模式，复星联手泰康建大健康公司

事件：上海复星医药集团将联合泰康人寿、徐州矿务集团成立新公司，以 5.3 亿元人民币持有 35%股份；开启“医药集团+保险+医院”的模式，为打造区域性医疗中心奠定基础。

27 日 蜜芽宣布战略投资悠游堂，线下布局加速

事件：蜜芽线下生态加速布局。日前，蜜芽 CEO 刘楠宣布战略投资家庭亲子娱乐品牌悠游堂。据悉，该项交易已在 2015 年 12 月完成。与此同时，蜜芽线下店亮相美中宜和妇儿医院，美中宜将在蜜芽销售旗下孕产、疫苗、体检等多项医疗产品。

3 月

1 日 联华超市放弃自建渠道，二次触网学永辉

事件：前一日联华超市发布关联交易公告，将通过“百联全渠道”电商平台进行商品销售，并向平台返还 4%的订单费用作为平台使用费，双方合同期限为三年，预计 2016 年将实现最高 3 亿元人民币的交易额。

4 日 张近东：建立全产业链农村电商教育体系

事件：苏宁董事长张近东在两会上以一份题为《推行农村电商教育孵化计划　加快推进农村电商扶贫》的提案阐述了农村电商建设的几点建议。提案中提到，应建立多元化全产业链的农村电商教育孵化体系，整合优化规范社会资源补充教育教学力量，鼓励平台企业充分发挥农村电商培训的实质作用。

8 日 我买网投 1 亿美元布局冷链，核心城市覆盖县级市

事件：中粮我买网获得百度、泰康等企业的 2. 2 亿美元 C 轮融资。我买网官方表示，未来两年，预计将投入 1 亿美元用于冷链物流体系的布局，扩大生鲜商品的配送范围。

10 日 i 美股搅局私有化，刺激当当股价大涨 8. 6%

事件：受当当私有化收到竞标的推动，该公司股价在周三大涨 8. 6%，收于 7. 18 美元，创出两个月以来的新高。

15 日 315 揭刷单产业链，大众点评与美丽说中枪

事件：淘宝、大众点评、美丽说是被曝光的三个商家刷单比较严重的平台。为了逃避淘宝网对于刷单行为的监管，刷单群还连接了代发空包的公司，这种公司可以帮助刷单商家发空包裹，不用发真实商品。

16 日 中消协宣布将在 17 家电商设“维权平台”

事件：中消协举行主题活动，宣布在 17 家电商平台启动电商消费维权绿色通道（直通车）平台，方便消费者投诉。

18 日 商务部：将加大电商领域打击假冒伪劣力度

事件：中国商务部新闻发言人沈丹阳 17 日在北京表示，2016 年将加大电子商务领域打击侵权假冒伪劣的力度。

23 日 银泰商业预期 2016 年电商收入占比超 10%

事件：银泰商业首席执行官陈晓东于全年业绩发布会上表示，集团目前的电商收入占比约为 6%，预期 2016 年可超过 10%。他透露，集团未来会以向同业推介电商产品为主，目标是服务全国逾 4000 家同业。

4 月

7 日 美味七七倒闭：生鲜电商即将开启破产潮？

事件：生鲜电商美味七七内部邮件曝光，上海美味七七网络科技有限公司已经宣布倒闭。邮件显示，由于公司运作出现严重困难，已经没有资金全额支付包括员工 2016 年 3 月份薪资和社保在内的所有债款，故宣布倒闭。

13 日 百度再次调整公司架构，成立百度搜索公司

事件：百度发布内部信，称将整合搜索业务群组（SSG）和移动服务事业群组（MSG），并组建新的百度搜索公司，百度高级副总裁向海龙任搜索公司总裁，下属 SSG、MSG、糯米事业部，后面两个事业部都直接向向海龙汇报。

14 日 阿里巴巴进 IACC：我们要成为电商标杆

事件：前一晚，阿里巴巴集团正式宣布加入全球最大反假冒侵权非营利性组织——国际反假联盟（IACC），成为该组织的首个电商成员。与此同时，阿里巴巴旗下的新闻门户网站 Alizila 也发布了一篇对阿里知识产权负责人马修·巴秀尔（Matthew Bassiur）的访谈。马修说，阿里巴巴非常认真地看待假货问题，希望成为电商公司的标杆。

16 日 优酷土豆发布 VR“合计划”，做变现和分发平台

事件：2016 中国 VR/AR 产业峰会上，优酷土豆首次对外发布优酷土豆在 VR 领域的计划，称之为“合计划”，其实是一个非常开放的生态合作模式。“合计划”要做四件事：流量、UGC、版权购买和广告分成、SDK。

19 日 国美 4·15 卖 45 亿元人民币，体验式消费帮了大忙

事件：国美方面日前宣布，4·15 活动日全天交易额突破 45 亿元人民币，同比增长 5490%，其中体验式消费成为销售增长关键一环。

20 日 乐视发布三款超级电视、三款乐视二代手机以及乐视超级汽车概念车 LeSEE

事件：乐视发布了乐视超级电视、乐视手机和乐视超级汽车 LeSEE。在发布会上，乐视宣布其生态 O2O 战略、MFL 战略、商用服务战略等，为用户带来更全方位的体验。

21 日 故宫博物院：2016 年故宫文创产品销售额 10 亿元人民币

事件：截至 2015 年年底，故宫博物院共计研发文化创意产品 8683 种，与此同时，故宫的文创产品销售额也从 2013 年的 6 亿元人民币增长到 2015 年的近 10 亿元人民币。故宫博物院院长单霁翔表示，未来故宫的文创产品将从“数量增长”走向“质量提升”。

22 日 通化东宝与腾讯合作，构建慢病管理平台

事件：通化东宝前一晚公告称，公司与腾讯签署了《互联网+战略合作协议》，双方将合作构建并推广“互联网+”慢病管理平台，协助基层医生有效管理患者档案，提高基层医生服务能力，打破信息孤岛。

25 日 京东盯上体育：李宁力挺，要进一步合作

事件：京东集团正式宣布上线京东体育频道，京东体育将在产品品类、内容营销、赛事合作等领域，对消费者进行专业化、时尚化的运动消费引导。

26 日 阿里钉钉产品升级，企业协作平台之争进入白热化阶段

事件：钉钉在阿里巴巴西溪园区报告厅召开 2016 年春季战略发布会，本次产品升级将包括协同、沟通、安全三个层面。企业可以直接通过钉钉进行基于地理位置的考勤，钉钉由此前在 1.0 版本推出的电话会议升级到 1080P 的商务视频会议，可以实现手机、电脑同屏信息共享，基于阿里神盾局的支持，钉钉实现了分布式数据存储加密和第三方托管加密。

29 日 继上海北京之后，家乐福电商将进入成都

事件：上海、北京之后，成都已经是家乐福下一个确定进入的城市，最终实现“家乐福在哪里，哪里就有家乐福电商”。除了现有门店的城市，家乐福愿意在新兴城市开设更多的大卖场。这也意味着，家乐福电商也将随之深入到中国的三四线甚至四五线城市。

5 月

5 日 爱奇艺发布 VR 产品，启动 VR 生态计划

事件：爱奇艺正式发布 iVR+虚拟现实产品套件，启动 VR 生态激励计划，并表示将在 10 个热门 IP 上全面实现 VR 化，开放 100 个 IP 进行游戏合作开发，联合 300 家合作伙伴共同打造 VR 生态。

12 日 乐视与 Twitter 达成战略合作，乐视生态全球化复制启动

事件：乐视与 Twitter 共同宣布签署全球战略合作协议，双方的合作从移动端智能硬件开始将逐步拓展并覆盖到乐视生态的多个领域。

13 日 京东发布智能冰箱和人工智能语音交互，推动家电智能化场景变革

事件：在第二届亚洲消费电子展上，京东发布了智能冰箱和 AIUI 人工智能语音交互界面。家电智能化已成大势所趋，京东此番的产品发布意味着一种产业布局和商业模式的落地，将智能化技术与核心电商优势同传统家电制造相结合，以平台和渠道的优势加速家电产品智能化转型。

16 日 淘宝电影更名为淘票票，进军泛娱乐业

事件：2016 年 5 月 16 日，阿里影业旗下淘宝电影在北京举行品牌战略发布会，对外宣布淘宝电影正式更名为淘票票。阿里影业 CEO 张强表示，未来淘票票将定位于泛娱乐产业营销平台，自身服务能力向产业链上下游全面开放，为合作伙伴创造更大价值，为消费者提供更好的娱乐消费体验。

17 日 当当网下调私有化报价，被投资者质疑“套利”

事件：当当网宣布董事会已收到来自董事会主席俞渝、CEO 李国庆以及公司高管等组成的“买家团”的更新版私有化提案。建议将以每股存托凭证（ADS）6.5 美元收购“买家团”未持有的当当股票，该价格相比 2015 年 7 月提交的要约收购价调低了 16.8%，这也引发了利益相关方的不满。

18 日 蘑菇街投入 3 亿元人民币扶持旗下红人，打造网红电商

事件：女性时尚电商蘑菇街宣布，将投入 3 亿元人民币扶持旗下时尚工作平台 uni 引力的红人发展，帮助其实现互联网化个人品牌的快速崛起和价值变现。

20 日 唯品会周三大跌 12%，沈亚一天亏掉 1.24 亿美元

事件：由于唯品会宣布客户开支减少并且官方提供的业绩预期低于分析师预期，唯品会股票周三大跌 12.19%，跌至 10.80 美元。据唯品会第 1 季度财报显示，第 1 季度客户开支为平均每单 337 元，同比减少了 8%左右。

21 日 国务院发文支持制造业利用互联网搞“客制化”

事件：国务院颁发了《国务院关于深化制造业与互联网融合发展的指导意见》，针对制造业如何实现“互联网+”提出意见及要求。

25 日 百度完成搜索页面商业推广整改，搜索引擎市场走向规范化

事件：百度官方宣布全面落实有关部门的整改要求，主要涉及对搜索页面内推广数量的限制和质量的优化，下线上亿条医疗信息，并在后端加大审核力度提高企业准入门槛。

26 日 药给力资金断裂之后，阿里健康搞医药 O2O 联盟

事件：阿里健康联合百佳惠苏禾、德生堂、百草堂、康爱多等 65 家连锁药店，共同宣布成立“中国医药 O2O 先锋联盟”。希望借助移动互联网和数据技术，打通上下游医疗医药服务产业。

27 日 猫眼完成独立分拆及战略重组，光线传媒成股东

事件：猫眼公司宣布独立分拆顺利完成，并引入新投资者进行了战略重组。本次战略重组中，光线传媒成为猫眼重要股东，并将提供相应产业资源，支持猫眼加强上游业务部署。

6 月

1 日 阿里巴巴与苏宁云商联合发布“三体贯通”战略

事件：阿里巴巴和苏宁云商在北京召开战略发布会，联合发布“三体贯通”战略。未来三年，将围绕激能“品牌商”、赋能“零售商”、服务“消费者”掀起新一轮融合风暴，与品牌巨头结成“王者联盟”，并联合推出围绕品牌的“万亿智造计划”。

3 日 阿里体育百亿投智能场馆，叫板乐视

事件：阿里体育前一日宣布，将启动 100 亿元人民币资金，研发智能场馆改造、升级及周边体育文化设施的建设改造，在未来用于投资全国数百城市上万场馆，从而扮演城市体育服务的角色。

8 日 飞凡搭上物美，实体百货强强联合阻击天猫落地

事件：飞凡与物美商业集团（以下简称物美集团）达成“实体+互联网”战略合作。飞凡将为物美集团各商业品牌提供软硬件相结合的智能化解决方案，搭建 WiFi、Beacon 等信息化基础设施，实现停车、找店、排队、电影等智慧化。

15 日 阿里巴巴成立大文娱版块，俞永福成负责组长

事件：阿里巴巴集团 CEO 张勇宣布，阿里巴巴已正式成立“阿里巴巴大文娱版块”，该版块包含阿里影业、合一集团（优酷土豆）、阿里音乐、阿里体育、UC、阿里游戏、阿里文学、数字娱乐事业部。

16 日 米未传媒发布内容生态体系，开启“直播+点播”模式

事件：米未传媒发布会在京举行，首次对外发布米未传媒的内容生态体系“XYZ 轴”模型，并联合斗鱼即将推出互联网首档直播+点播“双播”模式的综艺节目，颠覆传统综艺点播单向视频输出的形态，赋予用户主动权，打造“直播+即时互动+弹幕互动”的新形式。

17 日 百度关停未来商店，又一个电商业务探索失败了

事件：百度未来商店于近日正式关停，目前打开页面仅剩下关停公告。这也意味着上线于 2015 年 3 月的百度未来商店，在运营一年之后走到了尽头。此前，百度还下线了健康医药馆等。

21 日 科大讯飞正式进军医疗行业，与医院合作成立人工智能实验室

事件：科大讯飞与安徽省立医院正式签订战略合作协议，宣布双方共建的医学人工智能联合实验室正式揭牌。此次合作意味着国内语音识别和人工智能领头羊科大讯飞将进军医疗产业。

22 日 京东 100 亿元人民币收购 1 号店，意在沃尔玛线下资源

事件：京东集团发布内部信，宣布与沃尔玛达成深度战略合作，作为此次协议的一部分，沃尔玛将获得京东新发行的 1.45 亿股 A 类普通股，约为京东发行总股本数的 5%，沃尔玛旗下 1 号店包括品牌、网站、APP 等所有资产打包并入京东。

28 日 网易宣布成立 VR Dream Lab，连接产业平台、孵化 VR 内容

事件：在网易未来科技峰会上，网易传媒 CTO 罗尚虎宣布将联合清华大学、AMD 以及网易杭州研究院、网易游戏等共同发起成立 VR 领域实验室——“VR Dream Lab”。新成立的 VR 实验室，将承担连接平台和 VR 内容孵化两个方面的功能。

7 月

4 日 百度文学宣布引入完美世界战略投资

事件：百度宣布，旗下百度文学业务引入完美世界集团的战略投资。百度与完美世界将以文学为连接点，在文学业务、版权业务、影游投资开发、影游产业链联动等方面展开深度合作。

8 日 爱奇艺进军直播，打造“追星”+“造星”的 IP 生态

事件：爱奇艺正式发布直播品牌“奇秀”，追求“追星”与“造星”并重。一方面，奇秀直播将帮助用户和粉丝通过视频直播零距离、无时限地接触明星，未来爱奇艺平台所汇聚的顶级 IP 资源，将从策划、制作到上线、活动等环节进行全景式的直播展现，最大程度开发 IP 价值。另一方面，奇秀发布了“星途起航”计划，将从普通用户中挖掘优质主播，每一个开播的普通用户都有机会入选。优质的新晋主播将与经纪公司签约，接受专业培训，成为明星主播或签约艺人。

12 日 橘子娱乐获 1000 万美金 B+轮融资，专注泛娱乐内容创业

事件：橘子娱乐在继 2016 年 1 月份 1500 万美元的融资后，最近完成第二次的 B+轮 1000 万美金融资，此次融资由华创资本领投、360 跟投，将专注于泛文化领域的内容创业。目前橘子娱乐注册用户 2000 万，日均 PV 站内 1500 万+、站外超过 2500 万。分发渠道包括今日头条、UC 浏览器、QQ 空间、美拍、秒拍等，并与搜狐新闻、墨迹天气、WiFi 万能钥匙、ZAKER、百度贴吧、花椒直播等进行内容合作。

14 日 百度智慧汽车联手德赛西威，展开车联网深度跨界合作

事件：德赛西威与百度智慧汽车签订合作协议，双方将在车联网领域展开深度跨界合作，将互联网技术、丰富的内容及服务与汽车电子技术结合，共同推动百度智慧汽车平台的应用，为汽车厂商提供更加灵活、创新、高效的一站式解决方案及互联网内容。

15 日 中国音乐集团和腾讯集团对数字音乐业务进行合并

事件：中国音乐集团和腾讯集团共同宣布，已达成共识对数字音乐业务进行合并。腾讯通过资产置换股权成为新的音乐集团之大股东，合并后，QQ 音乐、酷狗、酷我等产品和品牌将保持独立发展。

26 日 腾讯成立企鹅电竞：整合内外资源提供一站式赛事服务

事件：腾讯宣布成立专注于连接电竞生态的平台——企鹅电竞。企鹅电竞集结了腾讯内部的三支优秀团队：腾讯网、QQ 手游、腾讯互娱，在往年的 QGC、TGA 等赛事中曾多次合作，已形成默

契、达成共识，此次成立企鹅电竞平台，三方将深度整合内外部一切资源，携手全行业共同推动电竞产业的发展。

27日 乐视20亿美元收购美国智能电视生产商Vizio

事件：乐视控股在洛杉矶宣布以20亿美元的价格收购美国顶级智能电视生产商Vizio，这是乐视迄今最大笔收购。交易还有待监管部门审核，预计在未来6个月完成。在收购交易完成以后，乐视将把Vizio作为一家独立子公司来进行运营。

28日 阿里健康1680万元人民币收购广州五千年医药连锁有限公司

事件：阿里健康发布公告称，旗下全资附属公司阿里健康科技（北京）将以1680万元人民币，收购广州五千年医药连锁有限公司的全部股权。公告显示，广州五千年医药连锁有限公司现有注册资本为500万元人民币，主要从事于药品及中药饮品零售业务，并运营医药零售连锁店及持有互联网药品交易服务资格证书，使其有权在线销售相关法规所列之非处方药及若干其他受规管产品。

28日 交通部等确认网约车合法地位

事件：交通运输部联合公安部等七部门公布《网络预约出租汽车经营服务管理暂行办法》，在新规中“网约车”合法地位获得确认。

31日 蚂蚁金服与蒙羊达成合作，三大农村金融模式浮出水面

事件：在“第三届互联网金融外滩峰会”上，蚂蚁金服已经与国内牧业龙头企业蒙羊集团达成合作，为其养殖户提供金融服务。同时，蚂蚁金服还公布了目前其在农村金融领域的三种模式：农业供应链金融解决方案、“线上+线下熟人”的信贷解决方案、数据化平台信贷解决方案。

8月

1日 滴滴收购优步中国，市场竞争进入新阶段

事件：滴滴出行宣布与Uber全球达成战略协议，滴滴出行将收购优步中国的品牌、业务、数据等全部资产在中国大陆运营。专车市场格局将迎来较大变化，市场竞争进入新的阶段，将倒逼竞品企业加快产品和服务创新。

1日 华策影视投资电商平台“小红唇开曼”（以下简称“小红唇”），涉足“网红经济”

事件：华策影视晚间披露公告，公司全资子公司华策国际宣布以6384.62万美元的价格获得“小红唇”已发行在外总股本的35.03%。本次交易后，公司将通过华策国际间接持有小红唇35.03%的股份。

2日 易车网获腾讯、百度、京东5.5亿美元战略投资

事件：易车网（NYSE：BITA）、腾讯、百度和京东联合宣布，各方已签署最终的投资协议。根据该协议，腾讯、百度和京东将对易车网旗下专注于汽车融资的子公司易信资本（Yixin Capital）总计投资5.5亿美元。

8日 跨境电商加剧洗牌，日淘豌豆公主收购小桃酱

事件：日淘电商“豌豆公主”宣布，已在近期收购了同样专注于日本海淘市场的“小桃酱”。小桃酱APP上线于2015年2月，是一款聚合了日本全网商品的海淘助手。

12日 腾讯旗下黄河投资增持京东，成京东第一大股东

事件：腾讯旗下的黄河投资 8 月 12 日至 18 日期间增持 802 万单位 ADS 京东，代表 1603 万股京东 A 类股。截至 8 月 17 日，腾讯持有京东股票比例为 21.25%，成为京东第一大股东。

15 日 斗鱼完成 15 亿元人民币 C 轮融资，游戏直播内容进入 OGC 时代

事件：斗鱼宣布完成 15 亿元人民币 C 轮融资，本轮由凤凰资本和腾讯领投。目前斗鱼累积融资额度已经超过 20 亿元人民币，除去已经上市的 9158 和欢聚时代的虎牙直播，斗鱼也成为第一家走到 C 轮的直播平台。

15 日 智慧电单车品牌轻客完成 B 轮 1.5 亿元人民币融资，继续加大产品和技术研发

事件：智慧电单车品牌轻客完成 B 轮融资，融资额为 1.5 亿元人民币。此轮融资的领投方为清控银杏，由清控金信和泽贤投资跟投。

16 日 百度联合福特汽车 1.5 亿美元投资 Velodyne，互联网企业和传统车厂积极布局无人驾驶

事件：福特联合百度共同向 Velodyne LiDAR 投资 1.5 亿美元。作为世界顶级的激光雷达制造商，Velodyne 开发了一种可以测量距离的激光技术，用来帮助自动驾驶汽车在无人监控的情况下进行导航。

24 日 韩国发生 Note 7 充电爆炸事件

事件：韩国发生首宗 Note 7 充电爆炸事件，其后世界各地也发生多宗 Note 7 爆炸事件。三星表示，起因是三星 SDI 制造的电池本身有瑕疵，并对这部分手机进行召回。

9 月

13 日 快播案宣判

事件：快播传播淫秽物品牟利案宣判，快播公司被罚 1000 万元，王欣被判刑 3 年 6 个月罚 100 万。快播公司、王欣、张克东、牛文举均表示认罪悔罪。

13 日 百度成立独立风投公司，专注于人工智能等科技创新项目

事件：百度宣布成立独立风险投资公司，将专注于人工智能，以及 AR、VR 等下一代科技创新项目，集中投资于早期项目，第一期基金规模将达 2 亿美金。李彦宏出任董事长，并参与重要项目的评估判断。

14 日 蚂蚁金服收购 EyeVerify，眼球识别技术助力安全系统

事件：9 月 14 日，阿里巴巴集团旗下蚂蚁金服以 7000 万美元的价格收购了生物识别技术公司 EyeVerify。EyeVerify 是一家主打眼球识别技术的公司，交易完成后，EyeVerify 将变成蚂蚁金服的全资子公司。

19 日 高德发布高德地图 AI 引擎，将在全境能力、大数据能力和个性化能力方面补足地图服务

事件：国内“地图内容、导航和位置服务提供商”高德发布高德地图 AI 引擎，这是高德新一代的位置出行服务引擎，以大数据能力和机器学习能力为基础，面向不同环境和需求，提供“千人千面”的位置出行服务工具。这是对 2015 年 10 月阿里巴巴移动事业群总裁兼高德总裁俞永福所提出的“一云多屏”的落地，高德地图未来将重点发力手机与车机“两个中心”，而 AI 引擎则能在技术、产品层面对高德地图手机版、高德地图车机版进行升级。

20 日 乐视汽车首轮融资 10.8 亿美元，互联网造车竞争加剧

事件：乐视汽车宣布完成10.8亿美元首轮融资，投资方包括国家电网旗下英大资本、深圳市政府投资平台深创投、联想控股、民生信托、新华联以及宏兆基金等机构。

23日 在线教育公司作业帮获6000万美金B轮融资

事件：K12在线教育公司作业帮完成B轮融资，总额达6000万美金。本轮投资由纪源资本（GGVCapital）和襄禾资本共同领投，红杉与君联等早期投资者也全部跟投。作业帮是国内最早关注和从事K12作业解疑应用的教育科技公司，产品于2014年1月上线，经过2年的发展，作业帮总激活用户数已突破1.75亿，业务范围涵盖拍照搜题、一对一在线答疑、直播课、同步练习等教、学、测、练、评的各个环节。

26日 大疆发布Snail穿越机动力系统，积极布局竞技无人机产业

事件：DJI大疆创新向全球公开发布系统化设计的Snail穿越机动力系统，这款全新的动力系统专为穿越竞速机设计，系统化的设计提高了无人机的动力与机动性。

10月

1日 汽车后市场服务品牌“洗游记”宣布完成A轮千万级融资

事件：汽车后市场服务品牌“洗游记”宣布完成A轮千万级融资。资金将用于城市扩张、团队建设、联盟店深度合作、品牌塑造以及供应链建立等商业模式探索。

9日 在线旅游服务平台同程旅游获10亿元人民币战略投资

事件：同程旅游完成战略投资，涉及金额10亿元人民币，投资方为万达集团、携程、腾讯产业共赢基金、腾讯。

12日 微信和支付宝提现转账收费

事件：支付宝发布公告称，从2016年10月12日起将对个人用户超过免费额度的提现收取服务费。同日，微信对个人用户的零钱提现功能开始收取手续费。之前微信曾发布公告称，从2016年3月1日起，微信支付对转账功能停止收取手续费。

12日 百度成立百度资本，集中于泛互联网领域项目

事件：百度正式宣布成立百度资本（Baidu Capital），李彦宏将兼任百度资本的董事长及投资委员会主席。百度资本此次基金规模高达200亿元人民币，主要用于投资泛互联网领域中后期项目。

27日 中通快递正式登陆纽交所，市值超140亿美元

事件：中通快递成功登陆纽约证券交易所，成为首家在美国上市的中国快递服务提供商，股票代码为ZTO。这是继圆通速递借壳大杨创世（600233）于10月20日成功登陆A股后的第二家中国民营快递上市公司。

27日 易观完成B轮9000万元人民币融资，重点发力大数据与企业级服务

事件：2016易观A10大数据应用峰会在北京北辰洲际酒店举行，易观B轮融资暨品牌与业务战略升级发布会同时举行，会上，易观董事长兼CEO于扬宣布正式完成9000万元人民币B轮融资，本轮融资由深创投集团及旗下红土系列基金领投，正和岛基金等四家投资机构跟投。

31日 阿里筹建文化娱乐集团，大文娱版块平台和生态齐头并进

事件：阿里巴巴集团宣布，正式筹建阿里巴巴文化娱乐集团，同时筹集规模超百亿元人民币的

大文娱产业基金投资未来的文化娱乐生态。俞永福出任阿里文化娱乐集团董事长兼 CEO，古永锵负责筹集大文娱产业基金。

11 月

4 日 蚂蚁金服投资人力窝，进一步完善蚂蚁生态系统

事件：蚂蚁金服、北京外企服务集团、德科集团宣布将合资成立互联网人力资源服务云平台——人力窝。人力窝定位中小微企业，从最基础的社保管理服务切入。

4 日 爱鲜蜂宣布获美团点评融资

事件：O2O 社区电商爱鲜蜂宣布获得美团点评新一轮融资，不过并未公布金额和出让股份，双方称将在社区 O2O 及即时配送服务领域探索更多可能性。

7 日 乐视危机

事件：贾跃亭发出一封公开信，坦诚乐视拓展过快，资金链遇到问题。随后四个交易日内，乐视市值缩水 128 亿元人民币。

7 日 上海优拜单车获 1.5 亿元人民币融资

事件：上海共享单车初创公司“优拜单车”宣布完成 1.5 亿元人民币 A 轮融资，一村资本领投，黑洞投资跟投，天使轮的中路资本、点亮基金和火橙加速器等继续跟投。

17 日 办公租赁平台“优办”获得 3000 万美元 B 轮融资

事件：办公租赁平台“优办”在第三届世界互联网大会上宣布获得 3000 万美元 B 轮融资，投资方包括：成为资本领投，顺为资本、策源创投管理合伙人冯波等跟投。2015 年 9 月 6 日，“优办”获得由源码资本曹毅与顺为资本雷军共同投资的 1000 万美元的 A 轮融资，2015 年 4 月底获得了由昆仑万维总裁周亚辉投资的 1600 万元人民币天使轮融资。

22 日 百度开放四项全新语音技术，布局 AI 市场关口位置

事件：百度宣布将向公众开放四项全新语音技术的接口，分别为情感合成、远场方案、唤醒二期和长语音方案，并为开发者提供免费的接入接口。

22 日 出门问问推新品切入智能驾驶，未来方向是智能家居

事件：出门问问发布了在智能驾驶领域的两款新品——问问魔镜和问问魔眼。问问魔镜是在行车场景中可以让汽车通过后装设备智能化的一款消费级产品；问问魔眼是一款可以直接贴在挡风玻璃上的独立设备。

23 日 京东物流全面开放商业化，基础服务升级为社会生态的基础设施服务

事件：京东发布“京东物流”全新品牌标识，并正式宣布京东物流将以品牌化运营的方式全面对社会开放。同时京东物流还公布了全面迈向“开放化、智能化”的战略规划。

27 日“支付鸨”事件

事件：支付宝推出圈子功能，发帖与芝麻信用分捆绑，甚至只限女性，由于出现大量美女自拍，甚至大尺度照片，因此被网友调侃为“支付鸨”。

28 日 老罗 papi 酱“分手”，网红“长青”之路并不平坦

事件：papi 酱的经纪人兼公司法定代表人杨铭在微信朋友圈确认，罗辑思维正式退出 papi 酱这

一项目，之前投资的金额悉数原价退还。工商资料显示，罗辑思维早在 2016 年 8 月就已经正式从 papi 酱公司的股东名单中被删除。

28 日 阿里影业投资和和影业，占 30%成第二大股东

事件：阿里影业宣布投资和和影业，投资完成后，阿里影业将持有和和影业 30%股份，成为其第二大股东，投资金额暂未公布。

12 月

1 日 分享住宿品牌千宿完成 5000 万元人民币融资

事件：千宿酒店投资集团发布信息宣布，旗下分享住宿品牌“千宿”已经完成新一轮 5000 万元人民币融资，目前估值亿元，此轮融资由国际酒店行业巨擘以及国内酒店行业翘楚领投。

5 日 互联网酒店 Xbed 获 5000 万元人民币 Pre-A 轮融资

事件：搜床科技集团宣布其获得 5000 万元人民币 Pre-A 轮融资，由戈壁创投和启赋资本领投。本轮融资尚未结束，后续还有多家银行投资注入。

7 日 健医科技 A 轮获分享投资数千万元人民币投资

事件：健医科技对外宣布已于近期完成来自分享投资的数千万元人民币 A 轮融资。此前的 2015 年 3 月，健医科技还获得了来自金浦投资的千万元级 Pre-A 轮投资，相较于上次融资，健医科技本次估值上升了 4 倍。

9 日 凤凰光学 7.2 亿元人民币并购海康科技，构成重组上市

事件：凤凰光学于晚间披露预案，拟以 22.15 元/股发行 3255 万股，作价 7.21 亿元人民币，购买海康科技 100%股权。此次交易构成重组上市，交易后，凤凰光学将新增加海康科技的智能控制器、物联网、智能设备等业务。

11 日 百果园与一米鲜宣布合并

事件：水果零售连锁品牌“百果园”与生鲜电商品牌“一米鲜”正式对外宣布合并，以交叉持股方式完成生鲜领域内线上线下融合的第一桩合并案。合并之后的新公司将保持百果园与一米鲜双品牌运行。

13 日“优拜单车”获 1 亿元人民币 A+轮融资，并发布自行研发生产的新款单车“火星”(Mars)

事件：“优拜单车”获 1 亿元人民币 A+轮融资，并发布自行研发生产的新款单车“火星”(Mars)。新款单车采用了碳纤维皮带传动系统和镂空设计，使得单车的骑行更轻便，同时采用一体轮、全路况车胎、安全反光设计并内置三级变速系统，能够改善用户在不同路面的骑行体验。

15 日 零成本隔空操控手机，英梅吉基于手机摄像头做手势识别

事件：英梅吉是一家专注于计算机视觉领域的初创企业。目前推出了全球首个基于单目摄像头的手势识别 SDK 以及 HandCV 手势交互识别系统，开放给所有硬件、软件等应用开发商。HandCV 手势交互识别系统基于单目摄像头（手机、平板、PC 等)，通过软件算法来实现手势识别。

15 日 滴滴正式推出小巴和公交业务：布局短途拼车出行

事件：滴滴正式宣布推出小巴业务，该产品通过搭建算法模型和大数据计算能力，优化站点和

路线规划，专注解决用户3公里以内的短途出行问题。

20日 蚂蚁金服入股中和农信，全面开启农村金融战略

事件：蚂蚁金服宣布战略投资中和农信，成为继中国扶贫基金会之后的第二大股东，为全国范围的涉农用户提供综合金融服务；此外，蚂蚁金服还与中华保险联合成立合资公司，宣布农村金融“谷雨计划”，撬动农村供应链金融。

23日 亚朵完成1亿美元融资，加速平台生态进化

事件：亚朵以“新住宿时代的商业进化”为主题，于23日在北京召开亚朵投融资发布会，正式对外宣布完成由君联资本和陆兆禧个人合计1亿美元等值人民币的投资，以及浦发银行、交通银行、招商银行等三家银行近4亿元人民币的授信额度。

26日 腾讯云发布7项人工智能云服务，进一步发力AI技术领域

事件：腾讯云宣布向全球企业正式提供7项AI服务，包括人脸检测、五官定位、人脸比对与验证、人脸检索、图片标签、身份证OCR识别、名片OCR识别。至此腾讯云成为人脸识别和图片识别领域产品功能最全、免费优惠力度最大的云服务商。

28日 阿里大文娱启动“视频UPGC战略升级”，发力综合生态型文娱集团

事件：阿里巴巴文化娱乐集团宣布启动“视频UPGC战略升级”，基于大文娱完整内容生态，通过大数据和矩阵商业能力加大加强对UPGC生态和合作伙伴的赋能、扶持和共赢。

29日 百度收购“李叫兽”公司，创始人李靖出任百度副总裁

事件：百度宣布全资收购北京受教信息科技有限公司，公司创始人、知名营销公众号“李叫兽”作者李靖携团队加盟百度，任副总裁。李靖本人仍独立负责受教信息科技公司原有的科学化营销创意工具业务，向百度高级副总裁向海龙汇报。

31日 今日资本拟增资永辉云创，将占12%股份

事件：永辉超市发布公告称，永辉超市和今日资本签署了协议，永辉超市和今日资本拟增资永辉超市控股子公司永辉云创。公告显示，永辉超市拟增资人民币6400万元，将持有增资后永辉云创52%股份；永辉超市实际控制人之一张轩宁与今日资本中国旗下CTG Evergreen Investment XIV（HK）Limited（下称“CTGEI”）拟各增资人民币1.5亿元，将分别持有增资后永辉云创12%股份；永辉云创联合创始人彭华生拟追加认缴资本人民币9600万元，增资后认缴的注册资本占永辉云创注册资本的24%。

31日 万商壹站获数千万元A轮融资

事件：休闲食品垂直电商平台万商壹站宣布完成数千万元A轮融资，乔景资本领投，顺融资本跟投，上海赛哲担任独家财务顾问。

附录2　产业重点名词释义

VR（Virtual Reality）

综合利用计算机图形系统和各种现实及控制等接口设备，在计算机上生成的、可交互的三维环境中提供沉浸感觉的技术。

DSP（Demand Side Platform）

需求方平台，允许广告客户和广告机构更方便地访问，以及更有效地购买广告库存，因为该平台汇集了各种广告交易平台的库存。

电商下乡

包括北京、河北等在内的10省（区、市）开展农业电子商务试点，并将依据不同地区特点分别从鲜活农产品、农业生产资料、休闲农业三大方面展开试点。

OTA（Over-the-Air Technology）

通过移动通信（GSM或CDMA）的空中接口对SIM卡数据及应用进行远程管理的技术。

NFC（Near Field Communication）

近距离无线通信技术，NFC是一种高频无线通信技术，不需要使用移动网络。

ONO（Online and Offline）

线上线下一体化的跨境展示、销售模式。

跨境综合试验区

中国设立的跨境电子商务综合性质的先行先试的城市区域。

电子竞技

电子竞技运动就是利用电子设备作为运动器械进行的、人与人之间的智力与反应对抗运动。

海淘

即海外/境外购物，通过互联网检索海外商品信息，并通过电子订购单发出购物请求，然后填上私人信用卡号码，由海外购物网站通过国际快递发货，或是由转运公司代收货物再转寄回国。

PV（Page View）

即页面浏览量，用户每次对网站中每个网页的访问均被记录1次。用户对同一页面的多次访问，访问量累计。

UV（unique visitor）

独立访客。指不同的、通过互联网访问、浏览这个网页的自然人。

富媒体广告

以多媒体为表现形式的广告。主要包括插播式富媒体广告、扩播式富媒体广告和视频类富媒体广告等形式。

视频贴片广告

指在网络视频播放前、播放暂停或播放完后插播的图片、视频、Flash 等广告。

关键字广告

通过关键字匹配，将广告主投放的广告展示在搜索引擎结果页面或者搜索引擎加盟网站的 web 页面上，从而获得广告效果的盈利的服务方式。

垂直搜索广告

在互联网用户使用相关垂直领域专门的搜索引擎搜索产生的结果中展现的广告。

文字链广告

以一排文字作为一个广告，点击进入相应的广告页面，主要投放格式为纯文字广告形式。

WAP 广告

指将广告主的促销或品牌信息投放到移动终端浏览器或网页的广告方式。

APP 广告

指将广告主的促销或品牌信息投放到移动终端应用程序上的广告方式。从其业务及运营模式来看，移动应用广告不包含在手机浏览器等功能型应用中投放的广告。

航空新媒体

在机场、飞机上安装的液晶屏商业终端广告系统，一般安装在机场室内或者飞机上，不包括机场 FRAME 框架广告系统。

移动广告监测 SDK

即基于 SDK 的移动互联网广告监测，通过采用技术加码的方式收集广告曝光等数据。

Ad Exchange

互联网广告交易平台，像股票交易平台一样，Ad Exchange 联系的是广告交易的买方和卖方，也就是广告主方和广告位拥有方，Ad Exchange 平台的竞价机制不是先到先得而是竞价获得，即 RTB 模式。

RTB（Real Time Bidding）

实时竞价，即在每个广告展示曝光的基础上进行实时竞价的新兴广告类型。广告平台售卖的不仅仅是传统意义上的广告位，而是访问这个广告位的具体用户。RTB 广告放大了网络广告的指向性和精准度，并将网络广告的作用发挥到一个崭新的水平，使需求方的效益最大化。

CPC（Cost Per Click）

每点击成本，广告主仅为用户点击广告的行为付费，而不再为广告的显示次数付费。对广告主来说，避免了只浏览不点击的风险，是网络营销中比较成熟的常见收费方式之一。

CPA（Cost-per-Action）

每次激活的费用。目前移动端，结算到激活的居多，也有部分按注册结算。

P2P 直播（P2P 流媒体）

用户在线观看的视频由网站实时提供，观看同一视频的用户进度相同。同时，观看同一视频的各个用户之间可以通过P2P技术进行该视频资源的共享，每个用户为其他用户提供下载/上传服务。

企业社交网络

将成熟的社交网络运用到企业组织中，让企业内部的员工能够通过类似社交网络的方式进行工作和自我管理，以实现企业内部员工间高效、透明、便捷的沟通与协作。

商务社交（BSNS）

为职业人士创造的一个在线社交平台。在此平台上用户可以通过不断拓展人际网络从容地寻找商务联系人、雇主、雇员、专家甚至投资者。商务社交网络与传统SNS的另一区别是商务社交网络是为了结识新朋友，而传统SNS的功能是和老朋友建立长期关系。

社交网站（SNS，Social Networking Service）

社交网站是指个人之间的关系网络，专指帮助人们建立社会性网络的互联网应用服务。

移动定位社交服务（LBSNS）

一种基于地理位置信息的移动互联网和互联网无缝衔接的社交网络服务，可以帮助用户寻找朋友位置和关联信息，同时激励用户分享位置和信息内容。是一种可以提供整合位置服务、社交网络和游戏元素的平台服务，在此基础上可创建聚合用户、软件开发者以及广告主的产业链生态系统。

移动营销

通过移动设备（智能手机、平板电脑等）访问移动应用或移动网页时显示的广告，包括视频、文字、图片、插播广告、html5等形式。

移动应用

即移动应用程序，是指基于特定软件设计规范开发出来的、在移动终端操作系统平台中运行的应用程序。目前各平台覆盖的移动终端为手机和平板电脑，其中以手机为主。

移动搜索

指以移动设备为终端，进行对普遍互联网的搜索，从而实现高速、准确地获取信息资源。目前主要通过输入关键词、图片、二维码三种形式完成交互。

移动互联网

通过智能移动终端，采用无线通信方式获取业务和服务的新兴业态。

TMT产业（Technology，Media，Telecom）

指IT、媒体、通信三者相融合。TMT产业是以互联网等媒体为基础将高科技公司和电信业等行业链接起来的新兴产业。TMT行业的特点是信息交流和信息融合。

3G/4G（3rd/4th Generation）

第三/四代移动通信技术，移动互联网的基础性传输与承载网络，是移动互联网内容、应用等环节发展的基础设施。

WiFi

将各种移动终端以无线方式互相连接的技术，是设备接入通信网络的一种手段，也是目前用户接入移动互联网的主要手段，还是一个由WiFi联盟所持有的无线网络通信技术的品牌。

流量

在移动互联范畴，指单位时间内流经通信网络管道的字节量。

Web3. 0

核心的指导思想在于，Web2. 0 产生了数据与信息的泛滥，Web3. 0 致力于将互联网变成泛数据库，能够方便地根据个性化交互对数据与信息进行不同的结构化智能处理，使得用户便于重复使用结构化数据。

内容及应用服务商（CP、SP）

内容提供商（CP）指在互联网上提供各类信息内容的主体；服务提供商（SP）指在互联网上基于内容提供应用工具或服务的主体。

OTT（Over the top）

互联网企业越过网络运营商，发展基于开放互联网的各种视频及数据服务业务，强调服务与物理网络的无关性。

开放平台

开放与分享是互联网产业的天性。把网站的服务封装成一系列计算机易识别的数据接口开放出去，供第三方开发者使用，这种行为就叫作 Open API，提供开放 API 的平台本身就被称为开放平台。

API（APPlication Programming Interface）

应用程序编程接口，是一些预先定义的函数，提供应用程序与开发人员基于某软件或硬件的访问一组例程的能力，而又无需访问源码或理解内部工作机制的细节，是接入开放平台的基础之一。

应用商店（APP Store）

以移动互联网为最主要通道建立的应用软件市场，是一个面向第三方开发者与最终用户的开放式双边平台。商店中的软件一般分为免费与付费两类，用户下载付费软件后，应用商店所有者与第三方开发者进行收益分成。

原生应用（Native APP）

基于智能手机本地操作系统如 iOS、Android、WindowsPhone，并使用原生程式编写运行的第三方应用程序，也叫本地 APP，用户需要下载使用。

轻应用（Light APP）

无需下载、即搜即用的全功能 APP。

超级 APP

指拥有庞大的用户数，成为用户重要的移动互联网入口的手机“装机必备”的基础应用，往往都有开放平台，或者已经接入多样化的 APP 插件。

移动阅读

利用手机、平板电脑、电子阅读器等移动终端，通过在线、下载等方式，浏览小说、动漫、报刊等内容的阅读行为。

数字版权

各类出版物、信息资料的网络出版权，可以通过新兴的数字媒体传播内容的权利。包括制作和发行各类电子书、电子杂志、手机出版物等的版权。

版权增值

将某种版权向不同内容表现形式、不同载体进行延伸，例如纸质向电子、动漫向游戏等。

简易信息聚合（RSS）

一般用于新闻频道、blog 和 wiki。网站提供 RSS 输出，有利于让用户获取网站内容的最新更新。用户可以在客户端借助于支持 RSS 订阅的软件，在不打开网站内容页面的情况下阅读支持 RSS 输出的网站内容。

移动音乐

用户利用手机等各种移动终端，以 SMS、MMS、WAP、IVR、WWW 等接入方式获取以音乐为主题的相关业务的总称。

版权曲库

服务提供商整合上游唱片公司的音乐或用户 UGC 的音乐，为用户提供普通、高品质的音乐内容，是服务实现的基础和关键。

音乐社交

除拥有曲库外，吸引明星、专业人士、发烧友、普通用户根据个性化的偏好与主题聚合自己喜爱的音乐，并向其他用户展示、分享、互动。

音乐服务提供商

在与版权内容提供商合作的基础上，为用户提供音乐及相关服务，并与版权内容提供方按点击、下载或打包购买的方式进行利润分成。

移动浏览器

一种用户在手机终端上通过无线通讯网络进行互联网内容浏览的移动互联网工具，需要具备网址输入功能。

网址导航

集合较多网址，并按照一定条件进行分类的一种网站。

手机内置浏览器

手机出厂前手机浏览器作为手机终端的附加产品内置在手机终端内，此类服务提供商主要为手机终端和手机操作系统厂商。

第三方手机浏览器

手机用户通过互联网下载，自主安装到手机上的手机浏览器。

智能手机（Smart Phone）

指像 PC 一样，具有独立的操作系统，可以由用户自行安装软件、游戏、导航等第三方服务商提供的程序，通过此类程序来不断地对手机的功能进行扩充，并可以通过移动通信网络来实现无线网络接入的这样一类手机的总称。

平板电脑（Tablet Personal Computer）

一种小型、方便携带的个人电脑，以触摸屏作为基本的输入设备。

智能电视（Smart TV）

是具有全开放式平台，搭载了操作系统，顾客在欣赏普通电视内容的同时，可自行安装和卸载各类应用软件，持续对功能进行扩充和升级的新电视产品。

热点

把手机的接收 GPRS 或 3G 信号转化为 WiFi 信号。

操作系统（Operating System）

管理计算机硬件资源，控制其他程序运行并为用户提供交互操作界面的系统软件的集合。

ROM（Read-Only Memory）

只读内存的简称，是一种只能读出事先所存数据的固态半导体存储器。

RAM（Random Access Memory）

随机存储器。存储单元的内容可按需随意取出或存入，且存取的速度与存储单元的位置无关的存储器。这种存储器在断电时将丢失其存储内容，故主要用于存储短时间使用的程序。按照存储信息的不同，随机存储器又分为静态随机存储器（Static RAM，SRAM）和动态随机存储器（Dynamic RAM，DRAM）。

苹果视网膜显示（Retina Display）

视网膜屏幕是分辨率超过人眼识别极限的高分辨率屏幕，由苹果公司于 2010 年在 iPhone 4 发布会上首次推出。

智能语音交互

基于语音录入、语义识别的智能终端人机交互应用技术。

APK（Android Package）

类似 Symbian Sis 或 Sisx 的文件格式。通过将 APK 文件直接传到 Android 模拟器或 Android 手机中执行，即可安装。

智能电视激活

指用户在购买智能电视后入网登录系统注册使用。

智能电视激活率

指某品牌或某城市等细分维度购买智能电视的用户群体中激活智能电视的概率。

电子商务 B2B（Business to Business）

指所搭建的以服务于企业与企业之间营销关系的平台。

商业搜索

借助互联网，对各种商业信息进行整理、筛选和归档后，通过站内搜索引擎或分类目录的形式展示给商业用户，为商业用户提供商业、产品、价格以及供求等方面的信息。商业搜索提供的多是结构化的信息，即根据商业信息的特征，将产品、价格和联系人等多种信息整合在搜索结果之中。

B2B 应用服务

以电子商务 B2B 平台为基础，以数据为支撑的应用与系统集成服务，主要表现在提供应用软件、管理软件服务上等，在云环境下，包括 SaaS、云存储、云计算等云端服务。

B2B 平台代运营

第三方以某个垂直行业或垂直行业中某个产业链核心企业为依托，为其提供垂直行业 B2B 建站、系统集成、平台与内容维护、推广等一系列的运营服务。

电子商务产业园/带

以电子商务为发展主线，重点构建以 B2B、B2C 为核心的电子商务交易技术平台，重点引进电子商务、信息软件、设计研发等新兴产业企业，重点依托并持续优化电子商务产业链的专业园区。可以分为狭义与广义：广义的电子商务产业园不仅包括纯粹的电子商务企业，同时，还包括文化创意、教育服务、IT/软件开发、制造类产业；狭义的电子商务产业园主要包括电子商务企业及其相关企业，涵盖电商平台运营、代理运营、平台服务、软件系统开发、数据分析、营销广告、渠道推广、专业咨询、仓储物流、网店摄影、人才培训等电子商务直接或相关环节。

Freemium 模式

云服务背景下，用免费服务吸引用户，然后通过增值服务，将部分免费用户变成付费用户，实现盈利的模式。

P4P（Pay for Performance）

按效果付费的简称，互联网广告的发展方向，正逐渐成为主流形式。

B2B2C（Business to Business to Custom）

跨 B2B 与 B2C 平台的电商企业将 B2B 与 B2C 两个平台对接，依托大数据与资源整合，面向完善的供应商——生产商——最终用户全产业链提供服务的模式。

B2B+O2O（Business to Business+Online to Offline）

B2B 平台将供应商资源整理成采购项目，通过互联网的形式吸引采购商参与到采购项目之中。B2B 平台承担审核供应商和采购商资质的责任，并且寻找平台合作企业，同时提供融资、物流、仓储管理等服务。

网络零售（e-Retail）

指通过互联网或其他电子渠道，针对个人或者家庭的需求销售商品。网上零售（B2C/C2C）即交易双方以互联网为媒介的商品交易活动，即通过互联网进行的信息的组织和传递，实现了有形商品和无形商品所有权的转移或服务的消费。买卖双方通过电子商务（线上）应用实现交易信息查询（信息流）、交易（资金流）和交付（物流）行为。

B2C（Business to Customer）

企业对消费者的电子商务模式。这种形式的电子商务一般以网络零售业为主，主要借助 Internet 开展在线销售活动。

C2C（Customer to Customer）

个人与个人之间的电子商务行为，即卖家和买家都是个人。

垂直类 B2C

注意力集中在某些特定的领域或某种特定的需求，提供有关这个领域或需求的全部深度信息和相关服务的网站，比如联通营业厅专门提供话费充值的相关服务。

综合类 B2C

与垂直类电商相对，在多个领域，提供有关这个领域的需求的全部深度信息和相关电子商务服务的网站。

自营类电商

在多个领域提供有关这个领域的需求的全部深度信息和相关服务的网站，包括在产供销的价值链上，通过自己采购获取货源并销售的电商企业；自有品牌并由合作方贴牌生产后在线上自营销售的电商企业等，仓储与配送等基础能力可以通过自建或合作加以实现。

平台类电商

在多个领域提供有关这个领域的需求的全部深度信息和相关服务的网站。同时，通过搭建电商渠道平台服务品牌企业。

O2O（Online to Offline）

将线下服务的机会与互联网结合在一起，使互联网成为线下交易的前台。消费者借助互联网工具在线上获取并分享信息，与线下商家互动，通过交易或各线下商家各自提供的条件，获取线下服务的权力，并在线下接受服务，完成闭环的模式。

P2P 网贷平台

指基于互联网，提供线上借贷的平台，P2P 网贷平台是 P2P 借贷与网络借贷相结合的金融服务网站。网络借贷指的是借贷过程中，资料与资金、合同、手续等全部通过网络实现，它是随着互联网的发展和民间借贷的兴起而发展起来的一种新的金融模式，

金融脱媒（Financial Disintermediation）

指在金融管制的情况下，资金供给绕开商业银行体系，直接输送给需求方和融资者，完成资金的体外循环。

众筹融资

通过互联网平台，项目融资人在平台上发布自己的项目、预设融资额、融资时长和回报，投资人为自己喜欢的项目进行各种层级的投资。

虚拟货币（Virtual Currency）

虚拟货币本指非真实的货币。在虚拟跟现实有连接的情况下，虚拟的货币有其现实价值。知名的虚拟货币如腾讯公司的 Q 币、比特币等。

自金融

借助互联网的用户聚合和高速传播特点，用户为自身直接进行融资服务的一种形态，成本收益更优、效益也更高，如 P2P 机构上的借款方。

直销银行

是互联网时代应运而生的一种新型银行运作模式，这一经营模式下，银行没有营业网点，不发

放实体银行卡，客户主要通过电脑、手机、电话等远程渠道获取银行产品和服务，因没有网点经营费用，直销银行可以为客户提供更有竞争力的存贷款价格及更低的手续费率。降低运营成本、回馈客户是直销银行的核心价值。

手机钱包

中国银联联合各大商业银行与通信运营商共同推出的一项全新的个人移动金融业务。它将客户的手机号码与银行卡账号进行绑定，通过手机短信息、语音等操作方式，以绑定的银行卡为支付结算载体，实现查缴手机话费、银行卡余额查询、手机购买商品、公用事业缴费等，满足用户随时随地个性化理财支付交易的需求。

网络保险

指实现保险信息咨询、保险计划书设计、投保、缴费、核保、承保、保单信息查询、保权变更、续期缴费、理赔和给付等保险全过程的网络化。

余额宝

是由第三方支付平台支付宝打造的一项余额增值服务。转入余额宝的资金在第二个工作日由基金公司进行份额确认，对已确认的份额会开始计算收益。

供应链金融

银行围绕核心企业，管理上下游中小企业的资金流和物流，把单个企业的不可控风险转化为供应链企业整体的可控风险，通过立体获取各类信息，将风险控制在最低的金融服务。获得金融业务牌照的电商也涉足此领域。

移动支付

也称为手机支付，就是允许用户使用其移动终端（通常是手机）对所消费的商品或服务进行账务支付的一种服务方式。

在线支付

是指卖方与买方通过互联网电子商务网站进行交易时，银行或第三方支付公司为其提供网上资金结算服务的一种业务。它为企业和个人提供了一个安全、快捷、方便的电子商务应用环境和网上资金结算工具。

数字电视支付

将电视和银行支付业务有机结合起来，使电视用户能在电视机上完成缴费、订购节目包等业务，是一种更为安全、便捷的面向家庭用户的支付手段。

微信支付

由腾讯公司移动社交通讯软件微信及第三方支付平台财付通联合推出的移动支付创新产品，旨在为广大微信用户及商户提供更优质的支付服务，微信支付的支付和安全系统由腾讯财付通提供支持。

银行卡收单

指签约银行向商户提供的本外币资金结算服务。最终持卡人在银行签约商户处刷卡消费，银行结算。收单银行结算的过程就是从商户那边得到交易单据和交易数据，扣除按费率计算出的费用后打款给商户。

预付卡

指以营利为目的发行的、在发行机构之外或发行机构购买商品或服务的预付价值，包括采取磁条、芯片等技术以卡片、密码等形式发行的预付卡。

用户行为分析

在获得网站访问量基本数据的情况下，对有关数据进行统计、分析，从中发现用户访问网站的规律，并将这些规律与网络营销策略等相结合，从而发现目前网络营销活动中可能存在的问题，并为进一步修正或重新制定网络营销策略提供依据。

LBS

指在电子地图平台的支持下，向大众或行业用户提供的与位置相关的诸如定位、路径查询、地图查询的各种服务。目前较为普遍的面向大众的位置服务包括以下三类：自导航服务、移动位置服务、互联网地图服务。

车联网（IOV：Internet of Vehicle）

车与车、车与路、车与人、车与传感设备等交互，实现车辆与公众网络通信的动态移动通信系统。它可以通过车与车、车与人、车与路互联互通实现信息共享，收集车辆、道路和环境的信息，并在信息网络平台上对多源采集的信息进行加工、计算、共享和安全发布，根据不同功能需求对车辆进行有效的引导与监管，以及提供专业的多媒体与移动互联网应用服务。

前装车载导航

用户购买的新车预装的整车厂原装的一体化车载导航仪。

GIS

地理信息系统，在计算机硬、软件系统支持下，对整个或部分地球表层（包括大气层）空间中的有关地理分布数据进行采集、储存、管理、运算、分析、显示和描述的技术系统。

GPS

全球定位系统。利用 GPS 定位卫星，在全球范围内进行实时定位、导航的系统。

AR

称为增强现实。利用计算机生成一种逼真的视、听、力、触和动等感觉的虚拟环境，通过各种传感设备使用户“沉浸”到该环境中，实现用户和环境直接进行自然交互。

主机游戏

也叫电视游戏，是一种用来娱乐的交互式多媒体。通常是指使用电视屏幕为显示器，在“电视游乐器”上执行家用主机的游戏，与电脑游戏（PC Game）都属电子游戏的一种。

手机游戏

指在手机等各类手持硬件设备上运行的游戏类应用程序，其需要具备一定硬件环境和一定系统级程序作为运行基础。常见的智能手机系统：MTK（Nucleus OS）、Windows Phone、安卓、iOS、塞班系统等。

掌机游戏

便携式游戏机，又名掌上型游乐器、掌机游戏，是便携掌机游戏的一类，是指使用专门的小型游戏机运行，可以随时随地使用的视频游戏软件。

网页游戏（Web Game）

又称Web游戏，无端网游，简称页游。是基于Web浏览器的网络在线多人互动游戏，无需下载客户端，只需打开网页即可进入游戏。

客户端游戏 Client Game

简称端游。游戏客户端，是指与游戏服务器相对应，为客户提供本地服务的程式。一般安装在普通的用户电脑上，需要与游戏伺服端互相配合运行。

每个新用户获取成本（Cost Per Acquisition/Action）

若一个网站每次将一名用户引向广告商网站时，如果该用户做出指定行为，广告商就要向该网站支付一定费用，这就是在线广告的收费模式。所谓特定行为，包括填表或注册，但最普遍的是支付费用。

客户端安装率

客户端安装量/客户端下载量。

即时通讯（IM）

基于互联网/移动互联网的即时交流消息的业务。

社交型 IM

以社交和娱乐为主要目的进行功能扩展，一般兼顾陌生人、半熟、熟人三类关系，实现一对一和个性化群组的即时消息沟通功能。

社会化媒体

指允许人们撰写、分享、评价、讨论、相互沟通的网站和技术。社交媒体是人们彼此之间用来分享意见、见解、经验和观点的工具和平台，现阶段主要包括社交网站、微博、微信、博客、论坛、播客等。

云存储

是在云计算概念上延伸和发展出来的一个新的概念，是指通过集群应用、网格技术或分布式文件系统等功能，将网络中大量各种不同类型的存储设备通过应用软件集合起来协同工作，共同对外提供数据存储和业务访问功能的一个系统。当云计算系统运算和处理的核心是大量数据的存储和管理时，云计算系统中就需要配置大量的存储设备，那么云计算系统就转变成为一个云存储系统，所以云存储是一个以数据存储和管理为核心的云计算系统。

云计算（Cloud Computing）

是一种基于互联网的计算方式，通过这种方式，共享的软硬件资源和信息可以按需求提供给计算机和其他设备，主要是基于互联网的相关服务的增加、使用和交付模式，通常涉及通过互联网来提供动态易扩展且经常是虚拟化的资源。

大数据

规模巨大到无法通过目前主流软件工具，在需求时间内达到撷取、管理、处理并整理成为更具价值和决策支撑意义的数据。大数据主要有 4 个特征：数据量巨大；数据类型多；数据流动快；数据潜在价值大。大数据可以有四种区分方式：结构和非结构数据，结构化数据即云数据，存储在数据库里，可以用二维表结构来逻辑表达实现的数据，非结构数据如文本、视频、图片、音乐；企业内部和外部数据，内部数据一般在 CRM、ERP 等企业信息化产品中，外部数据如宏观数据、电商平台数据等；线上和线下数据，主要借助线上的大数据激活线下的数据；位置数据和实时数据，这两类数据在移动互联网时代显得尤其重要。

网络附加存储（Network Attached Storage，NAS）

即将存储设备通过标准的网络拓扑结构（例如以太网）连接到一群计算机上。NAS 是部件级的存储方法，它的重点在于帮助解决迅速增加存储容量的需求。

物联网（The Internet of things）

即通过射频识别（RFID）、红外感应器、全球定位系统、激光扫描器、气体感应器等信息传感设备，按约定的协议，把任何物品与互联网连接起来，进行信息交换和通讯，以实现智能化识别、定位、跟踪、监控和管理的一种网络。

可穿戴设备（Wearable devices）

即直接穿在身上，或是整合到用户的衣服或配件里的一种便携式设备。可穿戴设备不仅仅是一种硬件设备，更能通过软件支持以及数据交互、云端交互来实现强大的功能，可穿戴设备将会对我们的生活、感知带来很大的转变。

智慧城市

是把新一代信息技术充分运用在城市的各行各业之中的基于知识社会下一代创新（创新 2.0）的城市信息化高级形态。智慧城市基于互联网、云计算等新一代信息技术以及大数据、社交网络、Fab Lab、Living Lab、综合集成法等工具和方法的应用，营造有利于创新涌现的生态，实现全面透彻的感知、宽带泛在的互联、智能融合的应用以及以用户创新、开放创新、大众创新、协同创新为特征的可持续创新。

大健康

大健康产业是具有巨大市场潜力的新兴产业，包括医疗、医药、保健、休闲健身、健康管理、健康咨询等多个与人类健康紧密相关的生产和服务领域。

微店

在移动购物盛行的互联网时代，微店是指帮助卖家在手机开店的软件。微店作为移动端的新型产物，任何人通过手机号码即可开通自己的店铺，并通过分享到 SNS 平台来宣传店铺并促成交易；并支持信用卡、储蓄卡、支付宝等多种方式付款。

移动医疗

移动医疗就是指通过使用移动通信技术来提供医疗服务和信息，具体到移动互联网领域，则以基于安卓和 iOS 等移动终端系统的医疗健康类 APP 应用为主，在医疗人力资源短缺的情况下，通过移动医疗可解决发展中国家的医疗问题。

虚拟运营商

虚拟运营商是指拥有某种或者某几种能力（如技术能力等）与电信运营商在某项业务或者某几项业务上形成合作关系的合作伙伴，电信运营商按照一定的利益分成比例，把业务交给虚拟运营商运作，同时电信运营商自己也在直接发展用户。

微信营销

指在网络经济时代企业或个人营销模式的一种。商家通过微信提供用户需要的信息，推广自己的产品，从而实现点对点的营销。

数字营销

是使用数字传播渠道来推广产品和服务的实践活动，从而以一种及时、相关、定制化和节省成本的方式与消费者进行沟通。数字营销包含了很多互联网营销（网络营销）中的技术与实践，但它的范围更加广泛，还包括了很多其他不需要互联网的沟通渠道。

共享经济

一般是指以获得一定报酬为主要目的，基于陌生人且存在物品使用权暂时转移的一种新的经济模式。其本质是整合线下的闲散物品、劳动力、教育医疗资源。又说共享经济是人们公平享有社会资源，各自以不同的方式付出和受益，共同获得经济红利。此种共享更多的是通过互联网作为媒介来实现的。

网络直播

可以同一时间透过网络系统在不同的交流平台观看影片，影片主要分为实时直播游戏、电影或电视剧等。

AI

人工智能（Artificial Intelligence），是研究、开发用于模拟、延伸和扩展人的智能的理论、方法、技术及应用系统的一门新的技术科学。人工智能是计算机科学的一个分支，它企图了解智能的实质，并生产出一种新的能以与人类智能相似的方式做出反应的智能机器，该领域的研究包括机器人、语言识别、图像识别、自然语言处理和专家系统等。

网红

也叫“网络红人”，是指在现实或者网络生活中因为某个事件或者某个行为而被网民关注从而走红的人或长期持续输出专业知识而走红的人。他们的走红皆因为自身的某种特质在网络作用下被放大，与网民的审美、审丑、娱乐、刺激、偷窥、臆想、品位以及看客等心理相契合，有意或无意间受到网络世界的追捧，成为“网络红人”。因此，“网络红人”的产生不是自发的，而是网络媒介环境下，网络红人、网络推手、传统媒体以及受众心理需求等利益共同体综合作用下的结果。

小程序

微信小程序（weixinxiaochengxu），简称小程序，缩写 XCX，英文名 mini program，是一种不需要下载安装即可使用的应用，它实现了应用“触手可及”的梦想，用户扫一扫或搜一下即可打开应用。全面开放申请后，主体类型为企业、政府、媒体、其他组织或个人的开发者，均可申请注册小程序。小程序、订阅号、服务号、企业号是并行的体系。

服务机器人

服务机器人的应用范围很广，主要从事维护保养、修理、运输、清洗、保安、救援、监护等工作。国际机器人联合会经过几年的搜集整理，给了服务机器人一个初步的定义：服务机器人是一种半自主或全自主工作的机器人，它能完成有益于人类健康的服务工作，但不包括从事生产的设备。这里，我们把其他一些贴近人们生活的机器人也列入其中。

网红经济

以一位年轻貌美的时尚达人为形象代表，以红人的品位和眼光为主导，进行选款和视觉推广，在社交媒体上聚集人气，依托庞大的粉丝群体进行定向营销，从而将粉丝转化为购买力。

附录3　覆盖企业名录

A
AdMob
阿里巴巴网络技术有限公司
阿里巴巴影业集团
阿里云计算有限公司
埃培智集团
艾德思齐科技有限公司
艾美仕市场研究公司
爱车汇（北京）科技有限责任公司
爱点击互动（北京）广告有限公司
爱海企业管理咨询（上海）有限公司
爱美乐（北京）科技发展有限公司
安徽华米信息科技有限公司
安徽印记文化传媒有限公司
安客诚公司
安投融（北京）网络科技有限公司
B
Bi168 大数据社区
八百客（北京）信息技术有限公司
八爪鱼在线旅游发展有限公司
巴士在线控股有限公司
把把脉网络科技（北京）有限公司
宝宝巴士（福建）网络科技有限公司
宝贝格子（北京）科技有限公司
北大千方科技有限公司
北大医药股份有限公司
北京艾德思奇科技有限公司
北京艾瑞斯科技有限责任公司
北京爱奇艺科技有限公司
北京傲飞商智软件有限公司
北京奥美互动科技有限公司
北京奥鹏远程教育中心有限公司
北京百程国际旅游有限公司
北京百度网讯科技有限公司
北京百分点信息科技有限公司
北京百付宝科技有限公司
北京百合在线科技有限公司
北京百家互联科技有限公司
北京百应连城科技有限公司
北京暴风科技股份有限公司
北京北湖九号云健康科技有限公司
北京北森测评技术有限公司
北京北森云计算股份有限公司
北京壁合科技股份有限公司
北京博睿宏远科技发展有限公司
北京博思廷科技有限公司
北京博雅立方科技有限公司
北京财智联合理财顾问有限公司
北京畅行信息技术有限公司
北京超图软件股份有限公司

北京车之家信息技术有限公司
北京创锐文化传媒有限公司
北京春雨天下软件有限公司
北京崔玉涛儿童健康管理中心有限公司
北京大生知行科技有限公司
北京当当网信息技术有限公司
北京到家时代餐饮管理有限公司
北京道玺优讯科技有限公司
北京德开医药科技有限公司
北京缔元信互联网数据技术有限公司
北京叮当快药科技有限公司
北京鼎泰智源科技有限公司
北京豆瓣互动科技有限公司
北京敦煌禾光信息技术有限公司
北京粉笔未来科技有限公司
北京福乐云检测科技有限公司
北京盖娅互娱网络科技股份有限公司
北京高梓行远科技有限公司
北京古星互联电子商务有限公司
北京鼓山文化有限公司
北京光线传媒股份有限公司
北京广智科技有限公司
北京国联资源网络有限公司
北京国美在线电子商务有限公司
北京国双科技有限公司
北京国政通科技有限公司
北京果壳互动信息技术有限公司
北京海虹药通电子商务有限公司
北京汉邦高科数字技术股份有限公司
北京瀚思安信科技有限公司
北京和诚华信科技发展有限公司

北京弘合柏基信息科技有限责任公司
北京呼啦在线传媒科技有限公司
北京华通人商用信息有限公司
北京华图宏阳教育文化发展股份有限公司
北京慧聪国际资讯有限公司
北京活力天汇科技有限公司
北京基调网络股份有限公司
北京吉祥海云数据科技有限公司
北京极科极客科技有限公司
北京集奥聚合科技有限公司
北京家捷送电子商务有限公司
北京建飞科联科技有限公司
北京娇羞科技有限公司
北京捷泰天域信息技术有限公司
北京捷通华声语音技术有限公司
北京今目标科技有限公司
北京金山云网络技术有限公司
北京金象在线网络科技有限公司
北京金信网银金融信息服务有限公司
北京金叶天盛科技有限公司
北京京东世纪贸易有限公司
北京精硕世纪科技有限公司
北京久游科技有限公司
北京酒美网有限公司
北京决胜网中原分公司
北京开云慧科网络科技有限公司
北京康康盛世信息技术有限公司
北京酷智科技有限公司
北京快友世纪科技有限公司
北京宽客网络技术有限公司
北京旷视科技有限公司

北京昆仑万维科技股份有限公司
北京拉勾网络技术有限公司
北京辣妈帮科技有限公司
北京蓝城兄弟信息技术有限公司
北京蓝海讯通科技有限公司
北京乐融多源信息技术有限公司
北京力美科技有限公司
北京联众互动网络股份有限公司
北京灵蜂纵横软件有限公司
北京路玺优讯科技有限公司
北京妈妈网联科技有限公司
北京蚂蜂窝网络科技有限公司
北京米天下科技有限公司
北京米未传媒有限公司
北京秒针信息咨询有限公司
北京铭万互联科技有限公司
北京陌陌科技有限公司
北京木瓜移动科技有限公司
北京慕华信息科技有限公司
北京诺亦腾科技有限公司
北京帕罗奥图科技有限公司
北京派择网络科技有限公司
北京品友互动信息技术有限公司
北京七彩之家教育科技有限公司
北京七鑫易维信息技术有限公司
北京汽车之家信息技术有限公司
北京钱袋宝支付技术有限公司
北京青云创新科技发展有限公司
北京趣拿信息技术有限公司
北京诠释广告有限公司
北京人人网有限公司

北京仁科互动网络技术有限公司
北京软通动力信息技术（集团）有限公司
北京瑞智和康科技有限公司
北京睿仁医疗科技有限公司
北京三快在线科技有限公司
北京闪银奇异科技有限公司
北京首都在线科技股份有限公司
北京数美时代科技有限公司
北京数字冰雹信息技术有限公司
北京思邈互联医药科技有限公司
北京思特奇信息技术股份有限公司
北京四维图新科技股份有限公司
北京寺库商贸有限公司
北京搜斗士信息技术有限公司
北京搜房科技发展有限公司
北京搜狗网络技术有限公司
北京搜狐新时代信息技术有限公司
北京太谷雨田信息科技有限责任公司
北京糖护科技有限公司
北京淘友天下科技发展有限公司
北京腾云天下科技有限公司
北京天诚盛业科技有限公司
北京天空之城文化创意有限公司
北京天融信科技股份有限公司
北京天润基业科技发展股份有限公司
北京天下秀科技有限公司
北京天云趋势科技有限公司
北京同方科迅技术开发有限公司
北京途牛科技有限公司
北京万合天宜影视文化有限公司
北京万象新天网络科技有限公司

北京王府井百货（集团）股份有限公司
北京网聘咨询有限公司
北京微梦创科网络技术有限公司
北京文通科技有限公司
北京我要奇迹科技有限公司
北京沃丰时代数据科技有限公司
北京无双科技有限公司
北京五八信息技术有限公司
北京熙健信息技术有限公司
北京下厨房科技有限公司
北京先进数通信息技术有限公司
北京响巢国际传媒股份有限公司
北京小桔科技有限公司
北京小两口网络科技有限公司
北京小美科技有限公司
北京新港致远科技有限公司
北京新氧科技有限公司
北京兴长信达科技发展有限公司
北京学而思教育科技有限公司
北京寻医问药网有限公司
北京焰火工坊科技有限公司
北京阳光天域科技有限公司
北京一路热点信息技术有限公司
北京医渡云科技有限公司
北京壹德万方医疗器械有限公司
北京宜信致诚信用评估有限公司
北京蚁视科技有限公司
北京亿纺通信息技术有限公司
北京亿玛联盟传媒广告有限公司
北京亿玛在线科技有限公司
北京艺龙网信息技术有限公司

北京易查无限信息技术有限公司
北京易车信息科技有限公司
北京易动纷享科技有限责任公司
北京易观网络科技有限公司
北京易华录信息技术股份有限公司
北京英雄互娱科技股份有限公司
北京永洪商智科技有限公司
北京优锘科技有限公司
北京悠哉国际旅行社有限公司
北京友缘在线网络科技有限责任公司
北京羽乐创新科技有限公司
北京羽扇智信息科技有限公司
北京云太和网络科技有限公司
北京云学时代科技有限公司
北京云知声信息技术有限公司
北京掌中浩阅科技有限公司
北京贞观雨科技有限公司
北京芝兰玉树科技有限公司
北京智齿博创科技有限公司
北京智动果合移动网络科技有限责任公司
北京智慧图科技有限责任公司
北京中科奥森科技有限公司
北京中清龙图网络技术有限公司
北京中通集讯科技有限公司
北京众成汇通信息技术有限公司
北京众荟信息技术有限公司
北京住哲信息技术有限公司
北京卓易讯畅科技有限公司
北京自化技术咨询有限公司
北京字节跳动科技有限公司
贝维优（北京）科技有限公司

比邻软件有限公司
缤刻普锐（北京）
博雅云图（北京）科技有限公司
C
Canaan International Capital Ltd
CDO 精英俱乐部
CNZZ 网络技术服务公司
ComScore 公司
昌荣传播集团有限公司
长城汽车股份有限公司
畅捷通信息技术股份有限公司
成都八千翼网络科技有限公司
成都超有爱科技有限公司
成都番茄来了科技有限公司
成都咕咚科技有限公司
成都锦途网络科技有限公司
成都乐动信息技术有限公司
成都龙渊网络科技有限公司
成都市极米科技有限公司
成都数联铭品科技有限公司
成都易淘一火网络科技有限公司
成都逸创信息技术有限公司
成都指掌天下信息技术有限公司
重庆旅景信息科技有限公司
传课计算机系统（北京）有限公司
D
达内科技（中国）有限公司
达内时代科技集团有限公司
大连开普物流有限公司
大易信息科技有限公司
德邦物流股份有限公司

第一视频集团有限公司
东方钢铁电子商务有限公司
东方国信科技股份有限公司
东方通信股份有限公司
东金正大生态工程股份有限公司
东软集团股份有限公司
堆糖信息科技（上海）有限公司
多盟智胜网络技术（北京）有限公司
E
Easy Hadoop 技术社区
鄂尔多斯羊绒制品股份有限公司
F
facebook
Fitbit
法国阳狮集团
凡客诚品（北京）科技有限公司
泛微软件有限公司
飞狐信息技术（天津）有限公司
费埃哲信息技术有限公司
分众传媒控股有限公司
凤凰卫视控股有限公司
福建网龙计算机网络信息技术有限公司
福州点点医药科技有限公司
G
Google 中国
GTV 游戏竞技频道
高德软件有限公司
歌尔声学股份有限公司
观澜网络（杭州）有限公司
广东倍智测聘网络科技股份有限公司
广东健客医药有限公司

广东康爱多连锁药店有限公司
广东乐心医疗电子股份有限公司
广东乐源数字技术有限公司
广东壹号大药房医药连锁有限公司
广东有品科技有限公司
广州爱稀饭网络科技有限公司
广州邦富软件有限公司
广州多玩信息技术有限公司
广州更美生物科技有限公司
广州华多网络科技有限公司
广州九尾信息科技有限公司
广州酷狗计算机科技有限公司
广州聘大信息科技有限责任公司
广州七乐康药业连锁有限公司
广州启生信息技术有限公司
广州任遨游投资咨询有限公司
广州盛成网络科技股份有限公司
广州市贝聊信息科技有限公司
广州市人心网络科技有限公司
广州市小树熊母婴用品大卖场有限公司
广州万惠投资管理有限公司
广州网易计算机系统有限公司
广州新居网家居科技有限公司
广州邢帅教育科技有限公司
广州遇见网络科技有限公司
广州绽放信息科技有限公司
广州职友集网络技术有限公司
贵阳孩子王用品有限公司
国际商业机器公司
国家体育总局体育信息中心
国信优易数据有限公司

国药控股国大药房有限公司
H
海尔集团
海南天涯社区网络科技股份有限公司
海思德塔（北京）科技有限公司
海象网络科技有限公司
汉柏科技有限公司
汉王科技股份有限公司
杭州贝购科技有限公司
杭州边锋网络技术有限公司
杭州财米科技有限公司
杭州单向街通信技术有限公司
杭州攻壳科技有限公司
杭州海康威视数字技术股份有限公司
杭州恒牛信息技术有限公司
杭州宏创电子商务有限公司
杭州华三通信技术有限公司
杭州美拍网络科技有限公司
杭州米络科技有限公司
杭州锐拓科技有限公司
杭州十九楼网络传媒有限公司
杭州时趣信息技术有限公司
杭州树熊网络有限公司
杭州泰一指尚科技有限公司
杭州天迈网络有限公司
杭州微飞胜科技有限公司
杭州鑫合汇网络科技有限公司
杭州亿动广告有限公司
杭州易融网络技术有限公司
杭州又拍云科技有限公司
杭州卓贝网络科技有限公司

航美传媒集团有限公司
好孩儿有限公司
合肥飞友网络科技有限公司
合肥浮云文化传媒有限公司
合肥锦绣教育管理咨询有限公司
合肥智慧树知识产权咨询服务有限公司
合合信息科技发展有限公司
合一集团
和创（北京）科技股份有限公司
河北华佗药房连锁有限公司
恒拓开源信息科技有限公司
弘成教育集团
红岭创投电子商务股份有限公司
红麦聚信（北京）软件技术有限公司
红象云腾系统技术有限公司
红星美凯龙家居集团股份有限公司
宏盟媒体集团
湖南广播电视台
湖南快乐阳光互动娱乐传媒有限公司
湖南青果软件有限公司
互动峰科技（北京）有限公司
互动通控股集团
沪江教育科技（上海）股份有限公司
华视传媒集团有限公司
华硕电脑（上海）有限公司
华为技术有限公司
华夏礼品有限公司
环球资源
环信（天津）股权投资管理有限公司
黄包车网络科技有限公司
汇付天下有限公司

惠普研发有限合伙公司
I
Informatica 数据集成软件公司
InMobi
Instagram
IN 有限公司
J
济南宝贝佳教育信息咨询有限公司
佳缘国际有限公司
甲骨文股份有限公司
江苏农华智慧农业科技股份有限公司
江苏矽岸信息技术有限公司
江西省力行网络有限公司
焦点科技股份有限公司
解码（上海）生物医药科技有限公司
金电联行（北京）信息技术有限公司
金华就约我吧网络科技有限公司
金信财富网络科技（北京）有限公司
金页网络科技有限公司
金银岛（北京）网络科技股份有限公司
锦程国际物流在线服务有限公司
九城集团
九次方财富资讯（北京）有限责任公司
九次方金融大数据公司
九阳股份有限公司
酒仙网电子商务股份有限公司
巨人网络集团有限公司
巨人移动科技有限公司
聚鲜（北京）科技有限公司
K
开滦集团公司

科大讯飞股份有限公司
科通集团
肯睿（上海）软件有限公司
酷6网（北京）信息技术有限公司
快钱支付清算信息有限公司
快手（天津）网络科技有限公司
L
LinkedIn
拉卡拉集团
兰亭集势控股公司
蓝色光标传播集团
浪淘金（北京）科技有限责任公司
老百姓大药房连锁股份有限公司
乐视网信息技术（北京）股份有限公司
乐视影业（北京）有限公司
乐视致新电子科技（天津）有限公司
乐友孕婴童集团
乐约电子科技（上海）有限公司
连连银通电子支付有限公司
联动优势科技有限公司
联想集团有限公司
亮风台（上海）信息科技有限公司
量子数聚（北京）科技有限公司
猎豹移动公司
猎聘网
M
麦知讯（北京）信息技术有限公司
美的集团股份有限公司
美国硅图公司
美丽说（北京）网络科技有限公司
美年大健康产业（集团）有限公司

美囤妈妈（上海）电子商务有限公司
魅力汇有限公司
蜜芽公司
墨麟集团
牧星人影视策划有限公司
N
南京大汉网络有限公司
南京烽火星空通信发展有限公司
南京双心源信息科技有限公司
南京苏宁易付宝网络科技有限公司
南京途牛科技有限公司
尼尔森公司
宁波方太厨具有限公司
宁波启点教育科技有限公司
O
Oculus
偶偶科技有限公司
P
Pentaho 中国
Pinterest
庞大汽贸集团股份有限公司
鹏元征信有限公司
平安付智能技术有限公司
平安健康保险股份有限公司
平安银行股份有限公司
苹果公司
普信恒业科技发展（北京）有限公司
Q
奇虎360科技有限公司
企明创想科技（北京）有限公司
启名方科技（北京）有限公司

启明辰信息技术有限公司
千橡互动集团
前程无忧
前锦网络信息技术（上海）有限公司
青岛亲亲宝贝婴幼儿文化有限公司
青岛腾邦国际商务有限公司
青岛微爱信息科技有限公司
全洲药业集团
群邑（上海）广告有限公司
R
人民搜索网络股份公司
仁科互动（北京）信息科技有限公司
融云科技（北京）有限公司
若邻网路（中国）有限公司
S
Splunk 企业数据软件公司
赛仕软件有限公司
三诺集团有限公司
三星集团
山东毛豆科技网络有限公司
山东众志电子有限公司
上海 HTC 有限公司
上海爱康国宾健康体检管理集团有限公司
上海爱推网络技术有限公司
上海百酷信息科技有限公司
上海宝尊电子商务有限公司
上海博泰悦臻电子设备制造有限公司
上海驰誉网络科技有限公司
上海传漾网络科技有限公司
上海大易信息科技有限公司
上海点客信息技术股份有限公司

上海点我吧信息技术有限公司
上海东方传媒集团有限公司
上海飞牛集达电子商务有限公司
上海风簸电子商务有限公司
上海钢富电子商务有限公司
上海钢联电子商务股份有限公司
上海格平信息科技有限公司
上海工程师爸爸有限公司
上海汉涛信息咨询有限公司
上海好耶广告有限公司
上海互加文化传播有限公司
上海花千树信息科技有限公司
上海华奥电竞信息科技有限公司
上海幻电信息科技有限公司
上海火速网络科技有限公司
上海捡人网络科技有限公司
上海健一网大药房连锁经营有限公司
上海晶赞科技发展有限公司
上海景域文化传播有限公司
上海敬众数据处理有限公司
上海九州通医药有限公司
上海聚力传媒技术有限公司
上海骏聿数码科技有限公司
上海柯炫信息科技有限公司
上海肯耐珂萨人才服务有限公司
上海拉扎斯信息科技有限公司
上海乐相科技有限公司
上海流利说信息技术有限公司
上海楼小楼信息技术有限公司
上海陆家嘴国际金融资产交易市场股份有限公司
上海迈外迪网络科技有限公司

上海脉脉互动网络科技有限公司
上海曼恒数字技术有限公司
上海芒果国际旅行社有限公司
上海芒果互娱科技有限公司
上海名云信息技术有限公司
上海魔之视信息科技有限公司
上海钮海电子商务有限公司
上海拍拍贷金融信息服务有限公司
上海匹匹扣网络科技有限公司
上海七牛信息技术有限公司
上海企能软件科技有限公司
上海汽车集团股份有限公司
上海谦问万答吧云计算科技有限公司
上海轻轻信息科技有限公司
上海趣医网络科技有限公司
上海雀沃信息技术有限公司
上海人鱼线商务咨询有限公司
上海三七玩网络科技有限公司
上海扇贝网络技术有限公司
上海搜友网络科技有限公司
上海天旦网络科技发展有限公司
上海天天鲜果电子商务有限公司
上海万得信息技术股份有限公司
上海网映文化传播有限公司
上海微课信息科技有限公司
上海喜鹊网络科技有限公司
上海享学网络科技有限公司
上海携程国际旅行社有限公司
上海新数网络科技有限公司
上海新易传媒广告有限公司
上海熊猫互娱文化有限公司

上海亿库信息科技有限公司
上海亦策软件科技有限公司
上海易睦网络科技有限公司
上海益实多公司
上海逸橙信息科技有限公司
上海银河数娱网络科技有限公司
上海赢思软件技术有限公司
上海映霸文化传播有限公司
上海优刻得信息科技有限公司
上海优事商务咨询有限公司
上海悠络客电子科技股份有限公司
上海悠哉国际旅行社有限公司
上海邮乐贸易有限公司
上海游戏风云文化传媒有限公司
上海友网科技有限公司
上海禹容科技有限公司
上海泽企信息技术有限公司
上海招财宝金融信息服务有限公司
上海中彦信息科技有限公司
上海资信有限公司
尚奇浩康（北京）科技有限公司
深圳爱遇文化传媒有限公司
深圳北森科技有限公司
深圳大疆创新科技有限公司
深圳二木科技有限公司
深圳华大基因科技有限公司
深圳聚众创科技有限公司
深圳前海征信中心股份有限公司
深圳市埃微信息技术有限公司
深圳市艾曼科技有限公司
深圳市爱施德股份有限公司

深圳市八爪网络科技有限公司
深圳市倍轻松科技股份有限公司
深圳市财付通科技有限公司
深圳市彩讯科技有限公司
深圳市车音网科技有限公司
深圳市创梦天地科技有限公司
深圳市海王星晨辰健康药房连锁有限公司
深圳市护眼宝科技有限公司
深圳市华康全景信息技术有限公司
深圳市慧动创想科技有限公司
深圳市慧择保险经纪有限公司
深圳市凯立德科技股份有限公司
深圳市乐动力科技开发有限公司
深圳市乐思软件技术有限公司
深圳市理才网信息技术有限公司
深圳市梦之舵信息技术有限公司
深圳市宁远科技股份有限公司
深圳市宁远科技有限公司
深圳市数亨科技有限公司
深圳市泰捷软件技术有限公司
深圳市腾讯计算机系统有限公司
深圳市天下房仓科技有限公司
深圳市天音科技发展有限公司
深圳市微视在线网络有限公司
深圳市微智云科技有限公司
深圳市芯智科技有限公司
深圳市虚拟现实科技有限公司
深圳市一达通企业服务公司
深圳市宜搜科技发展有限公司
深圳市映趣科技有限公司
深圳市珍爱网信息技术有限公司

深圳市蜘蛛旅游网络技术有限公司
深圳市中商行网络有限公司
深圳市住百家发展股份有限公司
深圳投哪金融服务有限公司
深圳小宅科技有限公司
深圳新感易搜网络科技有限公司
深圳易信科技股份有限公司
深圳有伴科技有限公司
深圳云之家网络有限公司
深圳中青宝互动网络股份有限公司
神州数码信息服务股份有限公司
神州泰岳软件股份有限公司
神州租车有限公司
生活半径（北京）信息技术有限公司
十九楼网络股份有限公司
时趣互动（北京）科技有限公司
时云医疗科技（上海）有限公司
世界电子竞技大赛 WCA
数据堂（北京）科技股份有限公司
顺丰速运
顺丰优选有限公司
思爱普软件系统有限公司
思帕客网络科技（上海）有限公司
思睿嘉得（北京）信息技术有限公司
四海商舟电子商务有限公司
搜易贷（北京）金融信息服务有限公司
苏宁云商集团股份有限公司
苏州国云数据科技有限公司
苏州联康网络有限公司
苏州梦想人软件科技有限公司
苏州拍拍淘信息技术有限公司

苏州锐音信息技术有限公司
苏州思必驰信息科技有限公司
苏州太湖新天地旅游发展有限公司
苏州图比特商业研究机构
苏州蜗牛数字科技股份有限公司
苏州新科兰德科技有限公司
苏州游视网络科技公司
苏州游视网络科技有限公司
随手科技
索尼（中国）有限公司
T
TIBCO 软件公司
Tumblr
TutorGroup 集团
TVR 时光机虚拟现实公司
twitter
塔谱软件技术（上海）有限公司
淘宝（中国）软件有限公司
腾讯云计算（北京）有限责任公司
腾讯征信有限公司
天畅信息技术有限公司
天际博人科技发展（北京）有限公司
天津九安医疗电子股份有限公司
天津南大通用数据技术有限公司
天睿公司
天拓投资有限公司
贴身秘密有限公司
同程网络科技股份有限公司
统计之都
途家在线信息技术（北京）有限公司
途趣网信息技术（北京）有限公司

U
UBER TECHNOLOGIES，INC.
UC 优视科技有限公司
V
Viadeo 集团
W
WPP 集团
万达百货有限公司
万国商业网有限公司
万仕道（北京）管理咨询有限公司
网康科技有限公司
网易有道信息技术有限公司
网银在线（北京）科技有限公司
微博易公司
微策略软件有限公司
微型计算机软件公司
微医（杭州）集团有限公司
唯品会（中国）有限公司
帷千移动在线信息科技有限公司
未来电视有限公司
温州翼龙贷经济信息咨询有限公司
无锡乔喜文化传媒有限公司
武大吉奥信息技术有限公司
武汉达梦数据库有限公司
武汉滴滴网络科技有限公司
武汉斗鱼网络科技有限公司
武汉和讯农业信息科技有限公司
武汉零号线科技有限公司
X
Xtools
西安美林数据技术股份有限公司

厦门海豹信息技术股份有限公司
厦门幻眼信息科技有限公司
厦门美柚信息科技有限公司
厦门云脉技术有限公司
厦门中搜科技有限公司
小船出海教育科技（北京）有限公司
小米科技有限责任公司
小能科技（北京）有限公司
携程旅行网
新东方教育科技集团
新浪网络技术股份有限公司
星环信息科技（上海）有限公司
杏树林信息技术（北京）有限公司
幸福互动（北京）网络科技有限公司
炫一下（北京）科技有限公司
学大教育科技（北京）有限公司
迅付信息科技有限公司
Y
YouTube
亚马逊中国公司
亚信集团股份有限公司
阳江缘来婚姻介绍服务有限公司
一嗨汽车租赁有限公司
一呼（北京）电子商务有限公司
一淘有限公司
宜信惠民投资管理（北京）有限公司
宜信普诚信用管理（北京）有限公司
宜信普惠信息咨询（北京）有限公司
宜信卓越财富投资管理（北京）有限公司
艺恩世纪国际信息咨询（北京）有限公司
易宝支付有限公司

易车公司
易传媒集团
易淘星空网络科技（北京）有限公司
易图通科技（北京）有限公司
易游世界科技发展有限公司
易智瑞（中国）信息技术有限公司
益博国际咨询（上海）有限公司
银川圣地国际游戏投资有限公司
银泰百货（集团）有限公司
优信互联（北京）信息技术有限公司
优优图像影音识别（中国）计算机科技有限公司
尤恩思国际集团
游多多网络科技（上海）有限公司
游族网络股份有限公司
友乐活（北京）网络科技有限公司
友盟同欣（北京）科技有限公司
云招科技（北京）有限公司
云智慧（北京）科技有限公司
Z
招商银行股份有限公司
兆荣联合（北京）科技发展有限公司
这只猫信息科技（上海）有限公司
浙江博客信息技术有限公司
浙江华策影视股份有限公司
浙江每日互动网络科技有限公司
浙江网盛生意宝股份有限公司
浙江翼信科技有限公司
正保远程教育集团
支付宝（中国）网络技术有限公司
芝麻信用管理有限公司
知乎

智慧星光信息技术有限公司
智联招聘
智网达资讯（北京）有限责任公司
中诚信征信有限公司
中地数码科技有限公司
中国电信集团公司
中国电信云计算分公司
中国电子竞技俱乐部联盟 ACE
中国纺织品进出口总公司
中国工商银行股份有限公司
中国国际电子商务有限公司
中国建设银行
中国民航信息集团公司
中国民航信息网络股份有限公司
中国民生银行股份公司
中国平安保险（集团）股份有限公司
中国丝绸工业总公司

中国网库集团公司
中国物资储运总公司
中国移动电竞联盟
中国移动通信集团公司
中国银联股份有限公司
中国邮政集团公司
中国中央电视台体育频道
中科九度（北京）空间信息技术有限责任公司
中科软科技股份有限公司
中粮集团有限公司
中文在线集团
中兴通讯股份有限公司
中智诚征信有限公司
众安在线财产保险股份有限公司
珠海健康云科技有限公司
珠海云麦科技有限公司

图书在版编目（CIP）数据

中国互联网产业发展年鉴. 2017 / 于揚 主编. —北京：东方出版社，2017. 8
ISBN 978-7-5060-9885-4

Ⅰ. ①中… Ⅱ. ①于… Ⅲ. ①互联网络—高技术产业—产业发展—中国—2017—年鉴
Ⅳ. ①F492. 3-54

中国版本图书馆 CIP 数据核字（2017）第 218527 号

中国互联网产业发展年鉴（2017）
（ZHONGGUO HULIANWANG CHANYE FAZHAN NIANJIAN〈2017〉）

主　　编：于　揚
责任编辑：袁　园
出　　版：东方出版社
发　　行：人民东方出版传媒有限公司
地　　址：北京市东城区东四十条 113 号
邮　　编：100007
印　　刷：鸿博昊天科技有限公司
版　　次：2017 年 10 月第 1 版
印　　次：2017 年 10 月第 1 次印刷
开　　本：880 毫米×1230 毫米　1/16
印　　张：31. 5
字　　数：700 千字
书　　号：ISBN 978-7-5060-9885-4
定　　价：980. 00 元
发行电话：（010）85924663　85924644　85924641